전목 선생의
사학명저 강의

옮긴이 이윤화

도서출판 신서원

전목 선생의 사학명저 강의

2006년 11월 22일 초판1쇄 인쇄
2006년 11월 27일 초판1쇄 발행

지은이 • 전목錢穆
옮긴이 • 이윤화
펴낸이 • 임성렬
펴낸곳 • 도서출판 신서원
서울시 종로구 교남동 47-2 협신빌딩 209호
전화 : (02)739-0222·3 팩스 : (02)739-0224
등록 : 제1-1805(1994.11.9)

ISBN • 89-7940-021-7

신서원은 부모의 서가에서 자녀의 책꽂이로
'대물림'할 수 있기를 바라며 책을 만들고 있습니다.
잘못된 책은 연락주세요.

錢穆 先生의
史學名著 講義

李潤和 譯

도서출판 신서원

■ 쉬어가는 곳

자 서 自序

나는 1969년부터 1971년까지 1년씩 두 해에 걸쳐 문화학원[현재 대만의 중국문화대학-역자] 역사연구소 박사과정 학생을 위하여 '중국사학명저中國史學名著'라는 강의를 개설한 적이 있었다. 시작 첫 해 수강생들에게 강의내용을 적게 하고 그것을 모아 강의안을 만들려 했지만 매우 어려웠다. 그 이유의 하나는 필기의 상략詳略이 서로 다르고 또 빠진 곳이 많아 기억에 따라 보충하려 해도 어려웠기 때문이었다. 그 이듬해에 다시 이 강의가 개설되었을 때 대경현戴景賢이라는 학생이 강의를 들으면서 녹음을 했고, 강의를 마친 뒤 녹음에 의거하여 기록한 내용을 내가 다시 다듬어 이 원고를 완성했다. 따라서 이 원고는 1년간의 강의내용을 그대로 정리한 것이다. 모든 강의마다 반드시 하나의 주제를 가지고 진행했지만, 그 시간에 마치지 못한 경우 다음 시간에 보충하기도 했다.

이 원고는 모두 강의내용을 그대로 기록한 것이기 때문에, 전후 강의내용이 중복되는 경우가 있고, 한 가지 의미가 거듭 다시 설명되는 경우도 있지만 그 번거로운 내용을 삭제하지 않았다. 그리고 강의 주제 이외의 내용을 다루기도 하여 그 내용이 경계하여 교훈 삼기를 권하는 말이 많지만, 강의시간에 했던 원래의 내용을 그대로 남겨두었다. 비록 이 책이 저술의 형식을 갖춘 것은 아니지만, 독자들이 문장을 읽으면 강의실에 앉아 있는 듯한 느낌을 갖게 될 것이다. 강의 첫 시간에 독서를 통해 학문을 하는 방법에 대하여 언급했지만, 녹음이 되어 있지 않아 생략했다. 이에 대해서는 강의 중간에 가끔 언급한 바 있으므로 독자들이 참고할 수 있을 것이다.

중화민국 61년(1971) 손문孫文 선생 탄신일 다음 날,
대북臺北 외쌍계外双溪의 소서루素書樓에서

전 목錢穆 씀

사학명저 강의 목차

자서 …… 7

『상서』 …… 11
『춘추』 …… 33
『춘추3전』 …… 55
『좌전』과 『국어』 그리고 『전국책』 …… 79
『사기』 상 …… 107
『사기』 중 …… 131
『사기』 하 …… 155
『한서』 …… 177
범엽 『후한서』와 진수의 『삼국지』 …… 197
후한으로부터 수에 이르는 시기의 사학발전 …… 223
『고승전』・『수경주』・『세설신어』 …… 253
유지기의 『사통』 …… 271
두우 『통전』 상 …… 291
두우 『통전』 하 …… 317
오긍의 『정관정요』 …… 339
구양수의 『신오대사』와 『신당서』 …… 349
사마광의 『자치통감』 …… 377
주희의 『자치통감강목』과 원추의 『통감기사본말』 …… 401

정초의 『통지』 …… 433

마단림의 『문헌통고』 …… 465

황종희의 『명유학안』, 전조망의 『송원학안』 …… 493

황종희·전조망의 『학안』으로부터
장학성의 『문사통의』까지 …… 519

장학성의 『문사통의』 …… 547

역자의 말 …… 583

『상서』

> 사람이 없다면 역사가 있을 수 없다. 과거에는 역사가 단지 한 무더기 자료만을 남겨놓아 모두 '죽은 역사'가 되었다. 오늘날 여러분들이 단지 역사상 한 무더기 자료나 혹은 하나하나의 사건만을 중시한다면, 이는 겨우 역사의 유해遺骸를 보는 것일 뿐 역사의 영혼을 보지 못하는 것과 같다.

오늘 첫 시간 강의 주제는『상서尙書』이다.『상서』는 중국 최초의 사학명저이자 중국의 첫번째 고서라고 할 수 있다. 왜냐하면 현재 중국에는『상서』보다 더 오래된 책이 전하고 있지 않기 때문이다. 고대 중국에는 두 종류의 고서가 있었는데, 운韻이 있는 것을 '시詩'라 하고, 없는 것을 '서書'라고 했다. 그리고 '상尙'이라는 글자의 의미도 '아주 먼 옛날〔遠古〕' 혹은 '오랜 옛날〔上古〕'의 뜻을 지닌 것이니,『상서』는 곧 아주 오랜 옛날의 산문집을 가리킨다. 공자는 시서詩書로써 제자를 가르쳤고, 공자 이전의 춘추시대에도 대부大夫들 대부분이 시와 서를 읽었다는 것을『좌전左傳』에서 확인할 수 있다. 공자 이후에도 묵자·맹자·순자 역시 시와 서를 읽었다. 따라서『상서』는 중국 고대에 있어서 많은 사람들이 읽었던 책이라 할 수 있다. 그러나 오늘날에 와서『상서』는 매우 읽기 어려운 책이 되었다.

『상서』는 각각 우虞·하夏·상商·주周 네 시기로 나뉘어 있는데, 후세사람들이 하·상·주를 3대三代라 칭하고, 요·순시대(唐虞)를 5제五帝에 속하게 했다. 따라서 『상서』는 5제와 3대에 관한 책이라 할 수 있다. 요·순으로부터 현재까지 이미 4천여 년이 지났고, 서주西周 이래 3천 년 이상 지난 셈이니, 『상서』는 실로 중국의 아주 오래된 고대의 책인 것이다.

한漢나라 때 태학太學에 세워진 오경박사 중에도 『상서』가 있었다. 오늘날의 말로 표현하자면 『상서』는 당시 국립대학이 규정한 교과서였다. 그러나 전한에서 후한 4백 년을 거치는 동안에도 『상서』의 문장 모두가 이해되었던 것은 아니었다. 한나라가 상고로부터 그리 멀지 않은 시대였는데도 불구하고 『상서』의 내용이 매우 어려웠다면, 뒤에 와서 그 내용이 더욱 이해되지 않았던 것은 당연했다. 당唐나라 때 한유韓愈는 특히 『상서』 가운데 "「주서周書」에 보이는 각 고誥와 「상서商書」에 보이는 「반경盤庚」편은 글이 몹시 어려워 읽기 힘들다"고 하여, 역시 『상서』를 이해하기 어렵다고 여겼다. 청대에 와서도 경학에 관하여 가장 뛰어난 성과를 냈고 특히 훈고訓詁·고거考據 방면에 깊은 노력들이 있었지만, 청대 2백 몇십 년 동안에도 여전히 그 내용이 모두 이해되지는 않았다. 민국 초기의 왕국유王國維는 당시 비슷한 나이의 학자들 사이에서 경학에 대한 식견이 가장 뛰어났지만, 역시 『상서』에 모두 통하지는 않았다고 토로했다.

때문에 오늘날 우리들이 『상서』를 읽는다면 다만 그 대의大義를 얻고자 하는 편이 더 나을 것이다. 왜냐하면 글자 하나, 문장 하나를 모두 이해하는 것이 매우 어렵기 때문이다. 과거 내가 중국에 있을 때 친구였던 고힐강顧頡剛이『상서』를 현대의 백화문으로 번역하면서 주석을 붙이는 작업을 하려 했지만, 나는 그 작업이 별로 소용이 없을 것이라 생각했다. 들리는 바로는 당시 그가 번역한『상서』가 출판되었다고 하지만, 아직 직접 본적이 없다. 그러나 어찌했든『상서』가운데 이해하기 어려운 문제들을 모두 해결하지 못했을 것이라는 사실은 분명하다. 고서를 읽기 어렵다고 백화문으로 번역한다고 해서 이해하기 쉬워지는 것은 아니다. 주를 붙여서 해석을 도와도 이해하기 어려운 형편이니, 고문을 백화문으로 번역해도 그 뜻은 더욱 어려울 수밖에 없다. 수천 년 전의 사람들이 남긴 말들을 오늘날 사용하는 백화문으로 꼭 맞게 번역하기란 불가능한 것이다. 이 같은 일은 모두 학문을 함에 있어서 잘못된 길을 걷고 있음을 뜻하는 것이지만, 이 문제는 잠시 언급하지 않기로 하자.

다음으로 우리들은『상서』가 많은 문제점을 지닌 책이라는 사실을 알아야 한다. 글자 해석에 관한 문제 외에도 판본의 문제가 있다. 즉『상서』의 진위와 관련한 것이다.『상서』에는 두 종류의 판본이 있는데, 하나는『금문상서今文尙書』이고, 다른 하나는『고문상서古文尙書』이다. 오늘날 우리들은 단지『금문상서』만을 진짜라 하고,『고문상서』를 가짜로 여긴다. 나는 오늘 우선 이 문제를 간략하게 설명하고자 한다.『상서』는 도대체 모두 몇 편인가? 과거에는 모두 100편이라 했지만, 이는 믿을 만한 것이 못된다. 진시황이 분서焚書를 행한 시절에 박사였던 복생伏生이『상서』를 몰래 소지하고 집으로 돌아와

벽 속에 감추어 보관했다. 진이 망하고 한나라가 들어서자 다시『상서』를 찾게 되었지만 단지 복생에게 남아 있는 책만을 알고 있었다. 당시 복생은 나이가 곧 100세가 되어 가는 노인이었고 멀리 산동山東 지방에 살고 있었으므로 수도인 장안長安까지 오게 할 수는 없었다. 때문에 당시 조정에서는 학문에 조예가 깊은 조조晁錯를 특별히 보내 이 책을 구해 오게 했다. 그러나 복생은 이미 나이가 많아 말을 잘 할 수 있는 상황이 아니었다. 그리고 조조와 복생 두 사람의 발음이 서로 맞지 않아 뜻이 통하지 않는 부분이 있었다. 따라서 복생의 딸이 이들 곁에서 번역을 도왔다. 이같이 하기를 몇 개월, 조조는 드디어『상서』를 정리하여 조정으로 가져왔다. 이로부터 이『상서』를『복생상서伏生尙書』라고 부르게 되었다.

그 당시 중국의 문자 역시 부단히 변하고 있었다. 고대에는 전서체篆書體를 사용했고, 진·한대에는 보통 모두 예서체隸書體를 썼다. 전서체로 쓴 것을 고문이라 했고, 당시 통용되던 예서체로 쓴 것을 금문이라 했다.『복생상서』는 본래 전서체, 즉 고문으로 되어 있어서 읽기가 쉽지 않았다. 때문에 복생은 조조에게 예서로 다시 쓰라고 한 것이다. 이로 인해『복생상서』를『금문상서』라 불렀던 것이다. 한 조정에서는 이로써 박사관을 세우고 학생에게 그 내용을 전수했다. 따라서 이『상서』는『박사관상서』라는 명칭을 갖게 되었다. 이것이 바로 당시 첫번째『상서』판본이었다.

후일 한무제 때 노나라 공왕恭王이 집을 수리하면서 공자의 옛 거처 벽을 허물었는데, 그 속에서 많은 고서가 나왔다. 대부분 진시황의 분서를 피해 공자의 후손들이 감추어 둔 것으로 당연히 공자 후손의 소유였는데, 후손 공안국孔安國은 당시 무제의 조정에서 관리를 지내고 있었다. 앞에서 말한 조조가 복생의 집으로 가서 『상서』를 구한 일은 경제景帝 때의 일이었다. 무제 때 다시 출현한 『상서』를 『공벽상서孔壁尙書』 혹은 『공안국상서』라 칭하기도 했는데, 이것이 바로 『고문상서』이다. 왜냐하면 이 『상서』는 모두 전국시대 이전에 사용되었던 전서체篆書體로 쓰였기 때문인데, 『복생상서』처럼 금문으로 고쳐쓰지 않아서 붙여진 이름이었다. 이 책은 당시 박사가 설치되지 않았다. 즉 당시 조정의 박사관이 아직 이 책을 이용하여 학생을 가르치지 않았던 것이다.

『공안국상서』[이하 『고문상서』라 칭함- 역자주]와 『복생상서』[이하 『금문상서』라 칭함- 역자주]는 어떤 차이가 있었는가. 『금문상서』는 단지 28편이었는데 반해, 『고문상서』는 16편이 많은 44편이었다. 그리고 그 28편 가운데도 글자가 서로 다른 곳이 있었다. 전한 말 유흠劉歆이 『고문상서』를 태상박사太常博士에게 올리면서 많은 고서를 가르칠 박사관의 설치를 청한 적이 있었다. 그 가운데 『고문상서』도 있었지만 후한에 와서도 줄곧 학관學官은 없었고, 다만 사회와 학술계에 사적私的으로 유행했을 뿐 국립대학 내에 정식 교과서로 채택되지는 않았다. 후한 말 큰 혼란을 겪으면서 일체의 서적들이 대부분 흩어져 없어졌을 때, 이 책 역시 없어졌다. 동진東晉에 이르러 홀연히 어떤 사람이 『상서』를 바치면서 칭하기를 공안국본孔安國本이라 했다. 많은 사람들이 잃어버린 『고문상서』를 되찾은 것이라 여겼다. 이후에는 과거 두 종류의 『상서』, 즉 금문과 고문을 합하여 하나로 했다. 예컨대 당 초기 공영달孔穎達이 편찬한 『오경정의五經正義』 중의 『상서』는 바로 금문과 고문을 합한 것이었다.

다시 이후 남송의 주자朱子에 이르러 이 『상서』에 대하여 의문이 발생했다. 주자는 "무엇 때문에 이 『상서』 중에 『복생상서』는 이해하기가 그렇게 어려운데, 『공안국상서』는 오히려 그 뜻이 모두 쉽고도 분명한가"라고 말하기도 했다. 그 이유를 분명히 이야기하지는 않았지만 의문을 품었던 것 같다. 그러나 주자 역시 더 나아가 깊이 있게 연구를 진행하지는 못했다. 주자의 제자 채침蔡沈에 이르러 『상서』에 대한 집전集傳을 정리했는데, 주자가 직접 쓴 『시경』에 관한 집전과 함께 원나라 시대에 와서 과거시험을 위해 반드시 읽어야 할 책이 되었다. 채침의 집전에는 『상서』의 매 편마다 제목 아래에 모두 "금문과 고문에 모두 있다" 혹은 "금문에는 없고, 고문에 있다"라는 등등의 글자를 일일이 적었다. "금문과 고문에 모두 있다"라고 한 것은 바로 『금문상서』를 말하고, "금문에는 없고, 고문에 있다"라고 한 것은 『고문상서』를 말한다. 채침은 주자의 뜻을 계승하여 『상서』를 다시 새롭게 구분함으로써 사람들로 하여금 『상서』에는 금문과 고문의 문제가 있음을 알게 했다.

그리하여 원대의 오징吳澄과 명대의 매작梅鷟에 이르러 비로소 『고문상서』가 가짜로서 믿을 만한 것이 못된다는 의문이 시작되었다. 이 문제는 청대 초기 염약거閻若璩에 이르러, 동진 이후의 소위 『고문상서』라는 책은 가짜로서 『공안국상서』가 아니라는 점을 명확하게 증명하기 시작했다. 염약거는 『고문상서소증古文尚書疏證』이라는 책을 저술했는데, '소증疏證'이란 바로 거짓을 가려낸다는 의미이다. 이 책은 『상서』에 관한 정론定論이 되었다. 조금 뒤의 혜동惠棟 역시 『고문상서고古文尚書考』라는 책을 써서 『고문상서』가 위서僞書임을 밝혔다. 이는 모두 근대 학술사상 위서를 가려내는 '변위辨僞'의 문제에 있어서 매우 큰 발견이었고, 세상을 놀라게 할 만한 큰 공적이었다.

여러분들은 혹 자신이 역사를 공부하는 사람이니까 경학은 배우지 않아도 된다거나, 또는 근대사를 배우니까 고대사는 공부하지 않아도 된다든지, 사회사와 정치사를 전공하니까 학술사는 배우지 않아도 된다고 말해서는 안된다. 학문을 하는 사람이 당연히 알아야 할 사실은, 다른 사람들이 다 아는 것은 우리도 모두 알아야 한다는 것이다. 학술적으로 "하늘이 놀라고 땅이 진동〔驚天動地〕"할 정도로 커다란 사건을 많은 사람이 모두 알고 있는데 나만 홀로 모른다면, 그 고루하고 과문함이 반드시 자신의 학문에 큰 장애가 될 것이다. 따라서 『상서』의 모든 자구字句를 다 이해한다는 것이 불가능하다는 사실을 안다는 것은 그리 해가 될 것이 없지만, 이미 과거의 학자가 금·고문의 진위를 밝혀 결론이 내려져 그 대강이 정리되었는데도 불구하고 만약 그 사실을 알지 못한다면, 그것은 크게 잘못된 것이다.

그리고 여러분들은 학문은 반드시 새로운 것이어야 한다고 오해하지 말기를 바란다. 모름지기 선현先賢들의 성과를 계승하는 일 역시 매우 중요하다. 오늘날 여러분처럼 학문을 하는 사람들은 모두 자료의 고증이 매우 중요하다는 것을 잘 알고 있지만, 한 무더기 자료가 여기 있다고 할 때 이를 어떻게 살펴야 하는가 하는 문제는 아주 힘든 과정을 거쳐야 알 수 있게 된다. 예컨대『고문상서』처럼 만약 여러분들이 염약거와 혜동의 책을 자세히 한 번 읽어보면, 다루고 있는 문제가 너무 많고 매우 복잡하다는 사실을 알게 될 것이다. 우리들은 과거 뛰어난 학자들이 이미 내린 정론을 가지고 성의를 다하여 연구하고, 그것을 통해 자신의 견식을 넓힐 수가 있고, 자신의 노력을 다듬을 수 있다.

염약거와 비슷한 시기에 모기령毛奇齡이『고문상서』의 관련 내용을 가지고, 이 책이 가짜라는 사실에 대하여 반박하는 책을 썼다. 모기령의 저술은 매우 많았고 또 박학하고 언변이 능했다. 그렇다면 과연 누가 옳고 누가 그른가. 이 문제를 해결하려면 반드시 두 사람의 책을 모두 자세히 읽어보아야 한다. 물론 오늘날 우리들은 당연히 염약거의 견해를 옳다고 여기지만, 그의 주장에도 잘못된 곳이 적지 않다. 모기령의 주장 역시 후세의 많은 사람들이 신뢰하지 않는 것은 사실이지만, 이 책은 여전히 오늘날에도 전하고 있고 또 읽어볼 만한 가치가 있다. 이러한 배경에는 여전히 비교적 복잡한 문제가 존재한다.

내가 저술한『중국근삼백년학술사』에서는 이 문제에 대하여 청대의 유학자들이 거론하지 않은 이야기만을 언급한 적이 있다. 학문이란 실로 무궁하여 이미 정론으로 해결된 큰 문제 안에 여전히 작은 문제들이 남아 있는 것이다. 이들 문제에 대해서는 잠시 논하지 않기로 하고, 오늘은 다만『상서』에는 두 종류의 책이 전하는데 그 가운데 『고문상서』는 위조된 내용이 많다는 것을 강조하고자 한다.

　여러분들이 만약 『상서』를 읽고자 한다면 앞에서 말한 채침의 집전集傳이 가장 쉬울 것이다. 『사기史記』에는 『복생상서』가 28편이라 했는데, 고문이 금문에 비해 16편이 많으니 모두 44편이 된다. 그러나 현재 전하는 『상서』는 모두 58편이나 된다. 여기에는 또 문제가 있다.

　이후 나는 매번 한 주제를 가지고 이야기를 하면서 단지 그 대강만을 이야기하고자 한다. 그러나 여러분들은 내 이야기를 듣는 것으로 만족하지 말기를 바란다. 왜냐하면 단순히 내 이야기를 듣기만 한다면 기억하기 어려울 뿐만 아니라 분명히 잊어버리게 될 것이고, 또 기억해 보아야 큰 소용이 없을 것이기 때문이다. 학문이란 본래 노력을 필요로 하는 것으로서, 노력하지 않는 학문이란 존재하지 않는다.

　여러분들은 공부를 할 때마다 그 방법을 매우 궁금하게 여기지만, 학문을 함에 있어서 가장 중요한 방법은 바로 시간을 기울여 노력하는 것이다. 한 학자가 10년 또는 20년의 노력을 기울여야 비로소 한 가지 문제를 해결할 수 있는 것이다. 그리고 그 자세는 항상 자신의 본분을 찾는 일이다. 혹시 여러분들이 현재 직장문제 등으로 시간이 없거든 학위논문의 완성을 미루고 시간문제가 해결되고 난 뒤 다시 전념하여 공부하기를 바란다.

　자, 다시 뒤로 돌아가 이야기를 계속해 보자. 『상서』에는 금문과 고문이 있고, 『고문상서』는 위서라 했고, 다만 28편으로 구성된 복생이 전한 것이 진짜라고 했다. 공안국이 전한 것도 본래는 진짜였을 것이다. 그러나 뒤에 와서 없어져 버렸다. 『공안국상서』, 즉 『고문상서』는 가짜였다기보다는 다만 박사관이 세워지지 않았고 전해지는 것이 적어 그만 망실되었을 뿐이다. 동진에 이르러 매색梅賾이 바친 책은 가짜 『상서』였다. 그러나 여기에서 나는 다른 문제 한 가지를 이야기하고자 한다. 그것은 바로 『금문상서』 28편도 모두가 진짜는 아니라는 것이다.

그러면 이쯤에서 소위 고서古書의 진위를 분별하는 문제에 대하여 언급해야겠다. 고서에는 진짜도 있고, 가짜도 있게 마련이다. 따라서 진위를 구분할 수 있어야 한다. 이는 오늘날의 새로운 문제가 아니라 후일의 학자들도 모두 주의해야 할 문제이다. 현재의 안목에 비추어 말하자면 우리들은 진일보한 이야기를 해야 한다.

『금문상서』 역시 반드시 모두가 진짜라고는 할 수 없으며, 가짜가 적지 않다. 아쉬운 것은 현재 아무도 이 문제를 더 나아가 연구하지 않는다는 점이다. 이는 민국 초기 이래 일단의 학자들이 지나친 주장을 제기한 데서 기인한다. 예컨대 고힐강顧頡剛은 『고사변古史辨』에서 하나라의 우禹는 실존 인물이 아니었다고 했는데, 이는 너무 지나친 말이다. 그러나 실은 오로지 고힐강만을 탓할 수 있는 것은 아니다. 청 말에도 일찍이 이 같은 상황이 있었다.

강유위康有爲는 『신학위경고新學僞經考』와 『공자개제고孔子改制考』를 저술했는데, 강유위의 주장에 따르면 경학經學·한학漢學은 모두 왕망王莽의 신학新學이라 했다. '신新'이란 바로 왕망의 왕조를 가리킨다. 청대의 유가들이 모두 한학을 이야기했지만, 강유위는 오히려 '신학'을 말했다. '경經'은 모두 유흠이 왕망을 위해 위조한 것이라 했다. 이 책은 출판된 뒤에 청의 조정에 의해 금서 조처를 받고 판매가 금지되고 발행 또한 허락되지 않았다. 그러나 민국 이래 많은 사람들이 새로운 것을 말하기를 좋아하면서 이 책을 중시했다. 고힐강의 『고사변』은 바로 이 같은 분위기를 계승한 것이다.

후일 강유위는 복벽復辟에 종사했지만 실패했다. 그러나 그것은 다만 강유위의 정치적 실패였다. 학술적으로는 그렇게 실패하지 않았다. 그는 북경 동쪽 교외의 네덜란드공사관으로 가서 다른 사람에게 그의 『신학위경고』를 다시 인쇄하게 했는데, 북경의 많은 사람들이 이 책을 사서 보았다. 그는 여전히 학술사상의 새로운 풍조를 이끌고 있었다.

그러나 변위辨僞가 너무 지나쳐서 실로 황당하기까지 했다. 『공자개제고』는 더욱 황당했다. 공자가 언급한 그 이전의 사실은 모두 공자가 '탁고개제託故改制'한 것으로서 이는 모두 공자가 새로운 제도 개혁을 위해 고대에 가탁했다는 것을 말한다. 이렇게 말한다면 전체 중국역사가 첫째는 공자에 의해, 둘째는 유흠에 의해 모두 위조된 것이 되어버린다. 이렇게 말해가다가 하의 우禹는 벌레를 의미한다고까지 하게 되므로 비로소 사람들의 미움을 불러일으켰다. 변위의 학문을 다시 이야기하지는 않겠지만, 실제상 변위는 지나쳐서는 안 된다. 그러나 여전히 많은 진위문제는 반드시 밝혀져야 한다. 예컨대 『상서』를 말할 때 나는 금문 28편 가운데에도 아직 믿지 못할 부분이 많다고 여기고 있다.

예를 들어 『상서』의 제1편 「요전堯典」의 경우, 근대의 어떤 사람이 문장을 지어 「요전」 중에서 천문에 관한 말, 즉 "낮과 밤의 길이가 같아 남방칠수南方七宿라는 별이 모두 나타나고〔日中星鳥〕, 낮의 길이가 가장 긴 때인 하지에 대화성이 정남쪽에 자리하며〔日永星火〕, 밤의 길이가 낮과 같아 북방칠수北方七宿의 하나인 성허가 제자리에 돌아오고〔宵中星虛〕, 해의 길이가 가장 짧은 동지에는 성허가 나타난다〔日短星昴〕" 등을 변호했다. 이들 28수(宿) 가운데 조성鳥星·화성火星·허성虛星·앙성昴星 등의 하늘에서의 위치는 움직이는 것이었다.

현대의 천문학의 관점에서 「요전」에 언급한 것을 살펴보면 그것은 중국 고대 요순시대의 천문이었고, 전국시대에 오면 그렇지 않았다. 이에 근거하여 보면 「요전」이 가짜가 아님을 증명할 수 있다. 대체로 이에 관한 학문은 일본이 중국에 비해 연구하는 사람이 많다. 왜냐하면 일본이 중국에 비해 일반적인 과학지식이 더 발달했기 때문이다. 중국학자들은 이와 관련하여 여전히 일본인의 관점에 근거하고 있다.

그러나 내가 생각하기에 과학지식이란 비교적 전문적인 것으로 중국의 고대인들은 이를 '주인지학疇人之學'이라 불렀다. 예컨대 밭에 씨를 뿌리는 일의 경우 아버지가 씨를 뿌리던 밭에 그 자식이 계속하여 씨를 뿌려가듯, 대체로 고대인들의 천문학과 역법에 관한 연구는 모두 전문적으로 세습되던 가학家學이었다. 아버지가 아들에게 전하여주므로 이를 '주인지학'이라 칭했던 것이다. '주인지학'은 스승이 제자에게 전하는 것을 말할 수도 있다. 요순시대의 천문 역시 예로부터 문자로 혹은 구전으로 전해 오던 것이었다.

물론 우리들은 이 같은 관점에 근거하여 「요전」의 기록이 모두 믿을 만한 것이라 볼 수는 없고, 다만 「요전」 중의 어떤 말들이 그 연원을 가지고 있다고 말할 수는 있다. 기타 다른 말들은 모두 믿을 만한 것이 못된다. 예컨대 요가 순에게 천하를 넘겼다든지, 순이 우를 사공司空과 함께 백규百揆를 겸하는 재상에 임명한 사실, 기棄를 농업을 관장하는 후직后稷에, 설契을 오교五敎를 관장하는 교육대신에, 고요皐陶를 사士로 하여 사법대신에 임명하고 또 군대를 관장하게 하고, 수垂를 공업부대신에 해당하는 공공共工, 익益을 축목畜牧을 관장하는 우虞로, 백이伯夷를 전례典禮, 기夔를 전악典樂, 용龍을 납언納言에 각각 임명하여 황제의 명령을 관장하게 하는 등 모두 구관九官을 두었다고 기록하고 있지만, 이는 모두 믿을 수 없는 사실들이다.

먼저 연대문제가 있다. 우禹는 하의 시조, 설契은 상의 시조, 기棄는 주의 시조인데, 여기서는 이들이 모두 순舜에 의해 동시에 관직에 있었던 인물로 변해있다. 이에 대해서는 말할 필요도 없고, 특히 중요한 것은 우 시절에 이미 재상이 임명되고, 토지·농업·교육·사법·공업·목축·음악·납언 등을 관장하는 아홉 관직이 있었다고 서술하고 있는데, 이를 보면 이미 고대 중국에 매우 체계적이고 조직적인 규모를 갖춘 행정부가 갖추어져 있던 셈이다.

만약 요임금 시절에 중국의 중앙정부가 그렇게 이미 9관을 갖추고 있었다면 이하 하·상·주 3대와 춘추전국을 거쳐 진한에는 왜 모두 없었는가. 이는 역사상 하나의 퇴보가 아닌가. 순임금 때 대신이 아홉 부서로 나뉘어 있었는데 왜 그 이후 시기에는 없었는가. 이 점에만 근거하여 보면 순으로부터 진秦에 이르는 2천 년의 역사는 말할 방법이 없게 되고 또 이해할 수 없게 된다. 때문에 나는 「요전」이 전국시대 사람의 위조라고 말할 수밖에 없는데, 순이 9관을 임명한 사실 등도 모두 전국말기 사람들이 그리는 이상적인 정부를 반영하는 것이다. 그들은 정부조직에 당연히 교육·농업·사법·음악 등을 관장하는 관리가 필요하다는 사실을 깨닫고 있었다. 이는 매우 높은 이상이었다.

이것이 바로 강유위가 말한 '탁고개제託古改制'와 같은 이치였다. 그러나 강유위는 이 같은 논리로 공자를 말할 수는 없었다. 그렇게 되면 공자 이전에는 근본적으로 요순도, 『상서』도, 주공도 모두 없게 된다. 그러나 '탁고개제'는 분명 있었다. 선진 제자諸子 중에도 많았다. 유가 중에도 물론 있었다. 그러나 지나치게 주장할 수는 없는 것이다.

여러분들은 역사를 공부하면서 거짓을 가려낼 수 없다면 많은 사실들이 이해가 안 될 수도 있다는 점을 알아야 한다. 그러나 변위작업을 하는 과정에도 매우 깊은 뜻이 깃들어 있다. 따라서 제멋대로 가볍게 의심하거나 분별하려 해서는 안된다. 예컨대 강유위나 고힐강의 변위가 너무 지나치다보니 더 많은 사실들의 뜻이 통하지 않게 되었다. 앞에서 말한 바처럼 요순시대에는 이 같은 정부가 있을 수 없었기 때문에 「요전」에 있는 이 자료들은 모두 믿을 것이 못된다. 다만 고대 중국 천문天文의 경우에는 믿을 만하다.

그러면 다시 작은 사례를 들어보자. 예컨대 「순전舜典」편의 첫 머리에 "보기 드문 덕행에 대한 소문이 요임금의 귀에까지 들어갔다(玄德升聞)"란 글자가 있다. 순의 덕德을 요가 알게 되었는데 왜 '현덕'이라 칭했는가. 고서에서는 '현덕'이라는 두 글자를 붙여 사용한 경우가 극히 드물다. 단지 『노자』에서 "무와 유는 모두 한 근원[道]에서 나왔으나 명칭이 다를 뿐이다. 이들이 다같이 나오는 상태를 일컬어 현玄이라 한다. 이 현이 다시 현묘하게 작용하여 모든 도리와 만물의 변화가 근원하는 문門이 된다(同出而異名, 同謂之玄, 玄之又玄, 衆妙之門)"라고 했다. 여기서 '현덕'이라는 두 글자는 『노자』라는 책을 통해 설명할 수는 있어도, 공자와 맹자의 글을 통해 말할 수는 없다.

뒷날 위진시대에는 노장학을 '현학'이라고 불렀다. 어찌하여 「순전」 속에 '현덕'이라는 두 글자를 사용했는가 하는 문제는, 혹시 전국시대 말기 사람이 『노자』라는 책을 이미 읽고 「순전」을 편찬하면서 '현덕'이라는 두 글자를 사용한 것이 아닌가 의심할 수도 있다. 우리들은 문자의 사용을 보고 연대를 가늠할 수 있다. 예컨대 우리들이 현재 말하기 좋아하는 '중국문화'라는 단어 같은 것도 청 말기의 사람들은 결코 이 네 글자를 사용할 줄 몰랐다.

그러면 다음으로 「우공禹貢」편에 대하여 살펴보자. 「우공」은 중국 고대의 지리를 이야기할 때 매우 중요한 문장이다. 이 책도 사실은 결코 하나라 우의 내용이 아니라 전국시대의 것이라 하겠다. 예컨대 「우공」에 형주荊州·연주兗州·예주豫州 등 9주州로 구분한 내용이 보이는데, 그렇다면 왜 9주라는 용어가 하·상·주·춘추 시대 그리고 전국시대 초기까지는 보이지 않는가, 어떤 사람이 우가 획분한 9주 제도를 없애버렸는가, 9주가 있었다면 왜 어떤 책에서도 이 9주라는 용어를 사용하지 않았을까 하는 등등의 의문이 이해되지 않는 것이다. 단지 이 한 가지 예를 통해서도 「우공」은 믿을 만한 내용이 아니라는 점을 알 수 있다. 이 「우공」은 상당히 늦게 출현한 내용이다. 나는 지금 이에 대해서는 상세히 이야기할 수가 없다.

여기서 이야기할 수 있는 것은 『상서』 가운데 가장 믿을 만한 부분은 바로 「서주서西周書」(『상서』의 주서周書 중 서주西周부분을 가리킴- 역자주)이고, 그밖에 「우서虞書」·「하서夏書」·「상서商書」는 모두 문제가 있다는 말이다. 단지 「서주서」만이 혹 『상서』의 원시적인 자료이거나 혹 본래의 내용이었을 것이다. 그밖에도 「동주서」가 있지만 이는 후일 첨가된 것이다. 역시 믿을 만한 것은 「서주서」라 하겠다.

만약 우리들이 『상서』, 즉 『금문상서』 28편을 다시 분석한다면 겨우 「서주서」만이 남게 된다. 그렇다면 우리들은 반드시 「서주서」 십여 편의 문장에 대해서도 간단하고 명료한 이해를 해야 한다. 나는 일찍이 「서주서문체변西周書文體辨」이라는 글을 발표한 적이 있다. 이 글을 통해 중국에서 가장 오래된 역사 문체가 어떻게 쓰였는지를 이야기했다. 지금 이 자리에서는 여러분에게 이 문제에 대하여 상세히 설명하지 않으려 한다.

그러나 또 다른 중요한 문제가 있다. 바로 『상서』라는 책의 배후 인물을 말해야 한다는 것이다. 기왕에 「서주서」를 언급한다면 여기에 한 중요한 인물이 매우 뚜렷하게 드러나 보이려 하고 있음을 분명히 볼 수 있는데 그가 바로 주공周公이다.

「서주서」 안의 많은 문장들은 주공이 지었거나 혹은 동시대의 사람 또는 그 수하의 사람이 지은 것이다. 당시에 있어서 주공은 그 집단 중에서 이러한 내용을 전한 뒤 큰 영향력을 지니게 되었다. 공자는 일생 동안 주공을 숭배했다. 우리들이 주공의 사상적 이론이나 정치적 조처들을 연구하려면 당연히 이 십여 편의 「서주서」를 중요한 자료로 삼아야한다.

나는 앞에서 이미 여러분에게 학문을 할 때는 마땅히 하나하나의 자료로 시작하고 나아가 한권 한권의 책을 연구해야 하며, 반드시 그 책의 배후에 있는 저자에 대해 주의해야 한다고 말한 적이 있다. 만약 그 책이 정말 가치가 있다면 오로지 자료 때문이 아니라 책의 배후에 반드시 사람이 있다는 사실 때문일 것이다. 지금 우리들은 중국에서 가장 오래된 첫번째 사학명저가 바로 「서주서」라 말한다. 그리고 「서주서」의 중요한 저자, 즉 이 같은 체재를 처음 발명하고 문장을 쓴 사람은 바로 주공이었다. 물론 주공 한 사람뿐만 아니라 당연히 몇 사람이 있었을 것이다.

그러면 여러분들은 이 같은 생각으로 「서주서」를 읽어보라. 그리하면 많은 편들의 내용이 제각기 나누어져 있음을 볼 수 있을 것이다. 각각 체재가 다르고, 의견이 다르고, 주장이 다르지만 오히려 시대는 하나로 묶여 있음을 볼 수 있을 것이다.

그러면 잠시 「서주서」 중의 「소고召誥」편에 나오는 말을 예로 들어 살펴보자. 이는 분명히 소공召公이 말한 것이지 주공이 말한 것은 아니다. 「소고」편에 보이는 "넓은 하늘의 상제께서는 그의 원자에게 내린 이 큰 나라 은의 명을 바꾸었습니다. 왕께서 명을 받으시니 이는 무궁한 경사이며, 또 무궁한 근심이기도 합니다. 아아! 어찌 근신하지 않을 수 있겠습니까?〔皇天上帝, 改厥元子, 玆大國殷之命, 惟王受命, 無疆惟休, 亦無疆惟恤, 嗚呼! 曷其奈何弗敬〕"라고 했는데, 이는 황천의 상제가 그의 원자를 다시 바꾼다는 말이다.

종전의 대국 은殷의 명이 현재는 성왕成王의 손에 있다고 했다. 상商이 주周로 바뀐 것이다. 좋은 것은 반드시 다 완전한 것이 아니고, 염려스러운 것도 마찬가지이니 늘 마음에 담고 있으라고 한 것이다. 그 아래 문장에 "옛적 선왕으로 하가 있었는데 하늘의 뜻을 어겨 지금은 이미 하늘의 명을 잃었습니다. 오늘날의 은을 살펴보건대 지금은 하늘의 뜻을 어겨 하늘의 명을 잃었습니다. 우리들은 하나라를 거울삼지 않을 수가 없으며 은나라를 거울삼지 않을 수가 없습니다. 지금 왕께서는 천명을 받으셨습니다. 이제 우리는 두 나라의 명운을 거울삼아 그 업적을 이어받아야 합니다〔古先王有夏, 今時旣墜厥命; 今相有殷, 今時旣墜厥命. 我不可不監于有夏, 亦不可不監于有殷. 今王嗣受厥命, 我亦惟玆二國命〕"라고 했다. 이는 고대 중국에는 하왕조가 있었음에도 불구하고 상제가 좋아하지 않았음을 의미한다. 하왕조가 왕조로서 존재할 수 없었음을 의미하며, 은 또한 마찬가지였다. 그 아래 이어서 우리가 존재하며, 지금 우리들이 천명을 획득한 것도 하·은과 마찬가지라고 했다.

이 같은 말들은 「서주서」 곳곳에 여러 차례 보인다. 먼저 우리는 중국 고대에 하·상·주 3대가 있었고 이들은 모두 실재 존재했던 역사라는 사실을 알 수 있다. 현재 우리들은 비록 지하에서 상의 갑골문이 발굴되고 있는데도 하의 것이 아직 보이지 않는다고 해서 하나라가 존재하지 않는다고 말할 수는 없다. 단지 하의 문자가 아직 보이지 않는다는 이유로 하의 존재를 부정할 수는 없는 것이다. 서주 초기 주공과 소공이 언급한 바 있었다. 우리들이 분명히 갑골문을 인정하고 있듯이 「서주서」도 반드시 인정해야 한다.

왕조가 주군을 '천자'라고 칭한 것은 상제가 그에게 명하여 천하가 함께 받드는 군주가 되게 한 것으로, 천명이 어느 일족 한 사람에게 주어진 것은 아니었다. 하에게 주었지만, 하가 바르지 않으면 다시 상에게, 또 상이 바르지 않으면 다시 주에게 내리고, 주가 또 옳지 않으면 다시 다른 사람에게 주어진다고 하는 의미였다. 따라서 "무궁한 경사[無疆惟休]" 혹은 "무궁한 근심[無疆惟血]"이라고 했던 것이다.

나는 이상의 문장이 분명 소공이 한 말이라 여기지만, 실은 주공의 말이기도 했다. 당시에 주공은 소공을 돕고 있었고, 소공 역시 때로는 주공을 대표하기도 했다. 주공은 당시 세상에 알려진 성인이었다. 「서주서」를 읽으면 당연히 서주의 정신을 이해할 수 있을 뿐만 아니라 동시에 주공의 정신을 이해할 수 있다.

일정한 단계의 역사 배후에는 하나의 정신이 있는데, 이는 한 사람 혹은 여러 사람을 통해 나타난다. 이들에 의해 표현된 정신들이 후세에 전해지게 되는 것이다. 공자가 일생 동안 주공을 숭배한 것은 주로 이러한 정신이었다. 만약 우리들이 십여 편의 「서주서」를 단지 하나의 자료로만 여긴다면 책 전체의 편찬과 또 그 배후의 시대정신과 인물의 정신을 보지 못할 것이다. 즉 그 의의와 가치를 잃게 될 것이다.

주공의 천명론天命論과 공주론共主論은 후세에 매우 큰 영향을 주었다. 주공은 먼저 천명이 무상無常하다는 관점을 제시했다. 종전에는 천명이 하에 있었지만, 하나라 사람들이 옳지 않자 다시 상에게, 또 다시 주에게 주어졌다고 했다. 그러나 천명이 주에게 주어진 것은 문왕이었지 무왕이 아니다. 천명의 수여는 문덕文德에 있었지 무공武功에 있지 않았다. 「서주서」는 이 부분을 명확하게 하고 있다. 분명히 무왕이 천하를 평정했지만, 상제는 문왕에게 천명을 주었다는 것이다. 주공의 이 같은 사상과 이론은 실제로 틀린 말이 아니었을 뿐만 아니라 후일 중국의 역사에 줄곧 큰 영향을 주었다. 때문에 우리들은 역사를 연구할 때 그 역사의 속에 존재하는 사람을 이해하는 것이 더욱 중요한 것임을 알 수 있는 것이다.

사람이 없다면 역사가 있을 수 없다. 과거에는 역사가 단지 한 무더기 자료만을 남겨 놓아 모두 '죽은 역사'가 되었다. 오늘날 여러분들이 단지 역사상 한 무더기 자료나 혹은 하나하나의 사건만을 중시한다면, 이는 겨우 역사의 유해遺骸를 보는 것일 뿐 역사의 영혼을 보지 못하는 것과 같다.

결론적으로 중국의 위대한 첫번째 사학명저는 당연히 『상서』이지만, 좀더 정확하게 말하면 「서주서」라고 하겠다. 「서주서」의 중심인물은 주공으로서 중국역사상 수천 년 동안 영향력을 지녀왔다. 오늘 나의 강의는 여기에서 마치고자 한다. 다음에는 두번째 사학명저인 공자의 『춘추』를 말하고자 한다. 공자의 『춘추』정신은 주공과 「서주서」로부터 온 것이다. 이후 주공과 공자는 중국사학과 중국문화의 중요한 창시인創始人이 되었다.

나는 중국에는 요순시대부터 바로 역사서가 있었다고 생각하지 않는다. 상商에 이르러 비로소 존재했을 가능성이 있다. 그러나 『금문상서』의 「반경盤庚」편 같은 것은 다만 사료로 볼 수 있을 뿐이다. 따라서 중국의 제대로 된 사서를 말하자면 당연히 서주시대, 즉 주공에서 비롯된다고 하겠다. 그밖에 『상서』와 관련한 내용으로 보충할 것이 있다면 다음 시간에 보강하기로 한다.

■ 쉬어가는 곳

『춘추』

> 사실을 근거로 문장이 쓰이고, 문장을 통해서 사실을 알 수 있는 것처럼 문장과 사실은 원래 하나로서 분리될 수 없는 것이다. 따라서 말하기를 "사실을 좇아 문장을 짓는 것이 『춘추』의 가르침이다"라고 했던 것이다.

    지난 시간에 『상서』에 대한 강의를 했지만 오늘 아직 약간 보충해야 할 말이 있다. 나는 여러분들에게 책은 반드시 한권 한권 이해해 가며 읽으라고 말한 적이 있다. 예컨대 『상서』의 진위를 가릴 수 있다면 「우서虞書」·「하서夏書」·「상서商書」 등은 제외하고, 특히 「서주서西周書」를 중시해야 한다. 이렇게 하면 곧 이해하기가 쉽고 책의 내용이 더욱 분명하게 된다.

    그 다음 어느 책을 읽든지 한 걸음 더 나아가 그 책의 저자를 이해해야 한다. 학문에 종사하려면 단지 자료만을 중시해서는 안된다. 자료만을 중시한다면 한권 한권 읽을 필요가 없다. 책을 읽을 필요가 없이 그저 책장을 넘기기만 해도 된다. 만약 책을 한 권씩 읽으려면 그 책을 지은 사람을 이해해야 한다. 어느 책이든 그 전체를 보아야 한다. 단지 단편적인 자료를 여기저기서 모으기 위해 혹은 단편적인 지식을 얻기 위해 책을 읽어서는 안된다.

우리들이 모름지기 책의 저자를 이해했을 때 비로소 그 책이 지닌 살아 있는 정신을 알 수 있게 된다. 즉 예를 들어 내가 여기서『상서』에 대한 강의를 하는 것이 다른 사람의 강의방법과는 다를 수도 있다. 이것은 강의하는 사람이 다르기 때문에 강의내용과 그 정신이 곧 다른 것이다. 여러분들은 학문이 반드시 객관적이어야 한다고 여겨서는 안된다. 학문 중에는 학문하는 사람의 주관이 역시 존재한다. 과학 역시 마찬가지이지만, 문학과 역사의 경우 더욱 그렇다.

당연히 학문의 배후에는 반드시 사람이 있음을 알아야 한다. 자연과학의 배후에도 역시 사람이 있게 마련이다. 다만 그 사람의 개성이 비교적 드러나지 않을 뿐이다. 예컨대 잔盞을 만드는 경우를 보자. 잔이란 단지 두 손으로 혹은 기계로 만들 수 있다. 여기에는 사람이 지닌 개성의 표현이 비교적 적다. 문학과 역사라는 학문의 배후에는 각기 일종의 예술 혹은 정신이 존재한다. 따라서 우리들이 문사文史방면의 책을 읽을 때에는 반드시 그 책의 배후에 있는 사람까지도 읽어야 한다.

「서주서」는 한 사람에 의해 쓰였다고는 할 수 없고, 단편적인 많은 문장들을 합친 것이다. 그러나 우리들은 이 「서주서」의 배후에 중요한 한 인물이 있음을 알 수 있다. 바로 주공周公이었다. 『맹자』에 바로 "세상에 이름을 날린 사람[名世者]"이라고 적혀 있다. 일정한 시대에 이 같은 인물이 출현한 것은 그 인물이 해당시대를 대표하는 것을 의미한다. "세상에 이름을 날린 사람"이란 그래서 붙여진 것이다.

그리고 '명세名世'란 다만 그 시대에 "이름을 날렸다"는 것뿐만이 아니라, 그 시대를 대표한다는 의미이다. 주공은 서주시대를 대표하고, 그 시대의 정신을 대표하고, 그 시대의 각종 특수한 점, 즉 그 시대의 개성을 대표한다고 할 수 있다. 때문에 주공을 당시에 있어서 "세상에 이름을 날린 사람"이라고 할 수 있었다. 서주부터 춘추말기 공자가 출현하기까지 주공은 그 시대의 대표였던 것이다.

공자가 출현한 이후부터는 새로운 시대였으므로 당연히 공자의 시대였고, 주공의 시대는 아니었다. 주공의 시대는 이미 지나가 버렸다. 그럼 여기서 주공의 사상과 그 이론 그리고 당시 인류사회에 대하여 지녔던 포부, 즉 주공이라는 인물과 그의 정신을 우리는 마땅히 어디서부터 보아야 하는지를 물어보자.

내가 생각하기에, 역시 「서주서」로부터 시작해야 한다. 나는 지난 시간에 특별히 몇 마디 말을 거론한 적이 있는데, 그 말들이 물론 주공의 말은 아니었다. 그러나 마찬가지로 그 시대를 대표하던 주공이라는 인물의 관점과 이상이라 할 수 있고, 역시 대체로 주공의 영향을 받은 것이라고 할 수 있다. 때문에 우리들이 「서주서」를 읽으려면 반드시 그 책 배후의 주공이라는 인물까지도 반드시 알아야 하는 것이다.

나는 지난 시간에 진위를 분별하는 문제를 강의하면서, 『고문상서』가 위서라는 사실뿐만 아니라 『금문상서』에도 위조된 부분이 있다고 했다. 오늘 내가 보충할 것은 위서라고 해서 아무런 가치가 없다는 것은 아니라는 점이다. 동진시대의 사람이 『고문상서』를 위조하고 나서 어떻게 남송의 주자, 그리고 그 다음 청대 제유諸儒에 이르러서야 비로소 그것이 위서라는 사실을 알게 되었는가. 그는 어떤 방법으로 1천 년 이상 그 글을 읽었던 사람들을 속여왔는가. 그 이유는 『상서』 가운데 본래 있었던 많은 이야기들은 고대의 사람들이 항상 인용했던 것이지만, 후세에 와서 흩어져 잃어버렸기 때문이다.

동진 때 『상서』를 위조한 사람은 흩어져 잃어버린 이 많은 이야기들을 모아 위서의 자료로 삼았다. 그는 이 같은 이야기를 모아 『위고문상서』 속에 넣었던 것이다. 때문에 『고문상서』가 비록 위서라고는 하지만 그 가운데 많은 자료들이 모두 다 가짜는 아니다. 여러분들이 만약 염약거와 혜동의 변위辨僞결과를 가지고 본다면, 『고문상서』 속의 많은 이야기들이 선진先秦의 옛 서적에서 확인된다. 그리고 그 중에는 중요한 사상과 관념이 많이 있을 뿐만 아니라, 고대가 남긴 적지 않은 자료를 보존하고 있다. 이들 자료들은 현재 우리들이 보는 『금문상서』의 자료와 비교해 더욱 중요할 수도 있다. 따라서 진위를 변별하는 일과 자료를 잘 살펴 이용하는 일은 각기 다른 일인 것이다.

예컨대 중국 고대의 천문을 이야기할 때 『금문상서』 요전堯典편을 잘 사용할 수 있지만, 그렇다고 우리들이 「요전」을 진짜라고 믿는 것은 아니다. 옛날 사람들이 남긴 책을 자세히 읽지 않으면 그 많은 자료를 이용할 수 없게 된다. 호적胡適과 풍우란馮友蘭은 중국철학사를 쓰면서 단지 『노자』와 『논어』 이후의 책만을 이용하고 있다. 사실은 그 이전의 많은 사상이론에 대하여 마땅히 이야기해야 하지만 일체 언급하지 않았다. 만약 우리들이 오늘날 다시 중국고대

사상사를 편찬한다면 적어도 주공으로부터 시작해야 한다. 주공 이전 많은 사람들의 사상은 주공이 대표한다. 공자 이전 중국 고대인들의 일반적인 관점과 학술사상의 대강은 적어도 주공을 대상으로 그 요점을 서술할 수 있다.

나는 앞에서 이미 이야기한 적 있다. 중국인들은 그 때 이미 세계 일통一統의 커다란 관념을 지니고 있었다. 즉 "넓고 넓은 하늘 아래[普天之下]" 하나의 "함께 받드는 군주[共主]"가 있고, 이 군주를 당시에 천자天子라고 하여 곧 상제의 아들이라 여겼다. 또 왕王이라 칭했는데, 왕은 왕往의 의미를 지닌, 즉 모든 사람이 그에게로 나아간다는 의미이다.

중국의 고대에는 하나라가 있었고, 하의 왕 역시 상제의 아들이었다. 천하가 하에 의해 통일되었고, 후일 상과 주에 의해 교대로 통일되었다. 이를 통해 주나라 역시 영원히 이 통치를 지속할 수 없고, 언젠가는 새로운 왕조가 대신 일어나게 될 것이라는 점을 알고 있었다. 중국 고대인들의 이 같은 관념은 위대한 것인데 실로 세월이 지나면서 점점 더 새로워졌다.

오늘날 우리 인류는 이미 달에도 가고 또 세계가 서로 하나같이 편리하게 내왕하고 있다. 그러나 우리들의 머리 속에는 이 세계가 결국 수없이 많은 조각들로 나뉘는데, 그 중에는 기독교도 있고, 이슬람교도 있고, 공산주의도 있고, 자본주의도 있는 등 사분오열의 상태라는 생각이 자리잡고 있다. 중국 고대인들의 세계관과 비교한다면 이는 매우 분명한 차이가 있다. 만일 과학이 더욱 발달하게 된다면 결국 천하일가의 관념은 사라지게 될 것이다. 이렇게 된다면 어찌 더욱 위험하지 않겠는가. 종교가 부흥된다고 해도 과거 각 종교의 신앙을 보면 대내외적인 투쟁에 얽혀 역시 하나로 통일된 적이 없었다.

단지 중국만이 당(唐:요)・우(虞:순)・하・상・주 이래 계속하여 하나의 대일통大─統을 지향하는 국가였다. 땅도 넓고 사람도 많은데 4천년이 지난 지금까지 중국사람들이 일찍부터 이러한 정치적 관점을 지니고 있었다는 것은 정말 놀라운 일이다. 말하기에는 매우 평범한 것 같지만, 정치관으로부터 전체 인생관 내지 전체 우주관으로 확대되면서 중국은 이후 사상학술이 모두 이로부터 발단되었다. 그러면 왜 오직 중국인들만이 매우 오래 전부터 이러한 말을 했는지 물어보자. 그리고 이러한 이야기들이 바로 『상서』 속에서 언급되고 있으니 어찌 우리들이 이를 소홀히 할 수 있겠는가!

중국사람들이 반드시 주공과 공자를 언급하는 것에는 이유가 있다. 우리가 주공을 제쳐놓고 중국사상을 말하면서 전국・선진先秦시대를 그리스에 비교한다면 정말 어디서부터 이야기를 시작해야 할지 모른다. 우리들이 중국역사를 이야기할 경우 결코 전국시대부터 시작하지 않는다. 중국사상을 이야기할 때도 마찬가지로 노자와 공자로부터 시작해서는 안된다. 적어도 서주까지는 소급해 올라가 「서주서」・주공・소공으로부터 시작되어야 한다. 이렇게 이야기하는 것은 『위고문상서』의 많은 자료들을 이용할 수 있기 때문이다.

여러분들은 자신이 사상사를 배우지 않기 때문에 이들 문제가 나와 상관없다고 말해서는 안된다. 학문을 하면서 자신을 조그마한 울타리 안에 가두어놓으면 마치 우물 안에서 하늘을 바라보는 것 같이 소견이 좁아진다. 만약 지금 이 순간 공부가 부족하다면 너무 걱정하지 말고 천천히 접근하기를 바란다. 이 일은 그 늦고 빠름을 다투어서는 안된다. 그리고 이 자리에 있는 여러분들은 혹 내가 지금 이야기하는 것이 주제와 관련 없다고 하겠지만 때로는 이 같은 이야기가 더욱 중요할 수도 있다.

나의 강의제목이 역대사학명저이기 때문에 단지 사학을 공부하는 사람들이 와서 듣고 있고, 중문과와 철학과 학생들은 수강하지 않는다. 학문이라는 큰 범위 안에 문이나 담장을 첩첩 쌓아놓았지만, 그 바깥에는 스스로의 세상이 있으니 우리들의 흥미와 이상과 포부 등을 작은 울타리 안에 가두어 놓고 죽여서는 안된다. 혹 나의 이 같은 이야기가 여러분들이 다른 길을 열고 울타리를 벗어나 더 넓은 학문의 세계로 나아가는 데 도움이 될 것이다.

그러면 계속해서 두번째 사학명저인 공자의 『춘추春秋』에 대하여 말해 보자. 『춘추』는 중국의 두번째 사서라 할 수 있다. 그러나 실제로는 『춘추』가 중국의 첫번째 정식 역사서다. 『상서』는 여러 편으로 나뉘어 다만 문건文件이나 혹은 공문서[檔案]들을 수록하고 있을 뿐이다. 쉬운 말로 비유하자면, 예컨대 우리들 앞에 리틀 야구단이 미국에 가서 시합에서 패하고 돌아온 뒤 각 방면에서 격려의 말을 하면서 이런 저런 이야기를 했다고 하자. 신문에서도 계속 이 같은 사실을 알리며 대동소이한 내용을 싣고 있는데, 그 기사제목은 야구단의 귀국을 환영한다는 것일 뿐 그 많은 문건 어디에도 시합에서 패배한 자세한 내용이 없다. 『상서』의 어느 부분은 이와 마찬가지이다. 그러나 공자의 『춘추』는 이와 다르다.

『춘추』는 편년체로 된 사서로서 242년간의 역사, 즉 노 은공 원년인 기원전 722년부터 월일을 기준으로 1년씩 순서대로 기록하고 있다. 이후 중국에는 이 같은 편년체 사서가 오늘날까지 단절없이 계속 이어졌다. 다만 『춘추』 이후 『자치통감』이 시작된 연대 중간 70~80년이 정리되지 않았을 뿐이다. 이 일은 고염무顧炎武의 『일지록日知錄』에 언급된 적이 있다. 이하 『자치통감』의 시작으로부터 지금까지 단 1년의 중단도 없다. 이와 같이 단 1년의 중단도 없는 편년사는 아마도 중국이 유일할 것이다.

『춘추』에서 『자치통감』에 이르는 과정에서 부족한 중간 80년의 사실에 대해서는 내가 『선진제자계년先秦諸子繫年』에서 해(年)에 따라 고증하여 정리한 적이 있다. 여러분들은 혹 역사를 배우고자 할 뿐 제자백가를 배우지 않는다고 하여 나의 책명만을 듣고 읽고 싶지 않다고 생각할지 모르겠다. 제자학을 공부하는 사람이 단지 나의 책 속에서 제자와 관련한 자료들만 찾고자 한다면, 나의 이 방면에 대한 공헌은 아무것도 없다고 말할 수 있다.

공자의 『춘추』는 편년사로 쓰였기 때문에 책명을 『춘추』라고 했다. 1년 중 춘하추동 사계절 가운데 봄(春)과 가을(秋)을 제목으로 하여 한 해(年)를 표현했다. 또 1년은 열두 달로 이루어지고 한 달은 30일이니 연월일에 따라 사실이 있으면 기록하고, 없으면 비워두었다. 때로는 한가지 사실을 며칠, 몇 월, 몇 년 혹은 몇십 년으로 나누어 기록하기도 했다. 실제로 우리들은 이 같은 역사기재를 위대하다는 말로 평가할 수밖에 없다. 공자의 『춘추』를 중국의 가장 위대한 역사서라고 평가하는 것은 조금도 지나친 말이 아니다.

그러나 『춘추』는 실제 공자가 처음으로 만든 것은 아니고 공자 이전에 이미 있었다. 『좌전左傳』 소공昭公 2년에 "한기가 노나라에 초빙되어 『역상』과 『춘추』를 보고 이르기를 '주의 예가 모두 노나라에 있구나'〔韓起聘魯, 見易象與春秋, 曰: '周禮盡在魯矣'〕"라고 하여 공자 이전 노나라에 이미 『춘추』가 있었음을 알 수 있다. 『묵자』에도 "내가 여러 나라의 『춘추』를 보았다〔吾見百國春秋〕"라고 한 것을 보아 춘추시대 각국에 모두 있었던 것을 알 수 있다. 그러나 어찌하여 한기가 노나라에 갔을 때 비로소 『춘추』를 처음 볼 수 있었는가.

『맹자』에는 "진의 『승』과 초의 『도올』, 노의 『춘추』는 모두 하나이다〔晉之乘, 楚之檮杌, 魯之春秋, 一也〕"라고 하여 당시 각 제후국에 모두 역사기재가 있었으며, 그 책의 이름이 각기 다르고 또 더욱 사서의 체재도 달랐지만, 노나라의 『춘추』가 주 왕실이 규정한 바에 가장 가까웠기 때문에 한기가 이를 보고 주례周禮가 노나라에 있었다고 말한 것이다.

『맹자』에는 또 "왕자의 자취가 사라지고 나서 시가 없어졌고, 시가 없어지고 난 뒤 『춘추』가 지어졌다〔王者之迹熄而詩亡, 詩亡然後春秋作〕"라고 했는데, 이 말뜻 속에는 다른 문제가 있기 때문에 설명이 필요하다. 앞에서 말한 바와 같이 중국 고대에는 시詩와 서書 두 종류의 책이 있었다. 공자가 제자를 가르칠 때에도 항상 시와 서를 함께 거론했다. 우리는 지금 중국의 첫번째 고사古史는 『상서』이고, 두번째가 『춘추』라고 말한다. 그러나 어찌하여 맹자는 오히려 "왕자의 자취가 사라지고 나서 시가 없어졌고, 시가 없어지고 난 뒤 『춘추』가 지어졌다"라 하여 시와 『춘추』를 함께 말하고 있으며, 이는 어떤 의의가 있는가.

실은 고대의 역사가 모두 서에만 기재되었던 것도 아니고 시에도 있었다. 고시古詩 300수 가운데는 역사적 사실이 특별히 많았다. 멀리는 주나라까지 소급하여 시작되고 후직后稷과 공유公劉 그리고 문왕에 이르기까지 『시경詩經』대아大雅에는 꼭 열편 열편씩 상세하게 서술되어 있고, 반복하여 노래하고 있다. 이들은 모두 역사였다. 다른 각도에서 보면 이들 역사는 「서주서」의 것보다 더욱 중요할 수도 있다. 「서주서」에는 다만 몇몇 공문서(檔案)와 일반문건이 있을 뿐이지만, 『시경』 대아에는 서주개국 전후 역사의 생생한 모습이 처음부터 잘 표현되어 있다. 지금 만약 그 때 역사기록에 더욱 가까웠던 것은 시詩였지 서書가 아니었다고 해도 그리 지나친 말은 아니다.

주 왕실은 천하가 함께 떠받드는 군주였고, 주왕은 천자요, 왕자王者였으니 매해 겨울이 되면 그가 분봉해 보낸 사방의 제후들이 모두 중앙으로 와서 주의 천자에게 조공했다. 그 때 주의 천자는 조상에게 제사지냈는데, 특히 중요한 것은 문왕에게 제사를 지내는 일이었다. 많은 제후들이 함께 제사를 도왔는데, 제사를 지낼 때에는 시를 읊고, 춤을 추었다. 이 때 노래한 것은 바로 문왕 일생 동안의 역사적 공적인 「아송雅頌」으로서 곧 이러한 방식으로 정치를 크게 드러 냈던 것이다. 또한 주 천자는 일이 발생하면 군대를 파견하여 출정 하게 했는데, 출정 전에 향연을 베풀어 가무를 펼쳤고, 전쟁에서 승 리를 하고 돌아오면 그 개선을 환영하고 마찬가지로 향연과 가무를 벌였다. 이 때 노래한 가사歌詞는 출정을 독려하거나 위로하는 의미 로서 모두 『시경』에 수록되었다.

당시에는 예禮와 함께 반드시 악樂도 있었고, 예악 중에는 마찬가 지로 반드시 역사가 깃들어 있었다. 이들에는 모두 예악을 제정한 주공의 깊은 뜻이 깃들어 있었다. 따라서 『시경』은 분명 문학서라고 하겠지만, 동시에 역사를 기록한 책이라고도 할 수 있다. 「아송雅頌」 과 마찬가지로 풍자 역시 역사라고 하지 않을 수 없다.

후일 왕자王者의 자취가 없어지자 제후들이 조공을 하지 않게 되 고, 조정 역시 새로운 공덕을 노래할 것이 없게 되면서 풍자만이 남 게 되었는데, 그 내용에는 교훈이 될 만한 것이 없었다. 때문에 "왕 자의 자취가 사라지고 나서 시가 없어졌고…"라 했던 것이다. 그렇 다면 그것이 없어진 때는 도대체 언제인가? 일반적으로 그 시기는 당연히 선왕宣王 이후 평왕平王이 낙양으로 수도를 옮기게 된 시기였 을 것이다.

그러나 "시가 없어진 뒤 『춘추』가 지어졌다"는 말에 대하여 다시 설명을 해야겠다. 『춘추』는 정식사서였다. 당시 사방의 제후들 가운 데 중앙에 조공을 하는 경우는 적었지만, 주 왕실은 오히려 많은 사 관을 각 제후국으로 파견했다. 이에 관한 증거는 아직도 선진시대의 고적에서 찾을 수 있다. 예컨대 『사기』에서 사마천은 그의 조상이 주 왕실이 외지로 파견한 사관이었다고 기록하고 있다.

당시 주가 파견한 많은 사관들은 비록 제후국에 있었지만 그들의 신분은 여전히 주 왕실에 속했고 제후에게 속하지는 않았다. 예를 들어 『춘추』에 실려 있는 "진의 조돈이 그의 군주를 시해했다[晉趙盾弒其君]", "제의 최저가 그의 군주를 시해했다[齊崔杼弒其君]"라는 기록에서 당시 진나라와 제나라의 사관은 '기其'라는 글자 다음에 제의 군주와 진의 군주를 칭했는데, 이는 조돈과 최저에게 시해당한 군주가 명의상으로 진나라 사관이나 제나라 사관의 군주가 아니었음을 말하는 것이다. 사관은 천자에 의해 파견되었으므로 명의상 제후에게 신하를 칭하지 않아도 되었던 것이다.

최저는 당시 제의 사관을 죽였지만, 주 왕실이 다시 사람을 파견하여 그 일을 맡게 할 수 없었으므로 제나라 사관의 동생이 다시 형의 직무를 계승하여 다시 "최저가 그의 군주를 시해했다"고 기록했다. 최저가 다시 그 동생을 죽이자 또 다른 동생이 계속하여 그 같이 기록했다. 최저도 결국 어찌할 수 없어 죽이지 못했다. 그리고 제나라 남부지방에 '남사씨南史氏'가 있었는데, 제나라 사관이 "최저가 그의 군주를 시해했다"는 기록으로 형제가 계속 피해를 입었다는 이야기를 듣고 급히 제나라로 달려와 이 일을 계속 기록하고자 했다. 그러나 이미 제나라 역사에 그 일이 사관의 판단대로 기록되었고, 최저가 다시는 사관을 죽이지 않았다는 말을 듣고서야 그만두었다. 그 같은 사실은 정말 중국역사상 중국인들이 얼마나 역사정신을 중시했는지를 말해 주는 칭송할 만한 또 눈물겨운 위대한 이야기였다.

우리들은 지금 중국의 사학명저에 대하여 이야기하고 있다. 이와 관련하여 나는 중국의 전통적인 사관제도와 중국인들이 역사를 중시한 그 같은 전통정신을 알아야 한다고 생각한다. 이후 역대의 사관제도는 모두 사적史籍을 통하여 살필 수 있으므로 여기서는 말하지 않겠다. 다만 앞에서 말한 바와 같이 『맹자』에 보이는 두 구절을 예로 들었다. 대체로 주 선왕宣王 때 혹은 그보다 일찍 주 왕실은 정식으로 사관을 제후에게 파견한 듯하다. 당시 주의 정치는 한때 중흥되었고 아직은 붕괴의 단계에 이르지 않았다. 이후 왕자의 정치는 사라지게 되었고 시 역시 없어지게 되었다. 그러나 이전에 각 제후에게 파견되었던 사관은 오히려 더욱 빛을 보았던 것이다. 때문에 "시가 없어지고 난 뒤 『춘추』가 지어졌다"고 한 것이다.

그 당시 각지의 사관들은 소재지에서 발생한 사건을 중앙의 왕실에 보고했고, 아울러 별도로 각지의 사관에게도 알렸다. 이를 가리켜 '부고赴告'라고 했다. 대체로 노나라에서는 이 제도를 그대로 유지하고 없애지 않았다. 각지의 사관들이 작성한 '부고'의 자료가 여전히 본래 모습을 간직하고 있었다. 때문에 한기韓起가 노의 『춘추』를 보고 주의 예禮가 노나라에 있었다고 한 것이다. 공자는 바로 이같은 자료에 근거하여 『춘추』를 편찬했다. 물론 '부고'의 자료 전부를 그대로 베낀 것은 아니었다. 공자는 나름대로 편찬체례와 취사의 기준과 함께 특별한 서술방법을 지니고 있었다. 따라서 "기록할 것은 기록하고, 삭제할 것은 삭제했다. 때문에 자유와 자하같이 문학에 뛰어난 사람이라 할지라도 한 마디 덧붙일 수 없을 것이다〔筆則筆, 削則削. 游夏之徒不能贊一辭〕"라고 했다.

사관을 파견한 것은 주의 제도였지만, 공자가 『춘추』를 편찬한 것은 개인적인 저술이었다. 역사서술이 정치로부터 학술로 옮겨 자리잡게 됨으로써 드디어 이후 중국사학이 열리게 되었다. 때문에 맹자가 "그 문장은 곧 사관들이 기록한 것이고, 거기에 기록되어 있는 것은 주로 제 환공이나 진 문공에 관한 사실이다. 공자께서 그 의리는 내가 외람되게 취한 것이다〔其文則史. 其事則齊桓晉文. 其義則丘竊取之矣〕"라고 말했던 것이다. 이는 『춘추』라는 책의 기본자료가 여전히 노나라 사관이 적어놓은 옛 기록〔舊文〕에 있었음을 의미한다.

그러나 공자가 필삭筆削을 가한 이후 『춘추』는 이미 과거의 노나라 역사가 아니었다. 물론 동주東周의 왕실사도 아니다. 여러 제후국의 국제사가 된 것이다. 즉 당시의 천하사 혹은 세계사라고 부를 만한 것이었다. 그 당시의 용어로 말하자면 주로 제후들의 패권쟁탈의 흥망사였다.

공자가 이와 같이 『춘추』를 편찬한 까닭에는 공자 나름대로의 도리가 있었다. 그리하여 말하기를 "그 의리는 내가 외람되게 취한 것이다"라고 했고, 이로부터 정부의 관사官史가 민간의 사사私史로 바뀌게 되었다. 때문에 공자는 또 말하기를 "『춘추』는 천자의 일을 다룬 것이다. 나를 이해하는 것도 오직 『춘추』일 것이며 나를 벌하는 것도 『춘추』일 것이다〔春秋, 天子之事也, 知我者, 其惟春秋乎, 罪我者, 其惟春秋乎〕"라고 했다. 당시에 주 왕실은 사관을 각 제후국으로 파견하여 수시로 그 나라의 사변事變을 보고받았다. 이 같은 제도는 나름대로 그 의의와 작용을 지니고 있었다. 그러나 평왕平王의 동천東遷에 이르러 이 제도의 작용이 없어짐에 따라 그 의의 또한 사라졌다.

공자는 이러한 분위기를 확 바꾸어 새롭게 탈바꿈하게 했고, 그의 『춘추』에 기재된 것은 드디어 전중국, 전천하의 역사가 되었다. 시대가 아무리 혼란했어도 그가 써낸 역사는 하나의 통일체였다. 뿐만 아니라 이 역사 안에는 더욱 특별한 정신이 존재했다. 따라서 맹자도 "공자가 『춘추』를 짓자 난신적자들이 두려워했다(孔子作春秋, 而亂臣賊子懼)"고 했던 것이다. 난신적자는 단지 시대적인 성격을 나타내는 것이었지만, 공자의 『춘추』는 역사적인 성격을 지닌 것이었다.

춘추시대는 금세 지나갔지만, 중국역사는 오늘에까지 아직 면면히 이어져 내려오고 있다. 시대의 혼란은 역사의 엄숙한 재판을 거치는 것이니 누가 두려워하지 않을 수 있겠는가. 공자 이전의 난신적자들은 이미 죽고 없는데 누가 두려워했겠는가. 그러나 『춘추』가 완성되자 공자 이후 역사상의 난신적자들이 공자가 『춘추』를 지었다는 사실로 말미암아 두려움을 알게 되었던 것이다.

『춘추』는 이미 당시에 당당히 새로운 역사가 되었다. 왕조의 관찬사가 아니었음은 물론 제후들의 각 나라별 역사도 아니었고, 당시의 위대한 '통사通史'였으며 또 '당시의 세계사'라고 할 수 있다. 이러한 역사를 지닌 사람들이나 세계는 곧 역사적 비판으로부터 벗어나기 어려웠다. 소위 역사적 비판이란 한편 아주 자연스러운 것으로 득실이나 시비에 있어서 누구도 역사라는 가장 자연스런 비판으로부터 벗어날 수가 없다.

　다른 한편 역사적 비판이란 도의적인 것인데 자연함 중에 도의道義가 발생했다. 자연함의 힘은 외부에 있으나 도의의 각성은 내재하는 것이다. 공자의 『춘추』는 곧 이 같은 큰 도의 위에 세워진 것이다. 따라서 사람들에게 어떻게 하는 것이 득실과 시비의 평가를 제대로 받는 것인지를 가르치고 있다. 이러한 도의의 극치를 논하자면 곧 역사와 자연의 합일이고 또 천인합일을 가리키기도 한다. 공자의 『춘추』가 지닌 대의는 이 같은 관점에 착안하여 인식해야만 한다.

　그러나 현재의 중국학자들은 이 같은 관점을 쉽게 받아들이지 못하는 것 같다. 오늘날 중국의 학자들은 마치 중국역사는 인류의 세계사로 편입될 자격이 없으며, 세계사의 크고 일관된 체계는 단지 서양의 역사에만 있다고 여기는 듯하다. 그러나 안타깝게도 서양인이 세계사를 쓴 것은 상당히 후대의 일로서, 최근에 와서야 비로소 쓰였다.

　공자의 『춘추』는 확실히 당시의 세계사였다. 소위 『춘추』에 기록된 것이 주로 제 환공이나 진 문공에 관한 사실이었다는 것은, 그 책에 표현된 것이 당시 제하諸夏 전체의 역사였다는 사실을 말한다. 이는 자연히 당시 인류문화에 대한 전체역사였다고 할 수 있다. 멀리 2천5백 년 전에 이미 공자는 이 같은 안목과 견해를 지니고 있었다. 바로 전세계 인류문화사와 사학사에 있어서 비교할 만한 것이 없는 매우 뛰어난 가치를 가지고 있었다.

　그러면 다시 한 가지 문제를 살펴보자. 공자의 『춘추』가 완전히 노국의 사관이 쓴 옛 역사에 비추어 쓰인 것이 아니라면, 공자는 어떻게 옛 역사를 고쳐 썼는지 물어보자. 아직까지 우리들은 노나라 역사기록의 원본을 찾을 수 없기 때문에 이 문제에 대해서는 이야기할 방법이 없다. 맹자가 말하기를 "그 문장은 곧 사관이 남긴 것이었다〔其文則史〕"라고 한 것은 대체적으로 공자의 『춘추』가 노나라 옛 역사에 의거했음을 말해 주는 것이다. 그러나 예컨대 노 장공莊公 7년의 『공양춘추公羊春秋』에는 "고쳐지지 아니한 『춘추』에 가로대, 비 오듯 떨어지던 별들이 땅에 한 자를 미치지 못하고 원래대로 돌아갔다. 공자가 이를 기록하여 가로대, 별이 마치 비처럼 떨어졌다고 했다〔不修春秋曰: 雨星不及地尺而復, 君子修之曰: 星霣如雨〕"라고 했다. 이 구절은 비록 우연히 언급된 것이지만, 공자가 『춘추』의 구문舊文에 대하여 분명 수정을 가했다는 사실은 의문의 여지가 없다. 그러나 수정한 것은 주로 그 문장〔辭〕이었지 그 사실은 아니었다.

사실을 근거로 문장이 쓰이고, 문장을 통해서 사실을 알 수 있는 것처럼 문장과 사실은 원래 하나로서 분리될 수 없는 것이다. 따라서 말하기를 "사실을 좇아 문장을 짓는 것이 『춘추』의 가르침이다〔屬辭比事, 春秋教也〕"라고 했던 것이다. 그러나 만약 구사舊史를 다만 몇 자 혹은 몇 문장만을 고쳐 썼다면 그 가치는 결국 어디에 있는 것인가? 이는 『춘추』를 공부하는 사람들에게 한가지 커다란 문제였다.

지난 강의시간에 『상서』는 매우 읽기 어려운 책이라고 말한 적이 있지만, 『춘추』는 읽기가 더욱 어렵다. 『상서』가 읽기 어려운 것은 다만 자구字句가 통하지 않는 데 있지만, 『춘추』의 어려움은 자구에 있는 것이 아니다. 후세사람들이 자구만을 따라 『춘추』를 읽는다면 그것은 아주 잘못된 방법이다. 『춘추』는 모름지기 대의大義를 말하고 있다.

예컨대 맹자가 말한 바와 같이 "공자가 『춘추』를 짓자 난신적자가 두려워했다"고 한 것은 바로 공자가 『춘추』를 통해 난신을 주멸하고, 적자를 토벌하려는 것이 바로 대의였다. 또한 말하기를 "공자의 『춘추』는 중국을 안으로, 이적을 밖으로 했다〔內中國而外夷狄〕"고 했는데, 이는 『논어』에 이미 "관중이 없었다면 우리들은 머리를 풀고 옷깃을 왼쪽으로 여미는 오랑캐가 되었을 것이다〔微管仲吾其被髮左衽矣〕"라는 말처럼 이하夷夏를 분별하는 것으로서 이 역시 대의였다. 그러나 대의라는 것 역시 구하기를 지나치게 깊게 하거나, 존중하기를 지나치게 높게 해서는 안된다. 대의를 말하면서 지나치게 설명하려 들면 오히려 아주 지엽적인 문제에 빠지게 된다.

고대의 중국인들은 경전에 대한 존중이 지나쳤다. 공자의 『춘추』 역시 경전이었으므로 말하지 않아도 될 많은 문제를 지나치게 많이 언급했다. 이는 오늘날 서양을 떠받드는 것이 지나친 것과 같다. '서양이 중국보다 부강하다고 말하는 것은 모두 맞다. 하지만 그들의 달이 우리 것보다 더욱 둥글 수는 없다'라는 우스개 속에 오히려 진리가 깃들어 있다.

또한 예컨대 『춘추』의 "조돈趙盾이 그 군주를 시해했다"라는 구절은 공자가 본래 구사舊史의 원문에 근거한 것이었다. 그러나 『좌전』에는 진晉 영공靈公이 조돈에게 피살된 것이 아니라고 기록하고 있다.

또한 한 구절을 더하여 말하기를 "공자가 조돈을 애석하게 여겨 그가 진의 국경을 벗어나 군주를 시해했다는 죄를 면하려 했다"고 말하고 있다. 『좌전』이 무엇을 근거로 하고 있는지는 모르지만, 조돈이 군주를 시해한 죄를 알 수 있다. 『좌전』의 작자가 조돈의 시해 혐의를 벗어나게 해주기 위해 공자의 말을 인용한 것이 지어낸 것이 아니라면, 아마도 시중에 돌아다니는 말이었을 것이기 때문에 믿을 만한 것이 못된다.

또한 『춘추』에 기록된 "허세자 지가 그 군주를 시해했다[許世子止弑其君]"라는 사실은 『좌전』·『공양전』·『곡량전』 세 책에 각기 달리 기록되어 있다. 『좌전』에는 "태자가 보낸 약을 마셨다[飲太子藥]"라고 하여 아들이 군주를 시해한 사실을 분명히 말하고 있다. 그리고 『공양전』의 기록은 더욱 분명히 말하기를 "세자 지가 약을 올려 그것으로서 아버지를 살해했다[止進藥而藥殺其父]"고 했으니, 이 사실은 분명히 문제될 것이 없다. 그러나 『곡량전』에서는 오히려 부모가 병이 나면 자식은 당연히 약을 올리면서 먼저 시음해야 하는데, 허세자가 이 같은 예를 몰랐기 때문에 공자가 그를 비난하여 군주를 시해했다고 했다.

"약을 맛보지 않았다[不嘗藥]", "태자가 보낸 약을 마셨다[飲太子藥]" 혹은 "약을 올려 아버지를 살해했다[進藥而殺其父]"라는 세 책의 기록 사이에는 매우 큰 차이가 있다. 『곡량전』은 아무런 이유도 없이 약을 미리 맛보지 않았다는 죄를 가지고 공자의 『춘추』를 말하고 있는데, 이는 분명히 크게 잘못된 것이다.

이 같은 종류의 문제들은 얼마나 많은지 모른다. 여러분들이 이러한 문제 위에서 『춘추』를 말하게 된다면, 상세하게 말하면 말할수록 『춘추』의 대의는 그 의미를 더욱 잃어버릴 수가 있고, 그 의미가 더욱 애매하고 혼란스러워질 것이다.

가장 설명하기 어려운 것은 곧 『춘추』의 '칭찬과 비난[襃貶]'이다. 만약에 공자의 『춘추』에 포폄이 없다고 한다면 이는 분명 잘못된 것이다. 예컨대 "최저가 그의 군주를 시해했다", "조돈이 그의 군주를 시해했다", "허세자 지가 그의 군주를 시해했다"라는 기록은 모두 비난[貶]에 해당하지 않겠는가. 포폄은 다만 그들의 사실 위에 내려졌던 것이지만, 공자의 『춘추』는 그 같은 사실의 기록이 상세하지 않다. 따라서 독자들은 공자의 『춘추』가 지닌 서법書法을 구하고자 했던 것이다. 그리고 서법으로부터 '범례凡例'를 정하게 되었다.

두예杜預가 『좌전』에 주를 다는 작업을 하게 된 것도 『춘추』의 50 '범례'를 따른 것이다. 그러나 말하면 할수록 그 의미는 더욱 멀어지게 된다. 예컨대 『춘추』에는 "왕정월王正月"이라는 기록이 모두 92곳에 나오는데 춘春에 왕王을 표기하지 않은 곳이 108군데나 된다. 그럼 어찌하여 하나씩 그 의미를 확인하지 않고 있는지 물어보자. 『춘추』의 커다란 의의는 이 같은 문제 위에 있지 않다는 점을 알아야만 한다. 현재 우리들이 경학의 낡은 틀을 벗어나게 되면 이 같은 문제들은 관심을 갖지 않아도 무방하다.

특히 청 말 공양학파 '금문경학가'들이 말하는 공자의 『춘추』는 정말 황당무계한 것이다. 마치 대의大義와 미언微言이 몇천 년 동안 매몰되어 있다가 그들에 의하여 발견된 것처럼 말하지만, 실은 모두 어림없는 말이다. 예컨대 왕정월, 왕2월, 왕3월 등등의 기록을 가지고 하통夏統·상통商統·주통周統에 견강부회하지만, 이것이 곧 잘못된 한 가지 예이다.

이 기록은 실로 매우 간단한 것이다. 즉 정월에 사건이 있으면 왕정월이라 기록하고, 정월에 아무런 일이 없으면 바로 왕2월이라 적는 것이다. 2월에도 일이 없으면 왕3월이라 기록하는 것이다. 만약 봄에 아무런 일이 없었다고 하면 바로 춘春 왕정월 아래 이어서 하夏 4월·5월이라 기록하는 것이다. 때문에 만약 왕정월마저 기록되어 있지 않다면, 사람들은 아마도 사서에 누락된 것이라 의심할 것이다. 따라서 정월에 아무런 일이 없으면 왕2월이라 적고, 2월에 일이 없으면 왕3월, 3월에도 일이 없으면 다만 왕정월이라 적고 비워두었던 것이다. 그리고 아래에 계속하여 하4월이라 적었다. 『춘추』의 기록이 모두 이와 같았다. 이 같은 체례는 이미 송대의 이학가들에 의해 바르게 언급되었다. 그러나 청대의 고증학자들이 이를 엉뚱하게 다시 거듭 말하고 있지만, 오히려 크게 틀리거나 아주 틀렸다.

오늘 다만 하나의 결론을 말해 보자. 공자의 『춘추』는 중국의 편년사를 시작한 책이다. 그리고 당시에는 처음으로 쓰인 민간의 개인 저작이었다. 또한 천하가 모두 하나라는 대일통의 관점을 가지고 쓰인 세계통사였다. 나는 이러한 정도의 설명이면 충분하다고 생각한다. 오늘 이 시점까지도 전세계에는 아직 이와 같은 책이 전하지 않는다. 중국인들은 단지 습관적으로 읽었기 때문에 이 책이 지닌 대의를 제대로 파악하지 못하거나, 적어도 소홀하게 되었다.

　혹 여러분들은 사학을 설명하면서 왜 다만 주공이나 공자만을 이야기하느냐고 물을 수 있다. 물론 오늘날에는 마땅히 새로운 사학을 설명해야만 맞다. 그러나 사학에는 새로운 것과 옛것이 있지만, 역사는 바로 역사일 뿐이다. 중국역사상 주공과 공자가 있었고, 또 그들은 각기 나름대로 역사저작을 오늘날까지 남기고 있기 때문에, 우리들이 언급하지 않을 수 없는 것이다. 뿐만 아니라 주공과 공자는 모두 '대일통'을 말했고, 중국은 진한 이래 곧 "통統을 하나로 하여" 지금에 이르고 있으니 이 역시 정말 틀림없는 역사인 것이다. 여러분들은 온통 서양의 새로운 사학만 쳐다보면서 중국의 옛 역사를 소홀히 하거나 잊어서는 안된다. 역사가 없어지면 사학이 또한 어디에 그 뿌리를 내릴 수 있겠는가?

『춘추3전』

> 주자는 말하기를 "『좌전』의 사학이 사실은 상세하게 기록하고 있지만 이치가 미진하고, 『공양전』과 『곡량전』의 경학이 이치는 정교하지만 사실에 대해서는 착오가 많다"고 했다.

　　지난 시간에는 공자의 『춘추』를 설명했으니, 오늘은 『춘추』의 3전三傳, 즉 『공양전公羊傳』·『곡량전穀梁傳』·『좌전左傳』에 대하여 말해 보자. 오늘날 우리들이 중국의 사학명저를 말하지만, 옛날 주공·공자로부터 전국·진한시대까지 당시 중국사람들의 머리 속에는 아직 '사학'이라고 부를 만한 관념이 없었다. 당시 학술의 큰 분야로는 다만 경학과 제자학[子學]이 있을 뿐이었다.

　　반고班固는 『한서漢書』 예문지藝文志에서 유향劉向의 『칠략七略』에 근거하여 이를 '왕관학王官學'과 '백가언百家言'이라 칭했다. 이를 통해 전한 말기의 대학자였던 유향·유흠劉歆 부자가 중국 고대의 학술을 '왕관학'과 '백가언'이라는 두 분야로 구별하고 있었음을 알 수 있다. 그러면 왜 '왕관학'이라고 했을까. 그 이유는 그들의 하는 일이 조정의 각 아문衙門에 있었기 때문이었다. '백가언'이라고 한 이유는 민간에 사적으로 전해져 기록되었기 때문이다.

오늘날의 용어로 말하자면 '왕관학'은 곧 일종의 귀족학이라 할 수 있고, '백가언'이란 일종의 평민학이었다. 공자는 시서詩書로 제자를 가르쳤고, 『상서』는 조정의 사관史官이, 『시경』은 악관樂官이 각각 관장했다. 이는 본래 조정의 각 아문에서 하던 학문이었다. 때문에 이를 일러 '왕관의 학[王官之學]'이라 했던 것이다.

중국은 당시 봉건체제였지만 서양역사에 보이는 중고中古시기의 소위 봉건사회와는 서로 달랐다. 서양의 봉건사회에는 최고 상층부에 공동으로 추대한 최고의 기구가 없었다. 따라서 신성로마제국으로 그것을 대신하려 했지만 결국 성공할 수 없었다. 그들은 게르만족이 쳐들어와 로마제국이 붕괴하자 통일된 정치는 소실되고 사분오열되어 드디어 봉건사회가 출현했던 것이다.

중국 고대의 봉건은 일종의 정치조직이었다. 하나의 왕실 즉 서주로부터 노魯·제齊·진晉·위衛 등으로 분봉되었으니, 위로는 하나의 중앙정부와 한 명의 천자가 있었기 때문에 적어도 이 점에서는 서양의 중고시기와 분명히 달랐다. 서양의 봉건이 사분오열된 한 사회형태였다면, 중국의 봉건은 '대일통'의 정치체계였다.

천자로부터 분봉된 공公·후侯·백伯·자子·남男 등은 작위를 받아 외지로 나아가 중앙을 향해 천자를 함께 받들고 하나의 정치조직을 이루고 있었다. 때문에 '왕관王官'이라는 칭호 중 '왕'은 곧 하나의 통일정부를 가리키며, 이를 일러 '하나의 왕[一王]'이라고 했던 것이다. 그러나 평민과 개인의 학문은 어느 곳에 매여 있는 것이 아니었기 때문에 이를 '백가百家'라고 했던 것이다.

그러면 왕관학이 백가학으로 변한 것을 어떻게 설명할 수 있을까. 이는 고대 조정의 각 기관에서 하던 귀족의 학문이 사회에 전해져 평민과 개인의 학문으로 변한 것을 말한다. 이와 같은 변화로서 가장 두드러진 예는 곧 공자에게서 보인다. 『한서』 예문지의 첫번째 부분을 「육예략六藝略」이라 했는데 이것이 바로 왕관학이었다. 두번째가 「제자략諸子略」으로서 바로 백가언이었다. 고대에 첫번째로 등장한 평민학자가 바로 공자였다.

공자가 『춘추』를 지으면서 말하기를 "『춘추』는 천자의 일을 기록한 것이다."라고 한 것은 『춘추』의 기재를 사관史官이 관장했기 때문이다. 그리고 사관은 중앙의 주나라 천자가 파견했으므로 각 지역의 『춘추』는 왕관학이었다. 그렇다면 『춘추』를 편찬한 것은 당연히 사관의 일이어야 한다. 그런데 공자는 "그 뜻을 내가 취했다"고 말하여, 자신이 사적으로 주의 천자가 사관을 제후에게 파견한 의의를 본받아 『춘추』를 편찬했다고 했다. 때문에 "나를 아는 것도 『춘추』이고, 나를 죄 주는 것도 다만 『춘추』로다!"라고 했던 것이다.

후일 어떤 사람이 공자를 책망한 것은 바로 그가 『춘추』를 지었기 때문이었다. 평민의 신분으로 천자가 행하는 왕관의 일을 행했으니 본분을 벗어난 것으로 어찌 책망을 받지 않을 수 있겠는가. 그러나 그를 이해하는 것도 그를 아는 것도 결국은 이 『춘추』를 통해서일 것이다. 따라서 공자는 부득이 이 『춘추』를 지었던 것이다.

『춘추』는 바로 왕관학과 백가언의 중간과도기에 위치하고 있었다. 훗날 사람들이 『춘추』를 존중하여 주공이 전한 왕관학과 동등하게 존중하여 5경五經에 『춘추』를 포함했다. 그리하여 공자의 『춘추』는 『한서』 예문지에서도 왕관학으로 인정되어 「육예략」에 포함되고 5경의 하나가 되어 주공시대의 시서詩書와 마찬가지로 경전으로 간주되었던 것이다. 경전은 사람들에 의해 존중되었고, 사람들이 전문적으로 경전의 의미를 밝혀 정리함으로서 전傳·기記·설說 등이 있게 되었다. 공자의 『춘추』 역시 세 종류의 전傳이 있었는데, 지금부터 설명하고자 한다.

그럼 먼저 주제와 관계없는 말 몇 마디를 하고자 한다. 예컨대 『장자莊子』라는 책은 백가언에 해당하는데, 원래는 장자 자신이 편찬한 것이었다. 그러나 장자의 제자들과 후학들이 몇 편 혹은 몇 구절을 다시 지어 함께 정리하면서 따로 구별하지 아니하고 모두 『장자』라고 불렀다. 때문에 현재 전하는 『장자』는 이미 장자 한 사람의 저작이 아니고, 그의 제자들과 장자의 학문을 논한 사람들의 문장이 덧붙여진 것이다.

『맹자』 일곱 편은 다른 사람에 의해 내용이 첨가된 것 같지는 않지만, 마찬가지로 맹자와 그의 제자 예컨대 만장萬章·공손축公孫丑 등이 공동으로 합작하여 완성한 것이다. 또한 『순자荀子』의 경우도 많은 부분이 그의 제자가 쓴 문장인데, 역시 그 모두를 합쳐 『순자』라고 불렀다. 『묵자墨子』 같은 책도 많은 묵가의 후학들이 쓴 문장들이 합쳐져 『묵자』라고 불리고 있다.

이 같은 체재는 후세사람들의 저작과 달랐다. 따라서 우리들이 고서를 읽을 때 이 같은 사실을 알지 않으면 안된다. 청대 장학성章學

誠은 『문사통의文史通義』 언공편言公篇에서 이 같은 문제를 명확히 지적했다. 장학성이 쓴 『문사통의』와 『교수통의校讎通義』 두 책은 고대 학술에 대하여 자못 새로운 지적이 많은데, 『한서』 예문지의 소위 '왕관학'과 '백가언'을 가지고 옛날 많은 저작들이 여러 사람들에 의한 공동저작임을 밝히고 있다.

'왕관학'이란 조정의 각 기관에서 맡아 하던 것으로 예컨대 「서주서」 역시 한 사람에 의해 완성된 것이 아니었고, 『시경』 300수首 역시 한 사람 혹은 한 시대에 만들어진 것은 더욱 아니었다. 평민사회의 백가언 역시 마찬가지였다. 옛날 사람들은 입언立言을 공적인 일로 여겼다. 후일 개인적 저작을 중시한 것과는 달랐다.

지금까지 한 이 말이 비록 강의주제와 특별한 관계가 없다고 해도 오늘날에는 매우 중요한 상식으로 삼아 반드시 알아야 한다. 앞선 사람들이 처음 만든 것을 후세사람들이 받들어 상식으로 삼고 있는 것은 부지기수이다. 예컨대 중국 고대의 학술사를 설명하면서 『한서』 예문지나 『문사통의』를 읽지 않는다면 그것은 정말 잘못된 것이다.

먼저 몇 마디 설명을 했으니, 다시 공자의 『춘추』에 대한 3전三傳을 강의하도록 하자. 공자의 『춘추』는 경전이 됨에 따라 전傳을 가질 수 있게 되었다. 그러나 경전 한 권에 대하여 어찌 세 종류의 전이 있게 되었으며, 3전의 이동異同은 어디에 있는가. 송대의 섭몽득葉夢得은 "『좌전』은 사실[事]을 전하면서 의義를 전하지 않았고, 『공양전』과 『곡량전』은 의는 전하면서 사실을 전하지 않았다"고 말한 적이 있다.

공자 자신도 말하기를 "『춘추』의 문장은 곧 사관들이 기록한 것이고, 거기에 기록되어 있는 것은 주로 제 환공이나 진 문공에 관한 사실이다. 그 의를 내가 외람되게 취했다"고 했다. 『춘추』는 역사를 기록한 것이므로 당연히 사실이 실려 있었다. 따라서 『좌전』이 해석(傳)한 것은 『춘추』에 기록된 사실이었다. 즉 『춘추』의 사실을 더욱 상세하게 전하고 있다.

그러나 공자가 『춘추』를 지은 것은 대의를 위한 것이었지만, 『좌전』에서는 언급하지 않았다. 『공양전』과 『곡량전』에서는 바로 이 같은 뜻(義)을 전하고 있다. 이른바 의란 바로 공자 스스로가 외람되게 취했다는 그런 '의'였다. 그러나 이 두 전(傳)은 『춘추』의 사실에 대해서는 상세하게 설명하지 않았다. 후일 주자는 말하기를 "『좌전』의 사학이 사실은 상세하게 기록하고 있지만 이치(理)가 미진하고, 『공양전』과 『곡량전』의 경학이 이치는 정교하지만 사실에 대해서는 착오가 많다"고 했다. 이는 섭몽득의 말과 대체로 같은 말이다. 이는 또 송대 사람들의 말이었지만 이러한 견해를 대체로 3전의 이동을 구별하는 말로 삼고 있다.

그러나 그 이전의 고대사람들은 그렇게 여기지 않았다. 왜냐하면 고대에는 아직 사학과 경학의 구분이 없었기 때문이다. 예컨대 반고의 『한서』 예문지에는 사마천의 『사기』가 「육예략」의 「춘추략 春秋略」에 분류되어 있는데, 이 사실을 통해 당시사람들의 관념에는 경학이 있었을 뿐 아직 사학은 없었던 것을 알 수 있다. 따라서 송대 사람들의 말이 한나라 사람들의 의견을 대표한다고는 할 수 없다.

한나라 사람들이 언급한 경학 가운데 예컨대『상서』의 경우 금문과 고문의 구별이 있었음은 이미 말한 적이 있다. 금문은 박사관이 두어 진 즉 당시의 관학이었고, 고문은 박사관이 세워지지 않은 즉 당시로서는 사학이었다. 실제로 복생이 전한『상서』에만 박사관이 두어졌고, 공안국孔安國이 전한 것은 박사관을 두지 않았다. 그리고 지금 이 시간 설명하고 있는『춘추』의 3전 역시 금문과 고문의 구분이 있었다.

한무제 초년에『춘추』를 가르치기 위해 박사관을 두었다. 그 당시에는 공양가公羊家의 관점에 의해 해석되었으므로『춘추공양전』즉 금문학에 박사관을 두었던 것이다. 후일 한 선제宣帝 때 와서 그가 즉위하기 전 좋아했던『춘추곡량전』에 대하여 즉위 후 조정에서 몇차례 학술회의를 개최하고 역시 박사관을 두었다.『공양전』과 함께 모두 금문이었다. 그러나 사실 이 두 책의 원본은 본래 고문이었다. 예컨대 복생의『상서』가 원래 고문이었던 이치와 같다.

한 성제成帝 때 유흠劉歆이 책들을 태상박사에게 옮기면서 몇 권의 고문경전에도 박사관을 두기 위해 노력했지만, 당시 소위『공안국상서』·『춘추좌전』등이 있었는데도 불구하고 그 설치에 성공하지 못했다. 때문에 후한시대에 이르기까지 다만『공양전』과『곡량전』만 박사관을 두었고,『좌전』은 민간의 사학으로 이를 고문이라 했다.

당시사람들의 쟁론은『좌전』이『춘추』를 해석한 것이 아니라는 것이었고, 많은 사람들은 단지『공양전』과『곡량전』만을 공인했다.『좌전』이 전傳으로 인정받지 못한 것은 그것이『춘추』를 해석하고 있지 못하기 때문이라는 것이 한대 사람들이 관점이었지만, 이는 내가 방금 거명한 두 송대 사람들의 관점과는 크게 다른 것이었다.

송대사람들은 "사실(事)을 전하고 뜻(義)을 전하지 않는다, 혹은 의를 전하면서 사실은 전하지 않는다"는 것으로 『춘추』를 제대로 해석하고 있는가의 여부를 판단하는 기준으로 삼았다. 그것은 즉 같은 『춘추』를 전하면서도 해석하는 바가 달랐기 때문이다. 이 문제는 매우 복잡한 것으로 여러분들은 청 말 피석서皮錫瑞의 『경학통론經學通論』과 『경학사經學史』를 참고하기 바란다. 그리고 내가 쓴 『진한사秦漢史』에서도 이 문제를 상세히 서술했고, 또 『양한경학금고문평의兩漢經學今古文平議』에서도 이 문제를 언급했다.

학문을 하려면 곧 '통通'을 추구해야만 한다. 나는 역사를 공부하니까 경학은 몰라도 된다고 말해서는 안된다. 그렇게 된다면 고대의 경우 사학과 경학의 구분이 없었는데, 단지 경經이 있는 줄만 알고 사史가 있는 줄 모르고, 또 당시의 경학에 통하지 않게 되면 당시의 사학을 말할 수 없게 된다. 지금 우리들이 『춘추』를 이야기하면서 『춘추』의 3전을 언급하는 것은 그 가운데 경학의 문제가 있기 때문이다. 따라서 나는 경학을 좋아하지 않으니 이 문제를 버려두고 이야기하지 말자고 할 수 없는 것이다.

공자는 "『춘추』는 천자의 일을 기록한 것이다"라고 말한 적이 있다. 이 말은 곧 『춘추』가 이전에는 단지 왕관학이었는데, 공자가 비로소 『춘추』를 백가언으로 바꾼 것을 의미한다. 공자가 고대 귀족의 학문을 민간에 전파하여 후대 개인의 자유사상과 백가언, 그리고 평민학을 처음으로 열었던 것은 매우 중요한 사실이었다. 한나라에 이르러 동중서董仲舒가 한무제에게 건의하여 6경을 존중하고 백가를 모두 물리치라고 했다. 6경을 존중하라고 한 것은 곧 고대의 왕관학을 존중하라는 것이요, 백가를 물리치라는 것은 곧 후대에 일어난 평민학을 몰아내라는 것이다. 한무제는 무엇 때문에 동중서의 말을 받아들여 이렇게 했겠는가?

여러분들은 혹 당연히 공자 등 유가의 주장들이 제왕의 전제專制에 유리하기 때문에 한무제가 동중서의 말을 받아들였다고 말할는지 모르겠다. 이 같은 말은 이미 근대 우리들의 상식이 된 것 같다. 모두들 이와 같이 말하고 있다.

그러나 한번 물어보자. 이 말이 어느 책에 나오는가? 또 어떤 근거가 있는가? 예컨대 왕관학과 백가언을 말하는 것은 『한서』 예문지에 근거한 것이고 또 장학성의 『문사통의』에서 상세한 분석을 거친 것이다. 나는 다만 장학성의 말에 근거하여 약간 말을 바꾸어 왕관학은 바로 귀족학이요, 백가언은 바로 평민학이라고 했다.

한무제가 고대의 귀족학을 다시 일으키고자 하면서 후대의 평민학을 물리치려 한 것이 정말 전제정치에 유리하기 때문인가? 누가 한무제의 속마음을 짐작할 수 있는가? 또한 어떤 책에 근거하고 또 어떤 사람의 주장에 근거하고 있는지, 결국 그 근거가 있어야 한다. 나는 젊은 시절부터 이 문제에 주의했지만 몇십 년 동안 그러한 주장의 근거를 찾지 못했다. 많은 사람에게 물었지만 모두 관심이 없었고, 그러한 주장은 이미 정론이 되어버린 것 같다.

지금 나는 다른 추론을 해본다. 내 생각에는, 한무제는 17세에 황제가 되었는데, 그의 어린 시절 궁중 스승이 유생이었기 때문에 유가의 말에 물들었던 것이고 또 그로 인해 쉽게 동중서의 말을 따랐다고 여겨진다. 이 문제에 대한 자세한 관점은 내가 『진한사』에서 상세히 정리했다. 물론 이전의 『국학개론』이나 『국사대강』에서도 언급했지만, 『진한사』에서 언급한 것이 비교적 많다. 나의 주장은 모두 『사기』와 『한서』에 근거한 것으로 분명한 내력이 있다.

시대가 변하고, 사회가 변하면 문제 역시 변하고 우리들의 학술적인 요구 또한 변하게 마련이다. 공부하는 사람들은 참신한 관점을 가지고 참신한 주장을 해야 하지만, 결국은 근거가 있어야 한다. 책을 제대로 보지도 않으면서 멋대로 이야기해서는 안된다. 나의 추측으로는 혹 한무제가 6경을 존중한 것이 전제에 유리하기 때문이라는 말은 일본에서 전해진 것 같지만 이 문제를 위해 자세히 그 증거를 찾아보지는 않았다. 여러분들이 일본서적 보기를 좋아한다면 많은 이야기들이 일본인들의 주장을 베껴 들여온 것임을 곧 알게 될 것이다. 이 역시 연구할 만한 가치가 있다.

동중서가 한무제에게 6경을 존중하고 백가를 물리치라고 한 말은 동중서의 「천인삼책天人三策」에 매우 상세하게 언급되어 있다. 이 「천인삼책」은 『한서』에 수록되어 있는데 정말 한번 읽을 만하다. 동중서는 무제에게 제도개혁을 권했는데, 즉 진秦의 제도를 바꾸라고 했고, 또 무제에게 복고復古를 권했는데, 바로 진 이전의 고대 즉 하·상·주 3대를 본받으라는 것이었다.

당시 일반인들의 생각으로는 진은 배울 것이 없다고 여겼다. 20여 년 만에 망했으니 당연히 8백 년을 이어온 주周에게서 배워야 한다고 여겼다. 동중서와 같은 시대의 사람들 중에는 이러한 의견을 가진 사람이 역시 적지 않았다. 이 때문에 그들은 진의 박사제도를 개혁하고 백가를 물리치고 오로지 5경만을 강의하게 했다. 그러나 전제에 유리하다고는 말하지 않았다.

결국 주공은 한나라에서 멀리 떨어진 시대 사람이었다. 때문에 한대 사람들이 5경을 말한다고 하지만 실은 공자나 『춘추』에 치중하여 말하는 것이다. 그들이 말하는 공자의 『춘추』는 왕도의 대법大法이었다. 『춘추』가 대법을 가지고 있다 함은 여전히 그리고 또 하나의 새로운 왕자王者가 도래한다는 뜻이다. 고대의 왕이란 바로 하·상·주 3대를 말하며, 공자 당시 주의 왕업은 이미 점차 쇠망해지고 있었다.

여기서 우리는 다시 맹자의 말을 해야겠다. "왕자의 자취가 사라지고 난 뒤 시가 없어지고, 시가 없어지고 난 연후에 『춘추』가 지어졌다"고 했으니 공자의 『춘추』는 바로 새로운 왕자의 출현을 말하는 것이다. 공자 또한 스스로 말하기를 "나를 써주는 사람이 있다면 나는 그 나라를 동쪽의 주周나라로 만들 것이다"라고 했다. 그러나 만약 공자가 나와 도를 천하에 행한다고 하더라도 이미 주공 당시의 서주와 같을 수는 없었다. 그저 하나의 동쪽의 주였을 것이다. 이 때문에 『춘추』는 왕자의 대법이라고 말했다.

『사기』에는, 난세를 바로잡고 다시 올바른 시대로 돌아감은 『춘추』만한 것이 없다고 했으며, 또 국가를 소유한 자는 『춘추』를 몰라서는 안된다고 했다. 『춘추』가 이미 왕자의 대법이었으니 왕자의 치세를 일으키려면 어찌 『춘추』를 모를 수 있겠는가? 한나라 사람들은 다시 이 말을 고쳐 공자가 한을 위해 법을 만들었다고 했다. 무제가 당시의 제도를 개혁하자면서 다시 진을 따를 수는 없었다. 진시황의 전제정치에 대해서는 모두가 이야기할 수 있다.

한무제는 바로 이러한 진시황의 정치를 반대하기 위해 제도개혁을 받아들였다. 어찌 한무제가 6경을 존중한 사실을 가지고 전제에 유리하기 때문에 받아들인 것이라 할 수 있겠는가. 한무제는 바로 진시황의 정치를 바로잡으려 했고, 동중서는 가장 먼저 이러한 의견을 제시한 것이다. 내가 한무제나 동중서를 변호하려는 것이 아니고 다만 역사적 진상을 말하고자 하는 것이다.

역사를 말하려면 반드시 근거가 있어야 한다. 많은 사람들은 공자의 『춘추』를 욕한다. 책 속의 내용이 모두 마음을 해치는(誅心) 내용이라고 여기는 것이다. 그러나 또 한무제가 6경을 존중했던 것을 전제를 하기 위함이라 하니 이 역시 어찌 일종의 마음을 해치는 논의가 아니겠는가? 가장 바람직한 것은 우리들이 아무렇게나 옛사람들을 비판하지 않는 것이다. 왜냐하면 옛사람들은 이미 죽은 지 오래 되었기 때문에 그들을 비판하여도 아무 소용이 없다.

우리는 당연히 현대인을 비판할 줄 알아야 한다. 내가 쓴 『진한사』에서는 이 문제를 다루었는데, 만약 내가 그 책 속에서 한 말이 틀렸다면 아무리 비판을 해도 괜찮다. 근래의 사람들은 비판할 만한 가치가 없다고 생각하고 단지 죽은 사람만을 비판해서는 안된다.

한나라 사람들이 6경을 존중한 것은 곧 공자의 『춘추』가 한을 위해 제도를 만들고, 한을 도와 하나의 새로운 왕법을 정했기 때문이었다. 천하를 통치하려면 곧 공자의 『춘추』를 따라야 했다. 그러나 공자가 또한 어찌 장래 자신이 한을 위해 법을 정하게 될 줄 알았겠는가? 그러나 한나라 사람들은 이미 모두 이와 같이 말했다. 따라서 한나라 사람들은 5경을 존중했고 그 중에서도 특별히 공자의 『춘추』에 주의했으며, 동중서 자신도 『춘추』를 공부했던 것이다.

이후 한의 조정에서는 정치적으로 큰 사건에 직면하면 곧 대부분 『춘추』를 근거로 하여 판단을 내렸다. 예컨대 준불의雋不疑나 소망지蕭望之 등이 모두 매우 분명하면서도 흥미있는 예이다. 그들은 곤란한 사안에 부딪치면 『춘추』에 근거하여 판단을 내렸고, 다른 사람은 아무도 반대할 수가 없었다. 만약 법률에 근거했다면 어떤 사실들은 법률에 없는 것이었다. 뿐만 아니라 법률은 근대의 사람들이 정한 것이고, 『춘추』는 고대의 성인이 대의를 전한 것이기 때문에 한나라 사람들은 왕법에 근거하지 않고 『춘추』에 근거했다. 이는 곧 왕법으로 전제專制할 수 없었음을 말해 주는 것이다.

예컨대 한무제가 흉노를 공격하려 하자 어떤 사람이 반대했다. 한무제가 오히려 말하기를 "『공양전』에 9세九世의 복수復讎에 관한 뜻이 있다고 했는데, 이는 공자도 우리들이 복수하는 것을 찬성하고 있음을 알 수 있다"고 했다. 당연히 한대 사람들이 말하는 '통경치용通經致用'이 가장 많이 쓰이는 곳이 바로 정치이고, 또 가장 유용한 경전은 바로 공자의 『춘추』였음을 알아야 한다.

공자의 춘추대의를 말하고 있는 것은 바로 『공양전』이었다. 여러분들이 이를 생각한다면 『공양전』이 당시에 중대한 지위에 있었음을 알게 된다. 그러나 우리들은 『공양전』에서 말하는 내용이 정말 공자의 사상인지를 물어야 한다. 우리가 『춘추』를 이야기할 때 오로지 그저 『공양전』의 해석에 비추어 말해야 하는가? 여기에는 정말 큰 문제가 있다. 그에 대한 이해를 위해 여러분은 또 먼저 피석서皮錫瑞의 『경학사』와 『경학통론』을 읽어야 한다.

나는 또 다른 글에서 이 문제를 언급한 적이 있다. 「공자와 춘추孔子與春秋」라는 논문인데 역시 『양한경학금고문평의兩漢經學今古文平議』에 수록되어 있다. 여러분이 이 논문을 읽으려면 곧 먼저 약간의 경학사를 알아야 한다. 이 문제는 잠시 옆으로 제쳐두고 말하지 않겠다. 지금 이 시간에는 다시 계속하여 『춘추』의 3전을 말하고자 한다.

한나라에서 박사를 임명한 것으로는 『공양전』 외에도 『곡량전』이 있었다. 그러면 도대체 이 두 파별의 관점의 차이는 무엇인가? 이 문제는 당시 이미 하나의 쟁론이었다. 여기에는 곧 제학齊學과 노학魯學의 해석이 연관되어 있었다. 한대에 가장 먼저 『공양춘추』를 말한 호무생胡毋生이 제나라 사람이었고, 또 가장 먼저 『곡량춘추』를 말한 노 신공申公이 노나라 사람이었기 때문에, 『공양전』을 제학이라 하고 『곡량전』을 노학이라 했던 것이다. 제학과 노학의 차이에 대해 오늘은 잠시 이야기하지 않기로 한다. 결론적으로 『공양전』과 『곡량전』은 모두 의義를 전한 것이지 사실을 전한 것은 아니다.

후일 많은 사람들이 또 차츰 『좌전』을 중시했다. 유흠劉歆은 곧 정식으로 『좌전』에도 박사관을 둘 것을 제안했다. 물론 종전에 아무도 이 『좌전』을 보지 못했다는 것은 아니다. 청 말 강유위의 『신학위경고』는 오히려 『좌전』을 유흠이 위조한 것이라 했다. 그러나 사마천이 『사기』를 지을 때 이미 『좌전』을 본 적이 있었다. 『사기』 십이제후연표十二諸侯年表를 보면 증명할 수 있다. 실은 이 문제는 상세하게 말할 필요가 없다. 사마천 이전에 『좌전』을 본 사람은 그밖에도 많았다. 전국시대에도 어떤 사람이 분명하게 『좌전』을 인용했다. 유흠 이후 후한에 이르러 『좌전』을 중시한 사람이 더욱 많았다.

당시 유명한 경학가였던 정중鄭衆・가규賈逵 등은 모두 『공양전』의 의義는 간단한 곳에 있고, 『좌전』의 의는 자세한 곳에 있다고 했다. 삼국시대에 이르러 종요鍾繇가 일찍이 말하기를 "좌씨는 태관가太官家이고, 공양전은 매병가賣餠家"라고 했다. 가규는 "『춘추』의 서序에서 공자는 소왕素王의 법을 세웠다"고 말한 적이 있다. 소왕이란 면류관을 쓰지 않은 왕이라는 뜻이다. 우리는 이미 종전의 공양가들이 『춘추』는 왕자의 대법이고 공자는 한을 위해 법을 제정했다고 말했음을 언급한 적이 있다. 지금은 『좌전』을 연구하는 사람들도 마찬가지로 그렇게 말한다.

이후 진대晉代의 두예杜預가 『좌전』에 주를 달면서 좌구명을 소신素臣이라 칭했다. 소신이란 공자가 건립한 새로운 왕조의 일개 대신이라는 의미이다. 동진시대에 『위고문상서僞古文尚書』가 출현했는데, 그 때 사람들은 이미 한나라 사람들이 말하던 금문과 고문 사이의 구별을 다투지 않았다. 따라서 당나라 초기 공영달孔穎達이『오경정의五經正義』를 지을 수 있었다.『위고문상서』도 그 안에 포함되어 있었다.

당태종의 정관貞觀연간과 고종의 영휘永徽연간에 주공을 받들어 선성先聖이라 하고, 공자를 선사先師라고 했다. 선사에 배향된 사람은 단지 두 사람이었다. 한 사람은 안연顏淵이었고, 다른 한 사람은 좌구명이었다.『좌전』이 얼마나 중시되었는지 알 수 있다. 여러분들은 이후 송대 사람들의 의견이 공양은 의를 전하는 것이지 사실을 전하는 것이 아니었으며,『좌전』은 사실을 전하는 것이지 의를 전하는 것은 아니었다는 사실을 짐작할 수 있을 것이다. 따라서『공양전』은 경학으로,『좌전』은 사학으로 인식했다. 한유漢儒와 비교해 볼 때 공평한 견해라고 말할 수 있다.

후일 특히 청 말 도광道光 이후가 되면 금문경학이 홀로 성행하여 공자진龔自珍에서 강유위까지 모두 필사적으로 하휴何休를 떠받들었다. 하휴는 후한시대『공양전』에 주를 붙인 인물이었다. 그러나 사실 하휴가 말한 것을 곧장 동중서가 그대로 말한 것은 아니었고, 두 사람 사이에는 커다란 차이가 있었다. 그런데도 청 말 이래 많은 사람들이 모두 금문가의 말을 따르고 강유위의 주장을 쫓아 유흠이 고문학을 위조했다고 했다. 이는 최근 1백 년 이래의 잘못된 주장이었다. 여러분들이 이 같은 사정을 알고자 한다면 내가 쓴『중국근삼백년학술사中國近三百年學術史』와『양한경학금고문평의兩漢經學今古文平議』두 책을 참고할 수 있을 것이다.

그러면 지금 한번 물어보자. 『좌전』은 좌구명의 저작이 정말 맞는가? 여기에도 역시 문제가 있다. 왜냐하면 좌구명은 당연히 성이 좌구左丘이고 이름이 명明이어야 한다. 예컨대 사마천이 "좌구가 실명失明하고 『춘추』를 지었다"고 했는데, 여기에서 이 '명明'자가 그의 이름인가 아닌가는 분명치 않지만 그의 이름이 구명丘明이 될 수는 없다. 따라서 그의 책은 당연히 『좌구전左丘傳』이라고 하는 것이 옳고, 『좌씨전左氏傳』이라 하는 것은 옳지 않다.

따라서 오늘날 『좌씨전』이라고 하는 것은 문제가 있는 것이다. 『논어』에서도 공자가 "좌구명이 이를 부끄럽게 여겼고, 나도 부끄럽게 여겼다"라고 말한 적이 있는데, 이는 좌구명이 공자의 제자였던 것 같지는 않으며 혹 그의 친구였는지도 모른다. 그러나 오늘날 『좌전』이 기록하고 있는 내용이 공자의 사후에까지 걸쳐 있어서 좌구명이 공자보다 훨씬 어리지는 않아보인다.

그러나 여기에도 문제가 있다. 바로 『좌전』의 진위와 관련된 문제이다. 종전의 사람들은 다만 좌씨가 『춘추』를 전하지 않았다고 했지 『좌전』이 위서라고 하지는 않았지만, 그러한 말 중에는 실제 문제가 있었다. 이에 대해서는 많은 사람들이 과거 토론을 벌인 적이 있기 때문에 오늘날에 와서 비로소 발생한 문제는 아니다. 내가 쓴 『선진제자계년先秦諸子繫年』에서도 여러 사람들의 관점을 가지고 『좌전』의 작자문제를 토론했다.

한대 사람들이 『좌전』을 언급하는 데는 하나의 원류가 있다. 누가 누구에게 전하고 다시 누구에게 전했다는 것으로서, 『공양전』・『곡량전』과 비슷했고 그 원류가 같았다. 그리고『좌전』의 원류에는 오기吳起가 등장한다. 이 사람에 대해서는 크게 주의할 필요가 있다. 아마도 이『좌전』은 결국 오기와 관련이 있다고 여겨진다. 오기는 일찍이『좌전』을 자신의 아들에게 전한 적이 있었고, 이후 계속 전해 내려갔다.

적어도 우리들은『좌전』의 작자가 분명히 당시 각 제후국의 역사를 보았을 것이라 믿는다. 특히 진晉과 초楚 두 나라의 사실을 잘 알고 있었다. 왜냐하면『좌전』에는 특히 이 두 나라의 역사가 매우 상세하게 서술되어 있기 때문이다. 공양公羊과 곡량穀梁씨는 모두 각 제후국의 역사를 본 적이 없었던 것 같다. 왜냐하면 그들은 많은 사료를 직접 본 것이 아니었기 때문에 책에 기재된 사실이 매우 간략했다. 그러나『좌전』은 이와 달랐다. 만약 동시에 진과 초 두 나라 양쪽의 사료를 볼 수 있었던 조건을 논한다면 오기가 가장 유리한 위치에 있었던 인물이었다.

오기는 처음 위나라에 있었고 뒤에 초나라로 갔다. 때문에『좌전』에는 특별히 진晉의 3가三家 중에 위에 대하여 항상 긍정적으로 기재했다. 그리고『좌전』에는 군사와 관련한 기록이 많은데 이에 관한 기록이 특별히 뛰어나다. 오기는 군사학에 밝았던 사람이었다.『좌전』에는 또 매우 많은 예언이 기재되어 있는데, 노 애공哀公부터 대체로 진 효공孝公 이전의 기록은 모두 맞지만, 효공 이후의 기록은 틀린다. 마침 이 시기가 오기가 생존했던 시기와 비슷했다.

오기는 본래 유가전통을 지닌 사람이었다. 따라서 이 책, 즉『좌전』은 비록 오기 한 사람이 쓴 것이라 할 수는 없겠지만, 오기 이전부터 곧장 오기 이후까지 결국 이 책은 그와 관련이 있을지도 모른다. 만약 아무런 관련이 없다면 후일 『좌전』의 원류를 말하는 사람들이 오기를 연관시킬 수는 없었을 것이다. 오기는 후일 사람들의 관념 속에 이미 무시되었던 사람이지만, 나는 『좌전』이 어떤 형태로든 오기와 관련이 있다는 점을 말하는 것이다.

나는 여기서 한 가지 이야기를 덧붙이고자 한다. 호적胡適 선생이 『중국철학사대강中國哲學史大綱』을 썼는데, 어느 날 우리 두 사람이 대화를 나누다가 이 책에 대한 언급을 한 적이 있었다. 당연히 호적 선생의 이 책은 노자老子를 시작으로 하고 있었다. 나는 노자가 공자 이후의 사람이라고 여기고 있었지만, 이에 대해서는 문제를 제기하지 않았다. 나는 이 책이 제시한 하나의 주장, 즉 사상을 말하려면 반드시 그 사상의 시대배경을 말해야 하며, 어느 시대이든지 시대배경 하에 일정한 사상이 있다는 점에 대하여 질문했다. 나는 노자는 춘추시대에 살았던 사람이었고 당시의 시대배경을 분석하려면 당연히 『좌전』에 근거해야 하는데 어찌하여 『시경』에 근거하고 있는가를 물었다. 『시경』에도 당연히 그 역사가 있었겠지만 노자의 시대와는 거리가 멀었다.

이 책은 『시경』에서 당시 사람들을 거론하면서 그들을 낙천파·비관파·회의파懷疑派 등으로 구분했다. 나는 이것은 시대배경이라고 할 수 없다고 말했다. 당시唐詩 3백 수首 안에도 낙천파·비관파·회의파가 있게 마련이다. 오늘날 많은 사람들이 하늘[天]에 대하여 이야기할 때에도 그 안에 낙천파·비관파·회의파가 있게 마련이다. 때문에 이 같은 특징은 노자사상의 시대배경이 될 수 없는 것이다. 뿐만 아니라 어떤 사상의 경우도 모두 반드시 그 시대배경을 말해야 한다. 공자의 시대와 맹자의 시대가 또한 다른 것으로 단지 노자를 서술하면서 시대배경을 설명할 수는 없다. 이후 사상은 사상을 그저 이은 것이 되어 다시 시대가 없어져 버렸다.

호적 선생은 나의 두번째 질문에는 답을 하지 않고 첫번째 질문에 답을 했다. 그는 말하기를 "당연히 그대의 『유향유흠부자연보劉向劉歆父子年譜』가 아직 발표되기 이전이었기 때문에 내가 대담하게 『좌전』을 인용할 수가 없었고, 『좌전』을 위서라고 여겼기 때문에 고의로 거론하지 않았던 것이다"라고 했다.

내가 오늘 특별히 이 같은 이야기를 여러분에게 하는 것은 학문을 하려면 당연히 여러 분야에 '통通'해야 한다. 즉 '통인지학通人之學'을 해야 한다고 말하기 위함이다. 철학의 경우도 마찬가지로 역사를 몰라서는 안된다. 『좌전』의 진위를 모르면서 당시사람들의 사상을 말하게 되면 틀리기가 십상이다.

후일 양계초梁啓超 선생이 남경 중앙대학에서 장기간 강연을 하면서 중국정치사상사를 말한 적이 있다. 그는 강유위의 학생이었다. 그러나 그는 춘추시대의 중국정치사상을 언급하면서 대부분 『좌전』에 근거했다. 이는 비교적 타당한 것이었다. 당시 어떤 사람이 스웨덴의 한 한학가의 저작인 「좌전진위고左傳眞僞考」를 번역했는데 일시 크게 유행했다. 그러나 『좌전』의 진위를 말할 때에는 내가 『선진제자계년先秦諸子繫年』에서 열거한 수많은 관점이 있다. 어찌 외국인이 능히 모두 다 알겠는가? 오늘날 우리들은 반드시 많은 중국서적을 읽어야만 한다.

상당히 오래 전에 어떤 미국학생이 강유위의 사상을 연구하겠다고 찾아와 토론을 한 적이 있는데, 당시 나는 "당신이 중국의 경학에도 통함이 없고, 『공양춘추』를 알지도 못하면서 어찌 강유위를 이야기할 수 있겠는가"라고 말한 적이 있다.

우리들이 역사를 공부하면서 중국 고대를 말하려 한다면 적어도 『좌전』부터 읽어야만 한다. 이 시대 240여 년의 사실이 상세하게 기록되어 있는데, 어찌 방치하고 읽지 않을 수 있겠는가? 중국고대사를 배우는 여러분들은 마치 갑골문에 통하지 않으면 안된다고 여기지만, 갑골문은 단지 약간의 파편적인 사료에 불과하다. 그러나 체계적이고 자세한 240여 년간의 편년사가 바로 『좌전』인 것이다.

역사적 관점으로 말하자면 『좌전』의 가치는 마땅히 『춘추』의 위에 있어야 한다. 이 말은 근래의 장병린章炳麟도 언급한 적이 있다. 장병린은 단지 강유위에게 반대하기 위해 고문학만을 말했고, 심지어 유흠이 공자보다 더 현명하다고 했지만, 이 부분은 좀 지나친 것이다. 유흠이 어찌 공자와 비교하여 더 현명할 수 있겠는가? 과거 사람들이 좌구명을 소신素臣으로 추앙했다고 해서 어찌 소왕素王, 즉 공자와 비교할 수 있겠는가? 그러나 적어도 『좌전』은 사학상 진일보한 편년사였다. 공자의 『춘추』는 다만 개척자였고, 『좌전』이 비로소 정식으로 편년사를 완성했다.

이를 계승한 가장 유명한 것이 바로 『자치통감資治通鑑』이었다. 『자치통감』과 『좌전』 사이에는 1백 년이 안되는 시간이 빠져 있었지만 역시 적지 않은 사람들이 보완한 적이 있다. 그러나 그 보완작업이 좋지 않았다. 만약 지금 다시 보완한다면 당연히 내가 쓴 『선진제자계년』의 새로운 「육국연표六國年表」를 참고해야만 할 것이다. 내가 이 책에서 이룬 가장 큰 공헌은 고대 역사에 대하여 특히 『좌전』 이후 전국시대로 연결되는 그 중간부분을 정리한 데 있다고 생각한다.

그러나 나의 책명이 『선진제자계년』이라 불려져서 그런지 사상사를 말하는 사람들은 그 책에서 사상을 상세히 언급하지 않음을 싫어하고, 사학을 말하는 사람들은 그 책이 제자백가와 관련이 있는 것이지 나와는 상관이 없다고 하여 거들떠보지도 않았다. 그러나 나의 책은 읽지 않아도 괜찮지만 『좌전』은 반드시 읽어야 한다. 당나라의 유지기劉知幾는 『사통史通』에서 고대의 역사에는 두 체제가 있다고 했는데, 하나는 『상서』이고 다른 하나는 『좌전』이라고 했다. 이 책이 중국사가들에게 얼마나 중시되었는지를 알 수 있다.

다음 기회에 나는 다시 『좌전』을 보다 상세하게 언급하고자 한다. 『춘추』나 경학에 대하여 말하고자 한다면 한으로부터 청에 이르는 각종 쟁론을 이야기해야 한다. 실은 『좌전』을 읽는 데 그리 많은 시간을 들일 필요는 없다. 여러분들은 단지 현대사만을 말할 수는 없지만, 시대가 가까울수록 이야기가 정확하지 않을 수도 있다. 예컨대 어떤 한 사람을 이야기할 때에는 그가 태어난 때부터 유치원·초등학교·중등학교·대학교까지 처음부터 이야기를 해야 한다. 대체로 모두 그 내력을 갖고 있게 마련인데, 만약 그 앞의 것을 모두 잊어버린다면 어떻게 현재를 이야기할 수 있겠는가. 현대사는 물론 설명하지 않으면 안된다. 『춘추』는 곧 공자시대의 현대사이고, 「서주서西周書」는 바로 주공 당시의 현대사였다. 우리들이 지금 말하고 있는 것은 당연히 우리들의 현대사인 것이다.

내가 말하고자 하는 것이 모두 현대를 지적하고자 하는 것인데, 어느 구절 하나 현대에 근거하지 않은 것이 있는가? 나는 다만 강유위에 근거하여 말하고자 하는 것이 아니요, 또 주자나 동중서에 근거하여 말하고자 하는 것은 더욱 아니다. 우리가 살고 있는 현대에 근거하여 말하고자 하는 것이다. 이는 학술상 하나의 현대사인 것이다. 현대에 살고 있는 여러분들은 현대를 꼭 알아야 한다. 그러나 현대로부터 과거를 소급해야 한다.

물론 여러분 대부분에게 고대사를 연구하라고 하는 것은 아니다. 그러나 고대사를 결국은 어느 정도 알아야 한다. 그래야만 이후에 등장하는 이야기에 통하게 되는 것이다. 고대로부터 현대에 이르는 것은 마치 큰 물길이 끊임없이 흐르는 것과 같다. 적어도 나는 여러분들에게 학문을 함에 있어서 '통通'을 구해야 하고, 사학을 배우려면 조금이라도 경학에 통해야 하며, 근대사를 연구하는 데 있어서도 고대사를 조금 이해하지 않으면 안된다는 말을 하고자 하는 것이다. 다만 그 대략이라도 아는 것은 좋은 것이다. 그러면 오늘 강의는 여기까지 하겠다.

■ 쉬어가는 곳

『좌전』과 『국어』 그리고 『전국책』

> 중국 고대사람들은 역사기록에 아주 특별한 것 즉 소위 "말을 기록한다(記言)"와 "사실을 기록한다(記事)"는 구분이 있다는 것이다. 여러분들은 모두 역사는 사실을 기록하는 것이라 말한다. 그러나 중국의 고대사람들은 역사를 중시하면서 사실뿐만 아니라 말도 함께 중시했다.

『좌전左傳』을 고대에는 경전으로 여겼다. 왜냐하면 『춘추』가 6경의 하나였고 『춘추』에는 3전이 있었으므로 그들 모두를 역시 경이라고 여겼던 것이다. 때문에 9경 혹은 13경이라고 할 경우 그 안에 모두 『좌전』이 포함된다.

종전의 사람들이 『좌전』에 대해 토론했던 문제들은 첫째, 『좌전』이 『춘추』를 해석(傳)한 것인가의 여부였다. 이는 큰 문제였다. 한대의 금문학가들은 『좌전』이 『춘추』를 해석한 것이 아니라고 여겼기 때문에 『좌전』은 학관을 두지 않았다. 둘째, 『좌전』이 과연 좌구명左丘明의 작품이 맞는가 하는 것이었다. 좌구명은 공자와 같은 시대의 사람이었다. 만약 좌구명이 『좌전』을 지었다면 바로 공자의 『춘추』를 해석한 것이 된다. 그러나 『좌전』이 『춘추』를 해석한 것이 아니라고 한다면 『좌전』이 반드시 좌구명의 저작이라고 할 수는 없을 것이다. 이 두 가지 문제에 대해서 이미 우리는 앞 시간에 이야기한 적이 있다.

지금 우리들은 『좌전』이 좌구명의 작품이라고 여기지 않고, 또 『좌전』이 완성된 것은 당연히 전국시대로서 진 효공 때까지 거슬러 올라간다고 보고 있다. 공자와 좌구명이 살던 시대와는 시간적 거리가 아주 멀기 때문에 『좌전』이 혹 오기吳起와 관련이 있을지 모른다는 것 역시 이전 강의시간에 말한 적이 있다. 그러나 우리는 송나라 사람의 의견에 비추어 『좌전』이 해석한 것은 『춘추』의 '사실'이었지 『춘추』의 '의義'는 아니었다고 여기고 있다. 『좌전』에는 예컨대 노魯·제齊·송宋·정鄭·진晉·위衛·초楚·진秦 등 각 제후국의 사실들과 함께 그 자세한 내용들이 모두 포함되어 있다. 때문에 고대부터 민국 이전의 사람들은 단지 『좌전』이 『춘추』를 해석한 것이냐 아니냐는 문제를 두고 다투었다.

소위 『좌전』의 진위문제라는 것은 다만 이를 둘러싼 것일 뿐 『좌전』에 기재된 사실, 즉 『좌전』의 내용과 그 역사적 가치에 대해서는 어느 누구도 의심하지 않았다. 논쟁은 단지 『좌전』의 경학여부를 따지는 것이었지, 『좌전』에 기재된 240년의 사실이 역사인가 아닌가 하는 것에 대해서는 논쟁을 벌인 적이 없다.

첫째로 천문역법을 예로 들면, 『좌전』에 기록된 각종 일식과 월식은 모두 정확했다. 특히 『좌전』에 실려 있는 진晉의 역법과 주周의 역법 그리고 『춘추』의 노나라 역법은 두 달이나 차이가 났다. 이에 대해서는 이미 『맹자』에서 언급한 적이 있었다. 주의 역법에는 현재의 11월이 정월에 해당되고, 하夏의 역법으로는 현재의 1월이 정월에 해당했다. 진晉은 하의 역법을 사용했기 때문에 『좌전』에 기록된 진나라의 사정이 『춘추』의 것과 두 달의 차이가 난 것이다.

어떤 사실은 『춘추』에는 이듬해에 기록되어 있는데 『좌전』에는 그 전 해에 기록되어 있는 것이 있다. 진나라 사람들의 11월은 이미 주와 노나라의 경우 신년에 해당한다. 바로 이 점이 『좌전』이 사용하고 있는 사료에는 내력이 있다는 것을 증명한다. 그리고 이런 사실을 통해서 중국에는 하·상·주 3대의 역법이 다르다는 것을 증명할 수 있다. 『좌전』 안에는 이러한 것들에 대한 명확한 증거가 존재한다. 진秦에 이르러 10월을 정월이라 여겼다. 정월이 한 달이나 더 빨라진 것이다. 한대 이후에 와서 비로소 다시 고쳐 하의 역법을 사용했다. 우리들은 다만 『좌전』을 가지고 고대 산서山西지방, 즉 진晉나라 사람들의 역법이 곧 하의 역법이었음을 알 수 있다. 때문에 『좌전』을 통해 매우 많은 고대의 천문학을 연구할 수 있다.

둘째로 지리에 대하여 이야기해 보자. 중국은 역사가 유구하고 영토가 넓기 때문에 '지리연혁'은 특별히 중요한 학문이었다. 일반적으로 『우공禹貢』이 중국의 지리연혁을 설명한 첫번째 책이고, 『한서』 지리지가 두번째 책이라 여긴다. 그러나 『우공』은 실제 전국시대 사람들에 의해 쓰인 것이다.

『좌전』의 지리는 당시 1백 개에서 2백 개의 제후들의 존재와 밀접한 관련이 있다. 『사기』 십이제후연표에서는 특별히 큰 12개의 제후국을 뽑아 설명하고 있다. 이들을 국國이라 불렀다. 국 이외에도

읍邑이 있었는데, 이들 읍은 『수호전』에 보이는 사가장史家莊·호가장扈家莊·축가장祝家莊 같은 것들이다.

　비록 성城이 아니라 읍이었지만 『좌전』에는 읍의 기록이 훨씬 많다. 큰 것은 도都라고 칭하고 작은 것은 읍이라고 칭했다. 만약 우리들이 『좌전』에 기재된 제후와 도읍의 각 지명을 모두 살펴보고자 한다면 매우 번거롭고 복잡한 작업이 될 것이다. 그러나 두예杜預의 주는 후세사람들이 지리연혁을 이야기할 때 중요한 참고자료가 되었다. 지리연혁은 하나의 전문적인 학문이다. 청나라 사람들이 쓴 『좌전』의 지명地名을 고찰한 문장이 매우 많다. 따라서 우리는 실제로 중국의 지리연혁을 처음으로 말한 책은 『좌전』이라고 할 수 있다.

　지리는 역사의 무대이고 역사상 일체의 활동은 모두 땅 위에 분포되어 일어나는 것이다. 우리들이 단지 춘추시대의 지명만을 보더라도 고대의 중국이 상당히 규모가 컸다는 것을 짐작할 수 있고, 황하유역에서 회수유역 그리고 장강 이북 중국 대부분의 구역이 모두 그 안에 이미 포함되어 있음을 알 수 있다.

　셋째로 역사 속의 씨족에 대하여 이야기해 보자. 여러분들도 다 알다시피 춘추시대는 중국의 귀족봉건의 시대였다. 각 제후국은 모두 한 씨족으로 구성되었다. 노·위·제·진·송·정 등 각 제후국은 씨족이 각각 달랐다. 과거에 어떤 사람이 『춘추씨족보春秋氏族譜』라는 글을 썼는데, 우리들이 춘추시대의 대가족과 당시의 귀족생활을 연구하려 한다면 『좌전』 속에 이와 관련된 내용이 아주 상세히 기록되어 있다.

넷째로 정치제도에 관하여 말해 보자. 『좌전』에 기재된 각 제후국의 제도 역시 각기 달랐다. 예를 들면 관제官制[정부조직]·병제兵制[군대조직]·전제田制[부세제도] 등이 그러했다. 이후 역사에 등장하는 이들 제도들은 모두 그 연원이 있는데, 특별히 중요하고 참고할 만한 것은 모두 춘추시대에 있었다.

다섯째로 서주의 주공 이후 전해 내려온 것으로 소위 조빙朝聘과 회맹會盟의 제도가 있었다. 이 제도는 각 제후국과 주나라 천자 그리고 여러 제후국 상호간의 일종의 '예禮'였다. 현재 우리들은 이를 '제도'라 칭할 수 있다. 청대 말기에 어떤 중국사람이 외국에 가서 유럽인들의 소위 국제공법을 연구하고 돌아와, 『좌전』 안에 설명하고 있는 조빙과 회맹 등등의 각종 성문법이 아닌 것들을 당시의 국제공법으로 여겨 『춘추시대의 국제공법』이라는 책을 썼다. 내가 북경에 있을 때 이 책을 본 적이 있지만, 지금은 안타깝게도 전하지 않는다. 그 책의 저자 역시 기억이 나지 않는다. 아마도 그 책이 전해 온 것이 많지 않기 때문에 다시는 찾기 어려울 것이다.

10년 전 내가 미국 샌프란시스코에 갔을 때 화교 한 분을 만났는데 특별히 나와 이야기를 하던 중 바로 『춘추시대의 국제공법』이라는 책을 막 쓰려던 중이라고 말하기에, 당시에 나는 열심히 노력해서 그 책을 써보라고 적극적으로 격려한 적이 있다. 그렇지만 지금 이미 10년이 지났는데도 아직 편지를 주고받지 못해 그 사람이 책을 완성했는지 어떤지는 알 길이 없다. 그러나 이 제목은 극히 쓸 만한 가치가 있다. 2천5백 년 전에 이미 중국에 국제공법과 매우 비슷한 것이 있었다는 점에서 우리는 중국인의 위대함을 상상할 수 있다. 비록 훗날 유럽사람들의 국제공법과는 다르지만 적어도 각기 장단점이 있고 특색이 있다.

다음으로 『좌전』에 보이는 인물들에 대해 이야기해 보자. 『좌전』의 사람에 대한 호칭은 정말 다르다. 어떤 사람은 그 이름을 칭하고, 어떤 사람은 호를, 또 어떤 사람은 관명을 칭했다. 그밖에도 서로 다른 칭호가 많았다. 실제로 고대에만 이와 같았던 것은 아니다. 예컨대 우리들이 송대 이학을 읽다보면 이학가마다 각기 몇 개의 이름(名)과 자字가 있음을 알 수 있다. 예컨대 정호의 자는 백순伯淳, 호는 명도明道였다. 적어도 세 개의 칭호가 있는 셈이다. 또 주희는 자가 회암晦庵, 호는 고정考亭이었으며, 육구연의 자는 자정子靜, 호는 상산象山이었다. 각 사람마다 모두 몇 개의 명칭을 가지고 있었다.

중국사람들의 명호名號는 모두 훈고적으로 배합된 것이다. 예컨대 삼국시대 제갈량의 자가 공명孔明이었고, 오나라 노숙魯肅의 자는 자경子敬이었는데 이름과 자가 서로 배합하는 이 훈고적인 습관은 춘추시대부터 시작되었다. 청나라 때 어떤 사람이 춘추시대 사람들의 이름과 호를 전문적으로 연구했는데, 이 연구로부터 매우 많은 훈고의 문제를 발견할 수 있었다. 특히 당시 각 국의 뛰어난 경·대부들의 말과 행한 일들은 모두 우리들이 연구할 가치가 있는 것이다.

다음으로 여러분들이 알고 있는 춘추시대 『좌전』에 기재된 군사軍事에 대해 이야기해 보자. 예컨대 진晉과 초楚 두 나라 사이에 세 차례에 걸쳐 벌어졌던 큰 전쟁 즉 성복城濮의 싸움, 필邲의 싸움, 언릉鄢

陵의 싸움 그리고 진晉과 제齊나라 사이에 안鞍에서의 전투 외에도 그 밖의 크고 작은 전쟁들이 있었다. 『좌전』에 기록된 전쟁에 관한 문장은 아주 잘 쓰여 있어서 군사학상 아주 연구할 만하다. 또 당시 각 제후국 사이에 교환되었던 외교문서들을 보더라도 『좌전』에 기재된 것들은 모두 뛰어난 것들이어서 후세사람들에게 전해져 항상 읽혀 왔다.

당시의 각종 예속禮俗과 신앙 등 사회사와 관련이 있는 자료 역시 모두 중요했다. 청대에 왕중汪中라는 사람이 쓴 『술학述學』이라는 문집에는 춘추시대 각종 예속에 대해 언급한 글이 실려 있는데, 예컨대 당시 그들이 말한 천도天道・귀신・재이災異・상서祥瑞・복서卜筮・몽夢 그리고 그밖에 다른 것들도 모두 극히 재미있으면서도 참고해서 쓸 만한 것이었다. 왕중이 『좌전』에 근거해서 말한 각종 예속과 신앙들은 모두 당시의 실제 모습으로서 이를 통해 당시의 사회 분위기를 알 수 있다.

전국 이후가 되면 중국사회가 크게 변하여 이들 수많은 천도・귀신・재이・상서・복서・꿈 등 『좌전』에 많이 기재되었던 것들이 서서히 적어졌다. 이는 중국의 역사와 문화에 있어서 커다란 변화였고 또 커다란 발전이었다고 할 수 있다. 그밖에도 우리들은 춘추시대의 일체 일상적인 식화食貨와 경제 그리고 공업・상업의 모습을 이야기할 수 있다.

다음으로 『좌전』에는 또 수많은 만이蠻夷와 융적戎狄, 즉 후대 사람들이 말하는 4예四裔에 관한 기록이 있다. 여러분들은 어떤 시대의 역사를 연구하더라도 모두 몇 가지 항목 예컨대 천문・지리・가족 성씨・제도・인물・군사・외교・식화경제・사회예속 그리고 중국과 4예와의 관계 등을 알아야 한다. 이러한 것들은 역사에 있어 꼭 밝히고 가야 할 매우 중요한 항목들인데, 『좌전』에는 모두 다 갖추어져 있다. 따라서 『좌전』은 이미 중국의 바람직한 역사라고 말할 만한 모습을 지닌 책이었다.

만약 여러분들이 이 많은 문제들을 연구하고자 한다면 청초 고동고顧棟高라는 사람이 쓴 『춘추대사표春秋大事表』라는 책이 있다. 이 책은 춘추시대를 적고 있는데 근거한 바가 곧 『좌전』의 내용들이었다. 그는 각 항목을 분류별로 나누어서 각각 한장 한장의 표를 작성하고, 거기에 설명을 더했다. 이 책은 지극히 위대한 작업을 한 것이었다. 우리들은 바로 그의 방법에 근거하여 『송대대사표宋代大事表』・『명대대사표明代大事表』 등을 쓸 수 있었다. 고동고는 춘추시대 240년 동안 일어났던 사실 위에 많은 노력을 기울여 이 책을 썼던 것이다.

그럼 여러분에게 한번 물어보자. 어떤 사람이 과연 함부로 이 같은 『좌전』을 위조해낼 수 있겠는가? 그 사람이 어떻게 아무런 근거 없이 위조해낼 수 있겠는가? 또 위조했다면 어떤 작용을 했겠는가? 때문에 나는 『좌전』이야말로 중국에서 제일 먼저 등장한 가장 상세하면서도 주도면밀한 첫번째 편년사라고 말하는 것이다.

오로지 역사적 가치만을 가지고 말한다면, 공자의 『춘추』는 아직 『좌전』에 많이 미치지 못한다고 하겠다. 만약 춘추시대의 역사를 연구하면서 오로지 공자의 『춘추』만을 연구한다면 장차 우리는 이 시대를 근본적으로 분명하게 밝혀낼 수 없을 것이며, 또 밝혀낸 것이라 하더라도 매우 간단한 사실들일 뿐이다. 때문에 우리들은 반드시 『좌전』을 읽어야 한다. 이렇게 얘기한다면 공자의 『춘추』는 어떠한 가치를 지니고 있는가. 이에 대해서는 이미 앞 시간에 이야기한 적이 있다. 그러나 앞 시간에 이야기한 것과 오늘 이 시간에 이야기한 것이 서로 다른 것은 아니다.

우리들이 지금 말하고자 하는 것은 정말 위대한 사가가 아니었다면 『좌전』이라는 책을 도저히 편찬해내지는 못했을 것이라는 사실이다. 『좌전』은 정말 위대한 역사서임에 틀림없다. 내가 생각하기에 고대의 중국사를 연구하려면 반드시 『좌전』을 연구의 기준으로 삼아야 한다. 즉 『좌전』의 기록에 근거하여 기본적이고 표준적인 관점을 세워나가야 한다.

역사를 연구할 때에는 관점을 잘 알아야 한다. 중국의 고대사를 연구하려면 5제·요순·하·상·주 까지를 다루어야 하는데, 우리들은 어떻게 이들 고대사를 보아야만 하는가. 반드시 먼저 『좌전』을 연구해야 한다. 왜냐하면 『좌전』의 기록이 상세하기 때문이다. 예컨대 여러분이 『상서』의 「서주서」를 자세히 살펴보면 이곳 저곳에 주공과 소공이 각각 몇 구절 이야기한 것을 발견하겠지만 그 내용이 너무 간단하다. 다른 부분을 살피더라도 그 내용 역시 간단하기 때문에 우리들이 제대로 파악할 수 있는 것이 없고, 또 연구할 방법이 없다. 그러나 『좌전』은 매우 정교하면서도 상세한 내용을 완비하고 있기 때문에 우리들이 240년을 제대로 인식할 수 있고, 이 인식에 근거해서 소급하여 중국고대사를 연구할 수 있다.

예컨대 내가 『금문상서』 역시 가짜이고 『상서』의 「요전堯典」이나 「우공禹貢」 또한 가짜라고 말했는데, 어떻게 이와 같이 단정할 수 있겠는가. 그 이유는 단지 『좌전』을 읽기만 하면 그 안에 기록된 각 제후국의 정부조직과 관제 등에 대해 모두 분명히 이해하게 되는데, 그럴 경우 어찌 2천 년 전의 중국에 있어서 이와 같이 진보적인 순舜의 정부조직이 있었겠는가 하는 의문이 들기 때문이다. 왜 4천 년 전의 중국정부가 이와 같은 높은 수준에 있었는가? 그렇게 높았던 수준이 또 언제부터 퇴보하고 타락하여 춘추시대에 이르러 다시 이 모양이 되었는가?

우리들은 마땅히 한 가지 견해를 지니고 있어야 한다. 즉 「요전」에 기록된 사실들은 모두 믿을 수 없고, 또 「요전」은 전국시대 사람들이 위조한 글이라는 사실이다. 또 「우공」을 말할 때 우리들이 『좌전』에 기록된 모든 지리를 읽었는데도 어찌하여 그 당시 사람들은 「우공」과 같은 9주州관념이 없었는가 하는 것이다. 이를 통해 우리들은 곧 「우공」이 위서라는 것을 단정할 수 있다.

또한 오늘날 춘추시대를 가리켜 봉건사회였다고 말하는데, 이 말은 잘못된 부분이 많다. 여러분들이 서양사를 읽어보라. 서양 중세의 봉건사회에는 국가조직이 있었는가 없었는가? 그 때까지는 아직 프랑스·영국 등 현대국가와 같은 것이 없었다. 그러나 중국의 춘추시대에는 진晉·제·진秦·초 등 많은 국가가 있었다.

서양사에서는 봉건사회가 끝나고 난 뒤 비로소 현대국가가 일어났다. 하지만 서양의 현대국가는 곧장 오늘날에까지 영국은 여전히 영국이고, 프랑스는 여전히 프랑스로서 그들 위에 어떠한 통일정부도 없다. 서양역사상 통일정부는 곧 봉건사회 이전의 로마제국이었다. 그러나 중국은 이와 달랐다. 춘추시대에 이미 매우 높은 수준의 분명한 국제공법이 있었고 또 주나라 천자가 그 위에 있었다. 그렇다면 어찌 춘추시대를 봉건사회라고 말할 수 있겠는가. 따라서 중국의 고대에는 단지 봉건정치가 있었을 뿐, 봉건사회는 아니었다.

서양의 봉건사회는 무정부 상태하의 것으로서 우리들과는 완전히 달랐다. 내가 지금 이렇게 이야기하는 것을 여러분들은 너무 간단하게 비교하고 있다고 생각하지 말라. 지난 60년간 아마도 나 혼자만이 이렇게 주장해 온 것 같다. 내가 이렇게 분명하고도 명백하게 이야기하는 것은 단지 『좌전』을 읽고, 그 『좌전』을 내가 주장하고자 하는 고대사의 기준이 되는 관점으로 삼았기 때문이다.

다시 책 한 권을 예로 들어보자. 여러분들이 모두 알고 있는 곽말약郭沫若은 『중국고대사회연구』라는 책을 썼다. 그는 『역경』과 갑골문에 근거하여 중국은 그 당시 여전히 하나의 어로·수렵사회로서, 이제 막 어로·수렵사회에서 점차 목축사회로 변해 가고 있었다고 했다. 갑골문에는 한 차례 사냥을 통해 얼마나 많은 돼지나 양을 잡았는가 하는 기록이 보인다. 때문에 말하기를 그때의 중요한 생활은 여전히 어로·수렵시대였다는 것이다.

그러나 이러한 말 가운데도 어떤 내용들은 잘못 이야기하고 있다. 사회가 어로·수렵사회에서 발전하여 목축사회로, 또 목축사회에서 발전하여 농경사회로, 다시 발전하여 대귀족이 있게 되고, 또 이렇게 많은 제후라는 것이 있게 되고, 다시 중앙의 통일정부가 있게 되지만 그 과정이 그야말로 그렇게 간단한 일은 아니다.

그럼 한번 물어보자. 중국인들이 언제부터 비로소 비약적인 발전을 이루어 『좌전』에 묘사된 시대에 이르렀는가. 우리들은 중국인들이 진보하지 않았다고 하면서, 한편으로는 오히려 중국인들의 진보가 한순간 너무 쉽게, 너무 빠르게 된 것처럼 보고, 세계 인류역사 발전의 정상적인 궤도를 벗어난 것처럼 이야기한다.

여러분들은 곽말약이 인용한 수많은 갑골문과 또 『역경』에 나오는 수많은 구절을 인용한 것을 보고, 그의 주장에는 증거가 있다고 여기게 될 것이다. 그러나 『좌전』 한 권을 읽게 되면 곽말약의 주장과는 서로 통할 수 없다는 것을 알 수 있다. 이 때문에 우리가 중국 고대사를 연구하려면 당연히 『좌전』을 우리들의 역사에 대한 기본 지식으로 삼아야 한다. 즉 기준이 되는 관점으로 삼아야 한다. 이 기준을 갖고 소급해서 앞 시대에 관한 내용을 살펴야만 큰 착오를 범하지 않게 된다.

다시 이야기를 계속하자. 나는 여러분들에게 고대사를 연구해야만 비로소 그 이후의 역사를 이해할 수 있다고 말하고자 한다. 고대사 역시 이후 역사를 연구하는 하나의 기준관점으로 삼을 수 있다. 우리가 지금 진한 이후를 연구한다고 해도 잘못 알고 있는 것이 많다. 그러한 문제는 어디에 있는가. 바로 그 이전 시대에 관한 분명한 이해가 없기 때문이다. 이전 시대를 분명하게 이해하려면 역시 『좌전』을 읽는 것이 가장 좋다.

　우리가 고사古史를 연구하고, 서주를 연구하고 상과 하나라를 연구하려면 먼저 준비 작업이 있어야 하고, 또 믿을 수 있는 기초와 기준이 있어야 하는데, 그러자면 반드시 『좌전』을 읽어야 한다. 24사를 읽으려면 항상 우리들은 말하기를 먼저 『사기』와 『한서』를 읽으라 하고 혹은 다시 『후한서』와 『삼국지』를 읽으라 하는데, 이를 합쳐 4사史라고 했다. 이 4사를 잘 알아야 그 다음에 구체적인 방법이 생긴다. 그러나 『좌전』은 또한 4사를 읽는 기준이기도 하다.

　여러분들은 자신이 송사宋史를 연구하기 때문에 먼저 『좌전』을 읽는 것이 무슨 소용인가라고 말해서는 안된다. 송사를 연구할 경우에도 기준을 가지고 그 이전과 그 이후를 살펴야 한다. 예컨대 여러분이 나의 집 응접실에 들어와 이 강의를 듣기 위해서는 우선 대문 안으로 들어와야 하는데 이를 자신과 아무 상관이 없다고 말할 수 있겠는가. 오늘날 우리들의 잘못은 우선 우리에게 학문을 하는 기준이나 근본입장이 없다는 데 있다.

　계속해서 다음으로 나는 두 책을 설명하고자 한다. 하나는 『국어國語』이고 다른 하나는 『전국책戰國策』이다. 과거에는 대부분 『국어』와 『좌전』을 모두 좌구명의 작품이라고 말했다. 때문에 『좌전』을 『내전內傳』이라 하고 『국어』를 『외전外傳』이라 했다. 이 말은 조금도 믿을 만한 것이 못된다.

　『국어』는 제후국을 각기 나누어 기록했다. 예컨대 후대의 『십육국춘추十六國春秋』와 같은 종류나 편년체인 『좌전』과는 달랐다. 따라서 『국어』를 읽으려면 제후국 별로 읽어야 한다. 예컨대 「노어魯語」와 「제어齊語」가 달랐다. 대체로 추로鄒魯의 유생들은 대체로 보수적인 입장을 지니고 있었기 때문에 경학을 하는 사람들은 대부분 유가의 말을 했다. 그러나 「제어」는 예컨대 『맹자』의 "그대는 진실로 제나라 사람이로다. 관중과 안자를 알고 있을 뿐이구나"(「공손축公孫丑」)라는 글에 보이는 것처럼 단지 관중이 말한 것과 『관자管子』라는 책에 실려있는 자료와 서로 관련이 있을 뿐이었다.

「진어晉語」는 곧 3진三晉. 즉 한·위·조에 관한 것으로 비교적 공리功利와 법제 그리고 종횡사상을 중시했다. 가장 먼저 그 연원이 된 것은 당연히 자하子夏였고, 후일 오기가 등장하게 되었다. 물론 자하가 법가와 종횡가의 시조라고 말할 수는 없다. 비록 한·위·조 지역에서 법가와 종횡가가 많이 출현했지만, 그 최초의 기원을 논하자면 곧 유가에서 시작되었다고 하겠다. 그 때 유가들이 말하는 바는 비교적 사학에 더 가까웠다. 마찬가지로 공자의 70제자와 후학들은 본향인 추로지방에서는 여전히 모두 유가의 전통을 지니고 있었다. 그러나 그들이 서서히 3진 지방으로 진출하면서 점차 변화하여 공리와 법제 그리고 종횡 등 몇 학파로 발전했다.

그 때 예컨대 송宋은 기타 제후국과는 달랐다. 송은 상商의 후예로서 춘추시대에는 송 양공襄公이 인의를 말함으로써 제후의 패자가 되고자 했지만 초나라에게 패배했다. 후일 또 향수向戌가 있어서 제후국 사이의 전쟁을 그치게 하자는 대회를 소집하여 당시 중국의 커다란 평화를 도모하고자 했다. 그들은 모두 송나라 사람들의 활발한 모습이었다. 더욱 뒤에 묵자가 있었다. 그 역시 당연히 상의 후예였다. 그의 사상 또한 비교적 특별했다.

옛날 사람들이 말하기를, 상은 귀신을 숭상했다고 했다. 상나라 사람들은 일종의 종교적 미신을 지니고 있었다. 『묵자』에 보이는 「천지天志」와 「명귀明鬼」 같은 편은 아직 상나라 사람의 색채를 벗어나지 못하고 있다. 공자의 위대함은 바로 그가 상의 후예로서 노나라에 와서, 주周가 문文을 숭상하듯 공자가 주공을 숭배하여 고대 상과 주 두 시대의 자료를 모아 밝히고, 또 위로는 우虞와 하夏에 통하게 했다는 점이다.

그밖에 초나라는 북방의 여러 제후국과 또 조금 달랐다. 천문학은 초나라에서 매우 성했다. 고대 중국에서 천문학상 사용한 용어들은 모두 매우 특별한 것이었다. 나는 그 용어들이 초나라와 관계가 있다고 생각한다. 특히 예컨대 『초사楚辭』 가운데 굴원屈原의 「이소離騷」・「천문天問」에는 중국의 고사古史에 관하여 말한 것이 매우 많다. 두 편은 각기 다른 것이 아니다. 마치 우리가 현대의 유럽을 말하지만 이탈리아인과 영국인이 다르고, 영국인과 프랑스인, 또 프랑스인과 독일인・오스트리아인이 각각 서로 다른 것과 같은 이치이다. 지역이 다르고 전통이 다르다. 중국은 춘추시대에도 각기 다른 점이 많았다.

여러분들이 『국어』 중의 「노어」를 읽으면 유가의 말이 대부분이고, 「제어」에는 단지 관중을 말하고 대부분 법가의 말이 많다. 「진어晉語」는 더욱 역사를 읽는 것에 가깝지만, 「초어楚語」는 또다른 성격의 글이다.『국어』에는「정어鄭語」가 있는데, 실은 이「정어」는「초어」로 부터 나뉘어 나온 것이다. 또「오어吳語」와「월어越語」중「오어」역시 「월어」에서 나뉘어 나온 것으로, 다만 범려范蠡의 문장을 싣고 있으며 권모술수에 대한 내용뿐이다. 이러한 내용은 춘추시대에는 아직 없었 고 후일 새로 등장한 것으로서 범려에 가탁하여 주장된 것이다.

만약 우리가 이와 같이『국어』를 본다면,『국어』의 자료 역시 그 렇게 믿지 못할 것은 아니라는 점을 알게 될 것이다. 그러나 결코 『좌전』을 편찬하고 나서 그 나머지 자료를 가지고『국어』를 완성했 다고는 할 수 없다.『국어』는 당연히 다른 사람에 의해 만들어진 것 이며, 이들 자료 역시 각 제후국으로부터 모은 것이다. 그러나『좌 전』처럼 그 자료가 한 곳에 모여 있으면서 잘 융합되어 있었던 것은 아니었다. 뿐만 아니라 이들 자료는 시대의 선후에 따라 각기 달랐 다. 예를 들어「노어」같은 것은 곧 대부분 후세의 유가가 고대의 어떤 사람의 어떤 일을 빌려서 적당하게 이야기를 덧붙여 꾸며 만든 것이다.

이와 같은 예는『좌전』에도 있다.『좌전』의 사실을 기록한 부분 은 결코 위조된 것이 아니다. 그러나『좌전』의 말을 기록한 부분 중 어떤 것은 믿을 만한 것이 못된다. 만약 우리가『좌전』의 자료를 가 지고 춘추시대 사람들의 사상사를 쓴다고 한다면 자료의 이용에 조 심해야 한다.「제어」에 실려 있는 관중은 절대로 춘추시대의 진짜 관중이 아니다. 그리고「진어晉語」에는 비교적 사실을 기록한 부분이 많은데 혹『좌전』의 자료보다 더 오래된 것일지도 모른다.

다음으로『전국책』에 대하여 살펴보자. 이 책의 대부분 자료는 대체로 종횡가의 말로서 모두 한·위·조의 사인들에게서 나왔다. 그러나『전국책』중의「위책魏策」·「조책趙策」등의 일부 자료는 오히려『국어』중의「진어晉語」에 가깝다. 당시 역사자료가 3진지역에 많았음을 볼 수 있다. 그 중에는 아주 믿을 만한 자료도 있지만 또 정말 믿지 못할 자료도 있다. 그 자료는 곧 종횡가의 말들이다.

나는『선진제자계년先秦諸子繫年』이라는 책에서『좌전』을 설명하면서 그에 덧붙여서『국어』를 언급한 적이 있다. 주로『국어』를 제후국 별로 구분하여 보았다.『국어』라는 책은 이런 저런 많은 자료를 함께 모아놓은 책이다. 어떤 자료는 상당히 초기의 자료이고 어떤 자료는 후기의 자료이다. 제나라 사람의 말과 노·진晉·초 그리고 조나라 사람의 말이 모두 다르다. 다시 이러한 관점으로『전국책』을 보면『국어』와 비슷한 것은 한 부분이고, 한·위·조의 종횡가의 말이 또 한 부분이다.

여기까지 강의하면서 나는 매우 큰 문제 하나를 제기하고자 한다. 바로 중국 고대사람들은 역사기록에 아주 특별한 것, 즉 소위 "말을 기록한다(記言)"와 "사실을 기록한다(記事)"는 구분이 있다는 것이다. 여러분들은 모두 역사는 사실을 기록하는 것이라 말한다. 그러나 중국의 고대사람들은 역사를 중시하면서 사실뿐만 아니라 말도 함께 중시했다. 종전의 사람들은『상서』는 말을 기록한 것이라 여겼다. 예컨대 서誓·고誥·모謨·훈訓 등은 모두 말이 아닌가?

내가 처음『상서』를 강의하면서「소고召誥」편을 거론했는데, 그

것은 바로 소공召公과 사람들 사이의 말이다. 『국어』와 『전국책』은 거의 대부분이 말로서 하나하나 그 책에 남아 전하는데 바로 그것이 역사인 것이다. 『좌전』에는 주로 240년간의 사실이 적혀 있는데 분명하게 '기언記言'과 '기사記事'로 구분되어 있다.

우리가 한 걸음 더 나아가 말하자면, 분명히 사실[事] 중에는 말[言]이 없는 것이 없고, 또 말 가운데는 역시 사실과 관련되지 않은 것이 없다. 이 점에서 우리가 지나치게 엄격하게 구분할 수는 없다. 나는 「서주서문체변西周書文體辨」이라는 논문에서 말 속에는 반드시 사실의 기록이 함께 한다는 것을 말했다. 그리고 『좌전』 역시 사실을 기록한 가운데 매우 많은 말을 함께 기록하고 있다. 우리는 단지 고대 중국에서는 말과 사실을 모두 중시했고, 이야기와 행사를 함께 중시했다. 그러나 고대 중국사람들이 이야기와 행사를 명확히 따로 구분했다고는 할 수 없다.

예컨대 "좌사左史는 말을 기록하고, 우사右史는 사실을 기록한다"는 이 말은 믿기 어려운 점이 있다. 또 "거동에 대해서는 좌사가 기록하고, 말은 우사가 기록한다"고 하여 천자의 행동은 좌사가 기록하고, 말은 우사가 기록한다고 했다. 이 말은 앞의 말과는 정반대이다. 또한 고서에서 많은 사관의 이름을 찾아낼 수 있지만, 소위 좌사와 우사의 구분은 발견되지 않았다. 따라서 나는 앞의 말들을 믿을 수 없다고 의심한다. 그러나 고대 중국인들이 역사에 있어서 사실과 말 모두를 중시했다는 것은 분명하다.

우리는 여기서 다시 '기언記言'에 대하여 말해 보자. 이 '언言'이라는 글자는 현재 우리들이 말하는 '사상'과는 조금 다르다. 당연히 말은 모두 사상에서 비롯된 것이다. 그러나 중국역사에서 말을 중시했다고 하여 사상을 중시했다고 할 수는 없다. 사상이라는 두 글자는 여전히 현대의 관념이고 또 우리가 오늘날 말하는 사상은 서양인들이 말하는 '철학'과도 또 다르다.

나는 『중국사상사』라는 책을 쓴 적이 있는데, 책이름을 『중국철학사』라고 하지 않았다. 말과 사상과 철학 이 세 가지는 모두 조금씩 다르다. 말과 사실은 긴밀하게 서로 관련이 있지만 사상은 아니다. 사상은 사실과 구분되는 것이지만, 그렇다고 철학은 아니다. 철학은 사상에 특수한 구조가 있는 것을 말한다. 예컨대 종횡가의 말은 우리들이 다만 그 당시에 일종의 종횡사상이 있었다고 말할 수는 있어도, 그 당시에 종횡가의 철학이 있었다고 말할 수는 없다.

다른 방면에서 보자면, 말은 분명 사상이고, 철학 역시 분명히 사상이다. 우리는 편한 대로 이야기한 것을 말이라 하고 이들 말을 특수한 모종의 관점으로 말하면 철학이 된다. 이는 말이 다르다는 것이 아니고 사상의 방법이 다르다는 것이다. 사상은 반드시 하나의 체계를 이루어야 한다. 아무렇게나 제멋대로 생각하는 것이 아니다. 그러나 이러한 체계는 또 두 가지로 나눌 수 있다. 하나는 생명체이고 다른 하나는 유기체이다. 무엇을 생명체라고 하는가? 예컨대 화분 속에 꽃이 한 송이 있다면 이는 생명이 있는 것이다. 무엇을 유기체라고 하는가?

예컨대 이 의자는 하나의 기계체이다. 우리들 사상의 발전은 모두 응당 하나의 생명을 가진다. 사상이 발전하면 곧 많은 말이 남게 되고, 말이 많아지면 드디어 하나의 구조를 이루게 된다. 그러나 그 구조가 지나치게 고정적 성격이면 마치 기계와 같아지게 된다. 그렇게 되면 그것은 곧 하나의 철학이 된다. 중국인의 사상은 생명성에 편중되어 있다.

사상의 발전은 여전히 단지 말과 관련이 있다고 한다. 예컨대 공자의 말은 자연히 그의 사상에서 비롯된 것이다. 그러나 우리는 오늘날 모든 사람이 말하기를 공자의 사상은 체계가 없기 때문에 철학이 될 수 없다고 한다. 체계라는 것도 단지 하나의 구조를 말하는 것이지만, 구조가 지나치게 엄밀하면, 즉 너무 형식화되면 기계화되고, 그리되면 그것의 생명성이 감소되거나 손실된다.

공자 이전에 숙손표叔孫豹라는 사람이 있었다. 그는 사람에게 입덕立德과 입공立功 그리고 입언立言이라는 3불후三不朽가 있다고 했다. 잠시 입덕은 말하지 않기로 하자. 공을 세우는 일과 말을 남기는 일이 바로 말과 사실을 함께 중시한 것이 아니겠는가? 2천5백 년이 지난 지금까지도 중국사람들은 여전히 이와 같은 숙손표의 말을 하고 있다. 이것이 바로 그의 입언이 불후한 것이 아니겠는가? 그러나 이것은 단지 한 구절의 말이지 철학이 될 수는 없다.

서양의 한 철학가의 말은 대체로 한 구절의 말이 아니라 때때로 한 권의 책으로 썼다. 체계가 있고 구조가 있어서 최후에 스스로 하나의 이론을 이루었다. 중국인의 이론은 입에서 나온 이야기였다. 체계도 조직도 없었다. 한 사람이 그저 편하게 말을 남긴 것이다. 철학을 이룬 것은 아니지만 그것은 틀림없는 하나의 사상이었다. 비록 그 사람이 그저 편한 대로 이야기한 것이지만 마침내 전세계 사람들의 마음에 자리잡았다. 많은 사람이 옳다고 여기면 그것이 바로 입언立言이 되는 것이다.

또한 예컨대 마르크스를 말하자면, 그가 쓴 『자본론』에서 자본가들이 어떻게 돈을 버는지를 말하고 자본의 이윤에 대하여 논하면서 노동자 계급을 착취한다고 말했다. 이는 마르크스가 런던에 살면서 매일 신문을 보고 또 각 신흥공장들을 방문, 조사한 근거를 갖추고 나서 비로소 제시한 말들이었다. 이들 말은 확실히 옳은 것이었다. 그러나 중국사람들은 간단히 한 마디로 그 뜻을 분명히 할 수 있다. 즉 "부를 이루자면 인하지 않게 된다(爲富不仁)"는 말이 그것이다. 돈을 모으고 재산을 늘리자면 결국 인도仁道에 어긋나야 한다는 말이다. 우리가 단지 한 마디로 하면 될 것을 마르크스에게서는 철학을 이룬 것이다.

만약 마르크스의 철학이 단지 이러한 문제들만을 말했다면 오늘날 사람들이 그를 반박하며 말하기를 "오늘날 예컨대 미국사람들의 급여가 이렇게 높을 뿐만 아니라 대자본가의 회사가 공개적으로 주식을 발매하고 노동자들도 살 수 있으며 번 돈에는 매우 높은 소득세를 내야 했다. 때문에 미국의 오늘은 이미 자본주의 사회라고 할 수도 없고 이미 공산주의 사회가 되었다"라고 할 수 있다. 그러나 이 말은 최대한 마르크스를 반박할 수는 있어도 중국인들의 "부를 이루자면 인하지 않게 된다"는 말을 반박할 수는 없다. 자본주의는 곧 '위부불인爲富不仁'이 되는 것이다. 이에 대해서는 다시 말하지 않겠다.

마르크스는 경제이윤을 말하고자 했기 때문에 점차 계급투쟁을 주장했고 다시 그 위에 역사철학을 말하고, 유물사관을 말하고, 존재가 의식을 결정한다고 말했다. 이것이 곧 하나의 철학을 이룬 것이다. 이 철학은 사람들에게 해로움이 깊었다고 할 수 있다. 그러나 그의 『자본론』은 정말 커다란 체계를 지니고 있기 때문에 급히 그것을 반박하여 무너뜨리는 것은 쉽지 않았다. 그의 철학은 이미 기계적인 것이 되어버렸다.

중국인의 한 구절 말은 입에서 나온 그저 한 마디였지만 뒤집히거나 깨지지 않는 것이었다. 이것을 소위 입언立言이라 했다. 때문에 우리 중국인의 사상은 생명을 지닌 것이다. 말[言]은 곧 한 사상의 정화精華로서 한 그루의 나무가 뿌리로부터 서서히 가지가 자라는 것과 같아 꽃이 피고 과실을 맺는 생명을 지닌 것이었다.

서양인의 한 마디는 때때로 사상의 화석이 되었다. 예컨대 마르크스의 "존재가 의식을 결정한다"는 말은 어떻게 나온 것인지 물어보자. 그것은 본래 하나의 철학으로서 천천히 당신에게 말한 것이지만, 실제로는 이미 생명력이 없는 말이었다. 그러나 중국인의 한 마디는 언제나 살아 있기를 요구했다. 예컨대 공자가 말한 인仁을 우리는 모두 서양인이 말하는 철학적 방법을 배워서 설명하고자 한다. 예컨대 『논어』에서 공자가 말한 "강직하고 의연하고 질박하며 어눌함은 인에 가깝다[剛毅木訥近仁]"는 말의 의의는 무궁하지만, 곧 이같이 한 구절로 표현할 수 있었다. 또 말하기를 "인자는 그 말을 참는다〔仁者其言訒〕"고 하거나 혹은 "어진 이는 어려움을 먼저하고 얻음을 뒤로한다〔仁者先難而後獲〕"고 했는데, 만약 우리가 『논어』에서 공자가 인을 논한 것을 서양인의 철학을 가지고 다시 문장을 짓고, 체계화하고 구조를 만든다면 아마도 이러한 말들은 한 마디도 쓸모가 없게 될 것이다. 혹은 이 말들은 그다지 중요하지 않은 말로 변하게 될 것이다.

중국인이 가리키는 이 '말'은 서양인의 철학적 안목으로 볼 수 없다는 사실을 알아야 한다. 오늘날 서양인의 철학을 가지고 중국인의 '말'을 분석하려 하지만 서로 다른 점이 있다는 것을 깨닫지 못하고 있다. 예컨대 숙손표의 덕을 베풀고〔立德〕, 공을 세우고〔立功〕, 말을 남기는〔立言〕 즉 3불후〔三不朽〕라는 그 말 자체가 곧 불후하게 되었던 것이다. 그러나 만약 철학으로 설명하자면 이 3불후는 처음도 없고 끝도 없으며, 구조나 계통 그리고 아무런 체계도 없는 말이다.

서양인의 철학저작 역시 군더더기 말로 쓸데없는 부분이 많다. 책 한 권으로 설명하지만 최후에는 단지 그저 한 마디뿐이었다. 당신이 "존재가 의식을 결정한다"고 말하고 내가 틀렸다고 하면 그만이다. 중국역사를 공부하려면 반드시 철학에 능통하지 않아도 되지만, 중국사에는 말이나 사실 모두 중시했다. 예컨대 종횡가의 말도 하나의 말이지만 그렇다고 그것을 가리켜 입언으로서 불후하다고 할 수는 없다. 중국의 학문을 한다는 것은 여전히 중국적인 것을 다루는 것이기 때문에 서양과 다른 점에 유의하지 않으면 안된다.

지금 말하는 것은 중국사학에는 말을 기록하는 것과 사실을 기록하는 두 가지 방법이 있었다는 것이다. 『국어』와 『전국책』 같은 것은 모두 말을 기록한 것으로서 멀리 『상서』 이후 계속되었다. 그러나 공자시대에 오면 말을 기록한 것은 또 다른 길로 나아간다. 그것이 바로 백가언百家言이다. 공자와 맹자 그리고 순자는 유가이고, 노자와 장자는 도가로서 각기 저서가 있었다. 『논어』와 『노자』 등과 같은 책은 다른 길을 발전시켰다. 중국인들은 그것을 '제자서諸子書'라 부른다. 중국인이 경학 가운데서 사학을 발전시켰다는 것은 이미 앞에서 말한 적이 있다. 『상서』와 『춘추』는 모두 곧 경학에 포함된 것이었다.

그러나 사학은 다시 자학子學을 발전시켰다. 자학은 곧 다만 '말'을 기록한 것으로서 그들이 한 '말'을 통해 그들의 사상을 연구할 수 있었다. 중국사상을 연구하려면 주공으로부터 시작해야 한다. 주공 이전의 경우는 말하기 어렵다. 그 이후는 『춘추』로부터 시작한다. 그리고 예컨대 『좌전』을 보면 그 안에 기재된 뛰어난 경·대부들의 각종 이야기들이 얼마나 되는지 모를 정도이다. 그러나 이들의 말에는 믿을 만한 것도 있고 또 그렇지 못한 것도 있으며, 가치있는 것도 있고 또 아무런 가치가 없는 것도 있다. 또 사학을 말하자면 반드시 맹자가 말한 '지언지학知言之學'을 언급해야만 한다. 그리고 당연히 책마다 그 책 나름의 체재가 있게 마련이기 때문에 중국책에는 중국책으로서의 체재가 있다는 점을 알아야 한다.

오늘날 여러분들은 책을 읽으면서 주로 자료를 찾는 데 모든 힘을 쏟는다. 그러나 여러분들이 중국사상을 공부한다면 거의 『논어』・『맹자』・『노자』・『장자』등의 책에서 자료를 찾으려 하지 『좌전』에서 찾으려 하지는 않을 것이다. 왜냐하면 『좌전』을 역사책이라고 여기기 때문이다. 그러나 『좌전』속에는 얼마나 많은 위대한 사상이 갖추어져 있는지 모른다.

내가 『중국사상사』를 쓰면서 『좌전』속에서 두 사람을 거론했다. 한 사람은 자산子産이고, 다른 한 사람은 숙손표였다. 숙손표가 3불후三不朽를 말할 때 공자는 이미 세 살이었다. 자산은 『좌전』에서 귀신에 관하여 언급한 적이 있는데, 그 말이 매우 의의가 있었다. 그 때 공자는 이미 17살이었다. 다시 14년이 지나 자산은 "하늘의 도는 멀고, 사람의 도는 가깝다[天道遠 人道邇]"고 했다. 이 말은 단지 여섯 글자 밖에 되지 않기 때문에 철학이 될 수 없어 보였다.

하지만 공자는 『논어』에서 인도人道를 말할 뿐 천도天道는 말하지 않았다. 자산의 이 말에 근거하여 사상을 발전시켰던 것이다. 내가 중국사상을 말하면서 춘추시대의 두 사람을 거론했는데 모두 공자가 태어난 뒤의 인물들이었다. 공자가 어찌 그들의 영향을 받지 않았겠는가?

그러나 오늘날에는 『좌전』을 구석에 밀쳐두고 무시하는데, 그렇게 되면 곧 고대사는 설명할 방법이 없다. 그 이후의 역사 또한 마찬가지이다. 중국사상을 설명하려면 노자부터 시작해야 하는가, 아니면 공자부터 시작해야 하는가? 단지 제자諸子만을 말한다든지, 혹은 경사經史만을 언급한다면, 중국사는 그 중간이 끊어진 셈이 된다.

만약 우리가 이 240년 춘추시대 사람들의 사상을 『좌전』에서 보고, 다시 그 위로 『상서』에서 보고자 한다면 예컨대 『위고문상서僞古文尙書』에도 여전히 매우 많은 자료가 있다. 이들 중국 고대의 사상은 여러 사람들의 노력을 모아야 그 연구가 가능할 것이다. 때문에 나는 『좌전』을 중국고대사를 연구하는 기준관점을 갖추고 있는 책이라 말하는 것이다. 나는 앞에서 『좌전』을 거론하면서 10가지 커다란 사실을 말했다. 그러나 사상에 대해서는 거론하지 않았다.

지금 나는 다시 한 가지를 말하고자 한다. 예컨대 공자가 "반드시 명분을 바로 세워야 한다. 명분이 바르지 않으면 말이 서지 않고, 말이 서지 않으면 일이 이루어지지 않으니, 군자가 명분을 세울진댄 반드시 말이 서야 하고, 말이 설진댄 반드시 행해져야 한다〔必也正名乎! 名不正則言不順, 言不順則事不成, 君子名之必可言, 言之必可行〕"고 했는데, 이를 통해 중국사람들이 말을 얼마나 중요하게 여기는지를 알 수 있다.

요즘 사람들은 모두 공자의 정명주의正名主義를 무시하고 공자의 "군주는 군주다워야 하고, 신하는 신하다워야 하며, 아비는 아비다워야 하고 자식은 자식다워야 한다〔君君, 臣臣, 父父, 子子〕"는 말을 봉건사상이라 비판한다. 그러나 공자가 말한 "반드시 명분을 바르게 세워야 한다"는 것은 모든 말에는 항상 나름의 명분이 있기 때문에 명분이 바르지 않으면 그 말이 서지 않으며, 말이 서지 않으면 무슨 일이든 할 수 없다고 한 것이다.

중국사학은 말〔言〕과 사실〔事〕을 모두 중시했는데, 이는 중국사람의 역사철학이었다. 소위 "군자가 명분을 세울진댄 반드시 말이 서야 하고, 말이 섰진댄 반드시 행해져야 한다"는 것이었다. 요즘 사람들이 평화를 말하기 좋아하면서도 정의를 중시하지 않는 것이야말로 바로 말한 바를 실천하지 않는 것이다.

중국인들은 『좌전』을 중시하고 『국어』와 『전국책』을 중시하지 않았다. 그 이유는 바로 『좌전』에 기재된 수많은 뛰어난 경·대부들의 말이 『국어』의 「진어晉語」에 기재된 수많은 후대의 어리석은 유가들의 거짓된 말들이나, 『전국책』에 있는 수많은 종횡가들의 말같이 쓸모없거나 중시할 만한 가치가 없는 것은 아니었기 때문이다. 만약 여러분들이 '말[言]'을 알고자 하는 노력을 하지 않고 단지 중국역사를 '사실[事]'을 기록한 것이라 본다면 곧 중국사학 중의 중요한 부분을 잃게 될 것이다.

■ 쉬어가는 곳

『사기』상

> 『상서』와 『춘추』 및 『좌전』 그리고 『사기』는 모두 역사를 기록하고 있지만 그 체재는 각기 다르다. 이에 대해서는 과거 사람들이 모두 말한 적이 있다. 『상서』는 기사記事, 『좌전』은 편년編年, 『사기』는 열전列傳을 중심으로 한 것으로서, 중국의 역사체재는 이 세 가지를 벗어나지 않는다.

    우리는 앞에서 이미 『상서』와 『춘추』 그리고 『춘추3전』을 배웠고, 『국어』와 『전국책』 등 진秦 이전의 중요한 사서 대부분을 모두 간략하게 살펴보았다. 진 이후 한대에 와서 사마천司馬遷의 『사기史記』가 있었는데, 중국의 첫번째 정사이다. 이후 청 말까지 25사史라 불리는 정사가 있었다. 장차 이후의 일이야 우리가 모르겠지만, 진한 이후 2천 년 동안 『사기』는 정사의 기준이었다.

    현재 우리들은 중국역사를 설명하면서 진 이전과 그 이후를 분명히 다른 두 시기로 구분한다. 진 이전의 요·순 그리고 하·상·주 3대를 모두 '상고사上古史'라고 칭한다면 진 이후는 서양의 명칭을 따라 '중고사中古史'라고 부를 수도 있다. 그렇다면 현재 우리는 상고 부분을 이미 다 살펴본 셈이니 계속하여 중고시기를 살펴보자.

    그럼 그에 앞서 지난 시간에 설명한 것들을 다시 한번 살펴보자.

이는 우리가 학문을 하는 데 있어서 매우 중요한 방법이다. 마치 길을 걸으면서 두 눈을 단지 한발 한발 옮겨가는 발 밑만 쳐다볼 수는 없고, 어느 단계에 가서는 머리를 들어 주위를 모두 살펴보아야 하는 것과 같다. 또 등산을 할 때 한 길로만 곧장 올라갈 수 없고, 일정한 높이에 오르면 다시 사방을 다시 살펴보는 것과 같다. 특히 산꼭대기에 이르면 발밑을 쳐다볼 필요는 없고, 마땅히 사방을 둘러보아야 한다. 한 봉우리, 다시 또 다른 봉우리를 오를 때마다 주위를 살펴보아야 하는 것은 필연적인 것이다. 여러분들은 책을 읽을 때 한줄 한줄 모두를 자료로만 보기보다 책 전체를 종합적으로 이해해야 한다. 또한 앞에서 배운 여러 책을 종합하여 이해함으로써 높고 멀리 펼쳐진 풍경을 내다볼 수 있어야 한다.

『상서』의 「서주서」로부터 『전국책』까지 고대의 사서 전체를 반드시 모두 읽어볼 필요가 있다. 지금 한대에 관하여 이야기하기 위해서는 뒤돌아 먼 곳까지 바라보아야 한다. 즉 책도 없고 글자도 없었던 곳까지 살펴보아야 한다. 여러분들이 『상서』의 「서주서」·『춘추』·『춘추3전』·『국어』·『전국책』 등을 살폈다고 하여, 그밖에 것은 그렇게 중요한 것이 아니기 때문에 이제 한대의 것을 살펴보면 된다고 생각해서는 안된다. 산봉우리를 오르고 또 다른 산봉우리를 오르면서 두 눈을 오로지 발밑에만 둔다면 이는 산을 오르지 않은 것과 같은 것이다.

현재 고대에 관한 이야기를 마쳤으니 중국 상고의 사학 혹은 중국 상고의 몇 권의 사학명저는 모두 살펴본 셈이다. 때문에 우리들은 자신의 안목을 넓게 하여 사방을 살펴보아야 한다. 무엇을 보아야 하는가. 이들 책을 모두 보고 나면 마치 두 다리로 땅을 딛고 올라 이미 정상에 이른 것과 같으니, 우리들은 다시 책을 덮고 깊이 생각해 보아야 한다. 이는 학문을 함에 있어서 꼭 기억해야 할 습관 혹은 공부이다. 이러한 점까지 배울 수 있다면 학문을 하는 데 있어서의 커다란 문은 이미 열려 있다고 할 수 있다.

그러면 어떻게 깊이 생각해야 하는가? 이는 우리 스스로가 해야 할 질문이다. 때문에 이를 '학문'이라 부르는 것이다. 독서는 곧 배움[學]이고, 질문을 한다[問]는 것은 바로 두번째 단계이다. 스승이 없어도 물을 수는 있다. 즉 각자 자기 스스로에게 물을 수 있는 것이다. 따라서 학문을 할 때에는 '회의懷疑'해야 한다. '회懷'라는 것은 '능能'의 뜻을 지닌다. 능히 의심할 수 있어야 모르는 부분을 알게 된다. 지금 다만 '회의'만 하고 즉 믿지 아니하고 의심만을 품고 있으면 그렇게 애써 독서를 할 필요가 있는가? 책을 읽으면 의심을 해야 한다. 그렇지 않으면 믿지 않는다 해도 결국 쓸모없는 회의가 된다. 그렇다면 책을 읽을 필요가 없다. '회의'란 바로 그 모르는 부분[疑]을 알려 하는 것이다. 모르면 스스로 그에 대한 질문을 하게 된다.

중국에 사마천의 『사기』가 나온 이래 현재까지 이미 2천 년이나 지났다. 그러나 『사기』 이전에 벌써 『상서』·『춘추』·『춘추3전』·『국어』·『전국책』에서부터 『사기』에 이르는 1천 년의 시간이 있었다. 그렇게 본다면 서주로부터 현재까지 이미 3천 년의 역사가 있었던 셈이고, 서주 이전에 요와 순 그리고 하와 상이 있었고, 그 위에 또 다른 역사가 있었으니 적어도 2천 년 혹은 그 이상이 될 것이다. 여러분들은 몇 차례 이 강의를 들으면서 스스로 마음속에 하나의 문제를 떠올려야만 한다. 즉 왜 중국문화와 중국역사는 서주 초기에 와서야 비로소 사학史學이 있게 되고, 『상서』가 있게 되었는가 하는 것이다. 이 문제에 대해서는 어느 책에서도 자세하게 이야기를 한 적이 없다.

그러나 우리는 마음속에 항상 이 같은 의문을 가져야 한다. 마치 우리들이 산에 올라 앞산을 바라보고 또 앞산에 오르면 또 어떤 모습이 보일까 하는 생각을 갖는 것과 같다. 우리들은 당연히 무엇 때문에 『상서』가 출현했고, 5백 년이 지나서 다시 공자의 『춘추』가 쓰였는가, 또 왜 5백 년이 지나서 다시 사마천의 『사기』가 쓰였는가 하는 문제에 유의해야 한다. 여기에는 적어도 중국사학의 발전과 변화가 함께 한다. 중국사학은 서주 초기에 와서야 비로소 『상서』의 「서주서」가 있었고, 춘추 말기에 이르러 공자의 『춘추』가, 한나라 초기 70년이 지나서 사마천의 『사기』가 있게 되었다.

앞에서 말한 바와 같이 「서주서」가 중요한 것은 주공 때문이었고, 『춘추』의 배후에는 당연히 공자가 있었다. 중국인들은 경전을 존중하면서도 왜 그 뒤에 발생한 사학은 『상서』나 『춘추』 혹은 주공이나 공자를 떠받들지 아니하고, 사마천의 『사기』를 존중했는가? 왜 모두 『상서』나 『춘추』는 정사라 여기지 않고, 이후 정사라는 것이 모두 사마천의 『사기』를 이은 것이어야 하는가? 이 문제는 연구할 만하지만 실은 그렇게 중요하지는 않다.

중국인들은 모두 공자와 6경을 존중하지만 역사를 쓸 경우 사마천을 존경하고, 문장을 쓸 경우 굴원屈原의 『이소離騷』로부터 한부漢賦와 『문선文選』을 중시한다. 이들은 모두 공자와 상관없는 것들로서 모두 문제가 있었다. 그러나 이들 문제들은 책 이외에 존재하는 추상적인 것으로서 책을 읽는 사람들 스스로가 질문할 줄 알아야 한다. 그러나 반드시 그 해답을 찾을 수 있는 것은 아니다. 즉 문제가 없을 수는 없지만, 그렇다고 꼭 답이 있는 것은 아니다.

여러분들은 또한 "급히 공을 세우려 하거나 이익을 좇아" 행동해서는 안된다. 의문되는 것이 있다고 하여 즉시 그 답을 찾으려 하지 말라. 이는 바로 일종의 공리주의로서 급히 자신의 성과를 드러내고자 하는 것이다. 지금 급하게 하지 않으면 문제가 바로 해결되지 않는다거나, 가령 결과를 낼 수 없으면 그러한 문제들은 발생하지 않는다고 여긴다면, 곧 천박한 견식을 갖게 될 뿐이다. 그렇게 되면 의심을 품을 수 없게 되고, 더욱 가일층 심도있는 의문을 제기할 수 없게 된다. 결국 큰 견해를 갖지 못하게 된다. 견식은 곧 반드시 깊고 두터운 것을 구해야 하며, 자기 스스로 의문을 제기할 수 있을 때 비로소 중요한 것이 된다. 배우기를 좋아하고 깊이 생각하여 이들 문제의 '존재'를 자신의 머리 속에 있게 해야 한다.

여러분이 만약 과학을 배운다고 하자. 과학에는 많은 위대한 발견이 있는데 모두 작은 문제 위에서 천천히 한 사람 혹은 여러 사람의 노력 끝에 문제에 대한 해답을 내놓게 된 것이다. 예컨대 사과가 왜 하늘 위로 올라가지 않고 땅으로 떨어지는가? 당연히 즉시 답을 할 수 있는 것은 아니다. 책에도 꼭 맞는 답이 없다. 그러나 이러한 의문은 발생했고 결국은 그 해답이 나왔다.

오늘날 대부분 과학자들의 머리 속에는 항상 매우 많은 문제들이 들어 있다. 답은 없지만 천천히 그 속에서 연구를 한다. 큰 답안을 연구해내지 못한다고 하더라도 먼저 작은 답안부터 연구해야 한다. 큰 문제를 잠시 옆으로 비켜두고, 먼저 작은 문제 몇 가지를 드러낸다. 예컨대 우리 인간은 왜 늙는가 하는 문제의 경우, 이는 의학상 아주 큰 문제이기 때문에 도대체 얼마나 많은 과학자들이 이 방면에 대하여 연구했는지 모른다. 그러나 지금까지도 확실한 답이 있는 것은 아니다.

여러분처럼 학문을 하는 사람들은 이 같은 정신을 지녀야 한다. 어떤 사람들은 이 같은 정신이야말로 바로 학문을 하는 사람들의 생명이 존재하는 곳이라 한다. 문제가 있다고 하더라도 급히 해답을 구하려 하지 말고, 책을 읽을 경우에도 한 권씩 천천히 흠뻑 빠져 읽어야 한다.『상서』가 있으니『상서』를 읽고,『춘추』와『좌전』이 있으니 그들 책을 읽어야 한다. 현재 또『사기』가 있으니 우리들은 다시『사기』를 읽어야 하는 것이다.

머리를 싸매고 앞으로 달려가야 한다. 그러다가 어느 한곳에 다다르면 다시 눈을 들어 주위를 넓게 살펴보아야 한다. 또 배우면 질문할 줄 알아야 한다. 소위 "높이 서서 멀리 보아야[高瞻遠矚]"하고, 혹은 "널리 읽고 종합적으로 바라보아야 한다[博覽綜觀]"는 말처럼 종합하여 더 먼 곳을 바라보아야 한다.

내가 앞서 이야기한 것은 중국인에게 2천 년의 역사와 문화가 있었기 때문에 비로소 주공의「서주서」가 있었다는 사실이다. 그 후 다시 5백 년이 지나 비로소 공자의『춘추』가 있었고, 다시 5백 년 뒤에 사마천의『사기』가 있었다. 다시 2천 년이 지난 지금 당연히 다음의 문제는『사기』가 될 수 없다. 그러나 다시 어떻게 될 것인가?

이 문제를 나는 장병린章炳麟 선생에게 질문했던 적이 있다. 내가 "현재까지 모두 25사가 있는데 이후에는 장차 어떻게 되겠습니까?"라고 물었더니 대답을 하지 못했다. 이 문제는 여전히 내 머리 속에 남아 있다. 여러분들은 절대로 내가 쓸데없는 소리를 한다고 생각하지 마라. 여러분들이 역사를 공부하려면 반드시 이런 문제까지 배워야 한다. 나는 여러분들에게 학문을 하는 방법으로 절대 근거없이 제멋대로 생각하고 해석해서는 안된다고 했다.

앞에서 한 이야기를 다시 종합하면, 중국에는 유사 이래 2천 년이 지나서 주공의『상서』가 있었고, 다시 5백 년이 지나 공자의『춘추』가, 그리고 다시 1천 년이 지나 사마천의『사기』가 있었으며,『사기』로부터 지금까지 다시 2천 년이 지났다. 이 사실은 틀림없는 것으로 한 마디도 거짓이 없다. 그러나 "왜?"라고 하는 것은 매우 큰 문제다. 이후 우리들은 어떻게 할 것인가 하는 것도 또한 매우 큰 문제이다.

여러분들이 학문을 하면서 이 같은 수준에 도달하게 되면 여러분들은 저절로 흉금이 넓어지고, 포부가 스스로 커지게 될 것이다. 그러나 부담 또한 무거워지게 될 것이다. 비록 원대한 앞길이 여러분들 앞에 펼쳐진다고 해서 모두가 다 이를 수 있는 것은 아니다. 다만 이렇게 하게 되면 최소한 여러분들이 학문을 싫어하거나 게을리하지는 않을 것이다.

『상서』와 『춘추』 및 『좌전』 그리고 『사기』는 각기 중국사서의 세 단계에 해당하며 아울러 세 종류의 체재體裁라고도 할 수 있다. 예컨대 긴 두루마기(袍子)를 만들거나 혹은 바지를 만들 때 어떻게 재단해야 하는가? 여러분들은 지금 단지 그 재료가 무엇이라는 것만 알고 필요한 것은 옷감이라고 생각할 것이다. 그러나 옷감이 있으면 그것을 재단할 줄 알아야 한다. 이것이 바로 창조 혹은 제작인 것이다. 긴 두루마기·마고자·짧은 셔츠·바지 등이 모두 그러하다.

『상서』와 『춘추』 및 『좌전』 그리고 『사기』는 모두 역사를 기록하고 있지만 그 체재는 각기 다르다. 이에 대해서는 과거 사람들이 모두 말한 적이 있다. 『상서』는 기사記事, 『좌전』은 편년編年, 『사기』는 열전列傳을 중심으로 한 것으로서, 중국의 역사체재는 이 세 가지를 벗어나지 않는다. 사건과 연대·인물을 각기 그 중심으로 한 것이다. 일체의 역사는 결국 이 세 가지를 벗어날 수 없다. 『상서』는 사건 하나하나를 기록하여 각기 한 편篇으로 모은 것이고, 『춘추』와 『좌전』은 1년 1년 기록하고 있고, 『사기』는 한 사람 한 사람씩 기록하고 있다.

여기에서 특별히 언급할 것은 내가 이미 앞 시간에 이야기한 적이 있듯이 중국의 인사人事 중에는 이야기(話)가 포함되어 있는데, 이야기는 사실을 설명하는 가운데 볼 수 있는 것이다. 실제로는 이야기 역시 당연히 하나의 사실인 셈이다. 예컨대 내가 오늘 강의를 하고 있는 것 자체가 사실인 것과 같다. 그러나 이 사실과 관련하여 가장 중요한 것은 강의 즉 이야기를 하고 있다는 것이고, 이 과목을 강의한다는 것은 또 사실이라는 것이다.

중국 고대의 사람들에게는 말을 기록하는 것(記言)과 사실을 기록하는 것(記事)은 구분되었지만 그렇다고 그 구분에 구속되지는 않았다. 예컨대 내가 오늘 여러분들에게 말한 내용을 집에 돌아가서 몇 월, 며칠 어떤 선생이 이와 같이 말했다고 기록한다면, 이는 '기언記言'인 동시에 '기사記事'인 것이다. 『상서』 중의 조詔·고誥·명命·모謨의 경우도 말 중에 사실이, 또 사실 중에 말이 있다.

예컨대 『좌전』에 숙손표가 말한 3불후三不朽와 정자산鄭子産이 말한 귀신과 관련하여 어느 때 어떤 사람에게 이야기를 했느냐 하는 것은 사실이다. 그러나 이 두 가지 이야기는 실제 사실과 아무런 관계가 없다. 외교도 아니고 군사나 법률 그리고 정치나 경제 중 어떤 것도 아니다. 그것은 단지 말일 뿐이다. 단지 그가 이렇게 이야기했다는 사실을 기록하고 있는 것이다. 그리고 중국역사 속에는 '기언'의 위치와 비중이 매우 중시되어 '기사'를 능가했다. 그러면 무엇 때문에 중국사람들은 '기언'을 더욱 중시했는지 다시 새롭게 토론해야만 한다.

사실에는 경중과 대소의 차이가 있어서, 역사를 쓰는 경우 일체의 모든 사실을 다 기록할 수 없기 때문에 선택할 수밖에 없다는 것을 여러분들은 알아야 한다. 예컨대 방송국 기자가 어떤 일을 취재하기 위해 현장에 갔을 때 10명의 기자가 같은 사건을 취재하여 보도할 경우라도 그 문장은 각기 다르다. 왜냐하면 선택한 내용이 각기 다르기 때문이다.

예컨대 내가 오늘 이렇게 이야기하고 있는 것을 여러분에게 보고서로 정리하게 하면 모두 다를 것이다. 각기 중점을 두었던 곳이 달랐기 때문이다. 역시 선택이 다르기 때문이다. 예를 들어 어떤 사람에게 들었던 중국 고대의 사학명저를 확대하여 쓰고자 한다면 오늘 이 시간 이전에 들었던 나의 강의내용과 차이가 매우 클 것이다. 본인들이 수강한 것을 선택하고 나머지는 잊게 된다. 혹 잊지 않은 것이 있다고 해도 중요하지 않은 것은 기록하지 않을 것이다.

결국 중요한 것은 선택에 있다. 예컨대 '중화민국 개국開國 60년사'를 쓴다고 하자. 각 사람에게 5만 자에서 10만 자 이내로 한 편씩 써내라고 하면 모두 각기 다른 내용을 써올 것이다. 그 중에는 근본적으로 쓰지 못하는 사람도 있을 것이다. 역사를 쓰려면 모름지기 견식과 선택과 체계를 갖추어야 한다. 단지 참고자료만 가지고 모두가 해결되지는 않는다. 60년 동안의 큰 사건을 단지 자료를 적당히 배열만 한다면, 역사를 쓰는 사람은 스스로가 도구로 전락하는 것이다. 학문을 한다는 것은 자신을 중심에 위치시킨다는 것이다. 자료를 이용하는 사람이 되어야지 자료에 이용되는 도구가 되어서는 안 된다.

그러면 한번 물어보자. 주공은 당시 무엇을 위해 「서주서西周書」를 남겼는가? 여러분들이 「서주서」 십여 편의 문장을 모두 읽고 나면 그 가운데 말을 기록한 것이 사실을 기록한 것보다 중시되고 있음을 알게 될 것이다. 이는 적어도 주공이 선택한 것이다. 여러분들이 알아야 할 것은 주공이 살았을 당시 중국의 고대에는 근본적으로 역사나 사학이라는 관점이 없었고, 주공의 머리 속에도 이 같은 관점은 존재하지 않았다는 사실이다.

곧장 사마천의 시대에 와서도 사학이라는 것이 없었다. 뿐만 아니라 주공 때에는 소위 경학經學이라는 것도 없었다. 공자가 『춘추』를 지었지만, 공자의 머리 속에 경학이라는 관점이 없었으니 사학은 말할 것도 없다. 후세사람들이 그의 『춘추』를 존중하여 6경의 하나로 떠받들었지만, 공자의 『춘추』는 오히려 중국의 첫번째 편년사로서 사학으로 인식이 바뀌게 되었다. 그러나 공자의 머리 속에도 소위 우리들이 말하는 '편년사'라는 이 석 자는 없었다. 그렇다면 어찌하여 이 같은 편년사를 써낸 것인가. 그의 머리 속에 없었던 것을 어떻게 써낸 것인가. 주공의 머리 속에 소위 말의 기록과 사실의 기록이라는 구분이 없었음에도 오히려 「서주서」를 편찬해낸 것이다.

학문은 창작創作을 귀하게 여겨야 한다. 그래야만 비로소 진짜 창작을 일구어낼 수 있다. 우리들이 억지로 창작을 배워야 한다고 강조하는 것은 다만 가假창작을 의미한다. 만약 다른 사람이 나에게 제목을 주고 자료를 찾으라고 한다면 이를 어떻게 해야 창작할 수 있는가? 창작에는 진짜와 가짜가 있지만, 고급한 것과 저급한 것도 있다. 이야기가 여기에 이르면 우리들은 응당 학문을 하는 사람들의 마음이 어디에 있어야 하는지에 대하여 알아야 한다. 그리고 그 같은 우리들의 마음을 어떻게 써야 할 것인지를 알아야 한다.

책은 아무나 다 읽을 수 있다. 문장 또한 모두가 쓸 수 있다. 자료 역시 모두가 이용할 수 있다. 그러나 아주 깊고 오묘한 의의는 각자의 마음에 있다. 당시 주공이 어떻게 마음을 썼는가, 주공이 죽은 지 이미 오래되었고 아무도 이러한 문제를 이야기하지 않으니, 오늘 내가 당시 주공의 마음은 어떠했는가 하는 문제를 제기한 것이다. 당시 주공의 창작은 정치를 위한 것이었고 모두 정치적 조처들이었다.

옛날 사람들이 말하는 "예를 만들고 음악을 지었다[制禮作樂]"라는 글자는 여러분이 잘 알다시피 옛말이니 오늘날의 새로운 뜻으로 그 의미를 살필 필요가 있다. 여러분들은 모든 책을 다 뒤져서 예禮라는 것이 무엇인지, 악樂이 무엇인지를 살필 수는 없을 것이다. 예악은 다만 당시 '치국평천하'에 이용한 일종의 정치적 조처였다. 이 같은 정치조처의 배후에는 곧 주공의 정치사상과 이론이 있었다.

여러분들은 중국의 역사발전이 서양과 다르다는 사실을 알아야 한다. 그리스 역사를 읽으면 플라톤과 아리스토텔레스의 정치사상이 적혀 있다. 하지만 그들은 정치적으로 실제 한 일이 아무것도 없다. 주공은 중국의 위대한 정치가인데 설마 그에게 아무런 정치사상도 없었겠는가? 그러나 책을 서술하지 않았기 때문에 정치이론에 관한 그의 저서는 없다. 여러분들이 만약 「서주서」를 읽고 주공의 정치사상이나 이론에 관한 한 편의 논문을 쓴다면 큰 제목이 되지 않겠는가!

중국의 정치사상사를 말하려면 먼저 주공부터 써야 하고 「서주서」를 자료로 이용해야 한다. 내가 앞 시간에 강의한 것처럼 주공은 문왕을 말하면서도 무왕은 언급하지 않았다. 무왕이 군사를 일으켜 천하를 얻은 것이 분명한데도 왜 주공은 오히려 그를 언급하지 않았는가. 이를 통해 주공이 정치적으로 '문치'를 '무공'보다, '덕'을 실제 '사실'보다 중시하고 있음을 알 수 있다.

주공이 예를 제정한 것은 주로 문왕에게 제사를 지내는 데 있었다. 왜냐하면 문왕은 공덕이 있었고, 문왕의 이 같은 공덕은 『시경』 대아大雅편의 '문왕지십文王之什'에 적혀 있는데, 그 위로 역사와 연결되어 있었다. 주공은 문왕을 말하고 나서 다시 소급하여 올라가 후직后稷과 공유公劉를 언급하고 있다. 그렇다면 주나라의 계속된 역사가 『시경』 안에 모두 있는 셈이 된다.

공자도 주공을 잘 알고 있었다. 『논어』에도 무왕보다 문왕을 더 위대하다고 칭송했다. 중국인들의 이 같은 정신은 오늘에까지 전해지고 있지만 서양인들은 이해하지 못한다. 경제나 군사에만 서로 관심을 가지게 된다면 문왕 같은 사람은 근대사람들의 마음속에 자리 잡을 수 없을 것이다.

그러면 다시 물어보자. 주공은 왜 그렇게 많은 사실들을 모두 시詩 속에만 적어놓고, 서書에는 적지 않았는가. 앞에서 이미 내가 말한 바처럼 주대의 역사는 서書에 뿐만 아니라 시詩에도 있다고 했다. 여기에는 비교적 새로운 작은 문제, 즉 문학과 사학의 문제가 있다. 고대에는 산문보다는 운문을 운용하는 것이 편했던 것 같다.

『시경』이 『상서』에 비해 읽기가 수월하다. "징경이 우는 소리, 모래톱에 들리네, 아리따운 아가씨는 사나이의 좋은 짝(關關雎鳩, 在河之洲, 窈窕淑女, 君子好逑)"이라는 구절을 여러분들은 읽을 수 있다. 이같이 단지 십여 글자 정도는 읽으면서 뜻이 통하게 마련이지만, 『상서』는 읽기가 어렵다. 왜 운문은 읽기가 쉬운데 산문이 어려운가 하면, 산문은 그 운용이 어렵고 운문은 운용이 쉽기 때문이다.

여기서 이야기를 조금 더 먼 곳으로 옮겨보자. 중국은 상형문자이고, 서방은 병음拼音문자이다. 병음문자의 경우는 그들의 말을 그대로 글자로 옮길 수 있었다. 본래 서방 예컨대 이집트의 문자가 생겼을 때 상형문자였다. 그러나 뒤에 와서 말과 서로 통하지 않게 되자 할 수없이 병음으로 고칠 수밖에 없었다. 따라서 지중해 주변의 상업에 종사하는 사람들은 서로 대화할 경우 문자의 병음만을 사용한다.

그러나 중국인들은 상형문자로부터 벗어나 상의象意·상사象事·상성象聲·전주轉注·가차假借 등 6서六書가 있다. 이런 모습으로 중국의 문자는 전세계에서 유일한 문자체계를 갖추었다. 따라서 구어口語로부터 벗어나게 되었다. 문자상의 말과 구어상의 말이 떨어지게 되면서 두 가지 길을 걷게 되었다. 당연히 이 두 가지 길은 관계가 있어서 언제나 하나로 규합되었다. 그러나 우리들은 여전히 두 방향으로 발전했다고 말 할 수 있다. 한 면만을 가지고 이야기한다면, 같은 시대 속에서 『시경』 중의 운문이 유리하여 오히려 『서경』 중의 산문의 까다롭고 딱딱함을 이겼던 것이다.

중국의 고대 산문은 갑골문으로부터 종정문鐘鼎文과 『상서』 속의 자구법에까지 줄곧 이어져 내려와 『춘추』에 와서 비로소 중국산문의 자구법상 커다란 발전이 있었다. 여러분들이 쉽게 이해할 수 있는 예를 들어보자. 예컨대 『춘추』에서 사용한 '붕崩'・'훙薨'・'졸卒'・'사死' 네 글자를 들어보자. 이들 글자는 사실 모두 '사死'자로 사용될 수 있는 의미이다. 그러나 천자가 죽으면 붕崩, 제후가 죽으면 훙薨, 경대부가 죽으면 졸卒, 일반인이 죽으면 사死라고 표현했다. 공자의 『춘추』에서는 이들 네 글자를 분명하게 구분하여 사용했다. 때문에 『춘추』에서는 '사死'자를 쓰지 않았다. 왜냐하면 일반 서민이 죽은 경우 역사에 기록될 수 없었기 때문이다. 공자의 죽음은 '졸卒'이라 했다. 왜냐하면 공자는 노나라의 대부였기 때문이다.

그럼 한번 물어보자. 공자는 왜 이 같은 구분을 고수했는가. 우리들은 이를 봉건적 관념이라고 말할 것이다. 이러한 말은 현재의 사람들이 옛사람을 그저 비판하는 것이다. 그러나 이 같은 생각은 근본적으로 학문을 모르기 때문에 빚어진 것이다. 적어도 학문을 하는 사람은 먼저 사람을 욕해서는 안된다.

맹자가 분명히 말하기를 "그 문장은 사관들이 기록한 것이다[其文則史]"라고 한 것처럼 공자의 『춘추』에 보이는 문자는 대체로 주나라 사관의 기록에 근거했기 때문이다. 천자가 죽었을 때 붕崩이라 하고, 제후가 죽었을 때 훙薨이라 하게 된 것은 이미 내력이 있었다. 내가 생각하기에 주 선왕宣王이 사관을 파견하면서 곧 이 같은 원칙이 함께 전해진 것이다.

이것은 주공이 예악을 제정한 것 가운데 예에 해당하는 것이었다. 거기에는 계급관이 있었고, 이는 당시의 정치적인 산물이었다. 따라서 이 네 글자는 당시의 관官에서 사용하던 말이었다. 죽었을 경우 그저 사死로 표현한 경우는 민간에서 사용하던 말이었다. 예컨대 공자가 『논어』에서 "내가 장차 길에서 죽을 것인가?(予將死於道路乎)"라고 하면서 '사死'를 사용하고 졸卒이라 하지 않았다. 또 예컨대 "안연이 죽자 공자가 통곡했다(顏淵死, 子哭之慟)"라고 하여 역시 '졸卒'이라는 용어를 사용하지 않았다. 장자가 말하기를 "노담이 죽었다(老聃死)"고 하여 역시 사死라고 했다.

　　문자의 사용이 민간에게까지 미친 것은 공자 이후의 일이었다. 그 이후 붕·훙·졸이라는 어휘는 필요없게 되었다. 예컨대 『상서』 요전堯典에는 "섭방이 곧 죽었다(陟方乃死)"에서 사死라는 글자 한 자만 보아도 「요전」이 후세사람의 작품이라는 것을 알게 된다. 왜냐하면 『논어』나 『맹자』 이후 많은 사람들이 '사死'자만을 습관적으로 사용했기 때문이다. 따라서 「요전」을 위조한 작자 역시 습관적으로 '사死' 자를 사용한 것이다.

　　그러나 『춘추』에서는 여전히 붕·훙·졸 등의 글자를 사용했다. 맹자는 일찌감치 현재 우리들이 무리를 지어 공자를 욕하게 될 줄 알았던 것 같다. 때문에 일찍이 이를 해석하여 가로되 "그 문장은 사관들이 기록한 것이다(其文則史)"라고 한 것이다. 그러나 단지 붕·훙·졸 등의 글자를 사용하여 어떤 일을 더 설명할 수 있을 것인지 물어보자. 때문에 이어서 "기록된 사실은 모두 제 환공과 진 문공에 관한 것이다(其事則齊桓晉文)"라고 했던 것이다. 어떤 부분에서 우리들은 먼저 옛날 사람을 무식하다고 욕할 것이 아니라 스스로 독서가 세심하지 못하다는 것을 반성해야 옳다.

나는 또 『설문해자說文解字』 중에 매우 많은 각종 모양들이 연구할 만한 가치가 있다고 생각된다. 예컨대 말(馬)의 경우 색깔이 다르면 그 조어造語가 달라진다. 까만 말(黑馬)이나, 누런 말(黃馬)처럼 각기 다른 말이 사용된다. 고대 중국사람들은 문자와 말을 구분했다. 예컨대 '여驪'라 할 경우 한번 물어보자. 여러분들은 이 글자가 무슨 색깔이라고 생각하는가. 또 여마驪馬와 황마黃馬는 그 차이가 어디에 있는가.

우리들은 다만 자전을 찾거나 『설문해자』를 찾는 수밖에 없다. 그러나 오늘날에는 이미 이 '여驪'자가 없어지고 사용되지 않는다. 구어口語를 따라 적으면 된다. 이 같은 류類의 글자들, 즉 『설문해자』 안에 있는 수많은 글자들이 현재에는 모두 없어지고 구어를 사용한다. 이들 글자들이 없어지기 이전에 옛날 사람들은 이 글자를 보면 그 의미를 알았다. 즉 글자 한 자로 이야기를 대체할 수 있었던 것이다. 이 같은 문자의 운용이 아직은 실제로 충분히 발전되었다고 할 수 없다. 후일 다시 구어를 많이 쓰는 상황으로 발전되어 다른 글자들이 없어졌다.

다시 하나 예를 들어보자. 『춘추』 가운데 가장 유명한 예이다. "송나라에 운석 다섯이 떨어졌다(隕石于宋五)"와 "여섯 마리의 익이 뒤로 날아서 송의 서울을 지나갔다(六鷁退飛過宋都)"라는 두 구절이다. 석石과 익鷁은 명사이다. 운隕과 비飛는 동사이다. 그러나 운隕은 석石의 앞에 있고, 비飛는 익鷁의 뒤에 놓여 있다. 그리고 오五와 육六은 형용사인데 석오와 육익으로 배열되어 있으니 어찌 매우 복잡하지 않겠는가?

『공양전』에서는 이에 대하여 아주 잘 설명하고 있다. 즉 석石에 대한 기록에 있어서 보인 것은 돌이요, 살펴보니 다섯이었다는 의미이고, 여섯 마리 익이 뒤로 날아갔다는 기록은 바라보니 여섯이요, 살펴보니 익鷁이었고, 천천히 자세히 살펴보니 뒤로 날아가는 것이라는 의미라고 했다. 『곡량전』에서는 "떨어졌다는 것을 먼저하고 돌을 뒤에 한 것은 떨어진 뒤에 돌이 되었기 때문이다. 제일 뒤에 숫자를 기록한 것은 흩어져 떨어졌다는 말이다. 귀에 들리는 소문을 기록한 것이다. 여섯 마리가 뒤로 날아갔다에서 먼저 숫자를 말한 것은 모여 있었다는 말이며, 눈으로 보았다는 것을 기록한 것이다[先隕而後石, 隕而後石也. 後數, 散辭也. 耳治也. 六鷁退飛, 先數聚辭也. 目治也]"라고 했다. 이를 통해 분명히 알 수 있는 것은 『곡량전』이 뒤에 출현했다는 것이다. 즉 『공양전』의 관점을 알고 나서 그 해석을 바꾸었던 것이다. 간단하게 말하자면, 이는 다만 문법의 문제일 뿐이다.

후일 고염무顧炎武가 『일지록日知錄』에서 이를 근거로 하여 공양公羊과 곡량穀梁을 비웃었다. 행문行文의 조구造句가 이와 같은 것은 크게 놀랄 일도 이상하게 생각할 것도 아니라고 여겼다. 그러나 후대 산문문법이 발달한 이후 매우 간단해졌다. 『춘추』 이전에는 이같이 극히 간단명료한 구법句法이 아주 적었다.

한유韓愈가 말한 것처럼 "문장은 글자의 순서에 따라 뜻을 알게 되는 것"이라 한 것은 『춘추』의 이 두 조항이 바로 좋은 예이다. 공양과 곡량이 비록 개인의 관점이었지만 이 두 예문에 대한 해석을 발휘하여 군자에게 사물에 구애를 받지 말라는 것을 말하고, 석石과 익鶂에 대해서도 문장의 묘미를 말하고 있으니 항차 사람에게 있어서야 어떠하겠는가?

당시의 사람들이 문자나 문법을 어떻게 대했는지를 통해, 실제 공자가 살던 춘추시대에 산문이 새롭게 출발하고 문자의 운용, 문법의 조직에 있어서 모두 커다란 발전이 있었다는 점이 충분히 증명되었다. 서주 5백 년은 바로 중국산문학이 커다란 발전을 이룬 시기였다. 만약 주공 당시에 일찍이 공자의 춘추시대와 같은 문자와 문법이 있었다면 「서주서」와 같은 그런 어려운 문체가 출현하지는 않았을 것이다.

이상의 내용은 모두 그저 편하게 이야기할 수 있는 것이다. 우리들이 지금 역사를 이야기하고 있지만 여러분 중에 만약 문학에 흥미가 있다면 앞서 말한 문제들은 매우 큰 주제가 된다. 그 안에는 연구할 만한 것들이 많이 있다. 나는 다만 한 가지 예를 들었을 뿐이다. 만약 자료를 논한다면 아주 간단하여 몇 권되지 않기 때문에 쉽게 다 읽을 수 있지만, 그 속에는 수많은 문장이 있다.

우리들이 『설문해자』나 갑골문을 연구하면서 단지 앞사람의 연구를 따라가면서 새로운 길을 개척하지 못한다면 결국 너무 편협해질 것이다. 예컨대 요리를 만드는 일과 비교해 보자. 요리를 만들 때 가장 먼저 알아야 할 것은 소금을 넣는 일이다. 그리고 나서 조금씩 간장·기름·설탕·식초 등을 넣을 줄 알아야 하고, 다시 매운 조미료 혹은 우유나 다른 조미료를 넣을수록 요리는 맛을 더하게 된다.

언제나 단순하게 한 가지 맛이어서는 안된다.

학문을 함에 있어서도 절대 일미—味 일색—色의 학문을 하여서는 안된다. 여러분들이 항상 전문專門이라 이야기하는 것도 너무 단조로워서는 안된다. 그렇게 되면 자신의 총명함을 막게 된다. 우리들은 반드시 자신의 총명함을 활발하고 폭넓게 살려야 한다. 쓸데없이 한 지역이나 한 가지 격식에 머물러서는 안된다.

이제 나는 다시 공자의 『춘추』가 왜 편년사가 되었는지를 말하고자 한다. 방금 이야기한 것은 왜 주공으로부터 「서주서」가 비롯된 것인가 하는 내용이었지만 아직 이야기를 다 마치지 못했다. 그러나 지금은 모두 다 설명할 수는 없으니 여러분들이 천천히 생각하기 바란다. 그럼 『춘추』는 왜 편년으로 되어 있는가. 여러분들이 서양사를 읽어보면 알겠지만 단지 사실을 기록하고 있을 뿐이다. 말을 기록한 부분은 사실을 기록한 부분과 비교하여 그 비중이 매우 적다. 「서주서」가 말을 기록함을 매우 중시했다는 것이 특이한 것이라면, 『춘추』의 편년은 더욱 문제가 될 만한 가치가 있다.

근대과학의 대부분 중요한 방법은 능히 관찰할 수 있다는 데 있다. 또 관찰로 얻어진 것을 알기 쉽게 기록할 수 있게 되었다. 예컨대 천문기상의 보고에서 강우량·풍향·온도 등 일체의 모든 것이 관찰을 거쳐 기록된 것이다. 중국인들은 인사人事에 있어서의 관찰과 기록을 예로부터 매우 주의했다. 그것이 바로 '역사'였다.

중국인들은 인사에 대하여 특별히 '본말상변本末常變'이라는 네 글자를 중시했다. 사람의 일에는 근본적인 것[本]과 지엽적인 것[末]이 있고 또 변함없는 것(常)과 변하는 것(變)이 있게 마련이었다. 한 가지 사건을 해(年)를 기준으로 나누어 기록하고 또 그 한 해를 다시 월, 일로 나누어 기재할 수 있었기 때문에, 비로소 한 사건의 변화과정의 진상을 기록할 수가 있었다.

옛날 사람들이 어떻게 학문을 했는지 쉽게 알 수는 없지만 간단한 방법이 있다. 즉 그들의 연보年譜를 읽는 것이다. 그 사람이 어떻게 학문을 시작했는지, 어떻게 저작을 구상했는지, 또 어떻게 쓰고 어떻게 완성했는지 연보를 1년 1년씩 읽어내려 가면 곧 알 수 있다. 또 어떤 한 사람의 사상을 연구한다면 반드시 그의 연보를 읽어야 한다. 예컨대 왕양명王陽明이 어떻게 양지지학良知之學을 생각해 냈는가 하는 것은 그의 연보를 읽으면 비교적 쉽게 알 수 있다.

역사를 쓰면서 편년사를 쓰는 데까지 이르면 본말本末과 상변常變이 모두 그 안에 있게 된다. 예컨대 중국인의 '8년 항쟁'이란 일본인들이 중국을 침략하여 무조건 항복할 때까지를 말하는데 이 과정은 그리 간단하지 않았다. 노구교蘆溝橋사변이 일어난 이래 8년 동안 중국인들은 매우 어렵게 싸웠다. 계속된 실패 끝에 마지막에는 승리를 쟁취했다. 따라서 우리들이 한 가지 사실을 이해하려면 반드시 그 사실을 나누어 살펴야 한다.

한 사람이 몇십 년 동안 학문을 한 경우 우리들은 역시 그 시기를 한 단계씩 나누어 살펴야 한다. 예컨대 우리들이 대만에 온 지 20년이 되었다. 이후 어떠할 것인가는 우리들도 모른다. 그럼 이전은 어떻게 해야 하는가? 물론 당연히 살펴보아야 한다. 우리들이 반격하여 승리할 때를 기다려 다시 대만 20년의 역사를 쓰게 된다면 아마도 대부분 가假역사가 될 것이기 때문에 믿기 어렵다. 가장 좋은 것은 대만에 처음 왔을 때부터 그 과정을 매년 기록한다면 그것이 바로 진짜 역사가 될 것이다. 우리들은 내일의 일을 잘 모른다. 따라서 먼저 오늘의 일을 적어야지 내일이 되어 다시 기억을 더듬어 오늘을 적어서는 안된다. 그리하면 문제가 쉽게 발생하게 마련이다. 사정의 복잡성·변화성은 반드시 편년을 따라 읽어가야 비로소 이 사건의 본말과 상변을 이해할 수 있게 된다.

공자가 생존했던 춘추시대는 여러 나라들이 분쟁을 하던 시기였기 때문에 진晉·제·초·노 등 제후국의 역사가 있었고, 편년이 아니고는 이들 역사를 기록하는 것이 불가능했다. 주공의 시대를 돌아보는 것이 겨우 5백 년 기간밖에 지나지 않았지만 그 동안의 변화는 매우 컸다. 주공의 시대에는 역사편찬에 있어서 아직 편년을 필요로 하지 않았다.

그러나 공자의 시대에 오게 되면 역사편찬에서 편년을 귀하게 여기게 되었다. 그러나 어찌하여 공자의『춘추』가 다시『사기』로 바뀌게 되었는가? 사마천 역시 갑자기 기발한 생각이 떠올라 쓴 것은 아니다. 그는 공자의 편년을 따르지 않고 한 사람씩 나누어 서술했다. 그의 이 같은 저술은 바로 공자 이후 5백 년 동안 천천히 조성된 것이다. 이는 시대적 변화발전의 결과이지 사마천의 개인적 창조는 아니었다. 사마천 이전에 이미 그 내력이 먼 곳에 있었다.

여러분들은 먼저 생각해 보라. 어떻게 공자의 '편년'에서 사마천의 '열전'에 이르게 되었는지. 혹 그 사이에 어떤 흔적과 관련들이 있는지. 우리들이 그것을 가지고 『사기』의 내력을 이야기할 수 있는지. 열전체列傳體는 어떻게 온 것인지. 이와 같이 이야기하자면 반드시 주공·공자·사마천을 말해야 하지만, 마찬가지로 시대와 그 변화발전을 이야기하면서 한 단계 한 단계씩 발전한 그 과정을 중시해야 한다.

    내가 비록 공자를 매우 숭배하지만, 그렇다고 하여 오늘날 우리들이 공자만을 공부해야 한다는 것은 아니다. 그러나 공자를 배운다고 해서 결코 우리 다음의 새로운 세상과 또 새로운 창조에 방해가 되지는 않을 것이다. 우리들의 사학도 마찬가지로 반드시 사마천을 배울 필요는 없지만 이후 새로운 역사에는 여전히 새로운 창조가 있어야 한다.

    우리들이 과거를 분명히 정리하면 미래는 오게 될 것이다. 과거를 분명하게 정리하지도 못하면서, 여러분들은 25사史는 이미 모두 지나가 버린 것이고 현재는 새로운 역사가 있어야 한다고 말한다. 그러나 새로운 역사는 도대체 어디에 있는가. 내가 한 마디 한다면, 여러분들은 그저 서양을 배우고자 하는 생각만 가지고 있다. 그러나 여전히 서양은 중국에 비해 낙후된 것이 많다. 뿐만 아니라 서양 역시 서양의 내력이 있는 법이니 한두 마디로 모두 이야기할 수 있는 것은 아니다. 자, 오늘 강의는 여기까지 하도록 하자.

■ 쉬어가는 곳

『사기』중

> 사마천은 그의 아버지 사마담이 이야기한 적이 있는 '주공이 죽은 지 5백 년 만에 공자가 있었고, 공자가 죽은 지 이제 5백 년이 되었으니 그 책임은 이제 사관인 나의 어깨에 주어진 것이 아닌가'라고 말했다. 따라서 그가 『사기』를 편찬한 것은 주공과 공자를 계승한 것이 된다.

오늘은 사마천의 『사기』에 대하여 강의하겠다. 『사기』는 중국의 첫번째 '정사'라고 일컬어진다. 이후 24사가 계속 편찬되었다. 사마천이 생활하던 당시에는 대부분 사람들이 경학·제자학·문학 등의 개념만 알고 있었을 뿐, 아직 사학이라는 독립된 개념은 없었다. 따라서 『한서』 예문지에는 「육예략六藝略」·「제자략諸子略」·「사부략辭賦略」이 있을 뿐이었고, 『사기』는 「육예략」의 「춘추문春秋門」에 부록되어 있었다. 이를 통해 당시의 학술분류에서 사학은 여전히 경학 속에 포함되어 아직 독립된 학문으로 인정받지 못하고 있음을 알 수 있다.

하지만 사마천은 그럼에도 불구하고 오히려 첫번째 정사를 창조함으로서 이후 2천 년 동안 모범이 되었으니, 정말 주의하여 토론할 가치가 있는 문제가 아니겠는가. 오늘날 사람들의 관점에 비추어보면 『사기』는 하나의 위대한 창조라 할 수 있다. 사마천이 어떻게 이같은 창조를 이룰 수 있었는가 하는 것은 커다란 문제이다.

지난 시간에 말한 것처럼 중국의 역사에는 세 가지 체재가 있었다. 첫번째는 사실을 중시하는 것으로 각각의 사건을 따로 나누어 기록하는 즉 『상서』의 「서주서」와 같은 것이다. 두번째는 연대를 중시하는 것으로 각각의 사실을 연대를 기준으로 배열하는 것인데, 공자의 『춘추』가 그것이다. 세번째로는 인물을 중시하는 것인데, 역사상 일체의 원동력이 사람에게서 비롯된다고 보고 사람이 역사의 중심이고 주체라고 하는 것으로, 이 관념은 태사공 사마천의 『사기』에서 비롯되었다고 해야 할 것이다. 따라서 『사기』는 일종의 '열전체列傳體'로서 사람을 기준으로 나누어 열전에 기록하고 있다. 즉 인물을 중심으로 한 것이다.

내가 언젠가 미국의 예일Yale대학에서 중국사를 강의하면서, 역사는 당연히 사람을 중심으로 해야 한다고 말한 적이 있다. 사람이 없는데 어떻게 역사가 있을 수 있는가. 역사에 기록된 것은 '인사人事'이고, 인사란 당연히 사람이 중심이고 사건은 부차적인 것이다. 그리고 '사정事情'이란 단지 사람이 표현하여 나타낸 것일 뿐이다.

당시 역사학을 전공하는 교수가 특별히 나와 토론을 벌인 적이 있다. 그는 말하기를 "역사는 당연히 사람이 중심이어야 하고, 또 사람이 주체가 되어야 한다고 했는데, 이러한 주장은 매우 흥미있다. 그러나 그 사람이 구체적인 사실에서 드러낼 것이 없다면 곧 역사에 기록될 수 없다는 것인가"라고 물었다. 나는 바로 그러한 점에서 동양과 서양이 학술적으로 매우 커다란 차이가 있다고 말했다.

중국역사에는 구체적인 사실에서 특별히 드러낼 것이 없으면서도 역사상 중요한 인물이 된 경우가 매우 많다. 이러한 관점으로 24사를 한번 읽어보라. 이 같은 사람이 얼마나 많은지 계산하기 힘들 것이다. 예컨대 『좌전』의 242년간의 기록에는 안연顔淵이 누락되어 있다. 구체적인 사실에서 특별히 드러낼 것이 없어서 역사에 누락된 것은 아니지만, 안연은 역사상 지울 수 없는 지위를 지닌 인물이었다. 후한 이후 사람들은 특별히 안연을 중시했다. 송명시대에 이학을 이야기하는 사람들도 특히 안연을 중시했다. 어찌 안연이 역사적 인물이 아니라고 하겠는가? 역사적 인물이라면 당연히 역사에 기록되어야 한다. 따라서 사마천은 사람을 역사의 중심으로 하여 열전체를 만든 것이다. 그것은 중국사학에 있어서 정말 위대한 창조적 견해였다.

오늘날에 이르러 서양인들은 역사를 쓰면서 여전히 중국의 『상서』체재와 같이, 사실을 위주로 하고 사람을 소홀히 하고 있다. 오늘날 우리들은 역사를 쓰면서 서양을 그대로 따르고 있다. 예컨대 내가 쓴 『국사대강國史大綱』 역시 연대로 나누어 사실을 기록했고, 또 사실을 위주로 했다. 그러나 그러한 체재는 단지 간편함을 위한 것이었다.

만약 한 걸음 더 나아가 말한다면, 서양사학은 아직도 주공의 「서주서」 단계에 머물러 있을 뿐 공자의 『춘추』와 같은 위대한 저작은 없다고도 말할 수 있다. 아울러 『좌전』과 같이 연월로 구분하여 저술하고 있기 때문에 당연히 『사기』의 열전체와 같은 기록은 더욱 없다. 이는 사학상 하나의 커다란 문제이다.

청 건가乾嘉연간의 장학성章學誠은 그의 저서 『문사통의文史通義』에서 중국사학에 있어서 성행한 것은 『좌전』과 『사기』로서 연대나 사람을 기준으로 나누었는데, 이후에는 당연히 『상서』의 체재를 발전시켜 사실의 정황을 서술의 주요단위로 해야 한다고 말했다. 당시 서양의 새로운 학문은 아직 중국에 전해지지 않았다. 도광道光 이후 서서히 유입되었는데, 중국인들은 그들의 역사를 읽으면서 장학성이 이미 선견지명을 갖고 있었음을 느꼈다. 서양의 사학이 곧 그러한 모습이었다. 때문에 특히 청말민국 초 많은 사람들은 장학성을 중국사학의 대사大師였다고 여겼다.

그러나 한 걸음 더 나아가 볼 때 우리들은 이 문제가 그렇게 간단한 문제가 아님을 알 수 있다. 내 생각으론 중국인들이 『상서』에서 『춘추』와 『좌전』으로, 그리고 다시 『사기』로 계속 발전시킨 것은 실로 중국사학상의 커다란 발전이었다. 그렇다고 중국의 『춘추』와 『좌전』 그리고 『사기』가 모두 사실을 중심으로 하는 서양의 역사체재와 비교하여 못하다는 말이 아니다. 이 문제는 내가 비록 오늘 이같은 몇 마디 말로 제기할 뿐 자세히 말하지는 않았지만, 여러분들은 각별히 주의해야만 한다.

오늘 내가 말하고자 하는 것은 사마천이 어떻게 이 같은 창조적인 역사체재, 즉 열전체를 만들어낼 수 있었는가 하는 점이다. 그는 어떻게 새로운 관점과 새로운 주장을 제시하면서 사람을 역사의 중심으로 할 수 있었는가. 오늘날 많은 사람이 학문을 하면서 언제나 창조하고 또 새로운 길을 여는 것을 좋아하고 있지 않은가?

사마천의 『사기』는 역사저술에 있어서 하나의 위대한 창조이고, 정말 새로운 길을 열어 사람들로 하여금 그 길을 따라 달리게 하여 25사가 오늘에까지 있게 했다. 그러면 사마천은 어떻게 하여 이 같은 길을 걷게 되었으며, 우리들은 이 부분에 노력을 기울여 연구할 수 있는지 없는지를 한번 물어보자.

여러분들은 내가 이미 말한 바와 같이 학문을 하려면 문제의 발생을 잘 이해해야 한다. '회의懷疑'가 바로 그것이다. 문제가 생기면 그 문제를 해결해야만 한다. 여러분들이 모방을 원하지 않고 창조를 원한다면 당연히 먼저 다른 사람이 어떻게 창조했는지를 알아야 한다. 이는 추상적인 문제가 아니다. 사마천이 어떻게 사학상의 새로운 체재를 창조할 수 있었는가. 앞에서 이미 말한 적이 있듯이 『서주서』와 주공이 관련이 있고, 『춘추』는 공자가 쓴 것이고 곧 공자가 창조한 것이다.

공자는 주공을 가장 존경했다. 그러나 그가 쓴 역사는 오히려 새로운 창조였다. 공자는 왜 이 『춘추』를 썼는가? 왜 새롭게 창조했는가? 나는 앞에서 『맹자』에 나오는 몇 마디 말로써 공자가 『춘추』를 지은 대의를 밝힌 적이 있다. 사마천 역시 『사기』를 지으면서 「태사공자서太史公自序」에서 저술의 의의를 직접 상세히 밝힌 바 있다.

여러분들은 책을 읽을 때 먼저 당연히 그 책의 작자가 쓴 '자서自序'를 주의하여 읽어야 한다. 이 자서 역시 새로운 체재였다. 공자의

『춘추』에는 자서가 없다. 따라서 이 자서는 후일 새롭게 등장한 것이다. 예컨대 『장자』 천하편에는 장자가 왜 이 같은 사상과 학술을 말하고 있는지 서술하고 있다. 바로 장자의 '자서'라고 할 수 있다. 그러나 이 문장은 장자가 직접 쓴 것이 아니다. 또한 예컨대 『맹자』의 일곱 편 가운데 가장 마지막 부분이 맹자의 자서라고 할 수 있다. 따라서 「태사공자서」는 이미 『맹자』・『장자』에 보이는 것이었다.

　이후 사람들은 서문을 마지막에 두지 않고 제일 앞에 위치시켰는데 이는 중요한 문제가 아니다. 그렇다면 우리가 어떤 사람의 저작을 읽을 때 가장 좋은 것은 먼저 저자의 자서를 읽는 것이다. 왜냐하면 이 자서에는 저자가 어떻게, 또 왜 이 책을 쓰게 되었는지에 대하여 자신의 관점을 말하고 있기 때문이다. 책의 가치가 바로 이곳에 있다고 할 수 있다. 어떤 서문은 짧은 몇 마디로 되어 있다. 고염무의 『일지록』, 황종희黃宗羲의 『명유학안明儒學案』에도 모두 첫머리에 서문이 있는데 매우 중요하다. 책을 쓰면서 다른 사람에게 서문을 부탁하는 경우도 있지만, 이는 또 별개의 문제이다.

　오늘 나는 『사기』의 「태사공자서」에 근거하여 『사기』를 설명하고자 한다. 혹 여러분들이 이미 「태사공자서」를 읽었는지 모르겠지만, 문장을 읽기가 그리 쉽지 않다. 가장 좋은 방법은 먼저 「태사공자서」를 읽고 다시 『사기』를 읽고, 또 『사기』를 다 읽고 난 뒤 다시 「태사공자서」를 읽는 것이다. 그리하면 그 뜻이 더욱 분명해질 것이다. 한 편의 문장을 읽는 것이 그리 쉽지 않다는 점을 알아야 한다. 그러나 한 편을 능히 읽을 수 있게 되면 전체를 다 읽을 수 있다.

이 서문 한 편을 제대로 읽을 수 없다면 다른 문장도 마찬가지로 읽을 수 없다.

오늘날 많은 사람들이 백화문白話文으로 읽지만 학술상의 기준을 충족하는 저작이 많지 않기 때문에 대부분 사람들은 단지 편한 대로 펼쳐볼 뿐 전념하여 읽지는 않는다. 모두 대충 내용을 읽어 내려가는 방법으로서 우리는 이러한 것을 그저 책장을 넘긴다고 하거나 책을 뒤진다고 말할 뿐이다. 책을 뒤지는 것을 우리는 책을 참고한다고 하지, 책을 "읽는다(讀)"고 말하지 않는다. 이 같은 방법은 정말 잘못된 것이다.

「태사공자서」에서 말한 바처럼 사마천의 조상들은 대대로 주나라 역사를 관장하는 사관이었다. 춘추시대에 이르러 주 혜왕惠王과 양왕襄王 때 사마씨는 진晉나라로 갔고 그 때 주나라는 이미 쇠약했다. 진에 간 이후 사마씨 일가는 다시 위魏·조趙 등으로 분산되었고, 다시 진秦으로 가기도 했다. 사마천은 바로 황하의 서쪽 언덕인 섬서성 용문龍門에서 태어났다. 그의 부친 사마담司馬談은 "천관天官은 당도唐都, 역易은 양하楊何, 도론道論은 황자黃子에게서 각각 배웠다"고 했다. 사마담은 비록 사관이었지만 천문·역법·역易·노장老莊 등도 배웠다. 일찍이 「육가의 요지를 논함(論六家要指)」라는 문장을 써서 전국시대 제자諸子들의 대의를 살폈는데 이 문장은 매우 잘 쓴 것이다.

사마담은 전국시대의 대표적인 여섯 사상을 구분하여 각각의 장점과 단점이 무엇인가를 서술하면서 자연스럽게 유가에 대하여 언급했다. 당시의 『역경』은 유가라고 할 수 있었다. 그러나 실제로 『역경』은 도가에 가까웠다. 때문에 사마담은 최후결론에서 도가에 탄복했다. 그는 한나라에서 태사령太史令을 맡아 있으면서 경학뿐만 아니라 제자학에도 능통했지만, 그가 존중한 것은 황노黃老였다.

한무제가 태산에서 봉선封禪을 행하고자 할 때 봉선을 둘러싸고 사마담과 방사方士들의 의견이 서로 맞지 않자 무제는 그의 동행을 허락하지 않았다. 사마담은 할 수 없이 낙양에 남게 되었다. 그의 아들 사마천은 다른 지방에 여행을 하고 있었는데 아직 매우 젊었다. 여행에서 돌아왔을 때 사마담은 낙양에서 병이 들어 있었다. 그는 사마천에게 말하기를 "내가 만약 죽고 난 뒤 네가 다시 사관이 된다면 내가 그 동안 이야기했던 많은 것들을 잊지 말고 반드시 모두 기록하라"고 했다. 때문에 우리들은 사마천이 『사기』를 쓰게 된 것이 부친의 유명遺命을 계승한 것이라 말하는 것이다. 이에 대해서는 여러분들이 모두 잘 알고 있을 것이다.

「태사공자서」에는 부친 사마담의 말을 전하고 있는데, 더욱 중요한 것은 다음의 내용이지만, 「태사공자서」를 읽는 사람들이 혹 주의하지 않을 수도 있다. 「태사공자서」에는 사마담의 말을 다음과 같이 적고 있다. 즉 "천하가 주공을 칭송하는 것은 그가 능히 문왕과 무왕의 덕을 칭찬하고, 주공과 소공의 작풍을 선양하며, 태왕太王과 왕계王季의 사려에 통달하게 하여서 마침내는 공류公劉의 공적에까지 이름으로써 결국은 후직后稷을 추존했기 때문이다"고 했다. 사마담은 결국 현재 많은 사람들이 주공을 추존하는 이유를 주공이 『시경』의 「아雅」・「송頌」・「이남二南」을 지었고, 이들 내용은 모두 주나라 사람들의 역사였으며, 후직 이후 문왕·무왕·주공·소공에까지 이르고 있기 때문이라고 말한 것이다.

주나라 사람들의 역사는 주공이 쓴 것이다. 나는 맹자가 말한 "시가 없어지고 난 뒤 『춘추』가 지어졌다〔詩亡而後春秋作〕"에 근거하여 『시경』이 역사와 관련이 있으며, 주나라 개국과 관련한 일부 역사가 모두 『시경』에 있음을 증명했다. 그러나 오늘날 중국의 사학명저를 이야기할 경우 일반적으로 『상서』만 이야기할 뿐 『시경』은 언급하지 않는다.

사실 사마담은 역사적인 관점으로 주공의 『시경』을 중시했고, 『시경』의 공헌을 이 말에 비추어 말하자면 곧 주대의 역사를 선양했다는 것이다. 때문에 또 "탕무湯武의 융성을 시인이 노래했다"고 했다. 이는 곧 시인이 노래한 것이 바로 역사라는 의미이다. 후일 당대에 와서 한유韓愈의 「평회서비平淮西碑」와 이의산李義山의 시에서 이를 극찬했다. 즉 "「요전」과 「순전」의 글자를 고쳐쓰고, 주 문왕이 지은 백성의 시를 고쳐 썼다〔點改堯典舜典字, 塗改淸廟生民詩〕"라고 했다. 이는 『상서』와 『시경』을 함께 이른 것이다.

당연히 우리들은 이의산의 시에 근거하여 「요전」과 「순전」이 진짜 『상서』라고 할 수는 없다. 그러나 『시경』이 곧 역사였다고 말할 수는 있다. 여기에서 우리는 사람들이 책을 읽더라도 그 견식이 서로 다름을 알 수 있다. 여러분들은 한 구절의 글을 한 가지 방법으로만 설명할 수 있다고 여겨서는 안된다. 내가 말한 것은 고대로부터 당나라의 시인에 이르기까지, 즉 이의산 같은 시인도 『시경』과 『상서』가 모두 사학과 관련이 있음을 알았다는 것이다.

주공이 왜 사람들에게 존경을 받았는가. 사마담의 말에 의하면 사학을 선양하는 데 공헌했기 때문이다. 주나라가 유왕幽王과 여왕厲王 이후 "왕도가 없어지고, 예악이 쇠하므로 공자가 옛것을 고치고 없어진 것을 일으켰다. 따라서『시』와『서』를 논하고,『춘추』를 지었다. 학자들이 지금까지 이를 본받고 있다[王道缺, 禮樂衰, 孔子修舊起廢, 論詩書, 作春秋, 學者至今則之]"고 했다. 이는 바로 맹자가 말한 "시가 없어지고 난 뒤에『춘추』가 쓰였다"고 한 것과 같은 맥락이다.

여러분들이 여기에서 마땅히 알아야 할 것은 우리들이 지금 중국 사학명저를 이야기하면서 주공의「서주서」로부터 공자의『춘추』그리고 이어서 사마천의『사기』를 이야기하고 있지만, 기실 사마천의 아버지가 이미 이같이 말하고 있었던 것이다.

사마담은 또 "이제 한이 일어나 천하가 통일되었으나, 나는 태사로서 현명한 군주와 의를 위해 목숨을 바친 충신들의 행적을 기록하지 않았으니 천하의 역사적인 문장이 폐기될까 심히 두렵다[漢興, 天下一統, 明主賢君忠臣死義之士, 余爲太史, 而弗論載, 廢天下之史文, 余甚懼焉!]"라고 하여 자신이 한의 태사라는 관직에 있으면서 한대의 이 같은 사실들을 제대로 기록하지 못한다면 천하의 역사적 문장[史文]들이 자신의 손에서 폐기되지 않겠는가라고 탄식한 것이다. 즉 앞에서 내가 인용한 "내가 그 동안 이야기했던 많은 것들을 잊지 말라"는 말과 같다.

후일「태사공자서」를 읽는 사람들이 다만 위의 단락만을 주의하고 다음 단락을 주의하지 않았다. 심지어 말하기를 사마담이 한무제가 그를 태산에 가지 못하게 함으로써 화가 나 병이 들었고, 때문에 아들에게 말하기를 내가 죽고 난 뒤 네가 태사가 되거든 많은 사실들을 모두 다 기록하라고 했으므로 사마천의 『사기』를 '비방서誹書', 즉 한무제를 비방한 책이라 했던 것이다. 그의 부친이 원망으로 죽었기 때문에 사마천이 『사기』에서 「봉선서封禪書」를 지었다는 것이다.

여러분에게 물어보자. 만일 『사기』가 이러했다면 과연 무슨 가치가 있다고 말할 수 있겠는가. 사마담은 한의 태사를 지냈지만 한 왕조에서 역사를 편찬하지는 않았다. 따라서 사마천에게 유언을 내려 자신의 뜻을 완성하라고 당부했던 것이다. 그럼 사마천의 역사서술은 어디로부터 왔는지 물어보자. 어찌 주공과 공자에게서 비롯된 것이 아니며, 어찌 역사가 응당 사람을 중심으로 한 기록 속에 드러나지 않겠는가!

여러분들은 내가 앞에서 이야기한 몇 시간의 강의를 들으면서 책을 읽는다는 것이 그리 쉽지는 않다는 점을 알았을 것이다. 『맹자』의 "시가 없어지고 난 뒤 『춘추』가 지어졌다"고 하는 구절을 읽고 그 내용을 이해 못하는 것은 아니다. 「태사공자서」를 읽으면 마치 『맹자』의 "시가 없어지고 난 뒤 『춘추』가 지어졌다"의 주를 읽는 것 같다. 그렇다면 당신은 사마담이 『맹자』를 읽은 적이 없다고 말할 수 있겠는가!

여러분들이 단지 책장을 넘기는 습관만이라도 있다면 『사기』의 「태사공자서」는 쉽게 찾아볼 수 있지만, 『맹자』의 이 구절은 찾기가 쉽지 않다. 사마천의 이러한 말을 읽게 되면 『맹자』의 이 구절이 곧 유용하다. 이는 책을 읽는다는 것이 그리 쉽지 않다는 점을 말해 준다. 그리고 「태사공자서」에는 그의 부친 사마담의 말을 기록하고 있는데, 많은 사람들은 단지 앞부분만을 읽을 뿐 다음 구절을 읽지 않는다. 이 경우 읽지 않았다는 것이 아니라 읽어도 읽지 않은 것과 같은 것이다. 책을 읽는다는 것이 쉽지 않음을 알려주는 또 다른 예다.

사마담이 죽은 지 3년 뒤 과연 사마천이 자신의 부친을 이어 태사가 되었다. 사마천이 이어 말하기를 "아버님께서는 늘 말씀하셨다. '주공이 죽은 5백 년 후에 공자가 나왔다. 공자가 죽은 지 이제 5백 년이 되었으니, 누군가 그 뒤를 이어 세상을 밝히기 위해 『역전易傳』을 바로잡고, 『춘추』의 정신을 계승하여 시서詩書와 예악禮樂의 정신을 찾는 사람이 나와야 하지 않겠는가'라고. 이는 나를 염두에 두고 하신 말일까? 나를 염두에 두고 하신 말일까?"라고 하여, 사마천은 그의 아버지 사마담이 이야기한 적이 있는 '주공이 죽은 지 5백 년 만에 공자가 있었고, 공자가 죽은 지 이제 5백 년이 되었으니 그 책임은 이제 사관인 나의 어깨에 주어진 것이 아닌가'라고 말했다. 따라서 그가 『사기』를 편찬한 것은 주공과 공자를 계승한 것이 된다. 5백 년 전에는 주공이 있었고, 5백 년 후에는 공자가 있었고, 다시 5백 년 후에는 자신이 있게 된 것이 아닐까 했다.

그렇다면 여러분들은 이 말을 가지고 『맹자』의 최후 한 장章을 읽어보라. 맹자 역시 곧 이같이 말했던 것이다. 요순 이후 얼마나 지나서 탕무湯武가 있었고, 탕무 이후 얼마나 지나서야 공자가 있었으니, 공자 이후 일정한 시간이 지나서야 누군가가 나타나게 되었던 것이다. 사마담과 사마천 부자는 모두 『맹자』를 읽은 적이 있었고, 모두 그들의 학술적 전통이 있었다.

사마천은 또 말하기를 "누군가 그 뒤를 이어 세상을 밝히기 위해 『역전易傳』을 바로잡고, 『춘추』의 정신을 계승하여 시서와 예악의 정신을 찾는 사람이 나와야 하지 않겠는가"라고 했는데, 여기에서 말하는 『역전』·『춘추』·시서詩書·예악 등은 당시 모두 경전이었고, 아직 사학은 없었다. 사마천은 사관이었으므로 역사를 써야만 했지만 그가 쓴 작품은 여전히 경학에 속한 것이었다. 따라서 그의 저작은 태사공 사마천의 이상 속에 있는 '신경학新經學'이라고 말할 수도 있다.

오늘날 중국의 구사학舊史學은 모두 필요없고 다만 서양의 새로운 것을 배우면 된다고 여기는 것이 혹 맞는지도 모른다. 그러나 서양 사학도 당연히 근본이 있어야 하고 그 내력이 있어야 한다. 시작부터 지금까지 어떻게 이어져 왔는가를 먼저 알아야만 비로소 계속 이어갈 수 있는 것이다. 학문을 하면서 자기 스스로 단지 심부름꾼 노릇을 해서는 안된다. 주연배우가 아니더라도 조연으로 나름의 연기를 표현해야 한다. 조연이라 하더라도 대략 전체의 내용을 이해하여야만 작은 배역이라도 소화해낼 수 있는 것이다.

서양사학을 말하려 한다면 적어도 전체 서양사학사를 반드시 이해해야 한다. 그리고 난 연후에 중국역사를 되돌아보며 주공·공자·사마천·반고 등을 모두 필요없다고 써야 한다. 우리들은 흔히 "내가 쓰고자 하는 것은 중국의 새로운 역사이다"라고 말하지만, 여러분들은 이 책임이 얼마나 큰지 알고 있는가?

현재 우리에게는 아주 커다란 문제가 존재한다. 오늘 이후 역사를 쓴다면 분명 다시는 26사와 같은 역사를 쓰지 않을 것이다. 그렇다면 어떻게 해야 하는가. 이는 큰 문제가 아닌가. 반나절이나 강의를 하면서 본래는 사마천의 창작에 대하여 말하려 했지만, 사마천은 자신이 여전히 구전통, 즉 주공과 공자를 계승하고 있다는 점을 스스로 분명하게 밝히고 있다.

그리고 사마천이 『사기』에서 특별히 유의했던 것은 바로 공자를 배우려 했다는 점이다. 때문에 「태사공자서」에는 그가 공자의 『춘추』에 대하여 언급한 부분이 보인다. 우리들은 앞에서 모두 『맹자』에 근거하여 『춘추』를 말했는데, 이제부터는 사마천이 『춘추』를 어떻게 인식하고 있었는지를 말하고자 한다.

여러분들이 스스로 『춘추』를 말하지 않아도 종전의 사람들이 어떻게 『춘추』를 언급했는지를 들을 수 있다. 공자는 "옛 것을 서술하되 새것을 만들어내지 않는다[述而不作]" 혹은 "옛 것을 믿고 좋아한다[信而好古]"라고 하여, 옛날 사람들이 이렇게 말했으니 나도 그들을 따라 이렇게 말한다고 했다. 당연히 맹자나 사마천 이후 다른 사람들도 『춘추』를 언급했다. 그러나 우리는 결국 그 내용을 선택하여 취해야 한다.

이후 강의시간에 유지기劉知幾가 『춘추』에 대하여 어떻게 말하고 있는지를 살필 것이고, 아울러 근대의 강유위康有爲·장병린 등이『춘추』를 어떻게 말하고 있는지도 문제가 될 수 있지만, 이에 대해서는 지금 말하지 않기로 한다. 여러분들은 강유위나 장병린은 근대의 위대한 인물이고, 맹자나 사마천은 너무 고대의 인물이라고 여겨서는 안된다. 다시 5백 년, 1천 년이 지나도 맹자나 사마천은 여전히 위대한 인물로서 존재할 것이지만, 장병린과 강유위의 경우는 문제가 있다. 예컨대 강유위의『공자개제고孔子改制考』와『신학위경고新學僞經考』등이 여전히 영향을 끼칠 수 있을 것인지, 단지 도서관에만 보관되어 있으면서 사람들에게 비판받는 하나의 자료로서만 존재할지는 아직 알 수 없는 일이기 때문이다.

호수壺遂가 사마천에게 묻기를 "공자는 무엇 때문에『춘추』를 썼는가"라고 하자 사마천이 말하기를 "내가 동생董生의 말을 들으니… 이하 운운"라고 했다. 동생이란 동중서董仲舒를 가리킨다. 그는『공양전』을 배웠으며, 6경을 세상에 널리 알리고 백가百家를 배척하여 몰아낼 것을 주장했다.

사마천이 말하기를 "내가 동중서에게 들은 바에 의하면 주周의 왕도정치가 쇠했을 때 … 공자는 자신의 주장이 받아들여지지 않고 도道가 실현되지 않을 것을 알고 242년간의 역사적 사실에 시비논단을 가하여 천하의 의표儀表로 삼고자 했다. 천자의 잘못을 폄하하고, 제후의 잘못도 비판했으며, 대부를 성토함으로써 왕도를 제시하려 했을 뿐"이라고 했다. 주의 왕도정치가 쇠했다는 것은 바로 왕자王者의 자취가 사라지고 나서『춘추』가 지어졌다는 것이다.

공자는 바로 이 242년간의 사실을 통해 시시비비를 말함으로써 천하에 하나의 기준을 세우려 했던 것이다. 따라서 "천자의 잘못을 폄하하고, 제후의 잘못도 비판했으며, 대부를 성토함"으로써 그의 이상적 왕자王者의 일을 표현하려 한 것이었다. 이는 사마천이 인용하여 서술한, 동중서가 말한 공자의 『춘추』에 대한 언급이었다.

『사기』는 공자의 『춘추』를 본뜬 것이었다. 『사기』에 우연히 한고조와 무제를 언급하면서 어떤 부분에서는 『춘추』의 "천자의 잘못을 폄하(貶天子)"한 것과 비슷하다. 때문에 후세사람들은 사마천이 사마담의 억울함을 생각하는 마음에서 이 같은 비방서謗書를 쓴 것이라는 편견을 가지기도 했다. 그렇다면 어떻게 사마천의 『사기』를 논할 수 있겠는가!

『사기』는 한대 초기의 수많은 사실들을 기록하고자 했을 뿐만 아니라, 그 많은 사실 가운데 포함된 시비의 기준을 정하고자 했다. 사마천은 말하기를 "공자께서 '나는 포폄과 시비(空言)를 제시하고자 하는데, 그것은 구체적인 사실을 통하여 보이는 것만큼 깊이있고 적절하고도 분명한 방법은 없는 것 같다'고 말씀했다"고 했다. 이 말은 몇 구절 포폄과 시비를 말하는 것보다 실제적인 사실로 말하는 것이 훨씬 깊이있고 적절하면서도 분명한 것이라는 의미이다. 때문에 "『춘추』는 왕도의 대원칙이다"라고 했다.

공자는 천하의 도를 말하고자 했다. 공자는 '쓸데없이 하는 몇 마디 말이 과거의 구체적인 사실을 가지고 나의 의견을 더하여 이렇게 하면 잘못된 것이고 이렇게 해야 바른 것이다'라고 하는 것만 못하다고 여겼다. 따라서 "『춘추』는 도의道義로써"라고 하여 『춘추』는 다만 의義와 불의不義를 말할 뿐이라 했다. 이를 지나간 240년간의 사실의 배후를 가지고 표현하고자 했다. 때문에 "어지러운 세상을 바르게 되돌리는 데 『춘추』보다 적절한 것은 없다"고 한 것이다.

한 권의 『춘추』 안에 "군주를 시해한 사건이 36건, 망국의 기사가 52건이나 기록되어 있고, 그밖에 도망할 수밖에 없어 사직을 보존하지 못한 제후들에 관한 기사는 이루 헤아릴 수 없이 많다"고 했다. 왜 이 지경에 이르게 되었을까? 이 때문에 "군주 된 자는 반드시 『춘추』를 알아야 한다"고 했던 것이다. 또 『춘추』는 '예의의 대종大宗'이라고 했다. 이상의 말들은 사마천이 모두 동중서의 말을 인용한 것이다.

그러나 동중서의 『춘추번로春秋繁露』에는 이 같은 말이 없다. 실제 『춘추번로』 역시 반드시 동중서 한 사람의 저서라고 볼 수 없다. 심지어 동중서의 「천인삼책天人三策」에도 이 같은 말은 보이지 않는다. 「태사공자서」 중에 있는 이 구절은 동중서가 공자가 '왜 『춘추』를 지었는가'를 말하는 것을 직접 듣고 기록한 것으로서 매우 중요한 의미를 지닌다.

사마천 스스로도 말하기를 오히려 『사기』를 『춘추』와 비교할 수 없는 것이라 하면서, 자신은 다만 옛 사실들을 정리하여 기록할 뿐이라고 했다. 이는 사마천의 겸손이다. 뿐만 아니라 그는 자신이 직접 "천자의 잘못을 폄하[貶天子]"하거나 "제후의 잘못을 비판[退諸侯]"할 수가 없었다. 그것을 감히 할 수 없는 것이라면 어찌 「태사공자서」

에 동중서의 말을 그렇게 자세하게 언급하고 있는 것인가? 이「태사공자서」는 실로 한 편의 훌륭하고 위대한 문장이다.

지금 내가 『사기』를 강의하고 있지만 실은 이「태사공자서」를 그대로 말하고 있을 뿐이다. 주공과 공자로부터 사마천에 이르기까지 모두 이 안에서 언급하고 있다. 그러면 앞에서 방금 말한 내용을 이어 사마천이 어떻게 그의 위대한 창조라 할 수 있는 『사기』를 쓸 수 있었을까?

여러분들은 단지 창작을 해야 한다고 주장하면서 "옛 것을 지키지 말라", "남의 것을 모방하지 말라", "남의 것을 그대로 따르지 말라"고 하고 있다. 그러나 사마천은 오히려 자신은 다만 주공과 공자를 계승했다고 말하고 있다. 그의 창작은 그들을 그대로 본받는 데서 출발한 것이니, 그렇지 않다면 어찌 학문이라 칭할 수 있겠는가?

두번째로 우리들이 살펴보아야 할 것은 『사기』 창작과 관련하여 특히 중요한 체재문제이다. 나는 이미 앞에서「서주서」는 사실을 중심으로, 『좌전』은 연대를 기준으로 그리고 『사기』는 사람으로 나누어 서술하고 있다고 말한 바 있다. 그렇다면 사마천은 어찌하여 사실이나 연대로 구분하여 서술하는 방법 외에 특별히 사람을 중시한 것인가. 실은 이들 문제는 우리들이 말할 필요가 없다. 왜냐하면「태사공자서」에 이미 상세하게 설명하고 있기 때문이다. 그가 주공과 공자에게서 배웠다고 했으니 곧 사람을 중시한 것이 아니겠는가!

오늘날 우리들은 서양사람들의 관점을 배워 역사학은 당연히 사실을 중시해야 한다고 하지만, 고대 중국인들은 처음부터 사람을 중시했다. 적어도 공자의 『춘추』이래 일찍이 모두가 사람을 중심으로 서술하고 있다고 할 수 있다. 예컨대 앞서 언급한 "천자의 잘못을 폄하하고", "제후의 잘못도 비판했으며", "대부의 잘못을 성토한다"라는 언급이야말로 사실의 배후로 반드시 사람을 주의하라는 것이 아니겠는가.

사마천이 또 말하기를 "나는 일찍이 그 일을 맡았으면서도 천자의 성명聖明함과 성덕盛德을 내버려두고 기록하지 않았고, 공신·세가와 현명한 대부들의 공적을 저술하지 않았으니 이것은 아버님의 말씀을 저버린 것이다. 내 죄는 실로 막대하다"고 했다. 그가 이 문장을 쓸 때에는 이미 태사太史의 관직에 있지 않았다. 그러나 사마천은 일찍이 한의 태사를 지낸 적이 있었다. 따라서 천자의 성명함과 성덕을 내가 방치하고 저술하지 않을 수 없다고 했고, 또 공신·세가와 현명한 대부들의 공적도 방치하고 저술하지 않을 수 없다고 한 것이다.

자신의 아버지가 당부한 말을 지키지 않는 것은 그 죄가 막대한 것이라 했다. 따라서 그는 『사기』를 저술했고, "아버지의 말씀을 저버리지 않았고", 또 말하기를 "자신이 저술하고자 한 것을 잊지 않았다"고 했다. 그 때부터 오늘날까지 역사를 서술함에 있어서 모두 사람을 그 중심에 두었다. 그리고 사실의 배후에는 '예의禮義'가 있게 마련이다.

내가 방금 "『춘추』는 예의의 대종"이라 말한 바처럼, 예의는 사람에게 있는 것이지 사실에 있는 것은 아니다. 만약 우리들이 오늘날 하나의 제목을 정하여 중국사학의 관점을 연구하고자 할 경우 어찌하여 인물의 내력을 특히 중시해야 하는가. 이는 중국의 고전이 쓰이면서부터 사마천의 『사기』에 이르기까지 멀리 그 연원이 있기 때문이다.

내가 생각하기에 이는 우리 중국 전통문화 중의 커다란 관점이었고, 중국의 절대적인 역사철학이요, 중국 전통학문 중의 절대정신이기도 했다. 즉 「태사공자서」에 의하면 사마천이 1천 년, 5백 년이 지난 시대에도 주공과 공자라는 인물을 매우 중시했음을 알 수 있는데, 이것이야말로 역사가 당연히 사람을 중시해야 한다는 가장 큰 정신을 남김없이 표현한 것이 아니겠는가.

오늘 강의하고자 한 『사기』에 관한 주요한 내용은 여기까지이다. 이밖에도 『사기』와 관련하여 여전히 많은 문제가 남아 있지만 잠시 접어두고, 앞에서 언급한 내용을 다시 한번 살펴보도록 하자. 오늘 강의한 내용은 이전 강의시간에 언급한 바처럼 중국사학 발전단계의 세번째 단계에 해당한다.

첫번째 단계는 사실을 기록했고, 두번째 단계는 편년, 세번째 단계는 사람을 따로 나누어 열전을 구성했다. 이 세 단계에 이르는 과정에는 많은 문제가 있지만, 여러분들은 이에 대하여 스스로 자신의 생각과 지혜와 견식을 발휘할 수 있을 것이다. 그러나 결코 제멋대로 상상해서는 안된다. 반드시 자료와 증거를 갖추어야 한다.

예컨대 내가 중국고대를 강의하면서 단지 주공과 공자만을 언급했고, 『상서』를 말함에 있어서 이미 『고문상서』는 거짓임이 드러나고 또 『금문상서』 역시 믿을 수 없었기 때문에, 그래도 믿을 수 있는 자료인 「서주서」를 언급했다. 그리고 「서주서」는 분명히 주공과 관련이 있었다. 나는 공자의 『춘추』를 설명하고 이어서 『좌전』과 『공양전』・『곡량전』을 설명했다. 그리고 『사기』를 설명했다.

나의 이 같은 커다란 단계적 설명은 적어도 「태사공자서」의 내용 가운데 각 구절을 설명의 증거로 삼았다. 우리들이 그러한 증거를 가지고 종합적으로 살펴보면, 옛사람들의 전적典籍을 읽고 있지만 마치 내 마음이 추구하고자 하는 것과 같은 느낌을 곧바로 받게 된다. 이것이야말로 우리들이 학문을 하는 일종의 즐거움인 것이다.

종전의 사람이 잘못 말한 부분에 이르면 우리들은 판단을 내릴 수 있어야 한다. 예컨대 『사기』를 비방서라고 말하는 이유가 『사기』 중의 「봉선서」가 특별히 사마천의 부친의 유명遺命을 받아 쓰인 것이기 때문이라지만, 이는 책의 어느 한 부분만을 읽은 결과다. 이렇게 하면 뜻이 통하지 않는다. 여러분들이 「태사공자서」를 한번 자세히 읽게 되면 2천 년 이래 『사기』에 대하여 언급한 수많은 말의 진실과 정확성 여부를 스스로 평가할 수 있을 것이다.

책을 읽을 때는 자세히 읽는 것을 귀하게 여겨야 하고, 무턱대고 이런 저런 책을 많이 읽어서는 안된다. 특히 너무 조급하게 자기 의견을 발휘하려 해서도 안된다. 그러나 요즘 공부를 하는 사람들은 그렇지 않다. 책을 자세히 읽지도 않을 뿐만 아니라 오히려 자료를 급히 찾아 의견을 드러내려 한다.

『사기』를 말하고자 하면서 『사기』를 언급한 자료를 먼저 베끼는

데, 베낀 자료가 많으면 많을수록 자신의 총명함은 오히려 혼란스럽고 꽉 막히게 된다. 결국 『사기』가 지닌 진상을 끝내 제대로 찾아내지 못하게 된다. 만약 먼저 「태사공자서」를 읽는다면 읽을수록 흥미를 느끼게 될 것이고, 흥미를 느끼게 되면 점차 총명함과 자기 견해를 갖게 될 것이다. 자신과 다른 견해에 대하여 우리들은 역시 스스로 평가할 수 있게 될 것이다. 이 말은 오늘 내가 이 강의시간을 통해 여러분들에게 책을 읽고 학문하는 방법을 이야기한 것이다.

나는 오늘 강의시간에 국문과 수업처럼 「태사공자서」를 이야기하면서 사마천 자신의 말을 가지고 그가 『사기』를 쓰게 된 원인을 설명했다. 그것을 통해 나는 다만 역사를 이야기했을 뿐 자신의 주장을 말하지는 않았다. 만약 여러분들이 직접 「태사공자서」를 읽고 그 내용을 이해하게 되었다고 말한다면, 나는 매우 만족하게 생각할 것이다. 여러분들은 자신이 사마천보다 학식이 높거나 또 자신을 너무 중요하다고 여기고 옛사람에게서 공부하기를 받아들이려 하지 않으면 안된다.

여러분들이 인류는 진화한다고 말하지만, 진화는 멀고 긴 오랫동안의 과정을 거치는 것이기 때문에 1, 2백 년으로는 매우 큰 진보를 기대할 수 없다. 뿐만 아니라 우리들이 주공이나 공자에 비해 모두 진보했다고 말할 수도 없다. 오늘은 구름이 너무 많아 태양빛이 잘 보이지 않지만, 비행기를 타고 구름 위에서 하늘을 바라보면 구름은 밑으로 보이고, 찬란한 창공이 그 위에 펼쳐지고 있음을 볼 수 있을 것이다. 여러분들이 능히 『춘추』와 『사기』를 읽고 이해할 수 있다고 한다면 비행기를 타고 하늘로 올라가 구름 위의 햇빛을 볼 수 있는 것과 같다.

자료를 말하자면 한해 한해씩 쌓여져 가는 것인데, 『춘추』중의 자료는 『좌전』보다 많지 않다. 『좌전』에 기록된 자료는 많지만, 『좌전』은 공자의 『춘추』와 비교할 수 없다. 여러분들이 『사기』를 읽고자 할 때는 먼저 이 도리를 이해해야만 한다. 『사기』를 처음부터 끝까지 읽는다고 하여 그 사정을 모두 분명하게 이해할 수는 없다. 이는 『사기』를 제대로 읽지 못했기 때문이다.

사마천의 『사기』는 분명히 공자의 『춘추』를 본뜬 것이다. 따라서 나는 『사기』읽기를 매우 좋아한다. 그것은 사실을 기재하는 데 있어서 나름의 원칙이 있기 때문이다. 여러분들은 특히 자신은 근대사를 공부하니까 혹 나는 당과 송의 역사를 공부하니까 『사기』와는 무관하다고 여겨서는 안된다. 『사기』를 읽으면 자신의 총명함과 견식을 키우는 데 도움이 될 것이다. 실제로 나는 『사기』를 배우라는 것이 아니라 사마천을 배우라고 말하는 것이다. 학생들이 총명함과 견식을 갖게 된다면 나름대로 어떤 시대의 역사를 배운다고 해도 언제나 방법이 있을 것이다.

따라서 나는 여러분에게 학문을 하려면 반드시 한 권에서 시작하여 몇 권의 책을 읽어야 한다고 말하고자 한다. 그리고 몇 권의 책을 읽고자 한다면 이 책들의 배후에 있는 사람을 읽어내야 한다. 『사기』의 배후에는 사마천이라는 사람이 있고 그가 바로 『사기』를 쓴 인물이다. 그는 자신의 아버지가 사망한 뒤 3년이 지나 사관이 되었다. 이로부터 그는 20년의 정력을 기울여 『사기』를 썼다. 마치 사마광司馬光이 19년을 노력하여 『자치통감資治通鑑』을 편찬하고, 구양수歐陽修가 17년을 들여 『신당서』를 편찬한 것과 같다. 이연수李延壽 역시 17년을 공들여 『남사南史』와 『북사北史』를 편찬했고, 반고의 『한서』 또한 몇십 년을 공들여 편찬한 것인지 모른다. 아울러 부자가 계속하여 노력을 한 결과인 것이다. 우리들이 단지 옛날 사람들이 이처럼 노력을 기울였다는 사실을 이해하기만 해도 좋은 것 아닌가! 오늘 강의는 여기까지 하도록 한다.

『사기』 하

> "천도와 인사의 관계를 살피고(究天人之際)", "고금의 변화를 밝힌다(明古今之變)"는 것이야말로 진정한 중국인의 역사철학인 것이다.

오늘도 『사기』에 대하여 계속 강의하겠다. 앞에서 우리들은 중국역사가 세 가지 체재로 나뉜다고 말한 적이 있다. 첫째는 기사記事 즉 사실을 기록하는 것이요, 둘째는 편년編年 즉 연대를 기준으로 하는 것이요, 셋째는 기전紀傳 즉 사람을 기준으로 하는 것이다. 사실을 기록함에 있어서는 말[言]을 함께 기록했다. 『상서』가 바로 그 체재로서 '기사記事'와 '기언記言'을 위주로 했다.

『좌전』은 두번째 체재로서 편년을 중심으로 했다. 그러나 편년 중에는 사실과 말을 함께 기록하고 있다. 즉 말과 사실을 기록하면서 그것을 편년의 형식으로 구성한 것이다.

사마천의 『사기』는 사람을 중심에 놓고 있다. 바로 인물을 기준으로 열전의 형식을 지니고 있다. 그러나 마찬가지로 사실의 기록과 편년의 형식을 함께 지니고 있다. 따라서 '기사'와 '편년'의 체재가 사람을 중심으로 하는 열전의 형식에 포함된 것이라 하겠다. 때문에 우리들은 중국의 사서가 이 세 가지 형식의 발전을 모두 포함하고 있다고 말할 수 있다.

오늘날 우리들은 하나의 정확한 관념을 결여하고 있다. 즉 진보는 곧 옛것을 필요로 하지 않는다고 여기는 것이다. 진보란 조금씩 새로운 것이 더해 가는 것이며 새로운 것 안에는 여전히 옛것을 수용하고 있다는 점을 잘 모른다. 이것이 바로 진보이지 뜯어고치는 것만이 진보는 아닌 것이다. 따라서 개조하는 것이 반드시 진보라 할 수는 없는 것이다. 진보는 반드시 옛것을 기반으로 그 위에 새로운 것을 더하는 것으로서, 새로운 것 안에는 여전히 옛것이 남아 있는 것이다. 그렇다면 이 새로운 것은 당연히 옛것에 비해 진보된 것이 된다.

『사기』는 모두 130권, 52만 6천5백 자로 이루어져 있다. 그리고 이 130권은 「본기本紀」 12권, 「세가世家」 30권, 「열전列傳」 70권, 「표表」 10권, 「서書」 8권 등 다섯 체재로 구성되어 있다. 「본기」는 전체 책의 대강으로서 편년의 형식으로 되어 있다. 예컨대 「오제본기五帝本紀」・「하본기夏本紀」・「은본기殷本紀」・「주본기周本紀」・「진본기秦本紀」・「시황본기始皇本紀」에서 한 왕조에 이르기까지 천하의 군주와 황제에게 각각 한 권의 「본기」가 배당되었다. 예컨대 한고조・한 문제 등이 황제에 즉위하면서 발생한 국가대사의 대강이 모두 정리되어 있다. 따라서 「본기」는 편년의 형식으로 구성된 것이다. 바로 『사기』 속의 『춘추』라고 할 수 있는 것이다.

「세가」는 제후국으로 나누어 기록한 것이다. 춘추시대의 12제후가 수록되어 있는데, 곧장 전국시대까지 예컨대 「노세가魯世家」・「제세가齊世家」・「진세가晉世家」・「초세가楚世家」 등이 있다. 이들 국별사國別史는 당연히 연대를 기준으로 정리한 것이다. 그러나 『국어』・『전국책』 등과는 다르다. 『국어』와 『전국책』은 국별사였을 뿐만 아니라 주로 말(言)을 기록하고 있지만, 『사기』의 「세가」는 주로 사실(事)을 기록하고 있다.

「열전」 70권은 『사기』 가운데 가장 중요한 부분으로서 사마천이 처음으로 만든 체재이다. 사람의 중요한 역할은 이미 조금씩 그 중요성을 더해 왔다. 예컨대 『논어』・『맹자』・『묵자』・『장자』 등이 모두 한 개인의 사적과 말을 함께 기록하고 있었다. 『논어』는 말과 사실을 모두 기록하고 있고, 『장자』와 『맹자』 또한 마찬가지였다. 예컨대 "맹자가 양 혜왕을 만났다[孟子見梁惠王]"는 것은 사실을 적은 것이다. 그리고 "왕께서는 하필 이익을 말하십니까[王何必曰利]" 하는 등의 기록은 말을 기록한 것이다. 따라서 말과 사실의 기록을 엄격히 구분하는 것은 불가능하다. 특히 말을 기록하는 것은 '사람'을 중시하기 때문이다.

당시 『안자춘추晏子春秋』 같은 책은 바로 안자의 일생 동안의 언행을 모아 만든 책이다. 『관자管子』도 비록 『관자춘추』라고 칭하지는 않았지만 결국 관중管仲의 사상과 행한 일을 기록한 것이다. 때문에 이런 점에서 『사기』의 「열전」을 사마천의 독창이라고 말할 수 없을지 모른다. 왜냐하면 이미 일찍부터 역사에서는 '사람(人)'에 관한 사실을 중시하여 왔고 사마천은 다만 이것을 변통하여 「열전」으로 구성했을 뿐이기 때문이다.

「본기」와 「세가」 그리고 「열전」 외에도 「표表」가 있는데, 이 역시 사마천이 처음 시작한 것은 아니다. 그 이전에도 이미 이 체재가 있었다. 「표」는 전체 책의 가장 중요한 뼈대가 되는 부분이다. 예컨대 「삼왕세표三王世表」는 고대의 하·상·주에 대한 사실 기록이 적어서 매년 상세한 정리를 할 수 없었기 때문에 「세표」를 만들 수밖에 없었다.

춘추전국시대의 사실은 상세했기 때문에 「십이제후연표十二諸侯年表」·「육국연표六國年表」 등 제후국 별로 연대를 기준으로 정리하면서, 횡적으로 전체 춘추전국시대의 사정을 같은 해 혹은 다른 해에 적고 있다. 따라서 진晉에서 어느 해에 일어난 일과 초楚에서 어느 해에 일어난 일이 같은 해에 혹은 각기 다른 해에 모두 분명하게 밝혀져 있어서 한 번에 빠짐없이 살펴볼 수 있다.

진·한의 교체기 즉 진 이세二世에 이르면 초 패왕 항우와 한고조 이전의 일단의 시기는 「월표月表」를 만들어 월단위로 기록했다. 따라서 『사기』의 10권의 「표」는 각기 다른 사정들을 분배하여 「표」로 만듦으로써 대강大綱 속의 대강처럼 일목요연했다.

마지막으로 8권의 「서書」가 있는데, 이는 『상서』의 체재로서 한 가지 사실을 특별히 한 권의 「서」로 구성하고 있다. 예컨대 하나라 우의 치수가 『상서』에는 「우공禹貢」편에 정리되어 있었던 것처럼 한 대에도 수리水利문제가 있었다. 때문에 사마천이 「하거서河渠書」를 만들었고, 이 같은 것이 모두 8권이나 되었다.

이처럼 사마천의 『사기』는 실로 사마천 이전의 사학상의 각종 체재를 수용하여 회통會通하게 함으로써 완성된 책이기 때문에, 진실로 "체제는 크지만 그에 담긴 사상은 정교하다[體大思精]"고 할 수 있는 것이다. 요순과 하·상·주 시대부터 사마천 자신의 시대까지 2천년 이상의 역사를 전부 가슴에 담아 적당한 방법으로 자연스럽게 표현한 것이 바로 이와 같이 많은 체재가 있게 된 이유였다.

나는 앞에서 여러분들에게 독서는 한권 한권씩 읽어나가야만 한다고 말한 적이 있다. 당연히 역사를 서술함에 있어서도 한 가지 구태의연한 방법만 있는 것은 아니다. 『상서』도 그 가운데 한 가지 서술방법이었고, 『좌전』 역시 하나의 서술방법이었으며, 이후 다양한 각종 새로운 서술방법이 있었다. 우리들은 지금 이 강의를 통해 어떻게 역사를 쓸 것인가라는 큰 학문을 이해하고자 하는 것이다. 이러한 학문이 갖추어지면 곧 스스로 역사를 쓸 수 있게 된다.

우리들이 말하는 사학에는 세 가지 종류가 있다. 첫째는 '고사考史'로서 분명하지 않은 사실을 꼼꼼히 살피는 것을 말한다. 둘째는 '논사論史'로서 역사적 사실의 이해와 득실에 대하여 반드시 평가함을 의미한다. 셋째는 '저사著史'로서 사람에 의해 역사가 쓰이는 것을 말한다.

이 자리에 있는 여러분들은 역사를 공부하면서 아직은 다만 '고사考史'의 노력을 할 뿐이고, 역사를 '평가[論]'할 수는 없다. 예컨대 사마천의 『사기』가 언제 쓰였는가, 언제 완성되었는가, 이 책은 모두 몇 권으로 구성되어 있는가 등은 모두 살필 수 있는 문제들이다. 그러나 이러한 문제는 다만 '자료'에 관한 것으로서 여러분들은 아직 평가하고 판단하는 문제를 이해할 수는 없다.

예를 들면 사마천의 『사기』와 좌구명의 『좌전』이 지닌 차이점은 무엇인가. 차이 가운데 존재하는 수준의 높고 낮음과 득실 등이 이야기되어야 하는 것이다. 나는 『좌전』과 『사기』의 어떤 장점들을 받아들이고, 다시 그 위에 현재의 필요를 더하여 독창적인 자기 견해를 세우고 난 연후에야 비로소 '저사著史', 즉 역사를 저술할 수 있다고 생각한다.

오늘날 우리들이 모두 역사를 다시 쓰려 하지 않는다면 후세사람들이 무엇을 살피게 될 것인가. 어찌 살필 수 있는 것조차 없게 된다는 말인가. 우리들의 역사는 무엇 때문에 중단되어서는 안되는가. 민국 이래 60년의 역사가 곧 없어지려 하고 있다. 왜냐하면 아무도 이 시기 본래의 모습을 쓰려고 하는 사람이 없기 때문이다.

그 전체 혹은 그 가운데 일부분을 쓰려하거나, 또 사람에 관해, 혹은 사건에 관해 쓰려 하더라도 만약 아무것도 전해진 것이 없다면 여러분들은 쓸 수가 없을 것이다. 어찌 커다란 공백이 아니겠는가? 때문에 우리들이 평소 학문을 하면서 단지 자료를 찾는 일에만 매달려서는 안된다. 당연히 어떻게 책을 저술할 것이며, 어떻게 역사를 서술할 것인지를 알아야만 한다.

「서주서」와 『좌전』 그리고 『사기』 같은 것은 모두 일정한 구조와 형식이 있다. 집을 지을 때는 먼저 전체 집의 구조를 결정해야 한다. 창이나 문 같은 것은 보통의 목공들도 만들 수 있지만, 전체구조는 설계를 하는 사람이 있어야 한다. 창이나 문을 모았다고 하여 집을 지을 수 있는 것은 아니다. 먼저 집의 구조가 결정되고 난 연후에 다시 창과 문이 배치되는 것이다.

마찬가지로 여러분들이 학문을 하면서 먼저 그 대강大綱을 구하려 하지 않고, 자신을 아주 작은 문제 위에 묶어두고 하나하나의 자료를 찾는 일은 자질구레한 것으로 학문이 될 수 없다. 뛰어난 저작가는 반드시 먼저 커다란 구조를 갖추려 한다. 그 커다란 구조 안에 모름지기 큰 학문이 뒤따르는 것이다.

오늘 이야기하는 체재는 다만 그 대강인 것이지 고정된 죽은 격식이 아니다. 예를 들어 춘추전국시대는 제후국 별로 역사를 서술할 수 있는데, 사마천은 제후국을 하나씩 나누어「세가」를 만들었다. 그러나 한대에 이르면 이미 과거와는 달리 변하게 된다. 예컨대 장량張良이 유후留侯에 봉해졌지만 아무런 자손을 남기지 못했고, 소하蕭何 역시 찬후鄭侯에 봉해졌지만, 식록食祿만을 받는 형식적인 것이었다. 찬鄭과 유留는 모두 독립된 제후국이 아니었다. 그러나 기왕에 제후로 봉해졌기 때문에 사마천은『사기』에서 그들을「세가」에 편입시켰던 것이다. 어찌 사마천이 "스스로 그 원칙을 깨뜨린 것[自破其例]"이 아니겠는가? 이것이 하나의 예이다.

또한 공자를 서술할 때 원칙에 따른다면 당연히「열전」이라고 칭해야만 하지만,『사기』에서는 오히려 그 격을 높여「공자세가」에서 다루고 있다. 춘추시대에 공자를 제후국에 봉한 적이 없었다. 또 자손에게 물려줄 만한 토지가 있었던 것도 아니다. 따라서 장량이나 소하처럼 작위를 자손에게 물려줄 수도 없었다. 그런데도 어찌하여 사마천은 오히려 공자를 「세가」에서 다루고 있는가. 이것이 어찌 사마천이 "스스로 그 원칙을 깨뜨린 것"의 특별한 예가 아니겠는가!

그러나 우리들은 오늘날에 와서야 비로소 사마천의 견해가 위대했음을 알게 되었다. 우리가 오늘날 대만에 와 있지만 여전히 공자의 76대 후손이 대만에 거주하고 있기 때문에 중국에는 이 세가가 영원히 전해져 단절되지 않고 있는 것이다. 공자의 위대함을 볼 수 있는 것이요, 아울러 사마천의 식견의 위대함을 볼 수 있는 것이기도 하다.

그는 『사기』를 저술하면서 공자의 『춘추』를 따랐다. 그의 마음속에 공자는 중국의 역사적 인물 가운데 가장 위대한 사람이라고 생각했기 때문에 스스로 원칙을 깨뜨리고 「공자세가」를 지었던 것이다. 더욱이 사마천은 한 마디 말을 가지고 공자의 위대함을 말할 수 없었고, 또 공자와 기타 제자백가들의 차이를 표현할 수 없었기 때문에, 그는 공자를 「열전」에서 다루지 않고 「세가」에서 다룸으로써 말 몇 마디를 더하는 것보다 더욱 분명하고 강력하게 자신의 뜻을 표현했던 것이다. 그것은 바로 "스스로 원칙을 만들면서 또 원칙을 깨뜨린〔自立例而自破例〕" 셈이 되었다. 후세사람들은 모두 공자를 존경했기 때문에 「공자세가」의 설정을 이상하게 여기거나 비판을 가하지는 않았다.

사마천은 『사기』 안에 「항우본기項羽本紀」를 썼는데, 그것은 더욱 황당한 것으로 여겨졌다. 「오제본기」의 황제黃帝에서 요순까지, 그리고 그 다음으로 하·상·주·진秦 등의 본기, 그리고 「진시황본기」와 이어서 다음은 한고조, 한 혜제 등으로 이어져야 하는데, 어찌 순리에 맞지 않게 중간에 오히려 항우가 끼어들었는가? 항우는 왕조를 열었던 군주도 아니었고, 단지 잠시 등장했던 과도기적 인물인데 사마천은 특별히 그를 「본기」에서 다루었다. 때문에 후세사람들에게 끊임없이 비판을 받았다.

그러나 진이 망하고 또 진 이세가 항복했는데도 한고조가 아직 황제로 즉위하기 전 그 중간에, 소위 진초지제秦楚之際에 해당하는 5년 동안의 시기가 있었다. 사마천은 이 시기를 항우의 신상에 결부시켰다. 「본기」는 본래 편년으로 정리한 것이다. 그렇다면 항우의 이 몇 년의 시기도 「본기」라고 칭해져야 하는 것이다. 그러나 『사기』에서는 이를 「서초패왕본기西楚霸王本紀」라 칭하지 않았다. 성과 이름을 붙여서 그대로 「항우본기」라고 했다. 이처럼 분명히 타당하지 않은 제목에 오히려 사마천의 깊은 뜻이 깃들여 있음을 알 수 있다.

진이 망하고 아직 한이 일어나지 않았던 그 중간에 항우가 있었다. 그러나 그는 하나의 왕조를 이루지 못했던 인물이었다. 이 때문에 그는 비록 그 지위가 서초의 패왕이었지만, 『사기』에서는 「서초패왕본기」라고 부르지 않았다. 비록 많은 사람들이 그를 가리켜 항왕項王이라 불렀고, 사마천의 문장 안에서도 때로는 항왕이라 칭하기도 했지만, 제목을 「항우본기」라고 했다. 이는 실로 사마천의 뛰어난 점이었다.

후세사람들이 사마천을 비판하여 그의 책이 '거칠다疏'고 했다.

『사기』 하 163

그 예로 "항우가 어찌 「본기」에 들어갈 수 있고, 공자가 어찌 「세가」에 들어갈 수 있는가. 이것이 바로 매우 거칠다는 것이 아니겠는가"라고 했다. 거칠다는 것은 세밀하지 않고 대충대충 소홀한 점이 많다는 의미이다. 혹은 다른 말로 이를 '기이한 것을 좋아한다(好奇)'라고도 한다. 항우를 「본기」에 넣어 서술한 것도 결국 '기이한 것을 좋아하는 것이 아니겠는가'라고 했지만, 실은 이 같은 평가는 천박함을 면하기 어렵다. 때문에 깊이있게 사마천의 『사기』가 다른 사서들과 다른 점이 무엇인가를 제대로 파악할 수 없게 되는 것이다.

『한서』에서는 이를 「항우열전」으로 고쳤다. 그러나 한고조 원년 왕을 칭했을 때 항우는 이미 사망했으므로 항우는 또한 한나라 사람도 아니었다. 『한서』를 지으면서 항우를 기재하지 않을 수 없었겠지만 항우를 한나라 초기의 인물로 배열을 하고 있으니 어찌 조밀한 가운데 거친 것이 아니겠는가? 그러나 이 같은 논쟁은 모두 매우 천박한 것으로 다툴 가치가 없다.

사마천이 항우를 「본기」에서 다루고 있는 것에는 나름대로 타당한 이유가 있었다. 다행히 공자는 춘추시대 사람이었기 때문에, 반고는 『한서』를 편찬하면서 공자를 다루지 않았다. 그렇지 않았더라면 어찌 「공자세가」를 항우처럼 「공자열전」으로 바꾸려 하지 않았겠는가? 이러한 점에서 곧 우리들은 『사기』의 위대함을 볼 수 있는 것이다.

「열전」이라는 체재 하나만 이야기하더라도 매우 뛰어난 점이 많았다. 예컨대 선진 제자와 관련하여서도 공자를 「세가」에서 다루었듯이, 「중니제자열전仲尼諸子列傳」 또한 특별한 사례이다. 『사기』에는 「묵자제자열전」이 없을 뿐만 아니라 맹자와 순자의 제자열전도 없다. 전국시대에 유가는 여덟 개, 묵가는 세 개의 유파로 각각 나뉘었다고 한다. 그러나 사마천은 다만 맹자와 순자 두 사람을 「맹자순경열전孟子荀卿列傳」에 함께 기록했다.

오늘날 전국시대의 유가를 말할 때는 맹자와 순자 두 계열만을 말한다. 한나라 초기에는 본래 도가와 법가사상이 성행했다. 한무제 때 5경을 세상에 널리 드러내면서 비로소 유가사상이 성행했던 것이다. 그리고 사마천은 「노장신한열전老莊申韓列傳」을 지어 법가의 신불해申不害와 한비자韓非子 그리고 도가의 노자와 장자를 모두 이 열전에 함께 기록함으로써 법가사상이 도가로부터 비롯되었다고 설명하고 있다. 이 같은 견식은 얼마나 위대한 것인가.

여러분들이 자신은 다만 역사를 연구하는 사람이기 때문에 사상은 다루지 않아도 된다고 하겠지만, 어찌 사상과 관련이 없는 역사가 있겠는가? 따라서 사마천이 『사기』에서 「공자세가」·「맹자순경열전」·「노장신한열전」 등을 지은 것은 그 몇 제목만 보더라도 정말 위대하다고 할 수 있다. 기타 다른 제자백가들은 모두 「맹자순경열전」 속에 부록되어 있다.

민국 초기 많은 사람들이 또 사마천이 묵자에 대하여 상세한 기록을 하지 않은 점을 들어 소홀함이 있다고 여겼지만, 실은 사마천이 소홀히 다룬 것은 묵자 한 사람만이 아니었다. 묵자사상은 한에서 청에 이르기까지 크게 주목을 끌지 못했다. 따라서 그 지위가 사마천이 거론한 맹자·순자·신불해·한비자·노자·장자 등에는 크게 미치지 못했다. 바로 이 한 가지만 보더라도 사마천이 평가한 전국시대 학술사상 역시 천고千古에 독보적인 것임을 알 수 있다.

그의 아버지 사마담은 「논육가요지論六家要指」에서 도가를 가장 높이 평가하면서 매우 세심한 논리를 폈다. 사마천은 사마담의 유명遺命으로 『사기』를 쓰면서도 제자백가에 대한 관점은 사마담의 관점과 달랐다. 사마천은 사마담의 견해와 자신의 견해를 모두 분명하게 『사기』에 담고 있었다. 진실로 양사良史라고 부를 만했다.

『사기』를 읽을 때는 가장 먼저 『사기』의 「태사공자서」를 읽어야 하고, 두번째로 『사기』의 목록을 읽어야 한다. 이에 대해서는 이미 간략하게 말한 바 있다. 이밖에 다시 몇 가지 다른 관점을 제시하고자 한다.

첫째, 『사기』가 비록 첫번째 정사이고, 사마천과 그의 아버지가 모두 한나라의 사관이었지만, 『사기』는 관찬사라기보다는 일종의 사찬사였다. 즉 『사기』는 사적인 저작이었지 정부의 일정한 부서에서 정해진 규칙에 따라 쓰인 것이 아니었다. 다시 말해 『사기』는 당시의 '백가언百家言'이었지 '왕관학王官學'이 아니었다.

사마천은 공자의 『춘추』를 본받고, 공자는 스스로 "『춘추』는 천자의 사실에 관한 것이다[春秋, 天子之事也]"라고 말한 적이 있었다. 『춘추』는 본래 개인에 의해 편찬되어서는 안되는 것이었지만, 공자는 결국 개인적인 신분으로 편찬했다. 때문에 "나를 아는 것도 오직 『춘추』요, 나를 벌 주는 것도 오직 『춘추』로다[知我者其惟春秋乎? 罪我者其惟春秋乎!]"

라고 했던 것이다. 오늘날 판단해 보더라도 사마천의 『사기』는 개인이 편찬한 사서이지 관찬사서는 아니다.

그러면 몇 가지 간단한 예를 들어 말해 보자. 「태사공자서」에서는 곧 말하기를 "대략 일문逸文을 보충하고 6예六藝를 부연하기 위해 편찬한 것이며 일가지언一家之言을 이루기 위함이다"라고 했다. 이 말은 이 책이 바로 '일가지언一家之言'이라는 사실과 관찬서가 아니라는 사실을 분명히 보여주고 있다. 또 이르기를 "명산에 간직해 두고 부본副本은 경사인 장안長安에 두어 성인군자가 읽기를 기다린다"고 했다. 때문에 "명산에 간직해 둔다"는 말은 그 책이 쉽게 없어질까 두려워 다시 부본을 수도인 장안에 두어 후세의 식자들이 쉽게 읽고 후세에 전할 수 있게 했던 것이다.

옛날 사람들은 자신의 저작을 그대로 보존하기가 쉽지 않았다. 후세의 성인군자를 기다리는 일은 더욱 아득한 일이었다. 오늘날처럼 책의 내용이 시원찮아도 금세 널리 전해지고 출판되자마자 구입하여 읽으려는 사람이 많은 것과는 많이 달랐다.

그리고 사마천은 「보임소경서報任少卿書」에서 몇 마디 매우 중요한 이야기를 했다. 바로 "천도와 인사의 관계를 탐구하고究天人之際, 고금의 변화에 통달하여通古今之變, 일가의 말을 이루고자 한다成一家之言"는 것이 그것이다. 소위 '천인지제天人之際'는 '인사人事'와 '천도天道'의 사이에는 응당 하나의 경계가 있어야 한다는 것이다. 어떤 문제에 이르러 비로소 우리들 사람의 노력으로는 어찌할 수 없는 상황이 있게 되는데, 이 때에는 반드시 '천도天道'를 기다려야 한다는 것이다.

이 문제는 극히 중요한 것이다.

사마천의 아버지 사마담은 도가의 말을 중시했는데, 도가는 바로 이 천도를 중시했다. 그러나 사마천은 공자의 유가를 중시했고, 유가는 인사를 중시했다. '인사'와 '천도' 사이의 경계는 어디에 있는가. 그러나 '인사' 중에는 '통고금지변通古今之變', 즉 어떻게 고대로부터 오늘로 변화해 왔는가 하는 데서 보듯 그 중간에 혈맥이 관통한다. 따라서 '구천인지제究天人之際'와 '통고금지변通古今之變' 열 글자는 역사가들이 찾아 밝혀야 할 최고의 경계이고, 또 일종의 역사철학이라고 말할 수 있다.

서양인들이 말하는 역사철학은 철학의 하나로서 단지 역사를 수단으로 말할 뿐이다. 만약 중국인들에게도 역사철학이 있다고 말한다면 그것은 당연히 철학은 아닐 것이다. 역사철학은 여전히 역사이고, 다만 역사를 통해 나타난 일종의 사상일 것이다. 즉 "천도와 인사의 관계를 살피고[究天人之際]", "고금의 변화를 밝힌다[明古今之變]"라는 것이야말로 진정한 중국인의 역사철학인 것이다. 그 이후 사마천의 『사기』가 비로소 중국의 첫번째 정사로 불리게 된 것이다. 그러나 두번째로 정사를 쓴 사람들마다 모두 사마천과 마찬가지로 '구천인지제究天人之際'나 '통고금지변通古今之變'의 위대한 이상과 위대한 견해를 지닐 수는 없었다.

「태사공자서」에는 "6경의 서로 다른 해석을 합하고, 백가의 잡다한 말을 정리하고자 한다[厥協六經異傳, 整齊百家雜語]"라고 했는데, 이 2구절 12글자 역시 실로 뛰어난 말이다. 사마천 이전 중국의 학술분야는 하나는 '왕관지학王官之學' 즉 6경六經이었고, 다른 하나는 '백가지언百家之言'이었다. 6경 가운데도 각종 설법說法이 있었다. 예컨대 『춘추』에는 『공양전』· 『곡량전』· 『좌전』 등이 있었다.

사마천이 『사기』를 저술하면서 "6경의 서로 다른 해석을 합하고, 백가의 잡다한 말을 정리하고자 한다"고 함은, 그가 주의한 자료가 이미 전체학술의 전분야를 모두 포괄하여 그 이동을 구별하여 배열하고 난 뒤, 그로부터 "구천인지제究天人之際, 통고금지변通古今之變"하고자 했던 것이다. 앞서 인용한 열두 글자와 방금 인용한 열 글자의 견해와 그 노력이 어디까지나 서로 달랐지만, 이 두 구절 모두가 '성일가지언成一家之言'을 위한 것이라는 점에서 서로 다르지 않았다.

다음으로 사마천이 책이름을 『태사공서太史公書』라고 한 점에 대하여 살펴보자. 이 책은 그의 개인적 저작으로 소위 '성일가지언成一家之言'한 것이었다. 후세사람들은 이 책을 『사기』라고 했지만, 이는 뒤에 등장한 이름으로 사관이 기록한 책이라는 보통명사였다. 지금 말하고자 하는 '태사공' 이 세 글자는 비교적 작은 문제일 수 있다. 사마천의 아버지는 한대의 사관을 지냈으며, 사마천은 책 속에서 사관이었던 자신의 아버지를 '태사공'이라 불렀다. 그리고 『사기』에는 사마천 스스로 한 말이 많은데, 모두 '태사공왈太史公曰'로 시작하고 있다. 즉 사마천은 자신을 '태사공'이라 불렀던 것이다.

그러면 이 세 글자를 결국 어떻게 이해해야 하는가? 『사기집해史記集解』에서는 여순如淳의 말을 인용하여 "태사공은 무제 때 두어졌다. 조회 때 앉는 위치가 승상의 상위에 있었다. 천하에서 올라오는 보고서가 먼저 태사공에게 올려졌고, 다음으로 승상에게 보내졌다[太史公, 武帝置, 位在丞相上, 天下計書先上太史公, 副上丞相]"고 했다. 태사공은 매우 높은 관직이었다. 한 선제宣帝 이후 태사공을 태사령太史令으로 고쳤다. 이는 여순이 말한 것이다.

그러나 『한서』 백관공경표百官公卿表나 『후한서』 백관지百官志에는 다만 태사령이 있을 뿐 태사공은 보이지 않는다. 태사령은 6백 석石의 낮은 관리였는데 어떻게 그의 위치가 승상의 위에 있다고 했는가. 그러나 우리들은 또 어떻게 『한서』 백관공경표가 선제 이후의 관제에 근거하지 않았다는 것을 알 수 있는가? 뿐만 아니라 여순의 말은 위굉衛宏의 말에 근거하고 있는데, 위굉은 후한시대의 사람이었다.

이 문제는 좀더 세심하게 살펴볼 필요가 있다. 그냥 단순하게 해결될 문제가 아니다. 사마천이 「보임소경서」에서 말하기를 "이전에 저는 외람되이 하대부下大夫의 대열에 끼어 외정外廷에서 말단 의론議論에 참석한 적이 있습니다"라고 했는데, 이는 태사공 자신도 스스로를 하대부 즉 6백 석의 낮은 관리였다고 했다. 그렇다면 그 지위가 결코 승상의 위에 있을 수는 없었다. 사마천은 이어서 말하기를 "저희 선친은 할부割符나 단서丹書를 받는 공적도 없었습니다. 천문과 역법에 관한 일을 관장하여 점쟁이[卜]나 무당[祝]에 가까웠습니다"라고 했다. 만약 지위가 승상의 위였다고 한다면 결코 복축卜祝과 함께 거론할 수 없을 것이다.

「태사공자서」에서 사마담은 또 말하기를 "네가 다시 태사가 되는 것은 곧 우리 조상이 하던 일을 계승하는 것이다", "사마담이 죽은 지 3년 뒤에 태사령이 되었다"라는 말은 사마천 부자가 당시에 태사령을 지냈다는 것이 의심의 여지가 없는 사실임을 말해 준다. 그러나 자신의 아버지를 존경하기 위해 태사공이라 고쳐 불렀던 것이다. 아울러 후일 그가 『사기』를 쓰면서 자신을 태사공이라 했고 따라서 책이름도 『태사공서』라 한 것이다.

그러나 어찌하여 사마천은 단지 태사령을 지냈으면서 감히 스스로 태사공이라 칭했는가? 어떤 사람은 그의 조카 양운楊惲이 그를 그렇게 불렀기 때문이라고 말하기도 하고, 또 어떤 이는 동방삭東方朔이 책을 보고 붙인 것이라 하기도 한다. 내가 생각하기에 이러한 말들은 모두 믿을 만한 것이 아니다. 사마천이 이미 자서에서 『태사공서』라는 용어를 쓰고 있다는 것이 그 증거이다.

그러나 사마천은 「보임소경서」의 서두에서 "미천한 자리에 있는 태사공 사마천이 삼가 올립니다[太史公牛馬走司馬遷再拜言]" 운운하고 있는데, 당시 사마천은 이미 태사령을 맡고 있지 않았다. 무제에 의해 중서령中書令에 임명되어 있었다. 그런데 어찌하여 편지 서두에 자신을 태사공이라고 했을까? 물론 '미천한 자리[牛馬走]'라는 표현은 임소경에 대한 겸손의 말이지만, 자신의 아버지 태사공에 대한 겸손의 말로는 타당하지가 않다. 그렇다면 여기서 말한 '태사공' 석 자는 후세 사람들에 의해 덧붙여진 것일지도 모른다.

다시 한번 살펴보자. 『한서』 백관공경표와 『후한서』 백관지의 내용을 가지고 『사기집해』의 여순의 말을 반박하는 것은 그리 만족스러운 것이 못된다. 사마천 자신의 문장인 「보임소경서」에 분명히 언급한 "하대부 대열에 끼어"라고 했고, 또 「태사공자서」에서도 분명히 "사마담이 죽은 지 3년 뒤에 태사령이 되었다"고 했으니 이것이 바로 충분한 증거가 아니겠는가? 『사기』에 있는 것이 결국 "사마담이 죽은 지 3년 뒤에 태사령이 되었다"는 것인가 아니면 태사공이 되었다는 것인가.

이 문제는 결국 『사기』의 판본문제를 살피는 데까지 연결될 수밖에 없다. 그리고 "미천한 자리에 있는 태사공 사마천(太史公牛馬走司馬遷)"이라는 말 또한 특별한 의미가 없으며, 내가 내린 최후결론을 동요시키지는 못할 것이다. 결국 충분히 해결될 수 있는 문제가 아니었는가. 그러나 다른 한 가지 방법이 있는데, 그것은 책의 배후를 살피기 위해 글자 속의 의미를 확인하는 일이다. 물론 고거지학考據之學이 때로는 매우 흥미있는 것이기는 하지만, 사람을 매우 헷갈리게 하기도 한다.

여러분들은 알아야 한다. 위굉과 여순이 말한 즉 "천하의 보고서[計書]가 먼저 태사공에게 올려지고, 다음으로 승상에게 보낸다"고 했는데 왜 이같이 그럴 듯하게 엉터리 같은 말을 했겠는가? 내가 생각하기에 그 이유는 위굉과 여순이 사마천이 당시에 중서령에 임명된 것을 태사령으로 오해했기 때문이었을 것이다.

사마천의 「보임소경서」는 아주 오래 전부터 읽기 어려운 훌륭한 문장이었다. 청대 포세신包世臣은 『예주쌍즙藝舟雙楫』에서 일찍이 그가 이 문장을 읽고 이해할 수 있었다고 말한 적이 있다. 나도 오늘 감히 이 문장을 읽고 이해했다고 말할 수 있다. 이 문장의 어려움은 일시적으로 그 요령을 제대로 잡기가 어렵다는 것이다.

그 내용을 대략 정리하면 다음과 같다. 사마천이 이릉李陵의 일을 직언했기 때문에 한무제가 화를 냈지만, 그의 재주를 아껴 사형에 처하지는 않았다. 사형이 정해지고 나서도 일정한 돈을 내면 죄를 면할 수 있는 제도가 있었지만, 사마천의 집은 가난하여 벌금을 내고 죄를 사면받을 수 없었다. 사형을 면하는 유일한 방법은 궁형宮刑을 받는 길밖에 없었다. 이 같은 일은 사마천에게 가장 괴로운 일이었다. 그러나 그는 결과적으로 궁형을 선택했고 생명을 보존할 수 있었다. 그것은 사마천이 『사기』를 완성하지 못했기 때문이었다. 따라서 그는 이 문장에서 특별히 궁형을 받으면 사람의 대접을 받을 수 없다고 탄식하면서도 스스로 목숨을 끊지 못한 것은 『사기』를 완성하기 위함이었다고 말하고 있다.

한무제는 그의 재주를 아껴 그가 궁형을 받았으므로 중서령中書令에 임명했는데 당시 궁중의 비서장秘書長에 해당하는 자리였다. 그의 친구 임소경 즉 임안任安은 사마천이 아마 무제가 신임하는 중서령이 되었으니 응당 자신을 도와주기를 바란다고 말한 것 같다. 그러나 사마천의 뜻은 그의 남은 인생은 오로지 『사기』를 완성하기 위해 노력하고자 하며 기타 다른 일은 관여하기 원하지 않는다고 했다. 따라서 이릉사건을 서술하면서 친구인 임안에게 양해를 구했다.

그리고 사형을 면하기 위해 단지 수십 량兩의 황금만 있었으면 해결될 일이었지만 사마천의 집이 가난하여 이만한 돈도 마련할 수 없었다고 했다. 그러나 그 당시 조정의 귀인貴人들의 집에는 수천금의 재산이 보통이었다고 했다. 이 문장이 표현하고자 하는 뜻은 자세히 읽지 않으면 이해하기 어렵다. 위굉과 여순이 말한 것은 곧 사마천이 중서령이 되었을 적의 상황이었다. 천하의 보고서(計書)가 먼저 중서령에게 올려진 뒤에 승상에게 올려졌다는 말은 틀린 말이 아니다. 당시 중서령에는 바로 사마천이 임명되어 있었다.

만약 당시 일개 비서장의 지위가 승상의 상위에 있었다면 이같이 이야기하지 않았을 것이다. 혹 위굉과 여순이 중서령을 태사령으로 잘못 이해한 것인지 모른다. 내가 이같이 위굉과 여순이 무엇 때문에 틀렸는지를 이야기해야 비로소 그 살피는 근거가 충분하다고 말할 수 있는 것이다. 때문에 우리들은 한대에는 '태사공'이라는 관직이 없었다는 것을 증명할 수 있는 것이다.

『사기』에 대한 대강의 사정은 모두 이야기했다.

나는 다시 『사기』의 문장에 관한 이야기를 잠깐 하고자 한다. 우리들은 『사기』를 읽을 때 주로 사실을 파악하려 할 뿐 그 문장을 자세히 읽으려 하지는 않았다. 때문에 매우 많은 훌륭한 문장들이 모두 논외가 되었다. 예컨대 앞에서 언급한 「공자세가」·「항우본기」 같은 것들은 모두 깊은 의미를 찾을 수 있는 것이었다.

그러나 위진남북조시대에 이르면 병문騈文을 숭상하여 모두 반고의 『한서』를 중시하고, 사마천의 『사기』는 중시하지 않았다. 송대 이후가 되어서야 비로소 『사기』가 『한서』보다 중시되었다. 명대에 귀유광歸有光은 『사기』 연구에 많은 노력을 들였고, 청대의 방망계方望

溪가 이를 계승하여 『귀방평점사기歸方評點史記』를 지었는데, 청대의 동성파桐城派가 중시했다. 증국번曾國藩에 이르러 비로소 『한서』의 병체騈體로서 『사기』의 산문체를 보완했다.

반고의 『한서』가 『사기』를 평가하면서 그 문장을 "사리를 조리 있게 잘 서술하고[善序事理]", "말을 잘하면서도 화려하지 아니하고[辯而不華]", "솔직하면서도 투박하지 아니하고[直而不野]", "문장과 바탕이 모두 칭찬할 만하다[文質相稱]", "양사의 재주를 갖추었다[良史之才]"라고 한 것은 사서史書의 관점에서 평가한 것으로서, 후일 귀유광과 방망계 등 동성파가 문학적 관점으로 평가한 것과는 서로 다르다. 그러나 위대한 저작이라는 관점과 '성일가지언成一家之言'의 관점에서 다시 평가하더라도 『사기』의 문장이 지닌 고상하고 오묘함을 볼 줄 알아야 한다.

결론적으로 사마천은 중국의 위대한 사가일 뿐만 아니라 위대한 문학가라고도 하겠다. 그의 문장은 『사기』 이외에는 다만 「보임소경서」 한 편이 있을 뿐 나머지는 전하지 않는다. 자, 오늘은 여기까지 강의하도록 하자.

■ 쉬어가는 곳

『한서』

> 그러면 역사를 어떻게 써야 하는가? 먼저 마음속에 하나의 문제를 가지고 있어야 하고, 또 그것을 부단히 토론하고 사색해야만 한다. 적어도 반고의 『한서』가 청대 이전에 하나의 역사를 쓰는 새로운 길을 열었던 것은 확실히 부인할 수 없는 사실이다.

　오늘은 반고班固의 『한서漢書』에 대하여 강의하겠다. 우리들이 자주 쓰는 '천고遷固' 혹은 '사한史漢'이라는 용어는 반고의 『한서』가 사마천의 『사기』와 동등한 지위에 있음을 알려주는 말이다. 『한서』는 중국정사에 있어서는 두번째이고, 단대사斷代史로는 첫번째다. 『사기』는 실제 통사通史, 즉 기전체 통사라 할 수 있는 책으로서, 황제黃帝로부터 아래로 한무제에 이르기까지 다루고 있는데, 한무제를 칭하여 '금상今上' 즉 지금의 황제라 했다. 따라서 『사기』의 체제가 고대로부터 현재까지를 다루는 통사였음을 알 수 있다.

　그러나 후세사람들이 『사기』를 계승하여 계속 이어가기가 매우 곤란했다. 모든 책들은 당연히 자신의 체계를 갖게 마련이기 때문에 앞의 것을 계승하기가 쉽지 않다. 『사기』 이후 매우 많은 사람들이 『사기』를 계속 이어서 써 내려가려 했다. 그러나 단편적으로 한편

한편씩 전하고 정신 또한 일치하지 않아 한 권의 책으로 만들기가 쉽지 않았다. 뿐만 아니라 이같이 산만하게 조각조각 세세하게 이어질 경우에는 하나의 단락이 없게 마련이었다.

반고에 이르러 단대사로서 『사기』의 뒷부분을 이용하여 한대의 전반부를 이야기하고, 이어서 다시 한대의 후반부를 썼다. 왕망王莽에 의해 전한이 망할 때까지의 230년 역사로서 이를 『한서』라 불렀다. 이리하여 단대사가 완성되었다.

이후의 사람들은 모두 하나의 왕조를 가지고 하나의 역사를 쓰는 것으로 바뀌었고, 그렇게 해서 현재까지 25사가 완성되었다. 내가 생각하기에 단대사는 나름대로 필요가 있었다. 방금 이야기한 두 가지 점이 단대사의 필요라 할 수 있다.

뿐만 아니라 중국의 전통정치와 세계 기타 민족과 국가의 정치 간에는 서로 다른 점이 있었다. 즉 중국의 왕조는 커다란 통일정부였고 또한 비교적 오랜 시기동안 정치적으로 안정되어 2, 3백 년 지나고 나서야 비로소 바뀐다는 것이었다. 기왕에 왕조가 바뀌면 당연히 정치적으로도 많은 모습이 바뀌게 된다. 정치만 그런 것이 아니라 왕조가 유지될 수 없는 상황이 되어 바뀌게 되면 당연히 역사 또한 왕조를 따라 바뀐다. 때문에 왕조를 경계로 해서 역사를 쓰는 것은 매우 자연스러운 것이다.

요즘 사람들은 새로운 역사적 관점을 가지고 중국역사는 모두 한·당·송·명 등의 왕조만을 말하고, 단지 제왕만을 중시한다고 여긴다. 이와 같은 비판은 실제로 그다지 적절한 것이 아니다. 왕조가 바뀐다는 것은 곧 역사상 하나의 큰 변동이 일어남을 뜻한다. 때문에 역사를 써서 그러한 변동의 모습을 기록해야만 하는 것이다.

반고의 『한서』 이후 청 말까지 모두 이와 같았다. 다만 오늘 이후 중국은 곧 종전과는 다를 것이다. 다시는 왕조가 하나하나씩 흥망하는 일은 없을 것이다. 그러면 이후의 역사는 얼마간의 시기를 지나 한 차례 다시 정리해야만 하는가? 바로 이 점이 문제가 될 것이다. 아무 때나 쓰는 것은 안되지만, 그렇다고 얼마간의 시간이 경과하고 나서 써야만 하는지에 대한 객관적이고 자연적 기준이 있는 것은 아니다. 오늘 이후의 역사는 이 문제가 아주 곤란한 문제가 될 것이다.

예컨대 지금 중화민국이 개국된 지 60년이 되었으니 응당 하나의 역사를 써야만 하는가? 그리고 이를 써서 앞의 60년을 당연히 정리해야만 하는가? 이 또한 하나의 견해가 될 수 있을 것이다. 그러나 60년과 61년 사이에 반드시 한 단락의 획을 그을 필요는 없다. 이렇게 구분하는 것이 실제 불편할 수도 있다. 그러면 앞으로 어떻게 해야만 단절없이 통사를 써내려 갈 수 있을지, 아직은 잘 모르겠다.

그러나 여러분들처럼 역사를 공부하는 사람들은 첫째, 역사를 공부할 때에는 모두 근대사를 중시해야 하고, 둘째, 역사를 배운 사람은 반드시 역사를 쓸 줄 알아야 한다는 것이다. 그러면 역사를 어떻게 써야 하는가? 먼저 마음속에 하나의 문제를 가지고 있어야 하고, 또 그것을 부단히 토론하고 사색해야만 한다. 적어도 반고의 『한서』가 청대 이전에 하나의 역사를 쓰는 새로운 길을 열었던 것은 확실히 부인할 수 없는 사실이다.

사서의 시작에는 기전체가 있었고, 이것은 사마천의 위대한 공이었다. 그러나 왕조가 바뀌고 나서 곧바로 역사를 쓰게 된 것은 반고의 공헌이다. 이후의 정사들은 모두 반고의 『한서』를 모방했던 것이니, '천고遷固'·'사한史漢'을 함께 칭하는 것이 자연스러웠던 이유가 여기에 있었다.

다시 말해 사마천이 『사기』를 쓰고 난 뒤 일반인들이 매우 중시했고, 끊임없이 사람들은 『사기』를 이어서 쓰려고 했다. 반고 이전 전한이 아직 멸망하기 전에는 한편 한편씩 『사기』를 이어 쓴 사람이 얼마나 있었는지 잘 모른다. 비교적 이름 난 사람으로 유향劉向·유흠劉歆·양웅揚雄이나 그밖에 풍상馮商·사잠史岑 등이 있었다. 대체로 이름을 거론할 수 있는 사람은 모두 20명 정도가 된다.

그 가운데 특별히 중요한 사람이 반표이다. 반표는 반고의 아버지로서 역시 『사기』를 잇고자 했고, 그래서 그의 작업을 『사기후전史記後傳』이라 했다. 이것은 『사기』 이후에 새로이 쓴 전傳이라는 뜻이고, 전하는 바에 의하면 몇십 편의 『사기후전』을 썼다고 하고 또 일설에는 반표가 65편을 지었다고 했다.

반고의 『한서』는 모두 100권으로서, 「본기」 12권, 「표」 8권, 「지」 10권, 「열전」 70권이다. 사마천이 쓴 한무제 이전의 아주 많은 열전들이 모두 그 안에 포함되어 있다. 「항우본기」와 「진섭세가」도 있지만 이들을 모두 「열전」으로 바꾸었다. 그리고 반표가 계속해서 65편을 썼다고 했지만, 이들 열전을 반고가 모두 수록한 것은 아니었을 것이다.

그렇지만 여러 사람을 하나의 열전에 합친 것 중에는 적어도 반표가 쓴 『사기후전』이 『한서』에서 차지하는 비중이 클는지도 모른다. 그러나 우리들은 『한서』 안에 어떤 부분이 반표가 쓴 것인지 찾을 방법이 없다. 그리고 반표가 처음 작성한 부분을 반고가 수정을 했는지의 여부는 더욱 조사할 방법이 없다.

많은 사람들이 반고가 아버지를 이어서 했다는 사실만을 알고 있지만, 분명한 것은 우리가 『한서』를 두 부분으로 나누어 볼 필요는 없다는 것이다. 그러나 반고가 『한서』를 편찬하고 있을 때 어떤 사람이 그를 "사사로이 『사기』를 고치려 한다"고 고발하여 하옥되었고, 그 집안에 있던 책들도 모두 압수당하게 되었다. 그 아우였던 반초班超가 형을 변호하여 말하기를 "자신의 형이 사사로이 『사기』를 고치려고 한 것이 아니라 아버지가 쓴 『후전』을 계속해서 쓰려 했던 것"이라 했다.

반고가 석방된 뒤 한 조정에서는 몇 사람을 파견하여 새로운 후한개국사를 쓰게 했는데, 반고 역시 그 가운데 한 사람이었다. 이후 한 조정에서는 반고로 하여금 『한서』를 완성하게 했다. 이 책의 정식 이름이 『한서』가 된 것은 아마도 반고 때의 일일 것이다. 한고조로부터 시작해서 왕망에 이르기까지 이 100권으로 구성된 『한서』의 체재 역시 반고가 정한 것이다.

반고의 책에는 「본기」·「표」·「지」·「열전」은 있지만, 「세가」가 없다. 『사기』의 체재를 따랐다면 제후로 봉한 경우는 모두 「세가」에 수록해야 했다. 한무제 이후 제후로 봉해진 사람이 여전히 매우 많았지만, 반표가 『사기후전』을 쓰면서 이미 「열전」이라 불렀던 것 같다. 그러나 단대사 즉 하나의 왕조를 역사의 단위로 한 것은 아마도 반고가 처음 만든 체재였을 것이다.

반고가 출옥한 뒤 조정에서는 정식으로 그가 이 책을 완성하도록 파견했지만, 거의 20여 년의 노력을 기울였음에도 불구하고 마칠 수가 없었다. 여전히 「표」 8권과 그밖에 「천문지天文志」가 남아 있었다.

이후 외척 두헌竇憲이 죄를 짓자 그에 연루되었던 반고 역시 하옥되었고 옥중에서 죽었다. 그러나 우리들은 『한서』를 '관찬서'라고 할 수 있다. 왜냐하면 『한서』는 황제의 명을 받들어 편찬된 것이기 때문이다. 따라서 사마천이 『사기』를 무제의 중서령을 맡고 있으면서 스스로 편찬한 것과는 다르다.

『한서』의 주요내용은 소제昭帝・선제宣帝・원제元帝・성제成帝・애제哀帝・평제平帝・왕망王莽까지 모두 일곱 황제에 관한 것이다. 반고가 죽은 뒤 여동생 반소班昭가 있었는데 조대가曹大家라고도 불렸다. 한 조정의 명을 받들어서 이 책을 정리하고 보완하여 「표」 8권과 「천문지」 1권을 완성했다.

정부에서는 10명의 청년을 파견하여 반소가 이 일을 완성하도록 도왔다. 그 중에는 큰 이름을 남긴 마융馬融과 그의 형 마속馬續도 있었는데, 「표」와 「천문지」는 아마도 마속에 의해 계속 쓰였던 것 같다. 따라서 이 『한서』는 다른 사람을 제외하더라도 반표와 반고 그리고 다시 그 여동생 반소와 그밖에 마속까지 몇 대의 시기에 걸쳐 이루어진 것이라 하겠다. 반고 자신만 해도 적어도 2, 30년의 노력을 기울였다.

『한서』가 인용한 자료는 먼저 그의 아버지 반표가 쓴 것에 근거했고, 그밖에는 다른 사람들 예컨대 유향・유흠・양웅・풍상・사잠 등의 자료에 근거했다. 『한서』 예문지 안에는 『저기著記』라고 불리는 책 190권이 있었는데, 이 책은 한나라 조정의 사관이 편찬한 것으로 되어 있다. 마찬가지로 반고가 『한서』를 쓸 때 이 책의 상당부분을 인용했을 것 같다.

그리고 갈홍葛洪이 쓴 『포박자抱朴子』라는 책에 다음과 같은 구절이 있다. 즉 "집안에 유흠의 『한서』 1백여 권이 있었다. 유흠은 『한서』를 편찬하고자 하여 한나라의 일을 조목조목 모아 편찬해 놓았으나 완성하기 전에 죽었기 때문에, 그 원본이 되는 책이 없어지고 잡록雜錄만이 남았다. 그런데 반고의 저작을 꼼꼼히 살펴보니 거의 대부분이 유흠이 모아놓은 내용이었고 거기에서 취하지 않은 바는 겨우 2만여 글자밖에 없었다"라고 했다.

여기에서 원본은 없어지고 잡록만이 남아 있었다는 말 중에 「잡록」이라는 것은 일종의 독서카드를 가리키는 것이다. 때문에 이를 "한나라의 일을 조목조목 모아[編錄漢事]"라고 했을 것이고, 아마도 한 조항 한 조항, 한편 한편을 수시로 모아서 편찬했을 것이다. 이 100여 권의 편록編錄을 반고의 『한서』와 대조해 보니 아마도 거의 전부를 유흠이 모아놓은 자료들을 인용한 것 같고 사용하지 않은 것은 2만여 글자뿐이라고 했던 것이다.

갈홍의 이와 같은 말이 제멋대로 지어낸 것 같지는 않지만, 아주 조심스레 읽어야 한다. 왜냐하면 첫째로 유흠이 모아놓은 책은 단지 '잡록'이라 했지 책으로 완성된 것은 아니었기 때문이다. 둘째로 "반고가 지은 것은 거의 모두 유흠의 책을 취했다"고 말했는데, 이 말의 의미는 두 가지로 살펴볼 수 있을 것 같다. 하나는 반고의 『한서』는 유흠의 것을 완전히 베낀 것이라는 말이고, 다른 하나는 유흠의 '잡록'을 반고가 그대로 베꼈다는 것이다. 이 두 가지 말은 크게 서로 다르다. 따라서 우리는 반고의 『한서』가 유흠의 책을 완전히 베낀 것이라고 말할 수는 없다. 왜냐하면 분명히 그의 아버지가 몇십 편의 전傳을 썼기 때문이다.

그러나 유흠이 모아놓은 편록을 반고가 모두 베꼈고, 베끼지 않은 것은 단지 2만여 자였을 뿐이라 했다. 그런데 유흠은 전한 말년의 큰 학자였으므로 그가 편록한 100여 권의 자료를 반고가 모두 이용했다면 분명 매우 중요한 자료였을 것이다. 그러나 『한저기漢著記』 100여 권 속에 있던 자료들이 어떠했는지 우리들은 알 길이 없다.

예컨대 공자 이전의 고쳐지지 않은 『춘추』와 같은 모습이지는 않았을 것이다. 그러나 유흠은 전한에 있어서 학술적인 지위가 양웅보다 위에 있었고, 또 결코 반표에게도 뒤지지 않았다. 반고는 몇십 년의 노력을 들여서 그의 아버지와 유흠·양웅 등이 모아놓은 수많은 좋은 자료들에 근거하여 썼던 것 같다.

만약 여러분들이 오늘날 60년민국사를 쓰려고 하는데 종전에 어떤 사람이 먼저 미리 민국의 역사를 써서 당신에게 남겨놓은 것이 있다면, 당신은 자연스럽게 많은 부분을 인용하게 될 것이다. 내가 생각하기에 유흠이 모아놓은 자료들은 모두 아주 유용한 것들이었다. 한 가지 예를 들어보자. 『한서』에는 곡영谷永이라는 인물에 대해 특별히 상세하게 언급하고 있는데, 이 사람은 유흠에게 큰 영향을 미친 인물이었다.

내가 쓴 『유향유흠부자연보劉向劉歆父子年譜』에서 곡영이라는 사람은 당시에 큰 학자였고 한대 후반기의 정치사상에 있어서 이 사람의 영향이 매우 컸다고 언급한 적이 있다. 유흠이 왕망을 도와 한을 멸망시키려 한 것에는 정치사상의 근거를 가지고 있었다. 훗날 위진의 찬위簒位와 비교하면 서로 다른 것이었다. 지금 『한서』 안에 곡영에 대한 자료가 특별히 많은 것이 혹 유흠이 편록한 것을 반고가 인용한 때문인지 모를 일이다.

우리들은 『한서』의 내용을 평가하는 것과 동시에 반드시 반고라는 사람을 평가해야 한다. 왜냐하면 책의 배후에는 사람이 있게 마련이고, 책을 읽으면서 작자의 사람됨을 묻지 않는다면 결코 책을 제대로 읽은 것이라고 할 수 없기 때문이다. 따라서 여러분들은 책이라는 것은 그저 써내면 그만이라고 여겨서는 안된다. 예컨대 어떤 사람이 역사책을 한 권 썼다고 치자. 그러면 그는 곧 역사가가 된다. 이 말은 분명 틀린 말이 아니다. 그러나 그 반대로 그 사람이 사학가였기 때문에 비로소 역사를 써낼 수 있었다고 볼 수도 있다.

뿐만 아니라 우리들은 모든 작자들이 잘하는 일이 단지 그가 쓴 책에 한정된다고 여겨서도 안된다. 공자의 위인됨이 『춘추』를 썼다는 데 있다고만 말할 수 없고, 주공의 사람됨 역시 「서주서」 안의 몇 편의 글과 그것과 관련된 몇 개의 문장에 있다고만 할 수 없다. 사마천이 『사기』를 썼지만 수많은 다른 방면의 이야기를 모두 『사기』 안에 담을 수는 없었다.

그러나 우리들은 『사기』를 근거로 해서 사마천이라는 살아 있는 인물을 이해해야 한다. 만약 우리들이 『사기』를 읽으면서 사마천의 사람됨을 묻지 않는다는 것은 『사기』가 가지고 있는 정신의 어떤 한 방면을 소홀히 하는 것이다. 그러나 이 부분은 매우 중요한 부분일 수도 있다.

만약 사람됨에 대하여 말한다면, 반고는 사마천에 도저히 미칠 수 없을 것이다. 그러나 이후 당 이전까지는 대부분 『한서』를 중시했다. 송 이후가 되어서야 비로소 『사기』를 중시했다. 정초鄭樵의 『통지通志』에는 "반고는 문장이나 번지르르하게 꾸미는 선비이고 학술을 전혀 갖추지 않았으며, 오로지 하는 일이란 남의 것을 베끼는 일이었다"는 말이 있다.

『문선文選』이라는 책 속에는 반고의 「양도부兩都賦」·「유통부幽通賦」 등이 실려 있다. 때문에 "문장이나 번지르르하게 꾸민다"라고 한 것이다.

그러나 만약 반고가 "학술을 전혀 갖추지 않았으며 오로지 하는 일이란 남의 것을 베끼는 것"이라는 말은 지나친 감이 있다. 역사를 쓰다보면 당연히 남의 글을 베끼게 되는데, 사마천의 『사기』 역시 옛날 사료들로부터 베끼지 않은 것이 무엇이 있겠는가?

『한서』의 마지막 권인 「서전敍傳」도 바로 『사기』의 「태사공자서」

로부터 배운 것이다. 그러나 사마천은 「자서」에서 그 책을 그 아버지의 유언을 받아썼다고 했고, 「보임소경서」라는 문장 안에서도 그렇게 말했다. 그러나 반고의 「서전」에는 그 아버지에 대한 기록이 한마디도 없다. 다만 자기가 쓴 『한서』가 단지 아버지가 하던 일을 계승한 것이라고만 기록했다.

어떤 사람이 반고를 변호해서 『한서』 안에도 그 부친을 언급한 적이 있는데, 그를 '사도연 반표司徒掾班彪'라 칭했다는 것이다. '사도연 반표'라는 이 다섯 글자를 보면, 반고가 사마천과 다르다는 것을 알 수 있다. 사마천은 자신의 부친을 태사'공公'이라 했지 직접 그 직책인 태사령이라 칭하지 않았으며, 더더욱 이름을 부르지도 않았다. 이는 사마천이 자신의 부친을 얼마나 존중했는지를 알게 하는 것이다. 그러나 반고는 자신의 아버지를 직접 "사도부司徒府의 속관 반표"라고 칭하고 있는데, 과연 이를 반고의 객관적 사필史筆이라고 말할 수 있겠는가?

반고가 『한서』의 편찬을 시작할 당시에는 분명 반표의 작업을 계승하기 위한 것이었지만, 뒤에 와서는 조정의 조칙을 받아쓴 것이기 때문에 반고가 『한서』를 자신의 아버지를 계승하여 썼다는 말을 할 수 없었을지도 모른다. 그러나 이 역시 반고를 억지로 변호하는 말일 수 있다.

어떠했든지 간에 전체적으로 반고와 사마천 두 사람은 차이가 있었다고 생각된다. 반고는 분명 부업父業을 계승했으면서도 그것을 부정했다. 『한서』의 「서전」에는 자신의 부친에 대하여 특별하게 혹은 크게 다루지도 않았다. 이 한 가지만 가지고 논하더라도 정초가 그를 "겉만 번지르르하게 꾸미고 성실하지 않은 인사〔浮華之士〕"라고 한 말이 그리 지나친 것은 아니었다.

당시 어떤 사람이 반고가 『한서』를 쓰면서 "금품을 받았기 때문에 비방받았다〔受金之謗〕"고 말한 바 있다. 어떤 사람이 반고에게 뇌물을 주고 좋은 열전을 써달라거나, 혹은 좋지 않은 일을 줄이고 조금만 써달라거나 했다는 것이다. 이 말은 유지기劉知幾의 『사통史通』에 보인다. 당연히 당시 전해 내려오던 말들이 있었기 때문에 유지기가 『사통』에 적었을 것이다. 그 전에 유협劉勰의 『문심조룡文心雕龍』 사전편史傳篇에 이미 반고의 억울함을 변호하는 글이 있었다. 즉 "뇌물을 받고 글을 썼다는 잘못〔徵賄鬻筆之愆〕"은 없었다는 것이다. 따라서 우리들이 이 같은 말들을 근거로 『한서』를 비판할 수는 없다.

그러나 정초는 『통지』에서 다시 말하기를 "후한의 숙종이 일찍이 두헌竇憲에게 반고를 중시하고 최인崔駰을 홀시하는 것은 사람을 제대로 알지 못하는 것으로 마치 섭공葉公이 용龍을 좋아하는 것과 같은 것"이라고 했다. 공평하게 말하자면 반고는 인품이나 학술상 최인에 미치지 못할 수도 있다. 그러나 『한서』가 세상에 알려지자마자 "사실과 관련하여 그 책을 매우 중시했고, 학자들 모두가 암송했다."고 했다.

왕충王充의 『논형論衡』에서도 몇 차례 반고의 『한서』를 언급했다. 그런데 어떤 사람이 말하기를 "왕충이 반고를 본 적이 있는데, 당시 반고는 아직 어린아이였다고 한다. 따라서 왕충이 반고의 머리를 쓰다듬으며 이 아이는 장차 큰일을 해내겠구나"라고 했다는 것이다. 이 말은 믿을 만한 것이 못된다. 하지만 왕충이 『한서』를 칭찬했던 것은 사실이다.

다만 한 사람 즉 후일 『후한서』를 편찬한 범엽范曄이 그의 『후한서』에서 반표와 반고의 열전을 쓰면서 사마천과 반고를 평가한 적이 있다. 즉 "사마천의 문장은 솔직하고 사실에 대해서는 분석이 뛰어나다. 반고의 문장은 매우 풍부하고 사실의 기록은 상세하다"고 했는데 이 말은 매우 일리가 있다. 사마천의 문장은 '솔직[直]'하고 사실에 대해서는 "분석이 뛰어났다[覈]"고 한 지적은 고증과 비평을 거치고 난 평가이다.

당연히 『사기』 안에도 잘못 서술한 것이 있을 것이고 또 그러한 것이 얼마나 많은지도 잘 모른다. 그러나 대체로 말하자면 문장은 솔직하고 사실은 잘 분석되어 있다. 비록 소홀한 점이 있다고 해도 이해할 수 있는 것이다. 풍부하다[贍]는 것은 솔직하다[直]는 것과 다르고, 상세하다[詳]는 것과 분석이 뛰어나다[覈]는 것 역시 다르다. 만약 문장이 풍부하게 잘 꾸며지기만 하고 진실하지 못하거나, 사실이 상세하기만 하고 분석이 빠져 있다면 그것은 아무 쓸모없는 것이라고 하겠다.

범엽은 이어서 다시 말하기를 "반고의 사실에 대한 서술은 일부러 남과 다르게 하기 위해 유별나지도, 그렇다고 남을 무작정 깎아내리지도 않았다. 문장이 잘 꾸며져 있지만 천박하지 아니하고 상세하면서도 체계가 있다. 따라서 읽는 사람으로 하여금 부지런히 읽어나가면서도 싫증이 나지 않게 한다"고 했다.

　이 말은 『한서』의 사실에 대한 서술이 궤변을 늘어놓거나 특정한 사람이나 사실을 지나치게 부정 혹은 과장하지 않았다는 것을 의미한다. 문장이 잘 꾸며져 풍부하면서도 천박하지 않다는 것은 정리가 깔끔하게 잘 되어 군더더기가 없다는 것이다.

　그리고 상세하면서도 체계가 있다는 말은 모든 사실의 본말과 시종 그리고 겉과 속, 정교함과 조잡함에 모두 조리가 있었다는 의미이다. 때문에 독자들이 부지런히 읽어나가면서도 싫증을 느끼지 않았다고 했던 것이다. 『한서』가 크게 이름을 남길 수 있던 것은 확실히 일리가 있다. 내가 생각하기에 범엽의 이 같은 평가는 매우 적절한 것이다.

　그러나 범엽은 또 말하기를 "『한서』의 논의가 항상 사절死節을 배격했으며, 정직을 부정하고 살신성인의 미덕을 기록하지 않았고, 인의를 가볍게 여기고 수절守節을 천하게 여겼다"고 했다. 이 몇 구절의 평가는 매우 엄한 것이었다. 이 같은 병폐는 물론 행문行文이나 사실에 대한 서술의 기교에 있었던 것은 아니고, 작자 자신의 견식과 인격수양에 있었다.

　예컨대『사기』의「위공자열전魏公子列傳」·「평원군열전平原君列傳」·「자객열전刺客列傳」등은 그 문장이 모두『전국책』과 같은 책에 있는 것이 아니었다. 모두 사마천이 특별히 스스로 서술한 것으로서 사람들이 읽게 되면 흥미가 비 오듯 일어나고 춤출 듯이 즐거움이 함께 하며 그 인물들을 직접 만나보고 싶게 되는 것이다.『한서』중에는 이러한 문장을 결코 찾을 수 없다.

여러분들이 또한 『한서』를 처음부터 끝까지 한번 읽어보면 사절死節을 배격한 곳이나 정직을 부정한 곳을 어디에서든 찾아볼 수 있다. 예컨대 「공승전龔勝傳」을 보면, 그는 한 말에 절개를 지키다 죽은 선비였다. 그런데도 반고는 공승을 "결국 천수를 누리지 못하고 요절했다"고 적고 있다. 이것이 어찌 아직 당연히 더 살아야 할 사람이란 의미가 아니며, 또 그의 '사절'을 비난한 것이 아니겠는가?

또 왕릉王陵이나 급암汲黯 두 사람 모두 『사기』에 기록되어 있는 사람들인데 『한서』에는 이들을 "어리석다[戇]"고 평가했다. 또 「왕장전王章傳」을 보면 왕장이 능히 살신성인이라 할 만한 사실이 있는데도 오히려 반고는 그를 비판하여 "경중을 따지지 않고 죽음을 당하게 되었다"고 말하고 있다.

그리고 「하무전何武傳」을 보면 반고가 말하기를 "세속에 의지하게 되면 도를 폐하게 되고, 세속을 거슬리면 위태해진다"고 했는데, 위태해지는 것을 두려워하면 당연히 세속에 의지할 수밖에 없게 되는 것이다. 또 「적의전翟義傳」에서 반고는 적의를 "의를 헤아리지 못하고 집안을 망하게 했다"고 비판하고 있다.

앞의 몇 가지 예를 보더라도 반고의 『한서』는 옳고 그름이 없는 것이 아니라 그것이 뒤바뀌어 있다고 말할 수 있는 것이다. 따라서 범엽이 반고를 "인의를 가볍게 여기고, 수절을 천하게 여겼다"는 말은 조금도 잘못된 말이 아니다. 그리고 반고는 사마천에 대하여 "사물에 밝고 견문이 넓었지만, 극형을 면하는 지혜는 없었다"고 했다.

그러나 반고 자신도 하옥되어 죽었다. 사마천은 이릉을 변호했지만, 반고는 외척 두헌의 문하에 들어갔다가 일을 당한 것이다. 두 경우를 비교하면 크게 다른 것이다.

그러나 반고는 그 재주와 문장실력을 가지고 상당한 노력을 기울여 결국『한서』를 완성했다. 위진남북조와 당대 초기에는 많은 사람들이『한서』를 더 좋은 책으로 여겼다. 바로 그 시대의 사람들은 문장을 꾸미는 것에 많은 관심을 지니고 있었기 때문이다. 후일 한유韓愈와 유종원柳宗元의 고문古文부흥운동이 일어나면서 문학적 관점이 달라지자『사기』와『한서』에 대한 관점 역시 달라졌다.

앞에서 인용한 범엽의『한서』에 대한 평가는 본래 화교華嶠의 견해를 따른 것이기도 하다. 부현傅玄 역시 반고를 폄하하여 말하기를 "나라의 대강을 논하면서 군주를 드러내기만 하고 충신을 무시했다. 세상의 교화를 서술하면서 아부와 적당함을 귀하게 여기고 정직함과 수절함을 천하게 여겼다. 시무時務를 서술하면서도 문장을 꾸미는 데만 마음쓸 뿐 사실은 소략하게 기록했다"고 했다.

이 같은 의견은 당시 사가들의 공론이었다. 범엽 또한 제 명을 다하지 못하고 하옥되어 죽음을 당했지만, 그의『후한서』는 인의와 수절 등과 관련한 기록에서는『한서』와 비교할 수 없을 정도로 좋다. 또『후한서』의 반고에 대한 논찬論贊에서도 "반표는 왕명을 인식하고 있었지만, 분명 그 번잡함에 미혹되어 있었다"고 했다.

반표가 일찍이「왕명론王命論」을 지은 적이 있고, 외효隗囂에게 굴복하지 않았던 적이 있는데, 이러한 사실은 그가 견식과 절개를 지니고 있었음을 말해 준다. 따라서 아들인 반고가 마침 한 왕조가 중흥되어 천하가 태평한 시대를 맞이한 즈음에 살고 있었으면서도 각종 세속의 난마처럼 얽힌 점을 제대로 보지 못하고 있었던 점과는 달랐다. 그들 부자를 서로 비교하면 이 같은 차이가 있는 것이다.

결론적으로 한 사람의 사가史家는 응당 자신의 마음과 인격을 갖추어야 한다는 것이다. 자신이 서술한 내용이 어떤 것은 비교적 높은 수준의 것이 있고, 어떤 것은 정감이 높은 것이 있게 마련이다. 그런데도 자신의 마음이 직접 체현하지 못하고 또 직접 깨달은 것이 없다면, 그렇게 하여 쓰인 글은 여러 방면에 걸쳐 아무것도 제대로 표현하거나 전할 수 없게 된다.

그러나 지금 이 자리에서 역사를 공부하는 여러분들이 한 권의 책을 꼼꼼히 읽지 않고 다만 한줄 한줄 자료를 찾기만 한다면, 곧 종전의 사가들의 장·단점을 모두 소홀하게 되어 아무것도 알 수 없게 된다. 그것은 내가 지금 여기서 하는 이야기들이 장차 아무런 도움이 되지 않는 쓸데없는 말로서 사학과 무관하다고 여기는 것과 같다. 여러분들이 만약 학문을 하는 것과 책을 읽는 것에 각각 나름대로 길이 있다고 여긴다면, 스스로 인격을 수양하는 것과 자신이 살아가는 세상을 논하는 것에도 나름대로의 느낌과 안목이 있어야 한다. 물론 역사책을 읽는 경우에도 예외는 아니다.

다시 『한서』의 역사고증[考史] 방면에 대하여 간략히 말하자면, 반표의 『후전後傳』 60여 편과 유흠이 모아놓은 자료들이 있었기 때문에 자료의 선택이 크게 차이 나지는 않았다. 역사서술[寫史]에 있어서도 반고의 문필文筆이 큰 차이를 보이지 않았다. 그렇다고 반고의 결점이 "역사의 평가(論史)"에 있었다고도 할 수 없다. 그러나 역사고증과 역사서술 가운데는 역사평가의 정신이 깃들여 있지 않은 곳이 없다는 사실을 알아야 한다. 예컨대 사마천이 쓴 「공자세가」에서 중요한 것은 고증과 서술에 있었던 것이 아니라 그 배후의 평가에 있었다.

우리들이 『사기』를 읽을 때는 항상 "그 사람에게서 보이는 의미 〔有意乎其人〕"라 하여 사마천이 쓴 의미를 알 수 있었다. 예컨대 신릉군信陵君・평원군平原君・섭정聶政・형가荊軻 등처럼 때때로 사람들로 하여금 그 오랜 세월이 지나서도 그 같은 역사적 인물들을 만나고 싶어 하는 흥미를 가지게 한다. 이는 사마천이 이들 역사적 인물들을 깊이 감상하면서 평범하게 서술하여 모두 책 속에서 확연히 드러나도록 했기 때문이다. 이렇게 『사기』가 살아 있다는 느낌을 갖는 것은 그 책의 배후에 살아 있는 사마천이 존재하고 있기 때문이다. 따라서 사마천의 『사기』는 단순한 역사책이나 문학서가 아니라 교육적 의의를 지닌 책이라 하겠다.

예를 들면 「위기무안후전魏其武安侯傳」은 사마천 당시 무제 때의 대신으로서 동시에 정적의 관계에 있던 위기후魏其侯 두영竇嬰과 무안후武安侯 전분田蚡 두 사람의 부침과 득세 그리고 실세失勢 등에 관한 평범한 내용을 담고 있는데 그 문장이 매우 좋다. 사마천의 진솔한 생각들이 그 속에 잘 섞여 있다. 또 예컨대 이릉李陵을 대하는 것과 마찬가지로 이릉의 조부인 이광李廣에 대해서도 매우 큰 동정을 표시하고 있다. 그러나 같은 시기의 위청衛靑이 대장군이 된 것에 대해서는 오히려 별 관심을 보이지 않았다. 그렇다면 사마천이 보인 이 같은 정서가 필요한지를 물어보자.

사마천은 「공자세가」·「중니제자열전」·「맹자순경열전」 등을 편찬하였을 뿐만 아니라, 그들의 학술상의 높고 낮음과 시비에 대하여 매우 분명하고 정확한 분석을 하고 있다. 그리고 보통인물·보통사건 예컨대 위기후나 무안후 두 사람의 알력이 당시에 정치적으로 큰 파란을 일으키기는 했지만, 사실은 고금의 역사를 크게 본다면 그다지 큰 관련이 있던 것은 아니었다. 그러나 사마천은 이 「위기무안후전」에서 당시상황을 기막히게 잘 묘사하고 있다.

반고의 『한서』에는 때때로 사실은 있지만 사람이 없다고 한다. 예컨대 살신성인을 말하면서 그 사람의 죽음에 대한 사실은 있지만 그 사람의 정신은 전하고 있지 않다. 이 같은 기준으로 이후의 역사를 읽어보면 정말 그 차이는 엄청나서, 반고보다 못한 것이 더욱 많다. 반고의 『한서』는 문장이 풍부하며 사실을 아주 상세하게 기록하면서도 난잡하지 않고 그 서술에 체계가 있었다고 한 범엽의 평가는 바로 반고의 장점을 정확히 말하고 있다. 그러니 범엽의 『후한서』의 장점 역시 스스로 많은 말을 할 필요가 없었던 것이다.

우리들이 만약 이 같은 안목으로 공부한다면 스스로 능히 자신의 견식을 늘려갈 수 있을 뿐만 아니라 자신의 인품을 높일 수도 있다. 반드시 『논어』나 『맹자』를 읽어야만 비로소 도리를 알고 말할 수 있는 것은 아니다. 역사를 읽다보면 단지 사실만을 말하고 있는 것 같지만, 실은 배후에 도리가 있게 마련이다. 만약 자기 스스로 요령있게 본질을 평가할 수 없다고 해도 여러분들은 요즘 사람들의 평가만을 중시해서는 안되며, 옛날 선인先人들의 평가가 일찌감치 있었음을 알아야 한다. 즉 『사기』와 『한서』의 수준을 서로 비교한 범엽의 평가가 어찌 우리들이 깊이 참고할 만한 가치가 없겠는가!

범엽의 『후한서』와 진수의 『삼국지』

> 어느 시대의 역사를 공부하든 언제나 가장 먼저 정사의 체재를 이해해야만 하는데, 즉 먼저 『사기』와 『한서』에 대한 이해를 하고 나서 비로소 다음의 정사를 공부할 수 있다. 『사기』와 『한서』를 읽은 사람은 반드시 계속해서 진수와 범엽의 『삼국지』와 『후한서』를 읽어야 한다.

지난 시간에 이어 『한서』와 『사기』를 비교하여 살펴보자. 『한서』에도 『사기』보다 더 큰 영향을 끼친 것이 있었다. 물론 내용이 좋았기 때문이다. 바로 『한서』의 「지志」 10편이 그것이다. 『한서』의 「지」는 『사기』에서 「서書」라고 불렀던 것이다. 『사기』의 「봉선서封禪書」가 『한서』에서는 「교사지郊祀志」로 바뀌었다.

'봉선'은 한무제 때 매우 커다란 사건이었다. 사마천의 아버지 사마담이 바로 이 일과 관련하여 제시한 의견이 당시 조정과 서로 달랐고, 그 의견이 채택되지 않음으로 해서 그 억울한 심정이 병이 되기도 했다. 후일 사마천이 『사기』를 편찬하면서 전문적으로 이 일만을 다루었다. 실제 『사기』의 「봉선서」가 단지 한무제 시기의 '봉선'만을 서술한 것은 아니었다.

그러나 반고는 이 명칭을 「교사지」로 바꾸었다. '교郊'란 하늘에 제사를 지내는 것을 의미하고, '사祀'란 땅에 제사를 지내는 것을 의미한다. 하늘과 땅에 제사를 지내는 것은 후일 조정이 행하는 중요한 의식이 되었고, '봉선'도 그 가운데 하나였다. 반고의 「교사지」는 처음부터 끝까지 하늘과 땅에 지내는 제사의 발전과 변화과정을 적고 있다. 실제 서술방법은 사마천의 「봉선서」와 큰 차이가 없었고, 다만 그 명칭이 바뀜에 따라 약간의 의미가 달라졌을 뿐이다. 이후 역대의 정사에는 모두 「교사지」가 편찬되었다. 그러나 『사기』의 「봉선서」가 당시의 하나의 특수한 역사적 사건이었다는 점과 비교하여 사뭇 달랐다.

또한 『사기』의 「평준서平準書」 같은 것도 『한서』에서는 「식화지食貨志」라고 바뀌었다. '평준'이란 한무제 때 경제정책의 하나로서 매우 중요한 정책이었다. 때문에 사마천은 특별히 이 정책을 「서」라는 이름으로 편찬한 것이다. 반고에 이르러 '평준'을 '식화'로 바꾸었다. '평준'이 단지 '재화貨'만을 말하는 것인데 반해, 여기에 다시 '먹는 것〔食〕'을 더했던 것이다. 국가경제의 가장 중요한 두 가지는 바로 '먹는 것'과 '재화'였다. 「식화지」는 바로 한 시대의 경제사를 의미하는 것이었다. 후일 모든 정사에는 대부분 「식화지」를 편찬하고 있지만 그렇다고 모두 반드시 평준제도를 담고 있었던 것은 아니다.

또 예컨대 『사기』에는 「하거서河渠書」가 있었는데, 이는 한무제 때와 그 이전 황하의 치수와 관련한 여러 차례 조치들이 있었기 때문에 사마천이 그것을 정리하여 편찬한 것이었다. '거渠'란 바로 도랑을 의미하는 것인데, 반고는 다시 이를 확대하여 명칭을 「구혁지溝洫志」

라고 했다. '구혁'이란 고대 정전井田제도와 관련한 수리관개를 말하는 것이다. 당연히 수해를 다스리고 하천과 도랑을 개발한 내용이 모두 이 안에 기록되어 있다.

『사기』의 「8서書」가 하나하나 특별한 사건과 관련하여 그 명칭을 삼고 있는데 반해, 『한서』는 통시대적·일반적 의미를 지닌 제목을 사용했기 때문에, 특별한 한 가지 사건의 서술에 한정되지는 않았다. 『한서』가 비록 단대사이기는 하지만 「10지志」의 경우는 상하고금을 바로 잇는, 즉 고대로부터 왕조의 구별을 넘는 서술이었다. 사마천의 『사기』는 본래 통사였지만 「8서」가 다루는 명제는 당대當代에 편중되었다. 따라서 반고가 그 명칭을 바꾸어 모두 통사적 의미를 가지도록 고대로부터 현재까지의 연혁을 정리했던 것이다.

우리들이 앞에서 이야기한 적이 있지만, 역사상 하나의 왕조가 바뀌게 되면 새로운 모습이 출현하게 되어 인물과 제도가 모두 바뀌게 된다. 그러나 제도의 경우 많은 부분이 과거로부터 조금씩 변해 온 것이었다. 예컨대 교사郊祀의 의식과 식화食貨 등은 모두 역사상 조금씩 변화 발전한 것으로 왕조가 바뀌었다고 하여 한꺼번에 모두 바뀔 수 있는 것은 아니었다.

반고가 이같이 몇몇 가장 큰 명칭을 찾아 「지志」의 이름을 정함에 따라 「지」는 역대 정사를 구성하는 특별한 부분이 되었던 것이다. 일반적으로 역사를 공부하는 사람들은 이 「지」가 「본기」와 「열전」에 비교하여 가장 읽기 어렵다고 느낄 것이나, 이 「지」를 제대로 읽을 수 있어야 비로소 일종의 '전문적 학문[專家之學]'을 할 수 있다.

역사를 공부하면서 역사 속의 사건을 아는 일은 비교적 간단하다. 예컨대 한무제 때는 어떠했고, 한 선제 때는 어떠했는가 하는 문제 등은 모두 비교적 간단한 것이다. 그러나 한대의 경제와 수리水利 등을 알고자 한다면 이는 비교적 큰 주제로서 통시대적으로 파악하지 않고 일정한 시대를 끊어서 이해할 수는 없다. 예컨대『사기』의 「봉선서」나 「평준서」 같은 것은 당시의 특수한 사실이었지만, 반고가 명칭을 바꾸자 그 성격도 크게 바뀌었다.

뿐만 아니라『사기』에는 없는 것이『한서』에 추가된 것이 있다.『사기』에는 「8서」가 있지만,『한서』에는 「10지」가 있다. 예컨대『한서』의 「지리지」를 보자. 한대 이후 중국의 지리연혁에 관한 내용을 말하고자 할 때 첫번째로 참고하는 책은『상서』의 「우공禹貢」편이다. 그러나 실제로 「우공」은 전국시대 말기에 나타난 위서僞書였다.

두번째로 참고하는 책이『한서』 지리지인데 그 효용이 매우 크다. 지리의 내용은 크게 두 부분으로 나눌 수 있다. 하나는 당시의 정치적 지리로서 군郡과 국國으로 구분했는데 모두 103개였다. 이를 모두 분명하고도 일목요연하게 서술하고 있다. 한대 정치구역의 대략적인 구획은 모두 이 안에서 확인할 수 있다. 이후 역대의 정치적 구역 획분이 모두 다르게 됨에 따라 각 정사에는 모두 「지리지」가 편찬되었다. 이를 모두 모은다면 중국의 지리연혁을 연구할 수 있게 될 것이다.

동시에 반고는『시경』의 「국풍國風」 15편에 근거하여 각지의 민정民情과 풍속의 차이 가운데 중요한 것을 모두 기록했다. 이 부분은

『한서』의 「지리지」에서 가장 중요한 부분이다. 그러나 안타깝게도 후세사람들이 바로 이 점에 근거하여 반고를 이어 더욱 내용이 깊고 좋은 「지리지」를 쓰지 못했다. 예컨대 현재 우리들은 모두 대만과 복건福建이 서로 다르듯, 복건과 광동廣東이 서로 다르다는 것을 알고 있다. 시대마다 다르다는 것을 만약 어떤 사람이 반고의 「지리지」를 배워 능히 써낼 수만 있다면, 역사를 공부하는 사람들에게 매우 중요하고 커다란 공헌을 하게 될 것이다.

때문에 『한서』가 있고 난 이후 매 시대마다 역사를 공부하는 사람은 특히 『한서』의 「10지」에 대한 노력을 가장 많이 기울이고 있다. 「지리지」의 경우 그와 관련한 청대의 연구만을 말한다 해도 그 수가 얼마나 많은지 잘 알 수 없을 정도이다. 이 분야는 이미 사학에서 하나의 전문분야가 되어 있다. 또 『한서』에는 「예문지」가 있는데 이 역시 『사기』에는 없는 것이다.

『한서』 예문지는 유향과 유흠의 『칠략七略』에 근거하여 편찬된 것이다. 유향·유흠 부자는 당시 한대의 황실도서관을 관장하는 위치에 있었다. 외부에서는 볼 수 없는 책이 모두 황실도서관에 있었기 때문에 이들 부자는 많은 책을 모으고 정리 분류하여 『칠략』을 편찬했던 것이다. 이는 일종의 대강의 편목編目을 분류한 것이었고, 반고는 이를 근거로 『한서』 예문지를 편찬했던 것이다. 비록 유향과 유흠의 자료에 근거한 것이기 때문에 자신이 직접 쓴 것은 아니었지만, 이 「예문지」는 후일 소위 목록학과 교수학校讎學 분야에 있어서 가장 깊이있고 근본적인 원전이 되었다.

중국의 24사 가운데 8사에 이 같은 「지」가 있다. 후세사람들은 정사 속의 이 8편을 모아 단행본으로 간행하고 책명을 『8사경적지八史經籍志』라 했다. 옛날 서적들은 어떤 책이라 할지라도 전해 내려오면서 지금까지 전하는 책도 있고 중간에 유실된 것도 있게 마련이다. 예컨대 한대에 있던 책이 수隋에 와서 없어진 것이 있고, 수나라에 있던 책이 당·송에 와서는 없어진 것도 있다. 이 경우 각 정사의 「예문지」 혹은 「경적지」를 조사하면 그 내용을 곧 알 수 있다.

학술사를 말하자면 2천 년 이래 전해 내려온 서적의 제목〔書目〕들은 정말로 진귀한 것들이다. 그러나 종래의 학자들은 「지리지」를 연구하는 것은 비교적 쉽고, 「예문지」를 연구하는 것은 어렵다고 여겼다. 남송시대 정초의 『통지』에 「교수략校讎略」과 청대 장학성의 『문사통의文史通義』·『교수통의校讎通義』에서 비로소 『한서』 예문지가 담고 있는 의미를 더욱 깊이있게 다루고 있다. 오늘날에 와서 우리들이 특히 고대의 학술사를 말할 때 가장 중요한 근거자료가 되었다.

당연히 『한서』를 읽는 사람이 일반적으로 지리를 이해하지 못하면 『한서』 지리지를 제대로 볼 수 없게 된다. 어떤 이는 「예문지」를 제대로 읽을 수 없어 「육예략六藝略」이나 「제자략諸子略」 등의 분류가 지닌 중요함을 알 수 없다. 그러나 전문적으로 『한서』 10지 가운데 「지리지」나 「예문지」 등을 연구하는 사람들이 있는데, 그들의 연구성과는 때때로 『사기』를 연구하는 사람들을 능가한다.

『한서』에도 「표」가 있는데, 그 가운데 「고금인표古今人表」는 후세사람들의 많은 비판을 받았다. 왜냐하면 『한서』는 단대사인데 「고금인표」는 고대로부터 당대當代까지의 관련인물이 모두 기록되어 있기 때문이다. 이는 『한서』의 체재와 맞지 않는다.

『사기』의 경우 비록 통사이기는 하지만 한 이전의 고대사람들에 대한 「열전」은 그리 많지 않다. 그 첫번째가 「백이열전伯夷列傳」으로서 그 이전의 인물은 모두 무시해 버렸다. 두번째가 「관안열전管晏列傳」인데 백이로부터 관중管仲에 이르는 그 중간에 있던 수많은 사람들 또한 수록하지 않았다. 그러나 이 「고금인표」는 모든 이를 망라하여 자세히 기록하고 있다. 분명 당시에 있었던 자료들을 근거로 한 것인데, 지금도 10명 중 7~8명은 그 근거를 찾아낼 수 있다.

청대에 어떤 사람이 전문적으로 이 「고금인표」의 출처를 연구하기도 했다. 그러나 이 「표」가 사람들에게 비판을 받았던 것은, 이 「표」에 실려 있던 사람들이 한 이전의 사람이었다는 것이 중요한 이유는 아니었다.

반고는 「고금인표」에 실려 있는 인물들을 상상上上에서 하하下下까지 모두 9품品으로 구별했다. 예컨대 공자를 상상上上, 안연顏淵은 상중上中, 노자는 하下에 위치시켰다. 당연히 역사상의 인물들을 9품으로 구분하는 것이 모두 타당할 수는 없다. 그러나 대체적으로 요순堯舜을 상상上上, 걸주桀紂를 하하下下에 배열한 것처럼 특별히 너무 가혹한 비판을 할 필요는 없을 것이다.

어떤 사람은 이를 비판하면서 「고금인표」가 반고의 작품이 맞는지의 여부에 대하여 토론하면서 후세사람들이 첨가한 부분이라 주장하기도 하지만, 이 점에 대해서는 논하지 않기로 한다. 다만 「고금인표」는 『한서』의 「지리지」나 「경적지」 등처럼 모두 『사기』를 능가하는 문장들로서, 이들이 반고의 『한서』 가운데 가치있는 부분이라는 점을 꼭 알아야만 한다.

■■■■■■

이제부터는 범엽范曄의 『후한서後漢書』와 진수陳壽의 『삼국지三國志』에 대하여 살펴보도록 하자. 이 두 책은 『사기』・『한서』와 합쳐 4사라고 불렸는데, 17사 혹은 24사 가운데서도 특별하게 사람들에게 중시되었던 것은 바로 이 4사였다. 나는 이 4사라는 명칭이 도대체 언제 어떤 사람이 제시한 것인지 조사해 본 적은 없지만, 우리들이 이렇게 생각할 수는 있겠다.

한에는 전한과 후한 즉 양한兩漢이 있었다. 따라서 『한서』를 읽고 나면 자연히 『후한서』를 읽게 마련이다 때문에 반고의 『한서』와 범엽의 『후한서』는 우리들이 동시에 읽어야 할 책으로 자리잡고 있었다. 이 두 책을 합쳐 『양한서兩漢書』라고 불렀던 것이다. 따라서 사람들은 곧 『사기』와 『양한서』를 합쳐 3사라고 했을 것이다. 이들은 바로 역대 정사 가운데 처음 세 책이었다. 결국 이러한 명칭을 사용하게 된 것은 자연스러운 것이었다.

그러나 책이 편찬된 시기를 가지고 말하자면 『후한서』가 오히려 늦고 『삼국지』가 그 앞이었다. 『삼국지』를 편찬한 진수는 진晉, 『후한서』의 작자 범엽은 유송劉宋시대의 사람이었다. 이 두 책은 또한 중복되는 곳이 매우 많다. 예컨대 동탁董卓・원소袁紹 등 많은 사람들이 『삼국지』에도 있고, 『후한서』에도 있다. 때문에 『후한서』를 읽고자 하는 사람은 반드시 『삼국지』를 함께 읽어야 한다.

또한 『삼국지』에 기록된 촉한蜀漢의 경우 국호를 역시 한이라 했는데, 이는 촉한을 여전히 한의 종실이 계승했다고 보고, 촉한이 망함으로써 비로소 한이 진정 망한 것이라 여기는 사람이 있었기 때문이다. 따라서 『한서』와 『후한서』를 읽고자 하는 사람이 『삼국지』를 읽어야 하는 것은 바로 이러한 이유 때문이다. 역사를 공부하는 사람들은 먼저 『사기』와 『한서』를 읽고, 다시 『후한서』와 『삼국지』를 읽어야 한다.

『진서晉書』의 경우 당대唐代에 와서야 비로소 편찬된 것이기 때문에 자연히 후한에서 진晉에 이르는 중간에 구별이 생겨 일단락을 고하게 된다. 이러한 이유로 인해 역사를 공부하는 사람은 맨 처음 바로 이 4사를 읽는 것이다. 4사를 읽고 난 뒤 혹 정사 모두를 읽을 만한 정력이 없을지도 모른다. 그럴 경우 당대唐代의 역사를 공부하고자 하는 사람은 『신당서新唐書』와 『구당서舊唐書』를, 송대를 공부하는 사람은 『송사宋史』를, 명대사를 공부하는 사람은 『명사明史』를 각각 읽으면 되고, 『사기』와 『한서』이하 모든 정사를 반드시 읽을 필요는 없다. 이것이 첫번째이다.

두번째는 어느 시대의 역사를 공부하든 언제나 가장 먼저 정사의 체재를 이해해야만 하는데, 즉 먼저 『사기』와 『한서』에 대한 이해를 하고 나서 비로소 다음의 정사를 공부할 수 있다. 『사기』와 『한서』를 읽은 사람은 반드시 계속해서 진수와 범엽의 『삼국지』와 『후

『한서』를 읽어야 한다는 것은 이미 앞에서 이야기한 바와 같다. 때문에 과거 역사를 공부하는 사람들은 기본적으로 먼저『사기』와『한서』를 혹은 먼저 4사를 읽었다. 현재 이와 같은 기초가 전혀 없는 모습과는 매우 달랐다.

여하튼 역사를 공부하는 여러분들은 우선『사기』와『한서』를 읽거나 혹은 4사를 모두 읽는 것이 가장 좋다.『사기』를 읽고 난 뒤『한서』를 읽지 않으면 무언가 부족함이 있다.『한서』가 첫번째 단대사이기는 하지만,『한서』만을 읽고『사기』를 읽지 않으면 안된다. 왜냐하면 많은 서술원칙이『사기』로부터 정해져 온 것이기 때문이다.

지금 이야기하고자 하는『후한서』나『삼국지』의 경우 실제로 특별히 이야기할 것이 없다. 이들 책은 모두『사기』와『한서』의 큰 범위와 체재를 벗어나고 있지 못하기 때문이다. 이 점에 비추어 말하자면『사기』와『한서』는 창조적이며 특출한 것이지만,『후한서』와『삼국지』는 모방과 인습적인 것이라 할 수 있다.

분명『후한서』나『삼국지』에도『사기』와『한서』에 비해 변화한 부분이 있었다. 예컨대『사기』와『한서』에는 경학과 관련하여「유림전儒林傳」이 있지만 문학과 관련 있는「문원전文苑傳」은 없었다. 범엽의『후한서』에 비로소 이「문원전」이 있다. 그 이유는 이와 관련한 것이 그 이전에는 없었기 때문이 아니라, 역사적 발전에 따라 고대에는 아직 전문적으로 문장을 다루는 사인士人에 관한 호칭이 없었기 때문이다.

『한서』예문지에도 다만 사부가辭賦家만 있을 뿐이었고,『한서』에도 「문원전」은 없었다. 이 같은 부분은 우리들이 크고 작은 문제를 다룰 때에만 비로소 보일 수 있는 것들이다. 때문에 우리들은 『후한서』와 『삼국지』는 인습적일 뿐이고, 『사기』와 『한서』만이 창조적인 것으로서 사서의 새로운 체례를 처음으로 열었다고 말하지만, 『후한서』와 『삼국지』 두 책도 특별한 공통점을 지니고 있었다. 이 점에 대해서는 이야기를 해야겠다.

먼저 진수의 『삼국지』에 대하여 살펴보자. 『삼국지』에 대해서는 배송지裵松之의 주가 있는데 아주 특별한 것이다. 진수는 진晉나라 사람이고, 배송지는 남조의 송宋나라 사람이었다. 경학에는 '전傳'과 '기記'가 있었지만, 사서에는 이러한 것이 없었다. 그러나 진수의 『삼국지』는 서술이 비교적 간단하고 그 분량이 많지 않았다. 당시에는 사서가 특별히 많았는데, 배송지는 곧 다른 사람들이 언급한 삼국의 역사에 관한 자료를 모두 모아서 진수의 『삼국지』에 주를 달았다. 때문에 우리들이 배송지의 주를 보면 지금은 이미 실전失傳된 당시의 많은 자료들을 접할 수 있다.

배송지가 살았을 당시에는 남아 있던 많은 자료들이 이후 남북조시대의 장기적인 혼란을 거쳐 당대唐代에 오게 되면 이미 사라져 보이지 않았다. 다행히 배송지의 『삼국지』 주에는 백 수십 종의 책이 전한다. 배송지는 이들 수많은 책을 모두 한 단락씩 전문全文을 베껴 주를 달았다. 경서가 다만 글자 뜻을 해석하는 방식과는 달리 사료를 더하여 열거하는 주의 방식이었다.

배송지의 『삼국지』 주의 대강을 말한다면 대체로 6가지 항목으로 나눌 수 있다. 첫째, "여러 사람들의 의론을 인용하여 시비를 가려낸다"라고 했는데, 이는 사론史論에 속하는 것이었다.

둘째, "여러 책들의 주장을 참고하여 잘못되고 상이한 부분을 밝힌다"고 하여, 한 가지 사실을 놓고 둘 이상의 주장이 있어서 내용이 서로 다른 경우 "여러 책들의 주장을 참고하여", "잘못되고 상이한" 부분을 자세히 밝힌다고 했다.

셋째, "전해지는 모든 사실과 관련하여 왜곡된 부분을 상세히 한다"고 했는데, 이들 원칙은 『삼국지』에 기재된 사실 가운데 너무 간단하여, 전해 오는 중간에 왜곡된 곳이 있으면 상세한 보주補注를 달아 처리한다는 것이다.

넷째, "기록되지 않은 사실을 전하기 위해 누락되거나 없어진 것을 보완한다"고 하여 진수의 『삼국지』에 기록되지 않은 사실을 조사하고 보완하여 기록했다.

다섯째, "전해지는 모든 사람에 대해서는 그 생애를 자세히 한다"고 하여 『삼국지』에 등장하는 인물 중 그 생애가 분명치 않은 경우 보완한다는 것이다.

여섯째, "전하는 것이 없는 사람은 동류同類에 부록으로 기록한다"고 하여 『삼국지』에 전혀 보이지 않는 사람이지만 필요할 경우 비슷한 인물들의 「열전」에 부록으로 처리한다는 것이다.

따라서 배송지의 주에는 진수의 『삼국지』에 비해 얼마나 많은 사실과 얼마나 많은 사람들이 추가로 보완되었는지 모른다. 진수의 『삼국지』 이외에도 1, 2백 권의 삼국관련 책이 있었는데 이를 배송지는 모두 베꼈다. 배송지가 초록한 부분은 모두 일정한 내용을 온전히 담고 있는 것들이었다. 이 같은 사주史注는 그 이전에는 그 예가 없었으며 그 이후에도 이만한 것이 출현하지 않았으니, 배송지의 주는 그야말로 매우 특별한 것이었다.

후일 대체로 『삼국지』를 읽는 사람들은 배송지의 주와 함께 읽지 않는 경우가 없었기 때문에 진수의 『삼국지』와 배송지의 주는 항상 같이 인쇄되었다. 따로 인쇄된 경우가 없었다. 진수가 『삼국지』를 편찬할 당시의 사서 가운데 배송지가 보고 참고한 것이 이미 1, 2백 권이나 되는데 그 자료를 지금 비교해 보아도 진수의 기록이 반드시 더 좋은 것은 아니라 할 수 있다. 즉 배송지가 인용한 자료들 가운데 어떤 것은 이론도 정확하고 사실의 중점이 잘 정리되어 있어서 모두가 진수의 『삼국지』와 비교해 손색이 없었다.

그러면 다시 『후한서』에 대하여 살펴보자. 범엽의 『후한서』는 남조의 송대에 편찬되었다. 그 이전에 이미 『후한서』를 편찬한 사람이 일곱 명이나 있었다. 그러나 범엽의 『후한서』가 출현한 이후 그 이전의 『후한서』들은 모두 전하지 않는다. 학술상 공평하게 보자면, 범엽의 『후한서』가 가치가 있었다는 것이다. 다만 범엽이 죄를 짓고 하옥되어 죽었기 때문에 그의 책이 미처 완성되지 못하여 「본기」와 「열전」이 있을 뿐 「지」가 없다.

우리들은 범엽이 「지」를 편찬할 생각이 없었다고 말할 수는 없다. 이미 감옥에 갇히는 몸이 된지라 다만 쓸 시간을 갖지 못했을 뿐이다. 범엽이 하옥되어 죽음에 따라 그의 책은 미완성된 작품이었지만 그럼에도 불구하고 후일 홀로 전해지게 된 것만 보더라도, 그 이전의 일곱 종류의 『후한서』가 범엽의 『후한서』보다 못했음을 짐작할 수 있다.

당나라 초기에 장현태자章賢太子가 『후한서』에 주를 달았는데, 그 주에는 범엽의 책에 없는 수많은 단편적인 역사사실들이 기록되어 있다. 이 같은 주의 내용이 비록 배송지의 『삼국지』 주와 비교될 수는 없지만 그래도 많은 역사적 사건들이 보완되었다. 청대의 위대한 경학자 혜동惠棟이 『후한서』에 대한 집주集注를 썼는데, 보완된 자료가 장현태자의 주에 비해 더욱 많았다.

청나라 사람들이 일곱 종류의 『후한서』를 수집하여 한 책으로 간행했지만, 모두 불완전한 것이었다. 사실 이 7종류의 『후한서』는 혜동의 집주 속에 그 전하는 내용이 모두 들어 있다. 다만 한 종류씩 별도로 정리한 것이 아니라 분산되어 기록되었을 뿐이다.

앞에서 말했듯이 『후한서』와 『삼국지』를 읽을 때 그 독서법에서 『사기』와 『한서』를 읽는 경우와 다르다는 것을 알 수 있다. 『사기』에는 춘추와 전국시대의 많은 자료들이 모두 수록되어 있지는 않았다. 그러나 『한서』의 경우 반고가 미처 수록하지 못한 자료를 보완하기가 매우 어려울 정도였다.

전한의 사료 가운데 오늘날까지 전해져 『한서』에 보완될 만한 것은 실제로 거의 없다. 하지만 『후한서』와 『삼국지』의 경우 매우 많은 자료를 이 두 정사 이외에서 발견할 수 있다. 당연히 진수와 범엽 두 사람이 가위로 오려온 듯한 자료도 볼 수 있지만, 당시의 역사에는 이 두 정사에 속하지 않은 많은 자료가 있었다. 때문에 『후한서』에 대한 장현태자의 주가 배송지의 주처럼 그렇게 많은 사실을 보완하지 못했던 것이다. 배송지의 주 역시 누락된 부분이 있었지만 이 부분은 현재 우리들 모두가 대체로 알고 있다. 이러한 사실을 통해 역사를 쓰는 일이 어렵다는 것을 알 수 있다.

또 예를 들어 서법書法을 이야기할 때에 우리는 '종鍾·왕王'을 칭하는데 바로 왕희지王羲之와 종요鍾繇를 가리킨다. 왕희지는 동진사람이고, 종요는 삼국시대 위나라 사람이다. 진수의 『삼국지』에는 「종요전」이 있고, 배송지 역시 그에 대한 주를 달았다. 그러나 종요가 후세에 크게 이름을 전하게 된 것은 바로 그의 서법 때문이었다. 그러나 그가 서법에 능했다는 사실이 진수의 『삼국지』에도, 배송지의 주에도 아무런 기록이 없다. 이들 진수와 배송지 두 사람이 모두 누락시켰다고밖에는 달리 말할 방법이 없지만, 빠뜨려서는 안될 부분이었다.

그리고 예컨대 관영管寧과 화흠華歆의 경우인데, 이 두 사람은 젊은 시절 함께 공부했던 친구였다. 한집에서 공부를 할 때 마당에서 황금을 캔 적이 있었는데, 관영은 보고도 못 본 체했지만, 화흠은 집어서 보고는 내려놓았다. 어느 날 문 밖에 어떤 높은 관직의 귀인이 지나가고 있었다. 수레가 지나가는 소리가 나자 관영은 무시하고 관심을 보이지 않았지만, 화흠은 문 밖으로 나아가 구경하고 돌아왔다. 돌아오기를 기다려 관영은 화흠이 앉았던 자리를 잘라내고 따로 앉으며 말하기를 "이제 너는 나의 친구가 아니다"라고 했다.

『삼국지』에는 종요와 화흠을 한 열전에 기록하고 있다. 화흠 역시 위나라의 대신을 지냈지만, 관영은 시종 위나라에서 관직을 가졌던 적이 없다. 후세사람들은 관영을 삼국시대의 일류인물이라고 칭송했다. 이 이야기는 『세설신어世說新語』의 「덕행편德行篇」에 보이는데 이후 오래도록 사람들에게 전해 오는 이야기가 되어 대부분 사람들이 다 알고 있는 사실이다. 그러나 이 같은 이야기가 『삼국지』에도, 배송지의 주에도 실려 있지 않다. 그밖에도 누락된 사실이 이 한 두 가지에 그치는 것은 아닐 것이다.

청 말 왕선겸王先謙이 『한서보주漢書補注』와 『후한서집해後漢書集解』를 지었다. 민국 초년에 노필盧弼이 『삼국지집해三國志集解』를 지었다. 『한서』에 대한 안사고顔師古의 주가 당나라 때 간행되었다. 그러나 청대에 와서도 『한서』를 연구하는 사람이 많았다. 왕선겸이 자료를 모아 보주補注를 지으면서 여러 사람들이 남긴 책들을 자세히 살펴보았다. 그러나 왕선겸의 보주는 신뢰하기 어려운 부분이 적지 않다. 어떤 문제들에 대해서는 인용한 자료가 편중되어 있어서 모든 자료를 이용하지 않았고, 어떤 자료에 대한 삭제와 요약에도 문제가 많았다. 그러나 대체적으로 이 『한서보주』는 그래도 많은 노력을 기울인 작품이었다.

『후한서집해』의 경우는 약간 그에 못 미친다. 노필이라는 인물에 대하여 여러분들은 잘 모를 것이다. 그는 왕선겸이 『한서보주』와 『후한서집해』를 편찬하고 난 이후 곧바로 『삼국지집해』를 썼다. 배송지의 주 이외에도 적지 않은 자료를 보완했는데, 예컨대 방금 이야기한 종요의 서법이라든지 관영과 화흠이 같이 공부하던 시절의 이야기 등이 모두 기록되어 있다. 노필의 이『삼국지집해』역시 매우 많은 노력을 기울인 책이다.

그러나 안타깝게도『한서』·『후한서』·『삼국지』의 경우 모두 근래의 사람들에 의해 보주補注와 집해集解 등이 쓰이고 있는데 반해,『사기』의 경우는 그렇지 못하다. 일본인 농천구태랑瀧川龜太郎이『사기회주고증史記會注考證』을 지었다. 이 책이 출판되기 시작했을 때 내가 북경에서 우연히 몇 권을 본 적이 있는데 그 내용이 잘못된 곳이 매우 많았다.

당시 발행되던『북경도서계간北平圖書季刊』에 두 편의 글을 실어 그것을 비판한 적이 있다. 그러나 현재 대륙에서는 이『사기회주고증』을 출판하고 있다. 우리 스스로 아직 아무도『사기집해』같은 책을 쓰지 못하고 있는데, 이 일은 쉬운 일은 아니다. 그 이유는 우리들이 지금 사학을 말하고 있지만 대부분 경학에 능통하지 못하고 있다는 어려움 때문이다.

물론 그밖에도 어려운 점이 있다. 특히 전국시대의 역사와 관련한 사마천의 「육국연표六國年表」는 틀린 곳이 많다. 청나라 사람들이 여러 차례 연구와 토론을 거쳤지만 역시 결론이 나지 않았다. 내가 『선진제자계년先秦諸子繫年』을 지어 비로소 정론을 얻게 되었다. 언제쯤 우리 사학계의 한 사람 혹은 여러 사람이 능히『사기』의 집해 혹은 보주 같은 작업을 하게 되는지 잘 모르지만, 이는 정말로 쉽지 않을 것이다.

여러분들은 과거 학자들의 이 같은 작업을 가볍게 여겨서는 안 된다. 예컨대 왕선겸의 『한서보주』와 『후한서집해』는 우리들에게 매우 유용한 부분이 많다. 우리들이 설사 옛날사람들을 욕할 줄만 알았지 역사를 이해하지 못한다 하더라도, 그들의 작업은 적어도 우리들에게 편리함을 제공해 주고 있는 것이다.

최근 예문인서관에서 간행한 25사는 앞부분 정사 몇 권을 제외하고도 예컨대 『진서각주晉書斠注』 등 여러 종류의 자료가 수록되어 있다. 모두 청말민국 초기 사람들의 저작들이다. 지금 우리들은 그들의 이름조차 모르지만, 그들의 책은 결국 그 안에 모두 포함되어 있고 모두가 볼 수 있도록 하고 있다. 그러나 우리들은 항상 그들이 어떠한 작업을 했는가 하는 등의 문제를 모두 무시하고 있다. 이는 현재 우리 학술계의 커다란 폐단이기도 하다.

지금부터는 다시 『후한서』와 『삼국지』 그 자체에 대하여 살펴보도록 하자. 방금 이야기한 내용은 주로 이 시대의 사료에 관한 이야기였고, 책 자체에 대해서는 많이 언급하지 않았다. 왜냐하면 이 두 책은 모두 『사기』와 『한서』를 계승한 것이기 때문이다. 『사기』에는 「태사공자서」가 있고 『한서』에도 「서전敍傳」이 있지만, 범엽의 『후한서』에는 그 같은 문장이 없다.

다만 「옥중에서 생질에게 보내는 편지〔獄中與甥姪書〕」가 있을 뿐이다. 범엽은 아들이 없었다. 이 글은 그의 외생질에게 보내는 편지인데 이 글에서 범엽은 『후한서』를 쓰게 된 경위를 설명하고 있다. 그는 말하기를 "늘 문사가 된 것을 부끄럽게 여겼다. 문장이란 사실이 그 모습을 제대로 갖추지 못함을 염려해야 하는데, 사실의 묘사가 문장 꾸미기에 급급하고, 문장의 겉모습이 그 뜻을 구속하고, 문장의 운韻이 의미를 대신한다〔常恥作文士, 文患其事盡於形, 情急於藻, 義牽其旨, 韻移其意〕"라고 하여 당시 문장가들의 병폐가 네 가지 있음을 말하고 있다.

첫째, '정급어조情急於藻'라고 하여 문장을 씀에 있어서 언제나 내재적인 정감을 나타내야 하지만 당시 문장을 쓰는 사람은 모두 문장을 꾸미는 데만 힘을 썼다. 따라서 내재적인 정감이 오히려 수식된 문장에 의해 평온平穩하지도 또 관서寬舒하지도 않았다. 이 점이 아마도 '정급어조情急於藻'의 의미가 아닌가 한다.

둘째, '운이기의韻移其意'라고 하는 것인데, 문장에는 반드시 쓰게 된 의도가 담겨야 한다고 했다. 그러나 운韻의 제한이 있어서 곧 "그 의미가 달라졌다"고 하여 원래의 지녀야 할 위치를 잃게 되었다고 했다.

셋째, '사진어형事盡於形'이라 하는 것인데, 문장의 내용이 문장의 외적 형식에 의해 구속받는 것을 의미한다. 소위 "다한다〔盡〕"는 것은 실제 "다하지 않는다〔不盡〕"를 의미하는 것이었다.

그리고 '의견기지義牽其旨'의 '의義'자는 '지旨'와 그 의미가 대략 비슷한 것으로 자신이 쓴 문장의 큰 의미를 '오히려 문장을 어떻게 써야 하는가'라는 의미에 매이게 되면 그에 빠져 문장의 의미가 정확할 수 없게 된다고 했다. 이는 당시 유행했던 병려체의 폐단이었다.

실제 위의 네 구절처럼 범엽 자신도 이 같은 폐단을 피할 수 없었다. 그는 또 말하기를 "항상 이르기를 마음이 담겨지려면 당연히 의미를 위주로 해야 한다. 문장으로서 의미를 전하려 할 경우 의미를 위주로 하면 그 뜻이 반드시 나타나게 된다. 문장으로 의미를 전하려 할 경우 글들이 번지르르하지 않아야 한다. 그래야만 그 문장의 향기가 나고, 성조가 아름다운 소리를 낼 수 있게 된다〔常謂情志所託, 故當以意爲主, 以文傳意. 以意爲主則旨必見, 以文傳意則其詞不流. 然後抽其芬芳, 振其金石〕"고 했다.

문장을 쓸 때는 마음〔情志〕이 담겨야 한다는 것이고, 마음은 의미를 주로 전하는 것이어야 한다. 의미를 주로 전할 수 있을 때 비로소 "문장으로 의미를 전달한다〔以文傳意〕"고 할 수 있는 것이라 했다. 따라서 범엽이 말한 "문장의 겉모습이 뜻을 구속하고義牽其旨"에서 이 '의義'라는 글자의 의미는 문장의 의義를 말하는 것이다. 문장 자체로서 문장의 뜻〔旨〕을 억지로 당겨서는 안된다고 했다.

만약 우리들이 문장을 통해 의미를 얻을 수 있다면 "곧 그 글이 번지르르하지 않게 된다"고 했다. 문장이 쓸데없이 번잡하지 않은 연후에 비로소 "그 문장의 향기가 나고, 성조가 아름다운 목소리를 낼 수 있게 된다"고 했다. '분방芬芳'이란 문채文彩를 말하고, '금석金石'이란 성조聲調를 말했다. 이는 문장의 두번째 의라고 할 수 있는 것이지 첫번째 '의'라고는 할 수 없다.

이를 통해 범엽이 당시사람들 문장의 폐단을 깊이 알고 있었음을 볼 수 있다. 그의 편지를 읽어보면 뒤로는 한유韓愈와 유종원柳宗元에 비교할 수 없고, 앞으로는 사마천과 반고에 미치지 못함을 알 수 있다. 그러나 범엽은 당시 병려체 문장으로 꾸며진 문장의 요구로부터 벗어나고 있었다. 그의 『후한서』는 역시 문장이 아주 좋다.

내가 오늘 위의 이 한 가지 예를 가지고 여러분에게 한 마디 한다면, 장래 여러분들이 역사를 쓸 수 있는 위치가 되었을 때 어려움에 직면해 글을 쓰기 어려울 수도 있을 것이다. 그것은 바로 '문장을 어떻게 써야 할 것인가' 하는 문제 때문일 것이다. 지금 구어체인 백화문의 응용범위는 실제 아직 신문이나 뉴스의 부간副刊 또는 통속적 저작에 한정되어 이용되고 있을 뿐이다.

만약 전기傳記를 쓰려 할 때는 백화문으로 쓰는 것이 오히려 쉽지 않을 수 있다. 또 만약 비문碑文을 쓸 경우 백화문으로 쓴다면 매우 어울리지 않을 것이다. 어떤 때는 일상적으로 응용하는 문장의 경우에도 순수하게 백화문을 쓰기가 어려워 부득불 간단한 고문을 쓸 수밖에 없다.

만약 우리들이 역사 예컨대『중화민국개국 60년사』를 쓸 경우 문체만을 가지고 본다면 큰 문제가 있을 수 있다. 내가 생각하기에 여러분들이 만약 역사를 쓰고자 한다면 가장 먼저 고문을 집중하여 읽어야만 한다. 적어도 3년, 5년 정도를 읽고 난 연후에 비로소 습작을 시도해 볼 수 있지만 여의치 않으면 역사체 문장을 이루지 못하게 된다.

범엽의 아버지 범녕范寗은『춘추곡량전春秋穀梁傳』을 공부한 아주 유명한 경학가였다. 따라서 범엽의 학문은 가학家學의 전통이 배어 있었다. 그는 당시 일반작가들과 문풍文風을 그다지 중시하지 않았다. 객관적으로 말한다면『후한서』역시 아주 좋은 사서로서의 지위를 갖추고 있다고 하겠다.

『삼국지』를 살펴보면, 아주 복잡한 문제가 하나 있다. 그 때는 이미 단대斷代를 역사의 대상으로 하던 시기였다. 한이 망하고 아직 진晋이 등장하기 전에 진수는 삼국의 촉나라 사람이었다. 그러나 그 후 그는 진나라에서 관리를 지냈다. 역사전통에 비추어 보면 위나라로부터 진이 정권을 이은 셈이니, 진수는 위를 정통으로 하지 않을 수 없었다. 때문에 진수의 『삼국지』는 다만 위의 황제에 관한 기록을 「본기」라 칭할 뿐, 촉과 오의 경우는 모두 「전傳」이라 했다.

이 문제는 바로 후일 사가들의 쟁론이 되었던 정통문제와 관련이 있다. 이같이 진수가 위를 존중한 것을 후세사람들이 비판했다. 그러나 그는 책이름을 『삼국지』라고 했지 『위서魏書』라고 하지 않았다. 이는 『한서』·『후한서』·『진서』와 같지 않았다. 명칭을 '삼국'이라 칭한 것은 세 나라가 병렬되어 있었음을 의미한다. 이 같은 명칭에는 진수의 부득이한 의도가 있었던 것이다.

『삼국지』에는 또 언급할 필요가 있는 문제가 하나 있다. 지금 많은 사람들은 모두 위·촉·오 3국이라고 말하지만, 실은 당시의 역사를 근거로 말하자면 촉이라고 불러서는 안된다. 당연히 '한漢'이라 불러야 한다. 한의 소열제昭烈帝를 촉의 소열제라고 칭해서는 안된다. 당시 촉에 살던 사람들은 모두 자신을 한이라 불렀지 촉이라 하지 않았다.

이렇게 이야기를 하여도 여러분들은 별 관심이 없을지도 모른다. 그러나 현재 우리들이 안고 있는 문제가 이와 아주 비슷하다. 다른 사람들은 우리들을 '대만臺灣'이라 부르지만 우리는 이를 받아들일 수 없다. 우리들은 '중화민국'이기 때문이다. 만약 진수가 다시 우리의 오늘날의 역사를 쓰면서 우리를 '중화민국'이라 칭하지 않고 단지 '대만'이라 칭한다면 이를 어떻게 하겠는가?

대만은 단지 우리 정부의 소재지일 뿐으로, 마치 당시 한 왕조가 촉에 있었던 것과 같다. 당시 오와 촉이 동맹을 맺을 때 오나라 사람이 말하기를 "오늘 이후 한과 오는 동맹을 맺었으니 한마음으로 온 힘을 다하자"라고 하여 당시 오나라 사람들도 촉이 위치한 사천四川을 한이라 불렀지 촉이라 하지 않았던 것이다.

그런데 진수가 『삼국지』에서 이 한을 촉으로 바꾸었다. 역사를 쓰는 사람이 역사를 고쳐쓰는 것은 정말 온당치 않은 것이다. 한 소열제는 결코 촉 소열제라고 칭할 수는 없는 것이다. 제갈량의 「출사표出師表」에서도 "한적漢賊과는 양립할 수 없다"고 한 것 역시 분명히 한이라 칭했음을 말하는 것이다. 바로 오늘날 우리가 스스로를 '중화민국'이라 하는 것과 같다. 어찌 이를 촉적蜀賊과 양립할 수 없다고 고칠 수 있겠는가? 이 문제는 단순히 역사 속의 문제만이 아니라 오늘의 문제이기도 하다. 우리들뿐만 아니라 다른 나라에도 이와 비슷한 문제에 직면하고 있는 경우가 적지 않다.

근대의 어떤 사람은 우리들이 역사상 정통문제를 다투는 것을 다시는 제기하지 않았으면 하고 말한다. 이 같은 정통논쟁은 일종의 진부한 문제라고 여겨 문제가 되지 않는다고 생각하기 때문이다. 그러나 지금에 와서야 비로소 이 같은 역사문제가 동시에 현실적인 문제이므로 쟁론하지 않으면 안된다는 사실을 알게 되었다.

그러나 우리들은 진수의 입장으로 생각을 해 보자. 그가 삼국을 각각 위·한·오로 칭하지 못했던 것은 '한'은 왕조의 명칭이었기 때문에 당시 위나라 사람들은 결코 촉을 한이라 칭할 수 없었다. 한은 이미 위에게 양위를 했기 때문이다. 따라서 위나라 사람들은 그들을 촉이라 불렀던 것이다. 그러나 오나라 사람들은 촉을 한이라 불렀다. 오늘날 우리들이 삼국의 역사를 말하면서 바로 위·촉·오를 언급하지만 이는 진수를 따라 그렇게 부르는 것이지 당시 역사에 촉이라는 나라는 없었다.

다만 우리들이 부득이하게 그렇게 칭한다면 적어도 '촉한蜀漢'이라 칭해야 한다. 그렇게 함으로써 전한·후한과 구별하여야 한다. 하지만 촉이라고 부르는 것은 잘못된 것이다. 이 문제에 대해서는 이미 과거에도 누군가가 언급한 적이 있다. 특히 황진黃震이 『황씨일초黃氏日鈔』에서 이 문제를 제기했는데, 그 문장에 매우 탄복한 적이 있다. 그러나 지금 노필의 『삼국지집해』를 살펴보면 황진의 문제제기와 함께 송대 고사손高似孫의 의견을 더하고 있어서 이 문제를 제기한 사람이 황진이 처음이 아니라는 사실을 알 수 있다. 따라서 여러분들에게 과거 선배학자들의 노력을 우리들이 결코 가볍게 여겨 없애서는 안된다는 점을 말하고자 한다.

나는 또 여러분에게 권하고 싶은 것이 있다. 그것은 학문을 한다는 것이 단지 논문을 쓰는 것만이 아니라 응당 과거의 학자들이 지은 필기筆記에 대해서도 배워야 한다는 것이다. 때로는 이 필기의 사용처가 논문보다 더 많을 수 있다. 우리들은 주제를 크게 정하고 분량이 많은 논문을 완성하여 잡지 등에 등재할 수 있다. 그러나 종전의 사람들은 매우 주도면밀하게 작은 문제를 하나씩 필기에 담고 있는데 얼마나 많은 문제들이 그 안에 담겨져 쉽게 조사하고 쉽게 찾아볼 수 있게 하여 후세사람들에게 큰 공헌을 하고 있는지 모를 정도이다.

우리들이 지금 논문을 쓰는 경우 가능한 대로 그 분량을 많이 하려할 뿐, 후일 얼마나 많은 사람들이 과연 그같이 긴 글을 읽을 것인가는 생각하지 않는다. 예를 들어 노필의 경우, 최근 역사를 하는 사람들이 그를 크게 존중하지는 않지만, 그렇다고 그의 성과를 없앨 수는 없다. 그의 성과는 오로지 『삼국지』에 대한 연구에 그치고 있지만, 매우 뛰어난 것이다. 예컨대 내가 오늘 『삼국지』를 이야기하며 예를 든 「종요전」・「화흠전」에 관한 이야기와 『황씨일초』에서 논한 촉한문제 등은 이미 노필의 책에 모두 다 있다. 이들 문제가 비록 『삼국지』 그 자체의 중요한 문제라고 할 수는 없지만, 그렇다고 문제가 아니라고는 할 수 없다.

과거의 학자들이 끝까지 기울였던 실재적인 노력을 우리들이 어찌 가볍게 무시할 수 있겠는가? 이는 우리들 학문을 하는 사람들이 지녀야할 태도의 문제이고 혹은 마음가짐의 문제이다. 옛날 사람들을 가볍게 여기는 사람들이 어찌 그들이 남긴 책 가운데서 자신의 학문을 새롭게 발전시킬 수 있겠는가? 오늘의 강의는 여기까지 하자.

■ 쉬어가는 곳

후한으로부터 수에 이르는 시기의 사학발전

> 시대와 학술 사이에 상호 발생하는 작용을 알아야만 한다. 왜 이 시대에 이같이 많은 책들이 출현했는가? 이는 시대가 학술에 영향을 주었기 때문이다. 그러나 이들 책 역시 이 시대에 대하여 일정한 영향을 주었다. 이는 학술이 시대에 영향을 끼친 것이다.

오늘은 먼저 학문을 어떻게 해야 할 것인가에 대하여 다시 간략하게 이야기 해 보자. 간단한 비유를 들어본다면 장사를 하는 것처럼 반드시 결산장부를 이해하고 있어야 한다. 장부가 없을 수 없지만 그렇다고 오로지 돈이 오고간 출납장부여서도 안된다. 왜냐하면 일정한 기간이 지나면 반드시 결산이 필요하기 때문이다.

마찬가지로 우리들이 학문을 함에 있어서 소위 "널리 학문을 하고 다시 요약한다〔由博返約〕"고 했듯이, 요약〔約〕이란 바로 결산을 의미한다. 사업을 하는 사람이 장부를 사용할 줄 알아야만 조금씩 장사하는 방법을 알게 되는 것과 같다. 공자가 말한 '온고이지신溫故而知新'에서 '온고溫故'란 바로 옛것을 종합한다는 의미이다. 이같이 하면 자연스럽게 앞으로 나아갈 새로운 방향을 이해하게 된다. 공부도 마찬가지로 이 같은 방법을 알아야 한다.

우리들이 이 강의를 시작한 이래 지난 시간까지 주공의「서주서」로부터 범엽의 『후한서』까지 살펴보았다. 즉 서주에서 춘추전국·양한·위진을 거쳐 남조의 송까지 약 1300여 년에 걸치는 시기였다. 이 1,300여 년을 거치면서 중국의 사학연구는 어떤 변화와 발전이 있었을까. 우리들은 그 과정이 반드시 '진보'였다고 결론을 내릴 필요는 없다. 그러나 전체적으로 이 기간 동안 점진적인 변화발전을 거쳤다고는 할 수 있다.

지금 우리들은 여기서 잠시 진도를 멈추고, 또 다음 시기와 관계없이 지난 1300여 년의 시기를 되돌아보며, 다시 한번 중국사학이 어떻게 변화 발전되어 왔는가를 살펴보도록 하자. 이것이야말로 큰 주제요, 큰 지식이 아니겠는가. 실제로 우리들이 이야기한 많은 내용들을 다시 회고하고 종합하게 되면 그 기간에 대한 이해가 가능할 것이다. 적어도 우리들은 이 같은 이해와 관련하여 따로 우리들 스스로의 지혜와 총명으로서 생각해 보자. 그렇게 함으로써 학문이라는 것을 소화해낼 수 있는 것이다.

예를 들어 오늘은 『상서』를 읽고, 내일은 『춘추』, 모레는 『한서』 그리고 반년 혹은 1년 동안 계속해서 수많은 책을 읽었다고 해서, 다시 또 계속하여 책을 읽는 것은 좋은 방법이 아니다. 일정한 시기가 되면 다시 또 한 번 반복하여 읽어야 한다. 만약 내가 다시 강의를 하지 않더라도 여러분들은 이 같은 제목으로 스스로 생각해 보기 바란다. 이렇게 하는 것이 가장 좋은 방법이다.

오늘 내가 말하는 것은 다만 이러한 방법이 있다는 것을 여러분에게 말하는 것일 뿐, 꼭 내가 이야기하는 방법이 맞다는 것은 아니니, 여러분들은 스스로 이 같은 제목으로 이 기간을 회고해 보기를 바란다. 이는 아주 큰 작업이 될 것이다. 뿐만 아니라 사학을 강의한다고 해서 단지 사학만을 가지고서 이야기할 수도 없으니 그 범위를 당연히 확대해야만 한다.

사학은 다만 전체학문 중의 일부분일 뿐, 전체학문을 초월하여 홀로 존재하는 것은 아니다. 우리들이 오늘 이 1,300여 년 동안의 사학의 발전을 이야기하려면, 한 발 더 나아가 이 기간 동안의 전체학술의 발전을 보아야 한다. 당연히 우리들은 좀더 큰 문제에 착안하여야만 한다. 이는 매우 큰 작업이겠지만, 나는 오늘 하나의 간단한 관점을 제시해 보고자 한다.

그러면 『한서』예문지로부터 이야기를 시작해 보자. 『한서』예문지의 전신은 곧 유향·유흠의 『칠략七略』이었다. 계속 내려와 『수서』 경적지에 이르기까지 그 중간에 『후한서』와 『삼국지』 이하 책들에는 「지志」가 없었다. 당나라 초에 『수서隋書』가 편찬되면서 비로소 「경적지」가 있었다. 위로는 『한서』예문지를 계승했는데, 이 두 「지」는 당시 황실도서관의 분류목록에 해당하며 당시 중국의 모든 책들을 분류한 것이고, 이를 통해 당시 학술의 대체적인 정황을 알 수 있다.

나는 그 이후 계속해서 8사史에 「경적지」가 있었다고 말한 적이 있다. 이에 대해서는 잠시 이야기하지 않기로 한다. 다만 『한서』예문지로부터 『수서』 경적지에 이르는 시기까지 중국의 학술발전에 대하여 말하고자 한다.

『한서』 예문지의 분류를 보면 당시에는 아직 '사학'이 없었다. 좀 더 정확하게 말하자면 그 당시에 사학이 없었다는 것이 아니라 사서史書를 하나의 독립된 분야로 생각하지 않았다는 것이다. 바꾸어 말해 그 당시 학술계에는 아직 사학이라는 독립된 관념이 없었다. 따라서 사마천의 『사기』는 「육예략」의 '춘추' 항목에 부록되어 있을 뿐이었다. 당시에는 사학이 아직 경학에 포함되어 있었기 때문에 독립된 분야가 아니었음을 볼 수 있다.

그러나 『수서』 경적지에 이르면 사학이 경학과 나뉘어 있다. 첫째부분은 경학이었고, 둘째부분이 곧 사학이었다. 셋째부분이 자子, 넷째부분이 집集이었다. 후일 중국의 경經·사史·자子·집集의 사부四部분류는 바로 이 때부터 시작된 것이다. 실제 진대晉代의 순욱荀勗이 『중경中經』을 지어 경·사·자·집 등 4부로 분류했지만, 실제 분류명칭은 갑·을·병·정이었다. 이는 하나의 선례였고, 『수서』 경적지에 이르러서야 정식으로 경·사·자·집 등으로 분류되었다.

사부史部의 첫번째 책은 바로 『사기』였다. 『사기』는 이제 더 이상 '춘추' 항목에 부록되지 않고 사부의 첫번째 책이 된 것이다. 그 다음에 『한서』·『후한서』·『삼국지』 등이 위치했고, 이들을 모두 '정사'라고 칭했다. 그러나 4부에는 정사 이외에도 13류類가 포함되어 있었다. 여러분들은 이 사실을 통해 『사기』 이후 사학이 곧 중국의 학술 속에서 독립된 위치를 가지게 되었을 뿐만 아니라, 정사 이외에도 13류類나 되는 사학을 볼 수 있다. 이 같은 사실이 어찌 중국사학의 매우 커다란 변화와 발전이 아니겠는가?

만약 여러분들이 『수서』 경적지의 서목書目을 가지고 통계를 내어보면 사부史部에 수록된 책이 모두 817부部 13,264권卷이었음을 알게 될 것이다. 모두 당시 실제 보존되었던 책을 가리키고, 그밖에 책명만 전하고 유실된 책이 있었지만 모두 포함되지 않았다. 『수서』 경적지에 수록된 전체서목은 모두 14,466부, 89,666권으로서 권수만을 가지고 살펴보면 대체로 사부에 속하는 책이 약 7분의 1을 차지하고 있었다. 이러한 사실을 통해 우리들은 당시 중국학술계에서 차지하고 있던 사학의 비중이 상당히 컸음을 짐작할 수 있다.

13류의 사학에 대해서는 천천히 살펴보도록 하자. 그러나 『수서』 경적지에 보이는 많은 책들이 현재에 와서는 실제로 거의 대부분 유실되고, 전하는 것이 그리 많지 않다. 청대의 장종원章宗源과 요진종姚振宗 두 사람은 모두 『수서』 경적지에 대하여 고증작업을 한 바 있는데, 이 두 사람의 책이 모두 개명서점開明書店에서 발간한 『이십오사보편二十五史補編』 안에 수록되어 있다. 『수서』 경적지를 읽으면 4부로 분류된 817부의 책이름을 볼 수 있다.

그리고 장종원과 요진종 두 사람의 책을 보면 모든 책마다 고증이 가능한 부분은 그 내용을 모두 기록하고 있다. 그러나 노력에 비해 얻어진 성과가 그리 크지 않다. 이미 유실된 책들에 대해서는 특별히 언급할 필요가 없는 것이 많았던 것이다. 우리들은 이들 유실된 책들이 당시에 본래 특별한 가치가 없었기 때문에 오늘에까지 전해오지 않았던 것이라고 말할 수도 있다.

지난 강의시간에도 이야기했지만, 배송지의『삼국지』주에도 당시의 사서 1, 2백 종이 인용되고 있었고, 비록 완전한 내용이 수록된 것은 아니었지만 우리들은 그 1, 2백 종 서적의 대강내용을 짐작할 수 있다. 또 다시 왕선겸의『후한서집해』를 읽으면 그 책 안에 수많은 단편적인 자료가 있음을 알 수 있다. 그러나 결국 이후 계속 전한 것은 적었고, 없어진 것은 많았다.

그렇지만 한번 물어보자. 후일에 와서 이미 수많은 책들이 유실되고 전하지 않는데, 그러면 당시, 즉 수隋 이전 혹 한대 특히 후한으로 위진남북조까지 어찌 이 기간 동안에 이렇게 많은 사서가 출현하게 되었는가. 많은 책들이 당시에 출현하게 된 데에는 분명히 어떤 의의나 실제적인 작용과 영향 등이 있었을 것이다. 그렇지 않았다면 후한으로부터 위진남북조라는 이 긴 시기에 새로운 사학이 어찌 나타날 수 있었겠는가? 또 사학은 당시에 결국 어떤 작용을 일으켰으며, 어떤 영향이 있었는가? 이는 역사를 연구하는 사람이라면 당연히 연구해야 하는 문제이다.

여러분들은 시대와 학술 사이에 상호 발생하는 작용을 알아야만 한다. 왜 이 시대에 이같이 많은 책들이 출현했는가? 이는 시대가 학술에 영향을 주었기 때문이다. 그러나 이들 책 역시 이 시대에 대하여 일정한 영향을 주었다. 이는 학술이 시대에 영향을 끼친 것이다. 만약 우리들이 다시 '후한 이후 중국사학의 발전', 혹은 '중국의 신사학新史學' 등이라 말하더라도 하나의 커다란 주제가 되지 않겠는가.

우리들이 지금 중국 사학명저를 강의하고 있지만 많은 책들이 이미 망실되어 언급할 방법이 없고, 또 명저가 아니라면 물론 말할 필요도 없다. 그러나 만약 우리들이 그저 대충 중국사학을 말한다든지, 혹은 다시 제목을 바꾸어 '중국사학사'를 설명한다고 해도, 이 시기는 중국사학 중에서 특별히 주의할 만한 가치를 지닌 시기였다.

그 이전 시기에는 근본적으로 독립된 사학이 존재하지 않았고, 그 이후 시기의 경우 물론 『당서』 예문지를 읽어야 비로소 이 시기의 사학을 알 수 있지만, 사학의 발전은 당대唐代보다 뛰어났다. 중국의 사학은 두 시기에 특별히 매우 성행했다. 하나는 지금 이야기하고 있는 이 시기이고, 다른 하나는 곧 송대이다. 이후 명·청 두 시대는 모두 비교될 수 없었다.

우리들이 사학명저를 강의하고자 하면 당연히 먼저 사학을 이해해야만 한다. 그리고 사학이 전체 학술 속에서 어떻게 발생했는지를 이해해야 하고, 사학의 의의와 작용이 어디에 있으며, 특별히 사학과 기타 학문의 차이가 어디에 있는지를 당연히 알아야 한다.

이 시기의 책들을 현재 대부분 잃어버렸다고 해서 방치해두고 언급하지 않을 수 없다. 옛날 사람들은 모두 살다 죽었지만, 우리들이 여전히 어떤 역사를 말하고 있듯이 한나라도 망하고 위진남북조 시대도 모두 지나갔지만, 우리들은 바로 이 곳에서 그들에 관한 연구를 하고 있는 것이다.

이러한 점에 근거하여 여러분들이 잘 알고 있는 양한의 경학을 살펴보자. 전한에서 후한에 이르면 경학상 매우 많은 박사들이 경서를 강의했다. 여러분들이 한번 『수서』 경적지를 조사해 보면 그 안에 수록되었던 책 거의 대부분이 오늘날 전해지지 않고 있음을 알 수 있다. 그렇다고 경학이 양한시대에 어떠한 의의도 없었고, 또 어떤 작용이나 영향을 발생시키지도 못했다고 말할 수는 없다.

한대에 큰 작용과 영향을 발생시킨 중국 고대의 학술 가운데 경학을 능가하는 것은 없었다. 그 당시 사학은 아직 독립되어 있지 않았고, 제자학은 쇠퇴했으며 집부集部 또한 아직 없었다. 여러분 한번 생각해 보라. 우리들이 양한시대의 역사를 이야기하면서 어찌 『한서』와 『후한서』 중의 「유림전儒林傳」이나 혹은 그들의 경학을 언급하지 않을 수 있겠는가?

양한시대 사람들이 말하는 경학은 '통경치용通經致用'이라는 말로 대표할 수 있다. 이는 곧 경학이 당시에 일정한 작용을 일으켰다는 말이다. 여러분들이 『한서』나 『후한서』를 읽으면 곧 경학이 당시에 발생시켰던 적이 있는 작용과 영향을 자세히 볼 수 있는데, 이 역시 큰 주제이다. 뿐만 아니라 우리들의 안목을 경학으로부터 사학으로 옮겨오게 했다. 지금 우리들이 이 자리에서 사학을 말하고 있지만, 어찌 중국의 이왕의 역사가 모두 아무런 관련 없다고 할 수 있겠는가. 또 중국에는 사학이 없으며 우리들에게 연구할 만한 가치를 제공하지 않는다라고 할 수 있겠는가.

우리들은 마땅히 이전의 상황을 회고해야 하고, 몇 개의 큰 주제를 내세워 이야기해야만 한다. 단편적인 것을 통해 서로 아무런 상관없는 작은 주제를 찾아서는 안된다. 앞에서 말한 바와 같이 양한시대의 경학이 도대체 당시에 어떤 작용과 영향을 발생시켰는가 하는 것은 역사상 매우 커다란 주제이다. 뿐만 아니라 많은 자료들이 모두 그 안에 잘 정리되어 있다. 여러분들이 자세히 『한서』와 『후한서』를 읽기만 하면 일체의 사실을 스스로 찾아볼 수 있을 것이다.

아주 가벼운 예를 들어보자. 앞에서 나는 사마천의 『사기』를 이야기하면서 특별히 그가 동중서董仲舒의 말을 가지고 공자가 『춘추』를 지은 것이 어떤 의의를 지니는 것인지를 언급했다. 나는 일찍이 종래에 『춘추』를 언급한 사람 중 동중서의 이 몇 마디보다 특별히 정교하면서도 그 뜻을 분명하게 하고 아울러 요점을 잘 정리한 것은 없었다고 이야기한 적이 있다. 그러나 이 몇 구절은 오히려 동중서의 다른 책에는 보이지 않는다.

나는 사마천이 『사기』를 지을 때 바로 이 몇 구절에 근거했다고 말한 적이 있다. 그렇다면 사마천 역시 어찌 '통경치용'의 의도가 없었겠는가! 사마천은 『춘추』에 통하고 나서 『사기』를 편찬하게 되었던 것이다. 이것이야말로 바로 당시에 있어서 '통경치용'의 실제적인 예가 아니겠는가!

『사기』는 『수서』 경적지의 13류 사서 중의 첫번째 류의 첫번째 책이 되었고, 바로 이 부류를 중국의 정사라고 불렀다. 이 같은 '통경치용'이야말로 그 효용을 극대화시킨 것이 아니겠는가. 여러분들은 지금 경학이 아무 쓸모가 없다고 말하겠지만, 사마천 자신에게는 매우 큰 작용을 했던 것이다.

그러면 다시 한 가지 예를 들어보자. 내가 『유향유흠부자연보劉向劉歆父子年譜』를 쓴 적이 있는데, 강유위의 『신학위경고新學僞經考』에 대해서도 언급했다. 강유위는 말하기를 "현재 우리들이 칭하는 경학은 한학漢學이라 칭할 수 없고 바로 왕망이 세운 신新왕조의 신학新學일 뿐이다. 그들이 정리한 수많은 경전은 옛사람들이 전한 것이 아니라 모두 유흠이 왕망의 찬위를 돕기 위해 위조한 것이므로 이를 '신학위경新學僞經'이라 했다"고 했다.

강유위의 이 같은 말들은 모두 잘못된 말이다. 앞에서 말한 나의 책에서 왕망의 찬위와 변법 등 일체 사실이 모두 당시의 경학적 의의에 근거하여 발생한 것이라는 사실에 대한 증거를 모두 기록했다. 『한서』의 후반부, 즉 유향의 등장부터 유흠과 왕망의 사망까지의 시기에 있어서 한나라 사람들의 일체의 논의와 행동은 모두 경서에 근거한 것이었다. 왕망의 한왕조 찬탈 역시 경전의 뜻에 근거했던 것이다. 나는 『유향유흠부자연보』에서 증거를 극히 상세하게 갖추어 나열했다. 이것 또한 '통경치용'이라 할 수 있는 것이다. 그 사용함이 맞고 틀리고는 또 다른 문제이다.

나는 오늘 단지 두 가지 예를 들었다. 만약 우리들이 다시 진일보하여 한나라 사람들의 경학이 한대에 어떤 작용과 영향을 발생시켰는지를 연구한다면, 사마천이 『춘추』에 근거하여 『사기』를 지은 영향은 사학에 미쳤고, 유흠과 왕망이 경전의 뜻에 근거하여 선양과 변법을 단행한 것은 그 영향이 정치에 미쳤음을 말하는데, 그 영향은 매우 분명하고 컸다.

『한서』와 『후한서』에 근거하여 역사사실을 자세히 들여다보아야 경학은 비로소 살아 있는 경학이 된다. 청대의 유학자들처럼 해서는 안된다. 그들은 경학의 연구는 반드시 한나라 사람들의 견해에 근거해야만 한다고 했다. 때문에 청대 268년간 소위 한학가들은 거의 모두 경서의 훈고·장구章句·교감校勘·집일輯逸 등에 착안하고 있어서 대부분의 정력을 오히려 '종이조각'에 쏟아 자구를 살피는 일에만 전념했다. 따라서 그들이 말하는 경학이란 곧 조금 남아 있거나 없어진 자료를 조사하고 정리하는 일이었다.

그들은 스스로 "깊은 도리를 밝힌다(鉤沉)", "옛 일을 자세히 살핀다(稽古)"고 했지만, 그들이 얻은 것은 다만 종이조각 경학으로서 일종의 '죽은 경학'이라고 할 수 있다. 단순히 경학만을 가지고 경학을 연구했지, 역사적 시대 속에서 경학을 연구하지는 못했다.

그들은 그 당시 한나라 사람들이 어떻게 이러한 경학을 사용했는지에 대하여 별로 주의하지 않았다. 동중서를 예로 들면 그는 5경을 세상에 크게 드러내고 제자백가를 몰아낼 것을 주장했고 오경박사를 세웠다. 그리고 그의 천인삼책天人三策에는 당시의 한나라 정치제도에 대하여 어떠한 중대한 작용과 영향을 끼쳤는가 하는 것이 실려 있다.

내가 저술한 『진한사秦漢史』에서는 이러한 문제에 대하여 적극적인 설명을 했다. 이것이야말로 역사 속의 살아 있는 한학漢學이라 할 수 있으며 또 참된 한학이라고 할 수 있다. 한나라 사람들만 그랬던 것이 아니고 위진남북조시대에도 마찬가지였다. 당시의 경학이 비록 한과는 비교할 수 없다고 하여도 여전히 살아 있는 그리고 진실한 면이 있었다. 당대에도 그러했고, 송대에는 더욱 심했다. 그러나 청대에 이르러 그들이 연구한 것은 단지 그들 자신의 경학이었을 뿐 한대인의 경학이 아니었고, 물론 한 이후의 역사 속의 살아 있는 경학도 아니었다.

이러한 점에서 우리들은 모든 학술은 반드시 그 시대성이 있고 또 그 시대 속에서 작용과 영향을 발생시킨다는 사실을 알아야 한다. 이 같은 작용과 영향이 계속되면 역사적 성격을 갖게 된다. 시대성이란 곧 역사성이기도 하지만, 어떤 것은 후세에 전해지지 않는다. 시대가 지나가면 이러한 학문은 함께 지나가게 마련이다. 즉 단지 시대성을 지니고 있을 뿐 역사성은 지니지 못한 것들이다.

시대를 초월하여 연속될 수 있을 때 우리들은 비로소 '역사성'을 이야기하는 것이다. 고대의 경학이 한에 와서 이미 없어진 것은 아니다. 한 이후 여전히 경학의 작용과 영향은 남아 있었고, 이는 곧 경학이 지닌 일종의 역사성이 되었다. 대체로 일체의 학술은 모두 시대성과 역사성을 벗어나 존재할 수 없다. 진실로 시대와 역사를 벗어난 학술은 존재할 수 없는 것이다.

예를 들어 공자의 『춘추』나 『논어』는 모두 시대성을 지닌 것으로 당시에 이미 일정한 작용과 영향을 발생시켰다. 공자의 72제자들이 공자의 이 같은 말을 듣지 않았다면 당시에 커다란 영향을 발생시킬 수 있었겠는가? 그 영향은 전할수록 오래 그 가치가 전했고, 갈수록 그 영향은 더욱 커져 갔다. 전국시대·양한 그리고 오늘날까지 공자는 중국역사상 가장 역사성을 갖춘 인물이 되었고, 유학은 중국역사상 가장 역사성을 갖춘 학술이 되었다.

소위 경학이라는 것은 단지 유학의 일부분이다. 오늘날 학문을 하는 여러분들은 대부분 5·4운동 이래의 소위 '신사상新思想'의 영향을 받았기 때문에 그에 근거하여 학문을 하려고 한다. 젊었던 시절 나는 다행히 이러한 영향을 받지 않았기 때문에 그 영향에 구속되지 않을 수 있었다. 그러나 오늘날 그러한 영향은 또 금세 지나가게 될 것이고 다시 존재할 수도 없다. 그런데도 여러분들은 그 같은 영향 하에 학문을 하려 하는가? 그렇게 된다면 어떤 성과도 낼 수 없을 것이다.

나는 여러분들에게 사학을 설명하면서 처음부터 끝까지 역사적인 관점에서 말하고 있다. 따라서 주공을 말하고, 공자를 말하고 있는 것이다. 나는 내가 이야기하는 이러한 말들이 계속 남아 존재할 수 있을 것이라 자신한다. 과거 5·4운동 당시에 유행했던 말들이 일찌감치 없어져 버리고 현재 남아 있지 않은 것과는 다를 것이다.

그러나 우리들은 그러한 것들이 아무런 작용이나 영향을 주지 못했다고 말할 수 없다. 일정한 작용과 영향을 주었을 테지만 좋지 않은 작용과 영향을 주었을 뿐이다. 그러니 우리들이 반대하지 않을 수 없다. 더욱이 종이조각 위의 학문이 당시의 시대와 이후 역사에 아무런 작용과 영향을 주지 못했다면 반대할 가치조차 없는 것이다.

다시 관점을 바꾸어보자. 『한서』 예문지를 보면, 중국 고대의 학술은 크게 두 분야로 나뉘는데, 하나는 왕관지학王官之學이고 다른 하나는 백가지언百家之言이었다. 이에 대해서는 이미 앞 시간에 말한 적이 있지만, 다시 반복하여 이야기를 해야겠다. 먼저 청대 장학성의

『문사통의』와 『교수통의』는 그가 『한서』 예문지를 통해 찾아낸 주제로서, 커다란 '발명發明'이었다. 5·4운동 시기에 호적胡適이 「제자백가가 왕관에서 나온 것이 아님을 논함[諸子不出於王官論]」이라는 글을 썼다. 호적은 제자학이 왕관지학에서 유래된 것은 아니라고 말했다. 그러면 어디서 비롯된 것인가.

그는 시대적 요구에서 비롯된 것이라 했다. 그가 쓴 『중국철학사 대강中國哲學史大綱』에서 그렇게 말했다. 그러나 그 당시에는 틀림없이 단지 왕관지학만 있었을 뿐이었다. 그렇다면 백가지언이 어찌 왕관지학에서 비롯된 것이 아니겠는가? 다만 『한서』 예문지처럼 유가는 이 왕관王官에서 도가는 저 왕관에서 나왔다는 등으로 억지로 맞춘 것과는 달랐다. 따라서 결론적으로 백가지언은 왕관지학에서 비롯된 것이라 할 수 있고, 그 중간에 가장 중요한 중심인물은 바로 공자였다.

공자의 『춘추』는 「육예략」 중의 가장 뒷부분에 있었다. 또 공자의 『논어』는 백가지언 가운데 가장 먼저 나온 것이었다. 한에 이르러 소학小學에서는 『논어』를 공부하고, 대학大學에 들어가면 5경을 공부했다. 5경을 공부할 때에도 공자의 말에 근거하여 읽었다. 5·4운동 시기에 "공자사상을 타도하자[打倒孔家店]"고 했지만, 여러분들이 만약 철학을 하거나 혹은 신사상을 언급하려면 스스로의 견해도 중요하지만 그 견해의 근거가 없어서는 안된다. 여러분들이 사학을 하는 데 있어서 만약 한나라를 연구한다면 한을 타도할 수 없고, 송을 연구하면서 그 송을 타도할 수는 없는 것이다.

한학漢學과 송학宋學이 도대체 어떠했는지를 연구하기 위해서 여러분들은 곧 중국학술이 한에 이르러 크게 변했음을 알아야 한다. 학술사상은 변하게 마련이고 사회와 정치 역시 모두 변한다. 후한에 이르면 중국의 학술·사상·사회·정치 등이 다시 변했다. 그리고 그러한 변화는 이후 삼국·양진兩晉·남북조를 출현시켰다.

한은 하나의 커다란 통일정부였지만 후일 변했다. 그러한 변화의 모습은 『한서』 예문지가 『수서』 경적지로 변하는 과정 속에서 그 정황을 살필 수가 있다. 『수서』 경적지에는 사부史部와 집부集部가 있지만 『한서』 예문지에는 아직 없었다. 사부와 집부는 모두 당시의 새로운 학술이었다. 어떻게 변화하여 왔는지에 대해서는 이미 앞에서 그 중 중요한 부분을 언급한 바 있다. 예컨대 사마천의 『사기』로부터 '사학史學'이 비롯되었다는 것 등이다.

오늘은 이어서 당시 중국의 문학사를 살펴보자. 『시경』과 『초사楚辭』로부터 직접 변화하여 한의 사부辭賦가 발전했고, 이는 『한서』 예문지에 수록되어 있다. 사부는 어떤 것들이 있으며, 그것들은 어떻게 변화 발전되어 온 것인가? 우리들은 또 장학성이 이야기한 바에 대하여 탄복하지 않을 수 없다. 그는 사부辭賦가 전국시대 유사游士들의 '책策'에서 변화한 것이라 말했다. 이 같은 상세한 변화와 발전에 대해서는 내가 쓴 『진한사』에서 자세히 설명한 바 있다.

한대의 사부는 궁정의 시종지신侍從之臣에게서 나온 것이다. 그들은 스스로 사부를 통해 과거 『시경』의 「아雅」·「송頌」 등에 이어 조정을 선전하거나 찬양한다고 여겼다. 또 악부樂府라는 것이 있었는데 이는 바로 『시경』의 「국풍國風」과 같았다. 한유漢儒들은 주의 천자가 궁중에서 각 지역의 풍속을 널리 모았음을 말했고, 경학가들의 말에 따라 한무제 역시 풍속을 널리 모았다. 당시 각 지역의 민가民歌나 민요民謠가 모두 궁중으로 채집되었다.

이리하여 악부 역시 한의 왕관지학이 되었다. 그리고 고시古詩 19수가 악부로부터 벗어나 한 격식이 되었다. 사언시四言詩가 오언시五言詩로 바뀌었고 이는 후일 신문학을 발생시켰다. 『문선文選』에 수록된 많은 시들이 모두 전한다. 때문에 『후한서』에는 「유림전」외에 다시 「문원전文苑傳」이 첨가되었던 것이다. 『문원전』은 『사기』와 『한서』에는 없었다. 그러나 그 당시 이미 문장에 능한 사인들이 있었다.

예컨대 사마상여司馬相如나 양웅揚雄 등은 모두 사부에 능했던 사람들이다. 그러나 당시에는 아직 '문인文人'이라는 관념이 없었다. '문학'의 독립은 후한 이후 비로소 시작되었다. 따라서 경·사·자·집 등 4부四部가 성립되었던 것이다. 문학 역시 경학으로부터 변하여 온 것이며, 이러한 변화 역시 하나의 '통경치용'임을 알 수 있다.

나는 한대의 경학이 당시 역사에 있어서 이같이 큰 작용과 영향을 발생시켰음을 말했다. 그러면 『한서』예문지로부터 『수서』경적지에 이르는 시기의 학술의 변화와 발전에 대하여 말해 보자. 이는 역사상 매우 중요한 사실로서 후한 광무제 혹은 조조曹操 등 정치적 인물과 비교하더라도 그 영향이 더욱 컸다고 할 수 있다. 이 같은 변화와 발전을 거쳐 중국의 학문이 경·사·자·집이라는 네 기둥을 이룰 수 있었던 것이다.

이전의 학문은 단지 상·하 두 층만이 있을 뿐이었다. 위로는 왕관지학, 아래로는 백가지언이 있었는데, 이것이 경·사·자·집의 4부四部로 바뀐 것이다. 당연히 경학은 위진남북조시대에도 존재했다. 사학 역시 위진남북조시대에 있어서 네 기둥 중의 하나에 불과한 것으로, 양한의 경학과는 비교될 수 없었다.

내가 이렇게 학술에 대하여 말하는 것은 예컨대 우리들이 남방 지역에서 볼 수 있는 큰 용榕나무처럼 한 뿌리마다 수많은 가지들이 뻗쳐 나와 있고, 또 가지들이 땅에 떨어져 다시 뿌리를 내리는 것과 똑같다. 경학은 고대 중국학술의 하나의 커다란 뿌리와 같은 것으로 그 속에서 6예六藝가 생겨났고, 그 가운데『춘추』라는 가지가 땅에 떨어져 다시『사기』가 탄생하고, 그것이 자라 다시 커다란 나무들을 생겨나게 했다. 그것이 바로 내가 지금 이야기하고 있는『한서』·『후한서』·『삼국지』등인 것이다.

여러분들이 큰 용나무를 보면 새로운 것이 자라더라도 옛것이 아직 함께 있는 것을 목격하게 될 것이다. 사학도 마찬가지로 많은 가지들이 자라게 되었고 그것이 바로 우리들이 이야기하고자 하는 당시 사학 중의 13류類로 성장한 것이다. 문학도 마찬가지로서『시경』이 땅에 뿌리를 내려 한대의 악부樂府가 생겨나고, 악부가 조금씩 성장하여 새로운 가지가 된 것이다.

예컨대 고시古詩 19수가 새로운 가지로 성장하여 당시의 신문학으로 자리잡은 것이다. 또 백가지언 중의 노자와 장자의 학문이 땅에 뿌리를 내려 왕충의『논형』을 탄생시키고 또 큰 나무가 되게 했던 것이다. 우리는 이러한 학술상 소위 "땅에 뿌리를 내려" 거듭 새로운 생명을 탄생시키는 현상을 알아야만 한다.

실제로 『춘추』 역시 『상서』로부터 생겨난 것으로서 이에 대해서는 이미 앞에서 언급한 바 있다. 그러나 이같이 용나무 가지가 땅에 떨어져 새로운 뿌리를 생기게 하듯 다시 『사기』를 탄생시켰다. 경학은 이미 이 시기에 더 이상 자랄 수 없도록 커졌기 때문에 이후의 경학이 다시는 한대와 서로 비교할 수 없었다. 따라서 한대의 5경 이후 다시는 다른 경전이 추가되지 않았던 것이다.

마찬가지로 『사기』와 『한서』가 있고 난 뒤 25사라는 소위 정사가 있게 되었지만 그 이후 다시는 제2의 정사가 없었다. 소위 4사 이후 다시는 사史 혹은 정사가 없었다는 것이 아니고, 이후 등장한 정사들은 단지 커다란 전통 속에서 생겨난 작은 가지들에 불과하여 그 전통을 유지하고는 있었지만, 더욱 커다란 새로운 창조를 이루지는 못했다는 것이다.

경학도 처음에는 하나의 큰 전통을 지니고 있었지만, 이후 청대에 이르기까지 경학을 말한 많은 책들이 있었음에도 경학은 다만 전통적인 경학이었지 큰 창조라고 할 만한 것은 없었다. 사학은 경학으로부터 처음 생겨난 것이었지만, 『사기』와 『한서』 그리고 『후한서』가 있고 나서 이후의 25사 역시 단지 하나의 정사라는 커다란 전통을 잇고 있을 뿐, 그 이후에는 우리들이 특별히 다시 상세하게 설명할 만한 가치를 지닌 정사가 한 권도 없다. 왜냐하면 그 책들 속에는 창조라고 할 만한 것이 없기 때문이다.

역사를 공부하는 여러분들은 당연히 25사를 모두 보아야 한다. 그러나 내가 말한 사학명저 가운데 정사는 이 부분까지만 이야기하고자 한다. 이하 일일이 말하지 않으려 한다. 이는 마치 경학에서 『상서』와 『춘추』를 말하고 나면 이하 다시 새로운 『상서』, 새로운 『춘추』가 없는 것과 같다.

그러면 오늘 이후의 중국사학은 당연히 어떠한 것이 있어야 하는가? 지금은 아직 잘 모르겠지만 그래도 한 가지는 알 수 있다. 커다란 용나무처럼 땅에 뿌리를 내려야 새로운 가지가 탄생할 수 있는 것이지, 위의 가지를 잘라 땅에 심는다고 하여도 뿌리가 잘리면 생명은 잃게 되는 것이니 거기에서 어찌 새로운 것이 탄생할 수 있겠는가.

만약 여러분들이 혹은 반드시 여러분들이 아니더라도 오늘 이후 사학자가 중국의 신사학을 창조하고 새로운 사서를 쓰고자 한다면, 반드시 옛 역사로부터 시작해야만 한다. 분명히 먼저 사마천의 창조가 있고 난 뒤 비로소 다시 반고와 진수와 범엽이 있을 수 있었다. 이 같은 책임은 진실로 큰 것이다. 참으로 위대한 사람이 없었더라면 어찌 사마천이 있을 수 있었겠는가.

그러나 현재에도 반드시 사마천과 같은 인물이 있어야만 된다고 여겨진다. 반고는 다만 사마천에게서 배웠을 따름이다. 그럼 사마천은 누구에게서 배운 것인가? 사마천이 배운 것은 『춘추』였다. 그는 경학을 완전히 사학으로 변화시켰다.

여러분들이 이후 중국에서 다시는 사마천과 같은 인물이 출현하지 못할 것이니 일체 모든 것은 외국의 사학 가운데서 배워야만 된다고 하는데, 물론 가능할 수도 있을 것이다. 그러나 반드시 먼저 외국사학에 능통해야 하고, 그 후 다시 외국사학을 중국의 새로운 태사공으로 삼아야 하지만 이는 오히려 더욱 어려울 것이다.

여러분들은 반드시 더욱 깊이있게 그리고 더욱 상세하게 서양의 역사를 공부해야 한다. 정말로 서양역사에 능통하게 되면 다시 땅에 뿌리를 내리듯 해야 한다. 그렇지 않으면 학술을 배웠다고 할 수 없다. 이러한 '학學'을 거치지 않고 어찌 새로운 것을 창조할 수 있겠는가. 창조하려면 반드시 그에 이르는 '술術'이 있어야 하는데, 그것은 바로 길이요, 혹은 방법이라고 할 수 있다. 이 길과 방법은 여전히 학學을 필요로 한다.

사마천의 아버지 사마담은 제가백가에 모두 능통했고 따라서 '육가요지六家要旨'를 논할 수 있었다. 사마천과 그의 아버지는 다시 새롭게 공자의 『춘추』를 『사기』로 바꾸었다. 여러분들이 앞에서 내가 한 말들을 들었다면 중국의 사학이 이미 완성되었다는 점을 이해할 수 있을 것이다. 정사가 있게 되면서 곧 중국사학의 커다란 가지가 출현하게 된 것이었다. 따라서 우리들은 이하 이 같은 가지들에 대하여 상세하게 설명하지 않아도 되는 것이다. 다음으로 우리들은 정사 이외의 것에 유의하도록 해 보자.

『수서』 경적지의 사부史部는 13류로 구성되어 있다. 정사 이외에 12류가 있는 셈이다. 이 과정에는 복잡한 면이 있기 때문에 어떤 사람이 후한부터 수에 이르는 중국사학의 발전과정을 쓸 수 있을지 모르겠다. 당연히 주공부터 사마천에 이르는 시기의 중국사학을 쓰는 이가 있어야 하고, 그 다음 수나라 이후의 중국사학을 써야만 『중국사학사』가 조금씩 완성되는 것이다. 이러한 작업은 반드시 해야 하는 것이지만, 매우 어려운 작업이기도 하다.

먼저 당신이 일정한 부분을 쓰고, 또 쓰고 하면 장래 어떤 사람이 그것들을 합쳐 중국사학사를 정리하게 될 것이다. 혹은 당신이 중국사학사를 쓰고, 또 나도 중국사학사를 저술하여 여덟 부, 열 부 이렇게 많아지다 보면 장래 더욱 바람직한 사학사가 쓰일 수 있을 것이다. 예컨대 중국통사의 경우 내가 쓴 『국사대강』 역시 그 가운데 한 권일 뿐이다. 그러나 이미 몇십 년이 지났다. 모름지기 부단히 쓰여야 하고, 많은 중국통사가 쓰여야 천천히 보다 바람직한 중국통사가 출현할 수 있다.

학문은 갑자기 완성되는 것이 아니다. 학문은 한 사람이 홀로 할 수 있는 것도 아니다. 공자는 다만 집대성했을 뿐이지 홀로 모든 것을 창출했던 것은 아니었다. 사마천 역시 홀로 『사기』를 창출해낸 것이 아니었다. 그 역시 계승한 바가 있었다. 그렇다면 우리가 오늘 『수서』 경적지에 보이는 수많은 사서를 가지고 후한부터 수에 이르는 시기의 중국사학에 대하여 설명할 수 있겠는가?

장종원과 요진종처럼 책을 한 권씩 설명하는 방식은 일종의 자료학이라고 할 수 있는 것이지 우리가 지금 바라는 것은 아니다. 여러분들이 힘을 다하여 이 작업을 하기 위해서는 그들의 책을 읽어야 하지만, 그 두 사람의 책은 다만 참고가 될 뿐이다. 우리들은 『수서』

경적지에 수록된 817부의 사서를 사마천의 『사기』를 참고로 하여 한 장의 표로 만들 수는 없을까.

『수서』 경적지가 13류로 분류한 것을 『사기』 십이제후연표에서 주의 천자를 모두 13행行으로 나누듯이 할 수 없을까. 각 류類에 속하는 모든 책을 연대에 근거하여 배열하고, 첫째 류에는 『사기』를 수록하고 다시 얼마간의 기간이 지나 『한서』를, 또 얼마간의 기간을 지나 『후한서』를 수록한다. 이와 같이 당시 사학에 속하는 13류를 시대의 순서대로 하나의 표를 만들면, 이 표를 통해 전체 변화와 발전과정을 볼 수 있고 그 대략을 파악할 수 있다. 그리고 다시 그 위에 후한부터 수에 이르는 일체의 역사사실을 함께 배열하면 된다. 이 작업은 매우 번거로운 일로서 쉽게 할 수 있는 작업이 아니다. 그러나 매우 큰 의의가 있는 작업이기도 하다.

이 시기는 사학이 새롭게 일어나던 시대로서 후일 북송과 남송 시대를 제외하고는 사학이 이처럼 성행했던 적이 없었다. 이 시기의 사학은 당시 사회에 대하여 어떤 작용과 영향을 불러일으켰는가? 그 시대는 또 어떻게 이 같은 13류의 사학을 발생시킬 수 있었는가? 이는 공허한 이론이 아니고 현실적인 상황이었다. 마치 사과가 땅에 떨어진 것은 직접 발생한 사실이고, 후일 천천히 그 사실을 통해 지구의 중력을 설명하는 것과 같다.

여러분들이 과학정신을 말할 때 가장 중요한 것은 구체적 사실이라고 할 것이다. 그러나 자료만을 이야기한다면 그것은 과학이 아닌 것이다. 과학이란 많은 자료로부터 하나의 과학을 설명할 수 있어야 한다. 예컨대 생물학의 경우 다윈이 수많은 실제적 예를 들어 생물의 진화를 설명해냈을 때 비로소 그것이 과학으로 성립할 수 있었던 것이다.

인문학 역시 마찬가지이다. 내가 앞에서 이미 "널리 앎으로써 요약할 수 있다"고 말한 바 있다. 즉 하나하나 단편적인 자료들을 귀납적으로 모아 하나의 결론을 얻게 된다는 것이다. 학문을 하는 사람은 이 같은 도리를 알아야만 한다.

『수서』 경적지의 사부를 구성하는 13류는 다음과 같다. 정사正史・고사古史・잡사雜史・패사覇史・기거주起居注・구사舊事・직관職官・의주儀注・형법刑法・잡전雜傳・지리地理・보계譜系・부록簿錄 등이 그것이다. 스스로의 독서방법을 훈련하려는 사람들이라면 『한서』 예문지를 읽을 경우 단지 책제목만을 읽어서는 안된다. 예컨대 장학성이 『한서』 예문지를 어떻게 설명하고 있는지를 알아야 비로소 이 같은 책들 배후에 있는 뛰어난 의의를 알 수 있다.

이 13류 가운데 각 류마다 그 내력을 설명하고 있지만 당연히 우리들이 보충해야 할 부분은 많다. 예컨대 첫번째 「정사」류는 사마천의 『사기』로부터 시작하고 있다. 『사기』가 어떻게 만들어졌는지에 대해서는 내가 앞에서 여러분들에게 그 대강을 말한 바 있다.

두번째 「고사」류는 고대사서를 본받아 쓴 것들이다. 사마천의 『사기』는 하나의 새로운 창조라고 할 수 있지만, 대부분의 소위 고사라는 것은 다만 『춘추』를 모방하여 편년체로 쓰인 것으로 새로운 특징이라고 할 것이 없었다.

세번째 「잡사」류는 일부분 『상서』를 모방한 것으로 사건 하나하나를 그대로 베껴 적은 것이다. 일종의 '사초史鈔'와 같다. 그러나 여러분들이 알아야 할 것은 어떤 사서라 할지라도 대체적으로 모두 베껴온 것이라는 사실이다. 사마천의 『사기』도 마찬가지였다.

그러나 베끼더라도 아무런 체계없이 다만 단편적인 자료를 모아놓은 것을 곧 「잡사」라고 불렀다. 예컨대 『전국책』은 「잡사」에 속했다. 「잡사」 이외에 「패사覇史」가 있었다. 중국은 후한 이후 다시 분열되어 많은 지역들의 역사가 정식 '국사'로서 인정받지 못했다. 그것이 바로 「패사」라고 불렸던 것이다. 예컨대 『화양국지華陽國志』가 그것이다.

살펴본 「정사」·「고사」·「잡사」·「패사」 등은 모두 여전히 큰 체계 안에 속하는 것이었고 고대부터 이미 그 계통은 존재했다. 이후 다시 많은 것들이 다시 생겨났다. 예컨대 「기거주」도 매우 오랜 옛날부터 있었던 것으로 계속 전해져 청대까지 이어졌다. 황제의 일상생활[起居]을 기록함으로서 후일 역사를 편찬할 때 매우 중요한 참고자료가 되었다.

「구사舊事」란 바로 많은 역사이야기들을 말하는데, 그 범위가 극히 넓었다. 조정의 정령政令 역시 그 범위 안에 있었다. 「직관」의 경우, 『한서』 백관공경표 아래에 「직관지職官志」가 있었다. 「의주儀注」는 조정의 각종 의례제도를 말하는 것이다. 「형법」은 위로는 한으로부터 중간에 양진을 거쳐 수당에 이르는 시기까지 계속하여 변화 발전해 온 것으로서 이 「형법」류를 통해 그 과정을 탐구할 수 있다. 이처럼 앞에서 말한 「기거주」에서 「형법」에 이르는 몇 가지는 대체로 모두 정부의 공식문서(檔案)들로서 정치적인 것이었다.

다음으로 「잡전」류가 있는데 이 부분의 수량이 가장 많았다. 모두 217부, 1,286권이나 되어 전체 사부 817부의 4분의 1을 차지했다. 『사기』는 본래 기전체로서 이후 사학에는 인물전기가 특히 많았다. 그것은 모두 『사기』의 영향이라고 할 수 있다.

다음으로 「지리」에 대하여 설명하자면, 이 부분 역시 수량이 많아서 거의 모든 지역마다 책이 있었다. 매우 단편적이고 자질구레한 기록들로서 모두 139부, 1,432권이었다. 「잡전」보다는 수량이 조금 적었지만 전체 13류 중에는 두번째로 많았다. 이를 통해 13류 가운데 가장 중요한 것 하나는 인물전기였고, 다음으로는 곧 지리에 관한 기록이었다는 사실을 알 수 있다.

예컨대 유명한 『낙양가람기洛陽伽藍記』의 경우 단지 낙양지방의 사묘寺廟를 기록하고 있지만, 이와 관련하여 낙양의 궁전과 가도街道 등 각종 내용을 기록했다. 「잡전」과 「지리」류는 전체 13류 가운데 우리들이 특별히 주의할 만한 가치가 있는 것으로서 이 둘을 합치면 전체의 거의 반이나 되었다.

그 다음 「보계譜系」류가 있는데, 이는 성씨에 관한 분야이다. 후한 이후 중국사회에는 사족과 문벌이 일어났다. 곧장 당대唐代에 이르기까지 보계와 관련된 학문이 때에 맞추어 일어났다. 다음으로 「부록簿錄」류가 있는데 『한서』 예문지로부터 『수서』 경적지에 이르기까지 그 사이에는 이러한 종류에 해당하는 책명이 매우 많이 보인다. 이

「부록」류는 유흠의 『칠략』에서 비롯되었다. 그리고 『수서』 경적지 이후에도 이 같은 책은 부단하게 편찬되었다.

그럼 다시 13류 중 「기거주」・「구사舊事」・「직관」・「의주儀注」・「형법」 등 다섯 종류에 대하여 이야기 해 보자. 이들은 고대에도 있었고, 그 이후 청대에 이르기까지 줄곧 있었다. 그러나 「잡전」류는 당대 이후가 되면 다시는 이같이 중요한 지위를 차지하지 못했다.

5·4운동 시기에 어떤 사람이 중국인들이 전기문학傳記文學에 관심이 없다고 말한 적이 있지만, 이는 아무 근거없는 소리이다. 사마천의 『사기』 이하 각 시대의 정사들이 모두 전기傳記가 아니고 무엇이던가. 이에 대하여 자세히 언급하지 않겠지만, 예컨대 『수서』 경적지를 보면 한 사람에 대한 전기가 한 책으로 구성된 것이 적지 않다. 「잡전」류만 하더라도 2백 수십 종이나 되었는데, 그 가운데는 한 사람이 한 책에, 한 집안이 한 책에 또는 많은 사람이 한 책에 함께 쓰인 경우가 있다.

그러면 당시에 왜 이같이 인물이나 가정의 전기에 대한 묘사를 중시했는지 살펴보자. 예컨대 배송지裴松之가 『배씨가전裴氏家傳』을 지었고, 왕씨王氏와 사씨謝氏의 가전은 더욱 많았다. 아울러 「지리」류도 역시 더욱 주의해야 한다. 어떤 지방을 막론하고 산·하천·풍토·문물·사찰·분묘 등이 없는 곳이 없다. 지방지와 가보家譜 같은 것은 모두 후한 이후 시작된 것이라 할 수 있다.

그러면 오늘은 『수서』 경적지에 근거하여 다시 그 이후의 시대를 살펴보자. 예컨대 『당서唐書』와 『명사明史』에서 곧장 『사고제요四庫

提要』에 이르기까지 이후 중국사학은 어떻게 변하고 있었는가? 새로운 모습은 없었는가? 그밖에도 여전히 이들 과거의 유별類別 안에서 왜 그 시대에는 특별히 '잡전'과 '지리' 두 부분을 중시했는가?

이러한 문제들을 알기 위해 우리들이 '후한에서 수에 이르는 시기의 잡전' 혹은 '후한에서 수에 이르는 시기의 지리서'라는 제목으로 글을 쓴다면 그것이 바로 큰 주제요, 아주 좋은 문장이 될 수 있을 것이다. 이들로부터 다시 후한 이후 수에 이르는 시기의 중국사학을 종합할 수 있다. 책이 모두 합쳐 817부나 되었고, 그 연대가 4~5백 년이나 되었지만 여기에서 그 대강을 설명할 수는 있다.

장종원과 요진종 같은 사람들이 노력을 기울여 이를 연구했지만, 실제로는 다만 자료에 주의했을 뿐 깊이있게 그 의의를 발견하지는 못했다. 장학성 이후 또 많은 사람들이 전문적으로 『한서』 예문지를 연구했지만, 역시 장학성을 뛰어넘는 더 좋은 견해를 제시하지는 못했다.

우리들은 물론 자료상 더욱 깊이있게 그 의의를 연구해야 하지만, 그 노력이 고거考據부분에만 치우쳐서는 안되고 해석에도 유의해야 한다. 배송지의 『삼국지주三國志注』, 장현태자章賢太子의 『후한서주後漢書注』 등에는 당시의 매우 많은 책들을 인용하고 있는데, 당시의 책들 가운데 이 안에 전해 오는 것이 적지 않다.

청대에 엄가균嚴可均이 편집한 『전상고삼대진한삼국육조문全上古三代秦漢三國六朝文』이라는 책에는 사학에 관한 것도 수록되어 있다. 예컨대 배송지가 쓴 문장을 구하고자 할 경우 오늘날 우리가 찾을 수 있는 그의 문장은 모두 엄가균의 이 책에서만 볼 수 있다. 청대 사람들의 학문에 특별한 노력이 없었다고 평가할 수는 없지만, 그들은 결국 단지 자료학에 치중한 면이 없지 않다. 따라서 우리들에게 많은 편리함을 제공하고 있다.

오늘날 우리들이 자료학에 대하여 말하고 있지만 청나라 사람들과 비교하여 아직 차이가 너무 크다. 왜냐하면 그들은 한 집단의 사람들이 모두 함께 노력을 기울였고, 또 그들의 사회는 오늘날보다 안정되어 있었다. 예컨대 청나라 조정에서는 『전당문全唐文』을 편찬하면서 당대의 모든 문장을 수록했다. 엄가균은 개인적으로 앞서 말한 『전상고삼대진한삼국육조문』을 편집했다. 개인적 정력과 정부의 집단적 작업이 서로 대등하게 균형을 맞추는 모습에 크게 탄복하지 않을 수 없다.

그러나 오늘날 학문을 하는 경우에는 당연히 청대 사람들과 비교하여 진일보해야 한다. 자료의 수집에 있어서 더욱 깊이있는 견해와 안목을 가져야 한다. 소위 견해와 안목이라는 것은 여전히 독서를 해야만 한다는 말이다. 자료로부터 그 근거가 나와야지 헛된 공상적 이론에서 출발하여서는 안된다. 그리고 작은 문제에 마음을 두어서는 안된다. 커다란 주제를 가지고 커다란 문제에 전념해야 한다. 장래 중국사학의 대세는 새로운 추세를 향하게 될 것이기 때문에, 모든 사람이 일일이 옛사람들을 그대로 따를 수는 없을 것이다.

그러나 적어도 두 가지 점에서는 옛사람들과 절대 달라서는 안된다. 첫째, 독서를 많이 하라는 것이요. 둘째, 커다란 문제에 관심을 가지라는 것이다. 나는 이 강의 첫머리에서 널리 배우고 나서 요점을 찾으라고 했다. 널리 배운다는 것은 바로 많은 책을 읽는다는 것을 말한다. 책을 많이 읽어야만 능히 큰 문제로부터 출발하여 회통會通의 작업으로 들어갈 수 있게 되는데 이것이 바로 요점을 찾는 것이다.

만약 우리들이 오늘날처럼 아주 작은 문제에 매달려 자질구레한 자료들을 찾아 그들을 단순히 정리하는 데만 관심을 가진다면, 큰 것을 잃음은 물론 회통도 할 수 없게 되고 청대를 소급하여 살필 수도 없게 된다. 그렇다면 어찌 미래의 새로움을 이야기할 수 있겠는가. 사학은 특히 널리 그리고 깊이있게 알아야 하며, 또 많은 부분에 능통해야 하는 학문이다. 우리들은 스스로 자신의 결점과 약점을 알아야만 한다. 만약 자기 생각만을 가지고 옛사람들을 비난하고 비평한다면 그것은 곧 아무 쓸모없는 짓이 될 것이다.

■ 쉬어가는 곳

『고승전』・『수경주』・『세설신어』

> 오늘날 역사를 쓰려는 사람들이 반드시 정사만을 써야 하는 것은 분명히 아니다. 이는 각 사람의 안목에 달린 것이다. 외부자료는 쉽게 찾을 수 있지만, 어떻게 자료를 이용하여 역사상 소위 하나의 시대적 특징을 표현해낼 수 있는가 하는 것은 우리에게 일정한 학문의 수준을 요구한다.

오늘도 계속해서 후한 이후 수에 이르는 시기의 사학이 어떻게 변화하고 발전했는지를 이야기 해 보자. 지난 강의시간에는 특별히 사부史部에 속하는 「잡전」과 「지리」 두 부류의 중요성을 언급했다. 오늘 나는 이 두 부류를 각각 한 가지 책을 예로 들어 간략하게 설명하고자 한다. 『수서』 경적지에 수록된 책 가운데 많은 책이 현재 전하지 않지만, 보존되어 오는 책 또한 적지 않다. 이 가운데 특별히 두 책을 들어 대략 설명하겠지만, 그렇다고 사학명저로서 설명하는 것은 아니다. 그러나 사학과 관련하여 설명할 만한 가치가 있는 책이다.

하나는 「잡전」류에 속하는 『고승전高僧傳』이다. 이 책은 『수서』 경적지에는 승우僧祐가 지은 것으로 되어 있지만, 실제로는 혜교慧皎의 저작이다. 혜교는 남조의 양梁나라 사람이다. 이 책은 모두 14권으로서 453년 동안 257명의 고승들을 전체 열 가지 항목으로 분류하여 일일이 모두 전기를 작성했다. 그밖에도 239명이 부록되어 있기 때문에 합치면 모두 6백 명에 달하는 승려가 등장한다. 이『고승전』이외에도『수서』경적지에는 다른 사람이 저술한『명승전名僧傳』같은 책도 있었지만, 겨우 이 책만이 현재 전한다. 이후『고승전』을 계속 이어『속고승전』류의 책들이 쓰였다. 이들은 모두 중국불교사를 연구하는 데 매우 중요한 사료가 되었다.

『고승전』이외에도『전등록傳燈錄』이 있는데, 이 책은 선종의 조사祖師들의 언행을 기록한 것이다. 이처럼 중국에는 이미 극히 상세한 불교사 자료가 있었다. 주지하다시피 종교가들은 역사를 그다지 중시하지 않았다. 특히 불교가 그러하여 그 자체가 역사를 갖고 있지 않았으며 인도에서조차 마찬가지였다. 그러나 불교가 중국에 들어온 이후 중국승려들은 중국의 문화전통에 따라 역사를 중시하는 관점을 가지고 불교사를 기록했다.

세계의 큰 종교들을 논할 때 상세하고도 정교한 역사기록을 남긴 것은 바로 중국불교였다. 그러나 역사로서 종교를 기재한 이 같은 상황은 원래 종교의 발생과는 매우 큰 차이가 있었다. 종교는 본래 역사를 중시하지 않았다. 각 시기의 교주와 그 아래의 전교傳敎에 종사하던 수많은 사람들을 연대에 따라 구분하고, 다시 문류門類에 따라 구분하여 상세히 사정을 기록함으로써 역사적인 의의가 더하게 된 것이다. 적어도 종교관념 그 자체는 이로 인해 개명開明된 점이 많았고 곧 새로운 관념으로 변하게 되었다. 물론 종교 그 자체에서만 새로운 세계를 처음으로 열게 한 것은 아니었다.

때문에 이후 비로소 소위 중국불학中國佛學이 발생했는데, 이는 곧 불교의 중국화를 말하며 종교 속에 중국문화의 전통인 인문 역사관점이 더해진 것으로서 정말 대단한 일이었다. 여러분들은 역사를 연구할 때 반드시 모든 것을 구하려 할 것이고, 또 능통하기를 원할 것이다. 때문에 위진남북조에서 수에 이르는 시기의 역사를 말하면서 결코 불교를 배척하여 논외로 할 수는 없다. 이 시기의 역사 속에서 후한말기 불교가 들어와 하루하루 변화했던 것이니 그 사이에 어떤 일이 있었겠는가.

우리들은 반드시 전체 역사를 가지고 보아야 하며, 전체 불교의 변화와 발전 속에서 보아야 한다. 사학을 연구하는 사람은 다만 이 시대에 어떤 일들이 발생했는지에 대하여 모든 것을 다 알고자 할 것이고 능통하기를 원할 것이다. 그러자면 시대로부터 종교를 보고, 종교로서 시대를 보게 된다. 시대가 변하면 종교 역시 변하게 된다. 종교가 변한다는 것은 시대의 변화와 관련이 있다. 이와 같이 사상사나 사회사·문화사를 연구하는 태도로서 불교를 논외로 할 수는 없는 것이다.

불교는 당시에 있어서 사회적으로 매우 중요한 종교였으며 나름대로의 신앙과 성과를 지니고 있었다. 시대는 분명 종교에 영향을 끼치며, 종교 역시 시대에 영향을 주게 마련이다. 중국의 정사는 기전체였기 때문에 종교를 담아낼 수 없었다. 종교는 여전히 그 바깥에 있었다. 따라서 우리들은 정사가 아닌 자료에서 종교의 역사를 찾아야 했다.

예컨대『고승전』같은 것은 정말 커다란 가치를 지닌 책이었다. 사학이나 종교에 모두 매우 큰 공헌을 했다. 우리들이 불교를 연구하지 않는다 하더라도 불교가 역사의 중요한 한 부분이라는 것은 사실이다. 당唐 이후 계속하여 불교는 존재했고, 역대『고승전』은 불학사佛學史에 있어서 하나의 보물창고였다. 절대로 소홀히 여겨서는 안된다. 폐쇄적인 고립주의에 빠져 이같이 중요한 일들을 도외시해서는 안된다.

그러면 열한번째 류에 해당하는 「지리」에 대하여 다시 이야기해 보자. 나는 이 분야 139부의 책들 가운데 특별히 한 책을 예로 들고자 한다. 바로 역도원酈道元의『수경주水經注』이다. 한대에 상흠桑欽이『수경水經』을 지었고, 역도원이 그 책에 주를 단 것이다. 특히 사학에 관한 주는 본래 위진남북조 시기에 매우 성행했다.

우리는 이미 앞에서 배송지의『삼국지주』에 대하여 이야기한 적이 있다. 다시 많은 사람들이 알고 있는 것으로 이선李善의『문선주文選注』와 역도원의『수경주水經注』가 있고, 그밖에 곧 설명하고자 하는 유효표劉孝標의『세설신어주世說新語注』가 있다. 이 네 주는 모두 사주史注로서 유명한 것들이다.

상흠의『수경』은 본래 아주 얇은 작은 책이었다. 역도원의 주 작업을 거쳐 분량이 큰 책으로 바뀌었던 것이다. 후세사람들이『수경』의 본문과 주를 합쳐 간행했지만 실제로는 바로『수경』의 주를 읽는 것이었다. 이는 마치 우리들이『좌전』·『공양전』·『곡량전』을『춘추』에 붙여서 읽는 것과 같다. 이『춘추』3전을 따로 떼어놓고『춘추』만을 읽는 사람은 거의 없다.

『수경주』는 당연히 지리서에 속한다.『수서』경적지에도「지리」류에 분류되어 있다. 책 중에는 수상교통・농업관개 등을 많이 언급하고 있는데, 특히 수리水利에 유의하고 있다. 그러나 한대 상흠이 지은『수경』은 수백 년이 지난 역도원에 이르러서야 그가 직접 목격한 많은 지역의 자료를 가지고『수경』에 주를 달았다.

여러분들도 알다시피 물길이란 변하는 것이다. 원래 이 하천은 이렇게 흘러갔는데 뒤에 와서 이 하천이 방향을 바꿔 전처럼 흐르지 않게 된 경우가 많았다. 원래는 이렇게 흐르던 하천이 다르게 흐른다든지, 원래는 둘이었던 하천이 하나로 합쳐졌다든지 또는 둘이었던 하천이 하나로 합쳐졌다가 다시 나뉘어지기도 했다. 또는 있었던 것이 말라서 없어지거나, 없었던 것이 새로 생기는 경우도 많았다.

중국에서 최초의 중요한 지역들은 모두 황하유역에 위치하고 있었다. 남북조시대에 와서야 장강長江유역이 천천히 개발되었다. 수・당 통일 이후 조금씩 남방이 북방보다 중시되었다. 나는『국사대강』의「중국 남북경제의 변천」이라는 부분에서 경제변천이 문화의 변화에 영향을 주었음을 언급했다. 그리고 동시에 수상교통 등 다방면의 변화가 중요한 것임을 말했다.

우리들이 지리연혁을 말할 때면 대부분 지명이나 도읍 등을 중시하지만 역도원의『수경주』는 오히려 수상교통을 중심으로 하고 있으며, 도읍은 물길에 부록되어 이들 도읍에서 어떤 일들이 일어났는가를 함께 기록하고 있다. 어떤 지방에서 어떤 일이 발생했는가 하는 것이 바로 역사이다. 때문에 역도원의 이 『수경주』는 분명히 지리서임에 틀림없지만, 실제로는 매우 가치있는 역사책이기도 하다. 우리들이 중국 고대의 수상교통・물산物産・문화의 각종 변천을 말하고자 한다면 이 책의 관련내용은 매우 풍부하고 또 참고할 만한 충분한 가치가 있다.

후세사람들이 이 책이 지닌 가치를 모두 분명하게 알지는 못했지만, 이 책에 수록된 각 지역의 풍토와 경관은 매우 잘 서술되어 있었다. 당대 유종원柳宗元의 문장 가운데 가장 환영을 받았던 것이 그의 산수유람기 가운데 예컨대 『영주팔기永州八記』 같은 것이었다. 많은 사람들은 유종원의 이러한 문장들이 바로 『수경주』에서 배운 것이라고 말했다. 그리하여 『수경주』는 문학가들에게 주목받는 책이 되었다.

후일 이 책이 여러 차례 베껴져 전해지면서 본문과 주가 서로 섞여 상흠의 본문과 역도원의 주의 구분이 조금씩 불분명하게 되었다. 명대에 이르기까지 아주 좋은 『수경주』 판본이 없었다. 청대의 학자들이 노력을 들여 『수경주』에 대한 고증작업을 했다. 가장 먼저 해야 할 중요한 일은 본문과 주를 구별하는 일이었다. 이러한 작업에 특별한 공헌을 한 사람이 대진戴震이다. 그는 사고전서관四庫全書館에서 『수경주』의 교정을 맡아보았다. 일설에는 그가 『영락대전永樂大典』에 근거했다고 했는데, 그 당시 『영락대전』은 궁전 안에 보관되어 있어서 외부인들이 볼 수 있는 자료가 아니었다.

대진과 거의 비슷한 시기에 조금 앞서 어떤 사람이 노력을 기울여 『수경주』에 대한 교정을 한 적이 있었는데 그 중요한 인물이 조동잠趙東潛이었다. 그가 교정한 책 역시 사고관四庫館으로 보내졌는데 후일 대진이 교정한 책을 본 사람은 많은 부분이 조동잠의 것과 같았다고 하여, 대진이 조동잠의 책을 베낀 것이 아닌가 의심을 했다. 이는 당시 학술계에 커다란 문제가 되었다.

대진에게는 단옥재段玉裁라는 제자가 있었다. 그는 특별히 대진을 변호하기 위해 많은 문장을 썼는데, 모두 그의 문집에 실려 있다. 그러나 이 문제는 건가乾嘉연간 이래 줄곧 해결되지 않았다. 청 말에 와서 『영락대전』이 외부에 전해지면서 왕국유王國維가 『영락대전』에 수록된 『수경주』의 반에 해당되는 부분을 가지고 대진이 교정한 『수경주』와 대조해 보니 조금도 맞지 않았다.

원래 『영락대전』 안의 『수경주』는 완전히 옛 판본에 의거한 것으로서 본문과 주의 구별이 분명하지 않았다. 이를 통하여 대진이 말한 것이 실로 잘못되었다는 사실이 드러났다. 그러나 왕국유는 다만 전반부를 교정했을 뿐이다. 후일 상무인서관商務印書館에서 『영락대전』에 수록된 『수경주』 전체를 구하여 간행함으로써 자세히 모두 대조해 본 결과 분명히 대진이 『영락대전』에 근거한 적이 없음이 드러났다.

나는 당시 북경대학에서 학생들을 가르치고 있었으므로 상무인서관에 『수경주』 한 권을 예약했다. 책이 출판되면 이 문제를 연구할 생각이었다. 그러나 그 해 여름휴가 때 나는 남방으로 돌아가야

했고, 가을이 되어서야 북경으로 돌아왔다. 북경대학 사학과에 근무하는 동료 맹삼孟森 선생이 나를 만나자 하는 말이 그가 여름휴가 중 큰 작업을 했는데 바로 전체『수경주』에 대한 교정을 했다는 것이다. 그러니 나보고 그러한 작업을 할 필요가 없다는 것이었다.

그러나 안타깝게도 그 작업에 대한 전체 원고는 제대로 정리되어 발표되지 못했고, 이어 터진 7·7사변七七事變으로 맹삼 선생 또한 세상을 떠났다. 이후 호적胡適이 대진에 대한 평가에 불만을 가지고 있었지만,『영락대전』에 수록된『수경주』는 모든 사람이 볼 수 있게 되었고 대진이『영락대전』에 근거하여『수경주』를 교정했는지의 여부는 매우 쉽게 해결할 수 있는 문제가 되었다. 따라서 더 이상 언급할 필요가 없게 되었다. 뿐만 아니라 만약 대진이 단지『영락대전』에만 근거하여『수경주』를 교정했다면 큰 공적이라고 할 만한 것이 있겠는가?

대체로 대진의 공은 본문과 주를 가렸다는 것인데, 그러나『수경주』에 대한 교정은 이 점에 한정되지 않았다. 대진이 사고관에서 한『수경주』의 연·월에 대한 교정에도 한계가 있었다. 그는 조동잠의 교정을 참고한 적이 있었고, 조동잠의 후손이 다시 대진이 교정한 사고본四庫本을 보았던 것 같다. 그 가운데 조동잠의 교정본에는 없는 많은 부분을 다시 첨가했던 것이다.

그리하여 이 책은 대진이 조동잠의 것을 베낀 것도 있고, 동시에 조동잠이 대진의 것을 베낀 것도 있었다. 지금은 아마 당초 사고관에 바쳐진 조동잠의 원본을 조사할 수 있을 것이다. 이 문제 역시 그 일부분을 해결할 수 있다. 그러나 내가 생각하기에 이 문제에 대한 결론은 매우 간단하여 이미 내려진 것이기 때문에 여기서 더 이상 이러쿵저러쿵 할 필요가 없다. 내가 쓴 『중국근삼백년학술사』에서 대진을 언급하면서 작은 주에서 이 문제를 부록한 적이 있다.

후일 내가 홍콩에 있을 때 호적이 내게 편지 한 통을 보내 말하기를 내가 왕국유王國維와 마찬가지로 이학가의 습관을 벗어나지 못하고 있다고 했다. 나는 답장을 보내서 이 문제는 지금 이미 언급할 가치가 없는 문제가 되었다고 말하고, 만약 후일 공산당을 이기고 대륙으로 돌아갈 수 있다면, 호적 그대는 다시 기쁜 마음으로 이 『수경주』를 보는 것보다는 고찰단을 조직하는 것이 나을 것이라 했다. 물론 고찰단에는 당연히 역사학자·지리학자·수리학자·농업가·고고학자 등 각 방면의 인물을 참가시켜야 한다고 했다.

비록 『수경주』에 기록된 지역을 모두 가보기는 어렵겠지만, 예컨대 황하·회수·위수 같은 큰 하천은 반드시 가보아야 할 것이다. 물줄기가 바뀌었거나 없어졌다거나 또는 물줄기를 타고 번성하던 큰 도읍이 황폐하여 아주 작은 마을이 되었거나, 혹은 아주 몹쓸 땅이 되었다든지 하는 문제들을, 역도원이 『수경주』를 편찬할 당시와 마찬가지로 고금의 변화를 대조하면, 그 사이에 얼마나 큰 변동이 있었는지를 알게 될 것이다. 이 같은 일은 역사를 연구하는 데 뿐만 아니라 실제로 북방의 개발에도 당연히 큰 효용이 있을 것이다. 이러한 일이 어찌 오로지 대진 한 사람을 위한 구구한 변명에 그치겠는가?

나는 직접 『수경주』에 대한 특별한 연구노력을 한 적은 없고 다만 내가 지은 『선진제자계년先秦諸子繫年』이라는 책에서 『수경주』를 인용한 곳이 매우 많았다. 특히 사마정司馬貞의 『사기색은史記索隱』 이외에 역도원의 『수경주』에서도 『죽서기년竹書紀年』의 수많은 원시자료를 인용했는데, 이들 자료들이 나에게는 참으로 도움이 되었다. 여러분들이 오늘 『수경주』를 읽고자 한다면 왕선겸王先謙의 『합교수경주合校水經注』가 읽을 만하다.

조동잠과 동시에 전조망全祖望 또한 7차례에 걸쳐 『수경주』를 교정한 바 있다. 그러나 후일 전조망은 그 작업을 조동잠에게 넘겨 계속하도록 했다. 호적이 항전시기에 몇 편의 문장을 산발적으로 발표한 적이 있는데, 그 중 한 문장에서 그의 친구 정산丁山이 그에게 전조망의 『수경주』 교정본은 믿을 것이 못된다고 말했다고 했다.

그러나 실제로는 왕선겸의 『합교수경주』의 예언例言에서 이미 모두 말한 것들이다. 따라서 왕선겸의 책에서는 전조망의 것을 일체 인용하지 않았다. 왕선겸이 이미 이같이 말했는데 호적 선생의 친구 정산의 말을 기다릴 필요가 있었겠는가. 나와 같은 시기의 학술계에 실로 독서를 함에 조잡함이 있어서 이미 우리들의 선배학자들과는 비교할 수 없었다는 사실을 볼 수 있다.

그러면 이제 세번째 책을 다시 살펴보자. 이 책은 『수서』 경적지의 사부史部에 수록되어 있지 않고 자부子部의 「소설류」에 있었지만, 실제로는 당연히 사서에 해당하며 매우 중요한 책이기도 하다. 바로 유의경의 『세설신어』이다. 유의경은 남조의 유송劉宋사람이다. 양나라 때 유효표劉孝標가 이 책에 주를 달았다.

전하는 바로는 그 이전에 유향劉向이 『세설世說』이라는 책을 지었다고 했지만 현재 전해지고 있지 않다. 때문에 유의경의 책을 『세설신서世說新書』라고 부르기도 했다. 후일 다시 누구에 의해 이 책이름이 『세설신어』로 바뀌게 되었는지는 분명치 않다. 이 책에는 사회에 전해지고 있던 당시사람들의 재미있고 감동적인 사실과 이야기들이 수록되어 있다.

유효표의 주에는 166종의 책을 인용하고 있는데, 이 책들은 모두 정사 이외의 책이었다. 후일 유지기劉知幾의 『사통史通』에서는 유의경의 이 책을 조금도 중요하게 여기지 않았지만, 유효표의 주는 매우 중시했다. 유지기는 말하기를 "오호라! 유효표의 재주와 학식으로는 족히 더 큰 공헌을 해낼 수 있는데, 오히려 반표와 우교牛嶠의 은유隱幽함을 탐색했고, 반고와 사마천이 남긴 것을 망라할 수 있는데도 그저 골목에 전하는 단편적이고 보잘것없는 이야기에 빠져 속된 경적 이외의 잡서를 모으는 데 전념했으니, 그 노력이 아무런 소용이 없구나"라고 했다.

유지기는 유효표의 학문적 식견이 사마천이나 반고처럼 큰 역사를 쓸 수 있었는데도 그 같은 노력은 하지 않고 골목에 유행하는 소설에 취미를 가지고, 속된 항간의 이런 저런 일을 모은 책들에 생각이 빠져 있다고 말했다. 이 말을 통해 유지기가 얼마나 유의경의 책을 무시하고 있는지 알 수 있다.

그러나 『세설신어』는 유효표의 주와 함께 오늘에까지 전해지고 있다. 현재의 관점에서 보았을 때 이들 모두 당시의 역사와 매우 관계가 깊고 또 가치를 지닌 책이다. 중요한 것은 당시의 시대적 특징을 잘 표현하고 있다는 것이다. 모든 시대는 각기 나름대로의 특성을 지니고 있기 때문에 서로 다르다. 이러한 시대적 특징을 잘 표현할 수만 있다면 그 책은 역사적으로 매우 중요한 책이 된다.

만약 우리들이 후한으로부터 수에 이르는 시기 가운데 특히 위진에서 남조의 유송시기를 연구한다면 당연히 이 시기의 시대적 특징과 이 시대의 역사적 특징이 어디에 있는지를 살펴야 한다. 내가 생각하기에, 여러분들은 모두 한 마디로 청담淸談의 시기였다고 말할 것이다. 그 말은 물론 맞다. 후한 이전에는 청담이 없었고, 수당 이후에도 청담은 없었다. 청담은 바로 그 시기의 한 특성이었다.

그러나 나는 그러한 말에 이어서 그러면 도대체 무엇을 청담이라고 하며, 그 내용은 무엇인가 하는 것을 묻지 않을 수 없다. 여러분들이 자료를 찾아 그 물음에 답을 하기 위해서 가장 좋은 방법은 바로『세설신어』를 읽는 것이다. 나는『국사대강』에서 때로는 진수의『삼국지』나『진서晉書』·『송서宋書』등 남조의 정사에 근거하지 않고, 바로『세설신어』에 근거하여 몇 가지 고사故事를 가지고 당시 사람들의 관점과 분위기를 설명했다. 나는 또 「위진남북조 학술문화와 당시 문벌과의 관계에 대해 간략하게 논함[略論魏晉南北朝學術文化與當時門第之關係]」이라는 논문에서도 중요한 자료는 여전히 이『세설신어』에 근거했다.

여기서 나는 다시 한 가지 예를 들어본다.『세설신어』에는 첫번째 류가 「덕행德行」이다. 여러분들은 다만 이 「덕행편」에 근거하더라도 당시의 소위 덕행이라는 것을 파악할 수 있다. 이는 어찌된 일인가. 후한과 이를 비교한다면 여기에는 분명한 시대의 차이가 드러난다. 나는 여러분들에게 배송지의 『삼국지주』에도 많은 사실이 빠져 있었음을 말한 적이 있다. 그 예로 두 가지를 들었는데, 모두 『세설신어』에 수록되어 있는 사실들이었다.

요즘 어떤 사람이 『사기』에는 「화식열전」이 있는데 이는 사마천의 역사에 대한 특별한 견해로서 후세사람들은 미칠 수 없다고 여겼다. 그러나 이 말 역시 일부 맞는 것 같지만 사실은 틀린 말이다. 즉 『사기』의 「화식열전」에는 공자의 대제자였던 자공子貢이 등장하고, 이어 도주공陶朱公 범여范蠡를 기록하고 있는데, 그는 월의 대신이었다. 또 백규白圭는 양의 재상을 지냈고, 여불위呂不韋는 진의 재상을 지냈으며 진시황은 그의 아들이었다. 이들은 모두 장사를 하는 사람들이었고 당시 사회적으로 지위가 높고 컸다. 따라서 사마천은 당연히 이들을 「화식열전」에 기록했다.

그러나 이후 장사를 하던 사람들은 사회적인 지위가 없었다. 즉 역사적 지위를 갖지 못했다. 다만 돈 버는 부자에 불과했다. 그러니 당연히 다시 「화식열전」 같은 것이 필요하지 않았던 것이다. 또 예컨대 사마천이 「유협열전游俠列傳」을 지었는데 왜 후세에는 쓰이지 않았는가? 이 또한 후대의 사회에는 유협이 특별한 역량을 발휘할 수 없었기 때문이니 사가가 쓰지 않았음을 탓할 일이 아니다. 왜 중국의 고대에는 화식貨殖과 유협游俠이 있는데, 후에 와서 없어졌는가?

이는 바로 역사가 변했기 때문이다.

우리들은 중국 고대의 사회와 그 이후의 사회가 서로 다른 점이 바로 여기에 있음을 알아야만 한다. 여기에는 문제가 숨겨져 있다. 예컨대 『후한서』에는 「문원열전」이 있지만 『사기』와 「한서」에는 없다. 그러나 이후 청대까지 모든 정사에는 있었다. 이 또한 역사의 변화인 것이다.

고대에는 소위 전문적인 문인文人이 없었으며, 사회적으로 학문의 정도를 가리키는 유품流品이라는 것도 없었으니, 사가가 이들에 대한 열전을 쓰지 않은 것을 탓할 일이 아니다. 또 예컨대 『후한서』에는 「독행열전」이 있지만, 고대에는 소위 고상한 지조를 가치고 세태를 따르지 않는 소위 독행지사獨行之士가 없었다. 예컨대 백이伯夷와 숙제叔齊가 독행이라 일컬어질 수 있지만 한 부류를 구성하지는 못했다. 그러나 후한 이후 많아졌으니 이 또한 중국사회의 변화였던 것이다.

25사에는 모두 나름대로 새로운 유전類傳이 출현한다. 예컨대 『송사宋史』에 보이는 「도학전道學傳」은 그 이전의 「유림전」과 분명히 다른 특징이 보인다. 명대에도 마찬가지였다. 그러나 청대에는 그렇지 않았다. 「도학전」과 같은 것이 있었다고도 할 수 있고, 없었다고도 할 수 있는 상황이었다. 그러나 당시에 역사를 이야기하는 사람들은 오히려, 『송사』에는 「도학전」이 있어서는 안되며 「유림전」만 있어도 된다고 말했지만, 실제로 둘은 서로 같지 않았다.

유림은 유림이고, 도학은 도학이었다. 그것은 이미 그 시대에 새롭게 출현한 일종의 '도학'을 말하는 것이니 당연히 「도학전」이 편찬된 것이다. 예컨대 방금 앞에서 말한 혜교慧皎의 『고승전』도 당연히 고대에는 없었다. 그러나 이후 명대에 이르기까지 고승들은 계속 출현했고, 이에 따라 부단히 고승전이 편찬되었다. 이를 통해 역사 기록이 당시의 역사적인 특징을 표현해내고 있다는 사실을 알 수 있다. 즉 역사적으로 극히 중요한 특성이나 새롭게 등장한 사실 등을 기록한다는 것이다.

이는 마치 『세설신어』에서 후한 말기 이후 전해 온 청담의 특징을 표현하고 있는 것과 같다. 소위 재미있고 감동적인 사실과 이야기들은 모두 청담적인 경향이 많았다. 따라서 이 책이 오늘날까지 계속 학술계에 전해 온 것이다. 뿐만 아니라 사학상 매우 중요한 책으로 인정받고 있다.

유지기는 이 같은 의미를 잘 이해하지 못했다. 실제로 『수서』 경적지도 이 책을 자부子部의 소설류에 부록하고 있는데, 이는 잘못된 것이었다. 따라서 유지기가 『세설신어』를 골목에 전하는 단편적이고 보잘것없는 이야기에 빠져 그저 경적 이외의 속된 잡서를 모은 것이라 평한 것이 그리 탓할 일만은 아니다. 실제로 규모가 큰 책은 그 책 나름대로 가치가 있고, 항간의 이런 저런 이야기를 담은 작은 책은 또 그 나름대로의 가치가 있다.

이 책은 체재가 마치 소설 같지만 실제로는 사학과 관련이 매우 큰 책이다. 뿐만 아니라 『세설신어』는 모두 실제적이고 구체적인 사실과 이야기들을 담고 있어서 후일의 허구적인 내용을 담고 있는 소설과는 달랐다. 『수서』 경적지에서 이 책을 소설류에 수록한 것은 『한서』 예문지의 분류법을 따랐기 때문이지만, 이후 다시 변하여 소설은 집부集部에 수록되었고 더 이상 자부에 수록되지 않았다.

예를 들어 당대唐代의 『태평광기太平廣記』는 정말 소설이었다. 그러나 그 책 안에는 당대의 사회·경제 내지는 기타 다른 방면을 연구할 수 있는 자료가 매우 많았다. 안타깝게도 지금까지 아무도 이 『태평광기』를 이용하여 당시의 역사적 실제상황을 드러내려는 사람이 없다. 이 책은 장래 분명히 사람들의 주의를 받게 될 것이다. 비록 소설로서 기록된 사실들이 믿을 만한 것은 못되지만, 정말로 우리들이 어떻게 이 책을 이용하느냐 하는 것은 자신의 식견이나 안목 그리고 재능의 발휘에 달렸다.

나는 늘 우리들이 만약 『전당시全唐詩』와 『태평광기』 이 두 책을 가지고 당대사唐代史를 연구한다면 정말 수많은 새롭고 가치있는 자료들을 얻을 수 있고, 또 이를 통해 당대 역사의 새로운 분야를 열 수 있다고 말했다. 마찬가지로 위진남북조의 역사를 연구하는 데 있어서 『세설신어』는 더욱 중요하다는 점을 알 수 있다.

다만 당시사람들이 그다지 느끼지 못했을 따름이다. 즉 유지기 또한 이 같은 안목이 없었던 것이다. 그렇지만 시대가 오래 지나면서 이 책의 지위 또한 달라지게 되었다. 가령 여러분들이 문장을 짓는데 관심이 많다면 이 책은 역시 매우 뛰어난 자료가 될 수 있다.

지금 설명하고 있는 세 책, 즉 『고승전』·『수경주』·『세설신어』는 내용뿐만 아니라 문장 역시 모두 매우 좋다. 사료로 말하자면, 『삼국지』의 배송지주裵松之注, 『수경』의 역도원주酈道元注, 『문선』의 이선주李善注, 그리고 『세설신어』의 유효표주劉孝標注가 모두 정말 참고할 만한 책들이다. 유효표의 주에는 166종의 책들이 인용되고 있는데 정말로 풍부하다. 많은 자료들을 그 속에서 발견할 수 있어서 역사적인 고거考據작업에도 매우 유용하다.

오늘날 역사를 쓰려는 사람들이 반드시 정사만을 써야 하는 것은 분명히 아니다. 이는 각 사람의 안목에 달린 것이다. 외부자료는 쉽게 찾을 수 있지만, 어떻게 자료를 이용하여 역사상 소위 하나의 시대적 특징을 표현해낼 수 있는가 하는 것은 우리에게 일정한 학문의 수준을 요구한다.

학문을 제대로 갖추지 못하면 자료는 다만 자료에 불과하게 된다. 학문을 갖추면 자료는 단지 자료에만 그치지 않는다. 『장자莊子』에 "썩는 것을 신기한 것으로 만든다〔化腐朽爲神奇〕"는 말이 있다. 자료를 제대로 이용하지 못하면 아무 쓸모없는 것이 된다. 그러나 역사가 될 수 있다면 그것은 바로 신기神奇함이 되는 것이다. 우리는 책을 읽을 때 책을 단지 자료로만 간주하고 읽을 수는 없다.

『세설신어』는 단순한 자료가 아니라 우리는 이 책을 통해 그 시대의 정신을 이해할 수 있다. 『수경주』 역시 자료에 그치는 것이 아니라 당시의 사회·경제·농업 등의 각종 역사상의 커다란 변화가 모두 이 책에 잘 드러난다. 『고승전』을 읽으면 450년 동안의 불교전래와 변화과정, 중국에 있어서 불교의 새로운 역사가 모두 이 속에 담겨져 있다.

종전에 나의 오랜 친구 탕용동湯用彤이『한위양진남북조불교사漢魏兩晉南北朝佛敎史』를 쓸 때 늘 함께 지내고 있었다. 당시 그는 어느 곳을 가든지 항상『고승전』을 손에서 놓지 않았고, 그에 대하여 극히 잘 알고 있었다. 그의 이 불교사는 아주 좋은 책이다. 그가『고승전』을 이해하는 데 들인 노력은 정말로 큰 것이었다.

책은 사람들이 모두 읽을 수 있는 것이다. 그러나 각기 그 교묘함이 서로 다르다. 만약 여러분들이 학문을 하면서 반드시 책을 읽을 필요가 없다고 생각한다면 정말 할 말이 없다. 독서가 정말 중요하다고 생각한다면, 독서하는 가운데 드러나는 책이 지닌 교묘함에 대하여 더욱 주의해야만 한다. 교묘함도 없고 또 아무런 생각도 없이 책을 읽는 것이야말로 정말 쓸모없는 일이다.

유지기의 『사통』

> 전체적으로 유지기는 단지 사서史書에만 주의했고, 역사 그 자체에는 주의하지 않았으며, 또 역사 배후의 사람의 문제에 대해서도 주의하지 않았다. 예컨대 공자가 『춘추』를, 사마천이 『사기』를 지은 것과 좌구명이 『좌전』을, 반고가 『한서』를 지은 것과 동일하게 다룰 수 없는데도, 유지기는 이들 문제를 소홀히 여겼다.

    오늘은 당나라 때 유지기劉知幾의 『사통史通』에 대하여 강의하고자 한다. 『사통』이라는 책은 중국학술 관련저작 가운데 매우 특수한 지위를 지닌다. 중국인들은 학문을 하면서 '통론通論'같은 종류의 책을 쓰는 경우가 매우 적은 것 같다. 예컨대 문학통론·사학통론 같은 책 말이다. 중국인들은 실제적인 작업을 중시할 뿐 '통론'이나 '개론' 같은 책을 쓰는 사람은 아주 적다.

    『사통』은 중국의 사학통론에 해당하는 책으로서, 아마도 중국 유일의 사학통론서라고 할 수 있다. 따라서 이 책은 아주 특별한 책이 되었다. 나는 앞에서 후한부터 위진남북조에 이르는 시기에 두 가지 새로운 학문이 있었다고 했다. 그 중 하나는 사학이고 다른 하나는 문학이었다. 그리하여 경經·사史·자子·집集의 4부四部 분류가 있게 되었다. 문학방면으로 가장 유명한 것은 소명태자昭明太子의 『문선文選』으로서 당시 새로 등장한 문인들의 문장을 모두 모아놓았다. 그밖에 『문심조룡文心雕龍』은 남조 양나라의 유협劉勰이 지은 것이다. 이 책 역시 매우 가치있는 문학통론이라 할 수 있다.

송나라의 황산곡黃山谷은 일찍이 『문심조룡』과 『사통』두 책을 읽지 않으면 안된다고 말한 적이 있다. 그는 이 두 책을 함께 거론하고 있지만, 중국은 문학상 당나라 때 한유와 유종원의 고문운동 이래 송을 지나면서 고문이 다시 등장하게 되어, 『문선』체의 문장은 비교적 경시되었다. 그리고 유협의 『문심조룡』은 그가 비평한 중요한 대상이 병문駢文에 있었음에도 불구하고, 그 책 자체가 병문으로 쓰인 관계로 후세사람들에 의해 그다지 중시되지 않았다.

그러나 중국의 사학은 문학과 달리 새로운 변화와 발전이 없었다. 때문에 일반인들은 계속하여 여전히 유지기의 『사통』을 많이 읽었다. 『문심조룡』은 당·송 이후가 되면서 조금씩 주의하는 사람이 적어졌고, 곧장 근대에 와서 다시는 당·송의 고문을 중시하지 않게 되었다. 청대에 동성파桐城派가 옛날로 돌아가 위진남북조의 병문을 연구하게 되자 『문심조룡』이 다시 중시되었다.

오늘날 이 두 권의 책을 객관적으로 볼 때 나의 생각으로는 『문심조룡』의 가치가 실제로 『사통』보다 훨씬 우위에 있다고 본다. 앞에서 말한 적이 있지만, 사학에는 세 가지 종류의 작업이 존재한다. 즉 고사考史·논사論史·저사著史가 그것이다. 『사통』은 과거부터 평사評史에 해당하는 책으로 간주되었다. 평사에서 더욱 중요한 것은 한 시대의 역사에 대한 평론이었지만, 『사통』에서는 단지 사서史書를 평론했고 역사를 평론하지는 않았다.

사서에 기재된 '역사적 정황(史情)'에는 마땅히 '역사적 의미(史意)'가 담겨야 한다. 그러면 무엇을 가리켜 '역사적 정황'이라 하는가? 바로 당시 한 사건의 실제정황을 가리킨다. 예컨대 한무제가 6경을 널리 알리고, 제자백가를 물리쳤던 것은 하나의 사건이었다. 이 사건의 실제정황은 우리들에게 그것이 하나의 역사적 정황임을 말해주고 있다. 오늘날 우리들은 이를 통하여 한무제가 전제정치에 이용하려 했다고 말하지만, 실제로는 당시 역사실정에 맞지 않는다.

모든 역사적 사실의 배후에 대하여 우리들은 그 실정을 깊이있게 살펴보아야 한다. 이 실정의 배후에 바로 '역사적 의미'가 존재하는 것이다. 이는 당시 역사가 실제로 지니고 있던 일종의 의향(意向)을 말한다. 당시 역사는 도대체 어디로부터 어느 길을 향해 달려가는가? 물론 달려가고 안 가고 하는 문제는 별개의 문제이지만, 그 안에는 어느 길로 가야겠다는 하나의 의향을 가진다. 역사를 배우는 우리들은 마땅히 이러한 역사의 뜻을 알아야만 한다.

이 같은 역사적 의미를 파악하게 되면 역사적 정황은 자연히 얻게 된다. 예컨대 우리들이 『춘추』를 연구할 때 당연히 춘추시대의 역사 배후에 있는 일종의 의향을 알아야만 비로소 그 당시 역사사건의 진실한 정황을 분명하게 알 수 있는 것과 같다. 이것이 바로 우리들의 사학인 것이다. 우리가 이 같은 '사학'에 대한 식견을 갖추었을 때 비로소 역사를 쓸 수 있으며 그 후에 비로소 사서(史書)가 존재하게 되는 것이다.

사서의 가장 큰 작용은 그가 쓰고자 하는 일정한 시대의 역사적 정황(史情)과 역사적 의미(史意)를 발굴해내는 것이다. 사가들이 역사를 쓰는 작용이 여기에 있으며, 우리들은 이를 가지고 역사를 비평해야 하고, 고사考史와 논사論史 역시 이러한 문제에 주의해야만 한다. 그러나 『사통』은 다만 사서와 역사서술 원칙(史法)에 관하여만 논하고 있다. 『사기』는 어떻게 쓰였는가, 『한서』는 어떻게 쓰였는가, 또 제대로 쓰였는가, 아니면 잘못 쓰였는가 등등 모두 역사를 어떻게 썼는가 하는 방법에 관한 문제에 착안하고 있다.

만약 내가 방금 이야기한 이론에 비추어 본다면, 사서에서 가장 중요한 것은 당시 수없이 많은 역사적 사실의 배후에 있는 정황과 그 의향을 밝히는 일인데, 유지기의 『사통』은 이 방면이 결여되어 있었다. 그는 다만 몇 권의 사서에 보이는 글자에만 유의했고, 역사의 내용에는 유의하지 않았다.

그는 단지 '역사서술 원칙'을 논했을 뿐 진정으로 사학에는 다가가지 못했다. 만약 사학이 결여되었다면 그가 말한 역사서술 원칙은 모두 얕고 표면적인 것이다. 따라서 역사서술 원칙의 진실한 근원에는 다가가지 못한 것이다. 공자의 『춘추』는 역사서술 원칙을 담고 있다. 그러나 『춘추』가 지닌 역사서술 원칙은 곧 공자의 춘추시대의 역사적 정황과 역사적 의미에 대한 매우 깊은 관점에서 비롯된 것이었다.

어떤 사람이 유지기에게 "예로부터 왜 문인은 많은데 사재史才는 적은가" 하고 물었던 적이 있다. 유지기가 대답하기를 "역사를 함에는 세 가지 장점[三長]을 갖추어야 하는데, 바로 재才·학學·식識이 그 것이다. 세상에는 이들 세 가지를 모두 겸한 사람이 드물다. 때문에 사재史才가 적은 것이다"라고 했다. 유지기는 사가가 갖추어야 할 장점으로 사재史才·사학史學·사식史識 세 가지를 들고 있다. 이후 중국 인들이 사학을 말할 때는 모두 이 3장三長을 언급하기를 좋아했다.

'사재史才'에 관해서는 예컨대 근대의 양계초를 예로 들어보자. 그는 『중국6대정치가中國六大政治家』를 쓰면서 특별히 그 중 왕안석王安石을 다루었고, 또 『유럽전역사론歐洲戰役史論』·『청대학술개론』 등을 썼다. 나는 양계초가 '사재'를 지니고 있었다고 여긴다. 그는 실로 역사를 쓰는 데 능했다. 그러나 부족한 것은 '사학史學'에 있었다.

그는 결국 독서량이 많지 않았고 또 정독하지도 않았다. 때문에 양계초는 자기 시대의 진정한 상황에 대하여 아는 것이 많지 않았다. 그가 논한 왕안석의 변법이나 청대의 학술 등도 그다지 뛰어난 견해가 없었다. 양계초는 이들 문제를 상세하게 공부하지 않았다. 따라서 그는 '사재'는 있었지만, '사학'을 갖추지 못했던 것이다.

'식識'이라는 것을 말하자면 한층 높은 차원의 문제이다. 양계초가 중국의 6대 정치가를 논하고 청대의 학술을 개론했지만, 모두 그 견식이 충분하지 못했다.

오늘의 관점에서 유지기를 본다면, 그는 사관史館에서 일을 했지만 직접 역사를 쓸 수 있는 기회를 가지지 못했다. 때문에 그 자신의 '사재'와 '사학'을 발견하기가 쉽지 않았다. 다른 각도에서 본다면 우리들이 앞에서 말한 『수서』 경적지의 많은 역사책들을 유지기는 거의 모두 보았을 것이고, 또 모두 비평한 적이 있어서, 그가 사학을 갖추지 않았다고 이야기할 수는 없다.

그러나 그가 중점을 둔 것은 단지 문자나 방법이었다. '역사적 견식(史識)'에는 미치지 못했던 것이다. 그가 무엇을 배웠는지, 또 다른 문제로서 그가 진실로 역사를 공부했다고는 말할 수 없다. 왜냐하면 그는 『사통』에서 다만 몇 권의 사서를 언급했을 뿐, 그 책 속의 역사에 대해서는 언급하지 않았기 때문이다.

유지기의 『사통』을 읽은 사람이 가장 많이 얻을 수 있는 것은 그저 우리들이 마땅히 어떻게 역사를 써야 하는가였다. 그는 역사서술 원칙(史法)이나 역사필법(史筆)에 있어서 주의하고 있을 뿐이었다. 만약 그가 그 시기 역사 자체에 대하여 깊은 견식이 없다고 한다면, 역사 필법이나 역사서술 원칙은 말해 봐야 아무 소용이 없는 것이다. 이것이 바로 내가 말하는 유지기의 『사통』이 지니는 가장 큰 결점이다. 『사통』은 사서의 배후에 있는 역사적 정황이나 역사적 의미를 말하지 않았기 때문에, 그 시기의 많은 역사서를 읽었으면서도 한 발 더 나아가 사학에까지는 통하지 못했던 것이다.

『사통』은 「내편內篇」과 「외편外篇」으로 나뉘어 있다. 「내편」의 첫 번째가 「육가六家」편이다. 그는 중국 고대의 사서를 상서尙書·춘추春秋·좌전左傳·국어國語·사기史記·한서漢書 등 6가로 구분했다. 이러한 관점은 대체로 바람직하다. 우리들이 한 학기 동안 줄곧 사학명저를 강의하고 있지만, 주로 몇 권의 중요한 책을 설명하고 있는 것과 같다.

유지기는 왜 이렇게 6가로 구분하고 있을까? 바로 이 여섯 종류의 책이 지닌 체례體例를 가지고 구분한 것이다. 이에 대해서는 이미 그 대강을 말한 바 있다. 「내편」의 두번째가 「이체二體」편인데, 서로 다른 여섯 종류의 체례 위에 특별히 다른 두 가지를 예로 들고 있다. 하나는 『좌전』으로 대표되는 것으로서 편년체이고, 다른 하나는 『사기』로 대표되는 열전체이다.

유지기는 『사통』에서 또 『상서』를 비평하고 있는데, 그는 말하기를 "『상서』에서 주로 다루는 것은 본래 호령號令이었다. 기록하고 있는 것이 모두 전典·모謨·훈訓·고誥·서명誓命의 문장이었다. 「요전堯典」과 「순전舜典」은 인사를 서술하고 있고, 「우공禹貢」은 다만 지리를 설명하고, 「홍범洪範」은 재이와 상서를 말하고 있을 뿐이다. 「고명顧命」에서는 모두 전쟁과 반란을 나열하고 있어서 그 체례가 복잡하다"고 했다.

유지기는 『상서』가 당연히 기언記言의 책이어야 한다고 지적했다. 그가 중간에 여러 편을 예로 들어 설명한 것이 바로 그 체례가 일관되지 않음[不純]을 말한 것이다. 이를 통하여 유지기가 사서의 체례방면에 실제로 많은 관심과 함께 매우 깊은 안목을 지니고 있었기 때문에, 이러한 깊이있는 비평을 할 수 있었음을 알 수 있다.

현재의 관점에 비추어 본다면, 「요전」·「순전」·「우공」·「홍범」 등은 모두 소위 『금문상서』에 수록되어 있지만 본래 당시의 진정한 『상서』가 아니었다. 실제로는 전국시대 사람들이 위조한 것에 불과하여 의심할 만한 것이었다. 그 증거는 어디 있는가. 유지기의 이 문장을 가지고 추론하면, 우리들이 의심하는 이 몇 편의 글에 대한 아주 좋은 근거가 될 수 있다. 유지기는 사서체재에 대한 비평에 있어서 분명 나름의 견해를 상당히 지니고 있었다.

앞에서 강의한 내용에 비추어 살펴보자. 사서 중의 한 가지는 편년체로서 예컨대『좌전』이 있고, 다른 한 가지는 열전체로서『사기』가 있었다. 다시 다른 종류가 있다면 그것은 기언체記言體인데, 사실의 기록을 겸한다. 바로『상서』이다.『상서』는 본래 기언의 책이었다. 그러나 말을 기록하기 위해서는 사실의 기록을 겸하지 않을 수 없었다. 이에 대해서는 앞에서 말한 적이 있다.

『국어』가 유지기의 6가 분류에는 따로 일가를 이루고 있는데, 이 역시 잘못된 것은 아니다. 그러나 유지기는 「이체」편에서 후세에 당연히 취해야 할 모범으로 다만『좌전』과『한서』둘만을 언급했다. 이러한 관점은 유지기가 실제로 '사학'이나 '사식史識'을 갖추고 있지 않음을 증명한다. 만약 우리들이 단지 사실의 기록이라는 각도에서 말한다면『좌전』은『춘추』에 비하여 매우 상세하다고 하겠다. 그러나 한층 더 높은 역사의 정신을 가지고 말한다면, 당연히 공자의『춘추』는『좌전』보다 훨씬 뛰어나다.

유지기는 부질없이『좌전』의 상세한 서술에 놀라고 있을 뿐, 공자의『춘추』가 지닌 의법에는 어두웠다. 그것은 그의 견식이 짧았기 때문이다. 또 사마천이『사기』를 지을 때 지녔던 소위 "하늘과 사람의 관계를 탐구하고(究天人之際), 고금의 변화에 통달하며(通古今之變), 일가의 견해를 이룬다(成一家之言)"는 정신은『한서』를 훨씬 능가하는 것이었다.

그러나 왜 유지기는 오히려 열전체 사서를 써야 한다고 하면서 『한서』만을 배우라 하고 있는가? 이는 『한서』가 단대사이기 때문이다. 이후 중국인들이 정사를 쓸 경우 모두 한 시대 한 시대를 구분했기 때문이다. 그리하여 우리들에게 『한서』를 배워야 한다고 말하는 것이다.

그러나 유지기는 단대를 기준으로 하는 체재만을 칭찬할 줄 알았지, 『한서』가 단대사를 다루었기 때문에 사마천이 『사기』를 지은 정신에 대하여 소홀했음을 몰랐다. 내가 여러분들에게 사학명저를 강의하면서 공자의 『춘추』와 사마천의 『사기』를 평가하기를 『좌전』과 『한서』보다 훨씬 뛰어나다고 했다. 이 점에서 유지기와 다르지만, 그 쟁점은 '역사적 견식〔史識〕'에 있다.

『한서』는 역사 속의 사실과 그 기록과 관련한 방법을 중시하고 있었기 때문에, 역사에는 사실을 초월하여 존재하는 그 무엇이 있다는 것을 몰랐다. 예컨대 사마천은 공자의 『춘추』를 "천자를 포폄하고, 제후를 물리치며, 대부를 토벌했다"고 말했다. 이들 천자와 제후와 대부에 대한 각종 사실과 관련하여 포폄과 토벌의 의미를 알아야 하지만, 이는 별개의 문제였다.

또 말하기를 "하늘과 사람의 관계를 탐구하고, 고금의 변화에 통달한다"고 했는데, 이는 역사사실 위에 다시 한층 더 높고 깊은 의의로서, 우리들이 역사를 편찬하는 데 탐구하고 밝혀내야 할 것이 있음을 말해 준다. 유지기의 『사통』은 이러한 방면을 이해할 수 없었다. 때문에 후세사람들은 유지기의 『사통』을 "옛 것을 비난하는 데 기교를 부린다[工於訶古]"고 말하면서, 유지기가 과거의 사람들을 너무 가혹하게 비판하고 있다고 여겼다.

그러나 내가 생각하기에 유지기가 제시한 의견은 많은 문제가 있다. 예컨대 유지기는 「천문지天文志」가 역사에 수록되어서는 안된다고 했다. 왜냐하면 역사는 항상 변하는 것이지만 천문은 불변하는 것이기 때문이라 했다. 그는 천문과 역사는 아무런 관계가 없다고 여겼다.

우리는 지금 천문학은 당연히 자연과학에 속한 것이지 인문과학에 속하는 것이 아니라고 할 수 있고, 또 이 말은 나름의 일리가 있다. 그러나 역사를 쓰는 사람의 경우, 각 시대마다 쓰였던 「천문지」가 당시사람들의 천문에 대한 지식을 정리한 것이고, 또 현재 우리가 볼 때 각 시대의 「천문지」는 각 시대마다 천문을 바라보는 지식이 서로 다름을 알 수 있기 때문에, 이를 역사라고 보지 않을 수 없다. 결국 천문이란 무엇인가. 오늘날에 와서도 천문학자들은 여전히 모든 것을 알 수는 없다. 따라서 유지기의 이 같은 견해는 우리들이 생각하기에 그다지 정확한 것이 아니라고 여겨진다.

또 예를 들어 유지기는 『한서』 예문지의 경우도 필요없는 것이라 했지만, 이 의견은 정말 잘못된 것이다. 당시의 수많은 서적을 종합하여 그 내용을 기록하는 편찬방법은 『한서』 예문지에서 『수서』 경적지에 이르기까지 계속되었고, 이후 중국의 많은 역사 속에 모두 「예문지」나 「경적지」가 있기 때문에 우리는 오늘날 이들 내용에 근거하여 역사상 각 시대의 학술의 변천을 이해할 수 있었던 것이다. 따라서 이들은 매우 중요한 기록들이었다. 그런데도 유지기의 『사통』에서는 이들이 역사 속에 수록될 필요가 없다고 했다.

그는 또 말하기를 기왕에 「천문지」가 있다면 왜 「인형지人形志」는 없으며, 또 「예문지」가 있는데 왜 「방언지方言志」는 없느냐고 했다. 「인형지」란 인종을 연구하고, 사람의 두발·피부·얼굴색 등을 연구하는 것으로 모두 과학에 속하는 것이기 때문에 역사에 기재하지 않아도 된다. 방언도 마찬가지이다. '인형人形'이 천문에 대하여 또는 '방언'이 예문이나 경적에 대하여 당시 역사상 영향의 크고 작음이 서로 달랐다. 결국 유지기는 전체 역사에 대하여 분명하고도 뚜렷한 관점이 없었기 때문에 함부로 비난의 말을 할 수 있었지만, 이 역시 잘못된 것이었다.

유지기는 또 『한서』 지리지가 다만 군국郡國을 설명하는 일종의 정치지리였기 때문에, 당연히 인문지리로서 「도읍지都邑志」가 있어야 한다고 주장했다. 그는 또 「씨족지氏族志」·「방물지方物志」 등이 있어야 한다고 주장했다. 이러한 내용들은 후일 정초가 『통지』에서 특별히 관심을 가졌다.

유지기는 또 특별히 말하기를 "대체로 역사에는 마땅히 표表와 지志 이외에도 다시 서書를 설정하여 군주의 제조制詔와 책령冊令, 그리고 신하들의 장章·표表·격의檄議 등을 모두 이 곳에 수록해야 한다"고 했다. 그는 사부史部가 이미 집부集部와 나뉘었음을 이해하지 못했다. 이들 많은 자료는 모두 집부에 수록되는 것이 마땅한 일이다.

예컨대 『전당문全唐文』에는 모든 황제들의 조령詔令, 모든 신하들의 주의奏議가 실려 있다. 만약 이들 자료들을 모두 『당서』에 수록하려 한다면 도저히 불가능할 것이다. 유지기는 책 하나 하나를 비평했지만 오늘은 이에 대하여 언급하지 않는다. 그가 제시한 약간의 적극적이고 공통적인 의견들에 관해서만 말하고자 한다.

유지기는 정사正史는 당연히 이러해야 한다고 주장했다. 그러나 그가 제시한 의견들은 우리가 관심을 가질 만한 가치를 지니고 있지 않다. 특히 그가 『한서』 고금인표를 극단적으로 비판한 것에 대해서는 앞에서 이미 말한 적이 있다. 「고금인표」는 나름대로 역사적인 작용을 지니고 있었던 것으로, 아무런 쓸모가 없다고 말할 수 없다.

후일 사람들이 유지기의 『사통』을 비판하여 말하기를 "요순堯舜을 가볍게 여기고, 조조曹操와 조비曹丕를 관대히 대하며, 『춘추』를 의심하고, 『급총汲冢』을 신뢰했다. 사마천과 반고를 비판하면서도 그 장점을 드러내지 않았고, 왕소王劭를 아끼면서도 그의 아첨을 잊고 있었다. 스스로를 높이 내세우면서 현철賢哲을 비난하고 욕했다"고 했는데, 이는 모두 맞는 말이다.

전체적으로 유지기는 단지 사서史書에만 주의했고, 역사 그 자체에는 주의하지 않았으며, 또 역사 배후의 사람의 문제에 대해서도 주의하지 않았다. 예컨대 공자가 『춘추』를, 사마천이 『사기』를 지은 것과 좌구명이 『좌전』을, 반고가 『한서』를 지은 것과 동일하게 다룰 수 없는데도, 유지기는 이들 문제를 소홀히 여겼다.

우리는 다시 유지기 자신의 학문에 대하여 이야기 해 보자. 앞에서 말한 것은 『사통』의 「내편」이었다. 가장 중요한 것으로 다만 첫째 편 「육가六家」와 둘째 편 「이체二體」에 대하여 이야기했다. 다음으로 『사통』의 「외편」에 있는 첫번째 「의고疑古」편과 두번째 「혹경惑經」편을 살펴보자.

유지기는 고대의 중국사학에 대하여 회의했다. 그는 말하기를 "만약 한·위·진·송의 군주들이 상대上代에 태어나고 요·순·우·탕 등이 중엽에 출현했다면 사관史官들은 입장을 바꾸어서 기록했을 것이다. 각각의 시사時事를 서술하거나 득실을 교정하는 것도 분명 바뀌지 않았을 것이다"고 했다. 이 같은 말은 곧 전체 역사에 대하여 일종의 허무주의 관점을 이야기하는 것과 같다. 그것은 지극히 각박하고 경솔한 허무주의이다.

인물을 기록함에 어짊과 간특함이 없고, 역사에 일정한 기준이 없게 되면, 예컨대 특히 근대에 들어와 특별히 의고疑古를 주장하기를 좋아하는 사람들이 있어서 근대인들이 역사를 다루는 일대 운동이 된 것과 같게 된다. 유지기의 『사통』이라는 책이 드디어 근대사람들의 동조를 받고 그들의 선구적 작품이 되었다.

중국의 고대에 이미 의고를 말하고 있었으니 어찌 근대사람들에게 일종의 안위와 격려가 되지 않았겠는가? 유지기는 「혹경」편에서 말하기를 "『춘추』의 의義가 잘 드러나지 않은 부분이 일곱 군데가 된다"고 하거나, 또 『춘추』에는 "다섯 가지 헛된 미美가 있다"고 하여, 사실 『춘추』는 그렇게 좋은 책이 아니며 다만 후세사람들이 고의로 과장했기 때문이라 주장했다.

또한 "왕충王充의 『논형』 문공問孔편에는 『논어』에 대한 상세한 지적이 갖추어져 있는데, 『춘추』의 잡의雜義에 대해서는 새롭게 밝힌 것이 없었다"고 말했다. 유지기는 왕충이 『논형』의 「문공」편에서 『논어』에 대해 많은 비판을 가한 것을 반갑게 여겼고, 왕충이 『춘추』에 대하여 비판을 하지 않았음을 원망했다. 따라서 유지기는 왕충을 보충하는 의미에서 공자의 『춘추』를 비판한 것이다. 때문에 특별히 「신좌申左」편을 설정하여 『좌전』에는 세 가지 장점(三長)이 있고, 『공양전』과 『곡량전』에는 다섯 가지 단점(五短)이 있다고 했다. 이들에 대해서는 여기서 말하지 않는다. 다만 유지기가 사학을 알았을 뿐 경학에 능통하지 못했던 것은 그의 학술상의 부족한 점이자, 결점이라고 말할 수 있다.

『당서唐書』 유지기열전을 보면, 그가 12세 때 부친이 그에게 『상서』를 읽으라고 했지만 읽지 않았고, 『좌전』을 강의하자 기뻐했다고 했다. 이는 유지기가 어릴 적부터 바로 사학을 좋아했다는 사실을 말한다. 그는 스스로 말하기를 "어릴 적부터 반고와 범엽의 양한서를 읽었다"고 했다. 이는 유지기 스스로의 학문에 근본적인 편견이 있어서, 사서만을 좋아하고 경서를 읽지 않았음을 가리킨다. 분명 우리는 그의 천성이 사학에 가까웠다는 점을 그의 학문의 장점이라고 중시하지 않을 수 없다.

그러나 그는 어릴 적부터 공부를 어느 한쪽에 치우쳐 매달림에 따라 학문에 대한 온전한 이해가 없었고, 그로 인하여 학문에 대한 다방면의 탐구를 할 수 없었다. 다만 자신의 재주에 가까운 방면에만 진력하여 성과를 이룰 수 있었다. 비록 『사통』이라는 책을 완성했지만, 그의 이 책은 자신의 학문적 한계로 인하여 이상적인 내용을 완전하게 갖추지 못했던 것이다.

우리는 더 나아가 후한 이후 수에 이르는 시기의 사학이 있고 나서 비로소 유지기가 등장하여 『사통』을 지었다고 말할 수 있다. 만약 유지기 이전의 사학계에 일찌감치 뜻이 높고 사리에 밝은 사학자가 있었더라면, 유지기가 그러한 문제에만 그치지 않을 것이다. 이는 바로 반고 이후로는 모두 사마천의 『사기』와 비교할 수 없었던 데에서 비롯된다.

『삼국지』·『후한서』로 내려오면서 경학과 사학의 대의(大義)는 천천히 사라졌다. 때문에 당시사람들은 이미 반고의 『한서』만을 중시했을 뿐, 사마천의 『사기』를 중시하지 않았다. 자료와 관련하여 반고의 『한서』는 매우 세밀하여 『사기』보다 뛰어났을지 모르지만, '역사적 견식(史識)'이나 학문을 말하는 커다란 정신이라는 점에서 『사기』에 미치지 못했다.

이후 계속하여 반고의 길을 따라 발전해 온 관계로 사학은 차츰 높은 이상을 찾지 못하게 되었다. 유지기의 『사통』을 읽으면서 그 이전 시대를 회상해 보면, 후한 이후의 사학이 조금씩 암담해지고 있음을 볼 수 있다. 후한 이후 사학에 대한 견식이 높고 사리에 밝으면서도 깊은 견해가 있었더라면 유지기가 이를 몰랐을 리 없었다.

유지기는 그 이전의 전통적인 사학을 계속 이어온 것이기 때문에, 우리들이 『수서』 경적지에 보이는 후한 이후의 사학을 이해하고자 한다면 단지 유지기의 『사통』을 읽으면 된다. 왜냐하면 『사통』에는 그에 대한 내용이 많기 때문이다. 따라서 『사통』을 읽으면 후한 이후 당대 초기에 이르는 시기의 사학을 볼 수 있다. 표면적으로 본다면 사학이 매우 성행했지만, 그 내부의 정신을 본다면 사학은 실제로 이미 쇠약해 있어서 주공과 공자로부터 사마천에 이르는 시기와는 비교할 수 없을 정도였다.

유지기의 『사통』은 사실 자료에 관한 책이라고 할 수 있다. 유지기 이전의 수많은 사서에 대하여 그 책의 특징이 어디에 있고, 또 그 책의 장점은 어디에 있다 등등을 말하고 있어서 우리는 『사통』을 통하여 매우 많은 지식을 얻을 수 있다. 그러나 절대로 이 책이 지닌 가장 큰 결점을 배워서는 안된다. 즉 '박薄'이라는 한 글자이다.

『사통』의 가혹한 비판을 보고 그 책이 매우 뛰어난 책이라 여긴다면, 아주 잘못된 길로 들어가기 쉽다. 특히 오늘날의 학자들은 대부분 그 길을 좋아한다. 그러나 의고疑古·혹경惑經이나 자의적인 비판 등은 그 견해의 옳고 그름을 떠나, 너무 경박하거나 또 너무 충실하지 못한 하나의 병폐라고 할 수 있다.

이상의 내용을 가지고 다시 뒤로 돌아가 유협의 『문심조룡』을 보면 『사통』에 비해 더욱 위대함을 알 수 있다. 유협은 문학을 말하면서 문학의 근본을 설명했다. 학문 가운데 왜 문학이 필요한 것인가? 문학은 전체학술에 있어서 어떠한 공헌을 해야만 하는가?

유협은 거시적이고 회통會通적인 문제에 착안하고 있었다. 그는 경학으로부터 시작하여 문학을 말했다. 이는 그가 능히 그 근본과 함께 보다 큰 문제를 바라볼 수 있다는 것으로, 커다란 근본원리를 파악하고 있음을 의미한다. 분명히 이후 한유·유종원·구양수歐陽修 같은 사람들이 나와서 고문을 제창하고 병문騈文에 반대하여 실제로 문학의 최고가치를 주장한 것이었지만, 유협의 『문신조룡』을 넘어서지는 못했다.

유협은 승려였다. 그는 일찍이 절에서 책을 읽었고, 당시 절에는 많은 고승들이 모두 의리지학義理之學에 관심이 있었다. 근본원리를 이해할 것을 말하고, 석가를 말하며 공자와 노자에 주의했다. 따라서 당시 일류의 인재들이 모두 절로 달려가 불학佛學을 연구하기도 했다.

유협은 절에서 공부를 했으며 최후에도 여전히 승려였으므로 그의 학문방법은 당연히 당시 불문佛門의 영향을 받았다. 그의 『문심조룡』은 여전히 우리들이 중시할 만한 가치를 지니고 있다. 왜냐하면 유협은 학문의 온전함에 주의했고 학술의 근본원리를 토론함으로서 문학의 마지막 경계가 그 곳에 있어야 함을 말하고 있기 때문이다. 이 같은 관심은 모두 유지기의 『사통』에는 결핍된 것이었다.

오늘날의 관점으로 말하자면, 유지기는 다만 사학전문가로서 그의 지식이나 흥미는 완전히 사학에 국한되어 있다. 그러나 유협은 문학을 이야기하면서 학술의 온전함과 그 근본원리 그리고 회통의 문제 등에 모두 주의하고 있었다. 때문에 유협을 문인으로만 볼 수 없는 것이다. 물론 당연히 문인이었지만 전적으로 문학에만 주의하지 않고, 그 근본원리와 관련한 문제에도 통했다.

유협의 『문심조룡』 역시 그 문장은 병문이었다. 그러나 그의 문장 역시 『사통』보다 뛰어났다. 유지기의 『사통』 역시 병문으로 쓰였지만 유협의 『문심조룡』만 못했다. 여러분들은 이 비슷한 성격의 두 책을 함께 읽음으로써 이 두 책의 수준의 높고 낮음과 함께 이 책들의 배후에 있는 저자들의 학문의 높고 낮음을 알 수 있을 것이다.

유지기는 당 왕조의 사관史館에서 30년간 일했고, 일생 동안 그 학문이 역사를 벗어나지 못했다. 그러면서도 스스로 역사를 직접 쓰지 못함을 한탄했다. 이는 유협이 처음부터 절에서 공부하고 끝까지 승려로 있으면서도 오히려 학문의 온전함과 문학의 근본문제, 경사經史의 회통 등 많은 방면에 주의하고 있던 것과 달랐다.

따라서 당나라 초기의 『사통』은 『수서』 경적지에 보이는 전체 사학에 대한 마지막 결론이라고 말할 수 있다. 우리는 『사통』의 결점으로부터 후한 이후 당시의 중국사학이 지닌 결점을 발견해낼 수 있다. 그리고 당시의 큰 학문이 오히려 사찰로 몰려 불학뿐만 아니라 유협의 『문심조룡』 같은 책이 쓰여 그것이 유지기의 『사통』을 능가하고 있음을 볼 수 있다.

최근 우리의 학문은 중국에 있지 아니하고 모두 외국으로 가버렸다. 그러나 오늘날의 외국은 유지기가 유협에 비하여 훨씬 유행되는 것 같다. 그러나 이에 대해서는 말을 덧붙일 필요가 없겠다.

나는 지금 역사를 가지고 사학을 이야기하고 있다. 학문에 종사하려면 먼저 하나의 총체總體를 알아야만 하고, 또 반드시 배움의 근본이 있어야 한다. 이로부터 다시 우리들의 사학이 탄생해야 한다.

사학에 대한 평가(論史) 역시 큰 관점에서 보아야 한다. 요순堯舜은 절대로 조조나 사마의司馬懿와 서로 비교될 수 없다. 「고금인표」에서 인품을 구분한 것을 역사를 공부하는 우리가 몰라서는 안된다.

역사적 고찰(考史) 역시 색안경을 끼고 보아서는 안된다. 만약 역사를 쓰려 한다면 더욱 큰 재능을 갖추어야 한다. 반드시 그 근본의 소재가 있어야 비로소 좋은 역사를 쓸 수 있다. 그렇지 않으면 가장 뛰어난 사서로서 단지 『좌전』·『한서』 같은 것만 있게 될 것이다. 이 두 책은 유지기가 가장 탄복한 것이었지만, 결코 공자의 『춘추』나 사마천의 『사기』에는 비교될 수 없다.

내가 오늘 유지기의 『사통』을 비판한 의도는 학술상 하나의 표준을 제시하는 것이다. 『사통』 같은 저작은 사학상 최고의 표준이 아니다. 나는 또 책을 읽을 때 반드시 그 책의 저자를 알아야 한다고 말한 적이 있다. 예컨대 『사통』을 읽으면서 유지기가 어린 시절부터 학문을 함에 있어서 한 분야에 편중된 공부를 했음을 알아야 한다. 물론 사마천 같은 사람도 단지 『사기』라는 책 한 권을 남겼지만, 사마천에게는 학문적인 큰 배경과 또 커다란 입장을 지니고 있음을 볼 수 있어서 사학에만 국한되어 있지 않았음을 알 수 있다.

여러분은 역사를 공부함에 있어서 반드시 심혈을 기울여야 한다. 그것이 바로 우리들이 학문을 하는 포부인 것이다. 우리들은 먼저 단지 사학만을 가지고 스스로를 제한할 필요가 없다. 무엇을 할 수 있는가 없는가 하는 것은 별개의 문제이다.

소위 "하늘과 사람의 관계를 탐구하고(究天人之際), 고금의 변화에 통달하며[通古今之變], 일가의 견해를 이룬다[成一家之言]"라는 말을 한번 보라. 이것이 어찌 역사가 아니겠는가? 또 역사에만 한정한다는 의미가 어디에 보이는가? 뜻이 있는 데도 할 수 없는 것과 근본적으로 이 같은 뜻이 없는 것은 크게 다르다.

특히 근본을 제대로 알지도 못하면서 제멋대로 비평을 해대는 것은 정말 아무 쓸모없는 것이다. 물론 유지기가 『사통』에서 과거의 사서들이 지닌 각종 결점을 비난한 것이 대부분 사가들에 의해 받아들여지고 있다. 그러나 여러분들은 내가 오늘 이렇게 유지기를 비평하는 뜻이 어디에 있는가를 유의했으면 한다. 나를 보고 역시 남을 비난하는 것을 좋아하거나 배움이 각박하다고 여기지 말기 바란다.

두우의 『통전』 상

> 제도사 방면에 있어서 남다른 공헌을 한 사람이 바로 두우다. 이렇게 말한다면 두우의 『통전』이 중국사학사에 그 지위가 어떠한지를 알 수 있을 것이다. 나는 사마천의 『사기』 이후 반고가 단대를 역사로 하는 변화를 창조함으로써 스스로 그 지위를 확보했듯이, 두우의 『통전』 역시 중국의 사서에서 또 새로운 영역을 개척했다고 말할 수 있다.

지난 학기 마지막 강의에서는 후한에서 수에 이르는 시기의 사학에 대하여 살펴보았다. 역사를 공부하는 우리들은 가장 먼저 시대를 알아야 한다. 시대는 자연스럽게 변한다. 역사상 예로부터 지금까지 어느 곳에서도 변하지 않았던 시대는 없었다. 우리들은 또한 모든 시대의 학술을 주의해야 한다. 학술은 시대를 따라 변할 뿐만 아니라 새로운 것을 창조해내기도 한다. 학술이 새롭게 창조될 때 비로소 시대의 창조가 뒤따르게 된다.

그렇다고 여러분들은 시대는 영원히 변하는 것이기 때문에 그런 가운데 영원히 새로워진다고 여기지 말라. 그것은 불가능한 것이다. 예컨대 우리들 모두는 어려서부터 늙을 때까지 매일 조금씩 성장하고 천천히 늙어서 죽는다. 이는 자연스러운 현상이다. 우리들이 교육을 받으며 자기수양을 쌓아갈 때 비로소 자신의 생명과정 중에 창조적이면서 새로움을 갖게 된다.

시대의 변화는 자연스러운 것이지만, 학술의 변화는 단지 시대만을 따르는 것이 아니라 능히 시대를 새롭게 창조할 수 있어야 한다. 중국역사 가운데 후한 이후와 그 전시대를 비교해 보면, 춘추전국으로부터 전한에 이르는 시기와 후한의 전반기는 커다란 변화가 있던 시기였다. 가장 간단히 말해서 중국은 이미 하나의 대일통大一統의 상황이 아니었다. 이 시대의 학술을 말하자면 없는 것은 아니었다. 다만 『수서』 경적지를 보면 이 시대에는 경·사·자·집의 저작이 매우 많았음을 알 수 있다.

그러나 이 시기의 학술은 한 마디로 시대를 따라 변한 것이었다. 예컨대 양한은 경학을 말했지만 위진남북조는 변하여 청담, 즉 노자와 장자를 말했다. 이어 불교가 중국에 뛰어들어 왔다. 이는 모두 시대의 변화를 따라 변한 것으로서 자연스러운 것이었다. 엄격하게 말하자면 창조적인 새로움이라 할 수는 없었다. 즉 사학의 경우 본래 이 시대의 새로운 분야가 되었지만 내용에 있어서는 그저 사마천의 『사기』를 이어온 것이었기 때문에, 그 이후 새로운 창조가 없었고, 또 능동적으로 시대를 새롭게 열어가는 창조가 없었다. 따라서 당시에는 새로운 사학이 없었을 뿐만 아니라 새로운 철학 역시 없었다고 말할 수 있다. 때문에 시대를 이끌어가거나 새롭게 만들어갈 수 있는 임무에는 이를 수 없었다.

억지로 말하자면, 건안建安연간 이후 신문학이 있었다고 할 수 있다. 그러나 신중히 말하자면, 건안연간 이후 소위 신문학이란 다만 시대를 따라 변한 것일 뿐 새로운 문학을 가지고 새로운 시대를 창조했던 것은 아니었다. 곧장 위진남북조로부터 수까지 시대는 변했지만 이들 변화는 내리막길을 향한 것이었지 높은 봉우리를 올랐던 것은 아니었다. 즉 후퇴였지 전진은 아니었다.

이 시대의 학술사상은 다만 시대를 따라 변했을 뿐, 변화 중에 하나의 새로운 이상적인 새로움을 창조하지는 못했다. 우리들이 요구하는 새로움이란 자연적인 변화 중에 느끼는 새로움이 아니라, 스스로 체계적인 이상을 지니고 있으면서 우리를 변화 가운데 새로운 길로 이끌어갈 수 있는 새로움이었다.

앞에서 위진남북조의 사학을 강의하면서 마지막으로 유지기의 『사통』에 대하여 살펴보았다. 사실은 후한 이후 당나라 초기에 이르는 사학의 특징이 『사통』을 만들게 한 것이다. 유지기의 『사통』은 사학의 가치가 매우 높지 않았던 이 시기의 사학에서 비롯되었다. 따라서 우리들은 『사통』이 단지 이 시대의 산물일 뿐 이후 새로운 사학을 이끌기에는 부족했다고 말할 수 있다.

『사통』은 장래 사학의 새로운 이상 혹은 새로운 의의나 새로운 경계를 열게 할 수 없었다. 때문에 새로운 것을 이끌어낼 수 없었다고 할 수 있다. 새로움을 창조해낼 수 없었을 뿐만 아니라 이 책은 다만 하나의 쇠약해 가는 시기의 사학을 대표하는 것으로 겨우 지엽적인 문제에 대하여 시시콜콜 비판을 했던 것이다. 물론 무엇이 잘못되었고, 무엇이 틀렸다고 하는 이 같은 비판이 조금도 가치가 없다는 것은 아니다.

유지기는 종전의 사서 중에 있던 수많은 문제와 결점들을 지적할 수 있었고, 후일『구당서舊唐書』·『신당서新唐書』등을 편찬하면서 이러한 의견을 받아들인 적도 있다. 그러나 이들 지적들은 모두 작은 주제, 작은 문제들이었다. 우리들은 유지기가 사학상 근본적으로 사마천의『사기』를 이해하지 못했다고 말할 수 있다. 때문에『사기』이전의『춘추』나 주공의 시서詩書는 더욱 말할 필요도 없다.

앞에서 이야기한 것을 다시 돌이켜 본다면 주공의 시서詩書로부터 공자의『춘추』그리고 사마천의『사기』에 이르기까지 모두 조금씩 새로운 것이 더해져 왔고, 조금씩 창조가 있었다. 이후 반고의『한서』로부터 진수의『삼국지』, 범엽의『후한서』, 그리고 기타『수서』경적지에서 볼 수 있는 사서들은 대체로 모두 내리막길에 위치하고 있었다. 그들은 단지 모방에 능했고, 작고 천박한 것을 모방했다.

유지기의『사통』역시 이와 같을 뿐이어서 아주 작고 가벼운 문제에 착안할 뿐이었다. 따라서 우리들이 지난 학기에『사통』강의를 마지막으로 삼았던 이유도 바로 이 시기의 학술적 쇠미를 지적할 수 있기 때문이었다. 물론 사학 역시 그 중 하나였다. 사마천의『사기』이전을 하나의 시기라고 한다면,『사기』에서『사통』의 시기까지를 또 하나의 시기라고 할 수 있다.

오늘 우리가 이야기하고자 하는 내용이 이미 당대唐代에까지 왔다. 당대에는 사학의 창조가 있었고 새로운 사학이 다시 일어났다고 할 수 있다. 당나라 사람들은 사상에 있어서 노장老莊에 대한 언급에서는 아직 위진남북조만 못하다. 경학에 있어서 공영달孔穎達이 이전의 것들을 그대로 이어서 『오경정의五經正義』를 편찬한 이후, 역시 새로운 형식을 만들어내지는 못했다.

문학에 있어서도 한유와 유종원이 고문운동을 제창할 때에 이르러 비로소 이후 새로운 문학세계를 확실하게 열었다. 약간 앞서 이백李白과 두보杜甫가 유명해지고 나서 당시唐詩가 비로소 천천히 『문선文選』의 구태의연함을 벗어나게 되었고, 뿐만 아니라 당대의 시詩만 가지고도 당시唐詩의 세계를 열었다. 사학에서는 당대 역시 하나의 새로움을 창조했다. 그 성과를 논한다면 앞서 말한 고문운동이나 당시의 성과보다 적지 않았다. 이것이 바로 두우杜佑의 『통전通典』이었다.

두우의 『통전』은 중국사학에 있어서 하나의 커다란 창조적인 작품이라 할 수 있으며, 그러한 창조는 시대에 영향을 주었다. 이후 중국의 학자들을 설명할 때 사람들마다 반드시 읽어야 할 분량이 매우 큰 몇 권의 책이 있다. 물론 청대까지를 기준으로 하는 말이고, 중화민국 이후는 따로 논할 문제이다.

사람들이 반드시 읽어야 할 첫번째는 경서다. 예컨대 5경・9경・13경 등이 그것이다. 두번째는 예컨대 『사기』・『한서』 혹은 4사・17사・21사・24사 등 사서이다. 13경과 24사는 이후 학술계의 지식인들이 당연히 읽어야 할 책이다. 이밖에도 마찬가지로 여러분들이 알아두어야 할 것이 바로 소위 '3통三通'이라 부르는 당 두우의 『통전』, 송 정초鄭樵의 『통지通志』, 원 마단림馬端臨의 『문헌통고文獻通考』이다. 이 3통의 체재는 각기 다르다.

청대에 이르러 별도로 이 체재를 따라『속통전』·『속통지』·『속문헌통고』를 편찬했다. 이 책들은 모두 다만 명대까지를 다룬 것이고, 청대 사람들이 다시『청통전清通典』·『청통지』·『청통고』〔당시에는 이들 책을『황조통전皇朝通典』·『황조통지』·『황조통고』라고 불렀다〕를 편찬했다. 이들을 모두 합쳐 '9통通'이라 부른다. 9통 이후 건륭에서 광서연간까지 청대 사람들은 따로 다시 통고를 편찬했다. 이리하여 모두 합쳐 '10통'이 성립된 것이다. 이 10통은 사학방면에도 극히 중요한 것이다. 중국의 사서 가운데 가장 이른 것은『상서』의「서주서」였고, 우리는 이를 기사체라고 불렀다.

두번째가 공자의『춘추』였는데, 이를 우리들은 편년체라고 불렀다. 사마천의『사기』에 이르러 이를 우리는 기전체라고 불렀다. 이 세 가지 체재는 이미 앞에서 이야기한 적이 있다. 이후의 사학은 다만 이 세 체재를 계승했을 뿐이다.

두우의『통전』에 이르러 비로소 네번째 체례가 등장했다. 보통은 이를 가리켜 '정서政書'라고 부른다. 그리고 전문적으로 정치제도를 말하는 것이기 때문에 '전典'이라 한 것이다. 그러나 이 같은 정서政書는 중국사학의 관점에서 말하자면 중국적 통사通史라고 하겠다. 즉 중국인이 말하는 통사였다. 당연히 사마천의『사기』역시 통사였다. 왜냐하면 5제五帝로부터 한무제까지를 모두 다루고 있기 때문이다. 이후 단대사로 변했고 이들이 모두 정사가 되었다.

역대의 정사 중 예컨대『사기』에는「8서」가,『한서』에는「10지」등 기전紀傳 이외에 본래 전장典章제도를 다루는 부분이 있었다. 그러나 서서히 당대에 이르러 그들의 관점은 이전 사람들과 조금 달랐다. 과거의 일정한 시대에는 그 시대 나름의 제도가 있다고 말했다. 예컨대 한대에는 한대의 제도가 있었다.

그러나 제도를 말하자면 실제로 그 소통疏通을 살펴야만 한다. 왜냐하면 시대마다 정부가 있게 마련이고, 이 정부의 일체 제도는 당연히 서로 배합되고 회통會通됨이 있게 마련이다. 때문에 단지 부세제도·경제제도만을 연구한다든지 혹은 법률제도·군사제도 등을 각각 따로 연구한다고 말할 수는 없다. 물론 분야를 따로 각기 연구할 수 있지만, 그 사이에는 혈맥이 관통하고 호흡이 각기 통하는 것이 있다.

한 시대의 제도를 연구하고자 한다면 반드시 그 전후 과정을 모두 알아야 한다. 예컨대 우리들이 『한서』를 공부하면서 단지 「식화지」만 읽고, 「지리지」나 혹은 기타 지를 읽지 않을 수는 없다. 한 시대의 제도를 연구하자면 반드시 그 시대를 모두 알아야 한다. 결코 하나만 알고 둘을 몰라서는 안된다. 그렇게 되면 그 시대의 어떠한 제도도 제대로 이해한다고 말할 수 없다.

한 왕조가 멸망하면 새로운 왕조가 들어선다. 그러나 여러분들은 왕조가 바뀌었다고 해서 제도가 모두 변하는 것은 아니라는 점을 알아야 한다. 물론 제도 역시 변하지 않는 것이 없겠지만, 다만 작은 분야에서 변화가 있을 뿐 큰 부분에서는 변할 수 없다. 어떤 부분은 변하지만, 그밖의 다른 어떤 부분은 변하지 않는다. 중국의 역사에서는 정치와 관련하여 이를 칭하기를 '인혁因革'이라 했다.

혁革이란 변혁을 말한다. 상商왕조가 시작되어 하왕조의 명命을 바꾸었고, 주가 일어나 상의 명을 바꾼 것과 같다. 그러나 혁에는 반드시 그 계승(因)이 있게 마련이다. 때문에 상왕조의 사람들은 여전히 하나라 사람들을 따라 하는 것이 많았고, 주의 경우도 마찬가지였다. 따라서 이를 가리켜 '3대三代의 인혁'이라 했다. 예컨대『논어』에는 "은나라는 하나라의 예를 이어받았으니 그 손익된 바를 짐작할 수 있고, 주나라는 은나라의 예를 이어받았으니 그 손익된 바를 짐작할 수 있다"라고 했다.

주나라의 제도는 상나라를 이어온 것으로 어떤 곳은 줄어들고 어떤 곳은 더해졌지만, 대체로는 상에서 비롯된 것이었다. 상의 제도 역시 마찬가지였다. 갑자기 튀어나온 것이 아니었다. 때문에 공자는 주의 뒤를 이은 왕조라면 이후 1백 세가 지나더라도 알 수 있다고 했다. 3대를 언급하지 않더라도 주나라가 역시 망한다 하더라도 이후 역시 계승과 변혁, 그리고 손익이 있게 마련이다. 이러한 사실을 통해 중국 고대의 사람들의 사학관념과 함께 정치관념의 위대함을 볼 수 있다.

아마도 다른 민족은 이 같은 점을 이해할 수 없을 것이다. 공자는 그 때 주나라 역시 망하게 될 것이라는 점을 알고 있었다. 그러나 주나라가 망하면 그 다음 시대는 어떠할 것인가? 공자는 "내가 그 나라를 동쪽의 주나라로 만들 것이다"라고 말했다. 이는 가령 공자가 능히 자신의 뜻대로 도를 행할 수 있다면 주공이 서주를 만들었듯이 공자는 동쪽의 주를 만들 수 있다고 한 말이었다. 그러나 대체적으로는 주공의 서주를 따르는 것이고, 공자는 다만 그에 대한 손익이 있을 뿐이라는 것이다.

　이후 진시황과 한고조가 나타나 중국은 크게 변하여 하나의 통일정부를 이루었다. 그러나 종전의 하·상·주 3대 역시 통일정부라고 할 수 있다. 그 당시는 봉건적 통일이었고 진한의 경우는 군현의 통일로서 일종의 새로운 통일이었다. 따라서 진한과 3대는 서로 달랐으므로 특징도 달랐다.

　그러나 한대 사람들의 대부분 것들은 진에서 비롯된 것이었다. 이에 관해서는 『사기』에서도, 또 『한서』에서도 언급하고 있다. 그러나 그것들 중에는 당연히 고대 춘추전국 혹은 3대로부터 비롯된 것이 많았다. 후한에 이르러 천하가 다시 무너지고 나뉘어 삼국·양진·남북조가 됨으로써 한대와는 이제 서로 비교할 수 없게 되었다. 이 시기를 우리들은 '쇠란의 시대'로서 시대가 변했으니 일체의 정치제도 역시 따라서 모두 변해야 한다고 말한다.

　그러나 실제로는 여전히 다만 일종의 '따라 변하는' 즉 일종의 인습이었을 뿐 대단한 것이 없었다. 단지 그대로 따를 수 있었을 뿐 창조는 없었으며, 계승할 수는 있었지만 모두 다 바꿀 수는 없었다. 한 시대의 소위 왕도를 실천할 수 있는 신법新法이나 혹은 대법大法 같은 것은 없었다.

　예컨대 한나라 사람들이 말하던 새로운 왕조가 출현하면 당연히 새로운 제도가 있어야 하고 새로운 대법칙이 있어야 한다는 그런 것은 없었다. 그들은 "공자는 한을 위해 법을 제정했다"고 말했다. 공자가 어찌 후세인 한 왕조를 위해 새로운 제도와 새로운 의법儀法을 세울 수 있었겠는가? 이는 한대 경학자들의 '통경치용通經致用'이었을 뿐이다. 그들은 공자의 뜻에 근거하여 한 시대의 새로운 제도를 창조했던 것이다.

다음 위진남북조에서는 한대의 유가와 같은 기백이나 이상이 없었고, 다만 천박하고 간단한 논설에만 매달려 난세를 좇아 점차 내리막길을 걷게 되었다. 당에 이르면 통일의 기운이 다시 일어나게 되었다. 당나라 사람들은 그들만의 생각이 있었다. 그들은 또한 스스로 창조할 수 있었다. 당대야말로 비로소 이제 다시 한대와 함께 언급할 수 있게 되었다. 어떤 것은 한으로부터 온 것이었고, 어떤 것은 한의 것을 바꾸어 새롭게 스스로 만들어낸 것이었다. 여기에서 우리들은 하나의 '한당인혁론漢唐因革論'이 있음을 알 수 있다.

당연히 중간의 위진남북조 역시 계승과 변혁[因革]이 있었기 때문에 줄곧 단절은 없었다. 만약 중간의 위진남북조라는 시기를 없애게 되면 당대의 일체는 어디에서 비롯되는 것인가라는 의문을 받게 된다. 바꾼다는 것은 어느 시대의 것을 바꾼다는 것인가? 대체로 당나라 초기의 토지제도와 부세제도, 즉 조용조나 군사제도인 부병제 등은 모두 북주北周로부터 비롯된 것이다. 의복과 기물 그리고 조정의 예의 등은 대부분 남조에서 비롯된 것이다. 당대의 모든 것은 근거 없이 생겨난 것이 아니다. 그 이전 남북조에서 취한 것도 있었다. 만약 따로 나누어 설명한다면, 즉 모든 제도나 의법들은 각기 이전부터 체계적으로 계승되어 온 것이다.

그러나 전체적으로 본다면 각 왕조에는 그 시대의 제도나 의법이 있어서 그 사이에는 높고 낮음과 득실이 있었고, 치란[治亂]과 흥망에 있어서 각기 차이가 많았기 때문에 보통의 척도로는 비교할 수 없다. 때문에 우리가 제도를 연구할 경우에는 반드시 그 전후를 살펴야 한다. 한편으로 모든 제도는 반드시 그렇게 된 원인이 있게 마련으로 근거없이 만들어졌을 리가 없기 때문에, 고금에 반드시 통해야 한다.

또 다른 한편 모든 제도는 같은 시대의 다른 제도와 서로 관련을 갖고 비로소 어떤 시대, 어떤 정부의 제도가 된 것이기 때문에, 반드시 같은 시대의 다른 제도에도 통해야 한다. 당대에 통일의 융성한 기운이 다시 일어남에 따라 자연히 고금에 통하고, 전체 국면을 아우르는 원대한 기백과 포부가 있었기 때문에 비로소 그 같은 융성함이 갖춰지게 된 것이다.

따라서 왕조와 사람의 일은 시대에 따라 변하는 것이고, 각 왕조의 전장제도와 그 근간이 되는 원칙과 법은 반드시 고금에 걸쳐 서로 관통되어 있기 때문에, 비로소 그렇게 된 이유[所以然]와 당연함을 알 수 있는 것이다. 학자들은 모름지기 먼저 이 같은 열린 식견[通識]을 갖추어야 한다. 그래야만 나아가 이 같은 통시대적인 역사를 연구할 수 있다.

만약 당대의 토지와 부세제도가 북주에서 전해 온 것이라면 북주의 제도 또한 그 앞의 시대로부터 비롯된 것이기 때문에, 거슬러 올라가 진한 그리고 3대까지도 살펴보아야 한다. 모든 제도는 모두

고금에 통해 있다. 그리고 같은 시대의 모든 제도 또한 반드시 서로 연관을 맺고 있다.

이와 같은 이야기가 말로는 아주 평범한 것 같지만, 실제로는 그렇지 않다. 여러분들은 전세계 수많은 민족과 국가 가운데 오직 중국만이 이러한 경지에 도달해 있었다는 점을 알아야 한다. 예컨대 유럽의 경우 그리스에서 로마까지 계승과 변혁(因革)이라 할 만한 것이 없었다. 로마는 갑자기 등장한 나라였지 그리스를 계승한 것은 아니었다. 그리고 로마로부터 중고시기까지 일체 모든 것이 로마를 계승한 것이 아니었기 때문에 이후 세계가 로마에 대하여 변혁(革)을 이루어냈다고도 할 수 없다. 계승한 것이 없는데 변혁이라 할 것이 있었겠는가? 중고시기 봉건시대로부터 현대국가의 성립까지 예컨대 영국·프랑스 등은 또 다른 계통이었다. 그들은 단지 그리스·로마·중고시기 그리고 현대를 서로 이어 합쳐 서술해야만 비로소 그들의 통사가 되는 것이다.

오직 우리 중국만이 곧 별도의 통사를 지니고 있었다. 그것이 바로 중국역사 속의 제도사였다. 또 알아야 할 것은, 중국역사에서 시종 가장 중요한 것은 바로 통일정부 하의 역사였다는 사실이다. 통일정부 아래에는 반드시 서로 관련을 맺는 합일된 통일적 성격을 지닌 제도가 있었고, 또 제도에는 여러 방면이 있었다. 법률·경제·군사 등 일체가 있었다. 그러나 이미 통일된 정부 아래에서 그러한 제도들은 서로 밀접한 관련을 지니고 있었다.

옛날 중국사람들은 이를 왕의 대법大法이라 칭했는데, 이 제도는 각각 아주 지엽적인 문제를 다루는 것이 아니라 실제로 하나의 공통된 대도大道가 존재했다. 때문에 공자가 말하기를 비록 1백 세百世가 지났어도 알 수 있다고 한 것이다. 한이 망하고 그 후 당이 있었고, 당이 망하고 난 뒤 송 그리고 명이 여전히 계속되었다. 인사人事의 변동이 이러한 커다란 체계를 벗어날 수는 없었다. 그러한 가운데 계승[因]이 반드시 존재했고 따라서 필히 변혁[革]이 있었던 것이다. 새로운 시대가 닥치면 능히 새로운 제도, 즉 왕도를 실현하는 커다란 법을 창조해야 한다.

명나라 말에 큰 학자였던 고염무顧炎武는 직접 나라가 망하는 아픔을 겪으면서 말하기를, "나라가 망하는 경우와 천하가 망하는 경우가 있다"고 했다. 나라가 망하는 것은 바로 인사의 변동으로서, 한 왕조가 망하고 새로운 왕조가 일어나 조정이 바뀌게 되어 한 가문이 치국의 권력을 잃게 되는 것을 일컬어 망국이라 했다.

과거부터 줄곧 있었던 단대사라는 것은 바로 모두 나라가 망하고 난 뒤 쓰인 것이다. 예컨대 한·당·송 왕조가 망한 것은 모두 망국이라 할 수 있고, 이는 커다란 도리[大道]가 계승과 변화를 거쳐 서로 바뀌게 되는 절묘함을 의미한다. 따라서 한 왕조의 제도가 없어지면 다음 왕조의 새로운 왕자王者가 다시 새롭게 정돈하게 마련이다. 그러나 천하가 망한다는 것은 그 도道가 망한다는 말이다. 이는 한 왕조의 제도의 존망이 아니라 바로 도통道統이 망하는 것을 의미한다. 따라서 필부들에게도 그 책임이 있다고 했다. 왜냐하면 도통의 계승여부는 왕조의 승계[治統]와는 비교할 수 없는 것이기 때문에, 필부들에게도 모두 응당 책임이 있다는 것이다.

고염무가 지은 『일지록日知錄』은 바로 장래의 새로운 왕자가 새로운 시대의 법을 만들 것을 바라며 지은 것이다. 그의 책 안에는 각종 제도에 관하여 언급하고 있는데, 위로부터 아래까지 본래의 모습과 변화한 모습을 살피고 있다.

제도에 속하는 것은 어느 한 시대만을 살피는 것이 불가능하다. 어느 제도이든지 계승과 변혁이라는 전후의 사정을 지니고 있기 때문이다. 객관적으로 말하자면 원과 청이 중국으로 달려들어 왔지만, 실제로 중국은 아직 천하가 망했다고 할 수는 없었다. 적어도 우리들이 말하는 당시의 정치제도들은 여전히 계승된 것과 변혁된 것 모두를 지니고 있었기 때문에, 과거와 단절된 것은 아니었다. 따라서 제도사를 말하는 것은 바로 중국의 통사를 말하는 것이다. 그 창시자는 『통전』이었다. 이후 『통지』· 『문헌통고』· 『속통전』· 『속통고』· 『청통지』· 『청통고』가 있었다.

신해혁명에 이르러 만주족의 청이 망하고 우리들의 천하 또한 크게 변했다. 청이 아직 망하기 전에 당시 일부 독서인들은 모두 변법을 말하고자 했다. 그리하여 '삼통지학三通之學'에 매우 주의했다. 따라서 예컨대 『삼통상절三通詳節』 같은 종류의 책이 매우 많았다. 그러나 민국 이후가 되면 정말 확연하게 달라졌다.

여러분들은 마땅히 시대는 반드시 변한다는 사실을 알아야 한다. 예로부터 항상 그렇게 변해 왔던 것이지, 청 말에 와서야 비로소 시대의 변화가 있었던 것은 아니다. 여러분들은 결코 중국에는 2천 년 이래 변화가 없었다고 말해서는 안된다. 언제 그러한 변화가 있었는가 하는 말은 책을 읽지 않은 사람이 하는 말이다.

중국은 2천 년 동안 항상 변화했다. 그러나 청 말에 이르러 커다란 변화에 직면했던 것이다. 적어도 학술이 크게 변했고, 사학 또한 예외는 아니었다. 내가 북경대학에서 역사를 가르치고 있을 때 세 과목을 담당했는데, 두 과목은 대학의 규정에 따른 것으로 모두 역사과의 필수과목이었다. 한 과목은 선택과목으로 내가 마음대로 개설할 수 있었다.

나는 먼저 '근삼백년학술사'를 개설했기 때문에 이어서 '중국정치제도사'를 개설했다. 당시 역사과나 문과대학은 모두 내가 이 과목을 개설하기를 바라지 않았다. 그들은 과거 2천 년 동안의 중국정치는 단지 전제정치였고 모두 이미 타도되었는데, 아직 강의할 것이 남아 있느냐고 했다. 나는 역사를 공부하지 않은 사람들은 그렇게 말할 수 있지만, 역사를 공부하는 사람이 정치제도를 말하지 않는다면 역사는 아무것도 말할 것이 없게 된다고 말한 적이 있다. 따라서 나는 고집스럽게 그 과목을 개설했다.

사학과 학생들은 모두 이 과목을 선택하지 않았다. 다행히 법과대학의 정치학과에서 말하기를 "그 과 학생들은 단지 외국제도만을 알 뿐 중국의 제도를 잘 모른다"고 했다. 그 때문인지 많은 학생들이 이 과목을 선택하여 수강했다. 조금 후에 사학과 학생들도 많이 와서 방청을 했다.

나는 본래 『중국정치제도사』 책을 저술하고 싶었지만 지금까지 아직 쓰지 못하고 있다. 다만 대만에 와서 한 주일에 걸쳐『중국역대 정치득실』에 대하여 강의한 적이 있다. 이 책은 매우 간단한 것이지만 과거 중국의 정치제도가 어떤 모습이었는가를 대략 이해할 수 있도록 했다. 여러분들은 중국역사에서 진나라부터 청까지 역대의 정치가 변하지 않은 적이 없었다는 점을 알아야만 한다.

서양의 제도 역시 시간이 오래 지나면 변하지 않을 수 없었다. 그리고 오늘날의 미국을 보더라도 그들의 민주제도 역시 커다란 변화에 따라 발전한 것이다. 예컨대 선거를 논하자면 한 주州의 장을 뽑자면 얼마간의 돈이 필요하고, 대통령 선거에도 마찬가지로 돈이 필요하다. 돈이 없으면 선거를 치를 수가 없다. 만약 시작부터 그러했다면 오늘의 미국 같은 나라가 될 수 없었을 것이다. 그러나 제도의 발전이 이러한 정도에 이르렀으니 어찌 다시 더 좋아질 수 있겠는가!

오늘날 많은 사람들은 미국이 자유세계를 이끌어가는 국가가 되기를 희망한다. 그러나 미국은 정치제도상 실제로 문제를 가지고 있다. 모든 제도는 일정한 시간이 지나면 언제나 변하게 마련이다. 오늘날 역사를 배우는 사람들 중에 제도를 공부하는 사람은 많지 않다. 그러나 나는 제도에 통하지 않고는 역사에 통할 수 없다고 생각한다.

제도를 공부하자면 현재의 좁은 전문가적 태도를 가져서는 안된다. 예를 들어 명대의 부세제도를 연구한다고 하거나 혹은 단지 일조편법을 연구한다고 해서는 안된다. 이같이 좁아빠진 시각으로 연구를 하게 되면 일정한 제도의 당시 실제정황과 실제의의를 알아낼 수 없다. 제도를 연구하자면 곧 전체왕조를 살펴야 하고 다시 상하·고금에 모두 통해야 하는 것이지, 지나치게 협소한 공부를 하여서는 안된다.

제도사 방면에 있어서 창조와 함께 남다른 공헌을 한 사람이 바로 두우다. 이렇게 말한다면 두우의『통전』이 중국사학사에 그 지위가 어떠한지를 알 수 있을 것이다. 나는 사마천의『사기』이후 반고가 단대를 역사로 하는 변화를 창조함으로써 스스로 그 지위를 확보했듯이, 두우의『통전』역시 중국의 사서에서 또 새로운 영역을 개척했다고 말할 수 있다. 이후 소위 3통·9통·10통을 존재하게 한 것이다.

오늘 이후의 중국에 있어서 우리 학술계는 어떤 모습으로 변하여 우리 국가를 이끌고 가야 하는지를 잘 모르고 있다. 그러나 결론적으로 단지 남을 따라가서는 안된다는 것이다. 우리가 단지 정치계만을 언급하자면, 중국의 과거에 있었던 제도에 대하여 전혀 모르면서 그저 줄곧 외국에서 배우려 하지만, 이 또한 매우 번거로운 일이다. 가장 좋은 것은 스스로 창조할 수 있는 것이지만, 그러자면 곧 학술적인 기초가 있어야 한다.

다시 두우의『통전』에 대하여 살펴보자. 두우는 당나라 덕종과 헌종 시대에 일시 재상을 지낸 적이 있었다. 그는 관리들의 일과 군사·경제·재무 등 방면에 모두 능통했다. 그는 스스로 말하기를 "신은 견식에 있어서 경륜이 부족하고, 배움에 있어서도 널리 잘 알지 못합니다[臣識昧經綸, 學慚博究]"라고 했다. 여러분들은 중국사람들의 관례를 보아 두우가 스스로 어떤 겸손의 말을 하고 있는지 알 것이다. 이 말은 아마도 바로 그의 포부와 이루고 싶은 것을 의미할 수도 있다.

예컨대 두우가 말한 "신은 견식에 있어서 경륜이 부족하고, 배움에 있어서도 널리 잘 알지 못합니다"라는 말에서 '경륜經綸'과 '널리 잘 안다[博究]'는 두 가지는 바로 그의 포부가 어디에 있는지를 말해 주는 것이라 할 수 있다. 헌종이 그에게 조서를 내려 칭찬하여 말하기를 "널리 자료를 모으고 자세히 정리함으로써 역대 연혁의 마땅함을 알고, 정치를 위하고 사람들에게 도움을 주기 위해 많은 백성들의 이롭거나 해가 되는 중요한 부분을 자세히 살피고 있다[博聞疆學, 知歷代沿革之誼, 爲政惠人, 審群黎利病之要]"고 했다. 이는 두우가 제도를 논하면서 사회와 민생의 이병利病을 중시해야 한다는 것을 잘 이해하고 있었다는 사실을 말한 것이다.

두우는 음사蔭仕로 관직에 나아가 78세까지 살았다. 젊은 시절부터 늙을 때까지 줄곧 정치적인 생활을 한 셈이다. 『통전』은 대체로 그의 나이가 많지 않았을 때 편찬한 것이다. 당시 그는 『회남절도서기淮南節度書記』를 지었는데, 덕종 정원貞元 17년, 즉 801년에서 802년 사이에 조정에 바쳐졌다.

비슷한 시기 서양사를 읽어보면 9세기에는 정말 형편없었다. 현대국가 예컨대 영국이나 프랑스 같은 나라는 아직 없었다. 그러나 두우의 『통전』에는 당시 중국의 각종 정치제도가 이미 수천 년을 지나온 그 개혁과 변천의 과정이 기록되어 있었다. 때문에 중국의 문화는 깊고 두터웠다. 그 한 예가 오늘날 우리들 모두가 말하는 '윤리'다. 윤리는 가정에서 부모에게 효를 다하는 것뿐만이 아니었다. 더욱 큰 윤리는 당연히 치국과 평천하를 하는 것이었다.

중국인의 전통적인 정치 역시 당연히 윤리에 포함되었다. 중국인의 정치가 비로소 실제 외국을 능가할 수 있었던 것이다. 따라서 이 같은 대일통의 국가가 곧바로 4천 년을 전해져 오늘에 이를 수 있었다. 그런데도 오늘날 우리들이 가장 무시하고 있는 것이 바로 자신들의 전통적인 정치이다.

정치에 종사하는 사람들에게 만약 영국과 미국의 정치를 말해 보라 한다면 그들은 그래도 몇 마디 할 수 있는 지식을 가지고 있을 것이다. 그러나 그들에게 만약 중국의 과거 전통적인 정치에 대하여 말하라고 한다면, 내가 이전에 북경대학에서 경험했던 것처럼 "지금 아직도 역사상의 정치를 이야기해야 하느냐"고 하면서, 그러한 이야기는 전혀 가치가 없는 것이라 여길 것이다.

그러나 나는 역사를 배우려는 여러분들에게 바라지 않을 수 없다. 우리들은 중국역사에 있어서 전통정치 중의 각종 제도에 대하여 약간의 인식을 반드시 지녀야 한다. 이한李翰이 두우의 『통전』에 서문을 쓰면서 말하기를 "군자의 치용은 나라에 유익해야 하고, 나라에 유익해야 함은 사실을 제대로 세우는 데 있다. 사실을 제대로 세우려면 옛것을 본받아야 하고, 옛것을 본받으려면 변화하는 시대를 좇아야 한다. 반드시 고금의 마땅함을 살펴야 하고, 처음과 끝의 요점을 치밀하게 분석해야만 비로소 옛날을 정확히 살필 수 있고 마침내 그것을 오늘에 행할 수 있는 것이다[君子致用在乎經邦, 經邦在乎立事, 立事在乎師古, 師古在乎隨時. 必參古今之宜, 窮終始之要, 始可以度其古, 終可以行於今]"라고 했다. 즉 한 사람의 군자가 할 수 있는 가장 위대한 작용은 당연히 치국평천하와 경세적인 사업에 있어야 한다는 것이다.

오늘날 우리들 학문을 한다는 사람들은 힘써 외국의 것만을 배우려 한다. 그들의 이상은 그저 남을 가르치려 들고 책을 쓰고자 할 뿐, 국가와 민족은 상관치 아니한다. 이와 같은 자세로 중국의 학문을 말한다면 자연히 매우 어렵게 된다. 대학에서는 그저 "오로지 수신을 근본으로 한다"고 말할 뿐이다. 단순히 한 개인의 입장에서 자기 수양만 하면 된다는 것이다. 제가 · 치국 · 평천하 같은 이상은 이미 존재하지 않는다.

이한이 말한 "나라에 유익해야 함은 사실을 제대로 세우는 데 있다", "사실을 제대로 세우려면 옛것을 본받아야 한다" 그리고 "옛것을 본받으려면 변화하는 시대를 좇아야 한다"라는 의미를 우리들은 분석하여 때에 따라 사실을 세우려고만 할 뿐 "옛것을 본받아야 한다"는 점을 더욱 이해하지 못하고 있다. 소위 '변화하는 시대를 좇아'의 경우도 단지 서양의 것을 본받으려 할 뿐이다.

예컨대 "반드시 고금의 마땅함을 살펴야 하고, 처음과 끝의 요점을 치밀하게 분석해야 한다" 같은 것은 더욱 관심이 없다. 모든 사정은 옛날에는 어떻게 시작되었고 지금은 어떻게 행해지고 있는가, 또 현재에는 당연히 어떻게 해야 하는가 등등을 알아야만 한다. 그렇다면 어찌 그저 서양인들에게만 물어야 될 것인가!

비록 이한의 이 서문에서 내가 몇 구절을 베껴 인용했지만, 이 말이 나는 두우의 『통전』이 지닌 정신을 잘 말해 주고 있다고 생각한다. 그러나 요즘 사람들은 잘 이해하지 못하고 있다. 후일 남송의 주희朱熹에 이르면 두우의 『통전』을 극히 중시하고 당시 과거시험 과목에 이 분야를 추가하도록 주장했다. 즉 두우의 『통전』을 시험보아야 한다고 했다.

주희는 말하기를, 두우의 『통전』은 "오늘을 위한 것이지 과거를 위한 것은 아니다〔是今非古〕"라고 했다. 그러나 여러분들은 주희의 이 말을 "오늘만이 옳고 과거는 그르다"고 여겨서는 안된다. 주희 역시 '시금비고〔是今非古〕'의 자세로 『통전』을 중시한 것으로 앞에서 말한 이한의 서문에 나오는 말과 대체로 비슷하다. 일을 세울 때〔立事〕는 반드시 옛것을 본받아야〔師古〕하고, 옛것을 본받을 경우 또한 반드시 때에 따라야 한다〔隨時〕고 했다. 이 견해 속에 오히려 매우 깊은 의리가 있기 때문에 살펴볼 만한 가치가 있다.

『통전』은 모두 아홉 분야〔門〕로 나뉘어 있다. 「식화食貨」 12권, 「선거選舉」 6권, 「직관職官」 22권, 「예禮」 100권, 「악樂」 7권, 「병兵」 15권, 「형刑」 8권, 「주군州郡」 14권, 「변방邊防」 16권 등 합하여 모두 200권에 이르는 매우 큰 저작이다. 이 책은 황제黃帝와 요순으로부터 시작하여 당나라 현종 천보天寶연간까지 기록하고 있다. 이후 숙종·대종代宗 때 제도의 변혁이 많았기 때문에 그 내용이 책에 부록되어 있다. 이 책은 5경과 많은 역사서 그리고 위진남북조 사람들의 문집·주의奏議 등으로부터 모은 내용을 구분하여 기록했다. 당시사람들은 이 책을 평가하여 말하기를 "상세하면서도 번거롭지 아니하고, 간략하면서도 요긴한 내용이 모두 담겼다[詳而不煩, 簡而有要]"고 했다. 이 역시 그저 한 말은 아니다. 상세하다고 한 것은 책이 모두 2백 권이나 되니 당연히 그렇게 말한 것이다. 그러나 "상세하면서도 번거롭지 아니하다"고 했다. 또 간략하다고 한 것은, 황제와 요순으로부터 당나라까지 아홉 분야의 사실을 모두 수록하면서 다만 2백 권으로 정리했기 때문이다. 그러나 간략하면서도 요긴한 내용이 모두 담겼다고 했다.

　나는 여러분에게 학문을 하면서 역사를 공부할 때는 반드시 이 책을 읽어볼 것을 권한다. 그러나 만약 어떤 제도의 문제에 부딪쳤을 때만 그 자료를 두우의 『통전』에서 찾으려 해서는 안된다. 다른 사람이 마음을 다해 자신의 사용에 필요한 부분을 정리한 것을 이용만 해서는 안된다. 책을 이용하고자 할 때는 먼저 그 책을 이해해야 한다.

　여러분들처럼 역사를 공부하는 사람들에게 나는 이미 『사기』와 『한서』 그리고 『후한서』·『삼국지』 등을 자세히 읽을 것을 권한 바 있다. 그 이후의 자료는 그렇게 힘을 들이지 않아도 된다고 했다. 그러나 『통전』 같은 책은 오히려 자세히 읽어야만 한다. 두우가 어떻게 이 책을 쓰게 되었는지를 배워야 하고, 그 책이 "상세하면서도 번거롭지 아니하고, 간략하면서도 요긴한 내용이 모두 담겼다"는 의미를 배워야 한다. 그리고 많은 경전과 사서 그리고 각 시대의 문집을 모두 이용하여 저술한 이러한 편찬방법은 정말로 체재가 크면서도 그 생각이 정밀했다. 만약 여러분들이 스스로 이러한 방법을 이해한다면, 장래 자신의 책을 쓸 때 비로소 기초를 지니는 셈이 된다.

우리들이 더욱 깨달아야 할 것은 어떤 책을 읽을 때는 그 책을 쓴 사람을 반드시 이해해야 한다는 것이다. 책을 쓴 사람을 제대로 알아야만 비로소 그 책의 정신을 배울 수 있고 또 살아 있는 학문이 될 수 있다. 우리가 두우의 『통전』을 공부할 때도 마찬가지로 두우에 대한 이해를 먼저 해야 한다. 『신당서』와 『구당서』에 모두 두우에 관한 열전이 있다. 그러나 『구당서』가 비교적 자세하다.

두우는 스스로 말하기를 "가장 좋은 것은 덕을 세우는 일이지만, 그렇게 하기가 거의 불가능하다. 그 다음이 공을 세우는 것인데, 이는 결국 당대에 행할 수 있는 것이다. 그 다음이 저서를 쓰는 것인데 그 뜻이 후학들에게 도움이 되는 것이다[太上立德. 不可庶幾. 其次立功. 遂行當代. 其次立言. 見志後學]"이라 했다. 소위 입덕立德・입공立功・입언立言을 3불후三不朽라 했는데, 이는 춘추시대 숙손표叔孫豹의 말이었다. 두우는 감히 최고의 덕을 세우는 일을 바라지는 못하고, 다만 그 다음의 공이나 말을 세우기를 희망했다. 그는 결국 당시 정치적으로 공헌할 수 있기를 바란 것이고, 다음으로 '입언立言'을 위해 이 책을 쓰게 된 것이다.

두우는 또 말하기를 "신은 재주가 남에게 미치지 못하여 늘 자강해야 한다는 뜻을 지니고 경전 등을 가까이하여 욕심을 내기도 했지만, 맡은 일이 많고 힘들어 시간이 지나 안타깝게 여기고 있지만 아직 그 일을 놓지 못하고 있습니다[臣才不逮人. 徒懷自强. 頗玩墳籍. 雖履歷하. 或職

劇務殷, 竊惜光陰, 未嘗輕廢"라고 했다. 두우의 직무가 바쁘고 해야 할 일이 많다는 것은 짐작할 만한 일이다. 그리하여 그는 언제나 시간이 아깝다는 생각을 하여 종래에 낭비한 적이 없었다. 이 부분은 후세사람들의 모범이 될 만하다.

우리가 유지기의 『사통』을 읽으려면 당연히 유지기라는 사람을 연구해야 하고, 그래야만 그가 경전을 비방하고 옛것을 의심한 사실이 그 사람됨의 천박함에서 비롯된 것임을 알 수 있다. 마찬가지로 두우의 경우도 앞에서 인용한 몇 구절 말을 통해 그 사람됨을 짐작할 수 있고, 또 이 책을 신뢰하게 되는 것이다. 여러분들은 사정을 모두 따로 떼어서 보려하지 말라. 즉 사람은 사람, 책은 책일 뿐이라고 한다면 회통會通을 바랄 수 없다.

두우는 스스로 『상서』·『모시毛詩』·『역경』·『춘추』 등 경전을 모두 본 적이 있다고 말했지만, 그는 경학가가 아니었다. 그의 노력은 완전히 사학을 위한 것이었다. 그는 이렇게 많은 경학들이 "비록 말을 기록한 것이 많지만 법제를 수록한 것이 드물었고, 내가 일찍이 살펴보았지만, 기록의 깊이를 측량할 수 없었다[雖多記言, 罕存法制, 愚嘗管窺, 莫測高深]"고 한 적이 있다. 때문에 두우는 분명 경학가가 아니었고 사상가도 아니었다. 그러나 두우는 경학이나 사상 등 많은 방면에 노력을 기울인 적이 있었다.

예컨대 사마천 역시 경학가 혹은 사상가라고 할 수는 없고 다만 사학가였던 것과 같다. 그렇다고 사마천이나 두우가 모두 경학을 이해하지 못했던 것은 아니다. 『통전』은 3대부터 그 이후를 언급하면서 매우 많은 문제, 즉 시詩와 서書를 이야기하면서 경학을 언급하고 있다. 그는 고대의 경전을 인용하고 항상 주와 고증을 함께 기록했고, 이들 주와 고증도 대부분 일반 경학가들이 말한 적이 없는 것이었다. 이 사실을 통해 두우가 경학에도 능통했다는 사실을 알 수 있다. 문학은 더욱 말할 필요도 없다.

두우 이전에 이미 유질劉秩이라는 사람이 당 현종 개원연간에 경학과 사학에 관한 각종 자료를 수집하고 각 분야별로 구분하여 『정전政典』을 썼다. 모두 35권으로서 당시사람들에게 매우 중시되었다. 그러나 두우는 이 책이 아직 충분하지 못하다고 여기고 다시 확대하여 『통전』을 썼던 것이다. 이것이 바로 소위 "처음의 작품에는 반드시 선구적인 것이 있다[有開必先]"라는 것이다.

유질의 『정전』은 『통전』 이전에 쓰인 책이었지만, 현재는 전하지 않는다. 두우의 『통전』 그 자체에 대한 설명은 다음 시간에 강의하고자 한다. 이 책은 실로 가치가 있다. 얼마 지나지 않아 『통지』·『문헌통고』 등이 등장했다. 일반사람들은 모두 『문헌통고』를 참고했다. 왜냐하면 『문헌통고』의 자료가 더욱 많았기 때문이다. 당 이후 그리고 송에 와서 두우의 『통전』에 있는 모든 내용이 『문헌통고』에 베껴 들어갔고 다시 새로운 내용이 추가되었다.

그러나 이 같은 체재를 처음으로 시도한 사람은 결국은 두우였다. 뿐만 아니라 많은 부분에서 마단림馬端臨은 두우만 못했다. 마단림은 그저 약간의 수정을 했을 뿐이다. 마치 반고의 『한서』가 사마천의 『사기』를 약간 수정한 것과 같다. 따라서 우리는 그 책이 『사기』만 못하다고 여기는 것이다. 사마천에 대하여 반고가 제대로 이해하지 못하는 부분이 여전히 많았던 것이다.

여기서 우리가 알아야 할 것은 남의 것을 베끼는 일도 쉽지 않다는 것이다. 때문에 두우의 『통전』은 마땅히 읽어야 한다. 그러나 『통전』 2백 권을 지금 우리가 어떻게 읽어야 할까? 비록 자세히 읽을 수는 없다고 하더라도 적어도 한번은 꼭 읽어야 한다. 다음에 다시 정초의 『통지』와 마단림의 『문헌통고』를 설명할 때 여러분들은 곧 중국인들이 말하는 3통·9통이 결국 어떻게 출현한 것인지를 알게 될 것이다.

책을 많이 읽는 것은 언제나 여러분들에게 좋은 점을 제공할 것이다. 여러분들은 자신이 하는 학문은 단지 한 부분일 뿐이고, 여전히 내가 하지 않은 학문이 많다는 사실을 알아야 한다. 이는 자신에게 정말로 좋은 점이 된다. 단지 이것만 하고 저것은 전혀 몰라도 된다는 식으로 잘난 체하거나 자만하여서는 안된다. 이 같은 태도는 큰 잘못을 일으킬 수도 있다. 사학을 공부하는 사람들도 경학이나 문학을 전혀 몰라서는 안된다. 이 말은 앞에서 이미 자주 했기 때문에 다시 자세히 말할 필요가 없겠다.

두우의 『통전』 하

> 두우가 말하기를 "가장 바람직한 것은 덕을 세우는 것이요, 다음은 공을 세우는 것"이고 그 다음이 저서를 남기는 것이라 했다. 적어도 두우는 자기 생각을 지닌 사람이었다. 그는 사학에 매여서 오로지 사학만을 말한 사람이 아니었다.

오늘은 계속해서 『통전』에 대해 살펴보자. 『통전』은 앞서 말한 바와 같이 모두 아홉 분야(門)로 나뉘어 있다. 「식화」·「선거」·「직관」·「예」·「악」·「병」·「형」·「주군」·「변방」 등이다. 이 아홉 분야는 분야별로 순서에 따라 배열되었다. 두우는 말하기를 "도리에 앞서 교화를 행해야 하고, 교화의 근본은 의식을 족하게 하는 데 있다(理道之先, 在乎行敎化. 敎化之本, 在乎足衣食)"고 했다.

정치가 가장 먼저 해야 할 일은 '교화敎化'이다. 즉 오늘날 말하는 교육이다. 그러나 그 교화의 근본은 경제에 있었다. 많은 사람들은 먼저 생활을 해결하고자 했다. 즉 의식을 풍족하게 하고자 했다. 때문에 전체 『통전』의 첫번째 시작이 바로 경제문제를 다루는 것이었다.

중국에서는 종래 정치를 말할 때 『논어』와 『맹자』로부터 줄곧 경제를 가장 우선해야 하는 정치의 첫번째 사항이라 하지 않은 적이 없었다. 두우의 『통전』도 역시 마찬가지였다. 현재에 이르러 우리들 모두는 책을 읽지 아니하고 그저 근거없는 이야기하기를 좋아하여, 마치 중국사람들이 종래 경제를 중시하지 않은 듯 여긴다.

다음으로 두우는 말하기를 "교화를 행하기 위해서는 직관을 설치해야 하고, 직관의 설치는 관리가 될 수 있는 인재를 살피는 데 있고, 관리가 될 수 있는 인재를 살피는 일은 선거를 자세히 하는 데 있다〔行教化在乎設職官, 設職官在乎審官才, 審官才在乎精選舉〕"고 했다. 정치조직에는 반드시 직관의 설치가 필요하다. 직관의 설치를 위해서는 그 직관을 맡기에 합당한 인재인가를 심사하여 가리는 것이 중요하다. 그리고 적당한 인재를 찾기 위해서는 선거가 필요한 것이다. 이것이 바로 『통전』의 두번째 항목이었다.

오늘날에 비추어 말하자면 선거란 바로 민주정치를 말한다. 우리들은 단지 중국은 전통적으로 전제통치라고만 말한다. 물론 황제가 사람을 임용할 때 객관적인 기준과 규정된 제도를 필요로 하지는 않았다. 우리는 또 '중국사회는 봉건사회'라고 말한다. 그러면 한번 물어보자. 봉건사회 안에 어떻게 선거제도가 있을 수 있는가? 봉건사회의 귀족은 세습하는 것이다. 그러나 우리 역사에는 선거제도가 있었고, 관리가 되고자 하면 먼저 밑에서 선발하여 위로 올린 셈이다. 다시 또 위에서 밑으로 파견하기도 한다.

따라서 중국은 한대에 이르면 이미 '사인정부士人政府'라고 불러야 했다. 왜냐하면 한왕조는 이미 귀족이나 군인 혹은 상인의 조정이 아니었다. 물론 교회의 것도 아니었다. 정부 안의 많은 사람들은 사회로부터 선거를 거쳐 올라온 사람들이었다. 선거는 한대로부터 성립되기 시작한 제도로서 후일 당대에 이르러 다시 고시考試로 변했다. 두우가 『통전』을 편찬할 때 실시되었던 것은 고시제도였다. 그러나 이 제도의 시작은 선거제도로부터 비롯된 것이었다. 때문에 두우는 이 제도를 가리켜 '선거'라 칭한 것이다.

고시와 선거는 본래 그 출발이 같았다. 양한에서 당대에 이르기까지 선거와 고시제도의 배경에는 여전히 학교가 있었고, 교육이 있었다. 때문에 선거제도를 서술하면서 학교교육과 고시를 모두 포함하고 있었던 것이다. 이는 중국 전통정부의 두번째 중요한 항목이었다. 세번째 항목이 비로소 직관의 설치였다. 정부의 영도자와 재상 이하 중앙과 지방의 각급 조직이 합하여 전체정부를 구성했다.

이상에서 거론한 세 가지를 알아야만 중국의 전통정부가 도대체 어떤 의의 위에 건립된 것인지를 이해하게 될 것이다. 다시 말해 정부는 사회의 경제생활 문제의 해결을 가장 중요한 것으로 삼았으며, 이는 정부의 가장 큰 책임이기도 했다. 때문에 첫번째 항목이 바로 '식화食貨'였던 것이다. 정부는 사회의 어질고 현명한 사람을 뽑아 정치를 해야 하므로 '선거'가 있게 된 것이다. 그리고 난 연후에 다시 정부가 직위를 분배하여 각 사람들이 자기 직무에 충실하게 했다. 때문에 이를 '직관'이라 불렀던 것이다.

중국사람들은 정치를 말할 때 주권이 어디에 속하는지를 말하지 않고, 오히려 직책이 어떠했는지를 말했다. 그러나 현재 우리들은 정치의 주권이 어디에 있었는지를 말한다. 물론 신권정치의 경우 주권은 상제上帝에게 있었고, 왕권정치의 경우 주권이 황제에게 있었으며, 민권정치의 경우는 주권이 민중에게 있었다. 이러한 것들은 모두 서양인들의 정치사상이었다.

중국인들은 종래부터 주권이 어디에 있었는지를 논의하지 않았다. 오히려 가능한 한 그의 직책이 무엇이었는지를 살피려 했다. 관官에는 반드시 직직職이 있게 마련이다. 황제 역시 마찬가지로 나름의 직책이 있다. 그는 다만 정부에서 가장 높은 지위에 있었을 뿐이다. 이것이 중국의 정치사상이 서양과 근본적으로 서로 다른 점이다. 서양인들이 국가를 말할 때 항상 국가에는 주권과 민중과 토지가 있어야 한다고 주장하지만, 중요한 것은 여전히 '주권론'에서 벗어나지 못한다는 점이다.

우리들은 정치를 언급하면서 줄곧 주권을 중시하지는 않았다. 중요한 것은 정부가 당연히 어떠한 일들을 해야 하는지를 말하는 것이었다. 때문에 두우의 『통전』에서도 가장 먼저 다룬 제도는 '식화'였고, 두번째는 '선거', 세번째가 '직관'이었다. 이 세 가지 제도만을 가지고 중국의 정치이론을 말한다면 이미 그 요점을 매우 정확하게 말한 셈이다.

그리고 네번째는 '예禮', 다섯 번째는 '악樂'을 다루었다. 두우는 말하기를 "예를 제정함으로써 풍속을 바르게 하고, 음악을 세움으로써 백성의 마음을 평화롭게 한다〔制禮以端其俗, 立樂以和其心〕"고 했다. 중국인들은 줄곧 사회의 풍속과 예악을 중시했다. 그는 또 말하기를 "관직이 두어지고 난 뒤에 예악이 일어났다[官職設然後興禮樂]"고 했다. 도덕에 의한 교화가 훼손되어 없어지면 다시 형법을 사용했다. 따라서 그 다음으로 '병兵'과 '형刑'을 다루었다.

중국의 정부는 대일통의 정부였다. 때문에 다음으로 다시 지역을 획분해야 할 필요에서 '주군州郡'을 설정했다. 그리고 또 '변방邊防'을 설정하여 외부로부터의 침략을 막고자 했다. 우리는 단지 이 아홉 분야의 선후의 배열만 보더라도 두우의 매우 큰 정치이론이 이 책 속에 담겨져 있다는 것을 알 수 있다.

따라서 청 건륭연간에 와서『통전』을 다시 인쇄할 때, 그 서문에 역시 다음과 같은 언급이 있었다. 즉 "먼저 의식을 족하게 한 연후에 다시 교화한다[先養而後敎]"고 했고, 또 "먼저 예를 정하고 나서 다시 형법을 정비한다[先禮而後刑]", "내부를 안정시킴으로써 외부를 방어한다[安內以馭外]", "본말의 순서를 정했다[本末次第]"고 하여 모두 조리와 체계를 갖추었던 것이다. 우리는 이를 통해 두우의『통전』이 지닌 "체재는 크지만, 그 생각이 정교하다[體大思精]"는 것을 볼 수 있다.

다음으로 책의 내용에 대하여 살펴보자. 특별히 한 가지 중요하게 말하고자 하는 것은,『통전』선거편의 앞부분 '총서總序'와 뒤에 있는 '평어評語'이다.『통전』앞의 세 편은 역대제도를 서술했고, 뒤의 세 편은 잡다한 논의였다. 주지하다시피 중국의 역사전통에는 모든 정치적 조치 혹은 제도가 성립될 때까지 조정의 많은 관리에서부터 사회의 보통 평민까지도 모두 의견을 발표할 수 있었다. 그리고 이러한 많은 의견 중에서 중요한 것은 모두 역사에 기재되었다.

중요한 것이 바로 '주의奏議'였다. 이 주의 외에 개인의 문집에도 고대 혹은 당대의 어떤 제도가 지닌 이해득실을 토론한 문장이 항상 많이 보인다. 우리는 "역사를 하는 사람은 역사를 쓰거나[著史], 역사를 연구하거나[考史], 역사를 평론하는[評史] 세 분야에 종사하게 된다. 역사를 평론할 때 특별히 중요한 것은 당연히 자기시대[當代]를 논평하는 것이다"라고 늘 말한다.

중국인들은 과거부터 줄곧 현실문제에 대한 논의 가운데 특히 정치적인 문제를 매우 중시했다. 오늘날 우리들은 늘 말하기를 "의견은 객관적이어야 하며 주관적이어서는 안된다"고 한다. 그러나 당연히 알아야 할 것은, 한나라 사람들은 당시의 어떤 제도라도 어느 곳에서든 비평할 수 있었고, 이 같은 비평을 비로소 진정으로 객관적이라 여겼다. 만약 지금 우리들이 한대의 제도를 비평한다면 그것은 오히려 주관적일 것이다. 한나라 사람들이 당대 자신의 제도를 비평한 것이야말로 비로소 참된 비평이라 할 수 있다.

우리들은 당연히 한대의 사람들이 당시의 제도를 어떻게 비평했는지를 이해해야만 한다. 그들의 비평이야말로 객관적인 것이다. 우리들이 오늘날 비평하는 것은 주관적임을 면할 수 없다. 예를 들면 오늘날 공산주의와 패권주의를 비평하는 데 있어서 가장 중요한 것은 이들 정치에 속한 사람들이 그러한 정치와 주의에 대하여 어떠한 의견을 지니고 있었는가를 물어야만, 비로소 객관적이고 참된 비평이라 할 수 있다.

우리가 이 정치의 바깥에서 이러한 정치를 비평하는 것이 어찌 우리들의 주관이 아니겠는가? 따라서 역사를 공부하는 사람들에게 더욱 중요한 것은 역사상 당시의 사람들을 이해하는 일이다. 그들은 자신이 살고 있던 시대의 사실에 대하여 어떠한 관점을 가지고 있었는가. 예컨대 공자는 2천5백 년간 중국역사 속에서 줄곧 각 시대의 중국인들에게 숭배를 받았다. 이는 역사상의 객관적인 사실이다.

오늘날 우리들은 공자를 반대하고 공자사상을 타도하자고 한다. 이는 현재 사람들의 관념이지만 주관이라 할 수 있다. 마찬가지의 이유로 중국의 전통정치에 대하여 우리는 중국역사상 줄곧 모든 시기의 사람들이 자기시대의 정치에 대하여 어떠한 관점을 지니고 있었고, 또 그들은 그 제도를 옳다고 보았는가 혹은 그르다고 보았는가를 살펴야 한다.

오늘날 배운 한두 가지 서양의 이론, 즉 실제로는 그 배운 것이 아주 천박한 수준의 이론을 가지고, 중국의 전통정치가 2천 년 이래 단지 전제정치였다고 비판해서는 안된다. 이는 실로 매우 주관적인 말로서, 실제 중국의 2천 년 이래의 정치와 관련된 책을 자세히 읽지 않았기 때문에 하는 말이다.

예를 들어 두우의 『통전』 가운데 단지 선거제도에 관한 것을 보면, 그 내용의 반은 이 제도를 설명한 것이고, 나머지 반은 역대 각 사람들의 각종 비평을 망라하고 있다. 한대의 사정과 위진남북조의 사정이 달랐고, 위진남북조와 수당 역시 달랐다. 시대가 다르면 비평 의견 역시 달랐다.

중국은 서방과 다른 점이 하나 있었다. 그것은 중국의 지식인들은 선거제도가 있었기 때문에 거의 대부분이 모두 정치에 뛰어들 수 있었다는 점이다. 그들은 정치에 대하여 의견을 지니고 있었다. 모두 매우 구체적이어서, 이 일은 당연히 이렇게 해야 하고 저 일은 당연히 그렇게 해야 한다는 등등이었다.

서방의 많은 지식인들처럼 직접 정치에 간여하지 않고 단순히 책을 통해 정치를 비평하면서, 하나의 공상적 유토피아나 이상국가를 구상했던 것과는 달랐다. 우리들이 본 외국인들은 이러한 것을 '정치사상'이라고 했다. 그들은 온 마음을 저서를 통해 정치를 토론하고자 했다. 그러나 중국의 지식인들은 오히려 정치를 토론할 수 있는 책을 지으려 하지 않았다. 그리하여 중국에는 그와 같은 정치사상을 찾을 수 없다.

실제로 중국인들의 정치사상은 당연히 현실정치 속에서 찾아야만 한다. 예컨대 선거제도와 고시제도를 말할 때는 일정한 시기의 일정한 상황 하에서 해당시기의 수많은 비평과 견해가 있었다고 해야 한다. 역사를 공부하는 사람은 이 같은 수많은 비평과 견해를 통해 자연히 일정한 시기에 있어서 제도의 모습을 제대로 이해할 수 있는 것이다. 어느 날 정치에 뛰어들게 되면 당시의 선거와 고시제도의 이해와 득실에 대하여 스스로 하나의 매우 정확한 평가와 판단을 할 수 있게 된다. 때문에 중국역사상 철두철미한 커다란 변동은 매우 적었다.

예컨대 선거제도만 하더라도 한에서 위진남북조, 그리고 수당 이후 청대에 이르도록 줄곧 앞에서 내가 말한 바처럼 약간의 계승과 변혁(因革)은 있었지만, 전체적으로는 이러한 전통을 지니고 있었다. 오늘 우리들이 오로지 서양인들의 혁명을 배워서 과거 우리의 역사 전통 전부를 뒤집으려 하지만, 그렇게 되면 과연 앞으로는 어떻게 할 것인가? 그 길 하나밖에 없기 때문에 곧 외국에 가서 배우겠다든지, 중국의 역사 속에 스스로 본래 지니고 있는 것이 있지만 필요없다라고 한다면, 이는 정말 두려운 일이다. 무엇 때문에 중국 스스로 본래 지니고 있는 것을 모두 부정해야 하는가? 왜 그래야 하는지 그 이유를 많은 사람들은 오히려 모르고 있다.

역사상 경험한 일체의 사실을 우리가 전부 모른다면 우리가 과연 어떻게 해야 하는지를 물어보자. 오늘의 중국은 사실대로 말하자면 모든 정치가 외국화되었다. 최소한 정치상 그 근거를 통해 이론을 펼치는 데 있어서도 모든 것을 외국으로부터 받아들여야만 한다고 여긴다.

여기에 있는 여러분들은 모두 선거를 직접 목격했을 것이다. 시장이나 군수를 선출하는 데 어떠한 선거방법이 있고, 또 선출된 사람은 어떤 사람인가를 여러분들은 모두 알고 있다. 그러면 물어보자. 이렇게 하는 것이 가장 좋은 것인가? 외국인들의 선거에는 이에 비하여 좋은 점을 가지고 있는가? 이것은 하나의 문제이다. 그러나 중국역사상 종전에는 어떤 모습이었으며, 선거가 과연 있었는가 하는 것은 또 다른 문제다. 현재 우리들은 역사의 허리를 자르려 하고 있다. 과거의 전통을 한칼에 베어버리려 하고 있다. 청대 이전의 옛것을 우리들은 모두 모른다고 하고 모두 필요없다고 하고 있다.

역사를 공부하는 여러분들에게 나쁜 현상이 하나 있다. 즉 역사를 공부하여 바로 역사학자가 되고 싶어 한다는 것이다. 그러면서도 역사상의 수많은 현실문제를 마치 자신과 아무런 관련이 없는 듯이 한다. 정치학과에 입학하기 위해 비로소 정치를 배운다. 그런데 역사과에 진학하면서도 국가의 치란과 흥망에 대하여 마치 아무런 관심이 없는 것 같다.

여러분들은 모두 앞으로 대학에서 학생들을 가르칠 준비를 위해 먼저 논문을 써야만 하는데, 그러기 위해 수십 수백 개의 증거를 가지고 그저 적당히 글을 쓰면 된다는 것이 대학에서 학생을 가르칠 수 있는 필요한 자격이라 여긴다. 그러면서 현실정치는 나와 아무 상관이 없다고 한다. 여러분들은 이 같은 학자가 옳다고 생각하는가, 아니면 여전히 이왕의 중국의 구식학자들이 옳다고 생각하는가? 그 사람들도 단지 두우의 『통전』을 읽기만 하면 이렇게 저렇게 정치에 종사해야 한다든지, 선거는 당연히 이래야 한다, 식화는 당연히 그래야 한다는 등 각종 이론과 각종 해결방법을 이해할 수 있을 것이다. 가령 그가 정계에 있지 않다고 해도 책을 저술할 경우 매우 구체적이고 객관적으로 쓰게 될 것이다.

여러분들은 오늘날 우리들이 비로소 진보함이 최고점에 이르렀을 뿐 종전의 모든 것은 우리보다 못하다고 생각해서는 안된다. 오늘날 우리들이 가장 내세울 만한 것은 그저 약간의 외국 것을 배웠다는 것뿐이다. 그러나 당신이 오늘날의 외국에 대해 말할 수 있다고 해서 그것이 바로 그들의 최고점이라 할 수 있겠는가?

예를 들어 오늘날의 미국이 분명 워싱턴이 처음 개국했을 때보다 혹은 링컨의 남북전쟁 때보다 진보했다고 할 수 있는가? 경제는 진보했을지 몰라도 정치가 반드시 진보했다고 할 수는 없다. 오늘날의 영국 역시 18·19세기의 영국보다 분명 진보했다고 할 수 있는가? 과학은 진보했을지 몰라도 경제와 정치가 반드시 진보했다고 할 수는 없다.

우리들은 겨우 외국의 '오늘'을 배우고 있을 뿐이고, 뿐만 아니라 약간의 겉모습을 배우고 있는 것이다. 설마 우리 대학 안의 정치학과 학생들이 모두 외국에 유학할 수 있는가? 중국에서 외국의 책을 통해 공부한다는 것이 그 지식에 한계가 있으므로 외국으로 달려나가 계속하여 대학에서 과정을 밟는다고 하여도, 실제 정치와는 서로 거리가 먼 것을 배우는 셈이다. 그리고는 돌아와서 여전히 법과대학 정치학과에서 정치를 가르친다.

정부에서 사람을 쓸 때 반드시 이들 학자를 임용하는 것은 아니다. 이 역시 오로지 우리들만의 책임은 아니다. 외국이 바로 이러하기 때문이다. 외국의 모든 것이 비평할 가치가 있는 것인가의 여부는 커다란 문제이다. 근대의 인물 중에 단지 손문 선생만이 외국의 선거제도에 대하여 용감하게 비평했을 뿐 그밖에는 거의 없었다.

『통전』의 「선거」 다음 제4권은 「예禮」이고, 모두 100권으로서 전체 『통전』의 반을 차지한다. 중국의 정치는 하나의 예치주의라는 것을 여러분들은 알아야 한다. 만약 우리들이 서양의 정치를 법치주의라고 말하면서 그 최고가 법률이라고 한다면, 중국의 정치에서 그 최고는 바로 예禮라고 할 수 있다. 중국의 전통적 정치이상은 예치였다. 무엇을 가리켜 예라고 하는지 오늘날 우리들이 어찌 조금도 모른다고 하겠는가? 몸을 구부려 손을 모으는 공손한 자세를 취하는 것이 그저 예라고 하는 것인가?

여러분들은 『통전』을 읽을 때 경제사를 연구할 경우 단지 「식화」를 들쳐보기만 하고, 선거제도를 연구할 경우 「선거」를, 정치조직을 연구할 경우 「직관」만을 살펴볼 뿐, 아무도 전체 분량의 반이나 되는 『통전』의 「예」를 자세히 살피지 않는다. 그러나 『통전』의 매우 커다란 공헌은 바로 예와 관련한 기록에 있다. 두우는 예를 길吉·흉凶·군軍·빈賓·가嘉 다섯 종류로 나누었다. 중국인들이 자주 말하는 '5례五禮'가 그것이다. 고서를 읽지 않으면 이 5례가 포괄하는 범위를 제대로 알지 못한다.

『통전』 예의 첫머리에 역시 총론이 있어서 중국에서 예를 주장했던 사람들을 거론하고 있다. 전한의 숙손통으로부터 당에 이르기까지 모두 3백여 명이나 된다. 두우가 적어도 이 부분에 대하여 얼마나 커다란 노력을 기울였는지를 알 수 있다.

이 5례 중에 두우의 『통전』이 특별히 공헌한 것은 바로 흉례凶禮 가운데 상례喪禮다. 그리고 이 상례 가운데 가장 중요한 것은 복제服制이다. 중국인들이 말하는 상복喪服이 그것이다. 그러면 무엇을 상복이라 하는가? 예컨대 부모가 죽고 난 뒤 자녀들이 부모의 상을 치르기 위한 기간과 일체의 제도가 모두 그 안에 포함된다. 우리 중국역사에 있어서 가정조직은 매우 복잡했기 때문에, 상복은 중국 고대사람들의 매우 커다란 학문이기도 했다. 멀리는 『소대례기小戴禮記』 안에 「상복편喪服篇」이 있다. 이 시기는 여전히 귀족시대였다.

후일 한대에 이르러 특히 후한 이후가 되면 중국사회에 비로소 소위 사족士族이 출현한다. 이들은 이미 고대의 봉건귀족이 아니었다. 한 이후의 사족은 한대의 고시제도를 거쳐 탄생한 새로운 계급이었다. 이후 위진남북조의 문제門第나 또 계속하여 당에 이르러서도 사족은 곧 당시의 귀족이었다. 다른 것은 볼 필요도 없이 『신당서』 안의 「재상세계표宰相世系表」만 보더라도 문벌귀족(門第)이 당시에 어떠한 지위에 있었는가를 잘 알 수 있다.

그러나 그들 대문제大門第들은 어떻게 유지되고 있었는가? 그들은 바로 일종의 예에 의지하고 있었다. 더욱 중요한 것은 바로 상례였고 특히 복제였다. 이 때문에 위진남북조시대에 있어서 상복제도를 연구하는 것은 큰 학문이었다. 당시의 경학대사 뇌차종雷次宗의 경학상 지위는 후한 말기의 정현鄭玄과 비교될 수 있을 정도였다. 그의 학문은 바로 상복을 말하는 것이었다.

심지어 당시 출가한 승려 역시 한 시대의 스승이 되고자, 또 당시의 사회를 이끌어가고자 상복을 연구했다. 우리들은 부모가 죽게 되면 여러 가지 사정을 잘 모르기 때문에 승려에게 찾아가 묻게 마련이다. 따라서 당시 중국의 승려들 역시 상복을 연구했던 것이다.

뇌차종과 같은 시대에 바로 혜원慧遠이라는 승려는 당시 여산廬山에 있는 동림사東林寺의 유명한 승려였는데, 역시 상복을 연구했다. 상복이 당시 사회에서 얼마나 중요한 것인지를 여러분들은 이 사실을 통해 짐작할 수 있을 것이다. 이후 당에 이르러 여전히 문벌귀족이 있었고 마찬가지로 상복제도를 중시했다. 지금 여러분에게 물어보자. 당시의 상복제도는 도대체 어떠한 제도였는가? 그들은 그 제도에서 무엇을 말하고 있는가?

우리들은 아무것도 모르면서 오히려 대담하게 비평만 일삼으며 중국사회는 하나의 종법사회라고 떠든다. 종宗은 바로 우리들이 말하는 종묘와 사당이다. 사당에도 일정한 법이 있었고 이를 바로 예라고 했다. 이 중 가장 중요한 것이 바로 상복이었다. 우리들이 생각하는 것이 아니었다. 즉 부모가 죽으면 사당에 모시고 매년 제사를 지내는 것이 바로 종법이라고 여기는데, 이 같은 생각은 매우 유치하고 단순한 것이다.

두우의 『통전』에는 바로 가장 상세한 당시의 상복제도가 남아 있다고 할 수 있다. 이러한 내용은 두우 이전에도, 또 그 이후에도 없었다. 만약 구체적으로 중국의 상복제도를 말할 수 있다면 이는 바로 중국의 종법을 말하는 것이다. 만약 오늘날 여러분들이 중국사회를 비판하여 봉건사회 혹은 종법사회라고 하는 것은 괜찮다.

하지만 중국의 종법이 도대체 어떤 것이었는지 여러분들은 알아야 한다. 이는 마치 여러분들이 중국 전통정치가 전제정치라고 말하는 것과 같다. 왜냐하면 단지 황제만이 있었고, 그는 정부 중의 가장 높은 지위에 있었기 때문에 중국은 진 이후 전제정치라는 것이다. 이 말이 맞기는 하지만, 그럼 한번 물어보자. 도대체 역사상 각 왕조의 황제들은 어떠한 전제법을 행사했는가? 여러분들은 또한 아무것도 모른다. 여러분들이 두우의 『통전』을 1년 반의 노력을 기울여 대략이라도 한번 읽게 되면 비로소 중국의 정치가 어떠한 모습의 전제법이었는지를 대답할 수 있을 것이다.

중국사회가 봉건사회 혹은 종법사회였다고 말하지만 봉건이 결국 어떤 모습의 봉건이었고, 종법이 또한 어떤 모습의 종법이었는가? 만약 여러분들이 서양 중세시기의 소위 봉건사회와 비교하고자 한다면, 둘 사이에는 너무 큰 차이가 존재한다. 그러나 우리들은 오늘날에 이르러서도 시종 아무도 이 문제를 연구한 적이 없다.

송대 이후 중국에는 문벌귀족이 없었기 때문에 이같이 번거롭고 복잡하고 세밀한 상복제도가 필요없었다. 따라서 송 이후의 사람들까지도 모두 이에 대하여 연구하지 않았으니, 오늘날에야 말해 무엇하겠는가! 이는 이미 지나가버린 일이다. 그러나 오늘날 우리들은 이러한 말을 꺼내 중국은 봉건사회였다고 떠들지만, 그와 관련한 모든 실제상황에 대해서는 그저 모른다고 말한다. 모른다는 것은 할 수 없는 일이지만, 결코 제멋대로 욕해서는 안된다.

오늘날 학문을 하는 사람들은 '실용'을 말하지 않고, 다만 큰 소리로 학문을 위한 학문을 외치면서 일종의 전문적 학술을 하려 한다. 그 경우 상세한 고증 노력을 해야 하는데, 만약 어떤 사람이 커다란 노력을 기울여 두우의 『통전』에 있는 흉례凶禮와 상복제도를 연구하여 책을 쓴다면, 우리들이 중국의 당시 문벌귀족과 소위 종법이 당시에 도대체 어떤 것이었는지를 제대로 이해할 수 있을 것이다. 그렇다면 이러한 일이 어찌 매우 큰 학문이 아닐 수 있겠는가!

그 당시의 이러한 제도는 전제정부하의 어느 한 법령규정으로 정해진 것이 아니었다. 이 사정은 매우 세밀한 것으로 얼마나 많은 사람들의 변론을 거쳤는지 모른다. 어떤 사람은 이래야 한다 하고, 어떤 이는 저래야 한다고 하는 주장들이 두우의 『통전』에는 매우 많다. 모두 극히 깊고 자세한 학술성 토론이었다. 그저 어떤 의복을 입을 것인가, 어떤 수레를 탈 것인가 하는 문제가 아니었다. 그러한 문제들은 오히려 간단한 것이었다.

「예禮」 다음으로 정리한 「악樂」의 경우 당연히 더욱 전문화된 분야지만, 현재 우리들은 역시 아무것도 제대로 이해하는 것이 없다.

다음은 「병兵」인데, 『통전』은 대체로 『손자병법』의 13편을 기준으로 하여 역사상의 군사와 관련한 사실 모두를 15권으로 분류했다. 그 다음으로는 「형刑」·「주군州郡」·「변방邊防」 등 세 분야가 있지만, 하나하나 모두 상세하게 설명할 수는 없다. 나는 여기서 다만 한 가지만을 예로 들어 말하고자 한다.

두우는 정말 대정치가로서 손색이 없었다. 당시에 있어서 몇 차례 재상을 지내면서 경제·재정·군사 각 방면에 상당한 재능이 있었고, 그 분야에 모두 공헌이 있었다. 그러나 『통전』 2백 권 중 1백 권이 오히려 모두 예에 관하여 쓴 것이었다. 만약 「예」와 「악」 두 부분을 합치면 곧 전체 『통전』의 반 이상을 차지한다.

여러분들은 중국의 고대 공자와 맹자 때에만 유가가 예악을 말했다고 여겨서는 안된다. 한당 이후 송명에 와서도 여전히 예악을 강조했다. 두우가 바로 가장 좋은 증거다. 오늘날 역사를 말하거나 정치를 말하는 사람 중에 다시 예악을 말하는 사람은 아무도 없다. 이는 실로 커다란 변화이다. 단지 외국에 없다는 이유 때문에 자연히 오늘날 우리들은 다시 언급하는 것을 찬성하지 않는 것이다.

그러나 중국역사상 분명 줄곧 이 두 가지, 즉 예와 악이 있었고, 적어도 오늘의 우리들은 소위 예와 악이 도대체 어떤 것이었는지 알고 있어야만 한다. 이들 예악은 또 정치와 어떤 관계가 있었는가. 나는 역사를 배우는 사람에게는 적어도 이러한 것을 알아야 할 책임이 있다고 생각한다. 그러자면 당연히 가장 먼저 두우의 『통전』을 살펴보아야 한다. 두우의 『통전』은 실로 중국사학에 있어서 독창적인 책이다.

나는 최근 미국의 한 친구가 보내온 편지를 받았는데, 현재의 미국인들은 조금씩 역사를 경시하기 시작했다고 말했다. 그들이 점차 사회학을 중시하고 사학에는 주의하지 않는 경향으로 바뀌고 있다는 것이다. 미국인들은 사회학을 말하는 것이야말로 비로소 현실을 주목하는 것이라 여긴 것이다.

최근 나는 또 어떤 사람이 쓴 문장을 읽었는데, 오늘날의 우리들은 모두 사회학을 말해야 한다는 것이었다. 미국인의 유행을 따라 다시 사학에 주의하지 않는다는 말이다. 이전에 곧 어떤 사람이 말하기를 "중국의 25사는 모두 단지 제왕의 가보家譜로서 상층의 정치를 말할 뿐 하층사회에 대해서는 말하지 않았다"고 했다. 우리들이 중국의 사회사를 연구한다면 자료를 찾아야 할 곳이 없음을 비난한 것이다.

그러나 오히려 중국의 전통정치가 줄곧 사회와 구분되어 있지 않았다는 사실을 몰랐다. 예컨대 두우의 『통전』을 보면 첫번째 편이 바로 「식화」로서 제후와 가정의 부세제도를 다루고 있는데, 당시의 사회민생과 경제실정에 근거했다. 그리고 난 연후에 다시 정부의 부세제도를 정리했다. 때문에 우리들은 단지 우리의 역대 조정의 부세제도만 자세히 보더라도 곧 간접적으로나마 당시의 사회민생을 이해할 수 있다. 왜냐하면 중국의 정치제도는 모두 당시의 사회실정에 근거하여 결정되었기 때문에, 사회가 변하면 제도 역시 그에 따라 변했다.

한대의 부세제도는 당에 이르러 변했고, 당의 부세제도 역시 송에 이르러 변했다. 바로 사회의 일체 상황이 변하면 상층 정치제도는 이를 따라 변하지 않을 수 없었다. 여러분들이 중국사회사와 중국경제사를 연구한다면 두우의 『통전』만 보아도 곧 당 이전의 사회 경제 각종 문제에 관한 다양한 자료가 모두 그 안에 담겨져 있음을 알게 될 것이다.

서양의 정치는 이와 달랐다. 서양인은 왕권시대에 있어서 황제가 거두고 싶은 만큼 부세를 거두었다. 정부와 사회의 상하가 따로 떨어져 있었다. 민중은 이렇게 많은 세금을 납부하기를 거부했다. 납부할 수 없게 되면 곧 황제에게 말하기를 "당신은 도대체 우리에게 이렇게 많은 세금을 거두어 어떻게 쓰려 하는가. 우리에게 그와 관련한 장부를 보여달라"고 한다. 이는 바로 오늘날 소위 결산이라는 것이다. 내년에 필요한 돈을 어떤 곳에 쓰려 하는지에 대해서도 장부를 준비해야 하는데 이것이 바로 예산이라는 것이다. 이로부터 바로 근대 서방인의 민주정치와 선거제도가 출현하게 된 것이다. 이는 사회가 정부에 대항하기 위해 시작된 것이다.

그러나 중국의 경우는 이와 같지 않았다. 중국의 선거제도가 오로지 대표를 선출하여 정부의 회계를 조사하려 한 것은 아니었다. 중국정부의 부세제도는 모두 사회경제의 상황에 견주어 만들어진 것이다. 중국역사에는 이미 역대의 부세제도가 기록되어 있으니 어찌 또 사회경제 상황이 없다고 할 수 있겠는가!

오늘날 우리 중국인들은 중국의 책을 읽지 아니하고 오로지 중국을 욕하는데, 이는 적어도 60년 이래의 보편적인 현상이었다. 여러분들은 오늘날에 있어서도 당연히 몇 권의 중국의 책들은 읽어야 한다. 그러나 그렇다고 하여 외국인의 독서방법을 배워 중국의 책을 읽으려 해서는 안된다. 즉 오늘은 이 책에서 약간의 자료를 들추어 보고 내일은 저 책에서 약간의 자료를 보듯 중국의 고서들을 단지 자료로만 여기는데, 이 또한 잘못된 것이다. 우리들은 반드시 한권 한권씩 읽어야 한다.

그리고 독서를 함에는 당연히 가장 중요한 점이 있는데, 앞서 여러 차례 강조했듯이 바로 그 책의 배후의 사람들을 읽어낼 수 있어야 한다. 만약 우리가 『논어』를 읽으면서 공자를 모른다면 이는 잘못된 것이다. 『논어』를 읽을 때에는 능히 그 배후의 공자라는 사람을 염두에 두어야 하고, 우리들이 공자라는 사람에 대해 약간의 이해가 있고 난 연후 다시 『논어』를 읽으면 그 뜻을 더욱 분명히 이해할 수 있는 것이다.

역사 또한 마찬가지이다. 우리가 『사기』와 『한서』를 말할 때는 반드시 사마천과 반고 두 사람을 말해야 한다. 그리고 나서 이 두 책을 읽게 되면 더욱 깊이있는 이해를 얻게 될 것이다. 어떤 사람인지도 살피지 않고, 또한 제대로 독서를 하지도 않으며 단지 자료를 뒤적이는 것은 절대 학문하는 방법이 아니다.

앞에서 나는 유지기의 『사통』에 대하여 말한 적이 있다. 이번에 강의하고 있는 두우의 『통전』과 함께 모두 당나라 사람들의 것이다. 여러분들은 유지기의 『사통』을 가지고 유지기라는 사람을 알게 되었으며, 두우의 『통전』을 가지고 두우라는 사람을 알게 되었을 것이다. 이 두 책은 당연히 서로 다르다. 그리고 두우와 유지기 두 사람 역시 서로 다르다. 적어도 유지기의 마음속에는 현재의 어투를 빌려 말하자면, 그는 전문적인 사가가 되려면 어떻게 역사를 써야 하는가의 문제에 관심이 많았다. 그러나 두우의 마음속에는 다만 사가가 되려는 마음만 있었던 것은 아니다. 나는 앞 시간에 이미 먼저 두우라는 사람에 대하여 상세하게 설명한 바 있다.

다시 이 두 사람을 비교하여 본다면, 한 사람은 사가가 되려는 마음이 간절했고, 다른 한 사람은 꼭 사가가 되려고 한 것은 아니었다. 마음속으로 단지 사가가 되려 할 경우 그의 이론과 견해는 모두 범위가 좁아지게 된다. 『사기』의 제목 중에 이 제목이 틀렸고, 『한서』의 어떤 편篇의 어떤 문장, 어떤 글자가 잘못 사용되었다고 하는 등 유지기는 겨우 이런 이야기를 많이 할 뿐이었다. 나는 어떤 학문이

다른 종류의 학문으로부터 나뉘어 나온 것이라 해도, 서로 관련이 없다고는 생각하지 않는다. 만약 단지 사학을 위해 사학을 연구한다면 이는 결코 진정한 사학이 될 수 없다.

두우의 마음속에는 단순히 사학만을 위한다는 생각이 없었고 그는 단지 자기가 한 사람의 사가로서 역사를 쓴다고 여기지 않았다. 그는 국가·사회·정부·상하고금에 대하여 자신의 연구관점이 있었다. 두우가 말하기를 "가장 바람직한 것은 덕을 세우는 것이요, 다음은 공을 세우는 것"이고 그 다음이 저서를 남기는 것이라 했다. 적어도 두우는 자기 생각을 지닌 사람이었다. 그는 사학에 매여서 오로지 사학만을 말한 사람이 아니었다.

한 발 더 나아가 역사를 공부하는 사람은 역사 속에는 한 가지 한 가지 사실들이 포괄되어 있다는 사실을 분명히 알아야 한다. 그러나 마찬가지로 이 많은 사실의 배후에 이러한 일을 일으킨 사람을 찾아내야 한다. 사람이 없다면 어떻게 사건이 있을 수 있겠는가?

위진남북조 수백 년은 중국의 쇠락시기라고 말할 수 있다. 당대에 오자마자 찬란한 새로운 대일통의 시대가 다시 펼쳐졌다. 여러분들은 말하기를 "보라, 당대의 제도가 얼마나 좋은가"라고 할 것이다. 그러나 물어보자. 결국 어떠한 사람들이 이러한 제도들을 결정하고 시행했는가? 왜 위진남북조시대의 사람들이 할 수 없었던 것을 당나라 사람들은 할 수 있었는가?

여기에서 우리들은 스스로 학문이란 사람을 이해하는 것이라는 사실을 알아야 한다. 오늘날 우리들은 중국이 외국을 배워야 한다는 것을 모두 알고 있다. 그러나 왜 외국인은 할 수 있는 것을 우리는 할 수 없는가. 여러분들은 그러한 도리를 알아야만 한다. 여러분들은 혹 말하기를 "그것은 우리 중국문화가 좋지 않기 때문"이라 하지만, 이는 정말 황당한 소리다. 이는 우리들의 종전의 문화와 아무런 관계가 없음을 당연히 알아야 한다. 적어도 직접적이거나 밀접한 관계가 없다. 우리들은 어찌 모두가 외국에 나가 배우고 돌아와서는 모두가 안된다고 하는가?

이러한 배후에는 사람의 문제가 있다. 여기서 말하는 소위 사람이란 현대의 우리들 자신을 말하는 것이지, 과거 역사상의 옛사람들이 아니다. 중국의 옛사람들은 중국의 고대를 만들면서 그에 걸맞는 모습을 만들었지만, 현대의 중국인들은 현대의 중국을 만들면서 어찌 바람직한 모습을 만들지 못하는가. 여기에는 언제나 이유가 있게 마련이다. 이러한 도리가 우리들 자신에게 있는 것이 아니라면 또 어디에 있는 것인가?

역사를 공부할 때는 당연히 사실 배후를 연구하면서 사람까지 살펴야만 한다. 당나라 사람들은 정말로 뛰어난 점을 지니고 있었다. 그렇지 않았다면 당이 어떻게 그렇게 뛰어날 수 있었겠는가? 분명히 말할 수 있는 것은, 당의 경학이나 사학은 모두 부족한 점이 있었고 사상은 단지 불교를 신봉할 뿐이었다. 그러나 정치에 있어서는 많은 인물이 출현했다. 두우는 단지 그 중 한 사람이었다. 가장 뛰어난 인물도 아니었다. 그들의 정치상의 성취가 있었기 때문에 비로소 『통전』과 같은 그러한 책이 출현할 수 있었던 것이다.

오긍의 『정관정요』

> 당태종은 실제로 정말 뛰어난 인물로서 중국역사상 위대한 군주라고 하기에 손색이 없다. 단지 이 책의 제5권과 제6권만 보더라도 중국인의 이상적인 정치가 당연히 어떠한 모습이어야 하는지, 또 중국인들이 이상적으로 여기는 정치지도자로서의 황제는 당연히 어떠한 사람이어야 되는지를 알 수 있을 것이다.

    여기에서 우리들은 다시 덧붙여 오긍吳兢의 『정관정요貞觀政要』를 살펴보자. 오긍은 당 현종 때 사람이다. 이 책은 오로지 당태종 정관연간의 정치에 대하여 적고 있는데, 모두 40편, 10권으로 나뉘어 있다. 『정관정요』는 이후 각 왕조에서 매우 중시되었다. 송·원·명·청 역대의 대신이나 황제들은 모두 이 책을 읽고자 했다. 당태종이 어떻게 당시의 천하를 통치했는지 보고자 했다. 중국역사상 정관연간의 통치는 실로 뛰어난 역사적 사실이었다. 이 책은 오로지 바로 이 사실을 적고 있어서 후세사람들에게 중시되었던 것이다.

    『정관정요』는 원대에 이르러 과직戈直이 해주解註를 붙였다. 이 주석에는 특히 당 이후 송대까지의 매우 많은 사람들이 이 정관연간의 통치에 대한 언급들이 모두 수록되어 있다. 여러분들은 당연히 당태종은 혼자 이 정관연간의 통치를 완성할 수 없었고, 당시 조정에는 많은 사람들이 태종을 도와 함께 이 시대를 끌어갔다는 사실을 알아야 한다.

『정관정요』는 크게 세 부분으로 나뉘어 있다. 첫번째는 「조정의 기구와 조처〔朝廷之設施〕」로서 당태종은 도대체 구체적으로 어떤 일들을 했는지를 적고 있다. 두번째 부분은 당태종이 어떻게 이렇게 많은 일들을 할 수 있었는가를 적고 있다. 그러자면 반드시 당시의 「군신간의 문답〔君臣之問對〕」을 보아야 한다. 당태종이 어떻게 당시 그렇게 많은 신하들에게 질문했는가, 그리고 많은 신하들은 또한 어떻게 태종에게 대답했는지를 적고 있다. 세번째는 「충현의 쟁의〔忠賢之諍議〕」로서 당태종이 하고 싶어 한 일 가운데 잘못한 것에 대하여 많은 사람들의 쟁의가 있었다. 이는 당 초기 정치계급 가운데 태종을 다만 하나의 중심적 대표로서 여기면서 이 시기의 정치를 말하고 있는 것이다. 나는 여기서 대략 몇 편을 들어 말하고자 한다.

제1권은 두 편으로 구성되었다. 제1편은 「군도君道」이고, 제2편은 「정체政體」이다. 이 두 편은 황제가 되어서는 당연히 어떻게 해야 하는가, 정치는 응당 어떠해야 하는가를 적고 있다. 제2권은 「임현任賢」·「구간求諫」·「납간納諫」 등 세 편으로 구성되어 있다. 황제로서 가장 중요한 일은 사람을 임용하는 것이다. 이는 두우가 『통전』의 두번째 부분에서 가장 중요한 것이 바로 선거였던 것과 같다. 선거와 「임현」은 한 가지 의미로 생겨난 것이다. 그리고 황제는 왜 충간을 구해야 하는지를 알아야 한다. 아랫사람으로 하여금 황제의 잘못한 일에 대하여 충고할 수 있어야 하고, 또 그 충고를 당연히 받아들여 다른 사람의 말을 따라야 한다. 당태종의 가장 위대한 점은 바로 다른 사람들의 말을 듣는 아량이 있었다는 점이다. 그리하여 당태종 때에 가장 뛰어난 것은 다행히 사람들이 그러한 이야기하기를 원했다는 점이다.

제3권·제4권은 생략하기로 하자. 제5권은「인의仁義」·「충의忠義」·「효우孝友」·「공평公平」·「성신誠信」 다섯 편으로 구성되어 있다. 제6권은「검약儉約」·「겸양謙讓」·「인측仁惻」·「신소호愼所好」·「두참사杜讒邪」·「회과悔過」·「사종奢縱」·「탐비貪鄙」 등 아홉 편으로 구성되어 있다.

여러분들은 이 두 권의 제목을 한번 보기만 해도 모두 개인의 도덕을 말하는 것임을 알 수 있을 것이다. 아울러 우리들 개인의 극히 일반적인 아주 작은 일들을 말하고 있다. 돈을 씀에 있어서는 당연히 절검할 줄 알아야 하고, 사람들에게 대하여 겸양을 배워야 한다고 한 이러한 이야기들이 정치와 무슨 관련이 있는가? 여러분들은 또 나는 정치계에 들어갈 것도 아니고, 또 정치를 배우거나 관리가 되고 싶은 생각이 없다고 말하지 말라. 설사 그렇더라도 나는 여러분들에게 여전히 이『정관정요』를 한번 읽어볼 것을 권한다.

이 위대한 황제 당 태종은 당시의 역사에 있어서 존경되어 '천가한天可汗'이라 불리었다. 이 때 전세계 많은 외국들이 중국에 복종하고 모두 당태종을 황제 중의 황제, 가한可汗 중의 가한으로 여겨 천가한이라 불렀던 것이다. 서방의 고대 로마제국이나 후일 대영제국의 경우 정말 대단했다고 하여도 이렇지 않았다. 실제로 이와 같을 수가 없었다. 로마제국과 대영제국은 여전히 군대를 이용하여 외국을 정복했지만, 당태종은 이와 달랐다. 단지 당대의 위엄과 이름이 전파된 것만으로도 여러 나라로부터 존경을 받았던 것이다.

그러나 여러분들이 소위 정관연간의 '정요政要'를 보면 여전히 검약·겸양·인측仁惻 같은 것을 말하고 있음을 볼 수 있다. 우리들이 오늘날 이 책을 읽는다면 모든 사람들의 수신교과서가 될 수도 있다. 이를 통해 중국의 옛사람들이 "수신을 하고 난 뒤에 집안을 가지런히 돌보고, 그 이후 다시 나라를 다스리고, 다시 천하를 고르게 한다"라고 한 말의 의미를 알 수 있다. 즉 수신·제가·치국·평천하라는 의미는 중국 고대의 경서에서만 이같이 말한 것이 아니라, 후대의 역사책에서도 마찬가지로 그와 관련한 구체적 사정들을 말하고 있다.

우리가 볼 때 오긍은 유명한 유학자로서 경학을 연구하는 사람은 아니었다. 그러나 그는 당 현종 때 사람으로서 당연히 당태종 시기의 사정을 잘 알고 있었을 것이다. 따라서 당시의 수많은 사정을 한데 모아 10권, 40편의 이 책을 지었던 것이다. 우리들은 현재 또 이 책 가운데 제5권과 제6권을 한번 읽기만 해도 당태종 시기인 정관연간의 정치가 실로 뛰어났었다는 것을 알 수 있다.

그러나 후대의 중국인들은 중국전통 하의 더욱 고상한 관념을 가지고 역사를 비평했고, 공맹孔孟과 정주程朱유가의 최고이상을 가지고 당태종을 비평했다. 그리하여 당태종은 여전히 그 높은 이상의 조건에 이르지 못한다고 여겼다. 예컨대 당의 역사에 기재된 현무문玄武門의 정변을 중국의 후세사람들은 곧 당태종의 개인적 도덕상의 결점이라고 말한다. 이러한 평가는 후대 중국인들이 더욱 높은 도덕 기준을 가지고 비평했기 때문에 가능했다.

만약 우리들이 단지 일반적인 정치상황이나 또는 세계고금의 정치적 현실을 가지고 말한다면, 당태종은 실제로 정말 뛰어난 인물로서 중국역사상 위대한 군주라고 하기에 손색이 없다. 그리고 그가 능히 이 정관연간의 통치를 해낼 수 있었던 이유를 여러분들은 단지 이 책의 제5권과 제6권만 보더라도 중국인의 이상적인 정치가 당연히 어떠한 모습이어야 하는지, 또 중국인들이 이상적으로 여기는 정치지도자로서의 황제는 당연히 어떠한 사람이어야 되는지를 알 수 있을 것이다.

다음 제7권은 「숭유학崇儒學」・「문사文史」・「예악禮樂」 세 편으로 구성되어 있다. 만약 유학을 중시하지 않았다면 어떻게 제5권・제6권 등 이렇게 많은 부분을 설정했겠는가. 유학을 중시했다면 반드시 문사文史와 예악을 말해야 한다. 우리들은 오늘날 학문을 하면서 단지 사학가 혹은 문학가가 되고자 한다. 사학가가 되고자 하는 경우에는 곧 문학은 거들떠보지 않는다. 사학가 중에는 또한 예악이나 혹은 유가의 많은 부분을 외면한다. 유가에 주의하는 것을 단지 사상적인 일이라 여기고, 우리들이 사학을 연구하는 것과는 아무런 상관이 없다고 생각한다.

그러면 물어보자. 우리들이 필요로 하는 사학은 도대체 어떻게 해야 정말 사학이라 할 수 있는 것인가? 만약 오늘날 당태종이 되어 독서인을 임용하고자 몇몇 대학에서 사학을 연구한 사람을 찾고자 한다면, 여러분들은 단지 '나는 정치에 대하여 흥미가 없고, 나는 지금 박사논문을 쓰고 있다'고 말할 것이다.

박사논문을 쓰면서 오히려 제멋대로 비평하면서 중국역사와 중국문화는 근본적으로 뭐 대단한 것이 없고, 진 이후의 정치는 단지 전제황제 한 사람에 의해 이루어진 것이라고 말할 것이다. 그러나 중국역사가 어떻게 5천 년의 역사를 지닐 수 있으며, 5천 년 중 어떻게 이 같은 정관의 치세가 있었는가에 대해서는 당시사람이나 그 이후 사람들이 모두 중시했는데도 불구하고 오늘날 여러분들은 아랑곳하지 않고 있다. 나는 우리 역사를 공부하는 사람은 적어도 이 문제에 관심은 가지고 있어야 한다고 생각한다.

또한 오늘날 신문학新文學을 말할 때에는 남녀의 연애가 주제가 된다. 때문에 종전의 중국문학이 도대체 무엇을 말하고 있었는가에 대해서는 오늘날 아무런 관심이 없다. 우리들 대학의 국문과는 여전히 구태의연하다. 대학의 국문과는 그저 옛것이나 다루고 겉치레만 꾸미고 있어서 역시 여전히 문제가 많다. 사회에서 유행하는 소위 신문학은 대학의 국문과와는 서로 철저하게 나뉘어 있어서 아무도 서로를 상관하지 않는다. 그리고 역사과도 마찬가지로 그저 새로운 추세만 쫓을 뿐 대학의 지식은 과거 역사상의 사실과 철저하게 구분되어 있다.

우리가 단지 당 현종 때만 보더라도 조정에는 이같이 『정관정요』를 쓰는 사람이 있었음을 알 수 있는데, 당나라 사람들은 지위의 고하를 떠나 모두 정치를 매우 중시했음을 알 수 있다. 분명히 『정관정요』를 『통전』과 서로 비교할 수는 없다. 그러나 이후 역사에 있어서 이 책 역시 후세의 많은 사람들에게 존중되었다. 당나라 사람들은 비록 최고의 학술방면에서 그들의 유학이나 경학이 과거의 사람들을 넘어서지 못했고, 사회의 일반인들은 불교를 믿고 있었지만, 그들 중 정치에 종사하던 사람들까지도 모조리 경시해서는 안된다. 즉 두우의 『통전』이나 오긍의 『정관정요』를 예로 들었듯이 여러분들은 당대사를 연구할 경우 여전히 역사 배후의 사람을 찾아 살펴보아야 한다.

당나라 사람들은 결국 위진남북조 때의 사람들과 서로 달랐다. 여러분들이 뒤돌아 『세설신어』에 나오는 사람들을 보면 그들과 당나라 사람들의 차이가 어디에 있는지를 곧 알 수 있을 것이다. 송에 오면 그 때 사람들은 또 당과 서로 달랐다. 이러한 점을 이해하고 중국역사를 공부하게 되면, 여러분들은 비로소 오늘의 중국인들이 또한 어떠한 모습인지 또 전체 5천 년 중국역사에 있어서 어떠한 위치를 차지하고 있는지를 알게 될 것이며, 이러한 사실은 정말 연구할 만한 가치가 있는 것이다.

우리는 오늘날의 대학생·대학교수 내지 전체학술계를 중국의 개벽천지 이래 첫번째로 가장 좋은 모습이요, 가장 좋은 시대라고 여겨서는 안된다. 내가 생각하기에 가장 좋다고 하더라도 역시 몇 권의 외국책을 읽고 약간의 외국사정을 알 수 있다는 것뿐이다. 중국역사상 그 많은 사람들이 모두가 외국책을 읽은 적이 없다고 전부 잘못된 것으로 여겨 지금까지 전해 온 모든 이론을 뒤집으려 해서는 안된다.

　정치에 종사하며 관리가 된 사람 역시 모두가 중국의 고서를 읽지 아니하면서 과거 모든 학문을 부정하고 종전의 학문을 하던 사람을 무시해서는 안된다. 내가 생각하기에 외국의 경우도 이와 같지 않을 것이다. 내가 생각하기에, 우리는 이러한 점을 반드시 고쳐야 한다. 이는 우리가 잘못한 것이고, 우리들 몇십 년 이래의 학술계가 정말 잘못한 것이다. 이를 반성하지 않는다면 영원히 이와 같은 모습이 계속될 것이다.

　나는 오늘 당대의 사학을 강의하면서 단지 앞에서 말한 이 두 책을 예로 들었을 뿐이다. 여러분들이 한번 읽기만 한다면 당이 확실히 대단한 왕조였다는 것을 알 수 있을 것이다. 그러나 내가 당대의 사학이 뛰어났다고 말하는 것은 아니다. 단지 이 책을 통해 당이라는 시대가 뛰어났다는 점을 알 수 있다는 것이다.

　『정관정요』는 힘을 적게 들이고도 매우 쉽게 읽을 수 있다. 그러나 『통전』은 아마도 읽기가 어려울 것이다. 그러나 대략적으로 한번 읽는 것도 괜찮다. 그리하면 그 대강을 알 수 있다. 실제로 중국의 고서는 정말 자세하게 읽어야 할 것이 그리 많지 않다. 여러분들이 내가 말한 바에 따라 『상서』・『춘추』・『사기』・『한서』를 읽고 이하 다른 책들은 전부를 읽지 않아도 되지만, 두우의 『통전』은 꼭 읽어야 한다. 물론 여러분에게 반드시 자세하게 읽어야 한다고 권하는 것은 아니다. 다만 먼저 그 대강이라도 이해해야 한다.

　다음으로 나는 송대에 관하여 강의할 것이다. 그러나 우리가 읽어야 할 책은 그다지 많지 않다. 예컨대 타이베이臺北를 구경하려면 중산북로中山北路·양명산陽明山 등은 모두 보아야 하지만, 개인이 살고 있는 작은 골목 모두를 다 살펴볼 수 없는 것과 같다.

사학을 연구하는 여러분들은 몇 권의 큰 저서를 보면 충분하다. 여력이 있으면 문학서나 약간의 유가경전 예컨대 『논어』·『맹자』 같은 책을 읽는 것도 괜찮다. 왜 반드시 작은 범위를 벗어나야 하는가 하면, 이 작은 범위 안에서 온 힘을 기울여 자료를 찾아 한 편에 20~30만 자 되는 논문을 작성하는 것은 단지 현재의 시대적 유행일 뿐이기 때문이다. 많은 사람들이 유지기가 되고 싶을 뿐 두우가 되기를 원하지 않는다. 유지기는 오로지 사학가가 되려는 마음이 있었고, 두우는 사학가가 되려는 마음만을 지니고 있지는 않았다.

여러분들이 사학가가 되려 한다는 것 자체가 이미 쉬운 일은 아니다. 그러나 나는 여러분에게 다시 한층 더 높은 것을 추구하라고 권한다. 어찌 더욱 좋은 것이 아니겠는가! 여러분들이 단지 『사통』만을 읽는다면 곧 두려운 생각이 들 것이다. 유지기는 그 이전의 역사를 모두 읽은 적이 있었고, 그의 비평 역시 상당히 매섭고 엄한 것이었다. 이 책을 결코 없앨 수는 없다. 그러나 이러한 책은 아무리 많아도 역시 사학 중의 2류에 속한다. 두우의 『통전』 같은 책이야말로 비로소 일류라고 할 수 있다. 나는 여러분에게 더욱 높은 기준을 가지고 공부를 해야 하고, 또 그를 통해 옛사람을 비평해야 바람직하다는 것을 분명히 말하고자 한다.

■ 쉬어가는 곳

구양수의 『신오대사』와 『신당서』

> 사관이나 학자들은 그 문채가 뜻을 펴기에 부족하고, 도학은 서술과 저작을 계승하기에 부족했다. 오직 구양수가 분개하여 스스로 사마천과 반고의 역할을 자임했다.

우리는 앞에서 두우의 『통전』과 오긍의 『정관정요』에 대하여 살펴보았다. 당대唐代에 관해서는 다만 이 두 책을 설명했다. 그러면 지금부터 송대에 관하여 말해 보자. 중국의 학술사를 말하자면 송대는 극성시기에 해당한다. 위로 당과 비교하고 아래로 명과 비교해도 모두 그러하다. 당은 매우 부유하고 번성했으며, 명 또한 그러했다. 송은 쇠약하고 가난하여 국력이 당이나 명만 못했지만, 학술에 있어서는 그렇지 않았다.

당은 단지 불학佛學이 크게 융성했던 시대로 송이 미칠 수 없었다. 그러나 문학을 가지고 말한다면 당시唐詩와 송시宋詩는 각각 장점을 지니고 있었기 때문에 당시가 송시보다 반드시 뛰어났다고는 할 수 없다. 또 고문古文의 경우도 비록 당대의 한유와 유종원에 의해 시작되었지만, 송대의 고문은 당에 비해 더욱 성행했다. 경학이나 사학에 있어서도 당은 모두 송과 비교해 많이 떨어졌다. 명대 역시 마찬가지로 송과 비교될 수 없었다.

오늘날 우리들은 소위 '송학宋學'에 대하여 대체로 두 가지 잘못된 견해를 가지고 있다. 그 하나는 청대 학자들의 학파적 편견으로서, 그들은 자신들을 '한학漢學'이라 하여 송학과 따로 구분하여 문호를 세웠다. 특히 건가乾嘉 이후 송학을 매우 무시했다. 다른 하나는 민국 이래 이러한 청대 사람들의 편견과 함께 그 위에 다시 천박한 실용주의 관점을 더하여, 만약 송대의 학술이 좋았다면 왜 송대의 쇠약과 궁핍함을 구하지 못했겠느냐는 생각이었다. 이러한 생각은 실제 아무런 소용이 없는 것이었다.

공자와 맹자의 유가 그리고 선진 제자백가의 학술이 있었지만, 이 역시 춘추전국시대의 혼란을 구하지 못했다. 현재 우리들이 서양인들에게 탄복하고 있지만, 소크라테스·플라톤·아리스토텔레스 역시 그리스를 구하지 못했다. 로마제국이 후일 기독교를 받들었지만, 기독교 역시 로마를 구하지 못했다. 이러한 사실들을 통해 우리들은 당연히 일종의 얄팍한 실용주의를 이용하여 학술을 비판해서는 안된다는 것을 알 수 있다. 공자와 맹자의 유가 그리고 선진 제자백가의 학술은 스스로 자신들의 가치를 지니고 있었다. 비록 춘추전국시대의 혼란을 구할 수는 없었지만 후일 중국 학술사상 매우 좋은 기초를 세웠다.

송대의 학술도 분명히 송대의 쇠망을 구하지 못했지만 역시 송 이후 중국에 매우 좋은 기초를 세웠다. 우리들이 말하는 그리스의 몇몇 대철학가나 기독교 역시 그리스와 로마시대에 국한하여 그 작용이 발생한 것이 아닌 것과 똑같다. 그들의 작용은 그 이후에 발생했던 것이다. 이에 관해서는 더 이상 언급하지 않는다.

사학에 대해서만 말해 보자. 다시 회고하여 이전을 보더라도 주공의「서주서西周書」역시 이 시간에는 언급하지 않기로 한다. 중국사학은 공자의『춘추』이후『춘추3전』과『국어』・『전국책』을 거쳐 사마천의『사기』에 이르는 시기가 그 극성기였다. 그 시작은 바로 난세였다. 물론 학술사의 연대는 일반적인 역사의 연대와 같은 기준으로 구분할 수 없다. 그 사이에는 들쑥날쑥한 것들이 있다. 예컨대 사마천의『사기』는 이미 한무제 때 편찬되었지만 우리들은『춘추』로부터『사기』에 이르는 시기를 중국사학의 황금시대라고 한다. 그리고 이러한 황금시대는 바로 춘추전국이라는 쇠란의 시기에 시작되었다.

두번째 시기는 앞에서 몇 차례 이야기한 바 있다.『수서』경적지에 근거하여 보면, 후한 말부터 당나라 초기 유지기가『사통』을 편찬할 때까지이다. 일반적인 역사로 보면 이 시기는 또 하나의 쇠란기에 해당한다. 그러나 사학은 이 시기에 매우 흥성했다. 시대가 쇠약하면 사학은 흥성한다고 말할 수 있을지 모르겠다. 마치 어느 한 사람이 앞장서서 길이 나 있지 않은 곳을 달려가다 문제가 발생하면 머리를 돌려 지나온 길을 살펴보는 것처럼, 쇠란의 시기에 사학이 흥성한 이유도 바로 그러했다. 후한 말부터 위진남북조시대는 줄곧 혼란과 분열의 시기였다. 그러나 사학은 확실히 흥성했다. 다만 그 당시 사학이 비록 성행했지만 그리 이상적이지는 않았다. 당시에나 후세에 그리 큰 공헌을 하지도 않았다. 이에 대해서는 앞에서 이야기한 적이 있다.

세번째 시기가 바로 송대다. 중국의 한·당·송·명·청 다섯 시대를 가지고 말하자면 송대가 가장 약했다. 송은 전체 중국역사 속에서 비교적 쇠약한 시대였다고 말할 수 있다. 때문에 이 시대에 사학이 부흥할 수 있었던 것이다. 이 시기의 사학은 비교적 시대요구에 맞게 대응했다. 그리하여 사학상 매우 의의가 있고, 또 가치가 있는 공헌을 남겼다. 후한 말에서 수당통일에 이르는 시기와 비교하면 송나라 사람들의 사학은 확실히 나은 점이 있었다. 그러나 왜 아직 송대가 그리 이상적이지 않은가에 대해서는 우리들이 이미 앞에서 말한 적이 있고 이는 또 별개의 문제로서, 일반적인 역사를 가지고 학술사를 한 번에 말살할 수는 없다.

네번째 시기는 그 이후 명대 말엽 청이 중원의 주인이 된 때로서 중국역사상 매우 큰 변화의 시기였다고 할 수 있다. 그리고 그 때 역시 사학이 일어났고 새로운 사학이 그 서광을 비추었다. 안타깝게도 이후 만주조정이 정치적으로 높은 압력을 행사함으로써 새로운 사학은 단지 그 싹만 보였을 뿐 크게 자랄 수가 없었다. 후일 건가연간 이후 시대가 번성하자 학술은 반대로 이상적이지 못한 방향으로 나아갔고, 사학 역시 마찬가지였다.

다섯번째 시기는 당연히 청말민초淸末民初, 그리고 지금 우리들의 시대이다. 이 시기는 바로 우리 국가와 민족이 다시 매우 어렵고 힘든 고난의 시기였고, 또한 시대가 크게 전환하는 변화의 시기였다.

과거의 예에 비추어보면 우리들이 살고 있는 이 시대에도 당연히 사학이 발전해야 한다. 바꾸어 말하면 우리들 역시 반드시 과거를 뒤돌아보아야 한다. 머리를 돌려 우리들이 오늘에 이르기까지를 한번 보아야 한다. 우리의 역사 2천 년, 4천 년 이래 도대체 어떤 일이 있었는가? 이 회고가 곧 사학이 일어나는 계기인 것이다.

그러나 우리들이 살고 있는 현대의 사학은 사람들의 바람을 만족시키지 못할 뿐만 아니라, 그저 사람들을 실망만 시키고 있을 뿐이다. 오늘날 우리들 시대의 사학은 국가와 사회에 대하여 좋은 영향이나 커다란 공헌을 못하고 있다. 오히려 쓸데없는 문제들로 인해 매우 많은 나쁜 영향들을 발전시키고 있다. 명 말에서 민국 초에 이르는 두 단계의 시기는 우리들이 이후 다시 이야기하기로 하고, 오늘 이후 몇 차례 강의는 모두 송대의 사학에 관하여 말하고자 한다.

송대의 학술이 사학 한 가지만을 가리키는 것은 아니다. 전체 송대 학술 가운데 사학도 그 중 하나였다. 나는 송대 사학 중에 제일 먼저 구양수歐陽修의 『신오대사新五代史』를 살펴보고자 한다. 우리는 앞에서 『사기』와 『한서』 등 4사를 살펴보고 나서 그 이후 수많은 정사를 다시 말한 적이 없다. 왜냐하면 그 체제면에서 특별히 이야기할 만한 내용이 없었기 때문이다.

그러나 구양수의 『신오대사』는 그렇지 않았다. 우리가 큰 주제를 가지고 송대의 사학을 살펴보고자 한다면, 가장 먼저 당연히 이 책을 다루어야 한다. 뿐만 아니라 당대 이후 중국인들의 수사修史는 모두 관찬에 속했다. 개인의 역사저술은 곧 단지 구양수의 『신오대사』, 이 책만 있었을 뿐이다.

앞에서 말한 『사기』·『한서』·『후한서』·『삼국지』 등 4사는 모두 관찬이 아니었다. 구양수의 『신오대사』는 곧 후대의 유일한 개인이 편찬한 저작이었다. 그는 생존시에 이 책의 원고를 조정에 바치지 않았고, 또 조정 역시 그에게 편찬을 요구하지도 않았다. 그가 죽은 뒤 비로소 조정에서 조서를 내려 이 책의 원고를 국자감에서 인쇄하여 출판하게 한 것이다. 이것이 첫번째로 우리가 살펴볼 가치가 있는 점이다.

두번째, 구양수의 『신오대사』가 위로는 『춘추』를 본받고 있다는 점이다. 후일 어떤 사람이 이 책을 평가하여 말하기를 "포폄은 『춘추』를 본받았기 때문에 그 의리가 매우 엄했고, 서술은 『사기』를 본받았기 때문에 그 문장이 매우 고상하고 간결했다[襃貶祖春秋, 故義理甚嚴, 敍述祖史記, 故文章高簡]"고 했다. 또 말하기를 "사관이나 학자들은 그 문채가 뜻을 펴기에 부족하고, 도학은 서술과 저작을 계승하기에 부족했다. 오직 구양수가 분개하여 스스로 사마천과 반고의 역할을 자임했다[史官秉筆之士, 文采不足以耀無窮, 道學不足以繼述作, 惟歐公慨然自任遷固]"고 했다.

이 말은 일반적인 정사는 4사 이후 모두 그 문장이 좋지 않았고 또 높은 관점이 없었기 때문에, 후세의 모범이 될 만한 저작이 없었다는 것이다. 단지 구양수의 「신오대사』만이 사마천과 반고 이후 보지 못하던 저작이라 할 수 있다고 했다. 이러한 평가는 모두 극단적으로 구양수의 『신오대사』를 칭찬하는 말이다. 그 문장을 『사기』에 비교하고, 책 속의 의리를 또한 공자의 『춘추』에게서 배운 것이라 했다.

구양수의 『신오대사』 이전에 이미 설거정薛居正의 『오대사五代史』가 있었다. 이 책은 조정의 명을 받아 편찬한 것이다. 구양수의 책이 출판되자 이 두 책은 각각 설거정의 『구오대사舊五代史』와 구양수의 『신오대사』로 불리었다. 이 두 책의 분량과 자료를 가지고 말하자면 『구오대사』가 『신오대사』에 비해 엄청 많았다. 그리고 어떤 사람이 이 두 책이 지닌 득실에 대하여 평가하여 말하기를 "설거정의 『구오대사』는 『좌전』처럼 사실의 본말이 상세하게 잘 갖추어 있고, 구양수의 『신오대사』는 『공양전』과 『곡량전』처럼 『춘추』의 의리를 말하면서 포폄이 분명하지만 내용 가운데 틀린 부분이 많다〔薛史如左氏之紀事, 本末賅具而斷制多流. 歐史如公穀之發例, 襃貶分明而傳聞多謬〕"고 했다.

이 말은 설거정의 『구오대사』는 『좌전』처럼 처음부터 끝까지 사실 기록이 상세하고, 구양수의 『신오대사』는 공자의 『춘추』처럼 의리를 말하고 포폄이 분명하지만 기재내용이 믿지 못할 것이 많다는 의미이다. 이 말은 매우 공평한 것처럼 보인다.

그러나 설거정의 『구오대사』를 『좌전』과 비교하고, 구양수의 『신오대사』를 『공양전』과 『곡량전』에 비교한 것은 실제로 잘못된 비교다. 즉 사실의 기록을 보더라도 구양수의 『신오대사』를 과거의 『공양전』과 『곡량전』과 서로 비교할 수 없다. 『공양전』과 『곡량전』은 확실히 사실의 기록이 매우 소략하다. 구양수의 『신오대사』의 기록이 단지 간결하고 엄정하여 생략된 것이 많다는 이유로 모두가 잘못되었다고 할 수는 없다.

물론 『신오대사』 역시 잘못 기재된 것이 있다. 이는 『사기』 이래 종전의 역사가 모두 비슷했다. 어떤 역사책도 처음부터 끝까지 잘못이 없는 것은 없었다. 당연히 설거정의 『구오대사』만을 이야기할 필요도 없다. 때문에 우리들은 '고사考史' 노력이 필요한 것이다.

그러나 역사는 단순히 쌓인 한 무더기의 자료가 아니다. 청대에 있어서 사학을 말하는 사람들 중에는 어떤 이는 『신오대사』를 찬성하고, 어떤 이는 『구오대사』를 찬성하면서 두 책을 자세히 비교했다. 여러분들 역시 직접 이 두 책을 자세하게 대조할 수 있다. 그러나 사학상 더욱 중요한 것은 그 역사를 쓴 사람의 뜻과 원칙(義法)이 어디에 있느냐 하는 것이다. 그렇게 본다면 『구오대사』는 근본적으로 『신오대사』와 비교될 수 없다.

조익趙翼의 『이십이사찰기二十二史札記』는 비교적 『신오대사』를 중시한 것 같다. 조익은 "설거정의 『구오대사』를 보지 않고는 구양수의 『신오대사』가 얼마나 간략하면서도 문장이 엄격한지를 모른다. 구양수의 『신오대사』는 단순히 문필의 깨끗함에서 『사기』를 좇고 있을 뿐만 아니라, 『춘추』의 서법을 담은 기전 중에는 비록 『사기』라도 미치지 못하는 부분이 있다〔不閱薛史, 不知歐公之簡嚴. 歐史不惟文筆緊爭直追史記. 而寓春秋書法紀傳之中, 雖史記亦不及〕"라고 말했다.

설거정의 『구오대사』는 많은 자료들을 망라하고 있으므로 당연히 수록된 내용이 상세하다. 그러나 역사를 서술함에 있어서는 마땅히 '간략'해야 한다. 조익은 구양수의 『신오대사』가 문장이 간결한 것은 『사기』와 다를 바 없지만, 그의 기전紀傳 속에는 모두 『춘추』의 필법을 따라 서술했으므로 『사기』도 이에 미치지 못한다고 했다. 『신오대사』를 얼마나 존중하고 있는지 알 수 있다.

그러나 왕명성王鳴盛의 『십칠사상각十七史商權』은 많은 곳에서 『구오대사』에 편중된 것 같다. 심지어 송대 사마광의 『자치통감』은 당나라 역사를 쓰면서 역시 『구당서』를 비교적 많이 인용하고 『신당서』를 적게 인용했다. 『신당서』가 바로 구양수의 저작이었기 때문이다. 사마광은 오대사에 대해서도 역시 설거정의 『구오대사』의 자료를 비교적 많이 인용하고 구양수의 『신오대사』는 적게 인용했다. 그렇다고 어찌 사마광이 사학상 구양수를 그다지 존중하지 않았다고 할 수 있겠는가? 이 문제에 관해서는 다음에 다시 살펴보도록 하자.

결론적으로 『구오대사』는 줄곧 과거 4사 이후의 여러 정사를 따른 것으로 단지 자료를 망라하여 정리한 것이었다. 그러나 『신오대사』에는 역사를 서술하는 뜻과 원칙이 있었다. 그저 자료를 정리한 것을 역사라고 여기지 않았다. 바로 이 점을 우리가 특별히 중시해야 하는 것이다.

구양수의 『신오대사』에서 소위 역사를 서술하는 '의법', 즉 뜻과 원칙에 대하여 몇 가지 예를 들어 설명해 보자. 오대란 후량後梁·후당後唐·후진後晉·후한後漢·후주後周를 말하는데, 후량의 첫번째 본기는 주온朱溫의 것이다. 후일 당이 그에게 이름을 내려 주전충朱全忠이라 했다. 설거정은 『구오대사』의 첫머리에서 주온을 바로 '제帝'라 칭했다. 그러나 구양수의 『신오대사』에서는 처음 그를 가리켜 '주온'이라 칭했다. 후일 당이 그에게 이름을 내리고 난 뒤에 비로소 그를 주전충이라 불렀고, 다시 후일 제후왕에 봉해지고 난 뒤 비로소 그를 왕이라 불렀다. 다시 그가 황제의 지위를 찬탈하고 나서야 그를 황제라 칭했다. 이 사실만 가지고도 여러분들은 두 책을 비교하여 크게 다른 것을 볼 수 있다.

설거정의 『구오대사』는 그 나름대로의 내력이 있다. 예컨대 종전 남조南朝의 송·제·양·진 왕조의 모든 황제들은 본기의 처음부터 '제帝'라 칭했다. 그러나 구양수는 『사기』의 서술원칙을 본받았다. 한고조 유방은 후일에 와서야 비로소 제帝라 칭해진 것이지, 패공沛公 시절에는 제라 칭하지 않았다. 처음에는 패공이라 칭하지도 않았다.

우리가 설거정의 『구오대사』를 읽으면 처음부터 모두 제帝라 칭하고 있지만 구양수의 『신오대사』를 읽으면 비로소 그 본말을 알 수 있다. 주온은 본래 아주 신분이 낮은 사람이었다. 그러나 그 점은 그런 대로 괜찮았다. 만약 다시 어떤 이민족이 중국에 들어와 황제가 되었을 경우 여러분들이 구양수의 『신오대사』를 읽으면 그 원래의 상황을 분명하게 모두 알게 될 것이다. 이러한 사실은 단지 본기만을 읽어도 곧 알 수 있다. 때문에 구양수는 말하기를 "공자가 『춘추』를 지은 것은 난세였기 때문에 치법을 세우고자 한 것이었고, 내가 본기를 서술한 것은 치법을 통해 정통성이 없는 군주를 바로세우기 위함이다〔孔子作春秋, 因亂世以立治法. 余述本紀, 以治法而正亂君〕"라 했던 것이다.

춘추시대는 난세였다. 그러나 공자의 『춘추』에는 일종의 서법이 있었다. 때문에 난세로 인하여 치법을 세웠다고 말한 것이다. 그러나 구양수가 역사를 서술할 때는 이미 치법이 있었다. 공자 이후 치국평천하에 있어서 어찌 대강과 대법大法이 없었겠는가? 공자의 『춘추』는 난세로 인한 치법을 위한 것이고, 당시 구양수의 역사서술 역시 공자의 치국평천하의 대법을 가지고 이들 난군亂君들을 바로세우려는 것이었다.

나는 이전에 구양수의 『신오대사』에 실려 있는 본기와 설거정의 『구오대사』에 실려 있는 본기를 하나 하나 대조해 가면서 읽는 것을 가장 좋아했다. 황제 한 사람마다 『신오대사』에는 그 내력이 모두 매우 분명하게 보이는데, 『구오대사』에서는 모두 제帝라고 칭했다. 즉 후일 황제가 된 사람일 경우 처음부터 그를 황제라 칭했던 것이다. 어찌 이 두 책의 수준의 높고 낮음이 한번 보기만 해도 드러나지 않겠는가!

오대의 시기는 매우 짧았다. 단지 8개 성씨, 13명의 군주가 있었다. 그리고 후량과 후당 두 시대만 대략 30여 년 지속되었을 뿐이다. 그밖에 왕조는 모두 그저 몇 년, 십수 년에 불과했다. 이 때문에 오대시기에 신하가 된 사람들은 한 왕조에서 관직에 있었던 경우는 매우 드물고, 보통은 모두 한 사람이 몇 대에 걸쳐 관리를 지냈다.

만약 오늘날의 용어를 가지고 말한다면 마치 한 사람이 청조의 관리를 지내고 또 원세개 그리고 다시 국민정부의 관리를 지내고 혹은 다시 공산정권의 관리를 지내는 것과 같다. 이는 난세의 한 현상이라 할 수 있다. 설거정의 『구오대사』는 곧 한 사람이 어느 왕조에서 죽었다고 한다면 그 왕조에 수록했다. 이러한 것은 그렇게 문제가 되지 않는다. 다만 오대의 역사가 응당 지녀야 할 특수한 점을 제대로 파악하지 못하고 있다는 것이다.

구양수의 『신오대사』에는 만약 한 사람이 오로지 한 왕조에서만 관직을 지냈을 경우, 후량이나 후당의 열전에 수록했다. 그러나 이러한 사람들은 매우 적었다. 후량이나 후당의 열전에 수록된 이러한 인물은 정말 극소수였다. 한 사람이 몇 왕조의 관리를 지내면서 여러 왕조를 섬겼을 경우 구양수는 그들을 따로 「잡전雜傳」에 수록했다. 이러한 복잡하고 다양한 인물을 「잡전」에서 다룬 경우가 정말 많았다.

어떤 사람이 역시 비판하여 말하기를 "이러한 서술방법은 단지 목록만 보더라도 곧 보기가 좋지 않다는 것을 느낀다. 어떻게 당시 각 왕조마다 겨우 두세 명의 신하만 있었다는 말인가"라고 했다. 이와 같은 비판은 실로 가소로운 것이다. 오대사는 정말로 매우 암흑 같은 시대의 역사였다. 한 조정에서만 신하를 지낸 사람을 몇몇이라도 찾기가 매우 어려웠다. 그리고 한 사람이 5대에 걸쳐 혹은 4대에 걸쳐 신하를 지낸 경우가 오히려 매우 많았다. 그렇다면 우리는 단지 목록만 보더라도 이 시대의 특수한 현상을 생각할 수 있는 것이 아니겠는가? 이 역시 구양수의 『신오대사』가 지닌 독창적인 예로서 그 이전에는 없었던 것이다.

과거 정사에 비추어 보면 모든 「열전」마다 그 끝에 평가(論)나 칭찬(贊)이 있었다. 구양수의 『신오대사』에서도 논찬을 소홀히 하지 않았으며, 매 편의 말미에 있는 논찬은 모두 매우 중요한 한 편의 의론議論이었다. 적당하게 과거의 예를 따라 쓰인 것이 아니었다. 가장 흥미있는 것은 『신오대사』의 「열전」에 실린 논찬이 모두 '오호嗚呼'라는 두 글자로 시작된다는 점이다. 먼저 탄식을 하고 난 뒤 다시 말을 잇는 것이다.

이에 대해서도 어떤 사람이 비판하여, 종전의 정사의 「열전」 끝에 보이는 찬贊에 '오호'라는 두 글자로 시작되는 경우가 없다고 말했다. 이러한 비판은 모두 유지기에게서 배운 것이다. 단지 작은 문제를 들추어 비판하는 것이지, 그것을 쓴 사람의 특별한 의미를 제대로 이해하지 못하고 있다. 구양수 스스로 말하기를 "이는 쇠약했던 시대의 책이다[此衰世之書也]"라고 했다. 기왕에 그렇다면 '찬贊'할 만한 것이 어디 있단 말인가. 그러나 정사의 열전에는 과거의 예를 따라 가장 뒷부분에 몇 구절의 찬贊이 있었다.

그러나 구양수는 찬을 쓰기보다는 탄嘆을 썼다. 때문에 구양수는 또한 말하기를 "내가 『춘추』를 인용한 것은 그 방법을 인용하고 그 뜻을 본받은 것이지, 그 문장을 그대로 배운 것은 아니다"라고 했다. 실제로 오대의 많은 사람들은 탄의 대상은 되지만, 찬의 대상이 될 수 없었다. 오대라는 시대는 찬할 만한 것이 없고 다만 탄할 것이 많다고 해서 안될 것이 무엇인가?

내가 어릴 적 소학에서 공부할 때 문장 한 편을 지었는데 선생님이 크게 칭찬했다. 그 때 나는 초급소학에서 공부하고 있었다. 당시 고급소학의 나이가 많은 학생들이 곧 그 선생님을 둘러싸고 말하기를 "그 아이가 쓴 문장을 선생님이 좋다고 했는데 문장을 아무리 보아도 시작은 없고 단지 곧 '오호'라는 두 글자밖에 안 보인다"고 했다. 그러자 선생님이 말하기를 "너희들은 구양수의 『신오대사』가 처음부터 '오호'라는 두 글자를 사용하고 있다는 것을 모른다"고 했다. 당시 소학의 선생님은 학문 또한 박식하여 많은 사서를 읽었던 것이다. 그 때부터 나의 머리 속에는 곧 구양수가 있었다.

실제로 나는 그 때 『신오대사』를 읽은 적이 없었고, 어떻게 문장의 첫머리에 '오호'라는 두 글자를 이용하는지를 몰랐다. 구양수 이전에는 아무도 '오호'라는 두 글자를 가지고 문장을 시작하지 않았기 때문에 나를 비판한 것이다. 그러나 당시 선생님이 나를 변호하여 구양수가 바로 그러했다고 말씀했던 것이다. 하지만 만약 어떤 사람이 구양수를 비판한다면 또 어떤 해결방법이 있겠는가?

역사책을 읽는 사람은 역사를 연구하는 것 외에도 또 역사를 평가할 줄 알아야 한다. 과거 사람들의 당시와 그 이전에 대한 일체의 비평을 알아야 할 뿐만 아니라, 안목을 가지고 자신의 시대에 대한 비평을 할 수 있어야 한다. 다른 사람이 그렇게 말하니 나도 그렇다고 해서는 안된다. 과거의 사람들이 이렇게 비평했으니 나 또한 이렇게 비평한다고 할 때는, 반드시 새로운 의견과 새로운 비판이 있어야 한다. 그러나 5·4운동 이래의 그 같은 모양처럼 제멋대로 비판해서는 안된다.

예컨대 "공자사상을 때려부수자〔打御孔家店〕"든가, "오로지 서양것을 본받자〔全盤西化〕"라고 하여 한 마디로 전체 역사를 말살하는 것은 실로 비평이라고 할 수 없다. 오늘날에 이르러서는 다시 이미 전체 역사를 비평할 수 없게 되었을 뿐만 아니라, 단지 자료를 수집하는 노력만 남았을 뿐이다. 그러나 이들 자료를 수집하면 무슨 소용이 있겠는가? 24사가 모두 제왕의 가보家譜이고, 모두가 전제정치와 봉건사회를 기록한 것이라 한다면 중국사라고 하여 읽을 것이 무엇이 겠는가? 역사비평(評史)이 없어서는 안된다는 것을 알 수 있다. 그러나 역사를 비평함에는 능력과 견해가 있어야 한다. 그리고 과거 사람들의 비평을 알아야 다시 과거 사람을 평가할 수 있는 것이다.

그러면 다시 구양수의 『신오대사』와 관련하여 몇 가지 특징을 자연스럽게 말해 보자. 예컨대 군사적인 면을 보자면 오대의 시기는 바로 용병의 시대였다. 구양수는 '공攻'·'벌伐'·'토討'·'정征'이라는 네 글자를 각기 구별하여 사용했다. 양쪽의 군대가 서로 교전할 때 동등한 지위에 처해 있을 때는 '공攻'이라 칭하고, 큰 나라가 작은 나라를 공격하거나 혹은 중앙정부의 군대가 한 지방을 공격할 경우 '벌伐'이라 했다. 상대방이 확실히 죄가 있을 경우에는 '토討'라 했고, 천자가 직접 군사를 이끌었을 경우에는 이를 '정征'이라 했다. 이것은 바로 『춘추』의 필법이었다.

군대를 거느리고 땅을 획득한 것을 '취取'라고 하거나 혹은 '극克'이라 했다. 쉽게 얻은 것을 '취', 어렵게 얻은 것을 '극'이라 했다. 또 적이 투항하여 직접 항복한 것을 '항降'이라 했고, 자신의 관할지역을 가지고 항복한 것을 '부附'라고 했다. 우리는 단지 '항降'이라는 한 글자만 보아도 한 사람 혹은 가솔 몇 사람인지를 알 수 있다. 만약 '부附'자 한 글자만 보더라도 곧 한 지역과 함께 항복한 것임을 알 수 있다.

또 '반反'과 '반叛'이 있는데, '반叛'은 이 곳을 배반하고 저 곳으로 귀부歸附한 것을 가리킨다. 그 경우 이 곳에서는 '반叛'이라 하고 저 곳에서는 '부附'라 하는 것이다. 예컨대 "후량을 배반하고 후당에 귀부했다(背梁附唐)"고 하는 것이 바로 그것이다. 만약 아랫사람으로 윗사람을 배반했지만 다른 사람에게 귀부하지 않고 반란을 일으킨 경우는 이를 '반反'이라 했다.

또 '자살自殺'과 '사死'가 서로 다르게 쓰였다. '사死'는 사절死節의 의미로서 나라와 공적인 일을 위해 죽었을 경우 사용했다. '자살自殺'은 아직 '사死'의 정도에 이르지 못한 것을 말한다. 자살은 당연히 죽는 것이지만 '사死'라고 칭하기에는 부족했던 것이다. '사死'는 일종의 충절이고 '자살'은 그저 단순히 자살이었다. '타살他殺' 역시 '복주伏誅'와 구별되었다. 큰 죄가 있어서 당연히 죽여야 할 경우 이를 '복주伏誅'라 칭했다. 단순히 그를 죽였다는 것과는 달랐다. 이처럼 구양수의 『신오대사』는 사용하는 글자에도 많은 주의를 기울였다. 매우 흥미있는 사실이다.

여러분들은 종전의 사람들이 말한 『신오대사』와 『구오대사』 사이에 현저한 구별이 있었음을 볼 수 있을 것이다. 『신오대사』에는 구양수 자신만의 많은 '예例'가 있었다. 그러나 현재 우리들은 이들을 중시하지 않고, 다만 책 속의 자료만을 가지고 연구했던 것이다. 모든 사실 하나 하나를 그 경중과 대소 그리고 시비득실을 구분하지 않고 본다면 아무런 의미가 없게 된다.

현재 우리들이 말하는 역사는 모두 수준이 낮은 것으로 좀더 높은 것을 찾으려 하지 않기 때문에 나는 특별히 다시 『사기』와 『한서』를 말하고자 한다. 두 책 모두 한나라 사람들의 사실을 적고 있지만 각각 그 체례가 달랐다. 이는 그 책의 배후에 존재하는 저자가 다르고, 그들의 학식이 달랐기 때문이다. 현재 우리들은 이러한 문제에는 관심도 없고, 또 전체 책에 대한 연구는 물론, 책 배후에 있는 그들에 대한 연구는 더욱 소홀했다.

단지 책 속에 있는 약간의 사실을 연구할 뿐이었다. 그러나 어떤 사실들은 실제로 연구할 만한 의의가 더욱 없는 것이기도 했다. 예컨대 어떤 사람이 '사死'로 표현되었는지 혹은 '자살'인지는 관심이 없고, 다만 그가 죽은 것을 아는 것으로 그쳤다. 역사를 연구한다는 것이 단지 옛날 사실을 들추어내고 한 무더기 옛 자료들을 정리하는 것뿐이었다.

그러나 옛날 사람들이 과거역사를 어떻게 기록했는지에 대하여 모른다면, 과거의 사실은 논할 가치가 없게 된다. 공자가 『춘추』를 지었는데 이 역시 역사책이었다. 그러나 만약 단지 자료로만 평가한다면 당연히 『좌전』만 못하다. 왜냐하면 『좌전』의 자료가 훨씬 상세하기 때문이다. 그렇다면 『춘추』는 특별한 가치를 지닌 책이 못된다. 때문에 공자는 곧 좌구명에 크게 미치지 못하는 것이다.

그러면 옛날 사람들은 왜 공자를 그렇게 존중했는가? 우리들은 이러한 사실을 그저 일종의 고리타분한 관념이라고 말한다. 이러한 정황을 볼 때 오늘날의 사학은 먼저 하나의 신·구 관념의 구별이 그 사이를 차단하고 있다. 우리들은 서양사람들의 사학관념을 가지고 중국사람들의 역사를 말하고 있다.

그러나 서양의 역사는 훨씬 간단하다. 중국이 이러했다면 적어도 오늘날의 우리들에게 역사는 있을 수 없었다. 과거 사람들이 쟁론하던 문제에 대하여 우리들은 일률적으로 관심이 없다. '사절死節'이라든지, '치란'과 '흥망' 등에 대해서는 아무런 노력도 관심도 없다. 커다란 문제는 말하지 아니하고 단지 아주 작은 주제를 찾고 있으니 그 의미가 과연 어디에 있겠는가?

지금부터는 구양수의 두번째 사서에 대하여 살펴보자. 오대에는 이미 『당서唐書』가 있었다. 그러나 송 인종 때 와서 다시 송기宋祁와 구양수에게 명하여 새롭게 쓰도록 했다. 바로 『신당서新唐書』였다. 오대시기에 유후劉昫가 편찬한 것은 『구당서』라 칭했다. 그 이후 역사를 공부하는 사람은 『신오대사』와 『구오대사』에 대한 비교뿐만 아니라 『신당서』와 『구당서』에 대한 비교를 했다. 과거의 학자들은 모두 매우 큰 노력을 기울여 아주 작은 문제 하나 하나를 모두 연구했지만, 우리들은 지금 그러한 문제에도 아무런 관심이 없다. 당나라의 역사를 연구하려면 그저 『신당서』와 『구당서』 안에서 자료를 조사하면 될 뿐, 나아가 두 책의 득실에는 관심도 없다.

『신당서』의 내용에 대하여 대체로 종전의 일반적인 평가는 곧 「지志」와 「표表」가 가장 좋다는 것이었다. 이 「지」와 「표」는 구양수가 쓴 것이고, 「본기」와 「열전」은 송기가 쓴 것이다. 따라서 구양수가 『신당서』에 미친 공헌이 매우 큼을 알 수 있다. 당시 조정에서 구양수와 송기 두 사람에게 당의 역사를 편찬하게 했지만 한 가지 규정이 있었다. 후일 관작이 높은 한 사람만이 『당서唐書』의 작자로서 서명署名하게 했던 것이다. 예컨대 『수서隋書』에는 위징魏徵의 서명만 있지만 실제로 이 책 역시 위징 한 사람의 저서가 아니었다. 그러나 그 책에는 단지 그의 서명만 있을 뿐이었다.

송나라 사람들 역시 이러한 규정에 비추어 『신당서』의 작자 중 구양수의 직위가 높았으므로 그의 서명만 기록했던 것이다. 그러나 구양수는 오히려 말하기를 "송기는 자신보다 선배이고 연령 또한 많을 뿐만 아니라, 또 이 책에 매우 많은 노력을 기울였으니 자신 홀로 서명을 해서는 안된다"고 했다. 이 때문에 『신당서』에는 두 사람이 각기 따로 서명을 했다. 「지」와 「표」에는 구양수의 이름을, 「본기」와 「열전」에는 송기의 이름을 각각 서명했다. 송기는 이와 같이 겸손하고 다른 사람을 존중하는 친구를 본 적이 없다고 말했다.

그러나 조정에서는 이 책이 완성된 뒤 여전히 한 사람이 서명하도록 했다. 이는 현재의 총편집처럼 그 완성본을 책임지는 것과 같았다. 따라서 「본기」와 「열전」 부분이 완성되자 송기는 그 원고를 모두 구양수에게 넘기고, 다시 자세하게 개정하도록 청했다. 그러나 구양수는 작성한 내용이 매우 좋다고 하면서 한 글자도 고치지 않았다.

이러한 사실은 과거 많은 사람들에게 칭찬을 받았다. 지금까지도 좋은 일화로 전해지고 있다. 그러나 오늘날 우리들은 이렇게 하는 것이 맞는 것인가, 아니면 틀린 것인가만 생각할 뿐이다. 나는 여러분들이 이러한 사실에 대하여 어떻게 느끼고 있는지 잘 모르겠다. 「지」와 「표」에는 구양수의 서명이, 「본기」와 「열전」에는 송기의 서명이 있었지만 조정은 구양수에게 서명하도록 했다. 그러나 구양수는 내용 전부를 다 살피고 나서 끝내 한 글자도 고치지 않았다.

여러분들은 구양수가 자신의 직분을 다하지 않았다고 보는가, 아니면 겸손한 마음을 내비치는 것이라고 생각하는가. 실제로 구양수가 고친다고 해도 모두 다 고칠 필요는 없었다. 사람들마다 자신의 학문이 있고 또 견해가 있었기 때문이다. 여하튼 구양수의 이러한 태도는 칭찬할 만하다. 오늘 내가 그저 우연히 이 예를 들었지만, 대체로 과거 역사 속에 등장하는 이와 같은 좋은 언행으로서 조금씩 전해 오는 것이 얼마나 많은지 모른다.

오늘날 우리들은 근본적으로 이 시대를 위해 어떠한 의도를 가지고 역사를 써야 할 것인가 하는 마음이 없다. 만약 이 시대를 위해 역사를 쓴다고 한다면, 전할 만한 그처럼 좋은 언행은 있는가. 분명 오늘날 우리가 살고 있는 시대가 난세이기는 하지만, 한 사람이 한 마디 말이라도 후세에 전할 것이 있는가, 혹시 있다고 한다면 누가 그러한 사실을 쓸 것인가?

오늘날 우리들은 모두 한 무더기 자료를 가지고 너는 여기 이것이 틀렸고, 몇 년 몇 월 아래에 '날짜'가 틀렸다든지 하는 문제에만 매달려 있다. 장래에 이러한 사학이 국가에 어떤 보탬이 되겠는가? 만일 여러분들이 사학을 연구하면서 뜻을 지니고 과거 사람들의 이러한 사정을 배우고자 하다면, 여러분들은 학문하는 태도를 당연히 크게 고쳐야 한다. 그러자면 먼저 『논어』와 『맹자』를 읽고 큰뜻이 어디에 있는지를 이해해야 바람직하고, 또 '겸허'하다고 할 수 있다.

그저 '옛것이다, 새것이다'라고 한다든지, '외국은 맞고 중국은 틀렸다'고 하는 등 함부로 평가해서는 안된다.

당신이 만약 이 같은 관점으로 원세개를 말한다면 당연히 어떻게 말해야 할 것인가? 또 만약 당소의唐紹儀나 오정방伍廷芳을 이야기 할 때는 어떻게 말할 것인가? 당시 국민당정부에서는 오정방을 파견했고, 원세개는 당소의를 파견하여 두 대표가 상해에서 회의를 열었다. 여러분들은 이 두 사람을 연구해야만 한다. 이렇게 사학을 연구해야만 국가와 사회에 대하여 자연스럽게 서서히 공헌할 수 있는 것이다. 지금 좋은 사람이 출현한다고 해도 여러분들은 알 수 없고 또 관심도 없다. 관리가 됨에도 좋고 나쁨이 없고, 가르치는 선생 또한 좋고 나쁨이 없다. 소위 난세가 되면 곧 그 혼란스러움이 먼저 우리들의 마음에 와 있게 된다.

구양수의 『신당서』 편찬이 단지 그의 겸손함만을 세상에 알린 것이 아니다. 그밖에도 많은 뛰어난 이론과 견해를 남겼다. 예컨대 『구당서』에는 「병지兵志」가 없지만 『신당서』에는 있고, 또 『구당서』에는 없는 「선거지」가 『신당서』에는 있다. 이 부분은 당연히 모두 매우 중요하다. 『구당서』에는 「지」만 있고, 「표」가 없지만, 『신당서』에는 「지」 외에도 「재상세계표宰相世系表」와 「방진표方鎭表」·「종실세계표」가 있다. 특히 「재상세계표」와 「방진표」는 그 사용처가 매우 넓다. 이 부분들로 말하자면 당연히 『신당서』가 『구당서』에 비해 뛰어나다.

그리고 『신당서』의 모든 「지」 앞부분에 구양수는 한 편의 매우 긴 문장을 쓰고 있다. 예컨대 「예문지」・「예악지」 앞에는 모두 장문의 글이 있다. 「예문지」 서문에서 구양수는 말하기를 "고대의 책 가운데 지금까지 전해 오는 것은 매우 적고 오히려 실전失傳된 것이 더욱 많다"고 했다. 그는 이 문장에서 뛰어난 이론을 펴고 있다. 여러분들은 이를 통해 『수서』 경적지에 보이는 책들이 당대에 몇 권이나 전해 오고 있는지 살펴볼 수 있다.

그러면 여러분들에게 오늘의 책들을 내일까지 얼마나 남길 수 있는지 물어보자. 오늘날 출판되어 30년이나 50년 보관할 수 있는 책이 몇 권 있을 것이고, 혹은 1~2백 년 보존할 수 있는 책도 있을 것이다. 책을 그저 출판하고자 할 뿐 보존하려 하지 않는다면, 도대체 시대가 진보했다는 의미가 어디에 있는가? 실로 진보라는 것이 있었는가? 실제로는 다만 변화라는 것이 있었을 뿐이다.

오늘의 변화는 서양에 있어서 하느님마저도 잃어버리는 지경이니 사람과 책이야 더 말할 필요도 없다. 이는 전체 인류문화 가운데 쟁론이 될 수 있는 커다란 관점이다. 서양인들은 최근 공개적으로 사람을 칭하여 '전세대' 혹은 '후세대'라고 부른다. 후세대는 전세대를 무시하고 있는데, 이것이 또한 시대의 진보라고 하겠는가. 여러분들이 곧 아이를 낳게 되면 후세대가 등장하게 된다. 그러면 다시 전세대를 무시할 터인데 여러분들도 금방 자녀들에게 무시당하게 될 것이다. 뿐만 아니라 세대 사이에는 반드시 충돌이 있게 마련이다. 이와 같은 인류사회라면 무슨 의의가 있고 취미가 있으며, 또 역사라고 할 만한 것이 무엇이 있겠는가?

이 같은 시대에 살고 있다면 여러분들은 실로 인문과학을 공부할 필요도 없다 조금의 가치도 없기 때문이다. 그저 자연과학을 배우는 것이 낫다. 실제로는 자연과학 역시 배울 만한 가치가 없을 것이다. 장사하여 몇 푼 더 벌자고 하는 것 역시 귀찮은 일이니 주식이나 사고, 경마나 하며 돈이나 버는 편이 낫다. 현재의 사회에는 이같은 사람이 많다. 이는 인류사회의 극히 커다란 위기다.

여러분들이 구양수의 『신당서』 예문지 맨 앞에 있는 긴 문장을 읽으면 이미 앞에서 말한 현상에 대하여 개탄스럽게 이야기하고 있음을 볼 수 있다. 당연히 구양수 평생의 저작은 한 글자 한 구절이 거의 모두 지금까지 전해지고 있다. 기타 송대 사람들이 남긴 저작이 당대보다 많다.

또 예컨대 구양수는 「예악지」의 앞부분에서 "3대 이전에는 통치가 천자 한 사람에게서 비롯되었다. 따라서 예악이 천하에 두루 미쳤다. 3대 이후에는 통치가 둘에서 비롯되었다. 따라서 예악이 헛된 이름만 남게 되었다〔三代而上治出於一, 而禮樂達于天下. 由三代而下治出於二, 而禮樂爲虛名〕"고 했다. 이 두 구절만 보아도 곧 사가의 뛰어난 이론을 알 수 있다.

여러분들은 중국의 역대 역사책에는 뛰어난 이론이 많다는 것을 알아야만 한다. 이와 같은 두 구절은 우리들이 쉽게 이해할 수 있는 말이 아니다. 그러면 어떻게 옛날에는 예악이 하나에 근본했는데, 후일 와서 예악이 헛된 이름이 되었는가? 우리들이 역사를 평론할 때는 이와 같은 이론을 발휘해야 한다. 당연히 역대에 이 같은 견해를 가지고 역사를 이야기할 수 있는 사람이 많지 않았다.

송대의 사학을 구양수를 대표로 하여 말하자면, 구양수는 경학과 문학 각 방면에 모두 커다란 노력이 있었기 때문에 그의 사학 또한 넓고 큰 기초가 있었다. 다른 사람들처럼 단지 『사기』와 『한서』를 모방하여 「본기」와 「열전」을 쓰거나, 많은 자료를 함께 모아놓거나 하지 않았다.

민국 초기에 편찬했던 『청사淸史』 같은 것은 실제로 쓸모가 없었다. 그러나 우리들은 단지 그 『청사』가 쓸모없다는 것을 알 뿐 아무도 다시 쓰려고 하지 않았다. 오늘날 우리들에게는 모두 25부部의 정사가 있다. 그러나 아무도 이후 26번째 정사는 어떻게 쓰여야 하는지에 대하여 생각하지 않는다. 장래에 우리들은 그저 새로워져야 한다고 주장하지만 어떻게 하는 것이 새로운 방법인지 물어보자.

부모가 죽으면 어떤 사람은 관棺을 사자고 하고, 어떤 이는 화장火葬을 하자고 한다. 그러나 결국은 결론이 있게 마련, 아무렇게나 할 수 있는 것은 아니다. 우리들이 신사학을 말하지만 청이 멸망했으니 우리들은 역시 과거와 마찬가지로 당연히 『청사』를 쓰면 되는 것이다. 청대는 그래도 이미 『청사』가 있다고 할 수 있으니 괜찮은 편이다. 그러나 민국의 경우는 정말 심각하다. 민국의 역사에 대하여 아무도 관심을 가진 사람이 없어 방치된다면 너무 황당하지 않는가? 때문에 오늘날 여러분이 사학을 배우고자 한다면, 나는 여러분에게 먼저 무엇 때문에 사학을 배우려 하는지 그 뜻을 세워야 한다고 말하고자 한다.

다시 송대를 보자. 그들은 당말오대의 큰 혼란을 거친 뒤 천천히 난세를 벗어나 다시 평화로운 치세를 만들어 가고 있었다. 그럼 다시 구양수의 『신오대사』를 보자. 『신오대사』에는 '오호嗚呼'라는 두 글자를 곳곳에서 볼 수 있다. 송대의 경우도 마찬가지였다고 생각하고 그는 고개를 흔들며 이전시대를 탄식했던 것이다.

그러나 오늘날 우리들은 조상을 욕하고 있다. 오로지 오대만을 욕하는 것이 아니고 멀리 주공과 공자까지도 모두 욕하고 있으면서 '오호'라는 두 글자를 사용하지도 않고 있다. 그저 다만 외국을 칭송하고 있을 뿐이다. 만약 여러분들이 정말 많은 책을 두루 섭렵하여 확실하게 외국의 역사에 대하여 상세히 알게 된다면, 나는 여러분들이 서양에 대하여 능통하다고 긍정할 것이다. 그러나 여러분들은 실제 그렇지 않다. 그렇다면 현재 왜 아무런 근거없이 지난 시대의 사람들을 욕하는가? 따라서 우리들에게 가장 중요한 것은 자신의 조상이 어떠했는지 그리고 현재 이 시대는 어떠한지를 아는 것이다. 역사를 공부하는 여러분들은 이러한 것부터 알아야 한다. 아무것도 모르면서 근거없이 욕을 해서는 결코 안된다.

나는 지금 특별히 구양수의 『신오대사』에 관해 말하고 있는데, 이 책은 단지 아주 얇은 책에 불과하지만 읽게 되면 우리들에게 어두운 난세라는 것이 결국 어떠한 모습인가를 깨닫게 해준다. 나는 아마도 장래에 우리들 중 누가 '중화민국60년사'를 쓸 때 구양수처럼 수많은 '오호'라는 용어를 쓰면서, 우리가 이 곳까지 오게 된 것을 탄식하면서 대륙이 왜 이 같은 모습으로 변했는지에 대하여 결국 누군가가 책임을 지도록 해야 한다.

우리들 역시 반드시 뒤를 돌아보며 현재 우리들이 대학에서 학문을 하면서 어떤 사람이 능히 민국60년 이후부터 우리들이 잘못된 길을 걷고 있다는 것을 알고 방향을 바꾸어야 할 수 있을지 모르겠다. 우리에게 이러한 사람이 없으니 그저 세월 가는 대로 갈 뿐이다.

여러분들이 단지 반공反共을 외치지만 공산당이 어디에서 왔는지, 왜 과거 대륙에는 수많은 청년들이 공산주의를 믿고 있었는지, 그리고 우리는 또한 무엇을 가지고 반대할 것인지를 묻지 않으면 안된다. 여러분들이 역사를 말할 때는 반드시 전체 커다란 문화전통·국가·사회를 말해야 하고 이러한 부분에 관심을 가져야 하는 것이지, 작은 논문제목에 매달려 있으면서 자신이 학문을 한다고 여겨서는 절대 안된다.

내가 여러 차례 다시 말하지만, 여러분들은 내가 하는 말을 모두 알아듣지는 못할 것이다. 여러분들이 논문을 모두 쓰고 직업을 가지게 되더라도 내가 오늘 한 말을 잊어서는 안된다. 그 때가 되면 천천히 다시 학문을 하게 될 것이다. 비록 이 국가와 사회의 책임이 모두 나에게 있는 것은 아니지만, 나도 그 중의 한 사람이다. 천하의 일이라는 것이 한 그루 나무가 집 전체를 지탱해 줄 수 있는 것이 아닌 것과 같다. 역사를 공부하는 사람들은 당연히 한고조가 천하를 얻은 것이 한고조 한 사람의 힘으로 된 것이 아님을 알아야 한다. 장래 역사를 말할 때는 국가와 사회에 대하여 공헌함이 있어야 한다.

인재란 학술로부터 비롯되는 것이기 때문에 학술로부터 인재를 배양해야 한다. 오늘날 우리들이 송대의 사람들을 업신여기지만, 당나라가 비록 매우 번성했으면서도 결국 최후에는 오대라는 어두운 난세를 낳게 했기 때문에 송나라 사람들은 당나라의 문제점을 반성하고자 한 것이다. 그리고 특히 구양수는 그러한 반성을 시작한 사람 가운데 하나라고 할 수 있다.

구양수 이전에도 손복孫復이 『춘추존왕발미春秋尊王發微』라는 책을 지었는데, 당시에 매우 유명했다. 왜냐하면 당말에 이르러 다시는 왕자王者가 없었고 모두 군벌만 존재할 뿐이었기 때문에 손복이 '존왕'을 제창했던 것이다. 즉 경학의 가치를 사학으로 옮긴 저작이었다. 이어서 바로 구양수의 『신오대사』가 있었다.

여러분들은 이 점을 이해하면서 다시 뒤로 돌아가 유지기의 『사통』 의경疑經·혹고惑古편이 단지 역사에만 관심이 있을 뿐 경학에는 관심이 없었던 점을 본다면, 두 책의 차이가 매우 크다는 것을 알게 될 것이다. 때문에 유지기는 단지 위진남북조를 계승하는 사람이 될 수밖에 없었지만, 손복과 구양수는 송대 이후의 시대를 열게 한 인물이 될 수 있었던 것이다.

우리들은 과거에 남겨놓은 찌꺼기를 청소하는 일을 해서는 안된다. 마땅히 새로운 시대를 맞이하기 위해 미래의 신중국에 참가해야 한다. 여러분들은 자신이 이전부터 이미 이러했다고 하지 말고, 자신의 안목을 보다 미래에 놓기를 바란다.

나는 역사를 공부하는 여러분에게 먼저 명말청초를 공부하고, 그 다음 송을 배우고, 다시 곧장 그 이전 공자의 『춘추』와 사마천의

『사기』를 배우라고 권한다. 나는 장래 우리들에게 필요한 신사학은 응당 이러한 곳에 있다고 본다. 즉 국가와 민족 그리고 전체 문화전통에 대하여 관대한 가슴을 지니고, 그리고 간절하면서도 성실한 감정을 가져야 한다. 자, 오늘은 여기까지 하고 마치도록 한다.

사마광의 『자치통감』

> 후세사람들이 『자치통감』을 비판할 때 거론하는 몇 가지 예를 들었다. 그 중 첫째는 매우 많은 사실이 삭제되어 기재되지 않았다는 것이고, 둘째는 정통에 대한 관점, 셋째는 연호의 기재방식 등으로 사람들을 만족시킬 수 없는 부분이 있었던 것이다.

    오늘은 송대의 두번째 사학명저인 사마광의 『자치통감資治通鑑』에 대하여 말해 보자. 위로 사마천의 『사기』 이래 중국에는 소위 기전체 정사가 있었다. 그 이후 편년체인 『춘추』는 중국사서 속에서의 지위가 정사보다 못했다. 그러나 끊임없이 많은 사람들이 편년체를 이용하여 사서를 저술했다. 예컨대 한대에는 순열荀悅의 『한기漢紀』가 있었고, 남조에는 원굉袁宏의 『후한기後漢紀』가 있었다. 이 두 책은 현재까지 전하고 있는데, 특히 순열의 『한기』는 매우 잘 알려져 있다. 그밖에도 물론 많이 전한다. 『당서』 예문지에는 편년사의 저술이 41종 947권 수록되어 있는데 이는 적지 않은 것이다. 그러나 이 숫자에 포함되지 않은 것도 있다. 예컨대 양 무제 때 일찍이 당시 여러 신하들이 편찬한 편년체의 사서인 『통사通史』가 있었는데, 그 규모가 매우 컸지만 지금은 전하지 않는다. 물론 『당서』 예문지에 보이는 41

종의 편년사 역시 전하는 것이 그리 많지 않다. 곧장 송대의 사마광에 이르러 『자치통감』이 편찬되었는데, 이는 『춘추』와 『좌전』 이래 첫번째 가장 성공적이고 바람직한 편년사라고 할 수 있다. 이후 사가들은 이 책을 특히 중시했다. 따라서 사람들은 '양사마兩司馬'를 자주 호칭했는데, 한 사람은 사마천이고 다른 한 사람은 사마광을 칭하는 것이었다.

『자치통감』은 모두 294권으로 구성되어 있다. 위로 직접 『좌전』을 이어서 기록하고 있지 않지만, 실제로는 『좌전』의 기록을 이어 오대五代까지 모두, 1362년간의 내용을 담고 있다. 본문 294권 외에도 『목록』 30권, 『고이考異』 30권이 있다. 『목록』은 해(年)를 경經으로, 각 왕조를 위緯로 하고 있지만, 실제로 『사기』의 「표」 형식을 본떠 우리들이 보다 쉽게 내용을 확인할 수 있도록 배려했다. 『고이』 30권은 현재 『자치통감』 본문 속에 부록되어 있다. 어떤 내용에 대하여 이 책에서는 이렇게, 저 책에서는 그렇게 말하고 있다는 등 고증을 통해 그 득실을 확인했던 것이다.

이 책은 사마광이 황제의 명을 받아 편찬한 것이다. 송 인종 때 시작하면서 그는 8권을 편집하여 이름을 『통지通志』라고 했다. 후일 송 신종이 그 작업을 계속하도록 명함에 따라 편찬을 계속하여 완성했다. 신종은 책이름을 『자치통감』이라 했다. 『자치통감』이라 이름을 정한 것은 이 책의 내용이 정치적으로 효용이 있어서 나라를 다스리는데 도움이 될 것이라 여겼기 때문이었다.

사마광이 이 책을 편찬할 때 조정에서는 그가 스스로 편찬에 참여할 관리를 임명할 수 있도록 허락했다. 아울러 정부의 각 부서에 보관하고 있던 도서를 빌려 참고하도록 허락했다. 마지막으로 또 그에게 작업현장을 마음대로 옮길 수 있도록 허락했다. 즉 사마광이 조정으로부터 다른 곳으로 갈 경우 서국書局이 그를 따라 갈 수 있도록 했던 것이다. 따라서 이 책이 비록 관찬은 아니었지만 정부의 감수監修를 거쳤으며 아울러 커다란 도움을 받았다.

사마광이 『자치통감』을 편찬할 때 그를 도왔던 특히 중요한 세 사람이 있었는데, 유반劉攽・유서劉恕・범조우范祖禹가 그들이다. 이 세 사람은 모두 당시 유명한 학자로서 특히 사학에 능했다. 전한과 후한은 유반이, 삼국 이후 수나라까지는 유서가, 당과 오대는 범조우가 각각 편찬을 했다고 알려져 왔다. 이들 세 사람 가운데 특히 유반의 책임이 가장 컸을 것이고, 다른 두 사람은 부분적인 편찬을 도왔다. 물론 유반은 모든 작업에 참여했다. 『자치통감』은 신종의 명령으로 편찬을 계속한 이후 완성될 때까지 약 17년의 시간이 걸렸다. 그밖에도 인종 때 시작할 당시의 전국시대 부분인 『통지』 8권까지 합치면 모두 19년 전후의 시간이 걸렸다. 이러한 작업은 실제로 상당히 복잡하고 힘든 일이었다. 책 전체가 완성되었을 때 그 원고가 모두 집 두 채에 꽉 찰 정도였다고 했다. 황노직黃魯直이 말하기를 "자신이 일찍이 직접 본 적이 있는데 낙양의 집 두 채에 있는 초고 가운데 수백 권을 보았지만 한 글자도 어지럽게 흘려 쓴 것이 없었다"고 했다. 당시에 기울인 노력이 얼마나 신중하고 정성스러웠는지를 알 수 있다. 사마광 자신도 말하기를 "3일 동안 1권을 산정刪定하기로 정해 놓고 만약 오늘 일 때문에 그 작업을 하지 못하면 다음 날에 꼭 그 작업을 마무리했다"고 했다. 그는 또 말하기를 "자신의 일생 가운데 가장 많은 노력을 이 책에 다 쏟아부었다"고 했다. 그는 앞의 세 사람의 조수에게 먼저 『장편長篇』을 쓰게 하고 모든 자료를 그 속에 편집하게 했다. 그리고 나서 마지막 산정刪定은 자신의 책임하에 진행했다.

이러한 사정은 범조우에게 보낸 「논수서첩論修書帖」이라는 편지에서 어떻게 편찬을 진행했는지 상세히 설명하고 있다. 먼저 일체의 관련 자료를 모았다. 실제로는 이전에 쓰인 역사도 모두 마찬가지로서, 반드시 먼저 사료를 모아 정리했다. 만약 문제가 생겨 내용이 서로 다르면 왜 다른가를 살피는 작업을 했다. 이 『장편』을 만들기 전에 그 초고가 있었고, 초고를 검토하여 『장편』과 『고이』를 작성하는 작업에 대부분 앞의 세 사람이 참여했고, 마지막 산정刪定하는 작업을 사마광 자신이 맡아 한 것이다. 때문에 이 책은 네 사람의 합작에 의한 것이지만, 실제로는 사마광 한 사람의 노력으로 만들어낸 것이라 할 수 있다. 왜냐하면 가장 마지막 결정을 사마광이 맡아 하면서 이것은 그대로 두고 저것은 삭제하고 등등의 결정을 모두 자신의 안목과 견해로써 결정했기 때문이다.

『자치통감』은 물론 주지하는 바와 같이 거의 대부분이 17사에 근거하여 편찬된 것으로서 기전체를 편년체로 고친 것이다. 실제로는 정사 외에도 매우 많은 책을 참고로 한 것이다. 송대의 고사손高似孫이 『사략史略』이라는 책을 지으면서 『자치통감』이 참고한 자료들을 모두 조사한 적이 있었는데, 정사 외에 220여 종이나 된다고 했다. 고사손은 자신이 7년의 노력을 기울여 사료 하나 하나를 모두 조사하여 목록을 만들었다고 했다. 정사 외의 첨가된 부분이 오히려 『자치통감』의 편찬의도가 담긴 곳임을 알 수 있다. 왕부지王夫之가 일찍이 말하기를 『자치통감』은 17사에 능한 이외에 관련 자료를 모두 조사하여 "정치에 있어서 소홀하기 쉬운 것을 잘 정리하고, 어진 자와 간사한 자를 구별하고, 따로 떼어야 할 것과 한 곳에 모아야 할 것을 정리하고, 시작과 결말 즉 경과를 분명하게 했다〔以序治忽, 以別賢奸, 以參離合, 以通原委〕"고 하여, 대체로 여러 사람들의 단편적인 기록들을 인용한 것이 많았다고 했다. 이는 정치의 안정과 혼란〔治亂〕, 인물의 어짊과 간사함〔賢奸〕, 사정의 경과와 이합 등을 때때로 덧붙인 그들 작은 문장 속에서 발견할 수 있다는 말이다. 사마광의 『자치통감』이 마치 수놓아진 원앙과 같다고 비유했던 것이다. 왕부지의 이 같은 말은 오히려 원앙을 수놓은 방법을 지적한 셈이 되었다. 우리들이 『자치통감』을 읽을 때 왕부지의 이 말은 극히 중요한 지시가 될 것이다.

그러나 여러분들은 생각해 보라. 17사에 수록된 1,360여 년의 역사를 사마광은 단지 294권에 모두 기록해야 했으니, 그의 주된 작업이 사료를 더하는 데 있었던 것이 아니라, 더욱 중요한 작업은 사료를 가려내어 삭제하는 일이었음을 알 수 있다. 그러나 그는 많은 사료를 삭제하는 작업 외에도 2백 수십 종의 책을 인용하여 새로운 사료를 더하는 일을 했고, 이 작업 역시 매우 중요한 것이었다. 『자치통감』을 제대로 잘 읽으려면 사마광이 가려서 삭제한 곳과 다시 추가한 곳에 주의해야 하고, 삭제와 추가를 한 까닭에 세심한 주의를 해야만 비로소 『자치통감』이 지닌 원칙과 심오한 의미를 이해할 수 있다.

그러나 사실을 말하자면, 사마광이 더욱 중요하게 여겼던 것은 사료를 가려서 삭제하는 작업이었다. 왜냐하면 송 인종 때 사마광이 『통지』 8권을 쓰기 시작하면서 책명을 본래 『편집역대군신사적編集歷代君臣事迹』이라 했는데, 이는 전체 『자치통감』의 가장 중요한 기준이 어디에 있었는가를 알게 하는 것이다. 때문에 사마광은 군신君臣의 사적事迹과 관련없는 자료는 당연히 필요로 하지 않았다. 예컨대 제도를 말하자면 우리들은 앞에서 두우의 『통전』에 관하여 강의했는데, 그 책의 중요한 내용은 당연히 군신의 사적 안에도 있을 수 있다. 왜냐하면 일체의 제도는 모두 역대 군신들의 토론을 통해 정해지는 것이었기 때문이다. 그러나 『자치통감』의 중점은 제도방면에 있지 않았다. 또한 예컨대 각 정사 가운데 「예문지」·「지리지」·「예지禮志」·「악지樂志」 등에 기록된 내용을 모두 필요로 하지 않았다. 따라서 『자치통감』에서 중시된 것은 다만 역대 군신들의 사적이었다. 우리들은 먼저 『자치통감』이 필요로 하지 않았던 것에 대하여 말하여 보자.

어떤 사람이 말하기를 "『자치통감』에는 문인文人이 실려 있지 않았으며, 또한 『후한서』에는 매우 많은 은사隱士와 고사高士 같은 부류가 수록되어 있지만 『자치통감』에는 대부분 싣지 않았다"고 했다. 이 점은 그리 이상한 것이 아니다. 이 책의 원래 의도가 역대 군신들의 사적을 쓰고자 한 것이기 때문에 모두 정부와 관련이 있었다. 또한 많은 이름난 학자들 역시 근본적으로 정치에 참여하여 일을 한 적이 없었고, 은사 또는 문인으로 지냈기 때문에 당연히 『자치통감』에는 빠져 있다. 특히 사람들이 주의해야 할 것은 예컨대 이 책에는 굴원屈原이 등장하지 않는다는 점이다. 오늘날에 있어서 굴원은 역사상 그 지위가 대단히 높지만, 굴원의 문학에 대하여 사마광은 당연히 필요하지 않다고 여겼다. 그러나 굴원은 일정한 기간 동안 초楚나라의 외교를 맡아본 적이 있었다. 특히 장의張儀와 쟁의를 벌인 일이 있었는데도 사마광은 이를 싣지 않았다. 『좌전』의 경우에도 안연顔淵에 관한 기록이 없는데, 이는 바로 편년체 사서가 갖는 한계라고 하겠다. 그러나 굴원과 안연은 서로 달랐다. 현재의 어떤 사람들은 굴원에 관한 기록이 『자치통감』에 실려 있지 않다고 하여 인물의 실존 자체를 의심하는 사람이 있지만, 이는 아주 잘못된 것이다.

다음으로 노중련魯仲連은 전국시대 사람으로 관리조차 지낸 적이 없었지만 "도의상 진을 황제로 섬기지 않았다(義不帝秦)"라는 고사는 매우 중요하다. 노중련의 역사상 지위는 매우 높고 후일 사람들은 그를 칭송했다. 『문선文選』의 많은 영사시詠史詩 가운데 노중련의 사실을 노래한 것이 매우 많다. 후세사람들이 매우 중시했던 인물이었던 같다. 그러나 『자치통감』에는 찾아볼 수 없다. 또한 한나라 초 상산商山의 4호四皓에 대하여 『사기』에는 한고조가 태자였던 혜제를 폐위시키려 할 때 장량張良이 태자로 하여금 상산에 은거하고 있던 네 노인에게 배우도록 하고 태자궁에 손님(客)으로 머무르게 했다. 어느 날

고조가 이를 보고 태자를 폐하지 않게 했다. 이 같은 상산 4호의 고사는 오늘날 많은 사람들에게 전해지는 것이지만 『자치통감』에는 역시 찾아볼 수 없다. 또 한 경제景帝 때 오초칠국의 반란이 일어났을 때 조정에서는 주아부周亞夫를 파견하여 군대를 이끌고 토벌하게 했다. 가는 길에 극맹劇猛이라는 사람을 만났을 때 주아부가 말하기를 "내가 이 사람을 얻었으니 이 문제는 곧 해결될 것"이라고 했다. 극맹은 『사기』의 「유협열전」에 등장하는 인물로서 당시에는 세력과 영향이 상당히 컸고 한 시대를 풍미한 인물이었다. 그러나 역시 『자치통감』에는 기록되지 않았다. 또 후한 광무제에게는 함께 공부한 엄광嚴光이라는 사람이 있었다. 광무제가 황제가 되고 난 뒤 그를 찾아 궁궐 안에 머물게 하면서 한 침대에서 잠을 잤다. 잠결에 엄광은 그의 발을 황제의 배 위에 걸치곤 했다. 천문을 살피던 관리가 하늘의 별자리의 변화를 통해 이 같은 사실을 알아내고는 황제에게 알렸지만 광무제는 엄광의 죄를 묻지 않았다. 엄광 또한 광무제에게 돌아가기를 원했다. 그러자 한밤중 하늘의 별자리에 믿을 수 없는 현상이 보였다. 따라서 엄광은 끝내 돌아갔다. 이 일은 믿을 만한 사실로서 후일 널리 전해져 왔지만 역시 실려 있지 않다.

이처럼 중국역사에는 매우 많은 이야기가 있어서 널리 사람들에게 전해 오고 있지만 『자치통감』에는 대부분 수록되지 않았다. 당 현종 때 요숭姚崇을 재상으로 삼고자 했을 때 요숭이 먼저 열 가지 의견을 제시했다. 소위 '십사개설十事開說'이라는 것이다. 그는 황제에게 먼저 자신의 이 같은 의견을 받아들이기를 요구했다. 이 역시 한 편의 뛰어난 문장이었다. 그러나 역시『자치통감』에는 기록되지 않았다.

후세사람들은 사마광이 "매우 뛰어나고 기발한 이야기는 채택하지 않았다"고 했다. 대체로 후세사람들이 좋아하는 그와 같은 이야기를 대부분 사마광은 삭제했던 것이다. 요승이 제시한 열 가지 대사大事란 물론 당시 현실정치에 대해 그다지 특별한 관계를 발생시켰던 것은 아니었다. 현실정치와 관련이 있던 것으로 예컨대 당나라 초기 위징魏徵의 간언이나 후일 육지陸贄의 주의奏議 등은 모두『자치통감』에 상세히 기록되어 있다. 사마광은『신당서』나『구당서』의 관련 기록 외에도 위징과 육지의 원서를 뒤져 그 안에서 직접 자료를 찾았다.

이처럼 사마광은『자치통감』을 편찬하면서 자신만의 주장과 기준을 지니고 있었음을 알 수 있다. 필요한 것은 취하고 그렇지 않은 것은 삭제했던 것이다. 그러나 그러한 자료 가운데 굴원에 대한 기록이 전혀 없다는 것은 아무리 생각해도 매우 안타까운 일이다. 후세에 전하기를 굴원이 물에 몸을 던져 절의를 지킨 사실을 사마광이 혹 중요하게 여기지 않은 것일 수도 있지만, 굴원은 중국의 역사적 인물임에 틀림없고 그의『이소離騷』는 현재까지 문학가들에게 전송傳誦되어 오는 작품이다. 그가 초 회왕懷王에게 장의張儀의 말을 듣지 말 것을 권한 이야기는 전국시대의 전체 분위기와 관련이 있다. 그러나 사마광의『자치통감』에는 그를 기록하지 않았고, 또 왜 기록하지 않았는지에 대한 언급도 없다. 기타 다른 인물들의 경우에도 비록 당시 실제정치에 구체적인 영향을 주지 않았다 해도, 당시와 그리고 후세의 정치와 사회적으로 또 심리적으로 사회분위기 등에 무형의 영향 또한 매우 컸다. 사마광의 『자치통감』에 수록되지 않음으로써 후세사람들의 관심과 논쟁을 불러일으켰다.

사마광의 『자치통감』은 그밖에도 어떤 곳은 후세사람들에게 불만으로 여겨진다. 예를 들어 그가 양웅揚雄과 순욱荀彧을 특히 중시한 사실이 그 한 예이다. 물론 『자치통감』의 단점이 이에 그치는 것은 아니지만, 우리들은 이 책을 대하면서 단지 그 장점을 많이 취하면 될 뿐 그 단점만을 지적할 필요는 없다. 어느 책이든 결점은 있게 마련으로 그것을 열거하자면 끝도 없다. 우리들이 다시 예를 하나 들어보자. 한나라 초기 조조鼂錯의 현량대책賢良對策의 경우 『사기』와 『한서』에 모두 수록되어 있지만 『자치통감』에는 한 글자도 없으며, 동중서董仲舒의 대책의 경우 아주 상세하게 수록되어 있다.

바로 이 점을 통해 사마광이 사료선택을 위해 어떠한 기준을 두고 있는지를 알 수 있다. 앞서 말한 요숭의 '십사개설十事開說'은 채택하지 않았으면서도 위징과 육지의 주의奏議를 극히 상세하게 수록한 것과 같은 기준인 것이다. 따라서 우리가 어떠한 책을 읽으면 그 책의 정신이 어디에 있는가를 이해할 수 있게 되는데, 어떠한 책도 모든 사람을 다 만족시킬 수는 없다. 우리가 학문과 공부를 할 때 그 장점을 취하면 되는 것이지, 그 하자瑕疵를 조사하여 그 책의 결점을 비판해서는 안된다. 그런데도 불구하고 오늘날에는 그와 반대로 책이 지닌 장점을 이해하지도 못하면서 그 단점을 찾는 것을 좋아한다. 그렇다고 혹 찾아낸 것이 그 책의 단점이 아닐 수도 있다.

특별히 『자치통감』에서 말한 '정통론正統論'에 대하여 살펴보자. 중국이 역사상 일찌감치 정통론을 지니고 있었다는 것은 이미 앞에서 강의한 바 있다. 『자치통감』이 삼국시대를 서술하면서 위魏를 정통으로 하는 것에 대하여 많은 사람이 불만을 표현했다. 예컨대 제갈량이 군대를 거느리고 기산祁山을 포위한 기록 같은 것이다. 진수의 『삼국지』는 분명 위를 중심으로 하고 있다.

그러나 책명을 『삼국지』라고 하여 「위지魏志」·「촉지蜀志」·「오지吳志」를 각각 평등하게 칭하고 있기 때문에, 분명히 위를 높이고 있다고 할 수는 없다. 「위지」 태화太和 5년에 제갈량이 '침입'한 사실이 있는데, 「위지」에서는 위나라의 일로 간주하고 서술했기 때문에 그와 같이 기록했을 것이다. 『자치통감』 태화 5년에 기록된 "한 승상 제갈량이 군대를 거느리고 침입(入寇)했다"라고 한 것은 분명히 진수의 『삼국지』로부터 인용한 것이다.

그러나 진수의 『삼국지』는 사건의 발단부터 "제갈량이 침입했다"고 했지만, 『자치통감』에는 '한 승상'이라는 세 글자를 덧붙이면서 그를 촉의 승상이라 표현하지 않았는데 이는 맞는 것이다. 따라서 이 같은 필법 역시 그 시비와 득실을 가리기가 참 어렵다고 할 수 있다. 「위지」에는 또 "제갈량이 사곡斜谷을 나와 위남渭南에 주둔했다"고 했는데, 『자치통감』 청룡靑龍 2년에는 오히려 "제갈량이 10만의 군사를 거느리고 사곡斜谷으로부터 침입(入寇)했다"고 했다. 『삼국지』에는 없던 '입구'라는 글자가 『자치통감』에는 오히려 기록되어 있었다. 바로 이 점이 후일 주자朱子가 『자치통감강목』을 편찬하게 된 동기가 되었다.

그밖에도 이와 비슷한 사례가 있다. 삼국시대에 공융孔融의 죽음을 놓고 범엽范曄은 『후한서』 헌제기에서 "건안建安 13년 조조가 대중대부大中大夫 공융을 죽이고, 그 일족을 멸했다"고 했다. 이 해는 헌제 건안 13년으로 만약 공융이 죄를 범했다면 한 왕조에 대하여 죄를 범한 것이었다. 그런데도 범엽이 오히려 조조가 공융을 죽였다고 한 것은 사실대로 바르게 적은 것이다. 공융을 죽인 사람은 실제 후한 헌제가 아니고 바로 조조였기 때문이다.

그런데도 『자치통감』에서는 오히려 "대중대부 공융이 기시棄市되었다"고 했다. 이 문제 하나만 본다면 『후한서』가 『자치통감』보다 낫다고 할 수 있다. 『자치통감』의 또 다른 기록을 보자. 헌제 건안 18년 5월 병신丙申 기주冀州의 10군으로서 조조를 위공魏公에 봉했다. 이후 줄곧 『자치통감』에서는 조조를 '위공'이라 칭하고 다시는 조조라 칭하지 아니했다. 그러나 『후한서』에 보면 한의 헌제가 조조를 위공으로 봉한 것이 아니라 조조가 스스로 자신을 위공이라 했다고 기록하고 있다. 두 책의 필법이 이렇게 달랐다. 이 점에서도 분명 『후한서』가 『자치통감』보다 나았다.

또 예컨대 반고의 『한서』에는 한 평제平帝가 왕망王莽을 안한공安漢公으로 봉한 것이라 기록하고 있지만, 그 이후 여전히 '왕망'이라 적고 '안한공'이라 칭하지 않았다. 이는 반고가 후한 초기의 사람이었고, 왕망은 실패 후 죽은 사람이었기 때문에 반고가 당연히 그를 안한공이라 칭하지 않았던 것이다. 이후 그를 황제라고 칭하지도 않았다. 그러나 왕망과 조조는 후세사람들에 의해 줄곧 함께 비슷한 인물로 거론되었다. 예컨대 조조와 사마의司馬懿를 비슷하다고 하는 것과 같다. 그러나 사마광은 『자치통감』에서 오히려 조조의 천하는 스스로의 능력으로 얻은 것이지 한으로부터 탈취한 것이 아니라 말하고 있다. 이 점은 후세사람들의 마음을 설득하기에 부족하다.

사마광은 당시 또 한 가지 사실에서 후세사람들에게 이상하게 여겨지고 있다. 사마광은 맹자를 좋아하지 않았다. 왜냐하면 맹자는 제나라가 천하의 왕도를 실현할 수 있다고 했기 때문이다. 사마광은 이러한 관점을 매우 반대했다. 그는 줄곧 존군尊君을 강조하면서 통일된 중앙정부를 옹호했다. 오대십국 이후 비로소 송대에 와서야 천하가 다시 하나로 통일되었다. 이는 역사상 정말로 보기 드문 큰 사건이었다. 따라서 송유宋儒들이 이러한 사실에 대하여 극력으로 옹호하는 것은 이상할 것이 없었다.

그러나 사마광은 이러한 사실을 너무 지나치게 중요하게 여겼다는 평가를 면하기 어렵다. 삼국시대가 실제 통일되지 않았는데도 불구하고 『자치통감』에서는 위를 정통으로 했으며, 또 맹자가 제나라를 천하의 왕도를 실천하는 것으로 보는 견해에도 반대했다. 이를 위해 사마광은 특별히 "맹자를 회의한다[疑孟]"라는 글을 쓰기도 했다. 사마광은 극단적으로 존군을 주장했다. 존군을 주장하는 것은 대일통의 정부를 옹호하기 위한 것으로서 우리는 그의 입장을 이해해야 한다. 그러나 결국 지나친 점이 있음을 면할 수 없었기 때문에 후세의 공감을 받지 못했다.

『자치통감』에는 그밖에도 살펴보아야 할 예들이 매우 많다. 예컨대 연호의 기재인데, 중국은 한 황제가 1년 중에도 연호를 바꾼 경우가 매우 많다. 한 해가 시작되는 정월을 기다려 연호를 고치는 것이 아니었다. 그런데도『자치통감』에는 모두 최후에 사용한 연호만을 기재하고 있다. 이럴 경우 곧 많은 문제가 발생한다. 예컨대 10월이나 11월에 바뀐 연호가『자치통감』에서는 모두 1월이나 2월부터 사용한 것으로 되어 있다. 이렇게 되면 사실에 대한 이해가 혼란스러워질 수 있다.

이상에서 나는 후세사람들이『자치통감』을 비판할 때 거론하는 몇 가지 예를 들었다. 그 중 첫째는 매우 많은 사실이 삭제되어 기재되지 않았다는 것이고, 둘째는 정통에 대한 관점, 셋째는 연호의 기재방식 등으로 사람들을 만족시킬 수 없는 부분이 있었던 것이다.

다음으로 다시『고이考異』에 대하여 살펴보자. 나는 항상 역사에는 역사서술(寫史)·역사연구(考史)·역사평론(評史) 등의 부분이 있다고 했는데,『자치통감』은 이 세 가지 부분을 모두 완비하고 있다. 사마광의 30권『고이』는 그 고증이 매우 정밀하고 자세하다. 이 점은 후세사람들에게 매우 중시되었다.

그러나 이에 대해서는 구체적인 예를 들어 자세히 살펴보지 않기로 한다. 평사(評史)의 부분을 보면, 종전의 정사에는 '찬贊' 또는 '논論'이 있었다.『자치통감』에도 '신광왈(臣光曰)'이 자주 보이는데 이는 어떤 인물이나 사건에 대한 평론을 말한다. 사마광은『자치통감』이 조정에 바치게 되어 있는 관계로 자칭 '신광왈'이라 한 것이다.『자치통감』은 시작 첫머리에 주周가 한·위·조 세 나라를 제후로 명하는 기록이 등장한다. 이는 위로『좌전』을 잇는 것이지만 중간에 몇십 년이 빠져 있다. 그렇다면『자치통감』은 왜『좌전』을 직접 이어 계속 써 내려가지 않았는가. 사마광은 자신을 낮추어 감히『춘추』를 이어쓴다고 할 수 없었던 것이다.

그러나 왜 하필 이 해를 골라 시작으로 삼았을까? 그 이유는 사마광은 이 사건이 매우 중요하다고 여겼고, 실제 당시 천하의 커다란 변화였기 때문이다. 이로부터 주왕실은 곧 다시는 춘추시대의 동주왕실과 서로 비교할 수 없게 되었다. 사건 기록 다음에 바로 '신광왈'이라는 장편의 평론을 통해 그 의의를 밝혔다. 당시 진晉이 이미 쪼개져 한·위·조가 되었고, 그들은 실제로 이미 제후였기 때문에, 동주의 천자가 승인하든 하지 않든 아무런 관계가 없었다. 승인을 해도 제후였고 승인을 하지 않아도 실제로는 제후였다. 그러나 우리는 오늘날에 있어서도 오히려 사마광의 이 긴 한 편의 문장이 매우 안목 있고, 또 의의를 지니고 있다는 것을 느낀다.

우리들은 오늘날 모두 현실을 받아들이라고 말한다. 그러나 공산당은 대륙에서 실제 통치한 지 이미 20년이 지났다. 연합국은 오래도록 이 문제를 토론하여 왔다. 금년에도 그 승인문제로 시끄러울 것 같다. 우리들은 지금 이 시각, 여기에서 처한 환경에 비로소 심각한 느낌을 가질 수 있는데, 바로 도덕적 법률이 현실적인 사실 앞에 굴복하는 문제에 직면하고 있는 것이다. 공개적으로 승인한다는 것은 바로 굴복한다는 것이다. 정의를 빛나게 하려면 즉 굴복하지 않아야 하고 승인하지 않아야 한다.

우리들은 앞에서 공자의 『춘추』를 살펴보면서 이 점에 대하여 말한 바 있다. 이는 중국문화 전통 중의 하나의 극히 위대한 정신이다. 따라서 사학상 정통논쟁이 필요한 것이며 오늘날에도 역시 필요한 것이다. 예컨대 동주의 천자가 한・위・조를 제후로 명한 것은 크게 잘못한 것이다. 사마광이 이 해를 『자치통감』의 시작으로 삼은 사실과 다시 한 편의 매우 긴 '신광왈'이라는 중요한 문장을 오늘날 우리가 읽어보면 그의 역사서술이 차지하는 지위가 극히 위대하고, 정신이 매우 높고 멀리 미치고 있음을 바로 느낄 수 있다. 요즘 공부하는 사람들이 '신광왈'을 대수롭지 않은 것으로 보지만 그것은 다만 안목이 짧고 얕아서 사마광의 의도가 얼마나 깊은지 제대로 이해하지 못하기 때문이다.

다시 한 가지 예를 들어보자. 『자치통감』 권291 오대의 후주後周 세종 때 어느 해 풍도馮道가 죽었다. 오대의 8성姓 13군君은 실제 난세의 극에 달했던 때였다. 풍도는 몇 왕조를 거치며 대신의 지위에 있었다. 스스로를 '장락노長樂老'라 했다. 그는 평생 부귀를 마음대로 누림으로써 모든 사람에게 부러움을 받았고, 이를 대단한 것으로 여겼다. 송대에 와서도 마찬가지였다. 예컨대 범질范質은 송의 대신이었는데 오히려 풍도를 칭찬하여 말하기를 "후덕함이 매우 뛰어나고 풍부한 재주가 넘쳤으며, 비록 몇 왕조를 섬겼지만 사람들이 모두 부러워했으니 마치 큰 산과 같이 우뚝서서 변하지 않았다[厚德稽古, 宏才

偉量, 雖朝代遷貿, 人無間言, 屹若巨山, 不可轉也)"라고 했다.

범질 역시 나쁜 사람은 아니었지만 당시 이미 송의 천하가 되었는데도 아직 정의가 크게 드러나지 않았기 때문에, 이처럼 풍도가 여전히 사람들에게 숭배를 받을 수 있었던 것이다. 곧장 내려와 구양수가 『신오대사』를 편찬할 시점에 와서야 비로소 풍도를 크게 비판하게 되었다. 두번째로 이를 이은 사람이 바로 사마광이었다. 『자치통감』에서 풍도가 사망했던 그 해의 기록에 사마광은 『신오대사』의 풍도를 비판하는 문장을 그대로 베껴 인용했고, 그 아래 다시 '신광왈'에서 직접 다시 한 편의 문장을 써서 비판했다. 오늘날 풍도의 사람됨에 대한 평가는 이 때 비로소 정해진 셈이다. 이 문제는 당시에 있어서 커다란 시비였으므로 우리들이 반드시 주의해야 한다.

『자치통감』에 있는 사마광의 모든 비평 가운데 당연히 어떤 것은 후세사람들이 불만을 가진다. 예컨대 사마광은 재주(才)와 덕망(德)을 분별하는 데 있어서 너무 지나치게 덕망을 중시하고, 재주를 가볍게 여기는 경향이 있다. 재주가 있다고 하여 덕을 지니지 말라는 법이 없지만, 또 덕망이 있다고 해서 재주가 없으리란 법도 없는 것이다. 두 가지 중 어느 한쪽에 치우쳐서는 안된다. 그러나 우리들은 『자치통감』의 어떤 평론들을 오로지 현대인의 관점으로 반대해서는 안된다. 현대인들이 때때로 '신광왈'을 가볍게 여기는 경향이 있어서 오늘 내가 특별히 여러분들에게 이 문제를 언급하는 것이다. 역사를 공부하는 우리들은 역사연구뿐만 아니라 역사서술과 역사평론 모두에 능해야 한다. 그리고 역사에 대한 일정한 견해와 비평의 능력을 지녀야만 한다.

다시 사마광의 역사서술(寫史)에 대하여 살펴보자. 여러분들은 당연히 기전체 정사를 편년체로 고치는 것이 얼마나 어렵고 힘이 많이 드는 작업인지 알 것이다. 예컨대『삼국지』의 적벽대전의 경우 내용이 세 나라 모두와 관련되기 때문에 문장을 어느 나라에서 시작하는 것이 옳은가 하는 문제에 부딪치게 된다. 조조·손권·유비·제갈량·노숙·주유 등 관계된 사람의 수 또한 매우 많다.

『자치통감』의 경우 적벽대전을 쓰면서 노숙과 손권의 대화를 그 시작으로 서술하고 있다. 노숙이 말하기를 "현재의 사정이 매우 긴박하니 내가 형주에 가서 유비를 만나 어떠한 태도를 가지고 있는지를 확인하고 난 뒤 다시 조조에 대항하기 위한 전략을 결정하자"고 했다. 여러분들이『자치통감』을 읽고 나면 노숙이 당시에 매우 안목을 갖춘 큰 인물이었음을 알게 될 것이다. 그가 형주에 가자 제갈량이 비로소 그를 따라 오나라에 왔고, 이후 오가 유비와 연합하여 조조에 맞서 싸울 것을 결정했던 것이다.

적벽대전 이후 곧 삼국이 정립하게 되었던 것이다. 노숙이 바로 이러한 변화과정의 최고 중심인물이었다. 우스운 것은 후일 명대의 사람들이『삼국연의三國演義』에서 역사적 사실을 잘못 쓰고 있는 점이다. 제갈량 역시 제갈량 모습을 하고 있지 못했고, 노숙은 가장 쓸모없는 어리석은 인간으로 변해 있었다. 제갈량의 손바닥 위에서 놀았던 인물로 묘사하고 있었던 것이다. 주유는 마땅히 영웅이라 해야 할 것이다. 그러나『삼국연의』에서는 역시 매우 가련한 인물로 묘사

되어 있다.

여러분들이 만약 왕부지王夫之의 『독통감론』을 본다면, 그는 당시의 인재를 자세히 논하면서 삼국관계와 천하의 대세를 제대로 이해하고 있던 인물로 촉에는 제갈량, 오에는 노숙, 위에는 조조가 있었다고 했다. 오와 촉에 노숙과 제갈량이 있었기 때문에 두 나라가 비로소 연합하여 북방의 조조에 대항할 수 있었던 것이다.

노숙이 죽자 오나라에는 더 이상 이 같은 천하의 대세를 이해하는 사람이 없게 되었다. 그리고 유비가 관우를 파견하여 형주를 지키게 했지만 관우 역시 천하의 대세와 관련하여 중요한 것이 무엇인지를 이해하지 못했다. 관우가 형주에 갈 때 제갈량은 그에게 "북으로는 위를 막아내고, 동으로는 오와 연합을 해야 한다"고 말했다.

그러나 관우는 북으로 위를 막는 일에만 뜻을 둘 뿐, 오와 연합하는 일을 이해하지 못했다. 이후 오와 촉의 관계가 악화되어 여몽이 공격하여 관우가 죽었다. 계속 오와 촉의 대립이 격화되어 유비가 스스로 오를 정벌하고자 했지만 실패했다. 제갈량이 거듭 오와의 연합을 주장한 것은 홀로 위에 저항하는 것이 역부족이었기 때문이다. 왕부지의 이 같은 관점은 매우 깊이있는 것이다. 실은 『자치통감』에 이미 분명하게 밝히고 있었고, 왕부지 역시 『자치통감』을 읽으며 얻은 소득이었다.

여러분들이 책을 읽을 때는 당연히 이 같은 의도를 이해해야 자신만의 견해가 천천히 높아지게 되고, 그래야 비로소 상하·고금을 토론할 수 있게 되고, 이를 통해 스스로 능력 있는 사람이 될 수 있다. 절대로 오늘날의 독서법에 따라 단지 한 가지 제목에 근거하여 필요한 자료를 찾는 일에만 매달리지 말라. 그리하면 자신의 견식과 학문은 발전하지 못한다. 이는 독서가 학문으로 나아가는 가장 큰 분기점인 것이다.

여러분들이 책을 읽을 때는 또 당연히 선입견을 버리고 그 내용을 세심하게 살피기만 하면 된다. 예컨대 『자치통감』의 적벽대전과 관련한 기록을 읽으려면, 진수의 『삼국지』에 있는 제갈량·조조·손권·주유·노숙 등의 열전과 관련한 기록을 종합하여 읽으면서 어떻게 이 전쟁을 묘사하고 있는지를 읽어야만, 비로소 편년사와 기전체 사서의 체례와 득실, 장단에 모두 통할 수 있는 것이다.

나는 또 『자치통감』 중에서 특별히 안사의 난과 관련한 부분 읽기를 좋아한다. 안록산安祿山과 사사명史思明의 군대가 당나라의 장안과 낙양을 함락한 이후 당시 이필李泌의 주장이 있었는데, 그것은 잠시 힘을 들여 그 두 곳을 회복할 필요가 없다는 것이었다. 짐짓 공세를 취하여 안사의 군대로 하여금 두 곳을 방어하는 데 주의를 끌게 한 다음, 섬서성 북쪽으로 가만히 군대를 파견하여 황하를 건너 그 후방을 공격하여 안록산과 사사명의 원래의 거점을 함락하면 그들의 전선에 있는 군대는 싸우지 않고도 스스로 궤멸할 것이라 했다.

만약 이러한 작전을 썼다면 이후 당나라는 아마도 번진藩鎭의 화禍가 없었을는지도 모른다. 그러나 당 숙종은 아직 현종이 살아 있으니 급히 장안과 낙양을 회복해야 하고 그래야만 천하에 죄를 짓지 않음을 알리는 것이라 여겼다. 장안을 함락하면 안사의 군대는 낙양으로 도망갈 것이고, 낙양이 다시 함락되면 다시 북방으로 돌아가게 될 것이고, 그렇게 되면 이후 당은 결국 불안한 평온을 유지하는 상황으로 변한다는 사실을 미처 깨닫지 못했던 것이다.

당시에 있어서 이필의 그 같은 주장이 헛된 이론이었는지 모른다. 아울러 실현되었던 주장도 아니었다. 그러나 사마광은 오히려 이 주장을 상세하게 기록했다. 이는 바로 이 주장이 당대 이후 정세에 큰 영향을 주었다는 판단 때문이었을 것이다. 이 점이 바로 사마광의 역사적 견식[史識]이 뛰어남을 말해 주는 것이다. 그는 이처럼 실현되지도 않은 주장을 상세히 기록하기도 했다.

예컨대 앞에서 언급한 요숭의 열 가지 사실에 대한 언급은 싣지 않으면서 이필의 이 같은 주장은 오히려 취했던 것이다. 이 주장은 이필의 가전家傳 속에 기록된 것으로『신당서』와『구당서』에는 없다.『자치통감』의 자료수집의 범위가 얼마나 넓은지, 또 의도가 얼마나 정교한지 이 사실을 통해 알 수 있다. 따라서『자치통감』이 송 이후 매우 위대한 사서로서 평가받는 것은 마땅하다. 단지 위에서 언급한 적벽대전과 안사의 난과 관련한 기록만 보더라도 알 수 있다.

다시 남송시대에 이르면 주자와 원추袁樞가 각각『통감강목』과『통감기사본말』을 썼다. 이 두 책에 대해서는 다음 강의시간에 살필 것이다. 원대에 이르면 왕응린王應麟의『옥해玉海』가 편찬되었는데, 이 책에『통감답문通鑑答問』이라는 부분이 있어서 그가『자치통감』에 대하여 상당히 많은 노력을 기울였음을 알 수 있다. 왕응린과 같은 시대에 호삼성胡三省이 있었는데 그는 평생『자치통감』의 주를 다는 작업에 매진했다. 현재 우리들이 읽고 있는 『자치통감』은 모두 그가 주를 붙인 것이다.

후일 명대에 와서 엄연嚴衍이라는 사람이 『자치통감보資治通鑑補』를 지었는데, 이 책 또한 매우 많은 노력을 기울인 것이다. 실제로는 『자치통감』에 대한 또 다른 주라고 할 수 있다. 우리들은 이렇게 많은 방면에서 『자치통감』이 후일 끼친 영향을 볼 수 있다. 따라서 이 책은 청대로부터 오늘에 이르기까지 여전히 역사를 공부하는 사람들에게 필독의 책이 되었던 것이다.

훗날 사람들이 『자치통감』을 잇는 책을 편찬하고자 했지만 오히려 아직 『자치통감』을 바로 이은 책을 쓸 수 없었다. 청대에 이미 적지 않은 사람들이 노력했다. 그렇다면 오늘날에도 어떤 사람이 『자치통감』을 잇는 작업을 할 수 있겠는가? 송·원·명·청에서 곧장 현대에 이르는 시기 역시 엄청나게 크고 어려운 작업인 것이다. 내가 생각하기에 당분간 절대로 이 작업을 감당할 만한 사람이 없을 것이다. 왜냐하면 우리가 살고 있는 오늘날의 사학이 이미 극히 쇠미한 상태에 놓여 있기 때문이다.

내가 방금 앞에서 말한 왕부지의 『독통감론』 역시 매우 뛰어난 좋은 책이다. 특히 이 책은 청말민초 많은 사람들이 극히 중시했다. 나에게 프랑스 유학을 다녀 온 친구가 한 사람 있었는데 나이가 나보다 조금 많았다. 항일전쟁 때 한번은 중경重慶에 함께 머물고 있을 때였는데, 당시 내가 쓴 『국사대강國史大綱』이 처음 출판되었다. 나는 오전에 강의가 있었기 때문에, 그는 내가 쓴 『국사대강』을 읽고 오후에 산보를 하면서 책에 대하여 토론했다. 그 때 그는 갑자기 『독통감론』을 암송했다. 나는 크게 놀라 "당신은 어떻게 아직도 그 책을 외우고 있는가"라고 물었다. 그는 "젊은 시절 읽은 적이 있다"고 말했다. 그는 프랑스에서 유학을 마치고 돌아왔을 때 이미 노교수였다. 그렇다고 그가 가르치는 과목이 역사도 아니었다. 당시 그는 이미 60세가 넘었었다. 그런데도 어린 시절 외운 것을 아직도 암송할 수 있었다는 것은 놀라운 일이었다. 청말민초에 대체로 새로운 분위기를 열었던 사람으로서 『독통감론』을 읽지 않은 이가 없었다. 민국 이래 현재까지 60년 동안 모든 것이 다 크게 변화했고 『독통감론』을 이해하는 사람들도 아주 적어졌다. 그러나 이 책은 정말 좋은 책으로서 읽을 만한 가치가 있다. 사학을 공부하는 여러분들은 반드시 읽어야 할 것이다.

　나는 천천히 몇몇 사람들에 의해서라도 학문적 분위기가 바뀌어 사학을 다시 새롭게 하여 새로운 길로 나아갈 수 있기를 희망한다. 특별히 내가 두 차례 강의한 구양수와 사마광처럼, 특히 오대의 역사 가운데 풍도와 관련하여 사마광이 직접 구양수의 비판을 그의 책에 베껴 인용하고 다시 자신의 비판을 더한 것처럼 말이다. 그밖에도 사마광이 『자치통감』 속에 오대와 관련하여 구양수의 책을 인용한 곳은 한 두 곳이 아니었다. 곳곳에 '구양수왈歐陽修曰'이라 한 평어가 보인다.

　민국 초 이래 많은 사람들이 구양수의 『신오대사』를 무시했다. 자료가 적기 때문에 오대를 연구하려면 당연히 『구오대사』를 읽어야 한다고 여겼다. 이러한 견해는 타당하지 않은 면이 있다.『구오대사』가 인용한 자료는 물론 매우 많다. 그러나 우리들은『구오대사』와 함께『신오대사』도 반드시 읽어야 한다. 그렇지 않으면 예컨대 풍도 같은 인물이 아직도 역사상의 큰 인물로 남아 사람들의 존경을 받고 있을 것이다. 이 같은 평가는 송대 혹은 오늘날에 이르기까지 바뀌지 않았을 것이다.

여러분들이 반드시 알아야 할 것은 송과 명 두 시대가 비록 모두 이민족에게 망국의 화를 당했지만, 그들의 역사 속에는 기릴 만한 것과 슬퍼할 만한 역사적 사실이 매우 많다는 점이다. 이 점에서 구양수와 사마광의 영향이 컸다는 점을 부인할 수 없다.

나는 우리들이 장래에 오대처럼 변하고 풍도의 시대가 다시 올까 두렵다. 구양수와 사마광이 송대에 신사학新史學의 길을 열었지만, 단지 극소수의 사람만이 노력했을 뿐이다. 나는 이후 역시 어떤 사람이 노력하여 새로운 길을 열어 우리들의 사학으로 하여금 국가와 민족의 장래에 커다란 공헌을 하게 되길 바란다. 때문에 나는 당대唐代에는 사학이 없었고, 송대의 신사학은 정말 뛰어났다고 말했던 것이다. 나는 이 두 사람을 예로 들어 당시 신사학의 정신이 어디에 있었는가를 알고자 했다. 오늘 강의는 여기에서 끝내기로 한다.

주희의 『자치통감강목』과 원추의 『통감기사본말』

> 역사에는 경중이 있어서 역사를 쓰려면 먼저 사실에 대한 식견을 갖추어야 한다. 역사상 수많은 일들이 있었지만 역사지식이 없는 사람이 알고 있는 사실이란, 단지 현재 우리들이 신문을 통해 아는 정도의 내용들일 뿐이다. 이는 실로 역사를 알지 못하는 것이다. 즉 사실을 제대로 알지 못하는 것이다.

오늘은 주희朱熹의 『자치통감강목資治通鑑綱目』[이하 『통감강목』이라 칭함-역자]에 대하여 살펴보자. 『통감강목』은 모두 59권이다. 사마광이 『자치통감』을 편찬하고 따로 『목록』 30권을 만들었지만 실제로는 「표表」와 같았다. 이에 대해서는 앞에서 이야기한 바 있다. 후일 사마광은 『자치통감』이 지나치게 상세하고 「목록」은 또 너무 간략한 점을 못마땅하게 여기고, 따로 『통감거요력通鑑擧要曆』이라는 책을 만들었는데 모두 80권이었다.

호안국胡安國에 이르러 『거요보유擧要補遺』를 지어 부족한 부분을 다시 보완했다. 주희는 호안국의 『거요보유』가 사마광의 『통감거요력』과 비교하여 "문장은 더욱 간략하고 사실은 더욱 갖추어져 있다"고 평했다. 주희는 또 사마광과 호안국 두 사람의 『자치통감』·『목록』・『통감거요』・『거요보유』 등을 가지고 다시 『통감강목』을 편찬했다. 여전히 앞에서 언급한 책의 내용을 "더하거나 삭제하고 또 숨기거나 드러내는 것"이었다.

주희는 또 말하기를 『통감강목』은 "세歲를 그 해의 첫머리에 적고, 연年으로서 통統을 드러내며, 큰 글자로는 대강을 나타내고 주를 통하여 자세한 이야기를 적는다〔表歲以首年, 因年以著統, 大書以提要, 分注以備言〕"고 했다. 연年은 즉 정관貞觀 원년・2년・3년 등과 같이 표기하고, 해〔歲〕는 별도로 갑자甲子・을축乙丑 등으로 나타냈다. 과거 중국에는 그 밖에도 일정한 연도를 가리키는 데 사용하는 용어가 있었지만, 오늘은 더 이상 말하지 않기로 한다.

세歲를 그 해의 첫머리에 적는다는 것은 현재가 신해 민국民國 60년이라 하는 것과 같다. 이는 본래 극히 간단한 일이었다. 그러나 여러 나라가 분열되어 세력을 다투게 될 때에는 정통의 논쟁을 불러올 수 있는 매우 복잡한 문제였다. 연年으로서 통統을 표기하는 것은 편년編年이다. 그리고 "큰 글자로는 대강을 나타내고 주를 통하여 자세한 이야기를 적는다"는 것은 강목綱目인 것이다. 큰 글자로 쓴 것은 '강綱'이고, 작은 글자로 주를 단 것은 '목目'이다. '강'을 『춘추』와 같이 경經이라 한다면, '목'은 『좌전』의 전傳과 같은 것이다.

실제로 사마광의 『자치통감』을 읽어보면 마찬가지의 방법을 사용하고 있다. 예컨대 한 사람이 죽었다고 한다면 그 문장은 하나의 '경經'에 해당한다. 그 아래 그가 어떻게 죽었는가를 서술하게 되는데, 많은 분량으로 서술되는 그 내용이 바로 하나의 '목'과 같은 것이다. 우리들이 문장을 쓸 때 첫머리에는 전체를 설명하는 대강이 있고 다음으로 다시 상세하게 내용을 설명하는 것과 같은 것이다.

그러나 주희의 『통감강목』은 『춘추』를 모방한 것으로 '강' 중에 포폄의 뜻이 깃들어 있다. 이제 두 가지 예를 들어보자. 삼국시대의 경우, 사마광은 『자치통감』에서 위를 정통으로 했지만, 주희의 『통감강목』에서는 한을 정통으로 했다. 주희는 스스로 말하기를 그가 이 책을 쓰게 된 이유는, 『자치통감』에 "제갈량이 침략해 왔다"는 말을 보고 나서 그 말에 불만을 가지고 마음먹고 고쳐쓰고자 한 것이라 했다.

실제로 주희 이전에도 일찍이 어떤 사람들은 촉한을 정통으로 했다. 예컨대 진대晉代의 습착치習鑿齒가 쓴 『한진춘추漢晉春秋』가 그것이다. 배송지는 『삼국지주』에서 이 책을 인용하고 있다. 습착치가 책명을 『춘추春秋』라고 한 것은 편년이기 때문이다. 책명을 『한진춘추』라고 한 것은 바로 삼국 가운데 촉한을 정통으로 했기 때문이다. 현재 우리들은 그 시대를 칭할 때 '위진魏晉'이라고 부르고 있지만, 습착치는 오히려 '한진漢晉'이라 불렀다. 이것이 그 한 예이다.

또 다른 한 예는 예컨대 당대 측천무후則天武后 때 중종中宗은 폐위되어 조정에 머물 수가 없어서 방주房州에 피하여 있었고 측천무후가 정무를 관리했다. 이 같은 현상은 과거의 역사 속에도 있었던 적이 있다. 즉 한 혜제 다음에 여후呂后가 있었지만 측천무후의 경우와는 약간 달랐다. 그런데 사마천의 『사기』에는 「여후본기」가 있었다. 당시 혜제는 이미 죽었고 그의 아들 또한 실제로는 그의 자식이 아니었으며, 성 또한 유劉가 아니었다. 그 때는 이미 여후가 정권을 장악하고 있었으니 당연히 「여후본기」라 칭했던 것이다.

그러나 당시 한 혜제는 죽었지만, 당의 중종은 아직 죽지 않았었다. 그는 측천무후에 의해 폐위되어 방주에 쫓겨나 있었을 뿐 다시 복위될지도 모를 처지에 있었다. 당의 황제자리는 여전히 그에 의해 계승될지도 모를 상황이었다. 이는 혜제 다음에 황제가 없었고 단지 여후가 홀로 있었던 경우와는 달랐다.

측천무후가 황제권을 탈취했지만 당 중종은 여전히 살아 있었고 아울러 장래 다시 황제의 자리에 오를지도 모르는 이 같은 역사적 상황을 어떻게 기록해야 하는가. 여기에는 하나의 '통統'의 문제가 존재한다. 당나라 사람 심기제沈旣濟는 주장하기를, "무후가 비록 칭제稱帝하고 있지만 '명분을 바르게 한다(正名)'는 분명한 의의는 여전히 당 중종에게 있어야 한다"고 했다.

근래의 사람들이 이러한 논쟁을 대수롭지 않게 생각하고 "역사적 사정이란 그저 비슷한 것이니 명분을 두고 쟁론을 벌일 필요가 무엇인가"라고 여겼다. 그러나 명분이란 때로 반드시 쟁론을 벌여야 한다는 것을 몰랐다. 바로 현재 우리들과 대륙의 관계에서도 알 수 있다. 우리는 중화민국으로 금년은 중화민국 61년이다.

그러나 대륙에는 중화민국이 없고, 다만 중화인민공화국이 있을 뿐이며, 61년이라는 용어를 쓰지도 않는다. 시간이 흘러간 뒤 우리가 대륙을 회복했을 때 지금의 역사는 어떻게 쓰여야 하는가? 중화민국 38년(1949)을 이어 다음에 중화인민공화국을 쓰고, 다시 몇 년 흐른 뒤 중화민국을 써야 하는가, 아니면 계속해서 중화민국을 써야 하는가? 이 점에 대하여 아직은 쟁론이 없지만 피할 수 없는 일이다. 이 논쟁은 매우 중요한 의의를 지닌다. 우리들이 직접 그러한 경우에 직면하고 있지 않다고 하여 경솔하게 옛사람을 비판하는 것은 때때로 잘못을 범하는 경우가 많다.

멀리 춘추시대에도 이 같은 일이 있었던 적이 있다. 노나라 소공昭公이 맹손孟孫 등에 의해 나라에서 쫓겨난 적이 있었지만, 이후『춘추』에서는 "공이 건후乾侯로 있을 때"라고 편년을 적었다. 당대唐代의 사실에도 바로 적용할 수 있다고 하겠다. 당 중종의 연호는 사성嗣聖으로서 당연히 "사성 몇 년에 황제가 방주房州에 있었다"고 하는 것이 더욱 좋지 않겠는가? 그러나 실제로 이 사성이라는 연호는 폐기되어 사용되지 않았고, 다만 '수공垂拱 몇 년', '천수天授 몇 년'이라 하여 모두 무후의 연호를 사용했다. 사마광은『자치통감』에서 실제 사실에 의거하여 기록했지만, 같은 시대 범조우范祖禹는 사마광을 도와『자치통감』의 당대 부분을 편집하면서 스스로『당기唐紀』라는 책을 썼는데, 오히려 '사성 몇 년'이라 했지 '수공'이나 '천수'라는 연호를 사용하지 않았다.

주희의『통감강목』은 바로 범조우의 관점을 가지고『자치통감』의 관점을 고치려 했다. 이는 이미 심기제가 앞서 주장한 것으로서 실제로 매우 억지 같기도 했다. 왜냐하면 당시 무후는 이미 정식으로 혁명을 단행한 경우로서 당왕조를 없애고 자신의 왕조를 주周라고 했기 때문이다. 따라서 무후시대에 당은 이미 존재하지 않았으니 당연히 당 중종이 있을 수 없다. 그런데도 우리들 역사를 쓰는 사람은 한쪽에 치우쳐 당 중종의 연호를 가지고 편년의 기준으로 삼고 있으니, 이는 곧 역사는 사실을 그대로 적어야 한다는 중요한 원칙을 어긴 것이 된다.

앞에서 말한 적이 있는 진수의 『삼국지』 역시 당연히 촉蜀으로써 한漢을 대신해서는 안된다. 유비나 제갈량이 자신들을 스스로 촉이라고 칭한 적이 없었기 때문이다. 따라서 역사를 쓰면서 한을 촉이라고 고쳐 부를 수는 없는 것이다. 이렇게 말한다면 사마광의 이 같은 서술방법도 틀렸다고 할 수 없다. 그러나 다른 관점으로, 당 중종은 본래 황제였고 무후는 그를 폐위시켰다. 그는 장래 다시 황제가 되었고, 중간의 일정한 기간 동안 무후가 통치를 했지만 이는 찬탈이었기 때문에 그를 정통으로 인정할 수 없다고 하는 것이다. 따라서 후세사람들은 대부분 심기제·범조우·주희 등의 이 같은 관점을 비교적 합당한 것이라 여긴 것이다.

대체로 이러한 종류의 쟁론에는 두 가지 방면의 의견이 있어서 정론을 이끌어내는 것이 매우 어렵다는 것을 알 수 있다. 그러나 그렇다고 이러한 의견에 아무런 문제가 없으며 쟁론이 있을 수 없다는 것은 아니다. 민국 이래의 사람들은 이러한 주장과 관련한 과거 중국인들의 견해는 모두 문제가 될 수 없는 문제들이라고 여겼다. 즉 실제로 그 문제를 대수롭지 않게 보았다. 오히려 이 문제는 오늘날에도 여전히 존재하고 또 장래 역사를 쓰고자 할 때 반드시 자세히 살펴야 하는 것임을 모르고 있다. 어찌 한 마디로 없애버릴 수 있는 것이겠는가!

또 한 가지 예가 있다. 우리들은 본래 기독교 국가가 아니다. 그런데 왜 서력西曆기원을 사용하는가? 지금은 이를 또 '서력'이라 칭하지 않고 '공력公曆'이라 고쳐 부르고 있다. 이 역시 하나의 문제이다. 미래에 만약 세계인류가 역사를 위해 하나의 '공력'을 정한다면 어떻게 정할는지 현재는 모른다. 뿐만 아니라 현재 사용하고 있는 서력 역시 번거로움이 있다.

서력의 첫번째 세기는 한대였다. 한무제 이전의 경우 서기西紀를 사용한다면 반드시 기원전 1년, 기원전 2년 하는 식으로 거꾸로 가야 한다. 서양의 역사는 비교적 짧고 사정 또한 간단하다. 또 습관이 되었으니 번거롭지도 않을 것이다. 중국의 역사는 그저 춘추와 전국시대로 거슬러 올라가면 되는 것인데 어찌 스스로 번거로움을 찾을 필요가 있겠는가.

오늘날 우리들이 양력을 사용하는 것이 하나이고, 또 역사에서 서력을 사용하고 있는 것은 다른 일이다. 중국학술계에서는 항일전쟁을 수행하던 때를 민국 26년이라 칭하지 않고 1937년이라는 서력을 쓰고 있다. 우리들이 대만에 온 시기를 민국 38년이라 하지 않고 서력 1949년이라고 말한다. 마치 중국은 자신의 연대표기를 스스로 마땅찮아 하는 것 같다.

이는 정말로 망국의 현상이다. 어찌하여 우리들은 서력 몇 년이라 이야기해야 하는가? 어찌하여 중국인은 마치 스스로 중화민국의 존재를 승인하지 않는가? 이 같은 일은 교육과 관련이 있는 것이기 때문에 정부 또한 가려서 사용해야 한다. 아무렇게나 쓰도록 자유를 주어서는 안된다. 때문에 주희는 『통감강목』에서 "세歲를 나타내는 것을 첫 해로 하고, 연年으로서 통統을 드러낸다"라고 말했던 것이다.

이 두 구절은 우리가 얼핏 보기에 역사적인 문제가 아닌 것처럼 보이지만 실제로는 역사적인 큰 문제이다. 우리가 역사를 서술[寫史]하는데 뜻이 없고 다만 역사를 연구하고 살피는 데[考史]에만 뜻이 있다면 아무런 상관이 없는 일이다. 그러나 어느 국가나 어느 민족도 역사를 쓰지 않을 수 없는 것이며 결국은 누군가가 나와서 쓰게 되어 있는데, 그렇다면 어떻게 써야 하는가 하는 것은 큰 문제이다. 민국 초기에 아직 신문화운동이 일어나기 전에 많은 사람들이 황제黃帝나 공자를 기원으로 하자고 주장했는데, 이는 비교적 재미있는 주장이었다.

주희의 『통감강목』의 서문[序]은 그의 문집에 수록되어 있는데, 그가 43세 때 쓴 것이다. 주희는 이후 28년이 지나서야 죽었지만 『통감강목』은 결국 모두 그가 완성한 것인가? 주희에게는 하나의 습관이 있었다. 항상 서문을 먼저 다 쓰고 나서도 책을 계속 고쳐 썼다. 책을 완성하기 전 서문을 썼던 것이지 책을 완성하고 나서 비로소 서문을 쓴 것이 아니었다.

주희의 책은 그가 살아 있을 적에 모두 간행되었다. 『논어집주』・『맹자집주』・『시집전詩集傳』・『역본의易本義』 등이 모두 그러했다. 이 책들은 주희가 직접 간행한 것이 아니라 모두 사람들이 몰래 간행하여 전해 온 것이었다. 따라서 『통감강목』은 시종 각본刻本이 없었다.

송 영종寧宗 가정嘉定 12년 바로 그 때는 주희가 죽은 지 20년이 지난 뒤였다.

이 때 『통감강목』을 간행한 사람은 이방자李方子와 진덕수眞德秀였다. 이방자는 주희의 학생이었고, 진덕수 역시 주자학을 공부하던 사람이었다. 『통감강목』의 각본은 실제로 주희 자신이 완성한 원고도 아니었다. 주희의 제자 중 가장 대표적인 황간黃榦이 일찍이 말하기를 "강목을 모두 보완하지 못한 것을 안타깝게 생각한다〔綱目每以未及修補爲恨〕"라고 했다. 이방자는 『통감강목』의 각본 서문에 역시 말하기를 "주자가 '만년에 이르러서도 다시 정리하여 더욱 상세하게 하려 했지만 여력이 미치지 못했다〔晩歲欲加更定, 以趨詳密, 而力有未暇.〕'"고 했다. 따라서 주희의 『통감강목』은 단지 원고의 상태로 있던 것을 발간한 것이고, 또 간행된 것도 실제로는 주희의 원고가 아니었다.

또 조사연趙師淵에 의해 간행되기도 했는데, 조사연 역시 주희의 학생이었다. 당연히 스승의 뜻에 따라 정리하여 간행했을 것이다. 주자 만년晩年에 조사연이 여러 권을 써서 주자에게 보였는데, 주자는 단지 좋다고 말할 뿐 다시 고칠 여력이 없다고 했다. 그는 여러 차례 원고를 보냈고 주자는 그 때마다 회신을 보내 "볼 시간이 없었다"고 했다. 따라서 조사연이 쓴 것을 주희가 자세히 읽었던 것 같지 않으며 수정하지도 않았다.

조사연의 학문을 말하자면 당연히 사마광이 『자치통감』을 편찬할 당시 그를 도왔던 유반・유서・범조우와 비교할 수 없다. 이 세 사람이 『장편』을 쓰고 나서 사마광의 손을 거쳐 원고가 확정되었다.

주희의 『통감강목』은 비록 초고가 있었지만 조사연이 이 초고에 따라 첨삭添削을 더하여 현재 우리가 읽고 있는 책을 완성한 것이다. 오히려 주희가 상세히 본 적도 없고 더욱 수정하지도 않았으니 당연히 미심쩍은 곳이 많을 것이다.

사마광의 『자치통감』 역시 잘못된 곳이 많고, 의심 가는 곳 역시 적지 않다. 명나라 사람 엄연嚴衍이 『자치통감』을 보완하면서 잘못된 곳을 지적하고 다시 수정했다.

이 보완작업은 엄연과 그의 제자 담윤후談允厚가 함께 했다. 담윤후가 쓴 서문에는 그가 이 작업을 할 때 17사와 『자치통감』을 처음부터 대조하며 확인했다고 했다. 『자치통감』은 당연히 17사에 근거한 것이지만 어떤 곳은 분명 17사에 근거하지 않았고 역시 잘못된 곳이 있었으며, 이 같은 예는 매우 많아 대충 1, 20곳에 그치지 않았다. 여러분들이 엄연의 책을 읽어보면 곧 알게 될 것이다. 물론 『통감강목』 역시 잘못된 곳이 더욱 많았다. 후일 역시 어떤 사람이 일일이 대조해가며 잘못된 곳을 지적했지만, 여기에서는 더 이상 언급하지 않는다.

『통감강목』에는 그밖에도 「범례凡例」가 있어서 주희가 어떻게 이 책을 편찬하게 되었는지를 설명하고 있다. 현재 『통감강목』의 「범례」는 모두 19문門 137조條가 전한다. 그러나 이 「범례」는 실제로 더욱 믿을 만한 것이 못된다. 이 「범례」는 송 도종度宗 함순咸淳 원년에 인쇄된 것인데 대체로 남송 말년에 해당한다. 이 글은 왕백王柏이 간행했다. 왕백 역시 주자학을 공부하는 사람이었지만 주희가 죽은 지 이미 거의 70년이라는 시간이 지나서야 이 「범례」를 볼 수 있었다. 따라서 「범례」가 간행되기 전까지의 시간 동안 그 내용에 수정이나 증감이 있을 수 있기 때문에, 이 『통감강목』의 「범례」는 더욱 믿을 수가 없는 것이다.

주희의 큰 명성 때문에 원·명 두 시대에는 많은 사람들이 그를 존경했다. 때문에 주희의 『통감강목』이 비록 그가 직접 마지막 교정을 한 책이 아니라 실제로는 조사연이 편찬한 것이었지만, 사회적으로 매우 중시되었다. 따라서 이 책은 갈수록 더 많이 간행되었다. 전체 60권이 안되는 책이었지만 간행은 매우 힘이 많이 들었다. 책이 많이 간행되면 될수록 책의 내용이 고쳐지거나 첨가되는 경우를 면치 못했다. 몇 가지 예를 들어보자. 진덕수의 책 『대학연의大學衍義』와 구준丘濬의 『대학연의보大學衍義補』라는 책은 모두 당시사람들에게 매우 중시되었다. 따라서 『통감강목』에는 구준의 말을 인용한 곳이 매우 많다.

구준은 명나라 사람이고 처음으로 『통감강목』을 간행한 사람은 진덕수이다. 진덕수는 『대학연의』를 썼고, 구준은 이 책에 근거하여 『대학연의보』를 지었다. 그런데 어떻게 구준의 말이 『통감강목』에 인용될 수가 있겠는가? 이는 후세사람들에 의해 첨가된 것이다. 현재 우리는 송대에 간행된 『통감강목』을 단 한 권도 구할 수 없고, 현재 우리가 볼 수 있는 책은 대부분 명대에 간행된 것이다. 따라서 이 문제는 자세히 살펴볼 방법이 없다.

그러나 우리가 송대의 간본刊本을 얻는다 해도 그것은 주희 자신의 것이 아니라 여전히 조사연이 간행한 책일 것이다. 그러나 혹자가 『통감강목』은 조사연의 저작이기 때문에 주희와는 아무런 관련이 없다고 한다면, 이 역시 틀린 말이다. 왜냐하면 주희는 분명 많은 노력을 다하여 이 책을 편찬했기 때문이다. 주희는 43세 때 스스로 『통감강목』의 서문을 썼고 그 안에서 분명히 그가 『자치통감』·『자치통감목록』·『통감거요』·『통감거요보유』 등에 근거하여 이 책을 쓰고 있다고 했다. 아울러 『통감강목』을 쓸 당시 주희의 견해들이 『주자어류朱子語類』와 문집 등에서 쉽게 발견된다. 내가 지금 쓰고 있는 『주자신학안朱子新學案』의 경우 『통감강목』에서 인용한 것이 비록 많지 않아 몇십 조항에 불과하지만, 『통감강목』은 주희 스스로 많은 노력을 기울인 것이라 분명하게 말할 수 있다. 지금은 더 이상 자세히 언급하지 않기로 한다.

후일 『통감강목』의 정본定本이 조사연에 의해 간행되었지만 여전히 주희의 이름으로 간행되었다. 주희의 명망이 높았기 때문에 이 책은 매우 널리 알려졌다. 어쨌든 290여 권이나 되는 『자치통감』은 읽기에 불편했지만, 60권이 채 안되는 『통감강목』은 큰 힘이 들지 않았기 때문에 많은 사람들이 당연히 읽기를 좋아했다. 후일 『강감이지록綱鑑易知錄』 같은 책도 있었다. 중국역사의 연대가 유구하여 내용이 복잡할수록 간단하게 요점을 정리한 독본讀本 즉 『강감이지록』 같은 책이 더 필요했다.

청 말 내가 아직 어린 시절에 노인들은 대부분 『어비통감집람御批通鑑輯覽』을 읽었다. 오늘날 우리들은 모두 바쁘고 또 사정이 많다. 그러나 역사는 여전히 읽지 않으면 안되고, 반드시 고금의 치란과 흥망 그리고 인물의 어짊과 간사함을 알아야 한다. 분명히 우리들의 관점이 변한 것은 사실이어서 과거 상세했던 것을 생략하거나, 생략했던 것을 당연히 더욱 상세하게 이해해야 할 필요가 있다. 원래 있던 것을 삭제하거나 원래 없던 것을 보완해야 한다. 그렇게 되면 우리도 새로운 '통감', 새로운 '강목', 새로운 '이지록', 새로운 '집람'을 만들어 많은 사람들에게 읽혀 도움이 되도록 해야 할 것이다.

그러나 민국 이래 많은 사람들은 이런 책을 조금도 볼 만한 가치가 없다고 여겼다. 우리가 비록 통속通俗을 힘써 제창하지만, 실제로 『통감집람』이나 『강감역지록』 같은 책이 바로 통속화된 사서가 아니겠는가. 하지만 우리들은 다시 무시하면서 직접 더욱 통속적이고 더욱 간단한 새로운 사서를 쓰려고도 하지 않는다. 그리하여 민국 이래의 학술계는 드디어 둘로 나뉘게 되었다. 한쪽은 완고한 구식 학자들로서 그들이 열심히 힘을 들인 것은 앞에서 말한 바처럼 왕선겸王先謙의 『한서보주漢書補注』와 같은 책들이다.

그러나 사회에서 일반적으로 읽을 수 없는 책들이기 때문에 도서관에 소장되어 있어서 우리들이 필요할 경우 직접 도서관에 가야만 볼 수 있다. 사회에서 대접받는 사람들로서 새로운 학술계의 대사大師라 불려지는 사람들은 오히려 쓰려 들지 않는다. 우연히 새로운 체례로 책을 써서 사회적으로 유포되었다 해도 얼마 가지 않아 곧 사라지게 된다. 실제로는 대부분 조잡하고 마구 써낸 것들이다. 시대적인 시험을 거치지 않은 것들이다.

그러나 시대에는 선후가 있어서 옛것은 없어진 후에 다시 살아나 새로운 것을 반대할 수 없고, 새로운 것은 끊임없이 옛것을 반대한다. 천박한 사람은 언제나 새로운 것은 맞고, 옛것은 틀린다고 여길 뿐 도리를 모른다. 뿐만 아니라 옛 책들은 모두 큰 글자를 사용한 목각본이기 때문에 일반인들은 읽지 않는다. 새로운 책은 활자는 작지만 많은 사람들이 모두 즐겨 읽는다. 때문에 오래된 고서들은 유포되지 못하고 새로운 책들만 널리 유포된다. 많은 사람들은 또한 모두 책의 판매량을 가지고 책의 가치를 평가하는데, 이는 학술상 어찌할 수 없는 일이기도 하다.

현재 민국 이래 많은 새로운 학자들의 사학이 있지만 실제로 그들의 연구성과는 과거 청대 사람들의 성과만 못하다고 말할 수 있다. 이는 내가 아무렇게나 비판하는 것이 아니라 몇 마디 일리있는 이야기를 할 뿐이다. 그러나 다시 세월이 조금 흐르고 나면 아마 이같은 말을 하는 사람도 없게 될 것이다. 학술계에는 더욱 기준이 없게 되고 단지 사회적인 것, 현재적인 것이 기준이 될 것이다. 이는 실로 너무 위험한 일이다. 우리들이 한 학술을 파괴하는 데는 큰 힘이 들지 않지만 그 학술을 일으키려면 상당한 어려움이 따른다. 사학뿐만이 아니라 문학 및 기타 학문도 마찬가지이다.

다음으로 『통감기사본말通鑑紀事本末』이라는 책에 대하여 살펴보자. 이 책은 원추袁樞가 지은 것으로 모두 42권이다. 원추는 주희와 같은 시대에 살았고, 주희는 원추의 책을 본 적이 있는데, 그 책을 "사마광의 책을 섞어 헝클어지게 한 여전히 『국어』와 같은 류〔錯綜溫公

之書, 乃國語之流)"라고 비판했다. 나는 앞에서 중국의 사서에는 두 가지 큰 체재가 있는데, 하나는 편년체로서 『좌전』같은 것이고, 다른 하나는 기전체로서 『사기』와 『한서』 같은 것들이었다. 기전체로서 중국의 정사가 된 것은 많지만, 편년체 사서는 비교적 적다. 사마광의 『자치통감』에 이르러 『좌전』과 같은 편년체가 다시 부활한 것이다. 사마광의 『자치통감』은 『좌전』을 본뜬 것이었지만, 주희의 『통감강목』은 공자의 『춘추』를 아울러 본뜬 것이었다.

이제 원추에 의해 세번째 체재인 '기사본말체'가 등장하게 되었다. 기사본말체는 사실을 중심으로 하는 것이다. 처음부터 끝까지 단지 사실만을 적고 있다. 그러면 중국의 고대 역사 속에는 이 같은 서술의 예가 있었는가. 『상서』 같은 책은 말(言)과 사실(事)을 모두 기록한 것이다. 그러나 실제로 「서주서」 같은 것은 당연히 말의 기록을 더욱 중시했다. 『금문상서』의 「요전」・「우공」 같은 많은 편들이 실제로는 후세사람들이 위조한 것으로 곧 사실을 기록한 것들이다.

『국어』 중에 예컨대 「진어晉語」에는 진 문공文公의 유망流亡에 대하여 적고 있는데 본래가 사실을 기록한 것이다. 또 「오어吳語」와 「월어越語」에 기재된 오왕 부차夫差와 월왕 구천句踐의 일 역시 사실을 기록한 것이다. 『전국책』의 경우 단지 말을 기록하고 있지만, 『국어』에는 오히려 사실을 기록한 것이 많다. 따라서 주희가 『통감기사본말』을 가리켜 "여전히 『국어』와 같은 류"라고 했던 것이다.

청대 『사고전서제요四庫全書提要』에는 이 책을 가리켜 말하기를 "기전체는 한 가지 사실이 여러 편에 중복하여 보이기 때문에, 주체와 객체를 구별하기 어렵다. 편년체는 한 가지 사실이 여러 권에 따로 떨어져 기록되어 있기 때문에, 처음과 끝을 살피기가 어렵다. 편년과 기전을 하나로 관통하는 것으로 실제로 이전에는 볼 수 없었던 체재이다[紀傳之法, 一事而複見數篇, 賓主莫辨. 編年之法, 一事而隔越數卷, 首尾難稽. 編年紀傳貫通爲一. 實前古所未見]"라 했다. 이는 원추의 기사본말체를 극히 칭찬한 것이다. 유지기가 『사통』에서 말한 「6가六家」와 「2체二體」 가운데 「2체」란 바로 기전체와 편년체를 말한 것인데, 이제 중국역사 속에 세 번째 체재가 등장한 것이다. 이는 매우 놀라운 것이다. 사실 하나 하나의 본말을 나누어 기록한 것은 기전체와 편년체의 부족함을 채울 수 있는 것이었다.

이 책이 간행된 이후 많은 사람이 이 체재를 본받았다. 왜냐하면 원추의 이 책은 『자치통감』을 기준으로 한 것이다. 『자치통감』이 오대까지 기록하고 있기 때문에 그 이후를 기록한 『송사기사본말宋史紀事本末』・『원사기사본말元史紀事本末』・『명사기사본말明史紀事本末』 등이 있게 되었다. 그 이전에 관해서는 『좌전기사본말左傳紀事本末』이 있다. 이후 『청사기사본말淸史紀事本末』이 있고, 또 어떤 사람이 『요사기사본말遼史紀事本末』・『금사기사본말金史紀事本末』・『서하사기기사본말西夏史記紀事本末』 등을 쓰기도 했다. 이 체례로 쓰인 책이 모두 아홉 종류가 있는데 모두 합하여 『9조기사본말九朝紀事本末』이라 한다. 이는 실로 중국사학사에 있어서 하나의 새로움을 개척한 것이라 할 수 있다.

이밖에 청초에 마숙馬驌이 쓴 『역사繹史』를 잠깐 살펴보자. 이 책은 160권에 달하는 방대한 책이다. 천지개벽으로부터 진말秦末까지를 적고 있다. 사실 하나하나를 나누어 기록하고 있기 때문에 당연히 처음부터 끝까지 하나의 기사본말체에 해당한다. 그러나 마숙의 책은 원추의 책과는 또 다른 점이 있다. 원추의 책은 다만 『자치통감』에 근거하여 그 책 안에 기록된 사실 하나 하나를 나누어 썼을 뿐이지만, 마숙의 책은 고서古書 속의 자료를 모두 조사하여 정리한 것이다. 예컨대 『좌전』·『국어』·『공양전』·『곡량전』 속에 있는 기록을 모두 함께 배열했다.

한 가지 사실에 대한 내용이 두 책에 서로 다르게 기록된 경우 마숙은 다시 자신의 의견을 붙여놓았다. 마숙의 『역사』는 사료를 수집하여 모아놓은 책이다. 여러분들이 만약 진秦 이전의 중국고대사를 연구한다면 그와 관련한 자료들은 대부분 이 책 속에 모두 수록되어 있다. 마숙의 책 속에도 당연히 고증한 부분이나 자신의 견해를 밝힌 부분[按語]이 있다. 이밖에도 「별록別錄」이 있는데, 「별록」 안에는 「천관天官」·「율려통고律呂通考」·「월령月令」·「홍범오행전洪範五行傳」·「지리지地理志」·「시보詩譜」·「식화지食貨志」·「고공기考工記」·「명물훈고名物訓詁」·「고금인표古今人表」 등이 있다. 『역사』는 모두 사실에 대한 설명을 중심으로 하기 때문에 예컨대 「주周 무왕武王의 혁명」·「주 무왕의 개국」처럼 모두 일정한 사실을 주제로 하고 있다. 다만 「고금인표」의 경우 반고의 『한서』에 보이는 「고금인표」를 그대로 따르고 있다. 마침 『한서』의 「고금인표」 안에 진 이전의 중국 고대사람들이 모두 정리되어 있었기 때문에 마숙이 다시 자료를 보완할 필요가 없었던 것이다. 『사고전서제요』에서 마숙의 『역사』는 원추의 책과 더불어 모두 뛰어난 독창성을 갖추었으며, 일가一家의 체재를 이룬다고 평가했다.

실제로『통감기사본말』이전에 송나라 사람들은 기사본말체와 아주 유사한 책을 가지고 있었다. 이 책의 이름은『3조북맹회편三朝北盟會編』으로서 역시 방대한 분량의 책이었다. 내용은 전문적으로 북송과 금의 관계를 서술한 것으로 매우 많은 사실들을 함께 정리하고 있는데 하나의 기사본말과 같다고 할 수 있다. 이 체재 역시 중국사학 속에 새롭게 등장한 것이라 말할 수 있다. 청대 장학성의『문사통의』에 이르러『상서』의 체재를 매우 긍정적으로 평가했던 것도 사실은 바로 기사본말체를 강조한 것이다.『사고전서제요』에서도 일찍부터 이 체재를 중시했다. 기사본말체는 대체로 하나의 독창적인 새로운 체재로서 장학성의『문사통의』의 긍정적 평가를 거치면서 많은 사람들이 더욱 주의했다. 때마침 서양의 사서들이 중국에 전해졌는데, 중요한 책 대부분이 바로 기사본말체였다. 물론 편년체의 책도 있었지만 기사본말체가 대부분이었다.

기사본말체 역시 본래 편년을 기준으로 한 것으로 한 가지 사실의 선후가 모두 편년으로 정리되어 있다. 우리들이 오늘날 사서를 언급할 때는 곧 기사본말체만 있는 것처럼 알고 있다. 때문에 우리 중국의 옛 역사가『청사淸史』에 이르러 일단락을 고하게 된 것 같다. 중국의 옛 전통에는 매 왕조마다 모두 정사를 가지고 있었는데, 앞으로는 단지 중화민국이 있을 뿐 예전처럼 왕조의 교체가 없을 것이고 이는 문제가 될 것이 없지만, 장래에 도대체 역사를 어떤 방식으로 써야할 것인가에 대해서는 거의 아무도 이 일에 대하여 깊이있게 주의하는 사람이 없는 것 같다. 마치 그저 하나의 제목으로 자료를 찾아 논문을 쓰기만 하면 된다고 여긴다. 그렇게 되면 '고사考史'만 있을 뿐 '저사著史'는 없게 되는 셈이다. 한 권의 역사책을 쓰고자 한다면 다만 한 가지 방법 즉 기사본말체여야 한다고 여겼던 것이다. 따라서 특히 청말민초에 이르면 일반적으로 학술계에서 장학성의 『문사통의』를 특별히 중시했다.

그러나 여러분들에게 꼭 말해주고 싶은 것은 『통감기사본말』이라는 책을 체재를 가지고 말한다면 하나의 독창적인 것으로서 이후 커다란 영향을 주었던 것이 사실이다. 예컨대 『9조기사본말』이하 모두 그러했다. 그러나 원추는 실제로 사가라고 할 수 없으며 이 책의 내용 또한 사학명저라고 할 수는 없다. 기사본말체라는 새로운 체재로서의 가치를 제외하고 그의 책은 실제 그다지 좋다고는 하기 어렵다. 단점은 바로 사실의 기록에 있었다. 『통감기사본말』 42권은 모두 238개의 주제로 되어 있다. 우리들은 단지 이 238개의 주제만 보더라도 곧 이 책의 커다란 문제가 바로 그 안에 있다는 것을 알게 될 것이다.

예컨대 제1권에는 「진이 셋으로 나누어짐(三家分晉)」·「진이 육국을 병합함(秦幷六國)」·「호걸이 진을 멸망함(豪傑亡秦)」의 세 주제가 있다. 첫번째 주제는 『자치통감』의 시작이 바로 동주의 천자가 진晉을 나누어 차지한 한·위·조를 각각 제후로 승인한 것으로, 사마광은 이를 큰 사건으로 여겼고 『통감기사본말』 역시 이로부터 시작했다. 그러나 그 사건 이후 매우 많은 전국시대의 역사들이 극히 중요함에도 불구하고, 원추는 이들을 모두 빠뜨렸다. 따라서 진이 분열된 이후 그로 인해 이후 전국시대의 새로운 국면이라는 역사의 중요한 부분이 어떻게 변화해 가는가라는 것을 알 수 없었다.

『통감기사본말』은 전국시대에 대하여 상세히 설명하지 아니하고 바로 진이 6국을 멸한 사실로 넘어감으로서 전체 전국의 역사를 소홀히 했다는 점을 면하기 어렵다. 머리와 꼬리는 있는데 중간에 몸통이 보이지 않는다. 진이 6국을 병합하고 난 뒤 비로소 진시황의 통일정부가 등장하는데 이 같은 중국사상 처음 등장한 통일정부가 어떤 일을 했는지에 대하여 원추는 역시 별도의 주제로 삼아 설명하지 않고, 바로 이어 「호걸들이 진을 멸망시키다[豪傑亡秦]」로 넘어갔다. 마찬가지로 머리와 꼬리는 있는데 역시 몸통이 없다. 당연히 중시해야 할 것은 소홀히 하고, 경시해도 될 것은 중시한 셈이다. 이는 크게 뒤바뀐 것이다.

진시황이 어떻게 6국을 멸하고, 진승陳勝·오광吳廣·항우項羽·유방劉邦 등이 어떻게 진을 멸망시켰는가 하는 문제들은 모두 가장 중요한 문제는 아니었다. 진시황이 황제가 된 이후 정치적으로 어떤 일을 했으며 좋은 점과 나쁜 점 등을 상세하게 서술해야만 한다. 예컨대 분서갱유와 관련한 많은 사실들이 그의 책에 아주 없지는 않지만, 모두 「호걸들이 진을 멸함[豪傑亡秦]」이라는 주제 안에서만 다루고 있을 뿐이다. 우리들이 이 『통감기사본말』을 읽으면 책 안의 제목이 우리들의 부정확한 역사관을 불러일으켜 역사를 정말로 전쟁의 기록으로 여기게 할 수도 있다.

　다시『통감기사본말』제2권을 보면, 모두 7개 주제로 되어 있다. 즉「고조가 초나라를 멸망시키다〔高祖滅楚〕」,「여러 장수들이 반란을 일으키다〔諸將之叛〕」,「흉노와 화친하다〔匈奴和親〕」,「여씨들이 정변을 꾸미다〔諸呂之變〕」,「남월이 번을 칭하다〔南粤稱藩〕」,「일곱 제후국이 반란을 일으키다〔七國之叛〕」,「양효왕이 제멋대로 방종하다〔梁孝王驕縱〕」등이다. 그러나 한고조는 평민으로부터 천자가 된 인물로서 이는 중국역사상 천지개벽 이래 전무했던 커다란 사건이었다. 진시황의 중국통일 역시 천지개벽 이래 처음 있었던 사건이었다. 원추는 이미 진시황이 중국을 통일하고 어떤 업적을 남겼는지, 또 한고조가 평민 출신으로 천자가 된 사실들을 중시하지 않았다. 뿐만 아니라 그의 부하 예컨대 소하蕭何 등 인물은 모두 평민이었다. 고대 중국은 단지 봉건 귀족정부만이 존재했으니 이같이 새로운 평민정부가 등장하여 어떻게 중국을 통치했는가 하는 문제 역시 천지개벽 이래의 커다란 사건이었지만, 원추의 책에서는 주의하지 않았다.

　한고조와 혜제 그리고 여후와 그 일족의 정변 획책 등을 거쳐 많은 사람들은 "문제와 경제의 치세〔文景之治〕"를 알고 있었지만, 이 주제 역시 보이지 않는다. 만약 우리들이 이 같은 역사를 읽는다면 다만 역사상 약간의 변동과 분란 등만을 볼 수 있을 뿐 역사상의 안정된 치세와 건설을 볼 수 없게 된다. 이들 변동과 분란을 역사적 커다란 사건이라 여겨, 예컨대 한고조가 어떻게 천하를 공략했으며, 그의 부하였던 많은 장수들 즉 한신韓信·경포黥布·팽월彭越 등이 어떻게 반란에 참여했으며, 또 어떻게 흉노에 대항했는가, 이후 또 여후의 일족 여산呂產과 여록呂祿 등이 나와 반란을 꾀한 일, 조타趙佗가 왕을 칭했지만 다행히 전쟁없이도 평화적으로 번藩을 칭한 일, 오초칠국의 반란, 그리고 양 효왕이 아직 반란을 일으키지는 않았지만 교만하고 방종한 것 등을 아주 다반사의 일처럼 다루었다.

『통감기사본말』에서 다룬 주제들은 모두 동란動亂과 관련 있는 사실들을 고른 것으로서 안정된 상황이 보이지 않는다. 문제와 경제의 치세는 결국 한나라 초기에 있어서 안정된 국면을 의미하는 것으로 한漢이라는 칭호를 쓰게 된 것도 그들의 덕이다. 그러나 원추는 이러한 상황을 이해하지 못했거나 적어도 소홀했다. 이는 바로 우리들이 매일 신문을 보면서 신문에 대체로 많이 실리는 동란動亂 관련 사건 즉 어디에서 차가 충돌하여 사람이 몇 명 다치고 혹은 어디에서 화재가 일어나 집이 탔다든지 하는 일에 관심을 갖는 것과 같은 것이다. 대체로 신문에 실리는 기사는 대부분 이러한 사건들이다. 따라서 지금 우리들이 이 시각 이 곳에서 강의하는 일들은 신문에 실릴 수가 없는 것이다. 어찌 오늘 오후 4시에서 6시까지 어떤 선생이 어디에서 『통감기사본말』에 대하여 강의했다는 일은 절대로 신문에 실리지 않는가.

그러나 신문이 결국 역사라고는 할 수 없다. 신문에는 다만 때에 따라 돌발한 사실들 즉 오늘은 이런 일, 내일은 또 저런 일 등 지나가면 그만인 일들을 싣는다. 태풍이 몰려 왔다는 일은 큰 사건으로서 태풍이 부는 동안 필요에 따라 계속 실린다. 만약 오늘같이 바람도 없고 따뜻한 날씨가 참 좋은 날은 신문에 실릴 리 없다. 예컨대 한 학교가 새로이 건립될 경우 신문에 실리지만 학교가 성립한 이후에는 특별하게 관심을 갖지 않는다. 그러나 역사는 단지 돌발적인 사실들만을 다루지는 않는다. 따라서 동란만을 기록하고 안정된 상황을 싣지 않으면 우리들로 하여금 다만 '변變'만을 알게 할 뿐, '상常'을 모르게 할 수 있다.

또 제3권에는 「한이 서남지방의 이민족과 통하다〔漢通西南夷〕」, 「회남지역에서 모반을 하다〔淮南謀叛〕」, 「한이 서역과 통하다〔漢通西域〕」, 「무제가 흉노를 정벌하다〔武帝伐匈奴〕」, 「무제가 두 월을 평정하다〔武帝平兩越〕」, 「무제가 조선을 공격하다〔武帝擊朝鮮〕」, 「무제가 기이한 일에 미혹되다〔武帝惑神怪〕」, 「점쟁이들이 화를 일으키다〔巫蠱之禍〕」, 「연개가 모반하여 반역을 일으키다〔燕蓋謀逆〕」의 9개 주제가 있는데 앞서 말한 바처럼 여전히 변變과 난亂을 이야기할 뿐 안정적인 것과 상常에 대해서는 언급하지 않고 있다. 원추가 다만 외부 현상 예컨대 서남이, 서역과 교통한 일, 흉노를 정벌한 일, 양월을 평정한 일, 조선을 공격한 일 등을 제목으로 하고 있는 사실에서 알 수 있다. 그러나 내부적인 문제에 대해서는 말하지 않았다. 예컨대 한무제가 오경박사를 세운 일 등이다. 사람들로 하여금 다만 역사의 바깥 주변을 알게 할 뿐 역사의 핵심이 무엇인지는 이해할 수 없게 했다.

예를 들어 한 사람에 대해 기록하면서 그 사람이 병들어 병원에 입원한 사실은 기록하면서 이 사람의 일상생활에 대해서는 기록하지 않는 것과 같은 것이다. 여러분들이 일기를 쓰면서도 아마 이와 같을 것이다. 아침에 일어나 저녁 잠자리에 들 때까지 늘 하던 대로 세끼 밥을 먹는 일은 기록할 만한 것이 아니다. 이는 일상생활이기 때문에 아무 일이 없었던 것과 마찬가지로 여긴다. 그러나 어느 날 배가 아파 병원에 달려갈 정도가 되면 이는 큰 사건으로 당연히 일기에 기록하게 된다. 어제 병원에서 퇴원했다면 이 일은 곧 없던 일이 된다. 그러나 역사상의 상황은 결코 이와 같은 모습이 아니다. 또한 예컨대 제 환공이 제후의 패자가 되었다든가, 진 문공이 패자가 되었다는 사실은 모두 외부에 편중된 것이다. 그밖에 더욱 중요한 상황이 있다. 즉 제와 진의 내부문제이다.

또 공자의 72제자가 그를 따랐지만 『좌전』에는 공자 문하의 교학敎學을 싣고 있지 않다. 편년사 속에는 수많은 사실들이 모두 버려져 있다. 『논어』를 보면, 자공子貢·자유子游·자하子夏·증자曾子 등이 물으면 공자가 일일이 모두 대답하고 있으며 이러한 사실을 모두 기록하고 있다. 안회顔回의 경우 공자가 말하기를 "내가 안회와 종일토록 이야기를 하여도 그가 나의 말에 이의를 내세워 반박함이 없었다"라고만 할 뿐 다른 말을 기록하지 않았다. 따라서 공자의 제자로서 다른 사람은 모두 쓰기가 좋지만 안회의 경우는 기록할 만한 특별한 일이 없었다. 그러나 오히려 특별히 중요하다고 여겼던 것이다. 역사상 매우 많은 사람들이 특별한 업적이 없이 기록되었다는 것은 매우 중요한 것이다.

사마천의 『사기』는 이러한 도리를 이해하고 있었다. 기전체의 위대함은 바로 이 점에 있었던 것이다. 기록할 만한 특별한 일이 없어도 사마천은 기록했다. 예컨대 주 무왕이 군대를 거느리고 상나라 주紂를 토벌하러 떠나려 하자 백이와 숙제가 달려나와 말하기를 "전쟁을 하지 말라"고 했다. 만약 우리들이 편년사를 쓴다면 주 무왕이 군대를 거느리고 강을 건너 상을 토벌하려는 것은 매우 커다란 사건이었다. 그런데 중간에 끼어들어 갑자기 길에서 두 사람이 뛰어 나와 말하기를 전쟁을 하지 말라고 권한 일은 그다지 중요한 일이 아닐 수도 있고, 또 때로는 기록할 수도 없는 문제이다.

무왕이 천하를 얻고 난 뒤 그들 두 사람은 주나라의 곡식을 먹지 아니하고 수양산에서 굶어 죽었으니 기록할 방법이 없을 수도 있다. 무왕 당시에 얼마나 많은 나라들이 연합을 하고 어떻게 군대를 거느리고 상을 토벌했으며, 상의 군대들이 패퇴하고 전쟁이 얼마나 치열했으며 주 무왕이 어떻게 상의 도읍을 공략하고 주紂가 피살당했는지 하는 사실들은 오히려 기록하기 쉽다. 그런데 갑자기 백이와 숙제 두 사람의 이 같은 사실을 끼워 넣는 일은 쓰기가 쉽지 않았을 것이다. 때문에 사마천은 기전체를 만들었다. 그리고 백이와 숙제를 70열전의 첫번째 편으로 서술했다. 무엇 때문에 사마천이 특별히 백이와 숙제 두 사람을 중시했는가 하는 것은 별개의 문제이다. 그리고 특별히 언급할 만한 이야기가 없는 사람들이 역사에 기록된 경우가 특히 많아 그 숫자가 얼마나 되는지 모를 정도이다. 중국역사의 위대함이 바로 이 점에 있었던 것이다.

또 소하와 조참曹參의 이야기와 관련하여 한나라 초기에 소위 "소하가 만들고 조참이 따른다[蕭規曹隨]", '무위지치無爲之治' 등이 있다. 또

한 동중서가 한무제에게 어떠한 말을 했기에 6경을 세상에 크게 장려하려 했는가 등등 이같이 수많은 사실들이 원추의 『통감기사본말』의 제목에 보이지 않는다. 내용에 혹 이 같은 기록이 있는지는 여러분들이 직접 읽어보기 바란다. 어떤 것은 그저 대충 언급하고 또 어떤 것은 언급조차 하지 않은 것도 있다.

제4권에는 「성제가 주색에 빠졌다〔成帝荒淫〕」는 제목이 있다. 그러나 성제 이전의 선제와 원제는 어떠했는가. 이들은 제목에 보이지 않는다. 예컨대 우리들은 '선제와 원제의 중흥〔宣元中興〕', '선제와 원제의 치세〔宣元之治〕'를 말하는데, 이들 사실은 모두 매우 중요하다. 그러나 『통감기사본말』에는 찾아볼 수 없다. 그리고 다만 성제가 주색에 빠진 일만 다루고 있다.

만약 여러분들이 원추의 『통감기사본말』만을 읽고 진한의 역사를 쓴다면 결코 바람직한 모습을 서술할 수 없을 것이다. 여러분들이 읽고 있는 내가 쓴 『진한사』의 인용자료는 다만 『사기』와 『한서』에 근거한 것이다. 몇 가지 주제를 찾아 처음부터 끝까지 서술한 것이다. 그러나 원추가 쓰지 않은 것을 내가 썼고, 내가 쓴 것을 원추는 쓰지 않았다. 물론 원추가 이미 이렇게 많은 사실을 썼는데 내가 다시 그 많은 사실을 썼다는 말은 아니다. 결코 그렇지는 않았다.

역사에는 경중이 있어서 역사를 쓰려면 먼저 사실에 대한 식견을 갖추어야 한다. 역사상 수많은 일들이 있었지만 역사지식이 없는 사람이 알고 있는 사실이란, 단지 현재 우리들이 신문을 통해 아는 정도의 내용들일 뿐이다. 이는 실로 역사를 알지 못하는 것이다. 즉 사실을 제대로 알지 못하는 것이다. 때문에 우리들이 원추의 『통감기사본말』을 읽을 경우, 먼저 그 책의 목록과 표제만을 보더라도 그가 실로 역사를 전혀 모르고 또 역사 속의 많은 사실을 이해하지 못한다는 것을 알게 된다.

역사라는 것은 단지 움직이고 변화하고 반란을 일으키고 하는 것만이 사실은 아니다. 안정되고 변함없는 상황이 더욱 역사적으로 중요하다. 예컨대 한 광무제가 어떻게 천하를 다시 통일할 수 있었는가에 대하여 원추의 『통감기사본말』에는 많은 제목으로 다루고 있지만, 이 곳을 공략하고 저 곳을 공격하고 등의 기록만 있을 뿐 광무제가 천하를 공략한 이후 후한의 중흥이 전개된 '광무제와 명제 그리고 장제의 치세[光武明章治世]' 같은 글은 없다. 이하 단지 환관·붕당·동탁·원소 등이 등장할 뿐 후한의 많은 명사들이 이 책에는 오히려 없다.

당唐에 관하여 『통감기사본말』에는 모두 22개의 주제가 있다. 당고조와 당태종이 어떻게 천하를 얻게 되었는가 하는 주제로부터 그 다음은 완전히 변동과 난亂에 관한 것뿐이다. 다만 한 개의 제목이 내정內政에 가까운 주제 즉 「정관연간에 군신이 통치를 논하다[貞觀君臣論治]」가 그것이다. 이는 『통감기사본말』에서 특별한 제목이다. 왜냐하면 『자치통감』에 수록한 자료들이 매우 많았기 때문에 원추의 책에 이를 모두 생략할 수는 없었던 것이다. 그렇다면 『자치통감』은 어디에서 그렇게 많은 자료를 수집했다는 것인가. 우리들이 앞에서 『정관정요』에 대하여 살핀 적이 있는데 바로 이 책이 『자치통감』의 관련부분에 대한 자료였다.

　이밖에 개원연간의 치세에 관한 것도 원추의 책에는 없다. 다만 「이임보의 정치장악[李林甫專政]」이라는 제목이 있을 뿐이다. 이를 통해 볼 때 원추의 이 책은 실로 황당한 것이라 하겠다. 원추는 오로지 일상적인 것이 아닌 것, 반면적反面的인 것, 나쁜 것만을 사실이라고 여겼다. 정면적이고, 평상적이고, 좋은 것을 찾아내어 하나의 사실로 만들지 않았다. 당연히 어떤 것은 상세하게 그리고 많은 분량으로 말할 수 있는 것이었다. 예컨대 한무제의 흉노정벌은 본래 많은 내용으로 정리할 수 있는 문제였다. 그러나 한무제가 6경을 세상에 널리 알리고 오경박사를 세웠다는 것조차 단지 한 줄의 서술로 충분했는지 그는 그 본말을 나누어 써낼 수가 없었던 것이다.

　이와같이 역사를 읽다보면 역사 속에는 때때로 매우 중요한 사실들이 있는데도 몇 마디로 지나치는 것이 있다는 점을 여러분들은 알아야 한다. 아울러 역사에서 중요하지 않은 것을 오히려 긴 문장으로 끝도 없이 쓰는 경우도 있다. 그밖에도 후일 중요한 사실이 되었는데도 당시의 역사에는 수록되지 않고 다만 기전체 속에 쓰인 경우가 있다.

　예컨대 『삼국지』의 종요鍾繇에 관한 기록에는 그가 서법에 능했다는 사실이 없다. 심지어 배송지의 주에도 없다. 그리고 예컨대 화흠華歆과 관녕管寧이 함께 공부한 사이라는 이야기도 『삼국지』나 배송지의 주에 없다. 이 사실은 아주 먼 옛날부터 오늘까지 전해 오는 것이다. 따라서 이 일은 한 가지 사실 일뿐만 아니라 중요한 사실이었다는 것을 알 수 있다. 종요가 서법에 능했다는 사실도 그랬을 테지만, 기사본말체에서는 기록할 방법이 없었을 것이다. 혹은 한 구절로 마칠 수 있는 단지 단편적인 사실을 이것도 저것도 아니게 썼던 것이다. 때문에 기사본말체는 쓰기가 쉽지 않다. 먼저 사실의 경중을 가려야 하고, 역사의 중요한 이치를 제대로 인식해야 하는 것이다.

그러나 원추의 『통감기사본말』은 이 같은 임무를 맡기에 부족했다. 장학성이 『문사통의』에서 비록 이 책을 칭찬했지만 역시 이러한 의미를 표현한 것이다. 장학성이 이르기를, "기사본말체는 사실에 근거하여 각 편의 이름을 정하고 정해진 격식을 세우지 않았고, 예부터 지금에 이르는 중요한 도리를 깊이 알지도 못했다. 천하의 경륜을 광범위하게 수집하여 편찬함에 있어서 빠뜨린 것 것도 또 지나친 것도 없었다. 문장은 기전체에 비해 줄었고, 사실의 서술은 편년체보다 융통성이 있었다. 자료에 대한 취사를 결정하는 데 있어서도 체제는 아주 원만하면서도 그 작용은 신묘했다. 이는 『상서』가 남긴 뜻이었다 원추는 본래 이러한 뜻이 없었고 그의 학식 또한 이러한 일을 하기에 부족했으니 이 책 또한 칭찬 받기에 부족했다. 때문에 역대 목록학 전문가들은 이 책을 잡사류에 배열했다. 자연스럽게 찬록纂錄류에 속하면서 열람하기에 편리하게 했다. 그러나 만약 이미 있었던 방법을 깊이있게 생각하여 다시 그 위에 신명한 변화를 주었더라면 고사古史의 본래 모습이나 드러나지 않던 모습을 발견할 수 있었을 것이다. 책을 쓴 사람의 뜻은 매우 얄팍하고, 오히려 보는 사람의 뜻이 매우 깊은 것이 이 기사본말체인 것이다[本末之爲體, 因事命篇, 不爲常格, 非深知古今大體, 天下經綸, 不能網羅隱括, 無遺無濫. 文省於紀傳, 事豁於編年, 俾斷去取, 體圓用神. 在袁氏初無其意, 且其學亦未足與. 此書亦不盡合於所稱, 故歷代著錄諸家, 次其書於雜史, 自屬纂錄之家便觀覽耳. 但卽其成法, 沈思冥索, 加以神明變化, 則古史之原隱然可見. 兼有作者甚淺, 而觀者甚深, 此類是也.『문사통의』「서교」하]"라고 했다.

여러분들이 원추의 『통감기사본말』을 읽으면 그가 변變을 중시하고 상常을 중시하지 않았음과 외부를 중시하면서도 내부를 중시하지 않았고, 아울러 제도도 없고 사람도 없었다는 것을 알게 될 것이다. 이 책을 두우의 『통전』과 비교한다면, 『통전』이 매우 독창적인 책이라는 점을 앞 시간에 이미 극히 칭찬한 적이 있다.

『통감기사본말』도 독창적인 책 같아 보이기는 하지만 실제로는 그렇지 아니하다. 역사를 공부하는 사람은 『통전』의 경우 반드시 읽어야 하지만, 『통감기사본말』은 보지 않아도 무방하다. 왜냐하면 원추가 말하는 '사事'란 어떤 점에서는 사실이 될 수 없는 것들이기 때문이다. 그리고 당시의 많은 중요한 사실들을 그는 보지 못했다. 여러분들은 역사상의 소위 사실이라는 것이 정말 이해하기 어렵다는 것을 알아야 한다.

기사본말체가 비록 일종의 새롭게 만들어진 체재이지만, 중국의 역사 속에는 아직 이 체재로 쓰인 좋은 책이 없다. 그러나 서양사를 보면 그 체재가 확실히 기사본말체와 마찬가지로 동動・변變・난亂을 중시하고 일상적인 것이 아닌 별난 것을 다루고 있을 뿐, 오랫동안의 안정되고 굳건한 역사를 쓰지 못하고 있다. 실제로 서양의 역사는 바로 이와 같았다. 따라서 서양사람들은 외부를 중시하고 내부를 중시하지 않았으며, 변화를 알 뿐 변하지 않는 것에 대해서는 몰랐다.

예컨대 영국사가 바로 프랑스에 대항하는 것을 중시하고, 프랑스 역시 영국에 대응하는 것을 중시한 것과 같다. 이들을 제외하면 쌍방 모두 기록할 만한 일이 없다고 여겼던 까닭이다. 혹 여러분들이 내가 하는 말을 믿지 않을 수도 있다. 그러나 만약 정말 서양사를 잘 알면 내가 한 말이 쓸데없는 말이 아니라는 것을 믿을 것이다. 왜냐하면 그들의 역사는 모두 작은 범위 안에서 전개된 것이었기 때문에 외부를 중시했던 것이다. 정신이 외부에 집중되면 내부는 저절로 동란이 많게 되는 법이다. 오늘날 우리들은 오히려 그 반대로 "중국인의 역사가 진보하지 않는다" "늘 그 모양이다"라고 말하지만, 늘 그 모양인 가운데 오히려 기록할 만한 중요한 사실이 있음을 잘 모르고 있다.

원추는 바로 이러한 도리를 알지 못했던 것이다. 예컨대 당태종에 관해서는 그저 무후武后와 위후韋后를 가지고 말했으며, 당 현종의 경우는 단지 이림보와 안록산을 가지고 말했다. 외국의 역사는 정말 이러한 사실들이 중요한 비중을 가지고 있었지만, 중국역사는 곧 몇십 년 혹은 1백 년, 2백 년 동안에는 아무런 변화가 없었던 예가 많다. 『통전』이나 『문헌통고』에서 언급한 것처럼 한 가지 제도가 심지어 8백 년, 1천 년 동안 변하지 않은 것도 있다. 『자치통감』이 이미 제도를 언급한 것이 적었지만, 원추의 『통감기사본말』은 사람조차도 언급하지 않았다. 그가 말하는 '사事'란 엄격하게 말한다면 사실이 아니었다. 여러분들은 내가 한 이 말을 가지고 『원사기사본말』·『명사기사본말』 등의 책에 있는 제목을 보면서, 원추의 책과 비교하여 발전한 바가 있는지 그리고 내가 말한 기준에 아직 부족한지를 살펴보기 바란다.

시대가 변하면 우리들의 학문 또한 모두 변하게 마련이다. 옛날 역사의 자료는 그대로이지만, 새로운 시대의 새로운 요구는 오히려 사람들에게 옛 자료 중에서 새로운 지식을 찾아내길 요구한다. 오늘날 우리들 중에 역대 왕조의 새로운 기사본말을 쓰는 사람이 나올 수 있겠는가. 예컨대 『춘추전국기사본말』·『양한기사본말』·『위진남북조기사본말』 등 그 체례가 바로 원추의 책처럼 제목 찾기에도 좋고 자료 이용하기에도 좋다면, 장래에 서서히 하나의 새로운 역사관으로서 시대의 수요에 맞는 것을 만들어낼 수 있을 것이다.

그렇다고 원추의 지위를 없애서는 안된다. 왜냐하면 원추는 여전히 이 체재를 처음으로 만든 첫번째 사람이기 때문이다. 다만 그 책 속의 내용에 우리들이 동의할 수 없다는 것이다. 이후 원추의 이 『통감기사본말』의 내용을 고쳐쓰기 위해 우리들의 식견과 사학이 필요한 것이다. 자, 그러면 오늘은 여기까지 하자.

정초의 『통지』

> 우리들이 오늘날 학술사나 문화사를 이해할 것을 요구하는 것은 실제로 정초의 『통지』가 일찌감치 우리에게 더욱 넓은 범위를 제공한 셈이다. 그는 학술사와 문화사적 안목에서 오늘날 우리들의 안목보다 훨씬 더 넓었는지도 모른다.

　오늘은 정초鄭樵의 『통지通志』에 대하여 살펴보자. 정초는 자를 어중漁仲이라 하며 주희와 같은 시기에 살았지만, 그보다 조금 빠르다. 앞에서 두우의 『통전』에 대하여 강의한 적이 있는데, 그 책은 중국 사학에서 소위 '3통三通'이라 부르는 책 중에 첫번째 책이었다. 정초의 『통지』가 두번째이고, 그리고 원나라 초 마단림馬端臨의 『문헌통고文獻通考』가 세번째 책이다. 마단림의 책이 나오기 전에는 많은 사람들이 두우의 『통전』를 중시했지만, 『문헌통고』가 출판되고 난 뒤에 일반인들은 모두 이 책을 읽었다.
　『통지』는 비교적 사람들의 주의를 받지 못하던 책이었다. 그러나 근대에 와서 양계초 같은 사람은 정초의 『통지』를 특별히 중시했다. 왜냐하면 『통전』은 실제로 제도를 설명한 책이지만, 『통지』의 경우 그 의의가 크게 달라 범위도 더 넓고 제도에 국한하여 설명하고 있지 않기 때문이다.

『통지』에는 「총서總序」가 있는데 그 첫머리에 "회통의 의의는 크도다![會通之義大矣哉]"라고 했다. 정초는 특별히 이 '회통會通'이라는 두 글자를 제시하고 있는데, 우리들은 먼저 그 의미를 어떻게 해석해야 하는지에 주의해야 한다. 그는 또한 공자의 6경 이후 오직 사마천의 『사기』가 있다고 하면서도, "사마천에게 안타까운 것은 널리 아는 것이 부족하다는 것이다[所可爲遷恨者, 博不足也]"라고 말했다. 학문을 하기 위해서는 회통해야 하고, 그러기 위해서는 먼저 두루 지식을 갖추어야 하며, 그래야만 비로소 사물에 통할 수 있는 것이다.

학식이 넓으면 넓을수록 그 통함은 더욱 커진다. 정초는 사마천이 충분히 널리 학식을 갖추지 않았음을 못마땅하게 여기고, 그가 쓴 『통지』를 통해서 비판했다. 실제로 『사기』와 『통지』두 책은 체재가 서로 다르기 때문에 비교할 수 없다. 대체로 정초의 학문은 널리 지식을 쌓아 회통을 추구했지만 그래도 편견을 면하기 어려웠다. 책의 첫 부분 「총서」를 통해 그러한 점을 발견할 수 있다.

정초는 또 말하기를 "책을 지음에 있어서는 모두 과거 사람들의 책을 자료로 이용하는 것을 면할 수 없지만 '반드시 스스로의 견해를 이루어야 한다[必自成一家之言]'"고 했다. 사마천의 『사기』가 능히 일가의 견해를 이룬 것과 같다. 공자의 『춘추』 이후 모범을 보이면서 일가의 견해를 이룬 경우는 바로 사마천의 『사기』였다. 반고의 『한서』는 이러한 경지에 이르지 못하여 회통의 의의를 살리지 못했다. 대체로 두루 널리 학식을 쌓고 통해야만 비로소 일가의 견해를 갖게 되는 것이다. 만약 시작부터 일정한 주제를 전문적으로 다루면서 널리 학문을 쌓지 않고 통함을 구한다면 결코 자신만의 견해를 이룰 수 없다.

정초는 또 사마천과 반고는 마치 한 마리의 용과 돼지 같다고 했다. 후대의 사가들은 모두 사마천을 버리고 반고를 따라 단대斷代를 기준으로 했다. 유지기 같은 사람은 더욱 반고를 중시하고 사마천을 무시했다. 정초의 견해 속에는 단대를 기준으로 하는 역사를 매우 무시했다. 한 시대 한 시대씩 끊어서 역사를 쓴다는 것은 "역사 사실간의 계속되는 원인의 뜻이 보이지 않고[無復相因之義]", 회통 역시 찾아볼 수 없게 된다고 했다.

정초는 몇 가지 예를 들었다. 예컨대 위가 오와 촉을 '구寇'라고 한 것이나, 북조가 동진을 가리켜 '참僭'이라 하고, 남조가 북조를 가리켜 '색로索虜', 또 북조가 역시 남조를 가리켜 '도이島夷'라고 한 것이 회통의 의미를 찾을 수 없는 예라고 했다. 또한 제齊나라 사서에 양梁의 군대를 가리켜 '의군義軍'이라 한 것도 마찬가지라고 했다. 당연히 반군이라 칭해야 옳다고 했다. 이는 제의 역사를 양나라 사람이 썼기 때문에 양의 군대 호칭을 '의군'이라 한 것이다. 바로 『수서』에서 당의 병사를 '의병'이라 한 것과 똑 같다. 『수서』 역시 당나라 사람에 의해 쓰였기 때문이다. 이것은 앞에서 말한 남조와 북조가 서로 '도이' 혹은 '색로'라고 칭한 것과는 또 다르다.

『진서晉書』에는 진이 위를 찬탈하면서 위에 충성을 바치던 사람들을 '반신叛臣'이라 칭했다. 그러나 그들을 위나라 입장에서 보면 충신들이었다. 예컨대 왕릉王凌・제갈탄諸葛誕・무구검毌丘儉 등이 그들이다. 남조의 제가 송을 이었는데『남제서』에도 송에 충성한 사람을 '역당逆黨'이라 했다. 원찬袁粲・유병劉秉・심유지沈攸之 등이 그들이다. 이와 같은 것들은 정초의 견해에 의하면 모두 회통을 잃어버린 것으로서, 단대를 역사의 기준으로 한 데서 비롯된 것이다.

그러나 정초의 이 같은 생각 역시 모두 다 옳다고 할 수는 없다. 예컨대 우리들 민국시대의 사람들이 청사淸史를 편찬할 때 오히려 거꾸로 청에 충성하고 민국을 멸시한다고 하면 그것이 옳은 것인가 그른 것인가? 예컨대 장훈張勳과 강유위康有爲를 한 열전에 수록한다면 이는 더욱 이상할 것이다. 단지 이 두 사람은 함께 복벽復辟을 꾀했을 뿐 절대로 이 두 사람을 합전合傳하여서는 안된다는 것이 분명하다. 만약 합전를 하게 되면 곧 청에 충성한다는 사심을 발설하는 모양이 되는 것이다. 만약 우리들이 이 청사를 읽으면서 청조가 왜 망하게 되었는지 또 당시의 중국사회는 왜 혁명을 필요로 했는지를 볼 수 없고, 마치 서태후와 광서제 시절 아무런 문제가 없었는데 갑자기 망했다고 하자. 그러면 이는 실로 황당한 것이고, 역사서술 원칙〔史法〕을 너무 위배한 것이다.

역사를 쓰는 사람은 최선을 다하여 자료를 헤아려야 하며 제멋대로 사적인 견해에 빠져서는 안된다. 청나라 초에 『명사明史』를 편찬했는데 당시 명은 이미 망했으므로 청에서는 많은 학자들을 찾아 『명사』를 편찬하게 했다. 이 많은 학자들은 마음속으로 여전히 명을 잊지 못하고 명에 대하여 충성스런 마음을 지니고 있었다. 그러나 그들은 왕조멸망의 아픔을 표현했다. 그리하여 명이 멸망한 까닭을 모두 『명사』 속에 표현했다. 때문에 이 『명사』는 후세사람들에게 중시되었다. 이러한 것은 당시 많은 사람들이 모두 학문이 뛰어났고 사학에 능통했기 때문에 가능한 것이었다. 청 말에 이르러 학술은 이미 쇠하여 모두 사학의 대의大義를 이해하지 못했기 때문에 청사淸史의 편찬이 매우 어렵게 된 것이다.

다시 말하지만, 단대를 기준으로 역사를 쓰는 것은 당연히 많은 모순이 있다. 남조 양 무제 때 오균吳均에게 명하여 『통사通史』를 편찬하게 했는데, 위로는 태초로부터 『사기』를 이어 서술하게 했다. 수나라 때 양소楊素가 육종전陸從典에게 『사기』를 이어서 수나라까지 편찬케 했는데 이는 모두 의도적으로 통사를 편찬한 것이다. 그러나 사마광의 『자치통감』은 달랐다. 『자치통감』은 편년체였지만 앞에서 말한 두 책은 편년체가 아니었다. 당연히 사마천의 기전체를 사용했다.

정초의 견해를 보면 그 역시 이 두 사람을 이어 통사를 편찬하려는 생각을 지니고 있었다. 그의 『통지』는 모두 200권이다. 「본기本紀」로 시작하고 이어서 「연보年譜」가 나온다. 이는 『사기』의 「표」에 해당한다. 이어서 「열전」이 있고 그밖에 「재기載記」가 있다. 이는 『사기』의 「세가」에 해당한다. 그리고 5호16국의 전조前趙・후조後趙・전진前秦・후진後秦 등은 제목을 따로 하여 서술하고, 이를 「재기」라 했다. 때문에 정초의 『통지』는 그 체재 여전히 정사를 따르고 있어서 「본기」와 「열전」 그리고 「연표」와 「재기」 등이 갖추어져 있었다. 그러나 『통지』 중에 가장 중요한 부분은 소위 「20략二十略」이다.

양나라 때 강엄江淹은 역사를 편찬함에 있어서 어려움은 「지」에 있고, 그 다음이 비로소 「표」라고 말한 적이 있다. 그 의미는 「본기」와 「열전」이 「지」나 「표」에 비해 힘이 덜 들기 때문이다. 각 정사의 「지」를 모아서 책을 편찬한 것으로는 가장 먼저 두우의 『통전』을 든다. 그 다음이 정초의 『통지』이다. 그러나 정초의 『통지』는 「본기」와 「열전」 그리고 「연표」와 「재기」를 모두 갖추고 있다는 점에서 두우의 『통전』과는 체례가 다르다.

『통지』의 「지」는 곧 '략略'이었다. 정초는 모두 「20략二十略」을 지었다. 『통지』의 「본기」와 「열전」은 『사기』와 『한서』 그리고 그 이후의 정사를 베낀 것으로, 다만 약간의 생략과 보탬이 있을 뿐만 아니라 그 내용도 수나라까지만 정리되었고, 당과 그 이후는 대체로 편찬의 노력을 하지 않았다.

따라서 이 책의 가장 중요한 부분은 「20략」으로서 다음과 같은 내용으로 구성되어 있다. 즉 「씨족」·「6서六書」·「칠음七音」·「천문」·「지리」·「도읍」·「예」·「시諡」·「기복器服」·「악樂」·「직관」·「선거」·「형법」·「식화」·「예문藝文」·「교수校讐」·「도보圖譜」·「금석金石」·「재상災祥」·「곤충초목昆蟲草木」 등이다. 후세사람들은 『통지』 20략을 특히 중시하여 이 부분만을 따로 간행하여 『통지20략』이라 칭하기도 했다. 모두 51권으로 책 전체의 4분의 1을 차지한다.

정초 스스로도 자신의 「20략」에 매우 만족했다. 그는 "천하의 큰 학술들을 모두 모아 그 강목을 체계적으로 정리하여 「략」이라 이름했다. 그 중 다섯은 한과 당의 유가들이 들을 수 있는 내용을 담았고,

나머지 열 다섯은 한과 당의 유가들이 들을 수 없는 내용을 담았다
[總天下之大學術, 條其綱目, 名之曰略. 其五略, 漢書諸儒所得而聞. 其十五略, 漢書諸儒所不得而聞]"
고 말했다. 즉 많은 부분이 그의 창작이었다. 그 가운데 예컨대「직
관」·「선거」·「형법」·「식화」등은 모두 한·당의 정사에서 인용하
거나 두우의 『통전』에 근거하고 있지만, 나머지 열다섯「략略」은 과
거에 듣지 못하던 내용이라 여겼다. 객관적으로 말하자면, 『통지』의
이들 부분은 실제로 중국사학 중의 매우 크고 창의적인 책으로서 손
색이 없었다.

  가장 먼저 『씨족략』을 살펴보자. 정초는 "백성들의 근본은 성씨
에 있다[生民之本在於姓氏]"고 했다. 중국인은 줄곧 성씨를 매우 중시했다.
오늘날에 이르러 종족관념은 이미 조금씩 약화되고 있지만 성씨는
여전히 보존되고 있다. 이는 중국의 사회사를 연구하는 데 있어서
극히 중요한 항목이다. 소위 중국민족이란 도대체 어떻게 형성되어
어떻게 변화, 발전했는지를 살피기 위해서는 거의 대부분 성씨 방면
에 대해 노력을 기울여 연구해야 한다.

  정초는 성씨의 내력에 대하여 좌구명左丘明은 겨우 다섯을 말했지
만, 자신은 32류類가 있다고 했다. 이 방면에 있어서 우리들은 정초가
아무런 공헌이 없다고 할 수 없다. 정초는 먼저 『씨족지』 57권을 지
은 적이 있다. 후일 다시 『씨족원氏族源』·『씨족운氏族韻』 75권을 지었
다. 그는 먼저 100여 권의 책을 편찬했지만 『통지』의 「씨족략」에는
모두 겨우 6권이었다. 이는 그가 연구하여 얻은 바 가운데 아주 중요
한 것을 정선하여 수록하고 있다는 것을 말한다.

우리들은 역사를 연구할 때 씨족에 대하여 실제로 주의해야만 한다. 예컨대 고대 춘추시대의 역사를 연구한다고 할 때 우리는 당연히 춘추시대의 씨족을 잘 알아야 한다. 『좌전』에 기재된 각 제후국의 씨족을 모두 모아 체계적으로 분별한 청대 고동고顧棟高의 『춘추대사표春秋大事表』를 참고할 만하다. 전국시대 이전에는 씨와 성이 구분되어 있었지만, 진한 이후 합쳐졌다. 후한에서 당대까지 또 소위 문제門第라는 것이 있었는데 이는 중국 중고中古사회에 새로 등장한 대가족을 말한다. 『당서』에는 여전히 「재상세계표宰相世系表」가 있어서 모든 문벌귀족의 역사적 내력을 적고 있다. 당시에는 소위 '보첩譜牒"에 관한 학문이 있었다. 고대의 보첩은 봉건귀족을 대상으로 한 것이고, 중고의 보첩은 세가世家와 문제門第를 기록한 것이다.

송 이후 중국이 평민사회로 바뀌면서 많은 대가족이 없어졌다. 그리하여 보첩에 관한 학문도 천천히 시들해졌다. 그러나 정초는 특별히 이 문제를 연구하여 「씨족략」을 저술했으니 정말 그는 안목을 갖추고 있었다고 할 수 있다. 실제로 고대의 보첩에 관한 학문은 송·명 이하 청대에 이르러서도 여전히 존재했다. 대부분 모두 가보家譜를 가지고 있었고, 때에 따라 증보되다가 민국시대에 와서 그러한 분위기가 없어졌다.

그러나 최근 『청년전사보靑年戰士報』에 보니 어느 대만 여기자가 새로운 성씨책을 썼다. 그는 단지 과거의 관련서적 몇 권의 자료를 간단하게 베끼고 있다. 그러나 우리들이 대만의 어느 가족은 대륙의 어느 곳으로부터 왔고, 또 어느 가족은 또 어느 곳으로부터 왔고 등

등을 간단하고 쉽게 설명하고 있어서, 사회의 일반인들의 관심을 많이 받고 있음을 알 수 있다.

나는 이전에 마숙馬驌의 『역사繹史』에 근거하여 그가 모은 고서의 전설을 가지고 중국 고대에는 도대체 얼마나 많은 성씨가 있고, 모든 성씨는 또 얼마나 많은 지역으로 분별되며, 그들 씨족의 성쇠와 지역이동 등은 어떠했는지를 통하여 고대사를 연구하면서 중화민족의 성립과 변화, 발전을 살펴보고자 한 적이 있었다.

우리 고대사 중의 씨氏는 바로 한 제후국의 국토를 말하거나 혹은 정치적 조대朝代를 의미한다. 그리고 성姓은 곧 하나의 혈통이었다. 춘추시대 이전에 중국에는 도대체 얼마나 많은 성이 있었는지, 그리고 한 성 가운데에는 얼마나 많은 씨가 있고 또 얼마나 많은 곳에 분포되어 있었는가. 내가 생각하기에 천천히 이 문제를 검토해 보면 이 속에 중국 고대 민족의 분합分合의 대략을 추론할 수 있을 것이다.

그러나 결국 나는 끝내 이 방면에 실제로 노력을 기울이지 못했다. 그리고 다른 사람도 아마 이 문제에 주의하지 않았던 것 같다. 이는 안타까운 일이다. 요컨대 성씨姓氏에 관한 학문은 확실히 역사를 배우는 사람들이 마땅히 종사해야 할 큰 항목인데 정초가 그 선구적 역할을 처음으로 맡았다.

『통지』의 「성씨략」 다음에 「6서六書」 5권, 「칠음七音」 2권이 있었고, 이 일곱 권은 문자와 성운聲韻을 설명한 것이다. 정초는 "서계의 근본은 문자에 보인다〔書契之本見於文字〕"고 했다. 우리는 문자로 된 기록을 통해 비교적 초기의 일반인들을 연구할 때 가장 먼저 당연히 혈통에 주의하여 그 성씨를 연구한다. 또 이들을 계승한 후기의 문화인을 연구할 때는 그들이 사용한 언어와 문자에 더욱 주의하게 된다. 서양의 문자는 음부音符로 되어 단지 그 소리를 대표할 뿐이지만, 중국의 문자는 곧 상형문자로서 그림이나 도안과 같았다.

실제로 고대 서방의 문자 역시 상형으로 시작했지만, 후일 그 방법이 궁해지고 그림이나 도안이 더 이상 일체의 사물을 그려내지 못하자 방향을 바꾸어 나아갈 수밖에 없었다. 그러나 중국의 문자는 상형 후에 다시 파생되어 나온 지사指事와 회의會意 두 형식이 있어서 글자의 표현 방법이 더욱 다양해 질 수 있었다. 또한 형성形聲이 있어서 성음聲音과 형상이 배합되어 길이 더욱 넓어졌다. 또 전주轉注와 가차假借가 있어서 글자의 변화에 더욱 생기가 있었다. 따라서 중국의 6서六書는 바로 중국문자에 대한 종합연구라고 할 수 있다.

허신許愼이 후한시대에 『설문해자說文解字』를 쓴 이래 문자학은 이미 일종의 전문 학문이 되었다. 그리고 문자를 연구하려면 또 반드시 성운을 연구해야 했다. 중국문자에는 성음聲音을 대표하는 것이 있는데, 성음은 지역과 시대에 따라 변했다. 예컨대 영국인이 말하는 것은 프랑스인과 다르고, 또 프랑스인은 독일인과 다르다. 이는 중국의 광동인과 복건인의 말이 다르고 또 복건인과 대만인의 말이 다른 것과 같다. 이미 지역에 따라 변화했을 뿐만 아니라 시대에 따라 변화해 왔던 것이다. 1백 년 전 사람의 말과 1백 년 뒤 사람의 말은 그 성음이 다르다.

서방의 문자는 단지 성음의 부호를 나타내고 있기 때문에 문자가 통일될 수 없었다. 마찬가지로 1백 년 전과 백 년 후가 다를 수밖에 없다. 오직 중국문자만이 단순히 상형만이 아니라 6서를 포함하고 있어서 문자의 모습으로 언어를 통할하고 있었기 때문에 각 지역의 말이 방언에 따라 달랐지만, 그밖에 중국 공통의 국어를 지닐 수 있었다. 또한 문법을 가지고 어법을 통할했기 때문에 수천 년 이래 중국 각 지역 사람들의 언어가 그다지 큰 차이가 없었던 것이다. 수천 년 이래 넓고 넓은 지역 안에서 언어가 지나치게 분산되지 않고 오늘날까지 내려온 것은 문자가 그것을 통할하고 있었기 때문이다.

미래에 만약 중국문자를 세계에 보급할 수 있다면 세계 인류의 문화에 이보다 더 큰 공헌이 없을 것이다. 예컨대 과학에 있어서 중국글자를 사용하는 것도 매우 편리하다. 왜냐하면 중국에는 상형글자가 있기 때문이다. 예컨대 금金·석石·화火·토土·수水·기氣·화학·생물학·광학鑛學 등을 모두 다시 분류하여 일목요연하게 할 수 있기 때문이다. 뿐만 아니라 중국글자 하나는 매우 많은 의미를 대표할 수 있다.

앞에서 말한 각 분야마다 끝없이 새로운 자료, 새로운 발견, 새로운 창작, 새로운 기물器物이 등장한다고 해도 중국문자를 사용하여 쓰는 것이 가장 편리하다. 따로 새로운 글자를 만들지 않아도 된다. 그렇지 않다면 장래 과학과 관련하여 글자가 더욱 많아지면 많아질수록 기억을 인식하기가 매우 곤란해질 것이다. 이런 문제는 단지 중국글자를 가지고 응용하면 곧 매우 간단히 해결된다. 뿐만 아니라, 글자 하나 발음 하나까지도 영국인이나 프랑스인 모두 한 번 보면 이해할 수 있다. 오늘날 중국의 경우 이런 생각이 없다. 즉 모두 이 문제에 관심이 없다. 만일 어느 날 세계의 인류가 중국문장의 오묘함을 깨닫고 중국글자를 사용하게 된다면 앞에서 말한 사실이 순전히 공상만은 아닐 것이다.

또한 너무 멀리 말할 것도 없다. 중국의 수천 년의 문화는 모두 문자 위에서 이루어진 것이다. 가장 중요한 것은 우리들이 반드시 역대 전해져온 문자를 잘 알아야 한다는 점이다. 청대 사람들은 문자학에 대하여 큰 노력을 기울였다. 그들이 말한 것 대부분은 이미 정초가 말한 것들이었다. 정초는 "경술이 분명치 않은 것은 소학이 부진함에서 비롯된 것이고, 소학이 부진한 것은 6서가 전해지지 않음에서 비롯된 것이다〔經術之不明, 由小學之不振. 小學之不振, 由六書之無傳〕"라고 말했다. 이는 곧 후일 청대 사람들이 소학을 제창하게 된 주장이 되었다. 그러나 청대 사람들이 큰 노력을 기울여 연구한 소학이라는 유산을 오늘에 이르러 안타깝게도 또 모두 잃어버렸다.

갑골문을 발견한 이래 많은 사람들이 다투어 그에 관한 연구를 했지만, 그 기본적인 노력은 여전히 허신이 『설문해자』에서 6서를 설명하는 데서 비롯되어야 한다. 그렇게 하지 않으면 갑골문은 연구할 방법이 없다. 또한 갑골문은 중국문자의 시작에 불과했고 허신의 『설문해자』야말로 중국문자의 정식 완성이었다. 갑골문을 연구하는 것은 단지 가장 먼저 해야 할 단계일 뿐 완성단계는 아니었다.

오늘날 우리들은 갑골문이라는 말을 들으면 그저 매우 큰 가치를 지녔다고 만 여길 뿐, 오히려 아무도 오늘날의 새로운 지식과 새로운 관념을 가지고 다시 청대 학자들의 노력을 이어 중국문자를 연구하려 하지 않는다. 참으로 안타까운 일이다. 문자가 분명하지 않으면 일체의 책이 모두 분명하지 않게 된다. 이것이 오늘날 독서에 있어서 가장 큰 결점이다. 책을 깊은 곳까지 읽지 않으면 책 속의 글자 하나하나의 정확한 의의를 제대로 모르게 된다. 정초는 단지 말하기를 "경술이 분명하지 않은 것은 소학의 부진함에서 비롯된다"고 했는데, 그렇다면 오늘날 고서古書의 뜻이 분명하지 않은 것은 소학의 부진함 때문이라 말할 수 있다.

뿐만 아니라 문자에 능통하다는 것은 독서를 위함만이 아니다. 더욱 큰 의의를 가지고 말하자면, 민족문화의 각종 중요연구가 대부분 언어와 문자로부터 시작한다는 것은 극히 풍부하고 또 깊은 의의가 그 안에 갖추어져 있기 때문이다. 따라서 이후 중국문화가 다시 부흥하지 않게 된다면 그것은 바로 우리들이 글자를 제대로 잘 몰라서이거나 아니면 글자를 알더라도 너무 조잡하고 너무 경박한 정도로만 앎으로서 중국문자의 정밀하고 깊고 오묘한 의의를 모르는 데서 비롯되었을 것이다.

세번째는 「칠음七音」 2권이다. 분명히 중국문자는 상형의 특징을 가진다. 그러나 실제로 중국문자에는 그밖에 음音을 포함하고 있다. 소위 음이란 그 음에 뜻을 함께 지니고 있다는 것을 가리킨다. 나는 젊을 적에 『설문해자』를 읽으면서 형성자形聲字에 대하여 갑자기 의

문이 생겼다. 예컨대 '벽壁'자의 경우 벽辟과 토土로 이루어져 있는데 위의 벽辟이라는 글자는 바로 성음聲音이다. 따라서 이 글자를 보면 곧 음이 벽辟이라는 것을 알게 된다. 아래의 토土를 보면 벽壁이라는 글자가 바로 한 무더기의 진흙으로 된 것임을 알게 된다. 형태와 음이 나누어져 있었기 때문에 형성자라 한 것이다.

어느 날 저녁 잠을 자려는데 창밖에 달빛이 나의 침대를 비추었다. 잠이 깨어 한 쪽 벽을 발로 차며 침대를 떨치고 일어났다. 그 때 나는 갑자기 비臂나 방牓이 벽辟의 음에서 비롯된 것이 아닌가라는 생각이 떠올랐다. 비臂 역시 신체의 두 곳(旁)을 가리키는 것이고, 벽壁 또한 바로 방房의 네 곳을 가리키는 것이다. 나는 곧 하나하나 생각이 떠올랐다. 대체로 이 편방偏旁의 의미가 모두 마찬가지였다. 예컨대 벽劈이라는 글자도 마찬가지로 칼로서 한 쪽을 쪼개는 것이니 둘로 나누는 것이 아닌가! 예컨대 비譬자의 경우도 내가 말하는 것을 당신이 잘 이해를 못하니 내가 주변의 어떤 예를 비유로 하여 뜻이 분명하도록 하게 하는 의미이다. 또 벽璧이라는 글자도 옛날 사람들은 패옥佩玉을 몸의 한 쪽身旁에 달고 다녔기 때문에, 또 피避자 역시 어느 한쪽에 피해 있었다는 의미이다.

이러한 생각으로 미루어 보니, 예컨대 나의 성인 전錢이라는 글자를 보면 금金변에 속한다는 것을 알 수 있다. 글자 오른 쪽 반이 전戔인데 이는 음을 가리킨다. 그러나 전戔은 음뿐만이 아니라 뜻도 포함하고 있다. 대체로 전戔방을 지닌 글자는 모두 얇고 작은 것을 의미한다. 예컨대 잔盞・전箋・잔殘・천淺・잔棧 등 글자가 모두 전戔

방인데 곧 모두 얇고 작은 것을 의미한다. 이를 통해 중국의 문자는 방旁이나 성음聲音 모두 뜻을 지니고 있음을 알 수 있다.

나는 일찍이 이 문제를 다룬 책을 쓴 적이 있었다. 그러나 아깝게도 항전抗戰시기에 유실되고 말았다. 그러나 실은 송나라 사람들이 문文을 숭상하면서 나보다 먼저 언급한 것이다. 어떤 것은 더욱 그 음만 들어도 뜻이 무엇인지 알 수 있다. 예컨대 '시矢'자는 화살이 발사된 것을 말하고, '시施'자 역시 내가 너에게 베푼다는 것으로 모두 앞으로 나아간다는 의미로서 음도 같고 뜻 역시 같다. 또 '수輸'자나 '수水'자 같은 것도 매우 많다. '수水'자는 소주蘇州사람들이 '시施'·'수輸'·'시矢'자와 비슷하게 발음하는데 이를 통해 대체로 시矢로 발음하는 글자는 모두 앞으로 나아간다는 공통의 뜻을 가지고 있다는 사실을 알 수 있다. 또 '굉宏'·'홍鴻'·'홍洪' 등과 같은 발음의 글자 역시 모두 "크다"는 뜻을 가지고 있다. 역시 문자를 연구하려면 이어서 곧 성음聲音을 연구해야 한다는 것을 알 수 있다.

정초는 또 말하기를 "문자에는 자음과 모음이 있다. 자음은 모음에서 비롯되고 모음을 따라 자음이 된다. 글자는 모음이 중심이 되고, 운은 자음이 중심이 된다〔文有子母, 生子爲母, 從母爲子, 作字書以母爲主, 作韻書以子爲主〕"라 했다. 정초는 글자의 형체와 성음을 따로 나누어 연구했는데 이는 극히 타당한 것이다. 씨족을 설명하는 것은 곧 사람의 내력과 분별을 알 수 있게 하는 것이고, 언어와 문자를 설명하는 것은 곧 문화와 사상의 요점과 특성을 이해하려는 것이다. 그 이후에 비로소 역사를 말할 수 있다고 했다. 내가 생각하기에 바로 이 점이 정초의 위대한 관점이었다.

그 다음이 바로 「천문天文」 2권, 「지리」 1권이었다. 사람을 언급하고 나면, 그 사람이 살고 있는 곳이 천지간이기 때문에 계속해서 천문과 지리를 설명한 것이다. 정초가 말하는 지리는 일반인들의 관점과 다르다. 그는 말하기를 "지리를 다루는 일가는 제후의 봉토에 있었다〔地理之家在於封圻〕"고 했다. 봉기封圻란 바로 제후가 받은 땅을 말한다. 그는 말하기를 "제후가 받은 봉토에서 가장 중요한 것은 산천에 있다. 『우공』의 「구주九州」는 모두 산천을 기준으로 그 경계를 정했다. 구주는 때에 따라 옮겨지기도 했지만 산천은 천고에 바뀌는 것이 아니었다. 반고의 지리는 군국을 중심으로 했는데 바로 이 때문에 지리학이 잘못되었다〔封圻之要, 在於山川. 禹貢九州皆以山川定其經界. 九州有時而移, 山川千古不易. 班固地理主於郡國, 致此一家俱成謬學〕"고 했다.

정초는 『우공』 구주편은 산천과 자연지리를 말하고, 『한서』 지리지는 군국郡國의 정치구역과 인문지리를 말하는 것이라 여겼다. 이같은 말은 그 전에 유지기가 말한 적이 있었다. 그러나 내가 생각하기에 산천을 연구하는 것은 분명히 중요한 일이지만, 정치지리에서 군국을 나누어 설명하는 것도 매우 중요하다. 정초는 지리를 설명하면서 주로 물길에 근거하고 있는데 이는 그의 독특한 견해이기도 하다. 그러나 자료의 취사선택에 있어서 그의 편견이 보이기도 한다.

「천문」과 「지리」 다음에 계속하여 「도읍都邑」 1권이 있다. 도읍이란 한 국가의 수도가 소재하고 있는 곳을 가리킨다. 예컨대 제의 임치臨淄, 노의 곡부曲阜, 전한의 장안長安, 후한의 낙양洛陽 등이 그것이다.

이들 역시 매우 연구할 만한 가치가 있는 문제이다. 이는 인문·정치지리에 속한다. 역대의 도읍은 각기 달랐고 그에 따라 그 영향이 다른 분야에까지 미쳤다. 이는 역사를 공부하는 사람들이 당연히 주의해야만 한다. 그러나 왜 도읍에 유의해야 하는가? 군국郡國은 곧 주의하지 않아도 되는가? 도읍의 건립과 위치에는 인문적인 영향이 있었다. 군국의 구분에도 마찬가지의 인문적인 영향이 있었다. 그러나 정초는 도읍의 경우 그 영향이 크고, 군국의 경우 그 영향이 작았다고 여겼다. 때문에 바로 이 점에 정초의 편견이 있었던 것이다.

그 다음을 이어 「예禮」 4권, 「시諡」 1권, 「기복器服」 2권이 있었다. 당연히 정초가 『통지』에서 설명한 '예禮'는 두우의 『통전』과 비교될 수 없었다. 『통전』의 '예'에 관한 설명은 100권에 걸쳐 있고 이는 두우의 가장 큰 공헌이었다. 정초는 이 부분에서는 그다지 큰 공헌이 없었다고 할 수 있다. 정초는 '예'를 말하면서 특별히 시법諡法이라는 문제를 제시했다. 시법은 본래 황제가 죽고 난 뒤 그의 평소 행위에 근거하여 정하는 것이기 때문에, 그 시호諡號가 때로는 좋은 것도 있고 나쁜 것도 있게 마련이다. 진시황의 경우는 신하가 제왕을 평가하는 것은 말이 안된다고 하여 자기 스스로 시황제라 칭했다. 다음의 2세·3세 황제의 경우도 시호가 필요없었던 것이다. 한대에 이르면 다시 옛날 전통이 회복되었지만 다시는 좋고 나쁜 구별이 없게 되어 황제 사후의 칭호는 모두 좋은 것이었다. 정초는 말하기를 "차마 황제의 이름을 부를 수 없었다면, 어찌 그 잘못됨을 일컬을 수 있겠는가"라고 하면서, "유幽·여厲·환桓·영靈 등 글자는 본래 흉凶의 의미가 없었다"고 했다.

그러나 이 말은 꼭 맞는다고는 할 수 없다. 여러분들은 정초의 책이 대부분 독창적인 견해를 담고 있다고 여기지 말라. 그는 새로운 것을 좋아하면서도 잘못된 것이 있다는 것을 잊고 있었기 때문이다. 시법에 유幽·여厲라는 칭호는 실제 그다지 좋은 것은 아니었다. 정초가 말한 바대로 시법에 좋고 나쁜 뜻이 없었다면, 어찌 선진先秦 사람들이 몰랐겠으며 진시황이 그렇게 말할 수 있었겠는가. 이 한 가지 예를 보더라도 여러분들은 정초의 말에도 비판받을 만한 곳이 많다는 것을 알 수 있을 것이다.

다음 「기복器服」 2권은 오로지 예禮 가운데 기복器服에 관한 것만을 설명하고 있다. 그는 말하기를 옛사람들의 제기祭器는 본래 모두 그들의 음식 그릇이었다고 했다. 정초가 비록 설명한 것이 그리 많지 않지만 역사적으로 기복은 실제로 매우 중요한 것이었다. 우리들이 식화食貨와 경제사를 말하고, 문화와 사회사를 말할 때에는 모두 반드시 기복의 문제에 주의해야만 한다. 그러나 정초는 단지 제기만을 다루었을 뿐이다.

다음 「악樂」 2권이 있다. 정초는 여기에서 마치 고의적으로 차원 높은 이론의 편견을 보이고 있다. 그는 "시로써 노래를 할 수 있는 것이지, 의를 말할 수 없다[詩以歌 非用以說義]"고 말했다. 이는 옛날의 시는 단지 그것으로서 노래를 할 수 있는 것이지 그것으로 도리를 말할 수 있는 것은 아니라고 했다. 그러나 나는 이러한 말 역시 지나친 편견이라 생각한다. 맹자가 말하기를 "시는 뜻을 말한다[詩言志]"고 하여 시를 가지고 우리들의 정의情意를 표현한다고 했다. 시는 단지 노래하는 것이라고는 할 수 없는 것이다.

정초는 또 말하기를 "시는 소리에 있는 것이지 뜻에 있는 것은 아니다[詩在於聲, 不在於義]"라고 하고, 또 말하기를 의리의 학설이 발전하고 소리내어 노래부르는 학문은 날로 쇠미했다고 했다. 또한 한유漢儒들은 『시경』의 풍風·아雅·송頌의 소리를 이해하지 못했으므로 의義를 가지고 시를 논했다고 말했다. 이러한 말들은 모두 한쪽을 높이기 위해 다른 한 쪽을 억지로 낮추는 꼴이다. 따라서 사람을 놀라게 할 정도의 편견을 말하고 있는 것이다.

당연히 고대의 시는 모두 노래할 수 있는 것이었다. 후일 『시경』 3백 수가 모두 읽을 수 있는 시로 변한 것이다. 그리고 오로지 시 속의 의의를 말할 뿐 다시는 읊을 수 없었다. 이는 하나의 변화였다. 이치로 본다면 시는 당연히 노래하는 것으로 음악에 맞추어야 하지만 그렇다고 시가 단지 음악으로서 그 속의 의리義理와는 아무런 상관이 없다고 해서는 안된다. 예컨대 『시경』 관저關雎에 보면 즐거우면서도 음란하지 아니하고, 슬프면서도 상처받지 않았다는 내용을 정초는 말하기를 "그것은 단지 「관저」의 노랫소리이자 화평和平"이라 했으니 이러한 말이 어찌 지나친 편견이 아닐 수 있겠는가! "구해도 얻을 수 없으니 잠 못 이뤄 뒤척이네[求之不得, 輾轉反側]"가 바로 "슬프면서도 상처받지 않았다[哀而不傷]"는 것이다. "거문고로 즐기리[琴瑟友之]", "종과 북을 치며 즐기리[鐘鼓樂之]"가 바로 "즐거우면서도 음란하지 않았다[樂而不淫]"는 것이다.

분명히 시의 뜻을 말하지 않을 수 없었던 것인데 다만 시의 소리만 말하고 있었다. 정초의 『통지』에는 이와 같이 지나친 편견에 속하는 내용들이 적지 않다. 그러나 오늘 상세하게 모두 거론할 수는 없다. 요컨대 정초는 독창적인 견해를 가지고 대담하게 이전에 없었던 과감한 주장을 했지만, 그 안에 편견을 면할 수 없는 내용이 있었다. 우리들은 이를 당연히 알아야 한다.

이상의「예」·「악」·「시諡」·「기복器服」이 한 유類이고, 다음의「직관」·「선거」·「형법」·「식화」는 역대 정사 속의 소위「지志」를 구성하는 제도에 속한다. 두우의 『통전』에도 중요한 것은 주로 이 네 가지 유類이다. 정초의 『통지』에도「직관」7권,「선거」2권,「형법」1권,「식화」2권이 각각 실려 있지만 이들은 두우의 『통전』이나 다음에 설명할 『문헌통고』와 비교가 안될 정도로 내용이 간략하다. 이는 한·당의 제유諸儒가 들은 바들을 정리한 것으로 정초 스스로도 그다지 중시하지 않았다.

그 다음에는「예문藝文」이 있다. 『한서』에는 바로「예문지」가 있었다. 정초의 『통지』에는 이에 대한 독특한 견해가 많다. 그는 먼저 유향과 유흠의 『칠략七略』이 책명은 수록하면서 그림[圖]을 수록하지 않았다"는 것을 비판했다. 정초는 "그림은 구하기 쉬웠지만, 책은 구하기 어려웠다"고 했다. 많은 분야에서 모두 그림을 필요로 했다. 천문을 말하면서 만약 그림이 없다면 어떻게 이해할 수 있겠는가. 지리에서도 그림이 필요하다. 기타 많은 분야에서도 마찬가지이다.

책 속에 그림이 함께 없다는 점은 아마도 우리 중국 학문의 매우 큰 결점이라 하겠다. 서양 사람들은 줄곧 그림과 글이 함께 있었다. 중국 사람들이 언제부터 그림을 경시했는지 잘 모르지만, 이는 실로 매우 큰 결점이라 하겠다. 정초는 또 말하기를, "책 목록은 당연히 두 류類로 구분되어야 한다. 하나는 당시 전하는 책 목록을 기록해야 하고, 다른 하나는 당시 전해오지 않는 것을 기록해야 한다"고 했다. 어느 책이 당시까지 전해 온다면 당연히 기록할 것이지만, 전 시대에는 있었는데 지금은 없을 경우에도 당연히 기록해야 한다.

현재 전해 오는 것을 기록함은 그것을 모두 수집하지 않으면 안된다는 것을 알게 함이요, 현재 전해오지 않는 것을 기록함은 그 책을 다시 구하지 않으면 안된다는 것을 알게 함이다. 뿐만 아니라 전 시대에는 있었는데 현재에 와서 없어졌다는 것은 사학상 그 기록 자체가 매우 중요한 작용을 가진다.

예컨대 『한서』 예문지에는 수록되어 있는 책이 『수서』 경적지에 보이지 않는 것이 매우 많은데, 이러한 문제는 우리들이 학술이나 문화사의 변화 발전을 연구하는 데 매우 큰 작용을 한다. 마찬가지로 『한서』 예문지에는 없는 것이 『수서』 경적지에 갑자기 보이는 것이 있다. 이 책들은 한 이후의 새로운 책이 아니고 한 이전의 고서古書들이 갑자기 한 이후에 비로소 나타난 것이니 여기에는 곧 문제가 있다. 어찌 한대 사람들이 볼 수 없었던 책들이 수나라에 와서 처음 나타날 수 있단 말인가? 따라서 대부분 믿을 수 없는 경우가 많다. 예컨대 소진蘇秦과 장의張儀가 귀곡鬼谷 선생에게서 배웠다고 했는데 『한서』 예문지에는 귀곡의 책이 보이지 않다가 『수서』 경적지에 보인다.

실제로 이 책은 후세사람들에 의해 위조된 것이다. 이와 같은 책들이 많다. 당연히 정초의 역사적 견식이 유지기에 비해서 뛰어난 점이 많았다. 유지기는 『한서』 예문지가 필요없다고 여겼지만, 정초는 오히려 「예문지」를 매우 중요하게 생각했으며 이를 통해 많은 가치있는 의견을 제시했다.

『통지』의 「예문략」 8권 다음에 「교수략校讎略」 1권이 있다. 정초는 바로 이 한 권의 「교수략」에서 자신의 매우 중요한 주장을 발휘했다. 후일 청대의 장학성이 바로 정초를 본받아 『문사통의』에 이어서 『교수통의』를 지었던 것이다. 우리들은 장학성의 사학 중 많은 부분이 정초에게서 비롯된 것이라 할 수 있다. 「교수校讎」를 말하자면 그것이 몇 가지 잘못된 글자를 교정하는 데 그치는 것이 아니라 주요한 것은 "서목의 순서를 정함編書目"에 있었다. 정초는 말하기를 "편찬의 순서는 반드시 그 유례를 신중히 하여야 한다. 유례가 제대로 구분되면, 학술은 저절로 분명해 진다〔編次必謹類例, 類例旣分, 學術自明〕"고 했다.

중국인들은 학문을 말할 때에 항상 '학술學術'이라 칭한다. 모든 학문은 당연히 일정한 방법과 길이 있게 마련이다. '술術'이라는 글자는 바로 이러한 방법과 길을 말하는 것이다. 학문이란 분명히 스스로 배우고 묻고 하는 것이고, 스승으로부터는 다만 이러한 방법과 길을 배우는 것이다. 이 길에는 자신이 처음 열어가는 것도 있고, 남을 따라 가는 것이 있게 마련이다. 그리고 창의적인 것 혹은 전향적인 것 등도 있다. 이런 점에서 정초는 역사적으로 새로운 길을 처음 열었다.

학문에는 각기 나름의 방법과 길이 있기 때문에 '학술'이라 한 것이다. 그리고 각 학문의 길이 달랐기 때문에 분류를 할 수 있었다. 서적의 편목編目은 분류와 밀접한 관련을 가진다. 때문에 편찬의 순서는 반드시 그 유례를 신중히 해야 한다고 한 것이고, "유례가 제대로 구분되면 학술은 저절로 분명해진다"고 한 것이다. 이 일은 매우 어렵다. 오늘날 도서관의 분류는 단지 외국을 모방한 것으로 찾아보기 쉽게 책명, 저자명을 각각 분류하여 필획의 순서에 따라 조사하기 편하게 했다. 예컨대 정초의 『통지』를 찾으려 하면 저자명인 '정鄭'자의 획 수나 혹은 책이름인 '통通'자가 몇 획인지를 찾으면 된다. 또 예컨대 도서 10진분류법 등도 모두 중국 서적의 전통적인 분류법과는 서로 어울리지 않는 것이다. 중국과 서양의 학술이 다르니 그 분류 또한 달라야 한다.

서적을 분류하는 일은 매우 중요한 학문이다. 서목書目의 분류가 잘 정리되어 있으면 곧 독자들은 그 서목의 분류를 통해 학술의 대강을 제대로 이해할 수 있는 것이다. 예컨대 경학을 설명하면서 정초는 "참위의 학이 낙양에서 성행했다〔讖緯之學, 盛於東都〕", "음운의 학이 강남지방에 전해졌다〔音韻之學, 傳於江左〕", "전주는 한과 위에서 시작되고, 의소는 수와 당에서 완성되었다〔傳主起於漢魏, 義疏成於隋唐〕"고 말했다. 이 책을 통해 그러한 학술의 원류를 알 수 있다. 참위·음운·전주·의소는 모두 경학 내의 몇 가지 각기 다른 길이었다. 서목의 분류가 잘 되어 있기만 하면 관련한 학술사의 대략을 우리에게 말해주는 셈이다.

소위 학술의 원류라는 것은 예컨대 경학은 참위·음운·전주·의소 등의 근원[源]이고 이 네 가지가 바로 경학의 유流인 것과 같다. 따라서 이들을 모두 합하여 경학이라 하는 것이다. 또 예컨대 참위讖緯의 학이 가장 먼저 낙양에서 등장했고, 음운音韻은 진晉에서, 전주傳注는 한위漢魏에서 의소義疏는 수당에서라고 각각 말하고 있으니 각 유類의 원류源流를 역시 모두 우리에게 알려주고 있는 셈이다. 실제로 서목을 뒤지기만 하면 그 대강을 곧 알게 된다.

정초는 또 말하기를 "학술의 구차함은 그 원류를 구분하지 않음에서 비롯된다[學術之苟且, 由源流之不分]"고 했다. 따라서 옛사람들은 서목을 정리할 때는 반드시 그 본말을 살폈다고 말했다. 위로는 원류가 있고 아래로는 그를 계승하는 것이 있다고도 했다. 정초는 능히 학술사의 안목으로 각종 학술을 살펴볼 수 있었던 것이다. 이는 또한 정초가 지닌 사학상의 커다란 안목이요, 커다란 견식이었다. 이후 장학성의 『문사통의』와 『교수통의』 두 책이 정초의 이러한 뜻을 발휘하여 매우 많은 훌륭한 이론을 펴고 있다. 이것 역시 학문상의 하나의 길이다.

학술을 논하려면 반드시 그 분류를 이해해야 한다. 그리고 각 학문의 변화와 발전을 알고자 한다면 응당 그 학문의 원源과 유流를 제대로 이해해야 한다. 지금 예컨대 우리가 사학을 말하려면 당연히 중국사학을 몇 유類로 나눌 수 있는지, 그리고 매 유類의 원류와 그 변화, 발전이 어떤지 등을 당연히 알아야 한다.

또 중국학술사를 말하려면 당연히 어떻게 분류되는지 또 그 원류와 변화, 발전을 어떻게 논해야 하는지를 알아야 한다. 간단히 말해서 여러분들이 장학성의 『문사통의』와 『교수통의』를 가지고 나아가 정초의 『통지』 교수략을 살피거나 또 더 나아가 『한서』 예문지를 살피는 것 역시 한 가지 방법으로서 우리들에게 그 길의 모든 것을 대략 알게 해주는 것이다. 여러분들이 지리를 말할 때에도 몇 가지 길이 있기도 하다. 각 길은 각기 관점이 있다. 문자학의 경우에도 몇 가지 길이 있게 마련이고, 길마다 각기 나름의 관점이 역시 존재한다.

여러분들이 학문을 할 때 먼저 많은 길을 자세히 살피지 아니하고, 단지 한 가지 방법만이 있다고 여긴다면 그것은 잘못된 것이다. 모든 학문은 각기 나름의 방법을 지니고 있으며, 아울러 한 가지 학문 안에도 각기 다른 방법이 있다는 사실을 알아야만 한다. 이러한 방법들은 오늘은 이와 같지만 내일은 또 변할 수 있다. 여러분들은 나의 말을 믿지 아니하고 자신들이 지닌 바를 여전히 과학적 방법이라 여길 것이다. 하지만 과학적인 방법도 마찬가지로 변한다는 사실을 모르고 있다.

뉴턴의 역학에서부터 아인슈타인의 상대성이론까지 어디 하나 변하지 않은 것이 없는 것이다. 그리고 소위 과학이라는 것이 어떤 종류의 과학인가 하는 것을 물어야 한다. 왜냐하면 모든 과학에는 역시 각각의 방법이 있기 때문이다. 오늘날 학문을 하는 사람들은 커다란 길을 먼저 묻지 아니하고 단지 방법만을 묻고자 한다. 바로 이것이 정초가 말한 "학술의 구차함[學術之苟且]"인 것이다.

오늘날 여러분들은 단지 선생님이 방법을 가르쳐 주길 원할 뿐 모든 것을 지도 받아야한다는 것을 모른다. 그리고 그 방법 또한 그가 연구하고자 하는 작은 범위 안에서만 쓸 수 있는 것이다. 여기에서 그친다면 결코 학술의 위대함과 원류의 변화를 이해하지 못할 것이다. 예컨대 정초가 『통지』에서 역易을 16 종류로 분류하고, 시詩를 12종류, 도가道家를 25종류, 의방醫方을 26종류 등으로 구분한 것이 그것이다. 이러한 구분법이 타당한지는 또 다른 문제이다.

그러나 학술을 논하고자 하면 반드시 그 분류를 제대로 알아야 하고, 모든 유類 중에는 그 원류源流와 연변演變이 있다는 것을 알아야 한다. 이는 지당하고 변할 수 없는 커다란 도리이다. 지금 한 가지 아주 간단한 예를 들어 보겠다. 만약 여러분들이 『시경』을 연구한다면 그것을 연구하는 사람들이 각기 시詩를 이해하는 방법이 다르다는 것을 알아야 한다. 그저 편한 대로 두, 세 권의 참고서를 찾아볼 뿐 제대로 분별하여 보지도 않는데 이는 잘못된 것이다. 『시경』을 학문으로 하는 사람들은 모두가 다르다. 어찌 제 편한 대로 인용할 뿐, 분별하지 않겠는가!

또한 여러분 스스로가 만약 『중국사학명저』라는 글을 쓰려 하면서 적당히 참고서 목록을 찾아보고 또 서점에 가서 쌓여 있는 책 가운데 몇 권 집어서 써내려가서는 결코 안된다. 오늘날 여러분들은 마치 몇 권의 참고서와 그저 한 가지 방법만 있으면 학문을 할 수 있다고 여기는 것 같다. 예컨대『중국사학명저』를 쓰고자 하면서 가장 중요한 것은 곧 그 자료문제에 있고, 그 다음이 방법에 있다고 하면서, 자료와 방법이 있으면 실제 학문이라는 것이 필요없다고 생각하는 것 같다. 즉 학문은 자료와 방법 속에 있다고 여기고 있다. 그러나 이러한 생각으로 자연과학을 말하는 것이 혹 가능할는지 모르지만, 문학과 사학의 경우는 결코 그렇게 할 수 없다.

오늘날 우리들은 단지 과학적 방법만을 외치고 있는데, 이 때문에 우리 젊은이들의 문학과 사학을 공부하는 총명함이 매몰되고 다 없어지고 있으니 그 위에 학문이란 것이 있을 수 없다. 여러분들은 내가 이와 같이 말하는 것을 곤란하다고 느낄지 모르겠다. 그러나 장래 여러분들의 총명함을 각자 유용하게 쓰고 게으르지 않아야 스스로 학문을 이룰 수 있다. 만약 여전히 그저 과학적 방법만을 원한다고 한다면, 당신이 원하는 것은 과연 어떤 과학인가 하는 것을 물어보자. 여러분들은 현재의 과학이 모두 이미 얼마나 많은 분야로 다시 나뉘어 있는지 아는가 모르는가.

모든 과학의 분야가 이미 작은 부분으로 구분되고, 또 저마다 각기 나름의 방법을 지니고 있어서 같은 것이 하나도 없다. 그리고 문학과 사학 그리고 자연과학은 또 다르다. 또 모든 문학과 사학에는 각기 나름의 방법이 있다. 예컨대 정초가 역학을 16종류, 시학을 12종류, 도가를 25종류, 의방을 26종류로 분류했고, 뿐만 아니라 시詩를 공부한 방법으로 역易을 공부할 수는 없었다.

아울러 시나 역을 공부하는 방법 안에는 또 각기 다른 방법이 존재했다. 도가를 공부하는 방법에도 많은 방식이 있었고, 의학을 배우는 데도 많은 구별이 있었다. 단지 정초의 『통지』 예문략만 보더라도 정초의 이 방면에 대한 독창적인 견해를 볼 수 있다. 「예문략」과 「교수략」은 정초의 독창적인 학문이었다. 우리들은 『통지』 예문략과 『한서』 예문지, 『수서』 경적지를 모두 책 목록이나 자료를 모아놓은 것으로 생각해서는 안된다. 넓게 말하자면 우리들이 책을 읽을 때에는 응당 그것을 하나의 학문으로 여기고 살펴보아야지, 그것을 한 무더기 자료로만 여기고 뒤적여서는 안된다. 만약 어떤 책이 자료로서만 읽는 사람을 대하기 위해 쓰였다면 그 책은 학술적 가치가 없다.

『통지』 예문략과 교수략 다음에 도보략圖譜略 1권이 있다. 이 부분에도 정초의 매우 뛰어난 견해가 들어 있다. 그는 도보圖譜에 관한 학문은 학술 중에서도 주요한 분야로서 만약 이 학문이 전하지 않으면 실학實學이 모두 허문虛文으로 변한다고 말했다. 정초는 또 모든 천하의 책이나 고금의 학술에는 각기 도보를 이용한 것이 열 중 여섯이나 되기 때문에 그 자세한 목록을 다 거론할 수 없다고 했다. 이 말은 오히려 정초의 일종의 과학적인 방법과 정신의 표현이라 할 수 있다. 그러나 그는 또 『칠략』이 책명은 수록하면서 도圖를 누락시켰는데, 이러한 유흠과 유향의 죄는 하늘에 통할 정도라고 했다. 물론 이 말은 너무 심한 편견 같다. 그러나 정초의 책을 읽을 때는 정초가 말한 심한 편견에 대하여 오히려 극히 주의해야만 한다.

「도보략」 다음에 「금석략金石略」 1권이 있다. 종전의 정사에는 예문예文藝이나 경적經籍은 있었지만, 도보圖譜와 금석부분은 없었다. 정초는 책이름만 있고 그림[圖]이 없는 것을 하나의 결점이라 여겼다. 따라서 예문만 있고 금석이 없으면 그것 또한 결점이 된다. 오늘날에 이르러 많은 사람들이 모두 금석을 말하지만 실제로 이러한 분위기는 송대에 시작했다. 구양수歐陽修가 바로 그 첫번째 인물이었다. 이후 청대에 이르러 금석학이 크게 성행했다. 금석을 통하여 역사의 각종 미진한 부분을 보완할 수 있다.

정초는 『통지』에서 다시 "진晉나라 사람들의 글자와 그림을 보면 그들의 풍류를 알 수 있고, 당나라 사람들의 글을 보면 그들의 전칙典則을 알 수 있다"고 했다. 이는 정초가 또 다른 방면에서 즉 예술적 안목으로 역사를 바라보았다고 할 수 있다. 이러한 정초의 말은 예술사의 각도에서 문화사를 꿰뚫어보고 있었던 것이다. 예술의 매우 높은 경지만을 보더라도 그 시대와 그 사람들의 대강을 알 수 있다. 청나라 사람들이 말하는 금석은 대부분 사료방면에 착안한 것이어서 정초가 제시한 문제에 대해서는 크게 주의하지 않았다.

그 다음이 「재상략災祥略」 1권이다. 이전의 역사책에서는 모두 「오행지五行志」라고 했는데 정초는 「재상지災祥志」라 고쳤다. 오행이라 할 경우 미신에 가깝다는 생각을 면할 수 없다. 재이災異와 상서祥瑞가 역사적 자취와 관련이 있다는 것은 맞는 말이다.

마지막이 「곤충초목」 1권이다. 정초는 농사짓는 사람은 "밭과 들의 사물에 대해서는 잘 알지만, 『시경』과 『서경』의 뜻은 잘 모른다. 유생은 『시경』과 『서경』의 뜻은 잘 알지만, 들과 밭의 사물에 대해서는 잘 모른다[識田野之物而不達詩書之旨. 儒生達詩書之旨. 而不識田野之物]"고 했다. 정초가 이 부분을 정리한 의도는 대략 공자가 말한 "조수와 초목의 이름을 대부분 안다"고 하는 것과 비슷하다. 이렇게 함으로서 정초는 사학의 범위를 매우 넓게 확대한 셈이다.

우리들이 오늘날 학술사나 문화사를 이해할 것을 요구하는 것은 실제로 정초의 『통지』가 일찍감치 우리에게 더욱 넓은 범위를 제공한 셈이다. 그는 학술사와 문화사적 안목에서 오늘날 우리들의 안목보다 훨씬 더 넓었는지도 모른다. 나는 이미 여러분들에게 청대 장학성의 『문사통의』가 청 말의 사람들로부터 중시되었다는 것을 말한 바 있다. 그 책에서 장학성은 한편으로 원추의 『통감기사본말』을 존중하여 사학상의 새로운 체계를 제창했고, 다른 한편 정초의 『통지』를 중시함으로서 사학에 새로운 안목을 더했던 것이다.

더욱이 청 말의 양계초 같은 사람은 정초의 『통지』를 더욱 중시했다. 그러나 최근의 학자들은 그저 언제나 힘을 덜 들이는 방법에만 전념하고 있다. 따라서 『통지』를 읽더라도 그저 전체 20략=二十略 중에 한두 략略만 읽는 것도 매우 번거롭다고 여기고 아무도 그 전체를 자세히 읽으려 하지 않는다.

실제로 오늘날 우리들은 정초와 비교하여 볼 때 이미 매우 많은 새로운 지식을 지니고 있는 셈이다. 다시 이 분야의 학문을 한다고 하더라도 어찌 정초보다 노력을 게을리 해서야 되겠는가? 그러나 오늘날에는 아주 적은 사람만이 정초를 본받으려 한다. 정초의 『통지』뿐만 아니라 두우의 『통전』과 마단림의 「문헌통고」처럼 그들의 노력을 본 받아야 하는데 그러기는커녕 그들의 책조차도 게을러 보려하지 않는다.

우리들은 '통通'을 말하기를 좋아하지 않는다. 오늘날 역사를 말하는 사람들은 단지 전체 25사와 10통通이라는 많은 책 가운데 한 시대를 선택하고 또 그 시대 중에 하나의 주제를 찾아내어 연구한다. 주제가 작으면 작을수록 좋다고 여긴다. 따라서 현재의 도서관에 가면 책 찾기가 매우 쉽다. 여러분들이 이 같은 현재의 모습으로 과거 사람들이 학문을 생각하면 깜짝 놀랄 것이다.

정초는 나이가 많은 학자였다. 그리고 아주 보잘것없는 낮은 관리를 지낸 적도 있다. 그는 또 시골에 거주하고 있었고 또 부자도 아니었다. 그가 많은 참고서적을 수집하는 일도 매우 힘든 일이었다. 오늘날 우리들은 스스로 과거의 학자들보다 앞서있고 위대하다고 뽐내고 있지만, 책만을 가지고 보았을 때 오늘날 우리들이 이처럼 많은 책들을 쉽게 얻어볼 수 있었던 시대는 없었다고 하는 사실에 있어서만 우리가 정말 진보했다고 할 수 있다.

그러나 여러분들은 우리들이 학문을 하는 방법 역시 진보했다고 생각해서는 안된다. 책이 많으면 찾아야 할 자료가 끝이 없다. 그러나 어떤 학문을 하더라도 반드시 그 길을 알아야 한다. 예컨대 정초를 연구하려면 그의 사학이 어떤 모습의 길을 가고 있는지 알아야 한다. 만약 정초와 두우를 비교하고, 혹은 정초와 사마광을 비교해 보면 두 사람의 학문방향이 각기 다르다는 것을 알 수 있다.

자기 스스로 학문의 방향을 가졌을 때 이를 비로소 '창조'라고 부를 수 있는 것이다. 왜냐하면 자기 스스로 새로운 길, 즉 다른 사람이 한번도 가 본적이 없는 길을 처음으로 만들어 내고 있기 때문이다. 만약 우리가 다만 시대를 쫓아가기만 한다면 어찌 능히 창조할 수 있겠는가. 자, 오늘 강의는 여기까지 하겠다.

마단림의 『문헌통고』

> 정치제도를 연구할 때는 문자로 쓰여 규정된 제도를 연구해야 할 뿐만 아니라, 그밖에도 당연히 당시 그 제도의 기원과 변화와 발전과정을 모두 알아야 한다. 아울러 많은 사람들이 이 제도에 대하여 발휘한 각종 의견과 논의를 알아야 한다. 이렇게 해야 비로소 살아 있는 제도를 연구할 수 있게 된다.

오늘은 마단림馬端臨의 『문헌통고文獻通考』에 대하여 살펴보자. 우리는 앞에서 두우의 『통전』과 정초의 『통지』에 대하여 살펴보았다. 『문헌통고』는 소위 3통三通 중 마지막, 즉 세번째 책에 해당한다. 마단림은 원나라 사람이었고 송은 이미 멸망하여 국가의 전통은 끊겼지만 학술은 아직 단절되지 않았다. 따라서 원나라 초에는 여전히 몇 몇 큰 학자들이 있었다. 예컨대 왕응린王應麟은 『옥해玉海』와 『곤학기문困學記聞』을 지었고, 호삼성胡三省은 『자치통감주資治通鑑注』를 남겼다. 그보다 조금 전에는 황동발黃東發이 『황씨일초黃氏日鈔』를 썼다. 이들은 모두 송·원 교체기의 대유大儒들로서 사학에 대하여 매우 훌륭한 성과를 남겼다. 마단림 역시 그 중 한 사람이었다. 마단림의 이 책이 비록 조금 늦게 나왔지만 우리들은 이 책을 송대의 사학으로 보거나 혹은 송대 사학의 성과를 상징하는 것으로 볼 수 있다.

그러면 이 책은 왜 이름을 '문헌文獻'이라 했는가? 마단림은 서문에서 "문文은 전적典籍이요, 헌獻은 현자賢者이다"라고 했다. 그는 말하기를 "사실에 대한 서술은 경사經史에 근본했으며, 역대의『회요會要』와 백가百家·전기傳記 등을 참고했다"고 했다. 문文이란 바로 이 말을 가리키는 것이다. 가장 중요한 것은 당연히 바로 6경과 17사이다. 역대의『회요』는 정치제도 방면의 중요한 참고서이다. 예컨대『오대회요五代會要』·『송회요宋會要』와 후세사람들이 보완하여 편집한『양한회요兩漢會要』등이 있다. 그리고 백가와 전기 등의 책을 참고했던 것이다. 이것을 모두 '문文'이라 했다.

대체로 마단림의『문헌통고』에 기재된 주요한 근거들은 이들 자료였다. 이러한 자료의 수록 이외에도 평론을 함께 수록하고 있다. 즉 먼저 "당시 신료臣僚들의 주소奏疏를, 그리고 다음으로 근대 여러 사람들의 평론을 싣고 있다"고 했다. "아울러 명류名流의 연담燕談과 패관稗官의 기록"을 수록하고 있는데 이것을 '헌獻'이라 한 것이다.

각종 제도에 관한 항목과 모든 종류의 조처들은 당시에 실제 정치에 종사하던 사람들의 전체 의견들이 주소奏疏에 보인다. 우리들은 모든 시대에 발생한 사실이 분명 매우 중요하다는 것을 잘 안다. 그리고 당시사람들이 그와 같은 일에 대하여 어떠한 의견을 가지고 있었는가를 아는 것도 마찬가지로 중요하다. 단지 후세사람들이 그 이전의 사실에 대한 평론은 문장 안에만 수록되어 있는 것이 아니라, 한가로운 담론(燕談)에도 있고 각종 소설이나 필기에도 기록되어 있다. 이들을 모두 '헌獻'이라 한 것이다.

따라서 '문文'과 '헌獻'은 각각 다른 종류이다. 간단하게 말해, '문'은 책을 가리키고, '헌'은 사람을 가리킨다. 우리가 학문을 할 때 책이 물론 중요하지만 사람 역시 중요하다는 것을 알아야 한다. 혹은 사람이 책보다 더 중요할지도 모른다. 내가 여러 번 말한 적이 있지만, 독서는 반드시 한권 한권씩 해 나가면서 아울러 그 책 배후의 저자를 살펴야 한다. 우리는 책보다는 책을 지은 사람에게 더욱 주의해야 한다. 뿐만 아니라 본인 이전에 오랜 시간동안 수많은 다른 사람들이 이 책을 읽었다는 사실 역시 당연히 주의해야 한다. 책이란 쓰이고 나면 죽은 것이 되지만, 이 책을 쓴 사람은 비로소 살아 있게 된다. 살아 있는 사람은 다만 이 죽은 책을 통해 전해지게 되는 것이다. 따라서 학문을 한다면 당연히 문헌을 모두 중시해야 한다.

이 '문헌' 두 글자는 『논어』에 최초로 보인다. 공자는 "하夏나라의 예는 내가 능히 말할 수 있으나, 기杞나라의 문물제도는 그것을 증명하기에 부족하고, 은殷나라의 예는 내가 능히 말할 수 있으나, 송宋나라의 문물제도는 그것을 증명하기에 부족하다. 문헌이 부족하기 때문이다"라고 했다. 또『논어』에는 "문왕과 무왕의 도가 아직 땅에 떨어지지 않고 사람들 사이에 남아 있는지라, 현자賢者는 그 큰 것을 기억하고, 현명하지 못한 사람은 작은 것을 기억하고 있으니…"라는 말이 있다. 여기서 '현자'란 바로 사람을 가리키는 것이다.

모든 사회에는 크게 현명한 사람이 있어서 그들은 전통적인 큰 도리[大道]를 능히 이해할 수 있었다. 마찬가지로 현명하지 못한 사람이 있게 마련이고 그들은 보통사람을 가리키며 전통적인 큰 도리가 그들의 신상에도 있게 마련이다. 다만 전통적인 큰 도리 가운데 비교적 작은 부분이었다. 앞에서 언급한 『논어』에 나오는 "문헌이 부족하여"라는 말에 나오는 '헌獻'자는 바로 커다란 도리를 깨달을 수 있는 '현인賢人'을 가리킨다. 공자가 말한 문왕과 무왕의 도리 그리고 하나라의 예, 은나라의 예 등을 오늘날의 용어로 말하자면 소위 문화라고 할 수 있다.

공자는 상나라의 문화는 내가 능히 알지만, 자료가 없어서 그것을 증명할 수 없다고 했다. 왜냐하면 상나라 후예인 송宋은 이미 문헌이 부족하기 때문이었다. 하나라의 문화 역시 내가 능히 알고 있지만, 하나라 후예인 기杞는 이미 문헌이 부족하기 때문에 내가 말하는 것을 증명할 수 없다고 했던 것이다. 다만 주나라의 문화는 당시까지 책이 있고, 사람이 있기 때문에 비교적 쉽게 말할 수 있었던 것이다.

오늘날 대학에서 학술을 연구하자면 반드시 두 가지 조건이 필요하다. 하나는 도서관으로서 많은 책을 소장해야 한다. 이것이 바로 '문文'인 것이다. 그리고 또 반드시 이상에 맞고 기준에 맞는 교수가 있어야 한다. 이것이 바로 '헌獻'인 것이다. 이 두 가지가 없으면 결국 "문헌이 부족하다"고 할 수밖에 없다. 예컨대 여러분들이 공자의 도리를 연구한다면 당연히 『논어』를 읽어야 한다. 『논어』는 바로 '문'인 것이다. 혹은 『춘추』를 읽을 것인데 이 또한 '문'이다. 그러나 이 정도에 머문다면 아직 충분하지 못하다. 그밖에도 예컨대 좌구명左丘明·맹자 등 많은 현인이 있다. 곧 '헌'이 있는 것이다. 이 두 가지를 겸해야만 비로소 『논어』와 『춘추』를 제대로 이해할 수 있다.

우리들이 만약 공자의 도리를 배우려 한다면 『논어』를 읽어야 하고 아울러 관련하여 맹자의 견해를 살펴야 한다. 『춘추』를 읽을 때에도 마찬가지로 좌구명의 견해를 보아야 한다. 따라서 '문'과 '헌'은 둘 다 모두 조화롭게 갖추어야 한다. 만약 우리들이 단지 '문'만 중시하고 '헌'을 중시하지 않는다면, 그것은 오늘날 비평하는 말로 종이더미에 파묻힌 학문인 것이다. 또 이는 죽은 책이요, 죽은 독서임으로 학문이 될 수 없는 것이다. 그러나 만약 크게 현명한 사람을 만나서 그의 지도를 받게 된다면 그러한 종이더미 속에 정교하고 깊은 뜻이 숨겨져 있다는 사실을 알게 될 것이다. 그러면 죽은 책은 곧 살아 있는 학문으로 바뀌게 된다.

오늘날 어떤 사람은 중국의 학문을 연구하려면 외국에 나가야 할 것이라고 말한다. 왜냐하면 일본이나 미국 같은 나라에는 중국의 책이 매우 많이 소장되어 있기 때문이다. 그러나 역시 일부분일 뿐이다. 책만 있고 사람이 없다면 '문'은 있는데 '헌'이 부족한 꼴이 된다. 여러분들이 일본이나 미국에 가는 것은 다만 생명력이 없는 책을 읽으려 가는 것이지 뭐 그리 대단할 것도 없다. 또 우리들은 오늘날 대만에서 책을 이야기하면서 일본이나 미국에 가지 않아도 된다. 작은 도시 타이베이에는 고궁박물원이 있고, 중앙도서관이 있고, 중앙연구원이 있으며, 대만대학에도 도서관이 있다. 북경을 제외하고는 다른 곳에서 이렇게 많은 책을 쉽게 찾을 곳이 없다. 우리들은 수많은 책으로부터 중국의 역사와 문화를 연구하는 것이 충분할 것이다.

그러나 또 알아야 할 것은 그밖에도 한 가지 중요한 사실 즉 선생先生이 있다는 것을 알아야 한다. 책도 이해해야 하지만 책이 많아지면 능히 우리들의 입문을 지도할 수 있는 사람이 있어야 한다. 우리가 관련 책을 읽을 때는 이들의 의견을 잘 들어야 한다. 우리는 우물 속에서 하늘을 바라볼 수는 없다. 그것은 단지 죽은 독서를 하는 것이다.

오늘은 이미 우리가 어릴 적 시대와 많이 다르다. 그 때 우리는 시골에서 살았고 아이들은 독서를 하려해도 책이 부족했다. 즉 '문'이 부족했다. 책을 구하기가 참 어려웠다. 그러나 오히려 현명한 사람이 있어서 그들이 정리해주는 중국 이야기를 들을 수 있었다. 오늘날 '문'은 이미 충분하다. 책을 얻는 데 큰 힘이 들지 않는다. 그러나 오늘날 중국의 사회에는 실제로 일본이나 미국에 가길 원하는 것처럼, 정말 몇 사람의 중국의 선생과 대가들이 중국의 이야기를 해야 하는데 그 수가 많지 않다. '문'은 있는데 '헌'이 없으니 그저 아무 생명력이 없는 책을 읽고 쓸데없는 독서를 하게 됨으로 힘만 더욱 들뿐이다.

여러분들처럼 공자를 연구하려면, 선진의 맹자와 순자로부터 시작하여 한과 당을 거쳐 송·원·명·청까지 과거에 공자를 연구한 사람이 얼마나 되는지를 알아야 한다. 이 많은 사람들이 말했던 것이 즉 모두 '헌'이기 때문이다. 그러나 '헌'도 오랜 시간 쌓여있게 되면 마찬가지로 모두 '문'이 된다.

오늘날에 있어서도 맹자나 순자 그리고 주자, 왕양명 같이 공자와 맹자의 도리를 능히 말할 수 있는 사람을 찾아야 하는데, 그것이 그리 쉽지 않다. 때문에 문화적 전통을 자세히 이야기하려면 우리는 여전히 살아 있는 '헌'이 필요한 것이다. 그것이 바로 진짜 전통인 것이지, 도서관에서 찾는 것으로는 충분하지 않다. 도서관은 살아 있는 것이 아니다. 사람이 있고, 학자가 있고 또 '헌'이 있어야만 그 '문'이 비로소 모두 빛을 발할 수 있고 모두가 그 뛰어남을 볼 수 있는 것이다.

방금 내가 한 말은 보통 일반적인 학문을 할 경우 어떠해야 하는지를 지적한 것이다. 그럼 다시 『문헌통고』에 대한 설명을 계속하자.

이 책은 오로지 정치제도에 주의한 것이다. 예컨대 『논어』의 "하나라의 예禮에 대해서는 내가 능히 말할 수 있다. 은나라의 예에 대해서는 내가 능히 말할 수 있다"는 문장에 보이는 '예'라는 글자는 넓은 의미에서 말하자면, 바로 '도道'이다. 그리고 바로 당시의 문화라고도 할 수 있다. 좁은 의미로 말하자면, 바로 당시의 정치제도들을 말한다.

우리들이 정치제도를 연구할 때는 문자로 쓰여 규정된 제도를 연구해야 할 뿐만 아니라, 그밖에도 당연히 당시 그 제도의 기원과 변화와 발전과정을 모두 알아야 한다. 아울러 많은 사람들이 이 제도에 대하여 발휘한 각종 의견과 논의를 알아야 한다. 이렇게 해야 비로소 살아 있는 제도를 연구할 수 있게 된다. 이는 우리들이 모든 학문을 할 경우 당연히 알고 있어야 하는 것이기도 하다. 『문헌통고』

를 읽을 때는 이 점을 주의해야만 한다.

실제로『문헌통고』의 이러한 특징은 두우의『통전』을 따른 것이다. 우리들은 이미 두우의『통전』에 대하여 강의한 적이 있다.『통전』은 모든 제도를 설명할 뿐만 아니라, 그밖에도 그 제도가 각 시대의 수많은 사람들의 의견과 평론을 거쳐 성립한 것임을 상세하게 설명했다. 이 점이 바로 두우의『통전』이 갖는 아주 독특한 정신이었다. 그리고『문헌통고』는 바로 그러한 정신을 이어받았다.

오늘날 우리들은 마치 그저 이들 완성된 책을 중요시할 뿐 이들 책을 썼거나 혹은 이들 책을 공부한 사람에 대해서는 아무 관심도 없는 것 같다. 옛날 사람들은『논어』를 읽을 때 반드시 공자를 중시했다. 아울러 선진·양한을 거쳐 명·청에 이르는 동안 각 시대마다『논어』를 연구한 사람들을 모두 마찬가지로 존중했다. 오늘날에는 거의 대부분이『논어』를 말하면서도 나 이전에『논어』를 말했던 수많은 사람들을 모두 무시하고 있다.

더욱 두려운 것은『논어』를 말할 뿐 공자를 말하지 않는다는 것이다. 바꾸어 말하면 우리들의 마음속에는 단지『논어』라는 책만 있을 뿐 공자라는 사람은 없는 것이다. 마찬가지로 역사를 말하고, 제도를 말하면서도 겨우 역사제도에 머물 뿐이었다. 그리고 우리가 말하는 사람의 마음속에 실제로 우리들이 말하는 그 역사 혹은 그 제도와 관련 있는 수많은 사람은 역시 없었다.

이는 실로 우리들이 학문을 하는 데 있어서 가장 큰 심리적인 병인 것이다. 마음속에 이 같은 병이 있으면 높고도 깊은 그리고 두

터운 학문을 할 수가 없다. 왜냐하면 이러한 사람의 학문의 모습은 이미 겸허하지 아니할 뿐만 아니라 두터운 도리를 갖추지 않은 심리적인 병을 가지고 있기 때문이다. 책을 읽을 때는 이 책에 대하여 종전의 사람들이 얼마나 노력했는지를 알아야 하고, 어느 제도를 살필 경우에는 종전의 사람들이 이 제도에 대하여 얼마나 주의했는가, 또 어떠한 의견을 가지고 있었는가를 알아야 하는데, 이에 대하여 우리들은 관심이 없다. 심지어 우리들은 어떤 저서에 대하여 또는 어떤 제도에 대하여 연구적 태도를 가지고 살피지 않는다.

더욱 중요한 것은 평가적인 태도를 가지고 평가를 한다는 사실이다. 마치 언제나 그 속의 문제점들을 찾으려 한다. 그래야만 비로소 그 책을 읽고 얻는 바를 표시한다고 여기기 때문이다. 만약 내가 그러한 문제점을 찾아내지 못한다 하더라도 어찌 아무런 소득이 없다고 할 수 있겠는가? 이러한 관점은 실로 매우 큰 착오이다. 뿐만 아니라 우리들이 늘 말하는 진秦 이전은 봉건이요, 진 이후는 전제라고 하여 일찌감치 중국역사상의 한 제도를 모조리 싸잡아 비판을 가하고 있으니, 두우와 마단림의 두 책에 관심을 갖지 않는 것은 당연한 일인지도 모른다.

강의주제 이외의 이야기를 몇 마디 해야겠다. 최근 정치대학 학생 한 사람이 내게 편지를 보내 내가 쓴 노자와 장자 관련 책을 구하고자 했다. 그 학생은 공부를 하면서 선진제자를 가장 좋아하게 되었기 때문에 『노자』와 『장자』를 읽고 싶다고 했다. 나는 답장을 보내 나에게 그러한 책이 없지만 학생은 왜 노자와 장자를 그렇게 중시하면서도 『논어』와 『맹자』는 중시하지 않는가라고 물었다. 또 나는 『논어신해論語新解』라는 책을 쓴 적이 있는데 읽어본 적이 있는가를 물었다. 대충 이런 내용으로 답장을 써서 보냈다.

그 학생이 다시 편지를 보내왔는데, 그제야 비로소 그가 이미 대학을 졸업했다는 것을 알았다. 그러나 어느 대학에서 석사과정을 밟고 있는지 혹은 박사과정을 이수하고 있는지는 모른다. 그 학생은 말하기를 『논어』와 『맹자』는 현재 사회의 분위기로 보아 우리들이 자유롭게 비판할 수 없기 때문에 논문을 작성할 수 없으며, 그럴 경우 그 책이 과연 연구할 만한 대상인가 라고 했다. 그 학생이 말하는 소위 '연구'라는 것은 주로 비판을 가하는 것이었다.

오늘날 많은 사람들은 문화의 부흥을 말하고 있는데, 특히 공자와 맹자를 말할 때에는 그들을 제창해야지 비판해서는 안된다고 한다. 때문에 그 학생은 이러한 책은 연구할 만한 가치가 없다고 여겼던 것이다. 나는 다만 한 가지 예를 들었지만 절대 그 학생 한 사람만이 학문이란 바로 비판을 하는 것이라고 여기는 것은 아닐 것이다.

그러나 내 생각에 학문을 한다는 것은 결국 이해해야 한다는 것을 의미한다. 이해까지는 말하지 않더라도 기억하고는 있어야 한다. 소위 "현명한 사람은 그 큰 것을 깨닫고(識), 현명하지 못한 사람은 그 작은 것을 깨달을 뿐이다"라고 했는데 여기서 깨닫는다는 글자 식識은 뜻(志)과 발음이 같다. 즉 기억한다는 의미로서 마음 안에 기억한다는 것이다. 기억하는 것은 큰 것도 있고 작은 것도 있게 마련이다. 그러나 결국 항상 먼저 기억하고, 그 후에 다시 알게 된다.

　공부하여 기억하고 또 알게 된다면 비판할 수 없다고 해도 무방하다. 알지도 못하면서 비판만 할 경우, 그 비판이 끝나면 곧 한 곳에 방치하여 두고 다시는 기억하지 않을 것이다. 그렇게 되면 어찌 학문이라 할 수 있겠는가?『문헌통고』를 설명하면서 '문헌'이라는 두 글자와 관련해 너무 많은 이야기를 한 것 같지만, 실은 이러한 이야기를 주제 이외의 이야기라고 할 수 없다. 책을 읽는 것은 학문을 하는 데 있어서 매우 밀접한 관계가 있다.

　마단림의『문헌통고』는 모두 348권이고, 24개 분야로 나누어져 있다. 전부田賦・전폐錢幣・호구戶口・직역職役・정각征榷・시조市糶・토공土貢・국용國用・선거選擧・학교學校・직관職官・교사郊祀・종묘宗廟・왕례王禮・악樂・병兵・형刑 등 17개 분야에 대하여 마단림은 모두 두우의『통전』에 근거했다고 말했다.「전부」이하「국용」까지는『통전』의「식화전食貨典」에 근거한 것이다.「선거」와「학교」는『통전』의「선거전選擧典」, 그리고「직관」이하「왕례」까지는 모두「예전禮典」에 각각 근거한 것이다.

　그러나『통전』의「예전」은 100권이나 되지만『문헌통고』의 경우는 단지 십 수권에 불과하다. 이 17개 분야 이외에「여지輿地」・「4예四裔」두 개 분야가 있다. 이 19개 분야는 모두『통전』에 근거한 것이다. 이외에도 그밖에「경적經籍」・「제계帝系」・「봉건封建」・「상위象緯」・「물이物異」등이 있지만 이들은 두우의『통전』에 있는 것이 아니라 다른 책들로부터 수집하여 수록한 것이다.

마단림이 직접 쓴 서문에는 단지 두우의 『통전』을 떠받들었을 뿐 정초의 『통지』에 대해서는 언급하지 않았다. 그러나 『문헌통고』 경적고의 경우 두우의 『통전』에 있었던 것도 아니었고 또 정치제도를 설명한 것도 아니었다. 정초의 『통지』 20략二十略은 본래 정치제도 이외의 것을 다루었다. 예컨대 「씨족략」・「육서략」 등이 모두 정치제도와 무관했다.

정초가 말하는 역사는 이미 그 범위가 확대되어 하나의 문화사라고 말할 수 있는 것이지, 단지 제도사의 범위에 머물러 있는 것은 아니었다. 현재 마단림의 『문헌통고』는 순전히 두우의 『통전』에 근거하여 제도를 중시하고 있으니 「경적지」와 같은 유는 그 안에 수록할 필요가 없었다. 우리들은 마단림의 「경적고」 역시 정초의 「예문략」과 「교수략」에 근거한 것이라는 점을 분명히 안다.

『문헌통고』 24개 분야의 매 분야마다 한 편의 짧은 서문이 있고, 책 전체를 위한 「총서總序」가 있다. 마단림은 「여지고輿地考」의 서문에서 특별히 정초를 언급하면서 그의 견해를 크게 칭찬하고, 여지輿地에 관하여 언급할 때는 당연히 산천이나 자연지리를 말해야지 군국郡國이나 정치지리 등을 언급해서는 안된다고 여겼다. 이러한 이야기는 이미 앞에서 말한 바 있다. 자연지리의 변화는 비교적 적게 마련이고 정치지리의 변화가 비교적 많기 때문에, 한대의 103개 군국의 경우 만약 산천만 언급할 경우 그다지 큰 변화가 있었다고 할 수 없다.

그러나 당시의 지방행정 구분은 당대에 이르게 되면 완전히 변하게 된다. 이 두 방면에 대하여 우리들은 모두 언급할 필요가 있는데, 정초와 마단림은 다만 일종의 통사적 안목으로 쓰려 하였기 때문에, 산천을 중시했다. 만약 단대사의 체재를 가지고 썼더라면『한서』지리지가 당시의 군국을 구별하여 정리한 것을 틀렸다고 할 수 없다.

특별히 마단림의『문헌통고』에 있는「상위」·「물이」등은 정초의「천문략」·「오행략」과 같은 것인데, 그밖에 다시「봉건」이 있었다.「봉건」역시 제도를 다룬 것인데, 진 이전의 봉건만이 아니라 진 이후에도 부단히 봉건은 존재하여 한·당에도 있었다. 이는 마단림이 스스로 첨가한 부분으로 두우나 정초의 책에는 없었다.

마단림은 또「제계」를 두었다. 역사를 말함에 있어서 제왕의 세계 世系를 중시하는 것은 당연하지만, 그렇다고 제도를 설명하는 부분에 넣어서는 안된다. 아버지가 아들에게, 아들이 다시 손자에게 전하는 것 역시 제도라고 할 수 있다. 그리고 어느 왕 다음에 다시 어느 왕, 하는 것 역시 역사이지 제도와는 상관없는 것이다. 따라서『문헌통고』의 24개 분야를 보면 대체적으로 두우의 9개 분야를 실제로 초과하지 못하고 있다. 당연히 마찬가지로 정초의「20략」과 같은 광범위한 각도와도 비교할 수 없다.

그러나 후세사람들은 오히려 마단림의『문헌통고』를 특별히 좋아했다. 여기에도 몇 가지 이유가 있었다. 먼저, 두우의『통전』은 단지 당대 중기까지 만을 다루고 있지만, 마단림의『문헌통고』는 곧장 송 말까지를 다루고 있어서 그 연대가 길다. 특히『문헌통고』에는

『송사』에 없는 자료가 많이 있었다. 원나라 사람이 편찬한 『송사』는 그다지 좋지 않았다. 그런데 마단림은 원나라 초기에 『문헌통고』에서 송대의 제도를 다루면서 『송사』에서 다루지 않은 자료를 많이 수록했다. 이것이 곧 사람들이 그의 책을 중시하는 한 이유였다.

그리고 책 속의 자료 역시 두우의 『통전』보다 많았다. 시대가 오래되었고 자료 또한 많았기 때문에, 후일의 비판은 모두 『문헌통고』를 『통전』과 비교하여, "간결하고 엄격한 면은 부족하고, 상세하고 풍부한 면은 지나치다 〔簡嚴不足, 詳贍過之〕"라고 했다. 그러나 실제로 두우의 『통전』이 "간결하고 엄격한" 특징으로 설명할 수 있는 것이 아니라는 점은 앞에서 『통전』을 이야기하면서 한 적이 있다.

두우가 『통전』의 9개 분야를 선후로 배열한 것을 통해 정치제도에 대한 매우 깊은 견해를 볼 수 있다. 가장 먼저 「식화」를 그리고 다음에 「선거」 그리고 그 다음에 「직관」을 배열한 견해는 매우 뛰어난 것이다. 물론 『통전』에도 『문헌통고』보다 못한 점이 있다.

예컨대 『통전』에서 말한 「병兵」은 단지 손자병법에 근거, 역대의 군사적인 사실을 인용하여 손자병법에 있는 말을 증명하려 했지만 그것은 제도가 아니었다. 예컨대 우리 모두는 몇 살이 되면 군대에 가야하고 또 몇 살이 되면 제대하게 되는데, 한나라의 병제와 당나라의 병제는 어떠했는가. 송대에는 모병제도로 바꾸었는데 이는 어떠한가 등등의 이 많은 문제들에 대하여 마단림의 『문헌통고』는 두우의 『통전』보다 상세한 자료를 싣고 있다.

다른 문제를 가지고 말해 보자. 두우의 『통전』의 마지막 부분은

「변방」으로서 국가의 방어 역시 하나의 제도였고 그 대상은 바로 주변의 4예四裔였다. 『통전』은 국방문제를 매우 중시했다. 그러나 『문헌통고』는 오히려 「변방」 두 글자를 「4예」로 고쳤다. 당연히 우리들이 역사를 말하려면 북송 때의 요와 서하西夏 그리고 그 후의 금나라가 각각 어떠했는지 알아야만 한다. 이렇게 해야 비로소 소위 「4예」를 살피는 것이다.

그러나 우리의 책은 제도를 말할 뿐 일반적인 역사를 말하지 않았으며 4예를 중시하기보다는 변방을 중시했다. 이 같은 점은 우리들이 두우의 『통전』을 읽으면 확실히 그와 관련한 지식을 증가시키고 적어도 우리를 자극하고 혹은 우리들에게 정치상의 이론과 의견을 암시한다. 그의 책 중에 9개 분야에는 두우의 모든 정치적 견해의 경중과 선후가 모두 담겨져 있다.

그러나 마단림의 『문헌통고』를 읽으면 다만 자료가 더해졌을 뿐 그러한 의의가 정교하지 못하다는 점을 느낄 수밖에 없고, 또 책의 자세한 의의가 어디에 있는지를 볼 수 없다.

청 말 완원阮元은 두 책을 읽을 것을 제창했는데, 『자치통감』과 『문헌통고』가 그것이다. 『자치통감』을 읽어야 비로소 역대의 역사를 안다고 했고, 『문헌통고』를 읽어야 비로소 역대의 제도를 알 수 있다고 했다. 이 두 책을 완원은 '2통二通'이라 불렀다. 본래는 『통전』・『통지』・『문헌통고』를 '3통三通'이라 했는데, 완원이 이를 고쳐 '2통'이라 한 것은 다른 뜻이 있었다. 증국번曾國藩이 『경사백가잡초經史百家雜鈔』를 편찬하면서 제2류 「서발敍跋」에 『문헌통고』 24편의 서문을 한 편씩 모두 수록한 것을 볼 때, 당시사람들이 이 책을 얼마나 중시했는지 알 수 있다.

따라서 그 후의 학자들이 거의 모두 『문헌통고』 24편의 서문을 읽음으로서 각 분야의 고금 상하의 변화와 득실에 대한 약간의 간단한 개략을 알 수 있었다. 예컨대 『문헌통고』의 첫번째 분야인 「전부」에서는 고금의 토지와 부세는 어떠했으며, 발전과정에서 커다란 득실은 어디에 있었는가 하는 문제가 그 서문에 대략 모두 설명되어 있다. 따라서 이 서문은 이 분야를 공부하는 사람들의 보통상식이 되었다. 여러분들은 이전의 독서인들이 과거科擧에만 매달리는 경우를 제외하고 성실하게 공부하는 사람들의 상식은 오히려 매우 넓고 풍부했다는 것을 알아야 한다.

전문적으로 역사 속의 제도를 공부하지 않더라도 마단림의 『문헌통고』는 언제나 펼쳐보아야 한다. 다 보지 않더라도 이 24편의 서문은 모두 읽을 수 있다. 예컨대 증국번은 사학가가 아니었으며 더욱 오로지 역대의 제도를 연구하는 사람도 아니었다. 그러나 그의 『경사백가잡초』에는 이 24편의 서문이 모두 그대로 수록되어 있다. 증국번의 이 책은 당연히 후일 독서인들에 의해 중시되었다. 때문에 청대 말엽 일반적인 독서인들은 여전히 많은 중국의 옛 정치제도와 관련한 글을 읽었고 그 대강을 알고 있었다. 광서연간 변법유신으로부터 후일 신해혁명에 이르는 동안에 오히려 종전의 옛것들을 완전히 모르게 되었고, 모두 없애버렸다.

오늘날에 이르러서도 우리 정부 곳곳에서 관리를 지내는 사람

중에 외국의 제도를 아는 사람들은 그래도 아직 있지만, 중국의 전통적인 제도를 아는 사람은 아무도 없다고 말할 수 있다. 곧 대학의 법대 정치과에서 서방의 정치제도를 연구하는 과목은 정식으로 채택되어 있지만 중국의 정치제도를 연구하는 과목은 아주 적다. 이와 같이 우리 중국의 과거 지나간 역사가 한 칼에 베어 허리가 잘림으로서 그 이후 다시 시작한다 해도 실은 처음부터 다른 사람을 모방하는 것이 된다. 이는 결국 우리 역사문화의 생명에 있어서 하나의 매우 커다란 질병이자 아픔인 것이다.

우리는 본래 5천 년 역사와 문화를 면면이 이어온 큰 나라였다. 지금 이 시대는 곧 아직 100년이 채 안된 새로운 나라이다. 오늘날 우리는 중국역사 속의 전통적인 정치제도를 말할 때, 진실로 "문文은 여전히 남음이 있다"고 말할 수 있다. '3통三通'을 이어 '9통九通'・'10통十通' 등이 편찬되었고, 그밖에도 각 왕조의 회전會典・주의奏議 및 기타 다른 책들이 계속 편찬되어 그야말로 자료는 한우충동汗牛充棟이라 할 만했다. 그러나 우리의 전통적인 제도는 매우 깊은 정교한 의의를 많이 담고 있었다. 결코 봉건이나 전제라는 두 마디 말로 부정할 수 있는 것은 아니었다. 오늘날 고생하는 것은 실제로는 '헌獻이 부족'한 결과이다. 지금은 이미 아무도 이 사실을 이해하지 못한다. 이제 만약 새로운 것을 말하고자 한다면 곧 '문'과 '헌' 둘 다 부족하기 때문에 단지 다른 사람에게 기대는 수밖에 없게 되었다.

어느 날 젊은 사람 둘이 내가 쓴 『중국역사연구법』이라는 책을 들고 나를 찾아왔다. 왜냐하면 내가 그 책에서, 우리는 당연히 우리 자신의 전통적인 정치제도에 관하여 뜻이 있는 사람이 그 개략을 제대로 써서 많은 사람들에게 소개해야 한다고 했기 때문이다. 그들은 내게 무엇을 가리켜 전통적인 정치제도라고 하느냐고 물었다. 아울러 그들은 바로 이와 같은 책을 쓰고 싶다고 말했다. 나는 그들에게 대학에서 무엇을 전공하느냐고 물었다. 그 중 한 사람은 신문방송학과라고 했고, 다른 사람은 기억이 잘 나지 않는다. 그들은 중국의 옛 전적을 읽은 적이 없었던 것 같았다. 따라서 그것을 이해하는 데 얼마나 어려움이 있는가를 잘 모르는 것 같았다. 때문에 중국정치제도사를 쓰려고 했던 것이다. 그러나 이러한 모습은 결국 '생각'만을 가지고 있다고 할 뿐 그밖에 것은 아무것도 이해하지 못했다는 말이다.

그러면 또 종전의 사람들은 어떻게 정치제도를 연구했는지 살펴보자. 두우는 당대의 재상이었지만, 마단림의 경우는 송과 원을 거치면서 정치적인 경험이 없었다. 다만 그의 아버지가 송말에 재상을 지낸 적이 있었다. 일반적인 학자가 반드시 정치를 안다고 할 수는 없으며, 정치를 이해하자면 응당 다른 적합한 환경을 지녀야 한다는 것이 일반인들의 생각이다. 아주 걸출한 사람의 경우는 당연히 우리가 말할 필요가 없다. 간단하게 말하여 예컨대 한나라가 개국되면서 평민출신이 천자가 되었고, 한고조 휘하의 많은 개국공신들은 모두 농촌출신이었다. 그 중 어떤 사람은 그야말로 촌뜨기였다. 이러한 사실은 중국역사상 극히 대단한 일이었으며 또 드문 일이었다. 그들 역시 천하를 능히 다스릴 수 있었으며, 과연 천하를 태평하게 했다.

후일 동중서董仲舒 등 많은 사람들이 서서히 유학을 제창했다. 실제로 당시의 태학에서는 한 가지 경전만을 가르쳤다. 따라서 어떤 이는 『상서』를 배우고, 또 어떤 이는 『시경』 혹은 『춘추』를 배웠다. 학생들을 가르치는 박사들이 분명히 반드시 한 가지 경전에 능통했던 것은 아니었지만, 그래도 그들은 단지 한 가지 경전을 가르쳤다. 18세에 입학하여 학생이 되고, 20세에 공부를 마치고 자신들의 고향으로 돌아가 '리吏'가 되어 실제적인 정치실무의 훈련을 쌓아 장래 다시 중앙으로 뽑혀 올라왔다.

한나라 사람들은 항상 '통경치용通經致用'을 말한다. '통경'이란 경전의 대의를 이해한다는 말이다. 물론 2년 동안의 경전에 대한 공부를 통해 얼마나 이해할 수 있는지 궁금하지만, 그래도 경전이 지니는 대강령大綱領은 어느 정도 이해하고 그 의미를 현실에 응용할 수 있었다. 이는 정말로 대단한 것이다. 한나라의 정치적 인재는 곧 이 같은 모습에서 비롯되었던 것이다. 그리하여 한나라 관리의 정치 역시 후세에 가장 추앙되었다.

당나라 사람들은 남북조를 이어 등장했는데, 남북조시대의 중국은 하나의 귀족문벌, 즉 대문제大門第사회였다. 그 대문제의 전통 하에 대대로 모두 높은 정치적 지위를 세습했고, 그들의 친척 또한 마찬가지였다. 따라서 문제門第 중의 자제들은 쉽게 정치를 알 수 있었다. 정치적 현실을 알 수 있었을 뿐 아니라 더욱 정치적 전통까지 알고 있었다. 소위 '왕씨청상王氏靑箱'이란 곧 수백 년의 정부공문서[檔案]를 상자에 보관하여 자손에게 전해 주는 것을 말한다. 때문에 정치적 사정을 그들은 모두 이해하고 있었다.

당대의 일반적인 보통 지식인들은 문학을 공부하여 시험에 응시할 수 있었다. 또 불학佛學을 공부하여 장래 퇴직 후를 준비했다. 그러나 그러는 과정에서 적지 않은 문제門第에게 전해지는 것들이 그들로 하여금 정치를 이해하게 했다. 따라서 당나라 사람들이 정치적으로 매우 커다란 재능을 크게 드러낼 수 있었고, 매우 능력 있는 재상과 그리고 기타 각 분야의 인물이 있었던 것이다.

송나라에 이르면 당말오대 이후 대문제大門第들은 모두 쇠락하여 사라지게 되고, 민간에서는 다만 과거시험을 통해 정치에 뛰어들게 됨으로써 실제 모두 문외한이 되었다. 곧 범중엄范仲淹 같은 사람이 등장했다. 그는 "수재秀才가 되었을 때부터 천하의 일을 자신의 임무로 여겼다", "먼저 천하의 근심을 걱정하고 그 후에 천하의 즐거움을 즐긴다"고 하여 송대의 사풍士風을 열었다. 이후 학자들은 모두 학문을 가지고 정치에 종사하게 되었다. 한나라 사람들과는 다르게 된 것이다. 한나라 사람들의 정치지식과 재능은 먼저 하층의 지방정치로부터 훈련된 것이었다.

물론 그들이 독서하지 않았다는 것은 아니다. 당나라 사람들이 진사 시험을 치기 위해서는 다만 약간의 문학이나 시부詩賦 등에 능통하면 되었다. 또 불학연구를 좋아했고, 정치상의 지식은 여전히 문제門第로부터 비롯되었다. 이들 문제門第가 쇠약해지자 정치 역시 사라졌다. 때문에 당나라 사람들이 경학이나 사학을 말하지 않는 것 같지만, 실제로는 일정한 학문을 지니고 있었기 때문에 정치적 공헌을 할 수 있었고, 두우가 바로 그 중 한 사람이었다.

송대에 오면 문제門第가 없어지고 모든 독서인들이 자신이 뜻한 바를 실현할 수 있는 시대였다. 그러나 한대의 독서인과 당대의 독서인 그리고 송대의 독서인은 분명하게 차이가 있었다. 정말 학문에 의거하여 정치에 종사한 것은 비교적 송대의 사람들이 그러했다. 따라서 송대의 사람들은 정치적으로 이상과 이론이 많았고, 이는 당대의 사람들이 실제적인 사공事功에 관심을 가졌던 것과는 다르다.

왕안석이나 사마광 모두 서생書生으로 정치에 종사한 것이기 때문에 그들 역시 이론이 많았고 사상이 많아서 반드시 그 주장이 실제와 맞았던 것은 아니다. 이 점에서는 한과 당의 경우처럼 실제 현실과 능히 배합할 수 없었다. 한의 경우 군현의 관리로서 훈련을 거쳤고, 당의 경우 대문제大門第의 전통 아래 훈도를 받았지만 송의 경우 민간에서 학술상의 두각을 나타냈던 것이다.

송나라 사람이 말하는 학문 역시 두 파로 나누어져 있었다. 하나는 왕안석처럼 경학을 중시하는 사람들이었고, 다른 하나는 사마광처럼 사학을 중시하는 사람들이었다. 경학은 맹자가 말한 "옛날 성인으로서의 선왕을 본받는다(法先王)"는 것이라 말할 수 있고, 사학파의 경우는 순자가 말한 "현실적인 군주인 후왕을 본받는다(法後王)"는 것이라 하겠다. 경학파는 전체적으로 이상에 편중되고 이론이 많았다. 왕안석이 바로 이러한 사람이었다. 사학파는 실제와 경험을 중시했는데 사마광이 바로 이러한 사람이었다.

경학가들은 제도를 중시하여 커다란 원칙들을 많이 제시했다.

이는 그들이 이론을 좋아했기 때문이다. 사학가들은 대부분 인사人事를 중시했고, 인사와 제도는 서로 다른 두 가지 일이라 여겼다. 사마광 같은 사람은 제도방면에는 그리 많은 주장을 한 것 같지는 않다. 그가 쓴 『자치통감』은 바로 인사에 편중된 책이었다. 두우의 『통전』처럼 제도에 편중된 책이 아니었다. 우리는 송나라 사람들의 학문이 당과 다른 까닭을 각기 득실이 다르기 때문이라고 말할 수 있겠다.

후에 와서 원나라는 말할 필요도 없고 명나라의 경우는 어떠했는가? 사실은 명나라 사람의 경우도 말할 것이 없었다. 그들은 모두가 치밀하고 실제적이지 못했다. 특히 후일의 이학가理學家들은 더욱 그러했다. 진실로 위대한 이학가라면 경학이나 사학에 모두 통하지 않음이 없다고 말할 수 있다.

명대의 이학은 이미 일종의 경학도 아니고 사학도 아닌 다른 무엇으로 변질되어 있었다. 이는 바로 오늘날 우리들이 '사상'을 말하면서 단지 사상만을 이야기할 뿐 학문을 하지 않아도 된다는 것과 같다. 혹자는 이를 '철학'이라 칭한다. 서방에는 철학이라는 것이 있지만, 중국의 경우에는 비교적 적다. 단지 이학이 있었지만 그 폐단은 공소空疎하고 실제 학습하지 않는다는 것이다. 이 때문에 명대에는 경학도 쇠하고 사학 역시 쇠했으며, 정치적으로도 큰 성과가 나타나지 않았다.

명 말에 와서야 비로소 다시 '경세대유經世大儒'가 나타났다. 그들은 제도를 말하고, 역사와 경학 그리고 문화를 말했다. 그러나 그 때는 이미 청이 중국의 지배자가 되어 이민족인 만주족이 중국을 장악하여 문자옥이 크게 일어났고, 일반인들의 학문은 천천히 변하게 되었다. 건가연간에 와서 곧 모두 훈고(訓詁)와 고거(考據)로 변하여 "옛날 종이더미 속으로"빠진다고 할 정도였다. 훈고와 고거는 곧 한 무더기의 자료 속에서 학문을 하는 것이다.

내가 방금 앞에서 말한 것처럼 학문이 사람과 배합된 것을 소위 '문헌'이라 했다. 이와 같은 학문이나 수신・제가・치국・평천하가 모두 "살아 있는 학문이요, 활용할 수 있는 것"이 된다. 그러나 청대 건가연간의 학문은 이 같은 학문이 아니었다. 그 때에도 여전히 "헌은 부족하고 문은 남아도는(獻不足而文有餘)"모습이었다. 청말민초에 오면 그야말로 "학문은 끊어지고 도리는 없어지는(學絶道喪)" 상황이 되어 아무것도 없었다.

예를 들어보자. 정부에는 학자들을 대표하는 사람이 가장 적을 것이다. 정치가 학술로부터 나오는 것이 아니라 당(黨)의 훈련으로부터 나온 것이기 때문이다. 만약 학술적인 인재가 고시원의 시험을 통해 임용되었다고 한다면 그들의 분발은 종전의 관리가 되는 것과 같다. 이러한 경우가 있기는 하지만, 고시원으로부터 출발하여 정치적으로 높은 지위를 얻게 되는 경우는 아주 드물다.

민국 60년 이래 정계에는 주로 두 종류의 사람이 있었는데, 하나는 당(黨)에서 배출한 인재들이고, 다른 하나는 영국・미국・프랑스・일본 등 외국의 유학생 출신들이었다. 우리의 정치는 이러한 기초 위에 놓여 있는데, 이는 면면히 이어져온 역사전통상의 기초와는 다른 것이라 할 수 있다.

우리들이 학문을 할 때는 곧 과거의 사람들이 어떻게 했는가, 그리고 현재의 우리들은 또한 어떻게 해야 할 것인지를 알아야만 한다. 마찬가지로 우리가 정치를 말할 때에는 과거 우리들의 전통적인 정치는 어떠했는지 그리고 오늘날 우리들의 정치는 또 어떠한지를 알아야 한다. 사회를 말하고자 할 경우에도 마찬가지이다. 이전의 중국사회는 어떠했는가, 그리고 오늘날 우리들의 사회는 또 어떠한가를 알아야 한다. 여러분들이 타이베이에 살면서 학교에 있거나 혹은 길거리에 있거나 혹은 뛰어 집으로 가고 있거나 간에 이 모든 것이 다름 아닌 중국사회라고 하는 것은 틀림없다.

그러나 오늘날의 중국사회는 몇십 년 전의 중국사회와 크게 다르다. 내가 몇 가지 예를 들어보겠다. 6, 70년 전 내가 어린아이였을 적에 여자가 집에서 마작을 하는 경우는 거의 없었다. 마작을 하기는 했지만 여자들이 하는 경우는 매우 드물었다. 서방의 문화가 전해지고 여성이 해방되고 여자아이들이 대부분 학교에 나가 공부를 했다. 그러나 공부를 마치고 일을 하는 경우는 여전히 극소수였다. 집안에 할 일이 없었고 또 아이를 가르치거나 가정사를 돌보지 않고 단지 마작놀이만을 했다. 현재 열 집 중 다섯 집의 할머니나 부인들 심지어 아가씨들까지 모두 이 놀음에 빠져 있다. 정말 시대가 달라지고 사회 역시 달라진 것이다.

예컨대 여러분들은 국내의 대학을 졸업하고 직업을 구하기가 상당히 어려울 것이다. 만약 외국에서 직업을 찾는다면 그리 힘이 들지 않을 것이다. 유학생들은 여름휴가철이 되면 여관에서 차 심부름을 한다든지 작은 음식점에서 그릇을 씻는다든지 하여, 석 달 동안 약간의 돈을 벌어 다시 학교로 돌아가 공부를 하는 것을 아무도 이상하게 보지 않는다. 만약 여러분들이 국내에서 이렇게 하고자 한다면 매우 어려움을 겪을 것이다. 이는 사회가 서로 다르기 때문이다.

우리들에게는 신분이라는 것이 있는 것 같지만 외국사회에는 없다. 또한 예컨대 미국의 경우 가정에서 일하는 여자아이를 두는 경우는 극히 적다. 백 집 중에서 그저 한, 두 집에서 일하는 사람을 두고 있기 때문에 우리와는 매우 다르다. 우리는 작은 곳으로부터 살펴야 하지만 큰 곳의 경우 더욱 살펴야 한다. 오늘날의 사회와 1백년 전의 사회가 크게 다르다는 것을 알아야 한다. 학문을 할 때는 반드시 이러한 것에 착안해야만 한다.

그러나 1백 년 전의 경우는 어디에 착안해야 하는가? 그렇기 때문에 우리들은 적어도 공부가 필요한 것이다. 예컨대 내가 오늘 『문헌통고』를 강의했는데, 고대 요·순·하·상·주로부터 송대 말기까지 전부田賦는 어떠했으며, 학교는 어떠했는가 하는 등이 분명하고 또렷하게 그 책에 아주 상세히 설명하고 있기 때문에 자세히 읽기만 하면 견식을 넓힐 수 있다. 단지 한 권의 책을 읽고서도 우리들은 견식을 넓힐 수 있는 것이다.

그러나 우리들은 오늘날 한마디 말로 말살하면서 중국의 고대는 단지 봉건사회요 전제정치로서 모두 소용없다고 한 마디로 매도하고 있다. 그러나 중국의 고대가 없으면 오히려 우리들 각자의 총명함과 지식이 없게 된다. 총명함이 없으면서 외국에 가서 공부를 할 경우 비록 영어·불어·독어에 깊이 능통하여 외국에 10년, 20년 살았다 해도 본인이 직접 외국의 정치권에서 일을 해 보지 않았다면 외국의 정치를 깊이 체득하지는 못할 것이다. 옛날 중국사람들을 보면 한과 당나라 사람들은 비교적 정치를 잘 이해하고 있었지만, 송나라 사람들은 정치를 잘 몰랐던 것이 무엇 때문인가? 왜냐하면 경험이 없었기 때문이다.

여러분들은 정치를 알고자 하지만 조건이 잘 맞지 않는다. 당연히 역사연구를 좋아하고, 전통적인 제도의 연구를 좋아하면 그 약간을 이해할 수는 있다. 그러나 직접 정치에 뛰어들면 혹 모순이 생길지도 모른다. 왕안석 같은 사람이 그러한 경우이다. 현재 우리들은 옛것은 일체 필요없다고 한다. 그렇다면 '새로운 것은 어떠한가.' 한 번 물어보자. 서양의 대학에서 확실하게 정치를 연구한 사람이 있는가? 이런 사람은 정말 극소수다. 더욱이 서방정치의 실제경험을 갖추고 있는 사람이 있는가? 우리들이 오늘날 말하는 정말 "학문도 없고 실제경험도 없는" 꼴이니 길이 없는 셈이다.

적어도 사학을 연구하는 여러분들은 옛날 역사를 사람들에게 설명할 때 중국은 하나의 봉건사회가 아니요, 마찬가지로 하나의 전제專制정치체제가 아니라는 사실을 알려주어야 하고, 적어도 아무렇게나 욕을 해서는 안된다. 또한 왕안석이나 사마광을 말할 때에도 사상이나 이론만을 가지고 말할 것이 아니라, 결국 그들의 정치적 실정을 알아야만 한다.

외국사회와 중국사회가 서로 다르듯이, 외국의 전통 역시 중국과 다르다. 또 중국을 이해하면서 다시 외국을 이해하는 사람이 있을 수 없다는 것은 아니다. 장래에는 결국 이러한 사람들이 있을 것이다. 우리들은 정치지도층이나 혹은 학술지도층들이 외국에 나갔다가 돌아와 중국인을 욕하는 것을 영원히 바라지 않는다. 그 이전에 먼저 몇 명이라도 중국을 변호할 사람이 있기를 희망한다.

만약 당신이 중국은 온통 전제정치였다고 한다면, 나는 아니라고 말할 것이다. 이러한 주장은 겨우 "옛날 불완전하고 단편적인 자료를 애지중지[抱殘守闕]"하는 꼴이다. 그러나 이러한 불완전하고 단편적인 자료라도 때로는 보존해야 한다. 송이 망하고 원이 들어섰지만 그래도 마단림은 그렇게 3백 몇십 권에 달하는 거대한 저작을 썼다. 오늘날에 와서도 이 책은 여전히 중국에서 매우 가치있는 거대한 저작이다. 두우는 당의 전성시대에 살았고, 정초는 이미 남송이 멸망의 위기에 직면하고 있었을 때였지만, 그래도 가치있는 저작을 남겼다. 마단림 역시 망국의 여한으로 능히 불후의 명저를 남길 수 있었는데 이는 더욱 어려운 일이었다.

다른 방면으로 보자면, 두우는 재상을 지냈고 마단림의 아버지는 재상이었으며 정초는 시골의 한 나이 든 학자였다. 그러나 정초가 말한 전통제도 의 경우 실제로 두우와 마단림이 말한 것만 못했다. 『통지』의 장점은 「씨족」・「6서六書」・「예문」・「교수校讎」 등에 있었다. 정치를 말하려면 가장 좋은 것은 역시 정치와 실제적인 관련이 있어야 함을 보여준다.

중국역사에는 사인士人정권의 커다란 전통이 있었다. 때문에 『통전』이나 『문헌통고』같은 오로지 정치제도를 설명하고 또 그 내용이 아주 좋은 책을 지닐 수 있었다. 여러분들이 한 번 외국의 역사 서적을 찾아보라. 절대로 이와 똑같은 위대한 책을 찾을 수 없을 것이다. 이러한 사실은 당연히 무엇을 증명하는 것인가. 여러분들이 곰곰이 생각해 보라. 오늘 강의는 여기까지 하겠다.

황종희의 『명유학안』, 전조망의 『송원학안』

> 학문을 말하고 책을 쓰는 것은 의사가 병을 고치기 위해 처방을 내리는 것과 같다. 어떤 병인가에 따라 어떤 처방을 내릴 것인가는 분명한 방안이다. 소위 학안이라는 것도 바로 당시 학술 중 각 방안이 모두 병폐에 대한 처방으로 주장된 것이다.

    나는 송대의 경우 이미 여러 권의 책을 강의했다. 실제로 원대 마단림의 『문헌통고』는 여전히 송대사학을 이은 것이라 할 수 있다. 그러면 지금부터 명대에 관하여 강의하겠다. 명나라 사람들은 학술에 있어서 한·당·송과 비교해 볼 때 조금 못했다. 중국의 몇몇 커다란 통일왕조였던 한·당·송·명의 학술을 논할 경우 명이 가장 못했다. 이 문제에 관하여 비록 상세하게 언급한 사람은 없지만 분명한 사실이었다. 나는 앞에서 강의를 하면서, 한·당·송 세 왕조 모두 나름대로의 장점을 가지고 있었지만 또 서로 다른 부분이 많았다고 설명했다. 그럼 왜 명나라가 이렇게 못한 것일까? 이들 현상은 모두 우리가 공부하면서 주의해야 하는 중요한 문제이다. 분명 우리들이 즉각 해답을 낼 수 없고 또 그 답을 쉽게 찾을 수도 없겠지만, 이 문제는 결국 주의하지 않으면 안된다.

명에 관한 이야기를 하면서 나는 특별히 한 권의 책을 예로 들고자 한다. 바로 황종희黃宗羲의 『명유학안明儒學案』이다. 실제로 『명유학안』은 명대의 책은 아니다. 이 책은 청대에 와서야 비로소 완성되었다. 이렇게 본다면 나는 명대에 어떤 책을 예로 들어 사학명저라고 설명할 수 있을지 모르겠다. 여러분들은 이 『명유학안』이 이학理學에 관한 책, 즉 오늘날의 용어로 말하여 철학사상을 담은 책이지, 사학 관련 책은 아니라고 여길지도 모르겠다. 그러나 이러한 관점은 오히려 잘못된 것이다.

오늘날 우리가 학문을 할 때 모두 서양인의 방법을 쫓아 입만 열면 전문적인 학문을 말한다. 그러나 읽는 것이 모두 중국책인 여러분의 경우 중국책을 공부하여 외국학문을 한다는 것은 매우 어려운 것이다. 예컨대 『논어』를 공부할 때, 『논어』가 결국 철학서인가 아니면 문학서인가 혹은 역사서인가 하는 문제는 단정하기가 매우 어렵다. 오늘날 여러분이 만약 문학을 공부한다면 당연히 『논어』를 읽지 않을 것이다. 왜냐하면 『논어』는 문학서라고 할 수 없기 때문이다. 또한 사학을 배운다면 역시 『논어』를 읽지 않을 것이다. 여러분처럼 사학을 공부한다는 사람은 언제나 공자의 『춘추』는 당연히 읽어야한다고 여기면서도, 『논어』는 읽지 않아도 되고 단지 중국의 철학사상을 연구하는 사람에게만 필요하다고 여기고 있다.

그러나 여러분에게 꼭 말해 주고 싶은 것은 여러분들은 결국 아직 중국을 벗어난 적이 없고 또 이후 계속 이 땅에서 살아가는 중국인으로서 또 중국의 학자가 될 것이라는 사실이다. 만약 여러분들이 중국역사를 말하면서 『논어』를 읽지도 않았고 또 그에 대해 아는 것이 없다면, 이 사람의 역사지식은 정말로 아주 천박하고도 천박할 것이다. 혹 그 지식은 일찌감치 정말로 가치가 없었을 것이다. 때문에 만약 우리들이 정말로 학문의 경계를 구분하여, 이것은 사학이고 이것은 문학이요 또 이것은 철학이라 정의한다면, 예컨대 한신韓信이 군대를 이끌고 조趙나라 군대를 깨뜨리고 그들의 깃발을 뽑아버리고 한나라의 붉은 깃발을 세운다면 조나라의 군영은 일찌감치 없어지고 다시는 존재하지 않는 것과 같다.

여러분들은 내가 오늘 사학명저를 강의하면서 『명유학안』을 예로 드는 것을 조금 이상하다고 여길 것이다. 실제로 『명유학안』은 중국의 학술사에 관한 책이라고 할 수 있다. 역사를 설명하는 데는 다양한 관점이 있는데, 그 중 한 가지가 '통사通史'이고 다른 한 가지는 '전문사專門史'이다. 예컨대 우리들이 『통전』이나 『문헌통고』 등을 말하는데 이는 정치제도를 설명하는 일종의 전문사이다. 『명유학안』은 바로 학술사상을 설명하는 일종의 전문사이다.

그러나 오늘 여러분들은 역사를 배우려면 정치제도를 반드시 알아야 하고, 또 반드시 『통전』이나 『문헌통고』를 보아야 한다. 역사를 배우기 위해 경학이나 이학을 알아야 한다는 점을 미처 몰랐을 수도 있다. 만약 여러분들이 『한서』와 『후한서』를 읽고서도 경학을 이해하지 못한다면 이는 정말 곤란하다. 적어도 여러분들이 『명사』를 읽고서도 『명유학안』을 이해하지 못한다면 역시 매우 곤란하다. 『명유학안』이란 바로 명대 일반적인 학자들의 사상을 설명한 것이다. 여러분들이 비록 통인通人이 되기보다는 바로 전문가가 되고자 하겠지만, 전문이라는 범위 안에는 통달할 수 있는 내용을 내포하고 있어야 한다. 만약 명대사를 전문적으로 연구한다면서 『명유학안』을 제대로 이해하지 못한다면, 어찌 그 전문이란 내용 안에 결함이 없다고 할 수 있겠는가?

실제로 중국 역대의 정사는 사마천의 『사기』로부터 시작되었으며 그 책에는 포함하지 않은 것이 없었다. 해당 시대나 사회에 있어서 매우 커다란 영향을 끼쳤다고 여겨지는 인물이나 사실을 모두 역사에 기재했다. 예컨대 『사기』나 『한서』에는 「유림전儒林傳」이 있어서 대체로 경학이나 유학과 관련 있는 인물이나 사실 그리고 저작을 모두 특별히 「유림전」 안에 수록했다. 『후한서』 이후에는 또 「문원전文苑傳」이 있어서 그 시기 문학방면의 사람들을 마찬가지로 모두 그 안에 수록했다. 학술사의 기본적인 모습이 이미 있었던 것이다.

그러나 중국의 학술사는 오히려 불교방면에서 가장 먼저 그 기본적인 모습이 나타났다. 이는 무엇 때문인가? 왜냐하면 중국의 정사 속에는 불교방면의 사정을 기재하지 않았기 때문이다. 따라서 단독으로 기록해야 할 필요가 있었던 것이다. 예컨대 내가 앞에서 거론했던 위진남북조 이후의 『고승전』·『속고승전』 등은 일종의 불교사와 같은 것이었고, 또 전문 학술사이기도 했다. 더욱 특별한 것은, 불교의 선종은 당唐 이후 소위 교외별전教外別傳이라 하여 그들 스스로 하나의 관점을 창립하고, 문자를 세우지 아니하고 끊임없이 마음으로 전하여 성행하면서 파별이 갈라지게 되자 그들은 더욱 이러한 선학禪學의 역사를 써야 할 분명한 필요가 있었다는 것이다. 가장 유명한 것이 『전등록傳燈錄』이다. 이 책에는 선종 각 조사祖師의 사상전수와 분파·분종分宗 등이 모두 기록되어 있다.

우리는 송대의 이학이 선종으로부터 매우 큰 영향을 받았다고 말할 수 있다. 적어도 송대 이학가의 『어록語錄』은 곧 선종의 조사들의 『어록』형식에서 따온 것이다. 정이程頤와 정호程顥의 사상을 말한다면 가장 중요한 자료는 바로 그 두 사람의 『어록』이다. 주돈이周敦頤와 장재張載 역시 자신들이 쓴 책이 있었다.

그러나 그들은 모두 한 조목 한 조목씩 쓴 것뿐이다. 비록 고문 형식으로 썼지만 그래도 『어록』의 체재였다. 단지 그들 스스로가 한 조목 한 조목씩 썼을 뿐이다. 정이와 정호의 『어록』은 분명 구어체 문장으로 되어 있고 또 자신이 직접 쓴 것이 아니라 문인門人과 제자들이 쓴 것이다. 이 같은 『어록』은 당연히 당대의 선종에서 비롯된 것이다. 따라서 우리는 결코 송대의 이학과 당과 오대의 선종이 아무런 관계가 없다고 말할 수 없다.

그러나 그렇다고 한 마디로 송나라 사람들의 이학이 바로 불학 혹 선종이라고 하다면 이는 근본적으로 잘못된 말이다. 마찬가지로 이학은 공자와 맹자의 유가사상을 말하고 있을 뿐 불가의 선종과는 결코 아무런 관계가 없다고 할 수도 없다. 이러한 사실을 통해 우리는 일체의 학문은 대충 이렇다고 말할 수 없으며 자세하게 분별해야만 한다는 것을 알 수 있다. 이를 소위 분명하게 가린다[明辨]고 하는 것이다.

오늘은 『학안學案』을 강의하고 있는데, 실제로 학안이라는 두 글자는 바로 선종에서 사용하는 글자이기도 하다. 『어록』이 선종에서 기원하듯 『학안』 역시 선종에 기원한다. 명대 사람들이 가장 먼저 만든 『학안』은 『성학종전聖學宗傳』으로서 이 책을 쓴 사람은 주해문周海門이었다. 주해문은 선종을 공부한 사람이었다. 주해문의 『성학종전』 이후 계속하여 손하봉孫夏峯의 『이학종전理學宗傳』이 쓰였다. 이 두 책은 모두 황종희의 『명유학안』 이전에 쓰였으며, 『명유학안』은 이 두 책을 이어서 쓴 것이다.

『성학종전』과 『이학종전』은 우리들이 현재에도 구하여 읽을 수 있지만, 대부분의 사람들이 찾아 읽는 것은 『명유학안』뿐이다. 『명유학안』의 가치가 이 두 책보다 훨씬 뛰어나기 때문이다. 『명유학안』은 모두 62권으로서 자료방면에서 그 수집이 극히 광범위하여 주해문과 손하봉의 책보다 훨씬 자료가 자세하고 많다. 오늘날에 이르러 이미 수많은 명나라 사람들의 문집을 쉽게 구해볼 수 없게 되었지만, 『명유학안』을 읽으면 매우 많은 사실을 볼 수 있다.

명나라 사람들이 배움(學)을 언급할 때는 각 파별마다 나름대로의 근본적이고 으뜸되는 뜻(宗旨)이 있었다. 실제로 이 역시 모두 선종을 모방한 것이다. 배움을 논함에 하나의 종지가 있었다는 것은, 예컨대 왕양명王陽明이 말한 '치양지致良知'라는 세 글자가 바로 왕양명이 말하는 배움의 종지였던 것과 같다. 또 이 '치양지'는 바로 그의 사상체계 가운데 가장 중심이 되는 것이었다. 후일 왕양명의 많은 제자들이 각기 배움을 말했지만, 각 자 나름의 종지가 있었다. 『명유학안』

의 가치는 바로 모든 파별의 문집이나 저서에서 제시한 나름의 배움에 대한 종지를 정리한 데 있다. 이는 저작의 정신이 극히 잘 나타난 것이다.

분명 명나라 사람들의 배움에 대한 언급에는 각기 종지가 있었다. 그러나 옛날 사람들도 마찬가지로 나름대로의 종지를 지니고 있었다. 예컨대 묵자는 '겸애', 양주楊朱는 '위아爲我', 맹자는 '성선性善', 순자는 '성악性惡'을 말했다는 것을 우리들은 알고 있다. 우리들은 공자가 말하는 종지가 무엇인지, 노자가 말하는 종지는 무엇인지 또 장자가 말하는 종지가 무엇인지를 알 수 있어야 한다. 이와 같이 그들이 말하는 가운데 가장 중요하면서도 가장 간결하고 명확한 종지를 찾아내야 한다. 이러한 작업은 매우 중요한 일이다.

그렇다면 첫째, 『명유학안』이 명대 각 유가들이 각자 나름대로 제시한 배움의 종지宗旨를 정리하고 있다는 사실은 극히 중요하면서도 반드시 주의해야만 하는 일인 것이다. 둘째, 각 파별의 배움에 대한 언급에는 각기 하나의 종지가 있었지만, 모종의 편견 역시 존재했다. 이러한 편견은 바로 다른 사람의 견해와 상반된 지위에 있었다. 예컨대 양주의 '위아'와 묵자의 '겸애'는 각기 한 쪽에 치우친 것이고 또한 서로 반대되는 것이다.

그러나 학문으로 자기만의 나름의 견해를 이루려 할 경우 이와 같은 것은 면할 수 없다. 즉 명나라 유학자들이 배움을 이야기하면서 그들은 단지 이학의 전통 중 다만 하나로써 일가를 이루려했기 때문에, 여전히 어느 한쪽에 치우치거나 각기 상반되는 것을 면하기 어려웠다. 황종희는 명대 학자들의 전체 저작에서 그들 각자의 정교한 의의를 찾고자 했다. 물론 그것이 한쪽에 치우친 것이든 혹은 상반된 것이든 모두 그의 『명유학안』에 수록했다. 바로 이 점이 이 책의 가장 뛰어난 특징이다.

후일 어떤 사람이 『명유학안』에 서문을 지었다. 예컨대 막진莫晉은 『명유학안』을 인쇄하면서 한 편의 서문을 지었는데, 그 때가 벌써 청 도광道光연간이었다. 그는 서문에서 『명유학안』을 가리켜 "언행을 모두 기재했고, 파별로 각기 나누었다"고 했다. 한 사람을 기재하면서 그의 사상뿐만 아니라 동시에 행한 일을 함께 기록했다. 그리고 각 사상을 다시 파별로 구분하여 "정교한 것을 가려내고, 그 내용이 상세했다[擇精語詳]"고 했다. 즉 황종희가 수록한 자료가 매우 정교하고 또 발휘한 바가 매우 상세했다는 것이다.

여러분들은 이 '택정어상擇精語詳'이라는 네 글자를 알아야 한다. 처음 볼 때는 서로 다른 의미인 것 같지만, 실제로는 하나의 의미이다. 선택이 정교하지 못하면 상세하게 말할 수가 없다. 상세하게 말하자면 먼저 그 선택이 정교해야만 한다. 예컨대 지금 내가 여러분에게 사학명저에 관해 강의하고 있는데 만약 내가 스스로 그 중 나은 것을 선택하지 아니하고 그저 25사와 10통通을 모두 1년 안에 말하고자 한다면, 선택 자체가 정교하지 못하므로 이야기 또한 상세하지 못할 것이다.

학술사를 강의할 경우도 마찬가지이다. 우리들은 대체로 모든 유가의 학술사상을 처음부터 끝까지 하나도 빠짐없이 모두 말할 수는 없다. 모름지기 "요약하여 그 현묘한 이치를 설명"해야 한다. 이 것이 바로 '택정어상擇精語詳'인 것이다. 따라서 우리가 『명유학안』을 읽으면 능히 "한 시대의 학술원류를 쉽고 분명하게 이해" 할 수 있게 된다. 막진이 이와 같이 『명유학안』을 평가한 것은 조금도 지나친 점이 없는 것이라 말할 수 있다.

명대의 이학을 연구하려면 바로 이 『명유학안』을 반드시 읽어야 한다. 청대 옹정雍正연간에 탕빈湯斌이 말하기를 "황종희 선생의 배움을 논함이 마치 우禹가 산으로 이끌며 그 맥락을 분명히 한 것과 같다"고 했다. 모든 시대의 각 파별의 학술은 바로 마치 커다란 산들이 우뚝 솟아있는 것과 같아서 우리가 이처럼 커다란 산 속에서 그 맥락을 구분하여 분명하게 하자면, 그 산들의 형세에 대하여 진실로 잘 알지 않으면 안된다.

우리들은 학술사를 연구할 때 가장 먼저 각 견해를 귀하게 여긴다. 예컨대 고대의 학술을 말할 때는 반드시 『한서』 예문지를 말해야 한다. 그 책에서는 왕관王官의 학과 백가百家의 말을 각기 구분하여 설명하고 있고, 백가의 말에는 다시 유·도·명·법·음양·묵가 등의 구분이 있었다. 수많은 말들을 유향과 유흠이 이같이 크게 분류하지 않았더라면, 우리들은 분명히 이해하기가 매우 어려웠을 것이다.

여러분들이 『명유학안』을 읽고자 한다면, 가장 좋은 것은 『명유학안』 이외의 책을 읽을 수 있어야 한다. 예컨대 왕양명의 『왕문성전서王文成全書』를 읽고 나서 다시 『명유학안』 가운데 왕양명의 『학안』을 읽으면 "정교한 것을 가려내고, 그 내용이 상세했다[精擇語詳]"는 것이 무엇인지 곧 알게 될 것이다. 가장 좋기로는 또 『명유학안』에 수록되지 않은 문집을 구하여 읽을 수 있다면 역시 "정교한 것을 가려내고, 그 내용이 상세했다"가 어떤 의미인지 바로 알게 될 것이다. 때문에 우리가 『명유학안』을 읽으면 명나라 시기의 학술사상을 알 수 있을 뿐만 아니라, 가령 우리가 학술사상을 연구하는 사람이 아니더라도 이 책을 읽으면 현재 우리들이 말하는 "자료를 어떻게 다루는가"하는 문제 역시 이해하게 될 것이다.

한 무더기의 자료가 여기 있다고 해도 모두 죽은 자료이다. 어떻게 다루느냐에 따라 죽은 자료들을 살릴 수 있다. 예컨대 한 사람의 장수가 삼군三軍의 병사를 어떻게 통솔하느냐에 따라 적군을 물리칠 수 있는 것과 같다. 소위 "한신韓信은 거느리는 병사가 많으면 많을수록 좋다"고 하는 말이 그것이다. 군대가 많아지면 통솔하기가 더욱 어렵다. 여러분들은 단지 군대가 많은 것만 알뿐 많아지면 다루기가 어렵다는 것은 모른다. 적어도 그것을 잘 배치해야 하는 것이다.

오늘날 우리는 독서를 하면서 단지 한 권의 책 속에서 작은 주제 하나를 찾고, 다시 이런저런 많은 자료를 찾아 이 주제를 설명한다. 이러한 학문은 그저 일종의 작은 학문으로서, 여러분들은 예컨대 다만 소대장이나 중대장이 될 수 있을 뿐 사단장이나 군단장은 될 수 없다. 우리가 학문을 할 때는 수많은 자료를 제대로 다룰 줄 알아야 하고, 또 조정하거나 요약할 수 있어야 한다. 이러한 것을 "널리 자료를 모아 그것을 다시 요약한다[由博返約]"고 말한다.

역사를 말하면서 어느 한 시기만을 끊어서 말할 수는 없다. 예컨대 나는 한나라 역사를 말하고, 너는 당나라 역사를 말하면서 일정한 단계 중의 사실을 말한다. 나는 한나라의 어떤 사실을, 너는 당나라의 어떤 사실을 말한다. 그러나 이것을 모두 모아도 중국의 역사가 될 수 없다. 우리는 큰 것을 보아야 하고, 그 전체를 보아야 한다. 이렇게 하기 위해서는 과거에 이러한 견식을 지닌 사람이 쓴 책을 읽어야 한다. 비록 당신이 작은 학문을 하고자 해도 반드시 학문의 커다란 곳으로부터 받아들이고 지도 받아야 한다. 소대장이나 중대장이 반드시 사단장이나 군단장의 명령을 받는 것 같이 이렇게 해야 우리들 자신의 역량도 비로소 바르고 정확하게 사용할 수 있다.

당연히 황종희는 양명학자였다. 그의 『명유학안』은 단지 양명을 중심으로 했다. 그러나 우리는 이것을 그의 편견이거나 혹은 그의 주관이라고 여겨서는 안된다. 왜냐하면 명대의 이학이 본래 양명을 중심으로 했고, 마침 황종희는 이 학파를 계승했기 때문에 그의 책은 당연히 양명을 중심으로 했던 것이다. 어느 한쪽에 빠진 견해도 아니었고, 또 그가 저술함으로서 능히 그 역할을 해낼 수도 있었다. 만약 여러분이 청나라 사람들의 『학안』을 연구한다면 반드시 고거학考據學에 능통해야 하고 또 경학의 고거에 능통해야 한다. 왜냐하면 청대 학술의 가장 중요한 성취는 바로 거기에 있었기 때문이다. 당신이 만약 경학의 고거에 능통하지 못하다면 어떻게 청대 사람들의 학문을 말할 수 있겠는가. 때문에 『명유학안』이 양명학에 편중된 것은 당연한 것이다.

『명유학안』에는 각 학안마다 제일 앞에 한 편의 「소서小序」가 있다. 그리고 각 학안의 많은 인물들마다 또 각각 한 편의 「소전小傳」이 있다. 이 「소전」의 뒤에 황종희 자신의 그 인물에 대한 비평이 부록되어 있다. 즉 그의 『학안』에는 때에 따라 몇 마디의 비평 혹은 해석의 글이 들어가 있다. 이들은 모두 황종희의 견해였다. 때문에 이 책은 분명 사서史書라고 할 수 있으며 아울러 사실을 서술한 책이라 하겠다. 이 책에는 논단과 비평 그리고 황종희 자신의 견해가 부단하게 들어 있지만, 황종희의 의견은 양명학파의 견해에 근거하여 제시한 것들이었다. 황종희는 "옛날 사람들은 병에 따라 처방을 했기 때문에 처음부터 정해진 것이 없었다〔古人因病立方, 原無成局〕"고 했다.

학문을 말하고 책을 쓰는 것은 의사가 병을 고치기 위해 처방을 내리는 것과 같다. 어떤 병인가에 따라 어떤 처방을 내릴 것인가는 분명한 방안이다. 소위 『학안』이라는 것도 바로 당시 학술 중 각 방안이 모두 병폐에 대한 처방으로 주장된 것이다. 황종희는 또 말하기를 "그 변화에 통하고 사람들로 하여금 싫증나지 않게 하기 위해 가르치는 방법을 날로 새롭게 해야 하고 이치가 비록 하나이지만 부득불 다르지 않을 수 없다. 방법은 비록 다르지만 결론은 하나가 아닌 적이 없었다"고 했다. 이 말은 시대가 변하면 사상과 학술 또한 그에 따라 변해야 한다는 것이다. 변해야만 시대적 모순을 구할 수 있다. 그 근본으로 돌아가는 것은 곧 하나의 진리라고 했다. 이 몇 마디의 말은 매우 재미있는 언급이라 여겨진다.

즉 오늘날 여러분들이 학문을 하면서 내가 이렇게 학문을 하는 것에는 모순이 없는가 하는 반문을 하는 것과 같다. 여러분들이 일단 대학원 사학과에 들어오면 문학이나 철학·정치·경제·사회 등 다른 분야에는 전혀 관심을 두지 않고, 이들은 모두 나와 아무런 관계가 없는 것이니 조금의 흥미를 가질 필요도 없고 또 마음을 둘 필요가 없다고 생각한다. 이전에 맹자는 "40세에 마음이 움직이지 않았다(不動心)"고 했는데, 오늘날 여러분들은 학교에 들어오자마자 그러한 셈이다. 『논어』와 『맹자』 그리고 정주程朱와 육왕陸王에 관한 책은 읽으려 하지 않는다. 왜냐하면 여러분들이 추구하는 학문과 아무런 관계가 없다고 여기기 때문이다. 이 문제에 관해서 나는 여러분들에게 바로 이것이 오늘날 학술계의 하나의 커다란 병폐라고 말하고 싶다. 우리들도 물론 '병에 따라 처방'을 해야 한다.

언젠가 어떤 사람과 내가 쓴 『국사대강國史大綱』이라는 책에 관하여 토론을 벌인 적이 있었다. 그 사람은 "당신 책에는 그저 중국의 좋은 점만 많이 말하고 있을 뿐 중국의 나쁜 점에 대해서는 언급한 것이 적다"고 했다. 나는 대답하기를, "여러분들이 하도 중국의 나쁜 점을 많이 언급하기 때문에 내가 부득불 중국의 좋은 점을 많이 언급하고 있을 뿐이다. 뿐만 아니라 내 책 속에 중국의 나쁜 점이 없는 것은 아니다. 치란과 흥망을 모두 말했지, 치治와 흥興만 말하고 난亂과 망亡을 언급하지 않은 것은 아니다. 다만 그대가 보기에 마치 내가 말한 것이 중국의 좋은 점이라고 여겼을 뿐이다"라고 했다.

그럼 한번 물어보자. 중국의 한·당·송·명·청이라는 왕조에는 각각 통치가 매우 성하던 시기가 있었는데 이들 시기에 관하여 당연히 몇 마디 언급해야 하는가 말아야 하는가? 우리들의 역사는 옛날부터 지금까지 4~5천 년 계속된 것으로 한 번도 중단된 적이 없었다. 이러한 문제에 대하여 마찬가지로 언급해야 하는가 말아야 하는가?

오늘날 우리들의 병은 다시는 자신들의 좋은 점을 인정하지 않고 단지 자신들의 나쁜 점을 말하는 데 있는 것 같다. 한번 물어보자. 우리들 중국인들이 너무 나쁘다고 한다면 어떻게 이 땅에서 바람직한 사람이 되겠는가? 오늘날 여러분들은 입만 열면 그저 미국이 좋고 중국은 나쁘다고 하는데 그런 여러분들에게 한 마디 하고 싶은 말은 "미국이 하나도 나쁜 곳이 없는 것이 아니듯 중국이 모두가 나쁜 것은 아니라는 점을 분명히 알라"는 것이다. 내가 평생토록 말하면서 중국의 좋은 점을 많이 말한 것 역시 단지 병폐에 대한 처방으로서 그 변화에 통하게 함으로서 나태해지지 않도록 하기 위함이었다. 그렇지 않았다면 그저 미국이 좋고 중국은 나쁘다는 것을 왜 몰랐겠는가? 아직도 내가 더 설명해야 하겠는가? 여러분들은 반드시 "그 변화에 통해야 하고(通其變)", "사람으로 하여금 싫증나지 않게 한다(使人不倦)"는 의미를 알아야 한다. 그래야 가르치는 방법 역시 하루하루 부단히 새로워야 한다는 의미를 알게 된다.

근대의 중국사람들은 곧 단지 "중국인들은 옛것을 고집한다"고 말한다. 그러나 실은 주자가 있었기에 양명이 등장했고, 송유宋儒가 있었기에 명유明儒가 있었던 것이다. 이러한 것이 바로 새로운 것이 아니겠는가? 그 다음에 청유淸儒의 한학이 있었고 이 또한 새로운 것이었다. 황종희가 비록 양명학의 전통을 계승했지만 정주학을 말살하지는 않았다. 때문에 말하기를 "이치는 비록 하나지만 부득불 다르지 않을 수 없다"고 한 것이다.

오늘날 여러분들이 비록 미국이 좋다고 말하지만, 중국을 살펴보면 여전히 무언가 다른 것이 있을 것이다. 황종희는 또 말하기를 "방법은 비록 다르지만 결론은 하나가 아닌 적이 없었다"고 했다. 중국사람이 비록 공자를 말하고 서양사람이 예수를 말하는 것이 다르지만, 어찌 모두가 사람을 사랑하자는 결론이 아니겠는가? 중국이 진나라 이후 대통일 국면으로 나아갔고 서방의 역사가 여러 나라로 분열하여 다투던 것과는 그 내용이 다르다. 그러나 중국인 역시 일찍이 어찌 치국평천하를 말하는 것으로 귀결되지 않고 스스로 망국을 추구했겠는가? 오늘날 미국사람은 미국을 말하고, 중국사람은 중국을 말하며 많은 사람들이 각기 좋은 점을 세상에 드러내고 있지만, 장래에는 모두 하나로 귀결될 것이다.

그러하거늘 하필 자기를 없애면서 다른 사람에게 돌아가려 하는가? 학문을 하는 것 역시 마찬가지이다. 바람직한 사람이 되는 일과 국가와 사회를 만드는 것 역시 마찬가지이다. 중국인을 한 번에 모두 말살하고 다시 외국으로부터 배울 수는 없다. 학문을 함에도 인문과학을 모두 없애고 이과만을 배울 수는 없다. 오늘날의 미국을 보면 이과가 비록 우리보다 강점이 있지만 그들의 정치이론 중 어떤 것은 실제로 받아들이기 어렵다.

최근 며칠 사이 신문을 본 사람들은 이후 더욱 황당한 일이 벌어질 것이라는 점을 알게 될 것이다. 미국이 곧 공산주의를 승인할 것이고 혹 중화민국을 연합국에서 축출할지도 모른다. 이는 불가능한 일이 아니다. 우리들은 언제나 미국인들의 말은 옳다고 여긴다. 첫째는 곧 대륙을 공격하지 않아야 된다는 점이고, 둘째는 대만의 독립이다.

그럼 물어보자. 우리가 미국과 친구가 되기 위해서는 어떻게 해야 하는가? 여러분들이 사업을 한다면 당연히 미국사람에게 배워야 한다. 사람을 죽이고 핵무기를 사용하려면 역시 미국에게 배워야 한다. 전쟁을 하는 데 있어서는 미국인이 반드시 잘 싸운다고 볼 필요는 없다. 대포를 막 쏘아대고, 비행기로 막 폭격하면서도 부대는 그 후방에서 움직이지 않는다. 남·북한의 전쟁에서도 그랬고, 월남전쟁에서도 그랬다. 비행기로 며칠 폭격을 하고 나서 대부분 군인들은 휴가를 찾아 홍콩이나 타이베이로 갔다. 휴가를 와서는 어떠했는가? 여러분들은 모두 잘 알 것이다. 달러를 쓰고 돌아가곤 했다. 당신은 도대체 세상에 이런 군대가 어디에 있는가 하고 말할 것이다. 그러나 이에 대하여 우리가 비판을 할 수 있지만 사실은 정말 이러한 것을 배우지 않는 것이 더욱 좋다. 이후 월남전쟁이 어떻게 발전할 것인지는 잘 모르겠다.

그러나 분명히 말할 수 있는 것은 미국인들이 싫증을 낼 것이라는 점이다. 북쪽의 월맹 사람보다 먼저 싫증을 낼 것이라는 말이다. 바로 미국인들이 그 곳에서 싫증을 냄으로 말미암아 히피족이 생긴 것이고 전쟁을 싫어한다 하고 협상을 해야 한다고 하면서, 전쟁을 월남의 문제로 하려 할 것이다. 물론 미국에게도 좋은 점은 많다. 그러나 오늘날 중국사회에서 미국인들의 나쁜 점을 몇 마디로 자주 하는 것 역시 "그 변화에 통하여 사람들로 하여금 싫증나게 하지 않는다"는 의미가 있다. 만약 그저 미국이 좋기만 하고 앞으로도 변하지 않는다고 한다면 사람들로 하여금 곧 쉽게 싫증을 내게 할 것이다.

만약 우리들이 미국인의 많은 나쁜 점을 좀더 원천적으로 살피려면 마땅히 그들의 학술사상을 말해야 한다. 오늘날 우리 학술계 특히 문사철文史哲 방면은 곧 마치 스스로는 소대장이나 중대장이 되고자 할 뿐이고, 외국의 학자들을 우리들의 사단장이나 군단장 심지어 대원수로 삼고자 하고 있다. 비록 그 지휘하는 바가 분명하지는 않지만, 우리들의 화살과 칼끝이 이미 모두 우리 스스로에게 향하여 있는 꼴이다. 따라서 중국 자신에 대하여 언제나 적의敵意가 많고 선의善意는 적으며, 중국에 대한 공격이 전통의 계승보다 많다. 내가 쓴 『국사대강』에서 중국의 좋은 점이 지나치게 많고 나쁜 점이 너무 적다고 하는 것은 하나도 이상하지 않은 것이다.

오늘날 사학을 연구하는 여러분들은 실로 모두 미국인과 마찬가지이다. 그러나 솔직히 말하자면 미국의 경우 그래도 본받을 만한 것이 있기는 하다. 즉 전문적인 학문분야를 할 경우 작은 범위를 골라 하는 것도 괜찮다. 『명유학안』 역시 작은 범위에서 작은 주제들을 뽑아 대저작을 완성한 것이 아니겠는가? 학문을 하는 데 있어서 전문적인 분야를 해서는 안된다는 말이 아니다. 또 어떤 사람이 능히 사통팔달의 능력을 지닐 수 있겠는가? 『명유학안』은 내가 읽기를 좋아하는 책이고 실제로 정말 좋은 책이라고 생각한다.

여러분들은 자신의 학문범위에 들지 않기 때문에 상관없다고 여겨서는 안된다. 예를 들면 산수山水간에 노닐다 한가한 때를 만나면 한번 읽을 만한 것이다. 우리가 능히 일종의 성정性情을 양성하고자 할 때 아직 가보지 않았던 곳에 기꺼이 가서 새로운 천지를 보는 것은 결국 좋은 것이다. 만약 여러분들이 시간을 내어 『명유학안』을 읽으면 아마 즐거움을 잃지 않을 것이다. 만약 정말 모르는 분야를 읽는다하더라도 본래의 전공에 도움을 주게 될 것이다. 시골사람들이 종래 도시 안에 한번도 들어가 본 적이 없는 것과 마찬가지로 도시에 사는 사람이 종래에 시골에 한번도 가보지 않은 것과 같다.

나는 여러분이 만약 도시사람이라면 틈이 나거든 시골에 한 번 놀러 가볼 것을 권한다. 만약 시골사람이라면 마찬가지로 도시에 와서 구경을 할 것을 권한다. 이와 마찬가지로 여러분들이 『명유학안』을 읽어보길 권한다. 몇 차례 노닐다보면 자연스럽게 천천히 변하게 될 것이다. 이처럼 그 변화에 통하게 되면 학문을 좋아하면서 싫증을 내지 않게 될 것이다.

『명유학안』을 설명하자면 『송원학안宋元學案』을 함께 언급해야 한다. 『송원학안』은 100권으로서 전조망全祖望이 편찬한 것이다. 황종희는 『명유학안』을 완성하고 나서 계속하여 『송원학안』을 쓰고자 했다. 왜냐하면 송대의 이학은 모두 송에서 비롯된 것이기 때문이다. 명대 사람들이 살핀 문제들은 대부분 송대 사람들이 토론해 왔던 것이었다. 따라서 『명유학안』으로부터 소급하여 『송원학안』을 연구하는 것은 당연하다. 그러나 황종희가 『명유학안』을 완성했을 때 이미 나이가 70세가 넘은 노인이었다.

　『명유학안』이 언제부터 언제까지 쓰였는지 오늘 여기에서 자세하게 살피지는 않겠지만, 이미 황종희 만년의 일이었기 때문에 다시 『송원학안』을 편찬한 지 얼마 되지 않아 황종희는 죽었다. 그러자 그의 아들 황백가黃百家가 이어서 그 작업을 계속했고, 황종희의 두 제자 즉 황개원黃開沅과 고시顧諟가 나누어 편찬을 맡았지만 역시 완성하지 못했다.

　이후 다시 전조망이 그 내용을 보완했다. 따라서 황백가가 편찬한 『송원학안』은 미완성의 원고였고, 전조망이 보완한 내용 열 중 여섯, 일곱은 황백가의 원고에서 반 이상을 참고했다. 그러나 전조망은 『송원학안』을 보완하자 곧 세상을 떠났다. 그의 원고는 후일에야 인쇄되는데 이 작업을 맡았던 사람이 둘이었다. 그 중 한 사람은 왕재재王梓才이고 다른 한 사람은 풍운호馮雲濠였다. 지금 우리가 보는 『송원학안』은 모두 이 두 사람의 심사를 거친 것이다.

　『송원학안』은 모두 네 부분으로 나누어져 있는데, 그 중 하나는 "황모黃某의 원본에 전모全某가 수정修定한 것"이다. 황모黃某란 황종희와 황백가 부자를 말하며 거기에 다시 황종희의 두 학생을 합쳐 이미 모두 네 사람의 작업이 더해진 것이다. 수정修定이라 함은 문장과 내용을 다듬어 개정한 것을 말한다. 다른 하나는 "전모全某가 보완한 것"인데 이는 앞의 판본에는 없는 것이다.

　또 다른 하나는 "황모黃某의 원본에 전모全某가 차정次定한 것"이다. 이 판본에는 곧 전조망이 증보한 내용이 들어 있다. 각 권마다 모두 이 두 사람을 따로 구분하여 이 같은 글자를 주에서 밝히고 있다. 그러나 우리는 오늘날 그저 전조망의『송원학안』이라 하지, 황종희·황백가의『송원학안』이라 할 수는 없다. 마찬가지로 왕재재·풍운호의『송원학안』이라 할 수도 없다.

이 책은 실제로 어느 한 사람에 의해 쓰인 것이 아니다. 황종희는 강희康熙 을해년(1695)에 죽었고, 전조망은 건륭乾隆 을해년(1755)에 죽었으니 꼭 60년의 간격이었다.『명유학안』은 황종희가 죽을 때까지도 아직 인쇄되지 않았다. 황종희가 죽고 난 뒤에 비로소 '가각본賈刻本'이 인쇄되었다. 황종희가 죽은 지 이미 18년 후의 일이다. 이 때는 강희연간이었다. 후일 다시 '정각본鄭刻本'이 나왔는데 건륭연간이었다. '가각본'으로부터 '정각본'의 사이에는 46년이라는 시간이 흘렀다. 황종희가 죽고 나서 정각본이 인쇄되기까지 이미 64년이 흘렀다. 현재 우리는 모두 '정각본'을 사용하고 있으며, '가각본'은 많은 부분이 믿기 어렵다. '가각본'은 황종희의 원본의 차례를 바꾸었다. 적어도 제1권과 제2권의 선후의 순서와 범례凡例를 옮겼다.

전조망이 죽은 때가 건륭 20년 을해년이었으니 건륭 11년부터 건륭19년까지 8년의 시간동안 쉬지 않고『송원학안』을 수정하고 보완했을 것이다. 건륭 20년 전조망이 죽고 난 뒤 그의 원고는 어떤 사람의 집에 소장되어 있었다. 후일 어떤 학사學使가 전조망의 고향에 갔다가 전조망이 편찬한『송원학안』의 원고가 있는가를 물었다. 그 때 두 사람의 제자 즉 왕재재와 풍운호가 학사의 질문을 듣고 비로소 이 원고를 찾게 된 것이다. 찾고 나서 인쇄한 것이 도광18년이었으니 전조망이 죽은 지 이미 84년이 지난 때였다.

그리고 왕재재와 풍운호 두 사람이 또『송원학안』의 보유補遺를 지었다. 왜냐하면 전조망의 판본 역시 많은 자료를 가지고 황종희 부자의 원고를 보완한 것이었기 때문에, 그들 역시 마찬가지로 다시 보완한 것이다. 이 원고는 도광 21년에 완성되었다. 모두 100권이었다. 민국 26년(1937) 바로 7·7항전이 나던 그 해 상해의 광화光華대학의 교장 장수용張壽鏞은 은행가로서『사명총서四明叢書』를 발간했는데, 이 때 왕재재와 풍운호의『송원학안보유』100권이 이 총서에 포함되었다. 이 100권의 책은 처음『송원학안』이 인쇄된 뒤 97년, 즉 약 1백년간의 간격이 있었다.

내가 이 말을 하는 것은 여러분들이『송원학안』의 완성 경과가 그리 간단하지가 않았고 또 쉽지 않았다는 것을 알아야 하기 때문이다. 첫째 여러분들은 청이라는 시대는 곧 고거학만을 중시하던 시대였다고 생각해서는 안된다. 실제로 황종희의『명유학안』은 강희연간에 쓰여졌고, 전조망의『송원학안』은 건륭연간에 쓰였으며,『송원학안』이 인쇄된 것은 여전히 도광 18년이었다. 다시『송원학안보유』가 인쇄된 것은 우리가 일본에게 항전하던 때였다.『명유학안』부터 시작하여『송원학안보유』까지 세 책이 모두 오로지 송·원·명 세 시기의 이학을 다루고 있는데 대체로 청대 전체 268년의 시기에 걸쳐 있었던 것이다.

이 일은 이렇게 쉽지 않은 것이었고, 실로 우리들이 놀랄만한 일이었다. 본래 이 시기는 이학이 이미 쇠약해지고 있던 때였다. 만약 황종희나 전조망 등의 노력이 없었더라면 오늘날 누군가가 정리해야 할 터인데 그 경우 아마 더욱 어려움이 많을 것이다. 오늘날 우리가 또 문화의 부흥을 말하는데, 그럼 한번 물어보자. 학술이 발전하지 않으면 문화의 영혼은 어디에서 찾을 것인가? 그러나 옛 학문을 부흥한다는 것이 어디 그렇게 쉽다고 말할 수 있겠는가.

다시 『송원학안』과 『명유학안』 두 책을 서로 비교해 보면, 그 차이를 곧 알 수 있다. 왜냐하면 『명유학안』은 황종희 한 사람에 의해 쓰인 것이고 황종희 자신 또한 양명학을 말하고 있었으며, 명대 이학의 가장 중요한 중심은 곧 양명학이었기 때문에 황종희의 이 책에서는 그의 정교한 주장을 쉽게 볼 수 있다. 『송원학안』의 경우 중요한 것은 당연히 육구연의 사상에 있지 않았다. 육왕학陸王學을 하던 황종희가 정리한 송·원의 학술에 대한 그의 견해와 비평은 편견을 면할 수 없었다. 정주학程朱學과 육왕학의 문호는 서로 융화될 수 없었다.

그리고 황종희의 『송원학안』에 관한 유고遺稿는 분량이 얼마 되지 않았다. 나머지는 모두 그의 아들과 두 명의 제자가 계속했지만 그들의 견해가 황종희의 견해에 미치거나 또 같을 수 없었다.

다시 그 이후 전조망이 젊었을 때 북경에서 이목당李穆堂을 알게 되었는데, 이 사람은 강서江西사람으로서 육구연의 학문을 가장 좋아했다. 그는 이학에 대하여 편견을 지니고 있었다. 육구연과 주희의 학문은 서로 달랐다. 소위 '주육이동朱陸異同'이 바로 그것이다. 이목당은 이 문제에 대하여 문호의 견해를 너무 깊이 지니고 있어서 공평한 태도를 지니지 못했다. 전조망은 아주 젊어서부터 곧 이목당의 관심을 받았고 그들은 나이를 뛰어넘는 아주 친한 사이였다. 따라서 전조망 역시 이러한 이목당의 영향을 면하기 어려웠다.

멀리 소급해 보면 황종희 부자가 본래 양명학을 했고, 전조망이 황종희 부자의 책에 근거하여 보완 수정했고, 전조망 자신 또한 이학에 대하여 본래 깊은 조예가 없었으며, 그 때가 이미 건륭 시대로서 이학이 쇠했던 때이니 전조망이 고거학으로서 이학을 설명하는 분위기를 면하기 어려웠다. 사료를 정리하는 방면에 있어서 그는 매우 많은 노력을 기울였다. 『송원학안』에 실려 있는 인물과 저작을 보면 매우 많은 단편적인 사실들을 말하고 있는데, 이는 참으로 대단한 것이다. 왜냐하면 전조망은 매우 박학하여서 그가 수록한 자료에는 『송사』에서 다루지 않은 자료들이 매우 많았기 때문이다.

전조망은 본래 『송사』를 수정, 보완하려 생각했기 때문에 그는 『송원학안』 중의 각 편마다 소전小傳을 썼는데, 『송사』와는 비교되지 않을 정도로 상세하고 정확한 자료들이 매우 많았다. 전조망은 『송원학안』에서 특히 자료방면에 실제로 매우 많은 노력을 기울였다. 그의 책에 여전히 수록하지 못한 자료는 곧 다시 왕재재와 풍운호의 100권 『송원학안보유』에 수록되었다. 만약 우리가 전조망의 『송원학안』과 다시 왕재재·풍운호 두 사람의 『송원학안보유』를 자세히 살펴보면 곧 우리들의 흥미가 이학사상으로부터 벗어나 사료방면에 주의하는 쪽으로 가게 될 것이다.

나는 젊은 시절 지식이 부족했지만 그래도 『송원학안』을 다시 쓰고 싶었다. 왜냐하면 전조망의 『송원학안』에는 사상과 학술을 설명하는 부분이 아직 부족하고 또 극히 중요한 것이 오히려 수록되지 않았기 때문이다. 나는 당시 구양수(歐陽修)의 책을 읽기를 매우 좋아했다. 구양수는 비록 이학가는 아니었지만 『송원학안』에는 구양수가 수록되어 있다. 당시 나는 만약 구양수의 『학안』을 다시 쓰게 된다면 곧 매우 많은 자료들이 응당 그 안에 수록되어야 한다고 여겼다. 전조망이 『구양수전집』 중에 구양수가 경학을 이야기한 부분의 몇 가지를 그냥 베껴 수록한 것 같기 때문에, 구양수 본인의 사상을 설명하는 것으로는 부족하다.

나는 마찬가지로 명대 사람들의 문집 등을 가지고 『명유학안』과 대조하여 본 적이 있는데, 분명히 내가 보기에는 중요한 자료인데도 불구하고 『명유학안』에는 빠져 있는 것이 있었다. 그러나 많지는 않았다. 만약 송대 사람들의 문집 등을 가지고 『송원학안』과 대조하여 보면 우리들은 곧 매우 많은 자료가 당연히 수록되어야 하는데도 불구하고 빠져 있음을 느낄 것이다. 나는 아주 젊은 시절부터 벌써 이러한 생각을 가지고 『송원학안』을 다시 쓰고자 했지만, 지금까지 이 작업을 하지 못하고 있다.

실제로 이 작업을 하려면 자료방면에서 전조망의 책이 이미 상당한 노력을 해놓았기 때문에 그다지 어렵지는 않을 것이다. 어려움은 곧 식견에 있을 것이다. 모든 학자들마다 그 학자들이 지닌 학술사상의 정신적 소재를 밝혀낼 수 있어야 한다. 『송원학안』에서 특별히 정교하고 뛰어남이 보이지 않는 것이 바로 주희에 관한 『학안』이다. 왜냐하면 주희의 저작이 너무 많아 『어류語類』와 문집만을 합쳐도 2백 몇십 권이나 되기 때문에, 이 중에서 대충 몇 줄씩만 베껴 우리에게 학문에 매진하도록 한다고 해도 주희의 학문의 종지宗旨가 갖는 정신적 소재를 보기가 쉽지 않을 것이다. 때문에 내가 다시 『주자신학안朱子新學案』이라는 책을 쓰게 된 것이다.

이러한 생각은 내가 아주 젊은 시절부터 지니고 있었다. 나는 지금 비록 주희 한 사람에 관하여 썼을 뿐이지만, 송·원의 이학 전체, 즉 주희 이전과 그 이후에 관하여 내 나름대로의 관점이 있기 때문에, 지금 우리가 읽고 있는 『송원학안』이 편찬될 당시 볼 수 없었던 또 찾을 수 없었던 것들 그리고 특히 『송원학안』의 관점과 근본적으로 서로 다른 내용들을 보완할 수 있을 것이다. 그러나 어찌했든 『송원학안』은 여전히 우리 모두가 반드시 읽어야 할 책임에 틀림없다. 이 책은 여전히 바람직한 중국학술사로서의 모습을 잃지 않고 있다. 다만 황종희의 『명유학안』과는 자료를 취함에 있어서 그 경중이 서로 다를 뿐이다.

『송원학안』에는 모든 학안마다 곧 한 장의 표表가 있다. 이는 『명유학안』에는 없는 것이다. 이들 표는 실제로 전조망이 작성한 것은 아니다. 왕재재와 풍운호가 전조망의 책에 근거하여 다시 추가한 것이다. 결론적으로 이 책은 실제로 여러 사람의 손에 의해 완성된 것으로서 매우 긴 시기를 거쳤다. 때문에 우리들이 『명유학안』을 읽으면 명나라의 학술과 사상을 알 수 있고, 『송원학안』을 읽으면 힘들이지 않고도 송나라의 학술과 사상을 알 수 있는 것이다. 분명 그 책 속에 베껴 넣은 자료가 적지 않지만, 아직도 너무 많은 자료들을 모두 베낄 방법이 없다. 중요한 것은 송대 이학에 대한 인식이 충분치 않아 곧 "정교한 것을 가려내고, 그 내용이 상세했다[擇精語詳]"는 수준에 이르지 못했다는 것이다.

현재 우리들은 단지 그들의 자료에 근거하여 자신의 학문을 하고 있지만, 여전히 많은 자료들이 그 책에 수록되지 못하고 있다. 더욱 중요한 것은 우리가 그 책 속의 관점으로만 학문을 할 수는 없다는 것이다. 예컨대 황백가나 전조망 같은 이들의 수많은 참고의 말[按語]과 평론이 우리들을 때때로 대로가 아닌 샛길로 인도하기도 한다. 그러나 적어도 우리는 이 송·원·명 세 왕조의 『학안』이 중국의 학술사를 모아놓은 커다란 저작이라고 말할 수 있다.

특별히 내가 오늘 여러분에게 말하고 싶은 것은 이 두 책이 쓰여 간행되기까지의 경과인데, 특히 『송원학안』의 경과를 우리는 꼭 알아야 한다. 어느 학문이라도 한 사람에 의해 한 시기에 완성될 수는 없으며, 반드시 다른 사람의 도움을 받아 계속되어야 한다. 학술은 곧 하나의 공동작업이다. 적어도 이 점에서 여러분들이 『송원학안』이라는 책을 읽으면 곧 크게 좋다고 여기게 될 것이다. 자 그럼, 오늘은 여기까지 강의하도록 하자.

황종희·전조망의 『학안』으로부터 장학성의 『문사통의』까지

> 청대의 세번째 명저는 바로 장학성의 『문사통의』로서 문학과 사학 두 방면 모두를 말하고 있다. 근대의 사람들은 항상 이 세 책을 함께 칭찬하지만 나는 지금 '사학' 명저를 강의하고 있기 때문에, 당연히 『사통』을 언급하고 다시 『문사통의』를 말하면서도 『문심조룡』에 대해서는 설명하지 않는 것이다.

오늘은 먼저 앞에서 강의한 『명유학안』과 『송원학안』에 대하여 몇 가지 덧붙여야 할 말을 하고자 한다. 이 두 『학안』은 한편으로 매우 많은 사람들의 어록이나 문집 속의 내용을 수집했고, 다른 한편으로 각 인물에 대한 『학안』마다 모두 한 편의 「소전小傳」을 두고 있는데 이는 매우 중요하다. 중국사학에 있어서 학인學人에 대한 전기傳記를 쓰는 것은 이미 상당히 오래 전부터 있었다. 예컨대 『사기』와 『한서』 이래 모두 「유림전」이나 「문원전」이 있었다.

만약 역사상의 지위가 매우 높은 사람이라면 「유림전」이나 「문원전」에 수록하지 않고, 특별히 따로 독립된 열전에 수록했다. 『사기』에는 「동중서전董仲舒傳」이 있고, 『후한서』에는 「정현전鄭玄傳」이 있는데, 모두 「유림전」에 수록되지 않았다. 「문원전」 역시 마찬가지였다. 매우 많은 대문학가들이 「문원전」에 수록되지 않았다. 예컨대 「한유전韓愈傳」이 그러하다. 결론적으로 중국의 기전체 정사에는 학자의 전기를 포함하고 있다. 또 앞에서 강의한 바 있는 『고승전』은 바로 불가의 전기와 같은 것이었다. 후일 주희의 『이락연원록伊洛淵源錄』이 있는데 그것은 바로 이학가의 전기였다.

곧장 황종희가 쓴 『명유학안』에 이르러서도 그는 모든 사람마다 「소전小傳」을 지었는데, 이는 바로 앞에서 말한 그러한 전통을 계승한 것이다. 중국사에 학인에 관한 전기가 등장한 것은 매우 오랜 역사적 전통이 있었다. 따라서 황종희가 쓴 『명유학안』 중의 모든 전기는 매우 중요하다. 전기의 전반부에서는 그 사람의 생애와 관련한 사실들을 적고 있고, 후반부에는 그의 학술사상을 적고 있다. 그리고 아울러 작자인 황종희가 덧붙인 평어評語가 있다. 그 이후 전조망의 『송원학안』에도 마찬가지로 전기를 적고 있는데, 사학상 매우 높은 지위를 가진다. 많은 자료들이 『송사』에서 찾아볼 수 없는 것이었다. 그러나 각 학인의 사상에 대한 객관적인 평가에서는 전조망이 황종희만 못했다.

내가 오늘 특별히 제시하려는 것은 전조망은 이밖에도 한가지 커다란 공헌을 했다는 사실이다. 그의 문집인 『길기정집鮚埼亭集』에는 매우 많은 문장이 있는데, 모두 내가 말한 학인에 관한 전기로서 대부분 명말청초의 학자들에 관하여 적고 있다. 예컨대 고염무顧炎武·육부정陸桴亭 등 여러 사람이었다. 문장이 아주 좋은데, 이 문장들과 『학안』의 내용이 매우 비슷하다. 그러나 서로 중복되지는 않았다.

그는 순수하게 자신과 같은 시대의 근대 학인들 가운데 사상·저작·행의行誼·지절志節 등에 있어서 후세의 학문이나 사람들에게 모범이 되고 큰 영향을 줄만한 내용을 모두 담았다. 『길기정집』에는 이 같은 종류의 문장이 매우 많았다. 전조망이야말로 청초 강희제와 건륭제 시대에 있어서 경학과 사학을 말하고, 또 학자들의 전기를 쓰기 좋아했던 사람이었다.

그 다음 전대흔錢大昕은 그 학술과정이 전조망과 상당히 유사했다. 전대흔의 문집에도 마찬가지로 매우 많은 학인들의 전기가 있었다. 예컨대 그는 대진戴震과 혜동惠棟 등의 전기를 썼는데 모두 그와 동시대의 사람들이었다. 그 당시 학술은 점차 성행하여 경학가·고거학가·사학가 등이 출현했고, 그들은 모두 매우 많은 저작을 남겼다. 그들의 저작은 각 분야에 많은 공헌을 했으므로, 그들에 관한 전기를 지어 중요한 내용을 요약하고 그 의미를 발휘하게 했다. 이러한 내용은 『송원학안』이나 『명유학안』이 오로지 이학가의 사상에 편중하여 전기를 쓴 것과는 또 다른 것이었다.

나는 오늘 특별히 전조망과 전대흔 두 사람을 거론했는데, 이후 건륭·가경연간의 학술 전성기에 오게 되면 학자들이 또한 부단하게 출현했고, 학인들에 관한 새로운 전기 역시 끊임없이 나타났다. 그 중에는 산발적으로 모은 것도 있고, 전문적으로 전기만 다룬 것도 있었다. 예컨대 강번江藩의 『한학사승기漢學師承記』는 모두 8권이고, 책 뒤에 『송학연원기宋學淵源記』 2권이 부록되어 있다. 대체로 앞서 말한 송·원·명의 『학안』과 비슷했지만 체재가 약간 변화했는데, 이는 당시 소위 한학과 송학이 이미 그 경계가 나뉘어 두 문호로 구분되고 있음을 보여주는 것이다.

이 『한학사승기』는 사람들에게 특별히 중시되었다. 왜냐하면 경학을 말하고 경학가들의 전기를 쓰면서도 반드시 새로운 문체로 쓰고 있어서 그 이전의 옛것, 즉 경학가를 위한 전기의 문체와는 달랐기 때문이다. 이 문체는 전조망이나 전대흔이 그 앞에서 선도적 역할을 한 것이지만, 『한학사승기』의 각 전기는 강번이 직접 다시 쓰면서 앞의 두 사람이 쓴 글을 베끼지 않았다. 다만 원칙상 두 사람의 방법을 따랐을 뿐이었다.

그 후 청대에는 곧 매우 많은 '비문(碑)'과 '전기(傳)'가 있었고, 후세 사람들은 이를 모아 『비전집碑傳集』을 완성했다. 『비전집』에는 모든 사람마다 각기 많은 문장을 쓰는데, 어떤 사람을 위해 전기를 쓰거나 혹은 비문을 썼다. 혹은 한 사람의 전기와 비문을 쓰는 데 그치지 아니했다. 각각의 전기마다 그 내용이 서로 달랐다. 오늘날에 전하는 『비전집』에는 분명 여러 방면의 다양한 사람들을 수록하고 있지만, 오늘날 우리가 특별히 거론할 만한 것은 역시 학술을 말한 사람들이라 하겠다. 왜냐하면 이 사람들은 과거에는 볼 수 없었던 사학의 새로운 방향을 열었다고 할 수 있기 때문이다.

앞에서 말한 바처럼 정사에도 학인들에 관한 전기가 있는데, 동중서나 정현의 열전이 그것이다. 그러나 청대에 오면 학인들의 전기가 특별히 성행했다. 뿐만 아니라 그 문체 또한 조금씩 이전과 달라졌다. 『비전집』외에도 그 속집續集·삼집三集·사집四集 등이 있었다.

청대의 학술과 경학·사학 그리고 문학 등 각 방면을 연구하려면 일체의 관련자료가 이 몇몇 『비전집』 속에 매우 상세하게 모두 망라되어 있다고 할 수 있다. 이러한 종류의 학인에 관한 전기는 청대에 특별히 성행했으며, 청대의 이러한 학술분위기는 전조망과 전대흔이 그 단서를 열었다. 이 사실은 마땅히 특별하게 언급되어야 한다.

만약 다시 그 이전의 단서를 추론한다면 황종희의 『명유학안』까지 소급할 수 있다. 왜냐하면 전조망은 바로 황종희를 이어 『송원학안』을 썼기 때문이다. 우리가 이학을 공부하려면 반드시 황종희와 전조망의 두 『학안』을 읽어야 하고, 청대 사람들의 경학과 사학을 공부할 때 가장 좋은 방법은 그들의 비문(碑)이나 전기(傳)를 읽을 수 있어야 한다. 만약 여러분들이 전대흔이라는 사람의 학문을 알고싶다면 그의 저작과 문집은 내용이 너무 방대하기 때문에 먼저 그에 관한 몇 편의 비문이나 전기를 읽는 것이 낫다. 그것을 읽으면 전대흔의 학문이 당시에 얼마나 중시되었는지, 그리고 그가 당시의 학술계에 어떻게 공인되고 또 어떤 공헌을 했는지에 대해 잘 요약, 정리된 서술을 볼 수 있기 때문이다.

다른 사람을 알고 싶은 경우도 마찬가지이다. 따라서 청대의 몇몇 『비전집』은 비록 사학명저라고는 할 수 없지만, 실제로 당시 사학방면에 곧 일종의 극히 귀한 새로운 경향이었고, 또 새로운 방법이었다. 불행하게도 민국(民國) 이후 이러한 분위기는 없어졌다. 어느 한 사람이 죽더라도 아무도 그를 위해 비문이나 전기를 쓸 수가 없었다. 쓰인 것도 과거와는 달리 역사적 가치가 없었다.

이러한 현상은 쓰고자 하는 대상이 적기 때문인가 아니면 이러한 글을 쓸 수 있는 사람이 적어서인가? 예컨대 청 말의 강유위 같은 사람은 적어도 청말민초와 매우 중요한 관계를 지닌 인물로서 학술계에도 속한다고 할 수 있다. 그러나 아무도 그에 대해 요령있는, 즉 그의 생애와 저술에 대하여 번거롭지 않으면서도 핵심을 이야기하고 상세하면서도 누락된 것이 없는, 전기나 비문을 쓰는 사람이 없었다. 또한 장태염章太炎・왕국유王國維・양계초梁啓超 같은 사람들의 경우 사망한 시기가 강유위보다는 조금 뒤의 일이지만, 당연히 과거의 『비전집』에 수록된 그와 같은 문체로 그들에 대한 전기나 비문을 써야만 한다.

그러나 근래의 사람들은 쓸 수 있는 능력이 아예 없거나 또는 학력을 갖추지 않아 이러한 책임을 맡을 수 없었다. 오히려 그들에 대한 몇십만 자나 되는 연보年譜를 쓰고 있다. 연보가 중요하지 않다는 것은 아니지만, 한 사람의 연보에 수십만 자를 쓸 경우 후일 그 사람을 설명하려면 얼마나 많은 정력을 써야 읽을 수 있겠는가.

후세사람들은 그러한 정력이 없어 아마도 옆으로 밀쳐두고 관심을 갖지 않을 것이다. 청대의 사람처럼 한 편의 비문이나 전기를 써서, 어떤 사람의 일생과 그의 학술저작이 도대체 어떤 것이었나를 수천 자 혹은 1만 자 정도를 써서, 그 대강을 요약하여 많은 사람들에게 볼 수 있게 한다는 것이 얼마나 중요한 일인지 모른다. 그러나 지금은 이미 모두 없어졌다. 이는 학술적으로 얼마나 위험하고 또 얼마나 처량한 일인지 모른다.

예컨대 양계초의 친구 정문강丁文江이 양계초의 연보를 지었는데, 아주 두꺼운 두 권으로서 분량도 매우 많아 분명히 이전에도 이 책을 능가할 만한 것이 없었고, 이후에도 없을 것이다. 그리고 연보 중에 쓰고 있는 내용은 한 가지 방면의 것이었다. 우리들은 책을 쓸 때 이렇게 쓸 수 없음을 알아야 한다. 사학이 쇠락하면 단지 사학뿐만이 아니라 문학적으로도 그 영향이 있게 된다. 우리들은 오늘날 이미 역사를 쓸 만한 필력이 없을 뿐만 아니라 역사를 읽을 만한 심력心力 역시 없게 되었으니 청대 사람들의 작업을 생각하면 어찌 속으로 부끄럽지 않겠는가!

우리들은 지금 역사를 읽으려 하지도 않는다. 다만 역사 속의 자료를 찾아 여기서 찔끔, 저기서 찔끔 그저 사서史書를 하나의 자료더미라고 보고 있을 뿐이다. 그리하여 단지 사료만 있을 뿐 사학은 없다. 마땅히 이후 역사를 저술하는 체례 또한 크게 변하게 될 것이다. 그러나 우리는 자료를 변화시켜 그 가운데서 학술을 만들어 내는 것이 아니라, 오히려 학술을 모두 자료로 바꾸고 있는 것이다.

도대체 이렇게 바꾸어야만 하는가? 우리가 또 학술사를 말하면서 예컨대 『사기』와 『한서』에는 동중서에 관한 열전이 있고, 『후한서』에는 정현의 열전이 있다고 했고, 이는 분명 과거 정사 속의 본보기였다는 점을 앞에서 말한 바 있다. 또한 한유가 유종원의 비문을 쓰고, 소식蘇軾이 한유를 위해 비문을 쓴 것은 모두 문학작품으로서 역사적 전기와는 조금 달랐다. 그리고 예컨대 주희의 생애와 그 학문을 말하자면 곧 반드시 황간黃榦이 쓴 행장行狀을 읽어야 한다. 이 문장이 가장 믿을 수 있는 자료이기 때문이다. 또 정호程顥를 말하기 위해서는 반드시 정이程頤의 비문을 읽어야 객관적인 평가의 기준을 세울 수 있다. 이러한 것은 문학에 있어서 장점을 보이는 것이 아니라 여전히 학술적으로 가치가 있다.

오늘날의 사람들은 문학에 관심을 두지도 않고, 학문을 하면서 각기 그저 아주 좁은 주제에 매달려 연구함으로서 아무도 서로간의 학문을 이해하지 못하게 되었다. 각자 스스로 모두 전문가라 굳게 믿고 다른 사람을 위해 전기를 쓰는 일은 이제 아무도 하려 하지 않는다. 때문에 이후 청대의 『비전집』과 같은 종류의 문장은 쓰려는 사람이 없어 계승되지 않을 것이다. 이렇게 된다면 다시는 학자들을 못 보게 될지도 모른다. 바로 지금의 분위기는 책을 읽는 것만 알 뿐, 그 책 배후의 저자에 대해서는 아무런 관심도 없다. 전체 사학을 가지고 말하자면, 만일 전기를 중시하지 않을 경우 이후 사적史籍은 그 외형이 변할 뿐만 아니라 내용과 그 의의 역시 장차 크게 변하게 될 것이다. 그리되면 실제로 맹목적으로 변하는 것이 되며 그것은 정말 크게 우려할 만한 일이다.

다시 전체 학술을 가지고 말하자면, 마찬가지로 단지 학자들이 쓴 한권 한권의 책에만 주의를 기울이면서 다만 그 책 속에서 자료를 구하고자 할 뿐이니, 전체 학문에는 한두 권의 책과 한 무더기 자료만 남아 전할 뿐 사람의 모습은 없게 될 것이다. 그러나 정말 학술계에서 사람이 사라진다면 책 또한 없게 되고 자료 역시 없게 된다. 학술이 이러한 지경에 이르면 다시 무어라 할 말이 없게 된다.

때문에 내가 특별히 여러분에게 『명유학안』과 『송원학안』 두 책을 거론하면서 사학상의 실제적인 공헌과 큰 영향을 강조하는 것은, 그 두 책이 사학상 매우 중요한 의의와 가치를 지닌 새로운 방향을 제시했기 때문이다. 그러나 민국 이래 곧 점차 쇠약해지더니 지금은 아주 없어졌다. 정말 애석하고 안타까운 일이다.

다시 다른 문제를 약간 살펴보자. 『명유학안』과 『송원학안』 이후 그밖에도 『한학사승기』와 『송학연원기』가 있었고, 그 후 또 당감唐鑑의 『국조학안國朝學案』이 있었다. 앞에서 전조망과 전대흔 그리고 강번의 『한학사승기』와 함께 『비전집』에 수록된 문장이 대체적으로 모두 학인에 대한 새로운 전기라고 말한 적이 있고, 아울러 이 많은 학인들이 모두 비교적 경학과 사학에 편중되어 있었다고 했다.

학인들이 다르기 때문에 그들의 전기를 쓰는 경우 문장의 체례 또한 달랐다. 다시 이학사상을 거듭 설명한 경우가 있는데, 예컨대 당감의 『국조학안』이 그것이다. 그러나 편찬시기가 도광연간으로서 청은 상당 기간 더 존속했기 때문에 이 책을 전체 청유淸儒의 『학안』이라고 할 수 없다. 뿐만 아니라 책의 내용 또한 그다지 큰 가치가 없었고, 이전의 「명유학안」이나 『송원학안』과는 비교가 되지 않았다. 청이 멸망하고 나서 어떤 사람이 청의 처음부터 끝까지에 해당하는 『청유학안』을 쓰고자 할 경우 과거 『학안』의 예를 따라야 할 것이다.

뿐만 아니라 『송원학안』의 경우는 순수하게 이학만을 수록한 것이 아니었기 때문에 우리는 가능한 한 당연히 『송원학안』의 예를 따라『청유학안』을 써야 한다. 때문에 서세창(徐世昌)은 민국 대총통이 퇴위한 뒤 곧 바로『청유학안』을 썼다. 이 책이 비록 당감의『국조학안』보다는 조금 나아 보였지만 실제로 그렇게 큰 가치가 있는 책은 아니었다. 따라서 황종희와 전조망의『학안』과는 물론 비교할 수 없다. 그 이유의 하나는 이 책은 "여러 사람의 손에 의해 쓰인 것"이기 때문이었다. 당신이 한 사람, 내가 한 사람 이렇게 여러 사람이 각자 자료를 수집하고 각기 쓴 것이다. 이는 마치 정사를 편찬할 때 "관리를 임명해 역사를 편찬(設官修史)하는 것"과 같이 여러 사람의 손에 의해 쓰인 관계로 정교한 자기 나름의 견해를 쉽게 볼 수가 없다.

학술사의 경우는 자기 나름의 견해가 더욱 중요하다. 학술사를 쓰려면 반드시 작자 자신의 견해가 있어야 비로소 하나의 체재로 써 낼 수 있으며 일관된 조리가 있게 된다. 단편적인 자료를 이리저리 맞추어서는 안된다. 단지 단편적인 자료를 쓸데없는 말로 꾸민 것을 어찌 학술이라 하겠으며, 또 어찌 사상이라 말할 수 있겠는가? 예컨대『송원학안』의 경우 전조망 사후 남겨진 원고를 왕재재와 풍운호가 매우 존중했고, 다시 충실하게 그를 대신하여 편집했다. 그 사이에 약간의 내용을 보태거나 이동시키면서 매우 신중하게 함으로서 전조망의 본래 저작의 면모를 잃지 않도록 했다. 정사를 씀에 있어서도 한 사람에 의한 것이 귀한 것인데, 학술사의 경우는 더욱 그 편찬자의 견해가 있어야 한다.

사마천이 말한 "일가의 말을 이룬다(成一家之言)"는 의미도 객관 속에서 주관을 지녀야 하고, 아울러 주관 속에서도 객관을 갖추어야 한다는 말이다. 어찌 약간의 자료만을 가지고 많은 사람이 함께 쓸 수 있겠는가? 당연히 당감의 경우 스스로 특별히 뛰어난 견해를 지닌 것도 아니고 또 주관이 지나쳐 그의 『국조학안』은 분명 그렇게 가치가 있는 책은 아니었다. 그리고 서세창의 책 역시 결국 의리義理와 고거考據 그리고 사장辭章이 모두 중요한 것인지를 모르고, 이 세 가지를 단지 자료로 섞어 놓았다. 물론 그 가운데 몇 편의 비교적 괜찮은 문장이 아주 없다고는 말할 수 없지만, 전체적으로 보아 청유淸儒 학술의 정신과 득실의 소재가 그다지 보이지 않는다. 겉은 비슷하지만 그 정신이 다르므로 실제로 황종희와 전조망의 두 책과는 함께 논할 수 없다.

우리가 학술사를 쓸 때는 적어도 일가一家의 학문을 알아야 하는데, 그 경우 반드시 있게 마련인 맥락을 찾아야 한다. 그것이 바로 그의 학문이 지향하는 길인 것이다. 때문에 이를 '학술'이라 하는 것이다. 학파라고도 할 수 있는데, 학문에는 반드시 파派가 있다. 즉 일가의 학문은 그 원류를 지니고 있다는 것을 말한다. 학술과 학파를 말할 때는 반드시 사승師承을 말해야 한다. 그러나 학파와 사승을 말한다고 하여 반대로 문호門戶를 주장하는 것은 아니다. 문호로서의 견해는 필요없지만, 사승의 전통은 반드시 있어야 한다.

오늘날의 사람들이 이러한 의미를 잘 모르고 전문가를 말하고, 또 창조를 말하면서 각자 자신의 길을 변화시켰다고 말하니 원류는커녕 사승이 있다고 말할 수도 없다. 그리하여 방법을 높이 여기고 자료를 중시하여 일체의 학문이라는 것이 단지 하나의 '방법'으로 변했고, 또 모두 그저 단순한 자료더미에 불과했다. 또한 객관을 말하면서 주관을 허용하지 않는다고 했다. 만약 그들처럼 학문을 하게 되면 중요한 지위를 차지할 수 없게 된다. 이렇게 계속 나아가면 아마도 학술이라는 것이 존재하지 않는다고 말할 수 있다.

청대 사람들은 학문을 말할 때 당연히 모두 경학을 가장 중요하다고 했다. 오파吳派와 환파晥派가 말한 것이 모두 경학이었다. 이학은 청대에 상당히 부진했고, 때문에 정주程朱와 육왕陸王의 구분도 중요하지 않았다. 그러나 강번의 『한학사승기』는 결국 주관이 너무 심하고 편파적이어서, 비록 『송학연원기』를 다시 썼다고 하더라도 단지 서로 담을 쌓고 문호를 가른 것만 보일 뿐이다. 당감의 책 또한 주관적 견해가 너무 심하여 더욱 문호의 편견을 보이고 있다. 그런 점에서 서세창의 책은 실제로 자기 견해가 없다고 할 수 있다. 강번의 책으로부터 당감과 서세창의 책에 이르는 과정을 통해 바로 청대 중·후기 학술의 진행상황을 볼 수 있다. 자료를 수집하는 것 역시 반드시 일정한 견해가 있어야 한다는 것을 알아야 한다. 자기 스스로 아무 견해가 없다면 당연히 수록해야 할 것이 빠지게 되고, 또 수록하지 않아야 될 자료가 오히려 수록되기도 한다. 이와 같이 수집된 자료는 참고할 만한 것이 그리 많지 않다.

나는 직접 『중국근삼백년학술사』라는 책을 쓴 적이 있다. 이 책은 북경대학에서 강의를 하기 위해 쓴 것이었다. 그 때 양계초가 막 세상을 떠났다. 양계초는 이미 똑같은 제목의 『중국근삼백년학술사』를 지어 청화대학에서 강의하고 있었다. 그가 죽고 난 뒤 어떤 서점에서 자기 마음대로 양계초의 책을 출판했고, 양계초의 유족이 소송을 제기하여 판권이 그들에게 넘어갔으며 더 이상 마음대로 책을 발간할 수 없었고 책의 유통도 금지되었다. 그러나 이 책은 많은 사람들이 중시하여 여전히 몰래 거래되었다. 그러나 나는 바로 당시에 다시 책을 쓰고 있었다.

여러분들이 단지 나의 책과 양계초의 책을 서로 대조하여 읽어보면 곧 두 책의 관점과 수록한 자료가 완전히 서로 다르다는 것을 알게 될 것이다. 양계초는『중국근삼백년학술사』를 쓰기 전에 먼저『청대학술개론』이라는 책을 썼다. 그 후 자신이 쓴 개론서에 대해 만족하지 못하고 다시 그 책을 썼던 것이다. 그러나 내가 쓴 책과 양계초의 책은 서로 다르다. 만약 여러분들이 이 방면을 연구하려 한다면 적어도 강번·당감·서세창·양계초 그리고 내가 쓴 책을 모두 대략이라도 한 번 읽어야 한다. 주로 방법과 자료를 이해하는 것 외에도 소위 학문이라는 것이 따로 있는데, 이것이야말로 극히 중요한 것이다. 우리가 항상 '술이부작述而不作'이라 말하지만, 어떻게 '서술해야' 하는가 하는 방법은 정말 쉽지가 않다.

일본에 대한 항전시기에 국립편역관에서는 송·원·명·청 네 왕조의 『학안』을 보급판으로 정리하기 위해 나에게 이 작업에 참여하여 청대의 『학안』을 쓰도록 요청했다. 글자 수와 시간이 모두 제한되어 있었지만, 나는 1년 만에 모두 40권을 완성했다. 당시 생활이 매우 어려웠기 때문에 나는 다른 사람으로 하여금 다시 한 부를 베끼게 할 여유가 없었다. 때문에 바로 그 원고를 중경重慶으로 보냈다.

그러나 후일 그 원고는 오래도록 방치해 두고 출간하지 않았고, 항전 승리 후에 모두가 복귀했지만, 듣자하니 그 원고는 상자 안에 보관되어 있었는데 장강長江에 빠뜨렸다는 것이다.

최근 나는『연주여심研朱餘瀋』이라는 책을 쓰고 있는데, 청대의 경우 육부정陸桴亭・육가서陸稼書・전대흔 세 사람을 다뤘다. 이 세 사람은 내가 이전에 쓴『중국근삼백년학술사』에서 다만 간단하게 언급만 했을 뿐 상세하게 쓰지 않았다. 뿐만 아니라 최근 쓴 내용은『중국근삼백년학술사』를 쓴 의도와 서로 달랐기 때문에, 서술방법 역시 달랐다. 이 세 사람에 관한 내용은 주로 주자학이 청대에 어떻게 전개되고 계승되는가를 중심으로 했다. 앞의 책은 주로 청대학술 전후의 변화와 계승을 주로 했다. 두 책의 종지宗旨가 서로 달랐기 때문에 자료의 운영 역시 이에 따라 같지 않았다.

그리고 나의『중국근삼백년학술사』와 최근의 이 세 사람에 관한 문장은『명유학안』이나『송원학안』의 서술방법과 달랐다. 두『학안』은 모두 앞부분에 한 편의「전傳」을 설정하고, 그 아래 학인들이 한 많은 말들을 베껴 정리하고 있었다. 나의『중국근삼백년학술사』도 앞부분에「전傳」이 있기는 하지만 그다지 중요한 것이 아니었다. 정작 중요한 것은 그 다음의 내용들로서, 나는 오히려 단숨에 그 문장들을 완성했다. 이런 저런 많은 말들을 베낀 것이 아니었다. 곳곳에 참고의 말[案語]을 넣은 것은 두『학안』과 같았다.

최근 나는 또『주자신학안朱子新學案』이라는 책을 썼는데, 단지 주희 한 사람에 관해 서술한 것이다. 모두 백 수십만 자나 되고, 책 내용은 모두 80여개의 주제로 나누었다. 각 주제마다 한 편씩 서술했고, 각 편이 모두 처음과 결론이 있는 독립된 문장이었다. 이러한 방법은 종전의 『명유학안』이나 『송원학안』의 체례를 변화시킨 것이다. 따라서 나는 이 책을 『신학안新學案』이라 불렀다. 이후 우리가 학술사를 쓸 경우 체례는 아마 다시 변하게 될 것이다.

바라건대 반드시 우리 스스로의 맥락을 가지고 변화되어야 한다. 우리는 본래 새로운 전기傳記를 지닐 수 있었다. 그러나 혹자는 말하기를 "중국문학에는 전기문학이 없다"고 했다. 그리하여 사람들은 모두 서양을 쫓아 전기문학을 썼으며, 한때 상당히 유행했다. 예컨대 『진시황전』 혹은 『당태종전』 등이 쓰였다.

그러나 이들 새로운 작품이 이전의 『사기』나 『한서』 그리고 신·구 『당서』가 사용한 체례와 비교하여 진보된 것이라 할 수 있겠는가? 아무도 이런 문제에 관하여 관심이 갖지 않는다. 마치 중국에 본래 있었던 것은 모두 틀렸고, 단지 서양을 모방한 새로운 것이야말로 옳다고 여기고 있다. 그러나 결국 우리들이 전기를 쓸 경우 도대체 문학이어야 하는가 아니면 사학이어야 하는가 하는 질문을 면하기 어렵다. 이는 가장 먼저 해결해야 할 큰 문제이다. 그리고 『송원학안』부터 『비전집』까지의 일관된 변화는 사상을 연구하든지, 문학을 연구하든지를 막론하고 모두 중국 스스로의 근 3백 년 이래 문학과 사학상의 커다란 진전이었다. 여러분은 반드시 그 책들을 자세히 읽어보아야 한다. 그리고 다시 그것을 서양의 전기문학과 한번 비교를 해 보는 것이 옳다.

나는 다시 여기에 덧붙여 전기박錢基博에 대하여 몇 마디 말하고자 한다. 그는 나와 같은 무석無錫 사람이고 일가이기도 하다. 그는 『현대중국문학사』라는 책을 썼는데, 이 책은 실제로『명유학안』이나『송유학안』과 매우 유사한 책으로서 청말민초의 많은 문학가들을 각각 한 편씩의 전傳을 두고 종합적으로 서술했다. 그의 서술방법이 내가 쓴『중국근삼백년학술사』와 비교적 비슷했지만, 그래도 물론 서로 다른 점은 있었다. 그의 책에는 현대인들, 즉 강유위·장병린·양계초·호적·왕국유 같은 근대의 유명한 학자들이 모두 수록되어 있었고 또 매우 상세한 전기가 각자 한 편씩 정리되어 있었다.

나는『중국근삼백년학술사』에서 강유위까지만 한 편의 긴 문장을 썼고, 이후 사람에 대해서는 쓰지 않았다. 나는 이 책에서 이미 죽은 사람에 대하여만 썼기 때문에, 생존하고 있는 사람의 경우 쓰지 않았다. 조금 후에 장병린이 죽었는데, 그 때 나는 북경에 있었다. 연경대학에서 나를 초청하여 한 차례 강연을 부탁했는데, 나는 강연을 위해 장병린의『장씨총서章氏叢書』를 처음부터 끝까지 한번 모두 읽었다. 물론 나는 그에 관한 한 편의 새로운 전기를 써서『중국근삼백년학술사』에 추가로 넣을 수 있었다. 그러나 당시에 그렇게 하지 않았고 다만 한 편의 짧은 문장을 써서 강연했다. 후일 장병린의『국학개론』이 출간되었을 때 나의 강연원고가 그 책의 뒤에 부록되었다. 그 문장은 비록 매우 간단한 것이었지만 그래도 장병린의 학문이 지닌 장점을 나름대로 제시했다고 생각한다.

최근 며칠 동안 나는 전기박의『현대중국문학사』를 소개하는 문장을 쓰고 있는데, 나는 3일 동안 그의 책을 처음부터 끝까지 한번 다 읽었다. 내가 이 말을 하는 것은, 여러분들이 전기문학을 얼마나 쓰기가 어려운지 특히 학인에 관한 전기는 더욱 쓰기 어렵다는 것을 알아야 하기 때문이다. 어떤 인물의 사실에 관하여 쓰고자 할 때는 당연히 그 시대와 그 사람 또 그 사람과 관련한 일 등을 이해해야 하지만, 그것이 쉽지가 않다. 어떤 학자의 학문을 이야기할 때는 당연히 그 사람의 학문과 그 학문의 원류가 갖는 위치를 알아야 하기 때문에 더욱 쉽지가 않다. 때문에 사가라고 해서 반드시 학인의 전기를 쓸 수 있는 것은 아니다. 예컨대 사마천이 「맹순열전孟荀列傳」과 「노장신한열전老莊申韓列傳」을 썼는데 그 내용이 매우 간략해 보이지만, 정말 큰 학문이나 견식 없이는 이러한 주제로 정리할 수 없다. 『명유학안』이 『송원학안』보다 뛰어난 것은 바로 황종희와 전대흔 두 사람의 이학에 대한 수양의 높고 낮음에서 비롯된 것이다. 그리고 서세창의 『청유학안』이 그다지 학술적 가치를 갖고 있지 않은 이유도 바로 여기에 있는 것이다.

여러분들은 매일 독서를 한다고 하겠지만 실은 책을 읽는 것이 아니라고도 할 수 있다. 왜냐하면 단지 주의하거나 그저 자료를 찾기 위해 책을 뒤질 뿐, 그 책의 내용을 읽는 것이 아니기 때문이다. 여러분들은 자료가 곧 내용이라 여기지만 어찌 크게 잘못된 것이 아니겠는가! 따라서 내가 여러분에게 권하노니 황종희의 『명유학안』을 꼭 한번 읽어보길 바란다. 여러분들이 양명학을 연구하여 이학가가 되기 위해 읽으라고 권하는 것이 아니라, 단지 사학명저 중에 학술사와 관련한 부분과 관련하여 여러분들이 적어도 이 책 정도는 읽어야만 하기 때문이다.

오늘 나는 황종희와 전조망 두 사람 외에 다시 특별히 장학성章學誠과 그의 『문사통의文史通義』를 거론하고자 한다. 중국은 전통적으로 학문을 말할 때 대부분 실사구시實事求是의 자세로 해야 한다고 하면서도, 어떻게 이러한 학문을 해야 하는지에 대해서는 말하지 않는다. 당신이 어떤 사람의 책을 읽으면 그 사람이 수놓은 원앙새를 보는 것과 같다. 그러나 그가 어떻게 한 올 한 올 수를 놓았는지는 모른다. 중국에는 '개론槪論'이라 불리우는 책이 매우 적었다. 예컨대 사학개론, 문학개론 등이 그것이다. 혹은 '통론通論'이라고 칭했지만 이러한 책은 극히 적었다.

우리는 사학과 관련하여 유지기의 『사통史通』에 관하여 강의한 적이 있다. 문학으로는 유협劉勰의 『문심조룡文心雕龍』이 있었다. 나는 유협의 『문심조룡』을 유지기의 『사통』보다 더 가치가 있다고 했다. 이에 대해서는 이미 앞에서 말한 바 있다. 내가 이야기하고자 하는 청대의 세 번째 명저는 바로 장학성의 『문사통의』로서 문학과 사학 두 방면 모두를 말하고 있다. 근대의 사람들은 항상 이 세 책을 함께 칭찬하지만 나는 지금 '사학'명저를 강의하고 있기 때문에, 당연히 『사통』을 언급하고 다시 『문사통의』를 말하면서도 『문심조룡』에 대해서는 설명하지 않는 것이다.

나는 장학성의 학술에 대하여 『중국근삼백년학술사』에서 전문적으로 살펴본 바 있다. 때문에 오늘 장학성에 대한 강의는 다만 사학명저라는 강의와 관련한 내용만을 말하고자 한다. 물론『중국근삼백년학술사』에서 말했던 부분과는 약간 다를 것이다. 일반적으로 장학성은 청대의 사학가라고 말한다. 조금 자세하게 말하자면, 장학성의 공헌은 특히 그가 말한 학술사 방면에 있었다. 장학성은 직접 역사와 관련한 책을 쓴 적이 없었다. 단지 약간의 지방지地方志를 썼던 적은 있었다. 비록 사학과 관련이 있긴 했지만, 결국은 사학의 곁가지[旁枝]에 해당하는 것이었다. 때문에 장학성의 가장 큰 공헌은 당연히 그가 말한 학술사방면에 있었다.

장학성이 말한 역사는 다른 사람이 미치지 못하는 부분이 있었다. 그는 사학의 입장에 서서 사학을 말한 것이 아니라, 전체 학술사의 입장에서 사학을 말했다. 이 점을 우리는 특별히 주의해야만 한다. 마찬가지로 장학성이 말한 문학의 경우도, 문학의 입장에서가 아닌 더욱 큰 학술의 입장에서 문학을 말했다. 바로 이 점에서 장학성의 안목이 탁월했던 것이다. 나도 역시 여러분에게 지난 1년 동안 사학명저를 강의하면서 사학의 입장에서만 사학을 강의하지는 않았다. 만약 그랬다면 유지기와 같았을 것이기 때문에, 나는 일반적인 학술의 위치에서 사학을 강의했다. 그러한 이유로 나는 특별히 장학성에 주목하는 것이다.

장학성이 사학을 말하면서 가장 중요하게 여긴 것은 바로 "6경이 모두 '사'[六經皆史]"라는 말이다. 이 '육경개사'라는 네 글자는 왕양명 역시 언급한 바 있다. 장학성은 스스로 말하기를 그의 학문은 '절동학파浙東學派'에 속하며 왕양명을 계승한 것이라 했다. 장학성은 또 고염무를 '절서학파浙西學派'라 칭했다. 장학성의 이러한 관점을 나는 그렇게 믿을 만한 것이 아니라고 생각한다. 그 이유는 첫째, 양명학파를 계승한 사람은 아무도 사학을 말하지 않았다. 전체『명유학안』중에 단지 당형천唐荊川 한 사람만이 사학을 말했다. 그러나 그는 양명학파 중에 그리 중요한 인물도 아니었다. 둘째, 장학성이『문사통의』에서 언급한 내용들 역시 실제로 황종희와 전조망이 말한 내용을 이은 것은 아니었다. 나는 장학성이 학술사의 관점에서 학술을 말하고 있는 것에 매우 관심이 많지만, 그가 자신을 절동학파라고 하면서 양명학을 계승했다고 하는 점에 대해서는 사실 별 관심이 없다.

그러면 장학성의 학문은 결국 어디에서 유래한 것일까? 내가 생각하기에 장학성의 학술은『한서』예문지로부터 유래되었고, 아울러 정초의『통지』를 본받아 고대의 학술을 살피는 중대한 창의적인 견해를 창출했던 것이다. 장학성은 왜 당시사람들이 그다지 주의하지 않았던『한서』예문지와『통지』를 주의한 것일까? 내가 생각하기에 청나라 조정에서『사고전서』를 편찬한 사실과 관련이 있다. 장학성은 편목을 분류하는 일에 관심이 많았기 때문에『통지』교수략校讎略과『한서』예문지를 주의 깊게 보았던 것이다. 따라서 장학성 스스로 양명학의 전통 혹은 절동사학을 자임하고 있지만, 우리가 특별히 주의할 만한 사실은 아니다.

중국의 고대학술을 말하는 데 있어서 장학성은 매우 커다란 창의적인 견해를 가지고 있었다. 학술의 변화를 말하면서 종래에 이러한 견해를 가진 적은 없었다고 할 수 있다. 그리고 장학성은『한서』

예문지에 근거하여 많은 사람들이 읽고 있는 자료 중에서 미처 주의하지 못했던 문제에 대하여 견해를 새롭게 제시했다. 이는 참으로 어렵고 귀한 것이다. 때문에 우리들이 장학성의 학설을 연구하려면 먼저『한서』예문지를 읽어야 한다. 오히려 왕양명의『전습록傳習錄』이나『명유학안』은 읽지 않아도 된다.

이러한 사실은 매우 간단한 것으로서, 나는 여러분들이 스스로 두 눈을 가지고 있듯이 자신만의 견해를 가지고 있어야 한다고 말하는 것이다. 오늘 내가 장학성을 강의하면서 처음 한 말이 장학성을 반박하는 것이었다. 즉 장학성이 스스로 자신의 학문적 전통의 근거가 절동학파에서 비롯되었다는 말을 나는 믿기가 어렵다고 했다.

나의 생각에 장학성의 학문을 연구하려면, 그가 고대학술사를 말하면서『한서』예문지로부터 시작하고 그 후 비로소 '육경개사'라는 말을 했다는 사실을 중시해야 한다. 그는 말하기를 "6경은 모두 선왕이 지위를 얻어 도를 행한 것이고, 경륜과 세상을 다스린 자취인 것이지 공언에 근거한 것은 아니다〔六經皆先王得位行道, 經綸世宙之迹, 而非託於空言〕"라고 했다. 이 말은 6경은 단지 고대의 정치상 일체의 실제 행하여졌던 사실을 말하는 것이지, '공언空言'에 근거한 의리에 관한 책이 아니라는 것이다.

우리는 다시 6경이 모두 관서官書라고 고쳐 말할 수 있으며, 마찬가지로 6경은 모두 당시 관청의 공문서〔檔案〕라고 할 수도 있다. 혹은 당시 관청의 관리들이 반드시 읽어야 할 책이라고도 할 수 있다. 이러한 말은 바로『한서』예문지가 언급한 소위 '왕관지학王官之學'이었다. 6예(六藝)는 대략 제왕이나 관리들의 학문(王官之學)이었다. 즉 귀족의 학문이라고도 할 수 있다. 이들 학문은 후일 천천히 민간에 전해져 비로소 제자백가가 있게 되었다. 『한서』 예문지는 바로 특별히 이 점을 말했다.

그러나 근대의 학자들 예컨대 호적(胡適)은 가장 먼저 「제자는 왕관에서 나온 것이 아님을 논함(諸子不出於王官論)」이라는 논문을 썼다. 그는 겨우 몇 년 동안의 외국유학에서 얻은 새로운 개념으로 2천 년 전의 옛 논조를 뒤집을 방법이 없다는 것을 미처 생각하지 못했다. 뿐만 아니라 이렇게 하면 고대 학술사 역시 말할 방법이 없다. 따라서 민국 초기 이래 고대 학술사상을 말하는 경우 단지 춘추 말 노자와 공자부터 시작하고, 그 이전은 언급하지 않았다.

호적은 또 『장실재연보(章實齋年譜)』를 써서 장학성의 사학을 제창했다. 그는 이미 제자가 왕관에서 나온 것이 아니라는 주장을 했기 때문에, 장학성의 '육경개사'라는 말을 설명할 방법이 없다는 것을 생각하지 못했다. 호적은 장학성의 사학을 제창하면서도 또 『한서』 예문지의 주장을 뒤집으려 했지만, 실제로 장학성이 가장 주의를 기울였던 고대 학술사와 관련하여 제시한 정교하면서도 긴요한 곳은 소홀했다.

장학성은 『한서』 예문지에 근거하여 경학과 백가의 주장에 대하여 분명한 우열을 표현했다. 그는 말하기를 "제자백가는 커다란 도리에 아주 맞는 것은 아니었지만, 그들의 주장이 근거가 있고 말에 도리를 지니고 있었던 것은, 그 본원이 모두 『주례』의 각 관리가 관장하던 일의 범위를 넘어선 것이 아니었기 때문이다. 그 중 지엽적이면서 도에 합당치 않는 것은 관사官師가 그 직위를 잃었기 때문이며, 원류로부터 이미 멀어진 학파는 각각 개인의 뜻에 의거 제멋대로의 학설일 뿐이었다. 그렇다고 선왕의 도에 대하여 아무것도 얻은 바가 없었던 것은 아니다. 따라서 스스로 일가의 학설을 세웠던 것이다[不衷大道, 其所以持之有故而言之成理者, 則以本原所出, 皆不外於周官之典守. 其支離而不合於道者, 師失官守, 末流之學各以私意恣其說爾. 非於先王之道全無所得, 而自樹一家之學也]"라 했다.

이 같은 관점은 실제로는 장학성의 주장은 아니었다. 우리는 현대인으로서 학술의 안목을 확대해야 한다. 경經을 높이고 제자諸子를 낮추어 보아서는 안된다. 그러나 근래의 사람들이 또한 장학성의 이름에 놀라 오히려 이 문제에 대하여 아무도 반박하는 글을 쓰지 않았다. 오히려『한서』예문지의 제자가 모두 왕관에게서 비롯되었다는 주장을 반박하고 있다. 그것은 정말 시비를 가리려는 식견이 너무 없는 것이다.

이 문제에 관하여 우리는 당연히 두 가지 방면을 언급해야 한다. 하나는 그의 '육경개사六經皆史'인데, 이 네 글자 중의 '사史'자를 근대 학자 즉 양계초나 호적 같은 사람은 모두 잘못 보았다. 그들은 모두 장학성을 중시했지만, 장학성이 말한 '육경개사'의 이 '사'라는 글자에 대하여 모두 정확하지 못한 관점을 가지고 있었다. 양계초는 일찍이 말하기를 "돼지고기를 파는 정육점 계산대의 장부 역시 사료가 될 수 있고 이를 통해 당시의 사회경제 혹은 기타 정황을 연구할 수 있다"고 했다. 이것이 어찌 장학성이 학설을 세운 본래의 뜻이겠는가? 장학성이 『문사통의』에서 말한 '육경개사'의 '사'라는 글자에는 분명한 관점이 있었다. 즉 『문사통의』 안에 특별히 「사석史釋」이라는 문장을 한 편 써서 바로 이 '사史'자를 풀이하고 있는데, 근대의 양계초나 호적의 주장과는 달랐다.

따라서 내가 여러분에게 권하는 것은 책을 읽을 때는 반드시 원서를 읽으라는 것이다. 다른 사람이 그 책에 관하여 말하는 것을 가볍게 믿어서는 안된다. 만약 여러분들이 양명학을 연구하려면 반드시 왕양명이 자신이 쓴 책을 읽어야 한다. 황종희가 쓴 『명유학안』만을 읽어서는 안된다. 물론 황종희는 한 시대의 위대한 학자이고 『명유학안』은 세상에 널리 알려진 명저이기 때문에 입문서로써 읽으면 큰 도움이 된다.

그러나 오늘날 우리의 학술계는 곧 우리 시대의 뛰어난 학자들의 한 마디 말에 근거하여 우리들의 입문으로 삼을 수가 없게 되었다. 오히려 들어갈 문이 없다고 할 수 있다. 왜냐하면 오늘날 학술계의 수많은 말들은 모두 무책임한 것 같다. 다시 원서를 찾아 확인하지 않으면 곧 온갖 많은 문제점이 드러난다. 당신은 자연스럽게 많은 내용이 실제로는 그렇지 않다는 것을 알게 될 것이다.

장학성은 분명하게 말하기를 "법령은 분명히 드러나기 때문에 지키기가 쉽고, 서리들이 보존하고 있는 문서에는 실제적인 국가의 제도가 그 속에 보존되어 있다. 바로 요순 이래 역대 연혁과 손익의 실제 역정이 그것이다. 만약 학습에 뜻이 있다면 마땅히 당대의 국가제도를 탐구하여 사회의 일상생활에 유용하게 쓰이도록 해야 하고, 또 관청의 문서를 탐구함으로서 경학이 품고있는 정미한 뜻에 통해야 한다. 그렇게 되면 학문이 바로 실사구시가 되고 문장 역시 헛된 말이 되지 않는다〔法顯而易守, 書吏所存之掌故, 實國家制度所存, 亦卽堯湯以來因革損益之實迹. 苟有志於學, 則必求當代典章, 以切於人倫日用. 必求官司掌故, 而通於經術精微. 則學爲實事而文非空言〕"고 했다.

장학성은 6경이 모두 고대의 '관청문서〔官司掌故〕'라고 했다. 예컨대 마치 현재의 교육부나 외교부는 대부분 많은 공문서들을 보존하면서 어떤 자료들은 교육부나 외교부의 관리들이 필요에 따라 때때로 열람하는 것과 같다. 이러한 문서를 '사史'라 불렀고, 이들 문서를 관장하는 사람 역시 '사'라고 불렀다. 이 '사'자는 '서리書吏'를 말하는 것이기도 했고, 그가 관장하는 이 많은 당안檔案을 '사'라 부르기도 했으니, 이것이 곧 '장고掌故'로서 그 의미는 오래된 문서를 관장한다는 것이다. 6경은 고대에 있어서 곧 각 아문衙門이 관장하던 문건들을 가리켰다. 때문에 '왕관王官의 학'이라 불렀던 것이다. 우리가 정말 경학의 의미를 깨닫고자 한다면 자신이 살고 있는 현재 정부의 각 기관의 장고掌故 중에서 찾아야 한다는 의미를 알아야 한다. 오로지 옛날 경전의 문자에 대한 훈고더미 가운데서 찾아서는 안된다. 이것이 장학성의 커다란 이론이었다.

청대 사람들이 경학을 말했지만 오히려 모두 잘못 말하고 있었다. 현실정치를 피하여 말하지 않고, 오로지 옛날 경전의 고거에만 노력을 기울이면서 자기가 살고 있는 시대에는 관심을 두지 않았으니 어찌 그것을 경학이라 할 수 있겠는가? 이는 정말 큰 문제로서, 여러분들이 내가 쓴 『중국근삼백년학술사』를 읽으면 곧 알게 될 것이다. 나는 청대 이후의 금문학가들이 주장한 경세치용은 바로 장학성의 '육경개사론'으로부터 파생된 것이라 말했다. 장학성으로부터 계속하여 공자진龔自珍까지의 경향을 이렇게 말한 사람은 아무도 없었다. 오늘 이 자리에서는 다시 자세히 말하지 않겠다. 천천히 그의 사학에 대한 이야기만을 하고자 한다.

장학성이 말한 '육경개사'의 '사史'자에 대해서는 근래의 왕국유만이 「석사釋史」라는 논문을 썼는데, 그 분석이 매우 타당하다. 왕국유는 말하기를 "'사'자는 전문篆文에서 '𠭰'라고 썼는데, 윗 부분의 글자 '屮'는 한 자루의 붓[筆]을 의미하고 아래 부분의 '又'은 한 쪽 손을 의미한다. 즉 한 손에 붓을 들고 있는 서기書記를 가리킨다"고 했다. 왕국유의 이러한 관점이야말로 비로소 장학성의 '육경개사'의 '사'자를 제대로 풀이하고 있는 것이다. 때문에 다시 말하지만 여러분들이 책을 읽을 때에는 정말로 가장 먼저 원서를 읽어야 한다.

시대 분위기를 그저 좇아 다른 사람들이 그렇게 말하니 나 또한 그렇게 말한다는 식이 되어서는 안된다. 호적이 어떻게 말하든, 양계초가 어떻게 말하든 이는 시대를 반영하는 셈이다. 시대를 반영하는 사람을 좇는 것이 바로 시대의 '유행[風氣]'인 것이다. 장학성은 사람들에게 학문을 권하면서 절대로 시대의 유행을 좇아서는 안된다고 했다. 장학성 당시의 시대적 유행은 곧 경학을 말하는 것이었다. 예컨대 혜동과 대진의 경학상의 고거와 훈고들은 장학성의 견해에 의하면 경학이라고 할 수 없는 것이었다.

장학성은 고대의 진짜 경학은 모두 '왕관의 학王官之學'으로서 주로 각 아문의 실제 정치와 관련한 것이라 했다. 따라서 말하기를 "육경이 모두 사"라고 한 것이다. 오늘날 우리들이 사학을 말하고 있지만 마찬가지로 공언空言이다. 여러분들이 사학을 연구하면서 절대로 현실 정치·외교·국가·사회·민생 등과 아무런 관계가 없다고 하고, 단지 책 속의 자료만 찾아 버무려 그것을 사학이라 여기지만, 장학성은 오히려 이러한 경향을 반대했다. 장학성이 살던 시대의 유행과 오늘의 유행은 또 다르다. 그러나 학문을 함에 있어서 시대적인 유행을 좇아서는 안된다는 것은 언제나 마찬가지이다.

그러면 장학성은 또 우리들에게 학문은 어떻게 어떤 곳에서 시작해야 하는지를 말해 주고 있는가. 그는 말하기를 "당연히 자기의 성정性情에서부터 시작해야 한다"고 했다. 또 말하기를 "그 자신의 학문은 절동지방의 양명학으로부터 왔다"고 했다. 양명학은 바로 자신의 성정을 말하는 것이고, 그의 마음이 좋아하는 바를 말하는 것이다.

장학성은 또 말하기를 "나는 젊은 시절 선생님이 나에게 훈고와 고거와 관련된 책을 읽도록 했는데 모두 좋아하지 않았고, 나중에 역사책을 읽게 되어서야 곧 좋아했다"고 했다. 어떤 사람이라도 학문을 함에 있어서는 모두 자신의 성격에 맞는 것이 있게 마련이다. 이것이 바로 우리가 학문을 하기 위한 첫번째 문을 여는 것이다. 외부의 시대적 유행을 좇아서는 안된다.

내가 잠시 장학성의 사학에 대해서는 말하지 않고 단지 이러한 이야기를 하는 것은, 우리들에게 교훈이 될 것이라 생각해서이다. 실로 각 시대는 모두 마찬가지로서 나는 『중국근삼백년학술사』에서 상세하게 그 의미를 밝힌 적이 있다. 장학성 이전의 사람들은 주로 경학을 말했고, 그 이후에도 사학을 말하는 사람은 없었으며 여전히 경학을 말하는 사람이 많았다. 그러나 말하는 방법이 달랐다. 곧 공자진과 같이 말하는 사람들이 많이 나왔다. 그러나 말을 하면 할수록 더욱 본래의 의미와 멀어져 강유위의 『신학위경고新學僞經考』가 등장한 것이다. 당시의 금문학파는 곧 고거와 경학의 막다른 길을 갔다. 그러나 이는 별개의 다른 문제이다.

이상에서 나는 장학성의 '육경개사'에 관한 이론을 말했다. 다음에는 장학성의 사학에 관한 이야기를 더 하고자 한다. 『중국근삼백년학술사』에서 나는 그의 반反경학적 경향과 반시대적 경향을 중점적으로 말했다. 나는 그 책에서 어떤 학문만을 제창하려 했던 것이 아니라 단지 청대 3백 년 학술사라는 전체과정에서의 그 추세와 결점을 지적하고자 했기 때문에, 자연히 지금 내가 말하는 내용과는 같지 않았다. 자! 오늘 강의는 여기서 마치겠다.

장학성의 『문사통의』

> 역사를 공부하려면 가장 먼저 마땅히 문학을 중시해야 한다. 문자에 통해야만 비로소 글을 쓸 수 있는 것이다. 그런데도 지금은 단지 과학적인 방법만을 운운하고, 문자나 글을 이해하지도 못하면서 한 무더기 자료만을 가지고 분석하고 고증하는 데 힘을 쏟으며 이것을 곧 과학적인 방법이라 여기고 있다.

오늘도 계속해서 장학성章學誠의 『문사통의文史通義』에 대하여 살펴보자. 지난 시간에는 장학성이 말한 '육경개사六經皆史'까지 강의했다. 장학성은 학문을 '공언'이 아니라 도를 밝히고 세상을 다스리는 것[經世]이라 여겼다. 즉 제자백가 역시 앞 시대 사람들의 이 커다란 전통을 계승한 것이라 했다. 그는 따라서 6경 가운데 특별히 『역易』과 『춘추』를 가리켜, "『역』은 천도로서 인사를 정성스럽게 하고, 『춘추』는 인사로서 천도를 돕도록 했다[易以天道而切人事, 春秋以人事而協天道]"라고 했다.

천도와 인사 둘 다 모두 중요했지만, 장학성이 더욱 중시했던 것은 실제로 인사였다. 6경 가운데 인사를 말한 가장 중요한 책은 첫번째가 당연히 『상서』였고, 두번째가 『춘추』였다. 그러나 『문사통의』에서는 여러 경전을 각각 서술하면서 어느 곳에서도 『춘추』를 독립적으로 다루고 있지 않았다. 이는 장학성의 『문사통의』가 지닌 큰 결점이 아니라고 할 수 없다. 이 문제에 관해서는 내가 '공자와 『춘추』〔孔子與『春秋』〕'라는 문장에서 언급한 바 있다. 이 글은 『양한경학금고문평의兩漢經學今古文平議』라는 책에 수록되어 있기 때문에, 오늘은 다시 상세히 이야기하지 않겠다.

오늘 나는 또 장학성이 『상서』와 관련하여 어떠한 이야기를 했는지 간략하게 언급하고자 한다. 그는 "3대 이전의 사史와 3대 이후의 사가 서로 다른 까닭은 알 수 있다〔三代以上之爲史, 與三代以下之爲史, 其同異之故可知〕"라고 했다. 장학성의 『문사통의』가 지닌 가장 가치있는 부분은 바로 그가 학술의 전체적 성격을 가지고 모든 학술을 이야기하고 있다는 점이다. 그가 사학·문학 등을 말할 때 모두 전체 학술이라는 커다란 관점에 착안하여 이야기한다는 점이 그의 첫번째 장점인 것이다. 두번째로 장학성은 학술을 논할 때 반드시 학술의 '유변流變'을 말한다는 것이다. 때문에 그는 3대 이상의 사史와 3대 이하의 사가 다르다고 했고 또 그 다른 까닭을 요구했던 것이다.

장학성은 이어서 말하기를 "3대 이전에는 기주에 일정한 방법이 있었지만, 그 서술에는 정해진 이름이 없었다. 3대 이후에는 서술에 정해진 이름이 있었지만 기주에는 일정한 방법이 없었다〔三代以上, 記注有成法, 而撰述無定名. 三代以下, 撰述有定名, 而記注無成法〕"고 했다. 장학성은 사서를 크게 두 부분으로 나누어 하나는 '기주記注'라 하고, 다른 하나는 '찬술撰述'이라고 했다. '기주'는 곧 현재 말하는 사료史料와 같은 것이며, 사람들에 의해 기록된 지난 일체의 사실을 말한다. '찬술'은 일종의 저작을 말하며, 모든 사료의 '기주'에 근거하여 발휘된 작자의 일정한 시기의 역사에 대한 일종의 '전가지학專家之學'을 말한다. 이 두 가지는 절대 구별되어야 한다. 그러나 요즘사람들의 생각을 보면 '기주'는 곧 '찬술'로서 둘 사이에는 구별이 없다.

장학성은 말하기를 "3대 이전에는 역사를 기록하는 데 있어서 일정한 방법이 있었지만 쓰인 역사책에는 일정한 명칭이 없었다"고 했다. 예컨대 『서書』와 『춘추春秋』는 그 이름이 서로 달랐지만, 각기 모두 일종의 찬술이었다. 또 6경이 모두 사史였고, 『시詩』·『역易』·『예禮』가 있었지만 역시 일정한 명칭이 없었으며 서로 달랐다. 3대 이후가 되면 찬술에 일정한 명칭이 있었다. 예컨대 『사기』·『한서』·24사 등이 모두 사라고 불리면서 하나의 정해진 명칭을 갖게 되었다.

그러나 각 자료의 기주는 일정한 방법을 잃어버리게 되었다. 이 점과 관련하여 장학성은 고금의 사학의 변천에 관하여 매우 중대한 견해를 말했다고 할 수 있다. 그는 어떻게 일체의 사료를 보존할 것인가에 대하여 마땅히 일정한 방안이 있어야 하는데도 불구하고 후일 없어졌다고 여겼다. 보존되어 온 일체의 사료에 근거하여 역사를 쓰는 데 있어서 일정한 체재가 꼭 필요한 것은 아니었고, 중요한 것은 각각 전가지학專家之學을 갖추는 것이었지만, 후일 오히려 사람들은 그저 남의 뒤를 따라 모두 마치 하나의 정해진 규정이 있는 것처럼 되어버렸다고 했다.

이 같은 장학성의 견해는 매우 중요한 것이다. 특히 오늘날에 이르러 사학에 '저작著作'이 있다는 것을 모르는 지경이 되었다. 사가가 되기 위해 반드시 역사를 서술해야 한다는 것을 현재 우리들은 이해하지 못하고 있을 뿐만 아니라, 더욱 할 줄도 모르는 실정이다. 역사에는 두 가지 종류가 있는데, 그 중 하나가 '저작'으로서 역사를 쓰려면 응당 작자 자신의 '학學'이 묻어있어야 한다. 때문에 전문가[專家]의 분야가 되는 것이다. 그리고 다른 하나는 사실을 기록하는 일로서 더욱 중요한 것이지만, 오늘날 우리들은 역시 그 의미를 제대로 이해하지 못하고 있다. 옛날에 있었던 예컨대 각 왕조의 국사관國史館이 전문적으로 당시의 역사를 기재하면서 방법상 이미 그다지 엄격하지는 않았지만 그래도 여전히 일정한 방법을 갖추고 있었다.

오늘날 우리들은 민국 60년 동안의 사료를 편년의 방법으로 제대로 기록하고 있지 않는 실정이다. 사실의 기록이나 편찬을 중시하지 않고 오로지 사료의 고증만을 강조하지만, 이는 당연히 서양으로부터 배운 것이다. 왜냐하면 서양인들은 본래 역사라고 할 것이 없었다. 멀리 그리스-로마 이래 중세에 이르기까지 그 긴 시간동안 진정한 의미에서 역사라고 할 만한 것을 지니고 있지 않았다. 현대에 이르러 비로소 역사를 쓰게 되었다. 그러나 그 자료는 어디에 있었는가? 그들의 자료는 아주 단편적인 것으로서 이 곳에서 조금, 저곳에서 조금씩 찾아 다시 그 진위를 감별하고 이동異同을 고증해야 했다. 예를 들면 여러분들이 영국인이 쓴 『로마제국쇠망사』를 읽으면서 로마제국이 도대체 어떻게 쇠망했는지를 알려면 부득불 상세한 조사를 거쳐야만 한다.

그러나 만약 중국 전한前漢의 쇠망사를 쓸 경우 서양과 다를 것이다. 왜냐하면 그들의 역사가 온전히 그 안에 모두 기록되어 있기 때문이다. 기왕에 자료가 있고 체계적으로 정리가 되어 있다면 우리들이 그것을 다시 쓰는 데 그리 번거롭지 않을 것이다. 그러나 진실로 당신이 독특한 견해나 특별한 발견이 없다면 전한의 쇠망사나 혹은 당대唐代의 쇠망사를 쓰기가 쉽지 않을 것이다. 그러나 서양은 그렇지 않다. 서양사람들이 사학이라고 할 만한 것을 갖추게 된 것은 현대에 이르러서이다. 그런데 오늘날 우리 중국인들은 무엇이든지 서양으로부터 배우려 하고 있다. 서양인들이 사료의 고증을 중시하니 우리들도 그렇게 해야만 한다고 주장한다.

그럼 한번 물어보자. 사마천이 『사기』를 쓰면서, 혹은 반고가 『한서』를 쓰면서 관련사료에 대하여 고증을 한 적이 있는가 없는가? 그들은 모두 매우 많은 사료를 본 바 있지만 그렇다고 모든 사료를 그들의 책 속에서 찾는다는 것은 불가능하다. 그들이 백 가지 자료를 보았다면 그저 열 혹은 스무 가지를 쓰는 정도였을 것이다. 오늘날 우리들은 바로 이 일부 자료를 가지고 그들의 착오를 살펴보지만, 그렇다고 살필 수 없는 것도 아니다. 예로부터 고증과 변별에 적지 않은 노력을 기울였다.

그러나 결국은 사학의 작고 지엽적인 문제였지 중심적인 문제는 아니었다. 그리고 오늘날 우리는 '의고疑古'를 지나치게 주장하고 있다. 때문에 우리들은 역사를 말하면서 단지 상고사나 역사기록이 있기 이전의 역사를 말할 뿐이다. 왜냐하면 이렇게 해야 우리들이 비로소 서양의 방법으로 의심하고 고찰할 수 있기 때문이다. 그렇다면 만일 역사기록이 있고 난 뒤의 역사일 경우, 우리들은 역시 이 같은 방법으로는 아무것도 할 수 없음을 알게 될 것이다.

결과적으로 다만 사마천과 반고가 쓴 한대 2백여 년의 역사를 모두 무시하고 또 대강이라도 전체 역사를 보려 하지 않고 단지 그 안에서 작은 제목을 찾아 약간의 잘못된 것을 발견하고는 말하기를 "여기에서 반고가 잘못 서술했고, 사마천이 잘못 말하고 있다"고 했다. 물론 이 같은 사실을 아는 것도 그리 쉬운 일은 아니다. 뿐만 아니라 과거에 많은 사람이 언급한 적이 있다. 예컨대 『이십이사차기 二十二史劄記』·『십칠사상각十七史商榷』·『이십이사고이二十二史考異』 등에서 비록 장편의 문장으로 다루지는 않았지만, 각 사안별로 하나씩 관련 문제를 정리했다. 따라서 지금 우리들이 많은 분량으로 크게 다룬다는 것은 더욱 쉽지 않을 것이다. 이를 종합해 볼 때 우리들의 역사연구와 관련한 기본 방법이 잘못된 것이라 하겠다.

우리들이 어떻게 사료를 수집하고, 보존하고 또 편집해야 하는지를 알려면, 먼저 장학성이 말한 '기주記注'의 정해진 방법을 알아야만 한다. '기주'가 있어야 비로소 그에 근거하여 '찬술撰述'이 있게 된다. 이는 모두 당대當代에 새로운 역사를 쓰는 일과 관련이 있다. 현재 우리들은 사학을 연구하면서 대부분 고대사를 살피고 있다. 우리들은 현재 이미 외국으로부터 배우는 것을 중시하고 있고, 외국인 또한 공문서〔檔案〕를 중시하고 있다. 근래에 들어와 우리들도 점차 『당안』이 중요하다는 것을 알고 있다.

최근에 와서 발표된 『당안』이 적지 않지만 우리들은 『당안』에 근거하여 문장을 쓸 수가 없다. 또 써봐야 다만 아주 짧은 문장일 뿐이고 그 내용도 여전히 작은 문제를 고증하는 것이다. 아무도 많은 분량의 한 권의 저서를 쓰는 즉 '찬술'을 하려 하지 않는다. '찬술'이란 마땅히 독자적인 자기 견해를 써야 한다. 같은 자료를 내가 이용한 적이 있고 또 당신이 다시 이용한다고 하더라도 사람에 따라 각각 다를 수 있다.

예컨대 반고가 『한서』를 쓰고, 순열이 다시 『한기』를 짓고, 사마광 역시 다시 『자치통감』에서 한의 역사를 다루고 있는 것과 같다. 그밖에도 두우와 마단림이 각각 『통전』과 『문헌통고』에서 양한시대의 각종 제도와 관련한 내용을 다시 다루고 있다. 이들은 장학성이 말한 소위 '기주'로서 여전히 관방官方에 속한 것이다. 중국인들은 사학을 중시하여 줄곧 자료를 기록하여 왔다. 단편적인 자료들을 이곳저곳에 정해진 방법이 없이 소위 '기주'로 전해 왔던 것이다. 이를 근거로 정사가 편찬된 후에도 각종 야사野史, 잡사雜史 등이 있었다. '기주'가 많을수록 '찬술' 역시 많았다. 그리고 찬술뿐만 아니라 사주史注라 하여 마찬가지로 모두 각 사가들의 특수한 정취情趣와 특수한 목표가 그 안에 포함되어 있었다. 그러나 오늘 이 시대에는 찬술을 모두 기주로 여기고, 과거 사가들의 사서를 한 무더기의 자료로만 여길 뿐이다. 만약 장학성이 오늘날 살았더라면 어떤 느낌을 가졌을지 더욱 궁금하다.

장학성은 또 말하기를 "기주란 과거의 사실을 모으는 것으로 지혜를 갖추는 것과 같으며, 찬술은 다가올 미래를 예견하는 것으로 변화무쌍한 것이다. 과거의 사실을 모으는 것은 모든 것을 갖추어

빠진 것이 없도록 해야 하기 때문에 그 체제에 일정함이 있어야 한다. 따라서 그 바탕은 방형으로 고정적이다. 미래를 예견하기 위해서는 선택과 취사를 잘해야 하기 때문에 체례가 일정해서는 안된다. 따라서 그 바탕은 원형으로 변화무쌍하다[記主藏往. 似智. 撰述知來. 似神. 藏往欲其賅備無遺, 故體有一定, 而其德爲方. 知來欲其抉擇去取, 故例不拘常, 而其德爲圓]"라고 했다. 즉 '기주'는 이미 지나버린 과거의 사실을 잘 보관하는 것으로 우리들이 말하는 '지智'와 비슷하다.

그리고 '찬술'은 우리들이 지난 과거에 근거하여 미래를 알게 하며, 과거를 우리들에게 하나의 교훈이 되게 한다. 즉 이렇게 하면 흥하고 이렇게 하면 망하고, 또 이렇게 하면 잘 다스려지고 이렇게 하면 혼란하게 된다는 것을 우리들은 역사 속에서 미래를 알게 된다. 바로 우리들의 변화무쌍한 정신[神]과 같은 것이다. '지智'란 다만 과거의 사실을 머리 속에 간직하는 것을 말하고, '신神'이란 우리들의 지식을 통해 미래를 살피는 것을 말한다.

예컨대 사마천은 『사기』에서 「공자세가」·「맹자순경열전」·「노장신한열전」 등을 수록하고 있는데 마치 이후 중국학술사상사의 앞날을 훤히 알고 있는 듯 했다. 어찌 그 정신이 영묘하지 않다고 하겠는가. 반드시 이와 같을 때 비로소 진실로 일가지언一家之言이라는 평가를 받게 되는 것이다. 이 점을 잘 알면 사마천이 단순히 과거만을 기재하거나 더욱 미래를 예측하고자 한 것이 아니라는 점을 제대로 볼 수 있다.

과거의 일체 사실을 수집하고 보존하는 것을 '체體'라 할 수 있다.

거기에는 일정한 객관적 기준과 함께 일정한 규칙이 있다. 대체로 이왕의 일체 사실을 수집해야 하기 때문에 그 바탕[德]이 네모[方]와 같아 변화가 있을 수 없다. 이렇게 수집한 자료를 선택할 경우 이용 가치가 있는 것과 없는 것을 각각 취하거나 버리게 되는데, 이는 각 사람의 안목에 달렸다. 안목이란 주관적인 것으로서 사람에 따라 다르고, 또 시대에 따라 더욱 다르기도 한다. 따라서 찬술은 변동할 수 있는 것이다. 때문에 말하기를 "그 바탕은 둥글다[其德爲圓]"라고 한 것이다. 둥근 물건은 땅에다 내려놓으면 한 곳에 머물러 있지 아니하고 이곳 저곳으로 굴러다닌다. 그러나 네모난[方] 물건은 안정되게 한 곳에 머물러 있게 마련이다.

장학성의 말을 오늘날 우리들의 견해로 말한다면, 24사는 지나간 사실을 모아놓은 즉 '장왕藏往'이라고도 할 수 있다. 과거 중국인들의 역사가 대체로 모두 그 안에 있다. 지금은 시대가 다르다. 우리들이 오늘날 만약 내일을 알고 싶다면 당연히 과거의 역사를 연구해야만 한다. 연구를 통해 얻어진 것은 그 경중이나 취사에서 각각 다르다. 우리들은 스스로 옛 역사를 새롭게 쓸 수 있으며, 또 부단히 새로운 역사를 쓸 수 있기 때문에 역사에 대하여 새로운 '찬술'을 갖는 것이다. 근거하는 것은 단지 이전의 옛 자료들이다. 때문에 역사라는 것이 한 번 만들어지면 불변하는 것이라고 할 수 없다. 이 점은 내가 『국사대강』의 서문에서 이미 말한 바 있다. 오늘날 우리들이 새로운 역사를 쓰려 한다면 시대가 새로워졌기 때문에 필요로 하는 역사지식이 다르다. 그러나 우리들은 여전히 옛 역사에 비추어 우리들의 새로운 지혜를 개발해야만 한다.

　나는 작년에 '성공대학'에서 네 차례 강연을 한 적이 있다. 그 강연 내용을 한 권의 책으로 출판하면서 그 이름을 『사학도언史學導言』이라 했다. 책 내용 중 가장 중요한 것은 먼저 "시대에 맞는 사람이 되라"는 것이었다. 여러분들은 이미 춘추시대의 사람도 아니고 한무제 때의 사람도 아니다. 여러분들은 중화민국 60년 역사 속에 특히 민국이 새로 시작되고 나서 등장한 사람들이다. 그리고 여러분들은 또한 대만에 거주하면서 천신만고의 어려움을 겪었다. 내일 세상이 어떻게 변할 것인지는 아무도 모른다. 역사를 공부하는 사람들의 임무는 바로 과거의 사실을 잘 보존함으로서 미래를 짐작하는 것이다. 나는 이 잔에 담긴 차를 마셔도 된다는 것을 안다. 왜냐하면 전에 마셔본 적이 있기 때문이다. 만약 내가 과거에 한 번도 이 잔을 본 적이 없고 또 차를 마셔본 적이 없었다면 어떻게 이 차를 마셔도 되는 것인지 알 수 있겠는가? 사학을 공부하는 책임이 바로 여기에 있는 것이다.

　따라서 국가와 민족에 관심을 가져야 하고, 또 과거 국가와 민족의 치란과 흥망에 관심을 갖고 난 연후에 비로소 역사를 연구할 수 있다. 만약 여러분들이 단지 4년 공부 후 받는 졸업장에만 관심이 있다면 어떻게 역사를 연구할 수 있겠는가? 여러분들은 이러한 근본적인 문제를 마땅히 알아야 한다. 예로부터 과거제도는 일찌감치 있었던 것이지 오늘날 비로소 시작된 것은 아니다. 지금은 서양의 팔고八股와 서양의 과거방식만 따르지만, 실제로는 여전히 옛날과 대동소이한 것이 아니겠는가? 한나라 때 이미 선거選擧가 있었다. 만약 오로지 시험을 준비하고 취직에만 관심을 둔다면 이는 학문을 하는 것이 아니다. 또 학문을 이룰 수도 없다.

나는 장학성의 말을 빌려 여러분에게 교훈을 하자는 것이 아니고, 여러분들이 공부를 할 때에는 당연히 이 같은 안목을 갖추어야 한다는 말이다. 이러한 주장이 과거 청나라 사람의 말이며 이미 그 시대가 지나갔다고 말해서는 안된다. 여러분들이 학문을 하면서 옛사람의 책을 읽을 때는 마땅히 책의 각 구절들이 현대에 배합되는가를 느낄 수 있어야 비로소 가치가 있는 것이다.

사학을 공부함에 있어서는 더욱 그렇다. 만약 여러분들의 관점에 비추어 본다면, 독서는 단지 하나의 가치로서 박사논문을 쓸 때 이들 자료들을 적당히 이용할 수 있으면 된다고 여기겠지만, 이러한 생각으로는 여러분들이 나에게 1년 동안 강의를 들었다고 해도 아주 많아야 그저 약간의 지식을 늘릴 수 있을 뿐, 학문을 했다고 할 수는 없다. 학문을 하려면 모름지기 살아 있는 학문을 해야 한다. 죽은 자료 속에서 살아 있는 안목으로 살아 있는 지식을 발견해낼 수 있어야 한다.

장학성은 또 말하기를 "사마천의 『사기』는 본체는 원만하고 작용은 변화무쌍하여 많은 부분 『상서』를 따랐고, 반고의 『한서』는 본체는 방정하고 작용은 지혜로워 관례의 많은 부분을 본받았다〔薦書體圓而用神, 得尙書之遺. 班書體方而用智, 得官禮之意〕"라 했다. "본체는 원만하고 작용은 변화무쌍〔體圓用神〕"하다는 것은 일종의 찬술의 기준이라 할 수 있다. 장학성은 『사기』가 『상서』의 뜻을 담고 있다고 말했다. 반고의 『한서』는 "본체는 방정하고 작용은 지혜롭다[體方用智]"고 하여 대부분 관례官禮의 뜻을 담고 있다고 했다. 여기에서 말하는 소위 '관례'란 『주관周官』이나 『주례周禮』라는 책을 가리키는 것은 아니다. 내가 지난 시간에 「사석史釋」편을 강의하면서 모든 아문衙門에는 오로지 당안을 관장하는 서기관이 있었고, 이 관에서 보관하는 일체의 당안이 바로 '관례'라고 한 적이 있다.

장학성은 말하기를 "반고의 『한서』는 실제로 단지 고대의 관에서 보관하는 『당안』을 일정한 방법으로 정리한 것"이라 했다. 이후 사학은 『한서』를 따른 것이 많았고, 『사기』를 따른 것은 적었다. 왜냐하면 『한서』는 따르기가 쉬웠지만, 『사기』는 따르기가 어려웠기 때문이다. 『사기』는 일가지언一家之言을 이룬 것이지만, 반고의 『한서』는 겨우 과거의 정해진 격식을 따라 쓰인 것이었다. 이러한 견해는 지난 1년 동안 강의를 하면서 이미 자주 이야기한 바 있으니 여러분들이 스스로 다시 돌아보고 잘 되새기기 바란다.

현재 또 다른 문제가 있다. 즉 장학성이 말한 사마천의 『사기』가 『상서』의 뜻을 담고 있다는 것인데, 나는 일찍이 여러분에게 『상서』와 『춘추』 그리고 『사기』에 대하여 말한 적이 있다. 내 생각에 『사기』는 『춘추』를 이어 등장한 것으로 이에 대해서는 이미 자세히 말한 적이 있다. 그러나 장학성은 어찌하여 『사기』가 『상서』를 따라 등장한 것이라 하는가. 이 점에서는 나와 장학성의 관점이 다르기 때문에 주장 역시 다르다. 과거의 학자들은 대부분 『사기』는 그 방법이 소략하고, 『한서』는 조밀하다고 말했고, 장학성도 바로 『사기』를 그렇게 생각하고 『상서』에 가깝다고 한 것이다. 그러나 장학성은 공자의 『춘추』에 대하여 특별한 의의를 발휘하지 못했다. 또한 『상서』의 완성과정에 대한 고증을 직접 해보지 않았다. 이 점은 장학성 입론立論의 결점이었다.

여러분들은 학문이란 한권 한권의 책을 연구하는 것이지 단편적인 몇 줄의 자료를 가지고 말하는 것이 아니라는 점을 알아야 한다. 한 잔의 차에도 수많은 찻잎들이 물에 끓여져 비로소 차맛을 낸다. 만약 차 잎들이 한 조각씩 따로 끓여진다면 차 맛을 절대 낼 수 없게 된다. 마치 여러분들이 학문을 하면서 나눔(分)만을 알 뿐 종합(合)을 모르는 것과 같다. 여러분들은 그러한 것을 과학적 방법의 분석이라 하겠지만 실제 그런 일이 과연 있겠는가? 과학적 방법에는 분分도 있고 합合도 있다. 생물학을 연구하거나 화학을 연구하는 것은 분分이라 할 수 있지만, 생물학은 식물학도 있고 동물학도 있어서 다시 나뉜다.

그러나 화학을 말하거나 생물학을 말하거나 식물, 동물학이라 말하는 것은 모두 합合의 개념을 표현한 것이 아니겠는가. 분分을 알면서 합合을 모르면 과학이 존재할 수 없다. 뿐만 아니라 사학과 자연과학 사이에는 마찬가지로 '분分'이 존재하는 것이 아닌가? 그런데도 여러분들은 또 어떻게 자연과학적 방법을 가지고 사학을 연구해야 한다고 하는가? 여러분들이 정말 과학적 방법을 선망한다면 먼저 과학적 방법을 알아야 한다. 그러기 위해 먼저 과학을 자세히 배워야 한다. 절대로 남이 아무렇게나 이야기하는 것을 들어서는 안된다. 그것은 그저 시류를 따르는 것이지 진리는 아닌 것이다.

또한 '성일가지언成—家之言'을 말하려면 자신만의 독창적인 견해를 내야 한다. 그러나 실제로는 많은 사람들이 이렇게 이야기하니 당신도 따라 이같이 말하는 것이다. 어찌 일가지언—家之言이라 하겠는가. 학문을 함에 있어서 반드시 과학적인 방법을 따라야 한다는 것은 시대에 따르는 말이다. 사학을 배우려면 반드시 자료의 고증을 배워야 한다는 말도 역시 시대에 따르는 말이다. 많은 사람들이 단지 다른 사람들의 뒤에서 떠들 뿐이다. 오늘날 우리 학술계는 그저 떠들썩한 시장 같은 곳이 되어버렸다. 우리들이 진실로 학문을 말하고자 한다면 마땅히 이런 장소를 피해야 한다. 문을 걸어 잠그고 스스로 진리를 찾아 나서야 한다. 다른 마음이 없어야 비로소 일가지언을 이루어 독창적인 것을 남길 수 있다.

비록 과학적인 방법을 말하지 않더라도 학문에 임하는 바른 방법이 있다. 외로움을 견디어 낼 수 있어야 비로소 독창적인 인물이 될 수 있다. 떠들썩한 것을 지나치게 좋아해서는 안된다. 실제로 학문을 하다보면 외로움을 느끼지도 못한다. 예컨대 주공과 공자로부터 곧장 사마천을 만나고 다시 장학성에 이르기까지 옛 사람을 가까이하면 배움에 큰 즐거움이 있는데 어찌 적막함이 있다고 하겠는가!

다시 장학성에 대하여 이야기 해 보자. 나는 앞에서 황종희·전조망으로부터 시작하여 장학성을 강의하고 있는데, 이것이 바로 학술이 지닌 변화의 흐름(流變)으로서, 그 과정에 전통이 있고 또 창조가 있다. 전통은 오직 옛 것을 지키는 것이 아니다. 정말로 전통을 계승하게 되면 자연히 창조는 따르게 마련이다. 중화민국 학술계는 지난 60년을 창조라는 말을 내세우며 큰 소리로 전통을 타도하자고 주장했지만, 결국 아무것도 이룬 것이 없고 헛된 것만을 만들어냈을 뿐이다.

나는 여러분들에게 지난 1년 동안 중국의 사학명저를 강의하고 있는데, 오늘이 마지막 강의이다. 지금까지의 강의는 실제로 바로 하나의 전통을 말했던 것이다. 전통 속에서 새로운 창조를 구하려면 여러분들은 정말 스스로 노력을 해야 한다. 여러분들이 만약 한 마디로 전통을 말살하면서 창조를 구하고자 한다면, 지난 1년 동안의 내 강의는 모두 쓸데없는 말이 되어버린다.

그러면 『상서』에 관하여 다시 살펴보자. 나는 『상서』가 기언체라고 말한 적이 있다. 『상서』에서 가장 오래된 기록은 주공 이후의 서주에 관한 기록이었고 그것은 당시 조정의 많은 훈고訓誥와 계명戒命으로서 모두 '기언記言'이었다. 그 부분에 대해서는 후일 유지기가 『사통』에서 정확하게 말했다. 그러나 장학성은 잘못 말했다. 장학성은 오히려 그 사실을 가지고 유지기를 반박하여 『상서』가 오직 말만 기록한 것은 아니라고 했다. 그러나 유지기는 말하기를 "「요전」과 「우공」 등 많은 편들이 모두 그 체재가 통일되어 있던 것은 아니다"라고 했다.

나는 줄곧 이들 많은 편들이 모두 주 말기의 위서僞書라고 여겼다. 『상서』에서 가장 오래된 내용은 당연히 주공 이후의 「서주서」였다.

따라서 최초의 『상서』는 말을 기록한 것[記言]이었다. 사실 기언이나 기사記事 역시 커다란 구별이 있었던 것은 아니다. 기사 중에도 기언이 끼어있을 수 있고, 기언의 경우도 마찬가지였다. 그러나 여전히 구별이 있었다고 말할 수 있다. 『상서』의 주요한 부분은 말을 기록한 것이었다. 이에 대해서는 이 강의가 시작하면서 이야기한 바 있다.

장학성은 『상서』를 기사로, 『춘추』를 편년으로 보았으며, 『사기』는 사람을 전하는 즉 사람을 중심으로 한 기전체라고 했다. 장학성의 생각에 역사는 사실을 더욱 중심으로 해야 한다고 여겼던 것 같다. 따라서 사실로서 편명을 정하면 그 형식에 융통성이 있었다. 해[年]와 사람을 기준으로 하는 것은 형식에 구속되는 것이었다. 『사기』가 비록 기전체로서 사람을 중심으로 하지만 오히려 융통성이 있었다. 『한서』가 점차 형식에 구속받았던 것과 달랐다. 따라서 『사기』가 『상서』를 이어 등장한 것이라 말했던 것이다.

장학성은 또 원추의 『통감기사본말』을 이야기하면서 말하기를 "기사본말체는 사실에 근거하여 편명을 정하기 때문에 고정적인 형식이 없었다. 고금에 이르는 중요한 도리를 깊이 알 수는 없었다. 천하의 경륜에 대한 것을 광범하게 수집하여 바로잡을 수가 없었으므로 빠뜨린 것도 또는 넘친 것도 없었다. 문장은 기전체에 비해 간단했지만, 사실의 서술은 편년체에 비해 융통성이 있었다. 자료의 취사에 대한 결정에서도 본체는 원만하고 작용은 변화무쌍했는데, 이것이 정말 『상서』를 계승한 것이다[本末之爲體, 因事命篇, 不爲常格, 非深知古今大體, 天下經綸, 不能網羅隱括, 無遺無濫. 文省於紀傳, 事豁於編年. 決斷去取, 體圓用神, 斯眞尙書之

遺也)"라고 했다. 이를 통해 장학성이 사서를 논하면서 세 가지 체재 가운데 특히 기사체를 중시했음을 볼 수 있다.

기사체는 다만 한 가지 사실의 본말을 써내려가면서 한 가지 사건을 한 편篇으로 구성하는데, 마치 장학성은 해(年)와 사람으로 구분하는 것에는 일정한 격식이 있다고 여겼던 것 같다. 때문에 이를 가리켜 '고정적인 형식(常格)'이라 했던 것이다. 그러나 사실로 구분하는 것에는 자료의 취사取捨에 선택이 있었다고 했다. 어떤 사실은 써야 하고, 어떤 사실은 쓸 필요가 없었다. 여기에서 사가의 독창적인 견해가 나타난다. 그 문장을 논한다면 기전체에 비하여 내용이 생략된 면이 있다. 예컨대 '적벽대전'을 기록할 경우, 기전체로 쓰려면 조조를 써야 하고 또 주유나 제갈량 등 많은 사람을 써야 하기 때문에 문장이 번거롭다.

편년체의 경우, 한 가지 사건이 여러 해에 걸치는 것이기 때문에 금년에도 있고, 내년에도 그리고 후년에도 계속해서 이어져 있다면 그 사건의 시종을 모아 기록하는 것이 쉽지 않다. 때문에 장학성은 기사체가 문장에서는 기전체보다 간략하고, 사실의 서술에서는 편년보다 융통성이 있다고 보았던 것이다. 그의 견해에 비추어 본다면 기사본말체가 사법史法 가운데 가장 좋은 것이었다. 『사기』가 비록 『상서』의 뒤를 이었지만 결국 기전체였기 때문에 기사본말체에는 미치지 못했다고 한 것이다.

그러나 장학성은 원추의 기사본말체로 된 책을 언급하면서 그렇게 칭찬하지 않았다. 그는 말하기를 "원추는 본래 그러한 뜻이 없었고, 그의 학식 또한 이 일을 감당하기에 부족했다. 그러나 만약 기왕의 형식을 가지고 깊이 생각하고 다시 신명과 변화를 더한다면, 옛 역사의 본래 모습과 숨겨졌던 모습들을 볼 수 있을 것이다〔袁氏初無其意, 其學亦未足與此, 但卽其成法, 沈思冥索, 加以神明變化, 則古史之原, 隱然可見〕"라고 했다. 장학성은 원추가 자신이 말한 뜻과 같은 견해를 가졌다고 여기지 않았고, 앞서 이야기한 상당한 수준의 학문을 갖추었다고 생각하지도 않았다.

원추의 학문은 이 정도의 수준에 미치지 못했던 것이다. 그러나 그 책의 체재는 취할 바가 있다고 했다. 기왕의 형식을 가지고 신명과 변화를 더함으로서 다시 고사古史의 원래 모습으로 돌아갈 수 있다고 보았다. 나는 앞에서 이미 원추의 『통감기사본말』을 비판한 적이 있다. 혹 어떤 부분에서 장학성의 견해와 서로 같은 곳이 있을 것이다. 다만 장학성은 개괄적으로 말하여 "원추는 본래 그러한 뜻이 없었다"거나, 또 "그의 학식이 또한 이 일을 감당하기에 부족했다"고 했다. 여러분들은 이 두 구절 안에 매우 깊은 뜻을 지니고 있다는 사실을 알아야 한다. 책을 읽는다는 것이 쉽지 않음을 볼 수 있다. 즉 2백 년 정도 이전의 책 예컨대 장학성의 『문사통의』 같은 책도 읽기가 이렇게 쉽지 않은데 더욱 오래되고 분량이 많은 책의 경우는 말할 것도 없다. 가볍게 그리고 대충 보아서는 안된다는 사실은 말하지 않아도 알 수 있을 것이다.

장학성은 사서를 논하면서 주로 기사본말체를 제창했다. 그 때가 청 가경연간이었고 후일 서방의 학문이 유입되었는데, 그들의 역사가 바로 기사본말체로 쓰인 것이었다. 때문에 청 말 일부 학자들과 일반 사람들이 더욱 장학성을 존중했다. 민국 초기의 학자들 역시 장학성을 존중했지만 실제로 그의 학문의 참뜻을 제대로 이해하지 못했다. 예컨대 양계초나 호적 등도 그 요령을 제대로 알지 못했다. 매우 안타까운 일이었다.

다시 유지기가 말한 사학의 세 가지 중요한 근본 특징에 대하여 말해 보자. 그 중 첫째는 재才, 둘째는 학學, 셋째는 식識이었다. 이 세 가지는 실로 그 어느 것 하나 실천하기가 쉽지 않았다. 만약 사재史才가 없다면 사학을 연구해서는 안된다고 했다. '재'는 가지고 태어나는 것이기 때문에, '재'가 있고 난 연후 다시 '학'이 더해진다. 그리고 이 학문 가운데 좋은 점은 견식 즉 '식'으로부터 나오는 것이기 때문에, 재·학·식 이 세 가지는 순서에 따라 발전하는 것이다.

근대의 학자들 가운데 내가 보기에는 양계초가 사재史才를 갖추었다. 그가 쓴 몇 권의 책 예컨대 『중국6대정치가中國六大政治家』에 보이는 왕안석에 대한 견해에 나는 동의하지 않지만, 그 서술방법은 매우 좋다. 또한 그가 쓴 『구주전역사론歐洲戰役史論』이나 『청대학술개론』도 모두 양계초가 저술을 함에 있어서 사재史才를 갖추고 있음을 말해 주는 것이다. 안타까운 것은 학學이 부족하다는 것이다. 전문적으로 양계초의 사학을 논하는 것은 적절치 않다. 그는 너무 바빠서 정말로 노력을 기울여 학문을 할 수 없었다. 그의 사식史識에 대해서는 더 이상 언급하지 않기로 한다.

장학성은 유지기가 말한 이 세 가지 외에 다시 '사덕史德'을 제시했다. 그는 말하기를 "덕이란 책을 저술함에 있어서 갖추어야 할 마음이다〔德者, 著書之心術〕"라고 했다. 이는 저술하는 사람의 마음을 이르는 것이다. 나는 여러분들에게 줄곧 사학명저에 대하여 말하면서 마찬가지로 각 사가史家들의 저술과 관련한 마음〔心術〕을 자주 언급했다. 이것은 바로 그들의 덕德과 관련한 것이었다.

사마천과 반고의 큰 차이는 바로 그들이 책을 저술하면서 지녔던 마음이 달랐던 데에 있었다고 할 수 있다. 이 점에 관하여 장학성의 견해를 다시 살펴보자. 그는 말하기를 "양사가 되고자 한다면 마땅히 하늘과 사람의 관계를 신중히 가려야 하고, 객관적인 사실을 존중하고 개인의 주관적 감정을 더해서는 안된다〔欲爲良史, 當愼辨於天人之際, 盡其天而不益以人〕"고 했다. 여기에서 '천인지제天人之際'라는 네 글자는 사마천이 『사기』에서 제시한 말이다. 장학성 역시 천인지제를 말했지만 사마천의 뜻과 같지는 않았다.

그러면 무엇을 천天이라 하고 무엇을 인人이라 했는가. 그리고 무엇을 "객관적인 사실을 존중하고 개인의 주관적 감정을 더해서는 안된다"고 했는가? 이 말 속에는 매우 깊은 큰 뜻이 있다. 아주 쉽고 간단하게 말하자면, 역사를 서술할 때는 원래의 사실에 근거해야지 글을 쓴 사람의 요소가 글에 더해서는 안된다는 것이다. 현재의 말로 말하자면 객관적으로 사실의 진상을 서술하는 것이 바로 천天이다. 그러므로 자신 즉 사람의 요소가 더해지면 안된다는 것이다. 이를 실천하기란 정말 쉽지 않다. 사마천이 『사기』를 쓰면서 스스로 '일가지언一家之言'을 이룬다고 자부한 것도 우리들은 바로 그가 이런 점을 중시했기 때문이라 본다. 그러나 일가지언을 이룬다는 것은 바로 사람의 요소를 저술에 더하는 것이 아니겠는가? 이 점에 대해서는 여러분들이 꼼꼼하게 판단하고 또 자세히 살펴볼 만하다.

오늘날 우리들은 사학을 말하면서 더욱 사람을 내세운다. 예컨대 중국의 2천 년 역사는 제왕의 전제 또는 봉건의 역사라고 하거나, 또는 중국문화가 모두 쓸모없다고 말하기까지 한다. 실제로는 사서를 자세히 읽은 적도 없으니 조금도 그 이치를 깨닫지 못하여 그 천天을 묻지도 않고, 오로지 자신들의 개인적인 관점을 보태는 것이었다. 오늘 장학성의 "객관적인 사실을 존중하고 개인의 주관적 감정을 더해서는 안된다"라는 말을 떠올리며 어찌 우리들이 부끄럽지 않겠는가? 장학성이 쓴 글은 아직 2백 년도 채 안된 문장이지만 읽기가 쉽지 않으며 이해하기도 어려우니, 어떻게 하여야 "객관적인 사실을 존중하고 개인의 주관적 감정을 더해서는 안된다"고 할 수 있겠는가? 이에 대해서는 여러분 스스로가 체득하여야 한다.

공부가 어려운 것이지만, 실제로 "객관적인 사실을 존중하고 개인의 주관적 감정을 더해서는 안된다"는 것이 바로 일종의 '사덕史德'인 것이다. 조금 달리 본다면 역시 일종의 '사식史識'이기도 하다. 만약 견식[識]을 갖추지 못했다면 어찌 천인지제天人之際를 가릴 수 있겠는가?

장학성은 또 말하기를 "사서에 기재한 것은 역사적 사실이다. 역사적 사실은 반드시 문장에 의해 전해진다. 따라서 양사는 문장에 아주 능해야 한다[史所載事者, 事必藉於文而傳, 故良史莫不工文]"라고 했다. 여기에서는 또 사학으로부터 한 발 나아가 문학을 언급하고 있다. 여러분들이 역사를 공부하려면 가장 먼저 마땅히 문학을 중시해야 한다. 문자에 통해야만 비로소 글을 쓸 수 있는 것이다. 그런데도 지금은 단지 과학적인 방법만을 운운하고, 문자나 글을 이해하지도 못하면서 한 무더기 자료만을 가지고 분석하고 고증하는 데 힘을 쏟으며 이것을 곧 과학적인 방법이라 여기고 있다.

그러나 사학이라는 것이 곧 이 정도에 그치는 것은 아니다. 이러한 분위기는 정말 장차 "학문이 끊어지고 도를 없어지게 한다〔學絶道喪〕". 학문이 끊어지고 커다란 도가 상실되면 어디에 다시 사람이 존재할 수 있겠는가? 언제쯤 정말로 위대한 학자가 출현하고 또 그로부터 배운 많은 사람이 학문과 도리를 일으키게 될는지 모르겠다. 사학을 말하면서 사재史才・사학史學・사식史識・사덕史德뿐만 아니라 문장을 갖추어야 한다고 말하는 것이 또한 장학성의 깊은 뜻이다. 때문에 장학성이 자신의 책이름을 『문사통의文史通義』라고 한 것이다. 내가 생각하기에, 장학성이 문장을 언급한 것 중 어떤 부분은 사史를 언급한 것보다 더욱 낫다.

다시 장학성의 문학사적인 안목에 대하여 말해 보자. 『문사통의』 안에는 아주 좋은 견해들이 정말 많다. 예컨대 그는 말하기를 "문장이 사람을 움직이는 까닭은 기 때문이고, 사람의 마음에 담길 수 까닭은 정 때문이다〔文所以動人者氣, 所以入人者情〕"라 했다. 이 말은 우리가 문장을 쓸 때 두 가지 필요한 것이 있는데, 하나는 기氣가 있어야 비로소 사람을 움직일 수 있고, 다른 하나는 정情이 있어야 문장이 비로소 사람의 마음속으로 들어가 감동시킬 수 있다는 것이다.

오늘날 우리들은 대부분 구어체인 백화문을 쓰는 관계로 자구字句가 숙련되지 않아 기氣를 갖추기가 어렵다. 따라서 다만 보게만 할 뿐 읽도록 하지 않으니 그 문장이 어찌 사람의 마음을 움직이겠는가? 물론 정감 또한 있을 수 없다.

소위 신문학이라는 것이 비록 정감은 많지만 그것은 단지 사람을 움직일 수 있는 정감이 아니기 때문에 한 번 보고 나면 그만인 것이다. 때문에 오늘날 신문학을 가지고 있는데도 불구하고 한 사람의 신문학가도 출현하지 않았던 것이다. 진정한 신문학가가 출현하면, 5십 년, 1백 년, 5백 년을 전해 내려갈 수 있다. 지금 우리들은 부단하게 새로운 것을 창출한다고 하지만 5십 년 이상 전해질 수 있는 것이 매우 적다.

장학성은 또 말하기를 "기는 고른 것을 귀하게 여긴다[氣貴於平]", "정은 바른 것을 귀하게 여긴다[情貴於正]"고 했다. 그리고 "기가 지나치면 정이 한 쪽으로 치우치게 된다. 이렇게 되면 하늘에 움직이고 사람에 간섭받는 것과 같다고 할 수 있다[氣勝而情偏, 猶曰動於天而參於人]"고 했는데, 이 말은 문장에는 기가 없을 수 없지만 그 기는 고른 것이어야 한다는 것이다. 또 기는 정으로부터 오는 것이기 때문에 정은 곧 "고른 것을 귀하게 여긴다"고 하는 것이다. 그리고 "기가 지나치면 정이 한 쪽으로 치우치게 된다"고 했는데, 이는 마치 오늘날의 문학이 기쁘고 우습고 화내고 욕하는 등 첨예하고 각박한 것을 능사로 하면서, 노신魯迅을 한 시대의 으뜸가는 인물로 떠받드는 것과 같다.

그러나 기가 지나치면 정은 바르게 되지 않으며, 그 유풍流風과

여운이 전체 사회에도 크게 영향을 주게 된다. 이렇게 되면 어느 곳에 앞에서 말한 대로 "객관적인 사실을 존중하고 개인의 주관적 감정을 더해서는 안된다"고 할 수 있는 것이 있겠는가? 문학을 논하면서 이 정도 단계에 이르기는 정말 어렵다. 왜냐하면 그 안에는 매우 심각한 사람의 마음의 수양문제가 포함되기 때문이다. 혹 여러분들은 이러한 말이 송·명 이학가들의 관점이라고 여길 수도 있다. 그러나 나는 진정한 사학가라면 어느 누가 이학상 정교하면서도 요긴한 내용을 하나도 모르거나 이해하지 못하겠느냐고 묻고 싶다. 장학성의 문학에 관한 언급은 바로 그의 학문적 수양이 얼마나 깊은지를 보여주는 것이다.

그리고 장학성은 사학에 대하여 기사본말체를 중시했고, 또 과거의 사가들 중에는 특히 정초를 중시했다. 『문사통의』 안에는 특별히 「신정편申鄭篇」이 있는데, 장학성은 말하기를 "정초가 구하고자 한 것은 대강大綱이었지만 후세의 천박한 학자들이 찾고자 한 것은 아주 보잘것없는 작은 것들이었다〔鄭氏所振在宏綱, 末學欣求在末節〕"고 했다. 과거 정초에 대한 비평은 실제로 모두 그다지 중요하지 않은 지엽적인 문제에 있었다. 나는 이미 앞에서 정초의 『통지』에 대하여 언급하면서 많은 비평을 한 적이 있는데, 그 비평 역시 지엽적인 문제들에 있지 않았다고 말할 수 없다.

'대강大綱'에 있어서 정초는 확실히 자신만의 장점을 지니고 있었다. 정초는 다음과 같이 말한 적이 있다. "사마천의 뛰어난 학문은 『춘추』 이후 오직 유일하다. 다른 범위는 천고에 걸쳐있고 백가를 모두 포함하고 있으며, 처음으로 범례를 만들어 서술하고 있다. 탁월한 견식으로서 옛 선현의 본의를 추구할 수 있어서 스스로 춘추가학의 의의를 갖추고 있다〔史遷絶學, 春秋以後一人而已, 其範圍千古, 牢籠百家者, 唯創例發凡, 卓見絶識, 有以追古作者之原, 自具春秋家學耳〕" 정초는 이처럼 사마천을 존중하여 말하기를 "새로운 범례를 처음으로 만들고 탁월한 견식을 지닌 인물로서 공자의 『춘추』 이후 유일한 인물"이라 여겼다.

장학성은 이어서 말하기를 "사가의 저술에 있어서 근본적인 방법이 어찌 의의를 구하는 데 있지 않을 수 있겠는가? 사마천과 반고 이후 사가들은 이미 탁월한 견식과 자기만의 독창적인 기준이 없었다. 구하고자 하는 것은 다만 역사적인 사실과 문장에 있었다. 오직 정초만이 역사적인 의의를 구하는 데 뜻이 있었다〔史家著述之道, 豈可不求義意所歸, 自遷固而後, 史家旣無別識心裁, 所求者徒在其事其文, 惟鄭樵有志乎求義〕"라 했다. 그는 사가들의 저술은 사마천과 반고 이후 단지 두 가지만 알고 있었다고 했다. 하나는 역사적인 사실이고 다른 하나는 역사적 사실을 서술한 문장이었다. 오직 정초만이 그밖에도 사학의 의義를 구하는 일을 중시했다고 한 것이다.

장학성은 정초에 대한 평가, 즉 「신정편」 다음에 다시 「답객문편答客問篇」을 썼다. 당시사람들이 그가 정초에 대하여 제시한 것이 매우 특별하다고 여겼기 때문에, 장학성은 다시 「답객문편」에서 말하기를 "옛날 사람이 해놓은 것을 잘 따르고 후세사람들이 정리한 고사와 필삭을 통해 자기만의 독창적인 판단으로 정리하는 전문가는, 그 공과 쓰임에 있어서 서로 도움이 되기에 족하지만, 그 원류와 파별은 서로 섞여서는 안된다〔守先待後之故事, 與筆削獨斷之專家, 其功用足以相資, 而流別不能相混〕"라고 했다. 이 말은 사가 중에는 "옛날 사람이 해놓은 것을 잘 따르고 후세사람들이 정리한 고사"를 하는 사람이 있고, 또 "필삭을 통해 자기만의 독창적인 판단으로 정리하는 전문가"가 있음을 말하는 것이다.

이 두 가지의 공용功用은 서로 도움이 되기에 충분하며 모두 유용하여 서로에게 도움이 된다고 했다. 그러나 유별流別이 서로 섞여서는 안된다고 여겼다. 전문가의 독창적인 판단 역시 옛 이야기〔故事〕와 혼합하여 보거나 분별하지 않으면 안된다고 했다. 어떤 사람들은 단지 옛 이야기를 모두 모아 그저 순서대로 나열해 놓고 이를 역사라고 고집했다. 그러나 사학을 함에 있어서 필삭과 독창적인 판단을 고집하는 전문가를 더욱 귀하게 여겼다.

장학성은 또 말하기를 "세상에는 자료를 순서에 따라 배열한 책이 있고, 자기만의 독창적인 판단과 견해를 이루는 학설이 있으며, 또 고증과 조사에 전념하는 공이 있다. 고명한 사람은 독단지학을 많이 하고, 자기를 들어내지 않으려는 사람은 고증과 조사하는 공을 귀하게 여긴다〔有比次之書, 有獨斷之學, 有考索之功. 高明者多獨斷之學, 沈潛者尙考索之功〕"라고 했다. 여기에서 '비차比次'라 함은 많은 자료를 차례대로 배열하는 것을 말하는데 이는 기주記注에 가깝다고 할 수 있다. 능히 자기만의 견해를 주장할 수 있고 또 필삭을 할 수 있을 때 전문가가 된다는 것인데, 이는 찬술撰述에 가까운 것이다.

고색考索은 바로 고거考據를 말한다. 보통으로 말하자면 고명한 사람 중에는 독단지학을 하는 사람이 많고, 자기를 잘 드러내지 않으려는 사람 중에는 고증과 조사의 공을 중시하는 사람이 많다. 이는 사람마다 성격이 맞는 분야가 있어서 각각 그에 따라 성취를 이루게 된다는 말이다.

장학성은 정초를 일컬어 "고색考索의 공이 없다"고 말했다. 『통지』 안에는 잘못된 부분이 매우 많은데, 앞에서 그 약간을 언급한 적이 있다. 그럼에도 불구하고 『통지』라는 책은 "자기만의 독창적인 판단과 견해를 밝히기에 충분"했다. 즉 큰 원칙이라는 점에서 공헌한 바가 컸다. 때문에 장학성은 또 말하기를 "마단림은 독창적인 자기만의 판단과 견해가 없었고, 『문헌통고』 역시 자료를 순서에 따라 편찬한 공도 부족했다[馬貴與無獨斷之學, 而通考不足以成比次之功]"고 했다. 장학성은 『문헌통고』를 매우 무시했고 『통지』를 매우 중시했다. 그러나 그가 말한 "『문헌통고』 역시 자료를 순서에 따라 편찬한 공도 부족했다"고 한 것은 마단림의 책을 너무 가볍게 본 것이라 생각된다.

장학성은 또 말하기를 "자료를 모으고 차례에 따라 편찬하는 것을 사찬이라 하고, 자료를 가지고 요모조모 따지는 것을 사고라고 하는데 이것은 모두 사학이 아니다[整輯排比謂之史纂, 參互搜討謂之史考, 皆非史學]"라고 했는데, 이 역시 사학을 너무 좁은 의미로만 본 것이다. 사찬史纂이나 사고史考 역시 당연히 사학의 범주에 속한다. 다만 단순히 자료를 모으고 조사하는 것만을 알아서는 안되며, 또 전문가로서의 독창적인 판단과 견해가 사학의 더욱 깊은 곳이라는 점을 몰라서도 안된다. 그러나 오늘날의 학풍으로 말하자면 장학성의 이 말은 사람들에게 깊은 반성을 하도록 하기에 실로 족하다.

『문사통의』외에 장학성에게는 또『교수통의校讎通義』가 있었는데, 이 책은 정초의『통지』20략二十略 안에 있는「교수략」에 근거하여 이름을 정했다. 장학성은 정초의「교수략」을『한서』예문지의 원본이라 할 수 있는 유흠의「칠략七略」까지 소급하여 소위 "학술을 분별하여 분명히 드러나게 하고, 원류를 자세히 살핀다(辨章學術, 考鏡源流)"라는 여덟 글자를 제시했다. 바로 여기에『문사통의』의 가장 큰 공헌이 존재한다고 할 수 있다.

우리들은 전체 학술을 분별하여 분명히 드러나게 함으로서 예컨대 이것은 경학, 또 이것은 사학, 그리고 이것은 제자학 등으로 구별한다. 또한 그 원류를 자세히 살피고자 할 때, 각 분야의 학문은 시작이 어떠했고, 후일 어떠했는가 등을 살핀다. 바로 이 "학술을 분별하여 분명히 드러나게 하고, 원류를 자세히 살핀다"라는 말이 오늘날 우리들이 말하는 바로 학술사의 탐구에서 노력을 기울여야 하는 부분인 것이다. 예컨대 사학을 말하려면 곧 전체 학술의 대강과 관련하여 사학을 이해해야 하고, 3천 년 사학의 변화와 발전과정 속에서 사학은 결국 무엇이었는가 하는 것을 알아야 한다. 이것이 바로 장학성이 말한 "학술을 분별하여 분명히 드러나게 하고, 원류를 자세히 살핀다"라는 것이다.

물론 이러한 점이 사학에서만 그치는 것은 아니고, 다른 학술 역시 마찬가지이다. 예컨대 문학을 연구하려면 전체 학술 가운데 문학이 차지하는 비중을 반드시 알아야 하고, 아울러 처음부터 끝까지 어떻게 발전하고 변화해 왔는가를 알아야 한다. 장학성은 다시 말하기를 "가법이 분명하지 않으면 저작이 날로 쇠약해지고, 부차가 정확하지 않으면 학술은 날로 산만해진다(家法不明, 著作之所以日下. 部次不精, 學術之所以日散)"고 했다. 대체로 학문을 할 경우에는 가법家法을 분명히 하고자 했는데, 청대의 경학가들은 모두 가법을 말했다. 그러나 장학성이 말하는 가법과는 달랐다.

예컨대 경학가·사학가들에게는 각각 가법이 있었다. 사학 안에도 이 학파와 저 학파의 경우 각기 가법이 있었다. 가법이 분명하지 않으면 저작은 날로 못해져 간다. '부차部次'라는 것은 책을 분류하는 것을 말한다. 예컨대 이 책은 어느 부류에 배열하고 저 책은 어느 부류에 배열하는 것을 말하는데, 이것 역시 "학술을 분별하여 분명히 드러나게 한다"고 하겠다. 만약 이 '부차'가 정확하지 않으면 학술 또한 날로 흐트러지게 마련이다. 이 말들은 전체 학술을 토론할 경우에 매우 중요한 말이다. 우리들은 전체 학술 속에서 즉 학술 전체를 가지고 각종 학술을 살펴보아야 한다. 각각의 학술과 관련하여서도 또 처음부터 끝까지 그 발전과 변화 속에서 각기 분화된 특징들을 살펴야 한다.

장학성은 그가 생활하던 당시에 있어서나 혹은 그 이후에도 특별히 사람들에게 주목받지는 못했다. 그러나 근대의 학자들은 그를 매우 중시했다. 그렇지만 단지 그의 명성에 주눅이 들어 있을 뿐 그의 실체에 대한 깊은 연구는 하지 않았다. 사천지방에 유함흔劉咸炘이라는 사람이 있었는데 저서가 수십 종이나 되었지만, 안타깝게도 사천성을 한 발짝도 벗어나 본 적이 없었다. 나이도 대체로 나와 비슷했다. 매번 책이 나올 때마다 나에게 보내주었지만 직접 알고 지내는 사이는 아니었다. 항전시기에 내가 사천에 가서 그의 아버지를 알게 되었지만 그는 이미 세상을 뜬 뒤였다. 유함흔은 아마 40이 채 안되어 죽은 것 같다.

그는 근대에 있어서 장학성의 뜻에 관심을 많이 가지고 사학을 공부했다. 아깝게도 같이 의견을 나눌만한 스승과 친구들이 없었으며, 유함흔마저 40이 안된 너무 젊은 나이에 죽었다. 만약 그가 아직도 살아 있다면 분명 더욱 훌륭한 성과를 이룰 수 있었을 것이다. 현재 내게 그의 책이 남아 있지 않지만, 만약 여러분들이 혹 그의 책을 구하여 볼 수 있다면 꼭 자세히 살펴보기를 권한다.

장학성은 『문사통의』와 『교수통의』 외에 지방지를 편찬하는 데 큰 노력을 기울였다. 부분적으로는 그의 직업이기도 했다. 그는 높은 관직을 지낸 적이 없었기 때문에, 가는 곳마다 지방지를 편찬하고 그것으로 생활을 해결했다. 장학성은 말하기를 "한 시대의 역사, 한 가문의 역사, 한 사람의 역사가 있다"고 했듯이, 그가 생각하기에 지방지 역시 한 지방의 역사라고 여겼다. 성省·부府·현·향·읍 등에는 당연히 모두 역사를 가져야 한다고 했다. 이 점에서 그와 대진戴震의 견해가 달랐다. 대진은 고증을 중시하고 지리와 그 연혁을 자세히 살피는 일을 중시했다.

장학성은 역사서술을 중시하여 각 지방의 역사를 서술했다. 예컨대 현재 우리들은 대만에 살고 있기 때문에 『대만통지臺灣通志』를 편찬할 수 있고, 이는 곧 당연히 대만의 역사라고 할 수 있다. 지리의 연혁과 지명의 변천은 단지 그 중의 일부분이다. 이 문제에 관해 장래 여러분들이 관심이 있고 또 중국의 지방지를 연구하고자 한다면 이에 관하여도 많은 연구가 있어야 한다. 그러나 현재의 상황은 또 다르다. 지방지는 당연히 끊임없이 새로운 사실을 더해 고쳐 쓰여야 하지만 오늘날에는 이 문제에 주의하는 사람이 매우 적다. 오히려 과거의 지방지에서 자료를 찾아 고증하는 일에만 관심이 있다.

바로 이 고거考據라는 두 글자가 오늘날 중국의 학술계에 해를 끼치는 것이 아닌가 한다. 그저 자료만을 중시하고 과거의 서적 속에서 필요한 자료를 찾기만 할 뿐, 새로운 것을 창조해내지는 못하고 있다. 더욱 나쁜 것은 옛 자료 가운데서도 잘못된 곳을 찾는 데 있다. 잘못된 곳을 하나 찾게 되면 다른 사람이 아무도 모르는 것을 내가 발견했다면서 스스로 매우 대단한 것이라 여겼다. 그러나 이러한 것이 어찌 학문이 될 수 있겠는가? 실로 배우거나 묻거나 하는 일이 없이 그저 머리를 처박고 자료를 찾기만 하면 되었다. 그러나 그 저의가 좋지 않고 동기가 바르지 않은 이러한 것은 덕德을 상하게 하는 것이고, 자신의 마음[心術]을 나쁘게 하는 것이다.

여러분들이 만약 한 발 물러나 생각하면서 사가나 혹은 어떤 종류의 학자가 되려 생각하지 않는다면, 책을 읽는 일과 학생을 가르치는 일은 단지 자신의 직업이라 여기면 될 일이다. 전통을 계승하고 그 바탕 위에서 학문을 하면서 자기 자신이 찾고자 하는 것을 추구하며, 내가 어느 정도 알고 말할 수 있는 것을 이야기한다면 장래의 학술계는 그 원기를 배양할 수 있을 것이다. 그저 새롭고 특이한 것만을 내세운다든지, 저작을 통해 이름을 드러내려 해서는 안된다. 그밖에도 대단한 이론을 내세우거나 과거부터 전해 오는 것을 모두 뒤집으면서, 다시 우리들 후배들을 잘못된 길로 이끌어서는 안된다. 이같이 더욱 잘못된 길로 가게 된다면 어찌하겠는가?

솔직히 말해 여러분들은 사람들에 의해 이미 잘못된 길로 들어섰는지 모른다. 오늘날 사학을 연구하는 여러분들은 다만 선학先學들이 하던 것에 비추어 삼가 지킬 것은 따르고 공부하기를 좋아하면, 천천히 스스로 관심이 생기게 될 것이며 조금씩 아는 것이 늘어가게 될 것이다. 이러한 것이 바로 성취를 이루는 것이다. 즉 공자가 말한 "옛 것을 서술하되 새것을 만들어내지는 않으며, 옛 것을 믿고 좋아했다[述而不作, 信而好古]"는 것이다.

우리들이 만약 공자를 본받을 수만 있다면 어찌 충분하지 않겠는가. 과거에 장학성은 어떻게 말했으며, 황종희는 어떻게 말했는가 하면서 조금씩 앞으로 나아가면, 스스로 나는 단지 "옛 것을 서술하되 새것을 만들어내지는 않으며, 옛 것을 믿고 좋아했다"고 하더라도 어찌 일찍감치 바른 길로 들어선 것이 아니겠는가?

여러분들은 지금 또 내가 주제를 벗어나 쓸데없는 이야기를 한다고 생각하지 말기 바란다. 우리가 살고 있는 지금 이 시대가 실제로 이러한 모습이다. 여러분들은 결코 오늘날 우리들이 이미 과거의 학자들을 뛰어넘었고, 우리들이 이미 과학적인 방법을 이해함은 물론 새로운 사상을 갖추었으니, 옛날 사람들이 어찌 나에게 미칠 수 있겠는가 하고 생각해서는 안된다. 이것은 그저 자기도취에 불과하다. 어떤 시대든지 짧은 몇십 년, 1백 년은 곧 지나가게 마련이다. 설마 우리가 살고 있는 지금 이 시대가 곧 최고의 성과를 냈기 때문에 다시는 더 변할 수 없다고 생각하는 것은 아닌가. 시대가 변하는데 학풍이 어찌 변하지 않을 수 있겠는가. 내가 1년 동안 강의한 많은 사가들과 책들을 여러분들이 천천히 자세히 살필 것을 희망한다. 사학을 말할 때 앞에서 이야기한 책들은 언제나 처음부터 노력을 기울여 살펴보아야 그 속의 커다란 도리를 발견할 것이다.

특히 나는 여러분들이 관점과 포부를 오로지 사학에만 두지 말 것을 바란다. 사학이 학문으로 홀로 설 수 없듯이 다른 학문 또한 마찬가지이다. 학문과 학문 사이에는 모두 서로 상통하거나 부족함을 채워주는 곳이 있게 마련이다. 여러분들은 꼭 여러 분야의 학문에 능통한 가운데 전문가가 될 수 있음을 잘 알아야 한다. 종래의 전문가들은 모두 여러 학문에 능통한 가운데 나왔다. 여러분들이 곧 지난 1년간의 이 강의에서 내가 한 말을 다시 되새겨 본다면, 그 속에 도리가 담겨 있음을 스스로 알게 될 것이다.

내가 금년 1년 동안 진행해 온 '중국사학명저' 강좌는 여기에서 끝내고자 한다. 그것은 『문사통의』 이후 사학명저라고 일컬을 만한 적당한 책이 없기 때문이다. 그러면 장학성의 『문사통의』에 의거하여 학술전체의 커다란 변화의 흐름이라는 관점에서 이후의 사학을 말하려 한다. 중국의 전체 학술을 말하자면 당연히 유학을 기준으로 또 중심으로 해야 한다. 사학은 경학으로부터 파생되었다. 즉 유학으로부터 파생되었다. 유학은 당연히 두 개의 커다란 줄기가 있었는데, 하나는 나라와 천하를 다스리는 데 필요한 소위 치평학治平學이고 다른 하나는 심성학心性學이다. 심성은 내성지학內聖之學을 말하고, 치평은 외왕지학外王之學을 가리킨다. 양한 경학의 중심은 치평의 경향 위에 있었기 때문에, 심성 방면으로는 발전이 없었다.

그러나 위진남북조에서 수당에 이르는 시기가 되면, 노장사상과 불교가 교대로 흥성했다. 이들은 모두 심성 방면에 치우친 것이었다. 따라서 치평방면은 곧 여전히 한유漢儒의 주장을 그대로 따랐을 뿐이다. 때문에 후한 이후 사학이 크게 성행한 것은 바로 유학이 제대로 발전하지 못했다는 증거이기도 하다. 송·원·명의 세 시대는 이학이 발전하여 심성 방면에 있어서 이미 노장사상과 불교를 뛰어넘었다. 왜냐하면 노장사상과 불교는 치평을 떠나 심성을 말했지만, 끝내 이학가들이 치평의 도리를 가지고 심성을 이야기하는 것처럼 더욱 원만하거나, 더욱 중요한 것이 되지 못했기 때문이다. 때문에 송 이후의 사학은 특히 크게 융성했다.

청유淸儒에 이르면 명 말 유로遺老였던 예컨대 고염무의 고사考史, 왕부지의 논사論史, 황종희의 사사寫史 등이 모두 정말 뛰어났었다. 그러나 그 이후가 되면 사학은 점차 쇠하고 경학이 다시 성행했다. 건가연간에는 경학을 자칭 한학漢學이라 했다. 그러나 실제로 한유漢儒의 경학은 그 중심이 현실문제에 대한 치평에 있었지만, 건가의 경학은 훈고와 고거에 있었기 때문에 서로 크게 달랐다. 때문에 유학을 논할 경우 청대 건가 이후를 가장 쇠약했던 시대로 보았다.

왜냐하면 이미 심성을 논하는 것도 아니었고, 그렇다고 치평을 말하는 것도 아니었기 때문이다. 다만 종이더미에서 고거의 작업만을 했기 때문이다. 또한 심각한 문호門戶의 견해를 너무 고집했기 때문에 공헌은 적고 피해가 많았다. 그 당시의 사학은 대부분 그저 사료의 고증과 주 달기에 그쳤다. 도함道咸연간 이후의 여러 학자들은 장학성의 영향을 받았기 때문에, 오히려 머리를 돌려 경세실용을 주장했다. 그러나 여전히 잘못된 길을 걸으면서 오로지 『공양춘추公羊春秋』만을 말했고 여전히 종이더미 속에서 문호의 편견을 세우고 있었다.

강유위의 『공자개제고孔子改制考』·『신학위경고新學僞經考』에 이르면 정말로 엉뚱한 말을 하게 된다. 이미 경학도 아니고 사학도 아니었다. 심성이나 의리라고 할 것도 없고 치평의 실적이라고 할 것도 없었다. 즉 고거를 논하면서도 거짓으로 고거의 모습을 모방했을 뿐 실제로는 아무런 고거의 성과가 없었다. 건가 이래의 고거학이 이에 이르러 모두 사라지는 꼴이 되었다. 민국 이래의 학술계는 대체로 청 말의 분위기를 그대로 답습하여 금문학가의 말류未流들이 크게 기염을 떨치면서 건가시대의 고거와 훈고를 빌려 방어용으로 내세웠다. 유학의 커다란 전통과는 거리가 아주 멀었다. 제멋대로의 망언은 강유위보다 더 심했다.

오늘날 여러분들처럼 중국사학을 연구하는 데 뜻을 둔 사람들은 적어도 청대 도함연간 이후 오늘날까지 전하면서 영향을 주고 있는 이러한 학풍을 벗어나 마음과 눈을 장학성 이전으로 돌려야 한다.

그리고 또 유학의 대강을 이해해야 한다. 심성과 치평 두 방면에 대해서도 그 뜻을 제대로 알아야 한다. 그리하면 장래 사학의 전도가 다시 빛나게 될 것이다. 맡은 바 사명은 무겁고, 갈 길은 멀다. 내가 금년 1년 동안 강의한 바는 한편으로 여러분들에게 가야할 길을 알려주는 것이었고, 다른 한편으로 여러분을 격려하기 위함이었다. 비록 주먹구구식으로 강의했지만, 나는 장래 중국사학이 다시 크게 빛을 발하는 데 있어서 지난 1년 동안 나의 강의가 결코 아무런 관계가 없게 되지는 않을 것이라 굳게 믿는다.

역자의 말

전 목 錢穆 선생의 자는 빈사賓四이고 강소성 무석無錫 사람이다. 청 광서光緒 21년(1895)에 태어나 1990년 96세를 일기로 세상을 떠났다. 학계에서는 그를 '통유通儒' 혹은 '국학대사國學大師'라고 불렀다. 중학졸업의 학력에도 불구하고 연경대학·북경대학·청화대학 등의 교수를 역임한 입지전적 인물이었다. 1950년 홍콩에 신아학원新亞學院을 세워 교육과 연구에 종사하다가 1967년 대만에 정착하여 만년의 학술생활을 계속했다. 이후 1986년까지 90세가 넘는 고령에도 불구하고 대만 중국문화대학의 석·박사과정 학생들에게 강의를 계속했고, 학술 저작활동 또한 쉬지 않았다. 만년에 이르러 눈병으로 인해 글자를 볼 수 없는 상황에서도 학술강연을 계속했고, 마지막 저서 『만학맹언晚學盲言』을 저술했다. 그의 대표적인 저서로는 『국사대강國史大綱』·『선진제자계년先秦諸子繫年』·『중국근삼백년학술사』·『주자신학안朱子新學案』 등을 비롯한 역사와 경학 그리고 문학·지리 등에서 광범한 저술을 남겼다.

역자는 1983년 9월부터 그 이듬해 7월까지 두 학기 동안 타이뻬

이의 동오대학東吳大學 구내에 있었던 당시 전목 선생의 거처 소서루素書樓에서 '중국역사철학연구' 강의를 들은 적이 있다. 일주일에 한 번 열리는 강의시간에는 정식 수강생보다 일반 청강생이 더 많았다. 청강생 중에는 나이가 지긋한 대학의 전임교수는 물론 일반인들도 있었다. 당시 서툰 중국어 실력 때문에 무석 지방의 방언을 사용하는 전목 선생의 강의를 듣느라 혼났던 기억이 떠오른다. 솔직히 말하자면 강의내용을 거의 알아듣지 못하고 옆 친구의 강의노트에 의존하여 그 대강을 확인하는 정도였다. 그러나 처음 얼마동안은 전문적인 내용을 강의하는 것도 아닌데 그 많은 수강생들이 그렇게 진지하게 수강하는가 하는 의문을 계속 품고 있었다.

그러던 어느 날 함께 수강하던 사마천 연구로 유명한 대만대학 역사과의 한 교수에게 전문적인 내용을 강의하는 것도 아닌데 왜 이렇게 매주 달려와 수강을 하느냐고 물었다. 그랬더니 그 교수가 하는 말이 "무릎을 치러 온다"는 것이었다. 일반적으로 다 아는 사실 속에 숨겨진 보다 깊은 뜻을 깨우쳐 준다는 말이었다.

그 때나 지금이나 내 지식의 천박함이야 달라진 것이 없지만, 지금에 와서 생각해 보니 당시 제대로 강의를 이해할 수 있었더라면 얼마나 좋았을까 하는 아쉬움이 정말 많이 남는다. 최근에 와서 전목 선생이 남긴 저작을 가끔 필요에 따라 펼쳐보고 있노라면, 왜 그 때 그 교수가 무릎을 치러 온다고 했는지 비로소 이해가 간다. 전목 선생의 책 속에는 내 학문의 어리석음을 꾸짖는 송곳같이 예리한 말들이 곳곳에 배여 있다.

이 책의 내용 역시 전문적인 내용을 담고 있는 것은 아니지만, 강의 곳곳에서 사학명저에 대한 설명과 함께 바람직한 학문자세를 권하고 또 그에 반하는 태도를 꾸짖는 내용이 확인된다. 이 책을 번역하는 동안 내내 80년대 강의를 듣던 때 그 내용을 알아듣지 못해 아무런 감동을 느끼지 못했던 아쉬움을 생각하면서, 이제라도 시공을 넘어 옛날 소서루 그 자리에 앉아 있다는 느낌으로 책의 내용을 번역할 수 있다는 것을 정말 행복하게 생각한다.

젼목 선생이 태어나 성장하던 당시 중국은 한마디로 격변의 시대였다. 즉 청 말 민국 초기의 중국은 과거 겪어보지 못했던 총체적인 대내외적 위기가 대륙 전체를 뒤덮고 있던 시대였다. 때문에 당시의 사학은 19세기 후반 현실적 위기에 대응하기 위한 개혁, 그리고 그에 이은 혁명에 대한 기대와 밀접한 관련을 가질 수밖에 없었다. 특히 외세의 침략에 의한 중국의 굴욕적 조처들은 지식인들로 하여금 변형된 민족주의의 시급한 부활을 절감하게 했다. 따라서 당시 중국 근대사학은 근대 민족주의 역사의 일부라고도 평가된다. 물론 당시의 사학에는 중국 전통사학 그 자체에 내재한 변화의 힘이 작용하는 외에도 군사적 침략과 문화사조의 유입이라는 외세에 대한 자각이 작용하고 있었다.

이러한 위기에 대응하여 당시의 사학은 다양한 반응을 보였다. 당시의 사학풍조를 전목 선생은 전통사학의 틀을 벗어나지 못한 지나친 고증적 태도와 서양의 유물사관 등을 어설프게 수용한 지나친 역사해석에 있다고 비판했다. 즉 고증에 집착하는 사학은 현실과 동떨어지기 때문에 사학의 경세적 성격이 결여될 수밖에 없고, 또 현실과 지나치게 밀착한 사학은 역사사실을 객관적으로 이해하는 데 큰 장애가 된다고 하여 모두 비판했다.

전목 선생은 당시 이러한 사학의 분위기는 결국 자기 민족과 국가에 대한 진정한 애정이 결핍되었기 때문에 비롯된 것이라 여겼다. 때문에 그는 『국사대강』(1939)의 첫 머리에 "이 책을 읽기 전 먼저 다음의 신념을 갖추어 주십시오〔凡讀本書請先具下例諸信念〕"라는 문장에서,

1. 어떠한 나라의 국민이든지, 특히 자칭 일정한 수준의 지식을 가진 국민이라면 자기 나라의 과거 역사의 대략을 반드시 알아야 한다. 그렇지 못할 경우 그들을 지식인이라고 볼 수는 있겠지만, 지식을 갖춘 국민이라고는 할 수 없다.

2. 소위 자기 역사의 대략을 알고 있는 사람이라면 자기 역사에 대하여 일종의 온정溫情과 경의敬意를 반드시 갖추어야 한다. 그렇지 못할 경우 약간의 외국의 역사를 알고 있다고 할지언정 자기 역사를 알고 있다고는 할 수 없다.

3. 소위 자기 역사에 대하여 일종의 온정과 경의를 가진 자라도 적어도 자기 역사에 대하여 잘못된 허무주의를 가져선 안된다. 즉 자기 역사를 읽고의 가치가 없다고 보거나 만족할 만한 곳이 하나도 없다고 보아서는 안된다. 그리고 또한 적어도 현재 우리들이 역사의 최고의 경지에 서 있다는 생각을 가져서는 안된다. 이것은 일종의 천박하고도 망령된 진화관이다. 아울러 현재 우리들 자신이 지닌 죄악과 약점의 일체 책임을 옛날 사람들에게 미루어서도 안된다. 이것은 일종의 문화적 열등의식이다.

4. 모든 국가에 있어서 국민들이 반드시 갖추어야 할 위의 여러 조건을 많이 갖추면 갖출수록 그 국가는 미래를 향한 발전의 희망이 있다. 그렇지 않으면 개진改進이라는 것도 하나의 피정복국가나 식민지의 개진과 같을 뿐 국가 자체에는 아무런 관계가 생기지 않는다. 바꾸어 말해 이러한 개진은 변화한 일종의 문화정복과 다를 바 없고 아울러 그 문화자신의 위축과 소멸일 뿐, 그 문화자신의 변화와 발전은 아니다.

라고 하여 "자기 역사에 대한 일종의 온정과 경의"가 부족하던 당시 풍조를 강하게 비판하고 있다. 가장 먼저 국민이라면 당연히 자기 역사의 대략을 알고 있어야 한다고 전제하고, 자기 역사에 대하여 온정과 경의를 지니고 결코 역사 허무주의에 빠져서는 안되며, 자기 민족의 역사에 대한 자긍심을 지녀야 하며, 이러한 조건을 갖추었을 때 비로소 민족국가의 전도에 희망을 기대할 수 있다고 했다. 이러한 전목 선생의 기본적인 역사인식은 강력한 현실적 의의를 지닌 민족주의 관념에서 비롯된 것이었다.

천목 선생의 역사인식은 기본적으로 인간의 생활과 경험 그리고 가치를 가장 밑바닥에 깔고 있었다. 즉 역사란 곧 인간생활이며, 역사는 우리 모두의 생활이며, 모든 인생의 경험이라는 인식을 강하게 지니고 있었다. 이러한 생활과 경험을 문자로 기록하고 보존하여 후세사람들이 이해하도록 하는 것이 바로 역사기록이고, 또 이를 근거로 역사 자체를 되돌아보고 다시 반성함으로써 얻는 것을 역사지식이라 했다. 전목 선생은 인간의 생활과 경험 그리고 가치있는 정신을 역사 그 자체로 보고 여기에 역사기록과 역사지식을 합쳐 역사를 구성하는 세 요소라고 했다. 특히 역사지식은 결국 인생의 경험을 보존하고 전체 인생 중에서 중요한 의의와 가치를 가려내어 후세에 전함으로서, 후세사람들로 하여금 이러한 경험들을 근거로 하여 그들 인생에서 참고와 본보기로 삼을 수 있을 때, 그 진정한 존재의의가 있다고 여겼다. 아울러,

> 역사는 우리들 인생의 경험, 인생의 사업을 말한 것이고, 사업은 반드시 지속성이 있으며, 역사에 속하는 사건들은 모두 일종의 지속성을 지니고 있는 사건들이다. 그런 사건들은 과거에서부터 현재에 이르기까지 오래 끌어 왔을 뿐만 아니라 또 장래까지도 오래 이끌어 나갈 것이다. 우리들은 역사를 연구함에 있어서 결코 이 사건의 과거만을 연구하는 것이 아니고, 실제 과거를 근거로 하여 현재를 이해하는 것이며 뿐만 아니라 장래까지도 알려는 것이다. 역사적 사건은 멀리 과거로부터 현재를 뚫고 곧바로 장래에 도달하는 것으로 그 자체의 일관된 역사정신을 가지고 있는 것이다.(『중국역사정신中國歷史精神』, 1951)

> 우리들이 역사를 배움에 있어 마치 겨우 옛사람들의 일만을 보는 것 같으나 현대인이나 옛 사람은 모두 같은 사람으로 옛사람을 알면 곧 현대인을 알 수 있게 마련이다. 역사는 마치 한 마리의 긴 뱀과 같다 할 수 있다.… 그 꼬리를 당기면 머리가 움직이고, 머리를 당기면 꼬리가 움직이는 바와 같이 과거를 알면 오늘을 알 수 있고 오늘을 알면 과거를 알 수 있다.(『사학도언史學導言』, 1970)

라고 하여 그의 역사를 바라보는 관점이 과거에 있지 않을 뿐 아니

라 과거와 현재 그리고 미래를 통관하는 인생의 가치있는 경험을 중시하고 있다고 했다. 때문에 그 중심에는 항상 사람이 있었다. 즉

> 역사는 다만 인사人事를 기재한 것이고,… 인사를 기재한 것을 곧 역사라 칭할 수 있다. 따라서 사학은 곧 일종의 인사지학人事之學이라 할 수 있다. … 사학을 배우고자 하려면, 제일먼저 사람을 이해해야 하고 그런 연후에 사실을 이해하는 것이다.〔『사학도언史學導言』〕

라고 하여 사람에 대한 이해를 구체적인 사실의 이해보다 우선시하는 철저한 '사람본위'의 역사인식을 강조했다.

전목 선생에게 사람을 본위로 하는 역사에서 인간의 가치있는 경험이란 바로 '민족문화'를 유지할 수 있는 정신을 가리키는 것이었다. 이러한 '민족문화'와 그것을 유지할 수 있는 정신인 역사지식이야말로 중국사를 끌어가는 원동력이라 여겼다. 때문에 이에 대하여 온정과 경의를 갖는 것은 당연했다. 중국역사를 하나의 인문정신 혹은 문화정신으로 파악하고 있었던 것이다. 이러한 이상은 중국사회를 이루고 있는 소위 3통三統, 즉 혈통血統·정통政統·도통道統의 체계 중 정통은 혈통보다 높고 도통은 또한 정통보다 높아 이 삼자가 서로 통하고 화합하여 하나가 되었을 때 중국역사상 민족문화의 커다란 전통을 이루게 된다고 하여 철저하게 정신사적 관점에서 민족사 체계를 이해하려 했다.

그리고 또 전목 선생은 역사의 진정한 정신을 이해하려면 역사에 있어서의 지속과 변화를 제대로 이해해야 한다고 하면서 그 정신

이 바로 "옛것을 거울삼아 오늘을 안다(鑑古知今)"는 자세와 "지나간 것을 살핌으로써 다가올 일을 안다(究往窮來)" 등의 의미를 지니게 된다고 했다. 결국 사학은 역사 속에 살아 숨쉬는 민족문화의 생명을 연구하는 학문이고, 이러한 민족문화의 생명 즉 역사적 생명은 장기간 지속해 가는 중에서 부단히 변화하고 또 부단히 새롭게 되는 것임으로 그 과정 전체를 중시해야 한다고 여겼다. 역사적인 생명이란 영원한 가운데 부단한 변화가 있고, 부단한 변화 가운데 영원히 지속되는 것이라 여겼다.

전목 선생은 이상의 역사인식을 기반으로 구체적으로 어떠한 연구방법론을 견지했을까? 본 역서의 이해를 위해 학술사와 역사적인 인물 그리고 문화사 등에 대한 견해를 간략하게 살펴보자. 그는 먼저 학술사 연구의 출발점은 학술의 경세성에 있다고 했다. 서양의 경우가 사변적 철학이론에 근거하고 있는 것과는 달리 중국의 학술은 실제 인생과 관련되지 않는 것이 극히 적다고 했다.

이러한 전통을 지닌 중국학술은 크게 둘로 분류될 수 있는데, 하나는 '심성지학心性之學'으로 덕성과 심성을 중심으로 하는 심학心學을 의미하고, 다른 하나는 '치평지학治平之學'으로서 현실과 실천을 중심으로 하는 사학을 가리킨다고 했다. 때문에 중국학술사를 연구하려면 먼저 인간의 심성수양과 함께 그 실천에 주의해야 한다고 했다.

그리고 과거 중국사의 전체적 발전추세를 볼 때 정치가 사회를 이끌어가고 학술이 정치를 이끌어 감을 쉽게 짐작할 수 있는데, 이러한 학술은 사회로부터 발생하는 것으로 정부권력의 규제를 받지 않는 것이었다. 때문에 학술사를 연구할 때는 특히 학술 그 자체의 '대추세大趨勢'에 유의해야 한다고 했는데, 대추세란 전통시대 중국학술사에 있어서 조정과 재야 쌍방의 의견이 대립되었을 때 늘 재야의 학술이 득세하는 경향이 강했고, 정부에 의해 재야의 이상이 채택되고 나면 다시 새로운 학술사상과 대립각을 세우던 일반적인 경향을 의미하는 것이다. 이러한 학술상의 대추세를 제대로 파악하려면 항상 심학과 사학을 균형있게 연구해야 한다고 했다. 전목 선생의 이러한 사람본위의 학술사 연구관점은 결국 지식인으로서의 사인士人층의 역할에 대한 믿음을 전제로 하는 것이었다.

전목 선생의 역사인물에 대한 기본관점은 역사가 비록 전체 인간을 대상으로 하는 것이기는 하나, 역사를 창조하고 지속시킨 계층은 역시 소수인물이라는 견해에서 비롯된다. 그는 중국역대 정사의 열전이 지니고 있는 의의가 바로 역사서술에 있어서 인물의 비중을 나타내는 데 있다고 했다. 전통적으로 중국인들은 인물을 역사의 중심으로 삼아왔다고 설명하면서 역사적인 인물을 각기 상대적으로 대조되는 세 부류로 나누고, 그 가운데 난세의 인물로서 자신의 뜻을 제대로 펴지 못하고 실패한 인물로서 특별한 공업功業을 남기지 못한 인물들에 주의했다. 그의 역사적인 인물에 대한 가치기준은 각 인물들이 지닌 내재적 가치를 확인할 수 있는 '의지'에 있었.

이 같은 기준은 사마천 이래 계속되어 온 전통적 인물관이라 했는데, 즉 『사기』의 70열전을 여는 첫 인물로 백이伯夷를 선택한 이유도 바로 이러한 점을 나타내는 것이라 했다. 따라서 역사적인 인물을 연구하려면 반드시 그 의지를 중요시해야 한다고 강조했다. 왜냐하면 중국의 전통적 인문정신과 문화전통의 최후의 결정結晶이 곧 역사적 인물의 의지를 통해 나타나기 때문이었다.

문화사에 대한 견해와 관련하여 전목 선생은 문화란 역사 그 자체를 의미하며 정치·사회·경제·인물·지리 등을 모두 포함한다고 했다. 역사가 물론 인사人事의 가치있는 경험을 기록하는 것이기는 하지만 전체인간을 모두 기록할 수는 없기 때문에, 인간이 집단을 이루면서 표현한 인생의 정신적·물질적 각 부분의 경험이 지니고 있는 의의와 가치를 연구하는 것이 바로 문화사 연구라고 했다. 이러한 문화는 곧 역사의 진실한 표현이고, 역사의 진실한 성과 그 자체이기 때문에 반드시 사실에 근거하여 파악해야 한다고 했다.

그리고 문화 자체가 역사를 구성하고 있지만, 그 문화를 연구하는 것은 일종의 철학이라 보았다. 즉 철학적 안목을 가지고 종합적으로 전체역사 속에 내재되어 있는 의의와 정신을 체계화시킬 때에 진정한 문화사가 성립된다고 했다. 물론 앞서 언급한 바와 같이 사실에 근거해야 함은 철칙이나 일반 역사연구에 비해 철학적 두뇌를 더 요구한다고 했다. 따라서 문화사를 연구하려면 문화 자체가 지닌 공통점과 상이점의 규명에 주의해야 하고, 문화의 초점을 세부적인 문제보다는 보다 큰 문제에 맞춰야 하며, 개별적인 사실보다는 종합적이고 통관적인 면을 중시해야 한다고 했다.

그리고 문화의 변화와 지속과정 전체를 장기적인 안목으로 이해해야 하고, 문화의 우수성과 장점을 중심으로 파악하는 자세를 가져야 한다고 주장했다. 따라서 문화적 단견이나 문화적 열등감에 빠지는 것을 강하게 비판했다 그런 점에서 특히 역사적 문화적 경험과 관점의 차이에서 비롯되는 중국의 특수성과 전통성을 중시하고, 서양문화와의 차별성을 특별히 강조했다.

쳰 무 선생은 특히 '중국사학명저'를 강의하면서 각종 사서와 관련한 지식 외에도 역사를 공부하는 사람에게 꼭 필요한 충고를 잊지 않고 있다. 오히려 지식보다 더 중요한 교훈을 제공하고 있었다. 중국과 관련한 어떤 분야를 공부하든지 책을 읽을 때는 반드시 책의 배후에 있는 사람 곧 저자를 살펴보아야 한다고 주장한다. 특히 저자의 심술心術과 도덕심이 역사를 이해하는 데 얼마나 중요한지를 곳곳에서 강조했다. 아울러 강의 곳곳에서 틈날 때마다 중국의 전통문화와 서양문화의 차이를 설명하면서, 서양에 의존하는 작금의 학술경향이 얼마나 어리석고 천박한 마음가짐에서 출발하고 있는가를 비판하고 있다. 이러한 자세는 결국 중국역사를 회통會通의 자세로 바라보기는커녕 단지 아주 작은 주제에 매달려 모든 역사를 자료화하는 데만 치중하고 있다고 강력히 경계했다.

아울러 시대가 새로워지면 필요로 하는 역사지식이 달라지게 마련이지만, 그래도 과거 역사 속에서 새로운 지혜를 발휘하여 새로운 역사를 찾아야 한다는 점을 특히 강조했다. 그렇게 해야만 살아 있는 학문을 할 수 있다고 했고, 그러기 위해 죽은 자료 속에서 살아 있는 안목으로 살아 있는 지식을 발견해낼 수 있어야 한다고 주장했다. 그러나 오늘날 우리 학술계는 그저 떠들썩한 시장 같은 곳이 되어버렸다고 자탄하면서, 우리들이 진실로 학문을 말하고자 한다면 마땅히 이런 장소를 피해 문을 걸어 잠그고 스스로 진리를 찾아나서야 한다고 말했다.

요즘 우리들 대학가에 버젓이 유명세를 타고 있는 업자 같은 학자들과 지식의 경영인을 포기하고 지식 하청업자로 전락한 교수들에게 특히 귀감이 될 수 있는 말이다. 그리고 공부하는 사람은 오로지 학문전통을 계승하고 그 바탕 위에서 학문을 하면서, 자기 자신이 찾고자 하는 것을 추구하며 독창성을 키워나가야 한다고 했다. 새롭고 특이한 것만을 내세운다든지, 저작을 통해 이름을 드러내려 해서는 안된다고 했다. 이 같은 한 마디 한 마디가 모두 공부하는 사람이 가슴에 새겨들어야 할 것임은 말할 것도 없다. 전목 선생은 20세기 후반 자기시대의 모순을 직시하며 민족문화를 올곧게 세우는 데 크게 기여한 위대한 사학자였고, 아울러 참스승이었다.

2006년 월

이 윤 화 씀